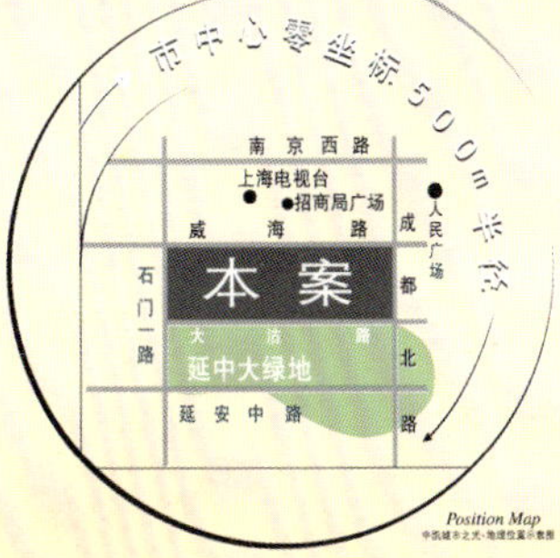

Position Map
中凯城市之光·地理位置示意图

2002 上海统计年鉴

SHANGHAI STATISTICAL YEARBOOK

上海市统计局 · 编
SHANGHAI MUNICIPAL STATISTICS BUREAU

中国统计出版社
China Statistics Press

数字上海

DIGITAL SHANGHAI

国内生产总值(亿元)
Gross Domestic Product (100 million yuan)

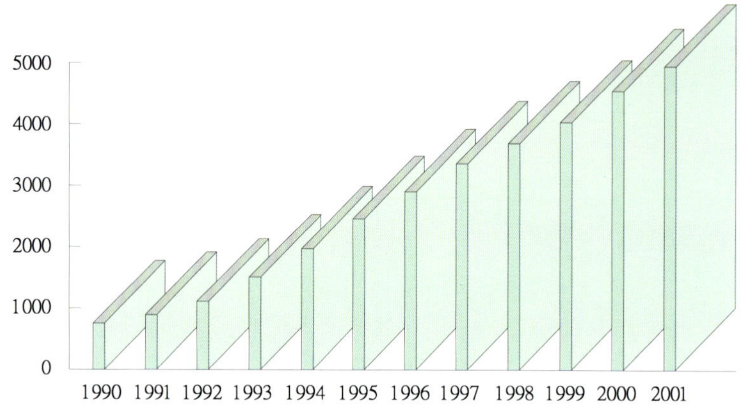

人均国内生产总值(元)
Per Capita GDP (yuan)

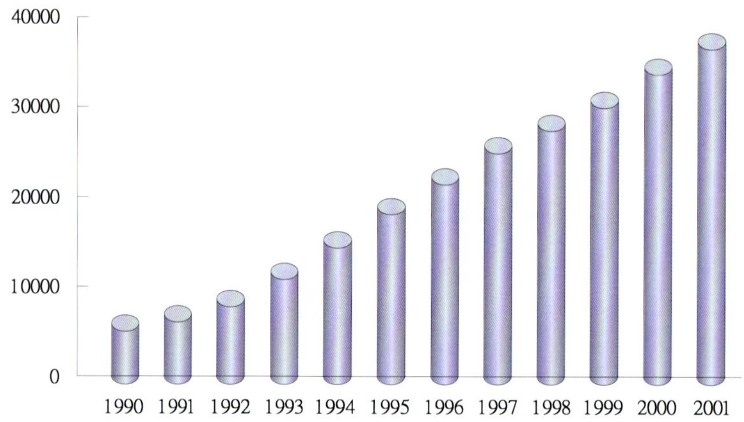

地方财政支出构成(2001)(%)
Composition of Local Financial Expenditure (2001) (%)

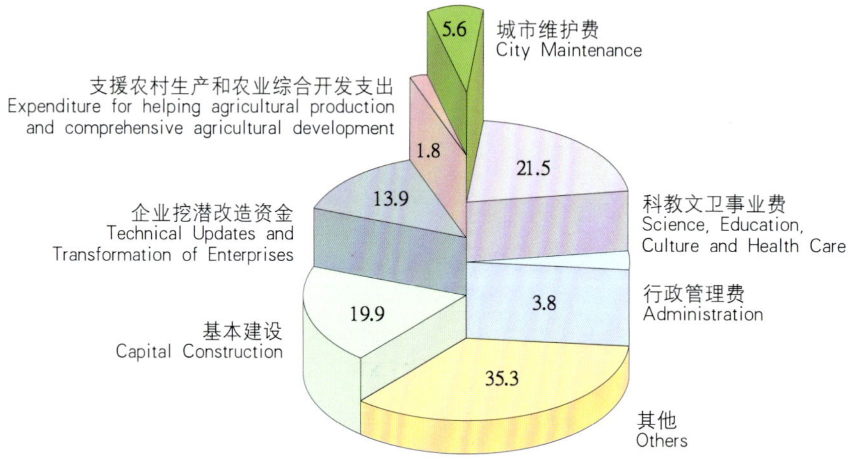

全市财政收入(亿元)
Total Municipal Financial Revenue (100 million yuan)

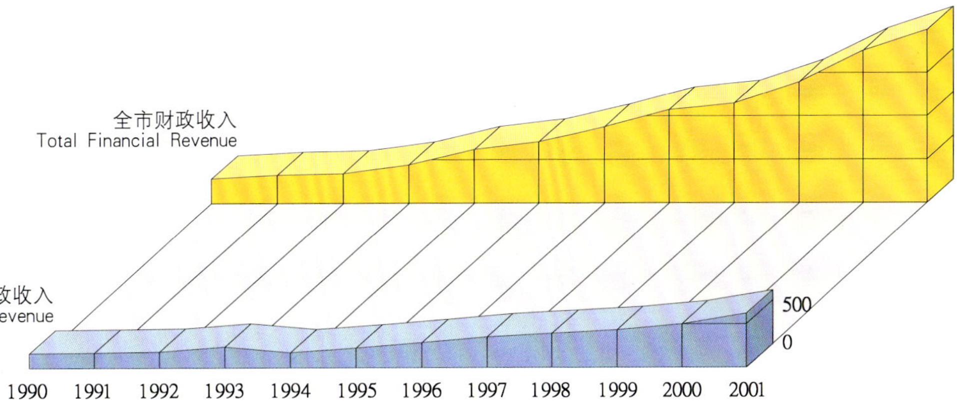

上海的一天(2001)
Daily Economic Indices of Shanghai (2001)

国内生产总值 13.56 亿元
GDP: 1.356 billion yuan

接待由上海入境的世界旅游者 5596 人次
Overseas Tourists Entering China Through Shanghai: 5,596 person-times

工业总产值 20.98 亿元
Total Industrial Output Value: 2.098 billion yuan

轨道交通客运量 78 万人次
Passengers of Public Rail Transportation: 780,000 person-times

社会消费品零售总额 5.10 亿元
Cousumer goods Retail Sales: 510 million yuan

人工煤气供应量 602 万立方米
City Gas Supply: 6.02 million cubicmeters

口岸进出口商品总额 3.30 亿美元
Total value of Port Imports and Exports: 330 million USD

天然气售气量 78 万立方米
Natural Gas Sales: 780,000 cubic meters

自来水售水量 550 万立方米
Tap Water Sales: 5.5 million cubic meters

各类有价证券成交额 120.82 亿元
Securities Transaction: 12.082 billion yuan

住宅竣工面积 4.8 万平方米
Space of Housing Completed 48,000 sq.m

港口货物吞吐量 60.55 万吨
Port Cargo Handling Volume: 605,500 tons

用电量 1.62 亿千瓦·时
Electricity Consumption: 162 million kwh

发送旅客 17 万人次
Passenger Departures: 170,000 person-times

新增移动电话用户 7233 户
New Mobile Phone Users: 7,233 users

数字上海

国内生产总值构成(%)
Composition of Gross Domestic Product (%)

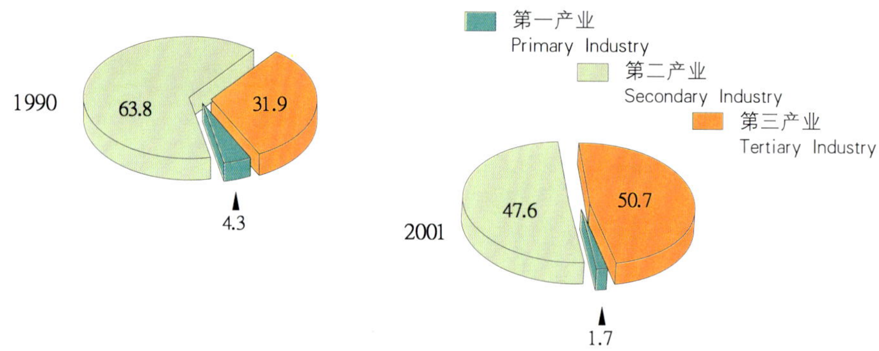

第三产业构成(%)
Composition of Tertiary Industry (%)

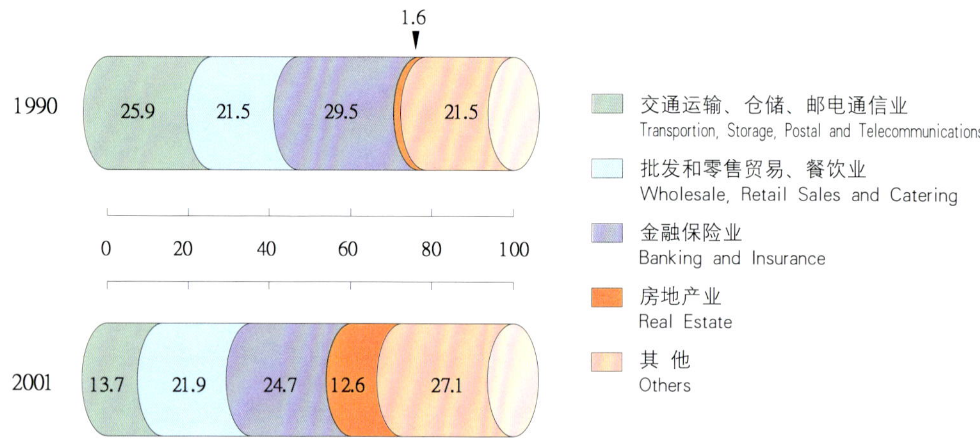

外贸进出口商品总额(亿美元)
Total Value of Foreign Trade Imports and Exports (USD 100 million)

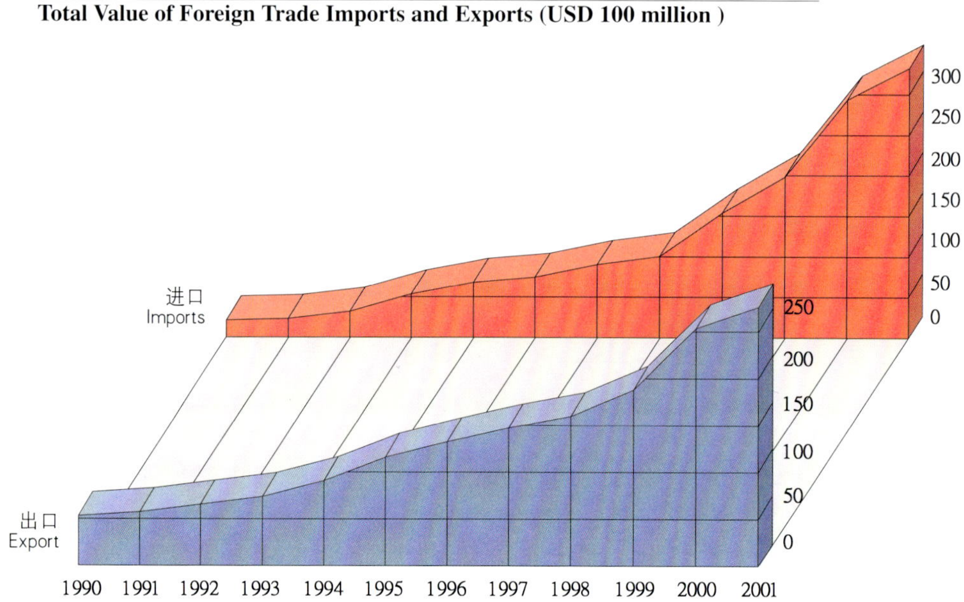

DIGITAL SHANGHAI

至2001年末外商直接投资的国家(地区)构成(%)
Composition of Countries (Regions) Investing Directly in Shanghai at the Year-end of 2001 (%)

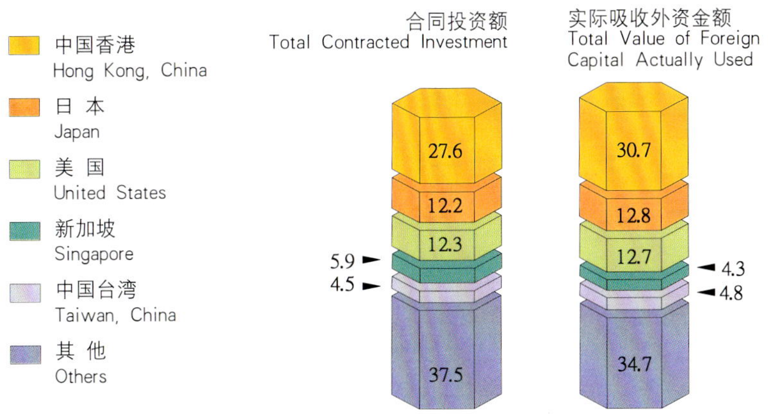

六个重点发展工业行业工业总产值构成(2001)(%)
Composition of Gross Output Value of Six Key Industries (2001)(%)

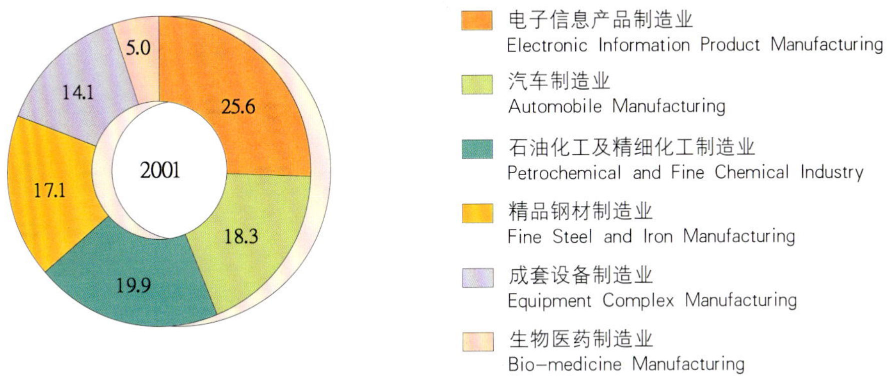

社会消费品零售总额(亿元)
Retail Sales of Consumer Goods (100 million yuan)

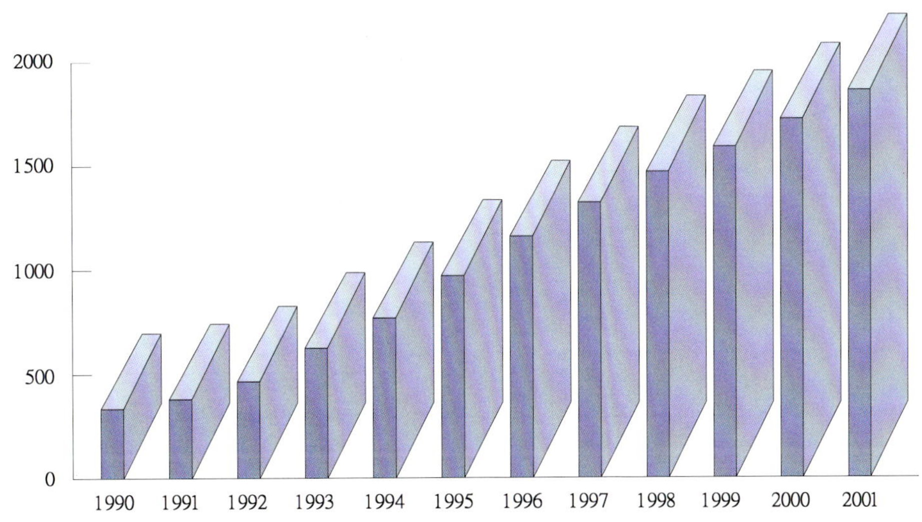

数字上海

全社会固定资产投资和城市基础设施投资(亿元)
Totel Investment in Fixed Assets and Investment in Urban Infrastructure (100 million yuan)

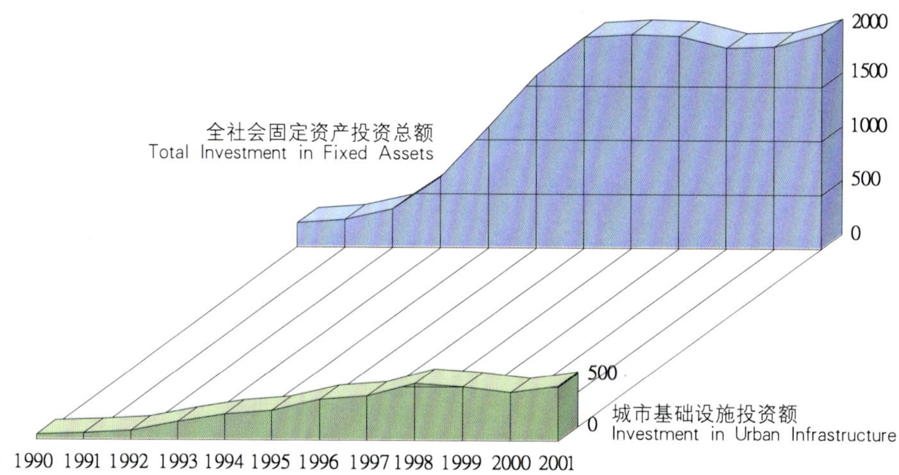

城市基础设施投资额构成(%)
Composition of Investment in Urban Infrastructure (%)

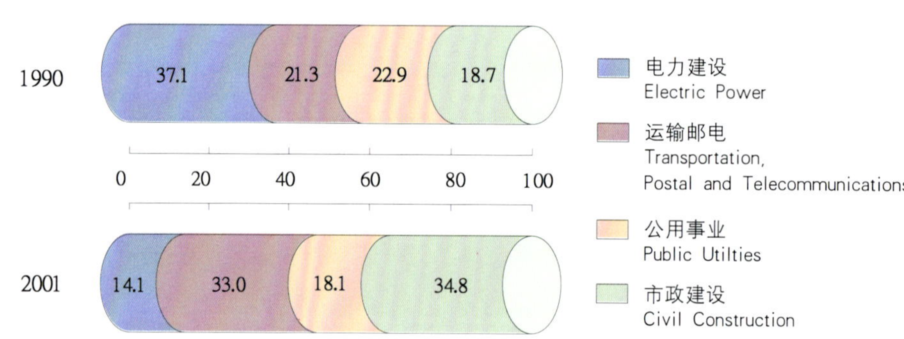

市区居住房屋构成(%)
Composition of Urban Reidential Buildings (%)

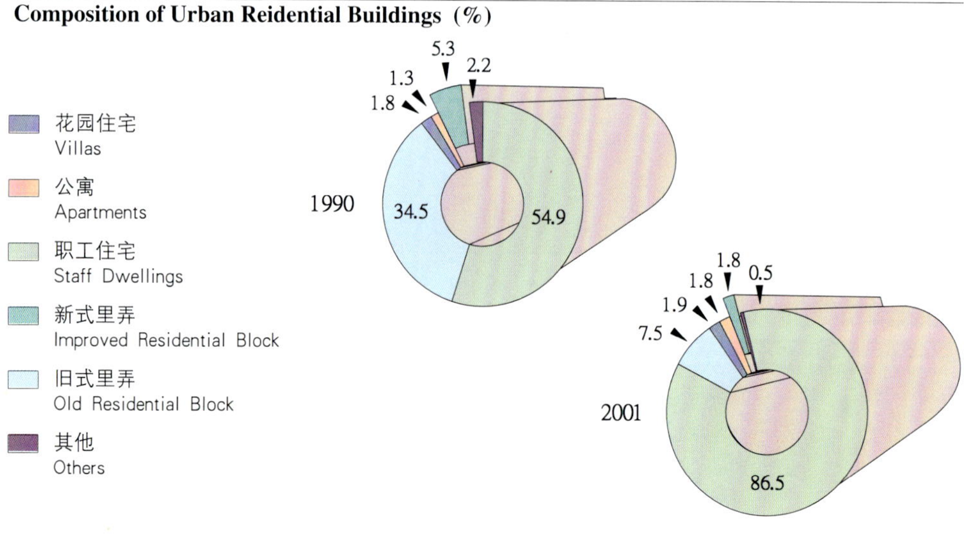

SHANGHAI DIGITAL

年末实有铺装道路长度和面积
Year-end Length of Paved Roads

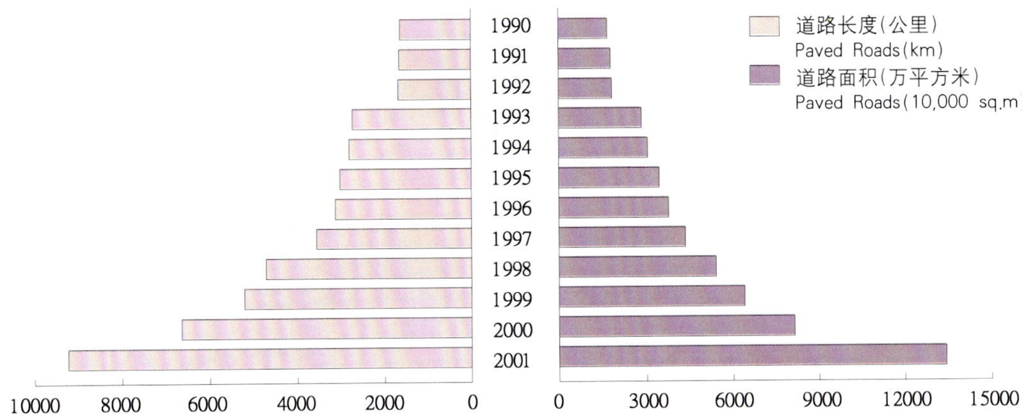

市区绿化覆盖率(%)
Coverage Rate of Urban Green Areas (%)

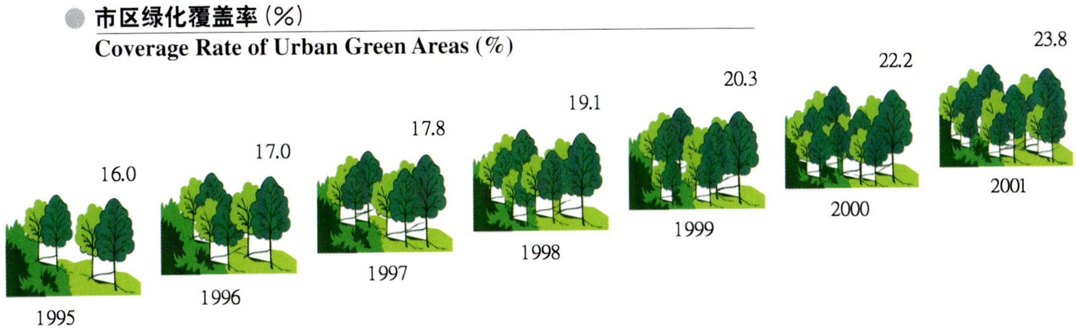

轨道交通运营线路长度和客运总量
Length of Operation Routes and Volume of Passenger of Roadway Communication

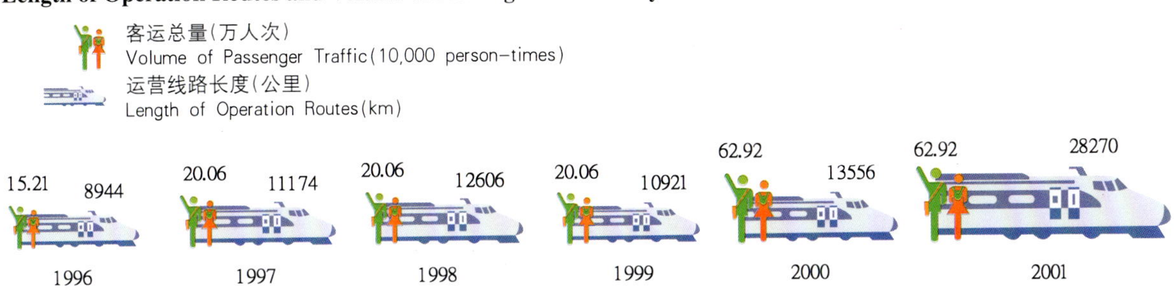

港口货物吞吐量(万吨)
Cargo Handled at Ports (1,000 tons)

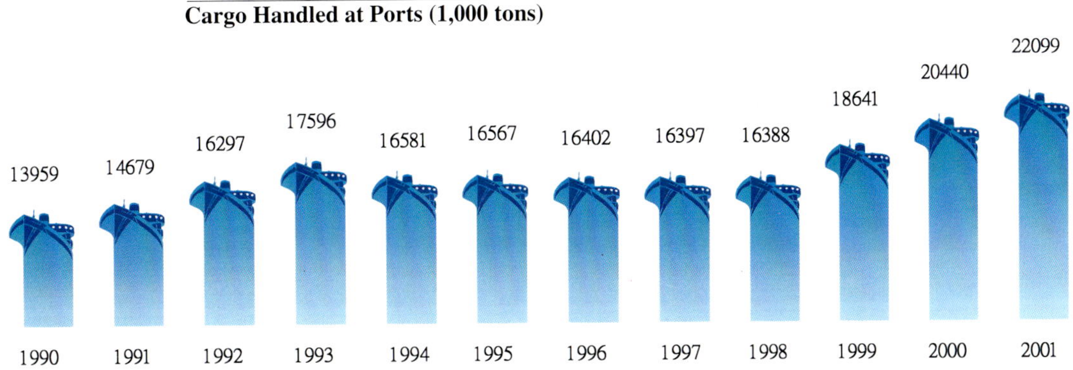

数字上海

科技成果（项）
Achievements in Scientific and Technical Research (item)

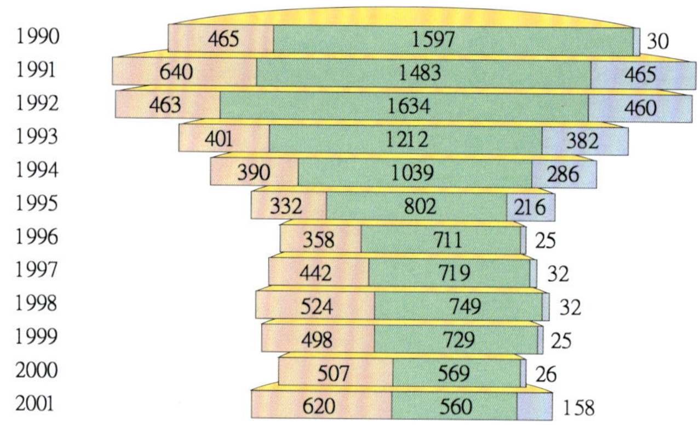

达到国际先进水平或属国际领先
Attaining Advanced World Levels or Being First Created in the World
达到国内先进水平或属国内领先
Attaining Advanced Domestic Levels or Being First Created in China
其他
Others

各级各类学校在校学生数（万人）
Students Enrollment by Various Schools (10,000 persons)

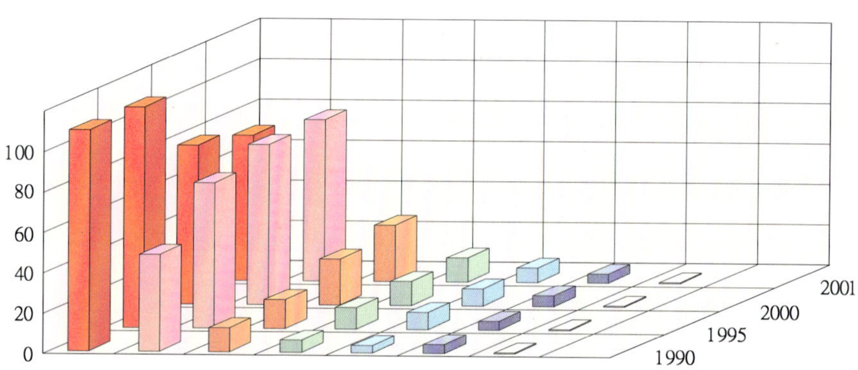

小学
Primary Schools
普通中学
Regular Secondary Schools
高等学校
Institions of Higher Education
中等专业学校
Specialized Secondary Schools
职业中学
Secondary Vocational Schools
技工学校
Technical Worker Schools
特殊教育学校
Special Education Schools

平均每万人拥有大学生数（人）
University Students Per 10,000 Populations (person)

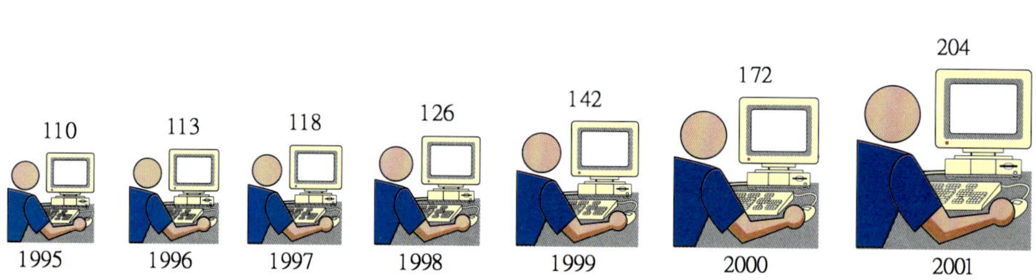

DIGITAL SHANGHAI

卫生技术人员构成(%)
Composition of medical Professionals (%)

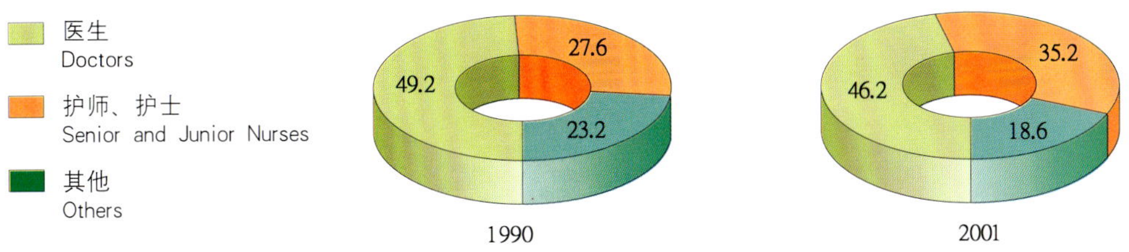

前十位疾病死亡原因构成(2001)(%)
Composition of Death Rate of 10 Major Diseases (2001) (%)

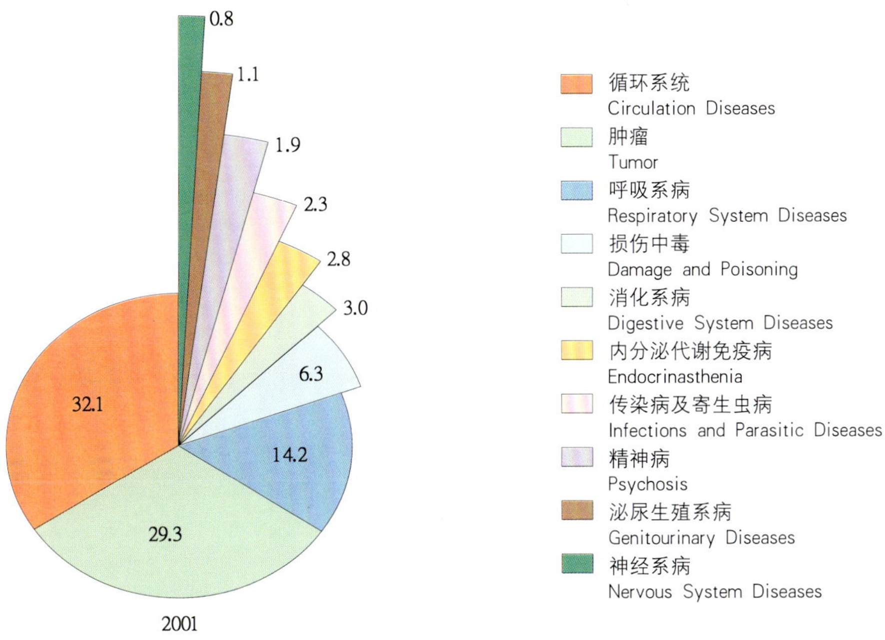

国内公证文书构成(%)
Composition of Domestic Notarial Documents (%)

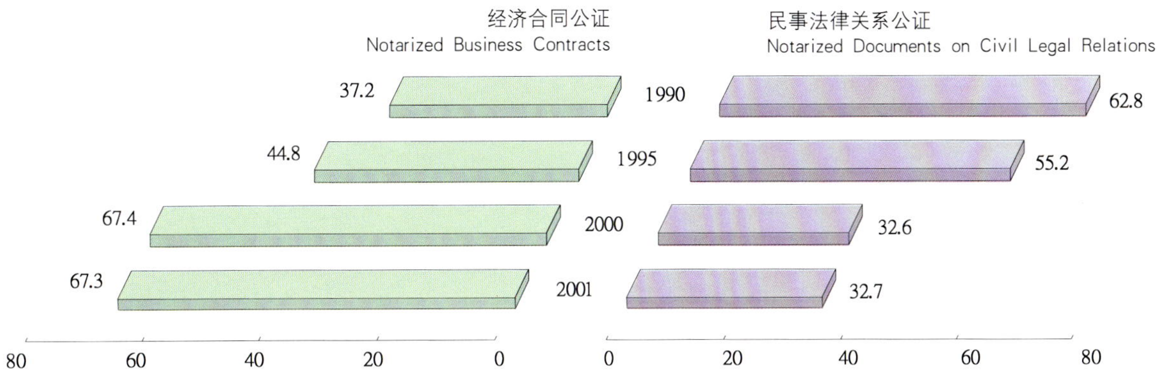

数字上海

SHANGHAI
DIGITAL

职工工资总额（亿元）
Total Wages of Staff and Workers (100 million yuan)

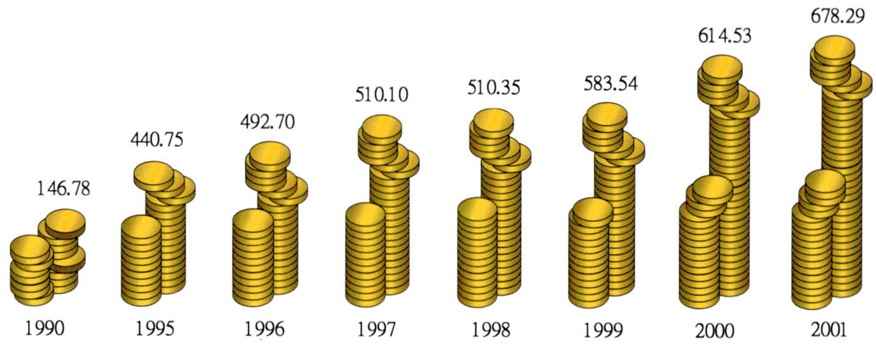

城市居民家庭人均可支配收入分组占全部户数比重（%）
Percentage of Unban Households Grouped by Disposable Income (%)

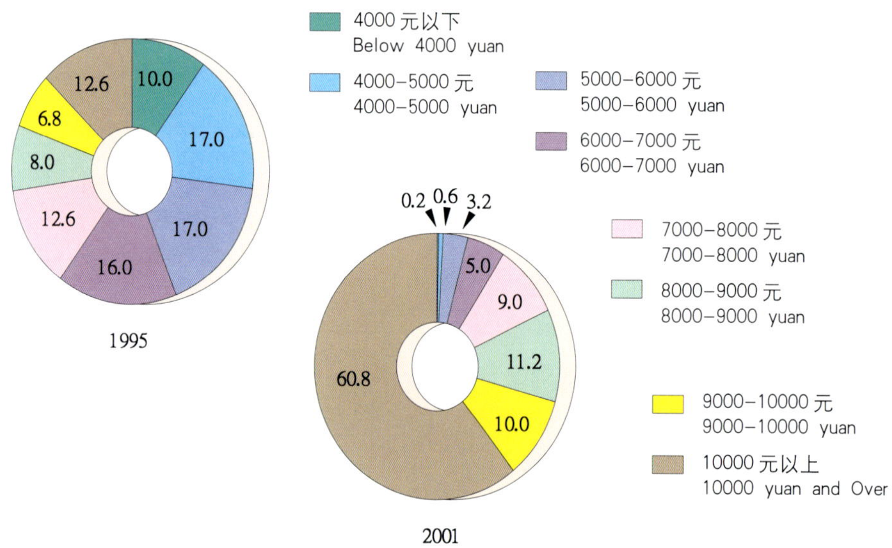

农村居民家庭人均可支配收入分组占全部户数比重（%）
Percentage of Rural Households Total Grouped by Net Income (%)

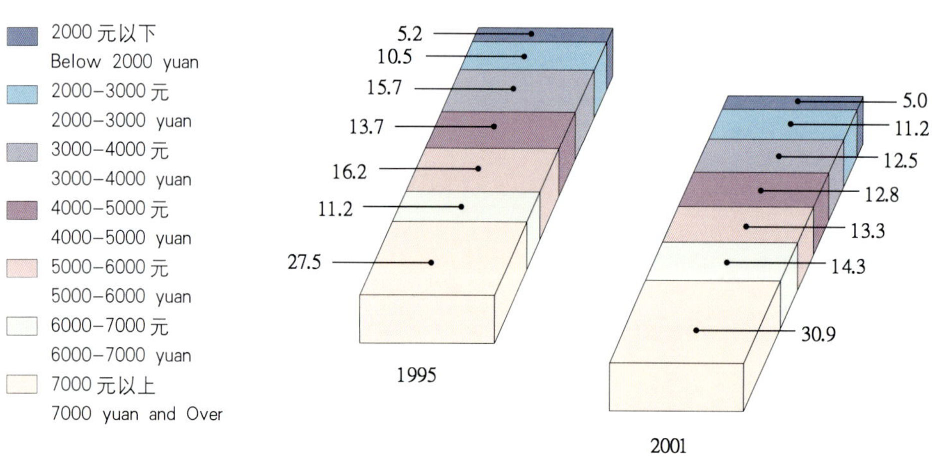

住宅竣工面积和市区人均居住面积
Floor Space Completed of Residential Housing and Urban Dwelling Area Per Capita

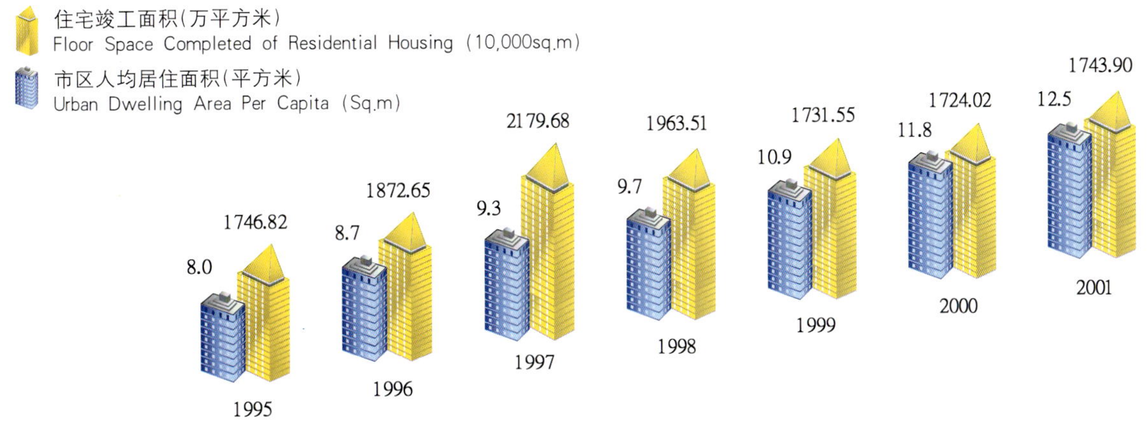

人均期望寿命(岁)
Life Expectancy (Year)

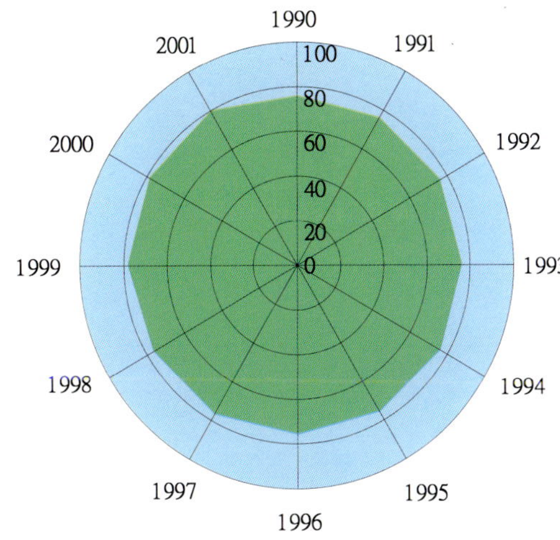

城乡居民储蓄存款余额(亿元)
Saving Deposits of Rural And Urban Residents (100 million yuan)

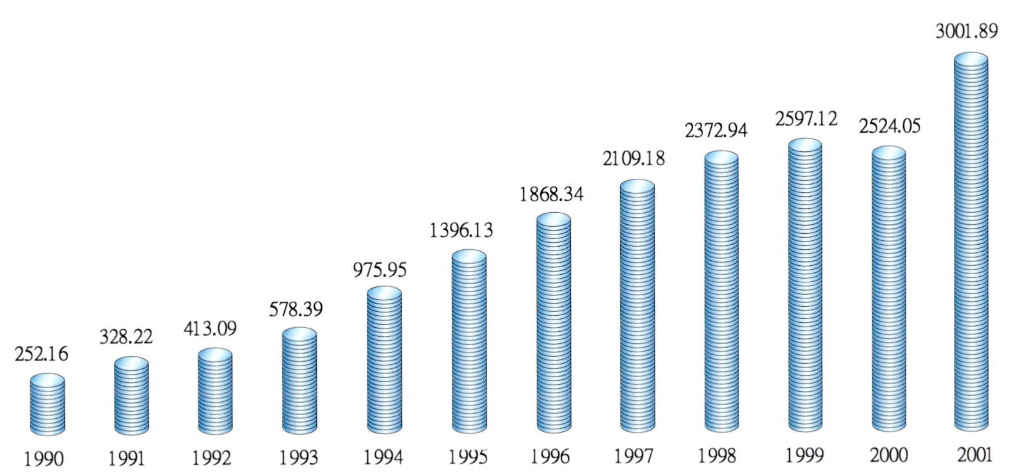

《上海统计年鉴——2002》编辑委员会

EDITORIAL BOARD

编者说明

一、《上海统计年鉴 —— 2002》是一本信息高度密集的资料工具书。本书收录了2001年上海的经济和社会等各方面的统计数据，以及历史重要年份和改革开放以来的主要统计数据。

二、全书内容分为20个篇目，即：1. 综合；2. 国民经济核算；3. 人口、劳动力；4. 人民生活；5. 价格水平；6. 固定资产投资；7. 城市建设；8. 对外经济贸易和旅游；9. 财政、金融、保险；10. 农业；11. 工业；12. 建筑业；13. 交通运输、邮电通信；14. 国内商业；15. 能源；16. 科学技术；17. 教育、文化；18. 卫生、体育；19. 法律、公证、社会福利和其他；20. 浦东新区。为便于读者正确地使用资料，书末还附有主要统计指标解释。

三、资料中所使用的度量衡单位均采用国际统一标准计量单位。

四、本年鉴总量指标计算所采用的价格均为现行价格。

五、本年鉴部分数据合计数或相对数由于单位取舍不同产生的计算误差均未作机械调整。

六、本年鉴表中的符号使用说明：

"…"表示数据不足本表最小计量单位数；

"空格"表示该项统计数据不详或无该项数据；

"#"表示其中的主要项。

七、读者在使用统计资料时，凡与本年鉴有出入的，均以本年鉴为准。

八、《上海统计年鉴》公开出版以来，受到了国内外广大读者的关心和支持，对本年鉴的内容和编辑工作提出了许多宝贵的意见，对此我们深表谢意。限于我们的水平，欢迎读者继续对年鉴的不足之处给予批评和指正，帮助我们进一步改进年鉴的编辑工作，以期更好地为广大读者服务。

EDITOR'S NOTE

Ⅰ. Shanghai Statistical Yearbook 2002 contains comprehensive statistics of Shanghai's social and economic development in 2001 and selected data of some important years and of the period since China adopted the policy of reform and opening to the outside world.

Ⅱ. The book is composed of 20 parts. They include: 1. General Survey; 2. National Economic Accounting 3. Population and Labour Force; 4. Living Standards; 5. Prices; 6. Investment in Fixed Assets; 7. Urban Construction; 8. Foreign Economic Relations, Trade and Tourism; 9. Fiscal, Financial and Insurance; 10. Agriculture; 11. Industry; 12. Construction; 13. Transportation, Postal and Telecommunications; 14. Domestic Trade; 15. Energy; 16. Science and Technology; 17. Education and Culture; 18. Health and Sports; 19. Laws, Notary, Social Welfare and Others; 20. Pudong New Area. Interpretation of major statistical indicators attached is a useful tool for readers of this book.

Ⅲ. The international standard unit of measurement is applied in this book.

Ⅳ. The prices used in caculation in this publication are current prices.

Ⅴ. Statistical discrepancies in this book due to rounding are not adjusted.

Ⅵ. Marks in this book: ··· means not large enough to be rounded into the least unit of measurement; blank space means data are not available; # indicates major item in a category.

Ⅶ. In any case the data of this book shall be deemed as the authertic ones.

Ⅷ. Previous editions of Shanghai Statistical Yearbook have won wide acclaim among the readers. In order to excel, we welcome all candid comments and criticism from our readers.

目 录

CONTENTS

第一篇 综 合

CHAPTER 1 GENERAL SURVEY

第二篇 国民经济核算

CHAPTER 2 NATIONAL ECONOMIC ACCOUNTING

第三篇 人口、劳动力
CHAPTER 3 POPULATION AND LABOUR FORCE

第四篇 人民生活

CHAPTER 4 LIVING STANDARDS

第五篇 价格水平

CHAPTER 5 PRICES

第六篇 固定资产投资

CHAPTER 6 INVESTMENT IN FIXED ASSETS

第七篇 城市建设
CHAPTER 7 URBAN CONSTRUCTION

第八篇 对外经济贸易和旅游
CHAPTER 8 FOREIGN ECONOMIC RELATIONS,TRADE AND TOURISM

第九篇　财政、金融、保险
CHAPTER 9　FISCAL,FINANCIAL AND INSURANCE

第十篇 农 业

CHAPTER 10 AGRICULTURE

第十一篇 工 业

CHAPTER 11 INDUSTRY

第十二篇 建筑业

CHAPTER 12 CONSTRUCTION

第十三篇 交通运输、邮电通信

CHAPTER 13 TRANSPORTATION,POSTS AND TELECOMMUNICATIONS

第十四篇　国内商业

CHAPTER 14　DOMESTIC TRADE

第十五篇 能 源
CHAPTER 15 ENERGY

第十六篇 科学技术
CHAPTER 16 SCIENCE AND TECHNOLOGY

第十七篇 教育、文化
CHAPTER 17 EDUCATION AND CULTURE

第十八篇 卫生、体育

CHAPTER 18 HEALTH AND SPORTS

第十九篇 法律、公证、社会福利和其他
CHAPTER 19 LAWS,NOTARY ,SOCIAL WELFARE AND OTHERS

第二十篇 浦东新区
CHAPTER 20 PUDONG NEW AREA

第一篇 综合

CHAPTER 1

GENERAL SURVEY

表 1.1 行政区划(2001)
ADMINISTRATIVE DIVISION

单位:个(unit)

地 区 District		镇 Town	乡 Township	街道办事处 Urban Sub-district Office	居民委员会 Neighbourhood Committees	村民委员会 Village Committees
全 市	**Total**	**145**	**3**	**101**	**3 418**	**2 701**
黄浦区	Huangpu			9	165	
卢湾区	Luwan			4	83	
徐汇区	Xuhui	1		12	362	16
长宁区	Changning	1		9	187	8
静安区	Jing'an			5	130	
普陀区	Putuo	3		6	213	8
闸北区	Zhabei	1		8	202	7
虹口区	Hongkou	1		9	249	
杨浦区	Yangpu	1		10	316	5
浦东新区	Pudong New Area	14		11	506	291
闵行区	Minhang	9		3	242	175
宝山区	Baoshan	9	2	5	233	170
嘉定区	Jiading	9		5	119	214
金山区	Jinshan	14		1	75	219
松江区	Songjiang	11		4	84	199
青浦区	Qingpu	12			73	306
南汇区	Nanhui	24			63	338
奉贤区	Fengxian	22			64	296
崇明县	Chongming	13	1		52	449

表 1.2 主要年份社会经济主要指标
MAJOR SOCIAL AND ECONOMIC INDICATORS IN MAIN YEARS

指 标	Indicators	1978	1990	1995	2000	2001
人口与就业	**Population and Employment**					
人 口	**Population**					
年末总人口(万人)	Year-end Population(10 000 persons)	1 098.30	1 283.40	1 301.37	1 321.63	1 327.14
#非农业人口	Non-agricultural Population	645.23	864.46	921.70	986.16	999.07
就 业	**Employment**					
从业人员(万人)	Employment(10 000 persons)	698.32	787.72	794.19	745.24	752.26
职工人数(万人)	Staff and Workers(10 000 persons)	422.81	508.10	470.56	390.14	375.37
城镇登记失业率(%)	Unemployment Rate in Urban Areas(%)	2.3	1.5	2.7	3.5	4.3
宏观经济	**Macro Economic**					
国民经济核算	**National Economic Accounting**					
国内生产总值(亿元)	Gross Domestic Product(100 million yuan)	272.81	756.45	2 462.57	4 551.15	4 950.84
第一产业	Primary Industry	11.00	32.60	61.68	83.20	85.50
第二产业	Secondary Industry	211.05	482.68	1 409.85	2 163.68	2 355.53
#工 业	Industry	207.47	446.88	1 298.97	1 956.66	2 121.19
第三产业	Tertiary Industry	50.76	241.17	991.04	2 304.27	2 509.81
#交通运输、仓储、邮电通信业	Transportation, Storage, Post and Telecommunications	12.04	62.44	169.76	315.42	344.85
批发、零售贸易和餐饮业	Wholesale, Retail and Catering Businesses	23.15	51.84	269.49	485.30	550.35
金融保险业	Banking and Insurance	7.02	71.07	245.45	685.03	619.99
房地产业	Real Estate	0.27	3.75	91.29	251.70	316.85
在国内生产总值中	In Gross Domestic Product					
最终消费(亿元)	Final Consumption(100 million yuan)	59.06	316.80	1 085.33	1 947.10	2 149.07
居民消费	Resident Consumption	48.25	257.16	872.67	1 521.05	1 663.73
政府消费	Government Consumption	10.81	59.64	212.66	426.05	485.34
资本形成总额(亿元)	Total Capital Formed(100 million yuan)	47.96	321.89	1 551.20	2 117.94	2 294.46
固定资本形成	Fixed Assets	31.69	248.34	1 380.85	1 933.01	2 099.99
存货增加	Stock Increased	16.27	73.55	170.35	184.93	194.47
固定资产投资	**Investment in Fixed Assets**					
全社会固定资产投资总额(亿元)	Total Investment in Fixed Assets(100 million yuan)	27.91	227.08	1 601.79	1 869.67	1 994.73
#基本建设	Capital Construction	14.46	108.54	551.86	703.50	712.49
更新改造	Technical Updates and Transformation	5.60	71.77	389.20	396.26	436.84
房地产投资	Investment in Real Estate		8.16	466.20	566.17	630.73
财 政	**Public Finance**					
全市财政收入(亿元)	Financial Revenue(100 million yuan)	190.67	284.36	702.46	1 752.70	1 995.62
#地方财政收入	Local Financial Revenue	169.22	170.03	227.30	497.96	620.24
地方财政支出(亿元)	Local Financial Expenditure(100 million yuan)	26.01	75.56	267.89	622.84	726.38
价 格	**Price**					
商品零售价格指数(上年=100)	Retail Price Index(preceding year=100)	100.4	104.8	113.0	96.4	98.6
居民消费价格指数(上年=100)	Residents Consumer Price Index(preceding year =100)	100.5	106.3	118.7	102.5	100.0
吸收外资	**Absorption of Foreign Capital**					
签订合同项目(个)	Number of Contracts(unit)		269	3 334	2 375	3 236
签订合同金额(亿美元)	Contracted Investment(USD 100 million)		4.27	74.08	80.62	105.92
实际吸收外资金额(亿美元)	Foreign Capital Actually Absorbed(USD 100 million)		7.80	52.98	53.91	74.10

注：2000 年起，从业人员为在岗从业人数。
Note: Since 2000, employees refer to working staff and workers.

表 1.2 续表 1 continued

	指 标 Indicators	1978	1990	1995	2000	2001
产 业	**Industries**					
农 业	**Agriculture**					
耕地面积(万公顷)	Cultivated Areas(10 000 hectares)	36.01	32.32	29.00	28.59	28.06
从业人员(万人)	Employment(10 000 persons)	272.45	246.40	230.43	255.60	255.00
农业总产值(亿元)	Gross Output Value of Agriculture(100 million yuan)	18.26	68.16	182.47	216.50	227.61
主要农副产品产量(万吨)	Output of Major Farm Products(10 000 tons)					
粮 食	Grain	260.88	244.36	219.50	174.00	151.42
棉 花	Cotton	12.10	1.22	0.36	0.12	0.14
油菜籽	Rapeseed	11.63	18.17	15.49	15.71	12.31
牛 奶	Milk	6.34	22.68	21.78	25.95	26.04
蔬 菜	Vegetables	145.45	186.79	244.33	377.00	424.04
猪 肉	Pork	12.86	23.32	23.94	25.96	26.40
水产品	Aquatic Products	21.40	27.36	29.07	28.87	29.77
工 业	**Industry**					
工业总产值(亿元)	Gross Output Value of Industry(100 million yuan)	514.01	1 642.75	454.47	6 968.18	7 656.96
轻工业	Light Industry	266.02	846.63	2 092.89	2 880.74	2 929.50
重工业	Heavy Industry	247.99	796.12	2 454.57	4 087.44	4 727.46
主要工业产品产量	Output of Major Industrial Products					
布(亿米)	Cloth(100 million m)	14.63	14.90	8.85	3.34	2.41
服 装(万件)	Garments(10 000)	7 324	24 285	63 030	44 500	43 500
卷 烟(万箱)	Cigarettes(10 000 cases)	82.50	82.00	96.00	122.42	130.83
家用电冰箱(万台)	Household Refrigerators(10 000)		53.36	128.72	43.12	43.44
彩色电视机(万台)	Color TV Sets(10 000)	0.24	81.48	111.77	147.97	108.30
家用洗衣机(万台)	Household Washing Machines(10 000)		101.29	144.80	62.11	70.79
房间空气调节器(万台)	Household Air-conditioners(10 000)		1.83	62.46	186.08	223.57
照相机(万架)	Cameras(10 000)	10.57	20.62	153.23	1 116.94	630.13
平板玻璃(万重量箱)	Plate Glass(10 000 wt . cases)	111.87	503.05	634.63	751.88	755.80
硫 酸(万吨)	Sulphuric Acid(10 000 tons)	34.49	40.04	31.03	34.22	36.15
烧 碱(万吨)	Caustic Soda(10 000 tons)	21.52	29.09	40.35	35.18	35.46
金属切削机床(万台)	Metal-cutting Machines(10 000)	1.74	1.38	1.58	2.23	2.18
汽 车(万辆)	Motor Vehicles(10 000)	1.04	2.81	16.27	25.29	29.00
民用钢质船舶(万综合吨)	Civil Steel Ships(10 000 syn-tons)	25.18	39.07	83.33	118.81	177.59
建筑业	**Construction**					
从业人员(万人)	Employment(10 000 persons)	10.07	34.01	41.10	35.91	35.52
总产值(亿元)	Business Value(100 million yuan)	5.55	75.62	391.42	631.64	730.33
房屋竣工面积(万平方米)	Floor Space of Building Completed(10 000 sq. m)	234.03	747.88	1 485.87	1 909.11	2 434.73
交通运输、邮电通信	**Transportation, Post and Telecommunications**					
货物运输量(万吨)	Freight Traffic Volume(10 000 tons)	19 645	26 777	27 571	52 206	54 049
旅客发送量(万人次)	Passenger Departing(10 000 person-times)	1 763	3 835	5 265	6 893	6 324
港口货物吞吐量(万吨)	Cargo Handled at Ports(10 000 tons)	7 955	13 959	16 567	20 440	22 099
邮电业务总量(亿元)	Revenue from Postal and Telecommunications Services (100 million yuan)	1.59	10.23	55.70	224.84	195.52
年末电话用户(万户)	Year-end Installed Telephones(10 000)	9.38	45.69	223.27	549.00	616.40
电话交换机容量(万门)	Switchboard Lines(10 000)	10.93	74.17	345.71	685.40	738.50

表 1.2 续表 2 continued

指标	Indicators	1978	1990	1995	2000	2001
国内商业	**Domestic Trade**					
社会消费品零售总额(亿元)	Retail Sales of Consumer Goods(100 million yuan)	54.10	333.86	970.04	1 722.27	1 861.30
对外经济贸易	**Foreign Trade**					
进出口总额(亿美元)	Total Value of Foreign Import and Export(USD 100 million)	30.26	74.31	190.25	547.10	608.98
进口额	Import	1.33	21.10	74.48	293.56	332.70
出口额	Export	28.93	53.21	115.77	253.54	276.28
国际旅游	**International Tourism**					
来沪旅游人数(万人次)	Number of Tourists Visiting Shanghai (10 000 persons-times)	24.02	89.30	136.79	181.40	204.26
旅游外汇收入(亿美元)	Foreign Exchange Earnings from Tourism (USD 100 million)	0.56	2.31	9.44	16.13	18.08
金融保险	**Finance and Insurance**					
银行存款余额(亿元)	Total Saving Deposit Balance(100 million yuan)	242.93	613.86	3 056.76	6 925.99	8 570.36
银行贷款余额(亿元)	Total Loan Balance(100 million yuan)	153.37	857.76	2 387.33	5 415.71	6 583.30
保险费收入(亿元)	Premium Income(100 million yuan)	0.17	8.99	25.73	127.23	180.25
保险赔款支出(亿元)	Indemnity Expenditure(100 million yuan)	0.17	2.22	12.75	36.20	38.82
教育、科技、文化	**Education, Science and Technology and Culture**					
教 育	**Education**					
专任教师数(万人)	Full-time Teachers(10 000 persons)					
普通高等学校	Institutions of Higher Education	1.63	2.58	2.15	2.05	2.17
普通中学	Secondary Schools	5.70	4.13	4.65	5.01	5.11
小 学	Primary Schools	4.92	5.88	5.45	4.43	4.3
在校学生数(万人)	Students Enrollment(10 000 persons)					
普通高等学校	Institutions of Higher Education	5.06	12.13	14.41	22.68	28.00
普通中学	Secondary Schools	100.26	48.31	72.40	79.54	80.23
小 学	Primary Schools	87.06	110.19	109.78	78.86	72.28
用于教育的财政支出(亿元)	Government Expenditures on Education (100 million yuan)	2.05	11.35	39.44	93.79	111.06
科 技	**Science and Technology**					
科技成果(项)	Achievements in Science and Technology (item)	694	2 092	1 350	1 102	1 338
国有经济单位各类专业技术人员(万人)	Scientific and Technical Personnel in State-owned Units(10 000 persons)	21.94	86.16	84.79	71.03	69.68
从事科技活动的科学家、工程师(万人)	Scientists and Engineers in Scientific and Technical Activities(10 000 persons)		11	11	12	11
研究与发展经费支出(亿元)	Research and Development Expenses (100 million yuan)		10.13	32.60	76.73	88.50
文 化	**Culture**					
出版数量	Number of Publications					
图 书(亿册、张)	Books(100 million copies)	3.92	2.98	2.44	2.54	2.68
杂 志(亿册)	Magazines(100 million copies)	0.47	1.73	1.78	1.85	1.85
报 纸(亿份)	Newspapers(100 million copies)	6.41	16.16	19.04	16.77	16.98
故事影片产量(部)	Production of Feature Films(film)	10	16	17	10	12
电视节目制作时间(小时)	Time for TV Programs Production (hour)		2 172	5 985	10 383	24 974
家庭、生活、环境	**Family, Livelihood and Environment**					
家 庭	**Family**					
家庭总户数(万户)	Total Households(10 000 households)	291.69	415.28	450.76	475.73	478.92
平均每户家庭人口(人)	Average Persons Per Household(person)	3.8	3.1	2.9	2.8	2.8
婚 姻	**Marriages and Divorces**					
准予登记结婚(万对)	Marriage Registration Permitted(10 000 couples)	8.98	10.77	8.40	9.31	9.30
离婚人数(万人)	Divorce (10 000 persons)	0.08	3.27	4.54	6.36	6.29
住 宅	**Housing**					
市区人均居住面积(平方米)	Per Capita Net Floor Space of Urban Residents(sq. m)	4.5	6.6	8.0	11.8	12.5
农村居民人均居住面积(平方米)	Per Capita Net Floor Space of Rural Residents(sq. m)		37.08	43.08	53.58	54.7

表 1.2 续表 3 continued

	指 标 Indicators	1978	1990	1995	2000	2001
生 活	**Livelihood**					
城市居民人均可支配收入(元)	Per Capita Annual Disposable Income of Urban Households(yuan)	560	2 182	7 172	11 718	12 883
城市居民人均消费性支出(元)	Per Capita Annual Consumption Spending of Urban Households(yuan)	488	1 936	5 868	8 868	9 336
农村居民人均可支配收入(元)	Per Capita Annual Disposable Income of Rural Residents(yuan)	281	1 665	4 246	5 565	5 850
农村居民人均生活消费支出(元)	Per Capita Annual Consumption Expenditure of Rural Residents(yuan)	193	1 262	3 368	4 138	4 753
城乡居民储蓄存款余额(亿元)	Saving Deposits of Urban and Rural Residents(100 million yuan)	18.18	252.16	1 396.13	2 524.05	3 001.89
工资和福利	**Wages and Welfare**					
职工工资总额(亿元)	Total Wages of Staff and Workers(100 million yuan)	28.12	146.78	440.75	614.53	678.29
职工平均工资(元)	Average Annual Wages of Staff and Workers(yuan)	672	2 917	9 279	15 420	17 764
职工劳保福利费(亿元)	Labour Insurance and Welfare Funds for Staff and Workers(100 million yuan)		68.00	199.91	347.86	302.07
卫 生	**Health Care**					
医 院(个)	Number of Hospitals(unit)	388	462	485	459	432
医生(万人)	Number of Doctors(10 000 persons)	3.35	5.82	5.37	4.99	4.85
医院床位数(万张)	Number of Hospital Beds(10 000 beds)	4.68	6.21	6.69	7.31	7.63
城市建设	**Urban Construction**					
城市基础设施投资额(亿元)	Investment in Urban Infrastructure(100 million yuan)	4.46	47.22	273.78	449.90	510.78
自来水售水量(亿立方米)	Sales Volume of Tap Water(100 million cu. m)	9.11	12.25	19.04	19.75	20.27
城市排水管道长度(公里)	Length of Sewer Pipelines in Urban Areas(km)	1301	1 892	2 536	3 920	4 001
用电量(亿千瓦时)	Electricity Consumption(100 million kwh)	147.09	264.74	403.27	559.42	592.99
城市煤气供应量(亿立方米)	Volume of Coal Gas Supply in Urban Areas (100 million cu. m)	8.31	12.72	18.81	21.31	21.98
年末出租车运营总数(辆)	Year-end Operating Vehicles(vehicle)	1 720	11 298	36 991	42 943	46 921
运营公交车辆数(辆)	Total Number of Public Buses(vehicle)	2 983	6 264	11 637	17 939	18 083
铺装道路长度(公里)	Length of Paved Roads(km)	905	1 631	3 008	6 641	9 225
公共绿地面积(公顷)	Public Green Area(hectare)	383	983	1 793	4 812	5 820
火灾、交通事故	**Fire and Traffic Accidents**					
火灾发生数(起)	Number of Fire Disasters(unit)		2 146	1 114	5 164	3 164
火灾损失额(万元)	Fire Loss(10 000 yuan)		1 868	2 100	1 919	966
交通事故发生数(起)	Number of Traffic Accidents(unit)		7 624	16 728	41 262	42 078
交通事故损失额(万元)	Loss of Traffic Accidents(10 000 yuan)		1 345	12 077	20 391	23 883

① 本表总量指标中的价值量指标均按当年价格计算。
② 2000 年以前邮电业务总量按 1990 年不变价格计算,2001 年按 2000 年不变价格计算。
③ 2000 年以前,农村居民人均可支配收入为农村居民人均纯收入。
❶ The data in value terms in the table are calculated at current prices.
❷ Figures on postal and telecommunication services were calculated at constant prices of 1990. Before 2000, white calculated at constant prices of 2000 in 2001.
❸ Before 2000, Per Captia annual disposable income of rural residents referred to per captia annual net income of rural residents.

表1.3 主要年份社会经济主要指标发展速度
GROWTH RATE OF MAJOR SOCIAL AND ECONOMIC INDICATORS IN MAIN YEARS

单位:%

指 标	Indicators	2001年比下列各年增长 Increase over Year Below 1978	1990	1995	2000
人口与就业	**Population and Employment**				
年末总人口	Year-end population	20.8	3.4	2.0	0.4
#非农业人口	Non-agricultural Population	54.8	15.6	8.4	1.3
职工人数	Staff and Workers	-11.2	-26.1	-20.2	-3.8
宏观经济	**Macro Economic**				
国内生产总值	Gross Domestic Product	7.2倍	2.5倍	88.7	10.2
第一产业	Primary Industry	69.2	30.7	21.7	3.0
第二产业	Secondary Industry	6.5倍	2.4倍	78.2	12.0
#工 业	Industry	6.5倍	2.5倍	77.6	12.1
第三产业	Tertiary Industry	12倍	3.0倍	1.2倍	8.7
在国内生产总值中	In Gross Domestic Product				
最终消费	Final Consumption	6.4倍	1.8倍	67.7	10.7
居民消费	Resident Consumption	6.0倍	1.8倍	63.0	9.8
政府消费	Government Consumption	8.5倍	1.8倍	86.6	13.9
资本形成总额	Total Capital Formed	11.5倍	2.7倍	40.7	7.9
固定资本形成	Fixed Assets	18倍	3.4倍	47.3	7.9
存货增加	Stock Increased	1.8倍	40.3	-3.7	8.4
全社会固定资产投资总额	Total Investment in Fixed Assets	70倍	7.8倍	24.5	6.7
全市财政收入	Financial Revenue	9.5倍	6.0倍	1.8倍	13.9
#地方财政收入	Local Financial Revenue	2.7倍	2.6倍	1.7倍	24.6
地方财政支出	Local Financial Expenditure	27倍	8.6倍	1.7倍	16.6
签订吸收外资合同项目	Number of Contracts		11倍	-2.9	36.3
签订吸收外资合同金额	Contracted Investment		24倍	43	31.4
实际吸收外资金额	Foreign Capital Actually Absorbed		8.5倍	39.9	37.5
产 业	**Industries**				
农业总产值	Gross Output Value of Agriculture	1.4倍	69.6	33.7	7.1
工业总产值	Gross Output Value of Industry	9.6倍	3.8倍	1.1倍	16.4
轻工业	Light Industry	7.7倍	2.6倍	71.6	10.6
重工业	Heavy Industry	11倍	5.0倍	1.4倍	20.2
货物运输量	Freight Traffic Volume	1.8倍	1.0倍	96	3.5
旅客发送量	Passenger Departing	2.6倍	64.9	20.1	-8.3
港口货物吞吐量	Cargo Handled at Ports	1.8倍	58.3	33.4	8.1
社会消费品零售总额	Retail Sales of Consumer Goods	33倍	4.6倍	91.9	8.1

注：本表速度指标中，国内生产总值及三次产业、工业总产值、农业总产值均按可比价格计算。
Note: The growth rates of the following indicators are calculated at comparable prices: groos domestic output, gross output value of agriculture, gross output value of industry.

表 1.3 续表 1 continued

单位:%

指 标	Indicators	2001 年比下列各年增长 Increase over Year Below 1978	1990	1995	2000
进出口总额	Total Value of Foreign Import and Export	19 倍	7.2 倍	2.2 倍	11.3
进口额	Import	249 倍	15 倍	3.5 倍	13.3
出口额	Export	8.5 倍	4.2 倍	1.4 倍	9.0
来沪旅游人数	Number of Tourists Visiting Shanghai	7.5 倍	1.3 倍	49.3	12.6
旅游外汇收入	Foreign Exchange Earnings from Tourism	31 倍	6.8 倍	91.5	12.1
保险费收入	Premium Income	1 059 倍	19 倍	6.0 倍	41.7
赔款支出	Indemnity Expenditure	227 倍	16 倍	2.0 倍	7.2
教育、科技、文化	**Education, Science and Technology and Culture**				
普通高等学校在校学生	Students Enrollment of Higher Education	4.5 倍	1.3 倍	94.3	23.5
普通中学在校学生	Students Enrollment of Secondary School	-20.0	66.1	10.8	0.9
小学在校学生	Student Enrollment of Primary School	-17.0	-34.4	-34.2	-8.3
用于教育的财政支出	Government Expenditures on Education	53 倍	8.8 倍	1.8 倍	18.4
科技成果	Achievements in Science and Technology	92.8	-36	-0.9	21.4
研究与发展经费支出	Research and Development Expenses		7.7 倍	1.7 倍	15.3
图书出版	Books Publication	-31.6	-10.1	9.8	5.5
杂志出版	Magazines Publication	2.9 倍	6.9	3.9	平
报纸出版	Newspapers Publication	1.6 倍	5.1	-10.8	1.3
家庭、生活、环境	**Family, Livelihood and Environment**				
城市居民人均可支配收入	Per Capita Annual Disposable Income of Urban Households	22 倍	4.9 倍	79.6	9.9
城市居民人均消费性支出	Per Capita Annual Consumption Spending of Urban Households	18 倍	3.8 倍	59.1	5.3
农村居民人均可支配收入	Per Capita Annual Disposable Income of Rural Residents	20 倍	2.5 倍	37.8	5.1
农村居民人均生活消费支出	Per Capita Annual Consumption Expenditure of Rural Residents	24 倍	2.8 倍	41.1	14.9
职工工资总额	Total Wages of Staff and Workers	23 倍	3.6 倍	53.9	10.4
医 生	Number of Doctors	44.8	-16.7	-9.7	-2.8
医院床位数	Number of Hospital Beds	63.0	22.9	14.1	4.4
城市基础设施投资额	Investment in Urban Infrastructure	114 倍	10 倍	86.6	13.5
自来水售水量	Sales Volume of Tap Water	1.2 倍	65.5	6.5	2.6
城市排水管道长度	Length of Sewer Pipelines of Urban Areas	2.1 倍	1.1 倍	57.8	2.1
用电量	Electricity Consumption	3.0 倍	1.2 倍	47.0	6.0
城市煤气供应量	Volume of Coal Gas Supply in Urban Areas	1.6 倍	72.8	16.9	3.1

表 1.3 续表 2 continued

单位:%

指　标	Indicators	平均每年增长 Average Year Increase Rate 1979～2001	1991～2001	1996～2001
年末总人口	Year-end Population	0.8	0.3	0.3
职工人数	Staff and Workers	-0.5	-2.7	-3.7
国内生产总值	Gross Domestic Product	9.6	12.0	11.2
第一产业	Primary Industry	2.3	2.5	3.3
第二产业	Secondary Industry	9.1	11.8	10.1
第三生产	Tertiary Industry	11.8	13.3	14.0
在国内生产总值中	In Gross Domestic Product			
最终消费	Final Consumption	9.1	9.7	9.0
居民消费	Resident Consumption	8.8	9.7	8.5
政府消费	Government Consumption	10.3	9.9	11.0
资本形成总额	Total Capital Formed	11.6	12.6	5.9
固定资本形成	Fixed Assets	13.6	14.3	6.7
存货增加	Stock Increased	4.5	3.1	-0.6
全社会固定资产投资总额	Total Investment in Fixed Assets	22.9	29.0	5.4
全市财政收入	Financial Revenue	10.7	19.4	19.0
#地方财政收入	Local Financial Revenue	5.8	12.5	18.2
地方财政支出	Local Financial Expenditure	15.6	22.8	18.1
签订吸收外资合同项目	Number of Contracts		36.0	-8.1
签订吸收外资合同金额	Contracted Investment		44.0	4.9
实际吸收外资金额	Foreign Capital Actually Absorbed		28.8	4.7
农业总产值	Gross Output Value of Agriculture	3.8	4.9	5.0
工业总产值	Gross Output Value of Industry	10.8	15.2	13.0
轻工业	Light Industry	9.8	12.3	9.4
重工业	Heavy Industry	11.5	17.6	15.7
货物运输量	Freight Traffic Volume	4.5	6.6	11.9
旅客发送量	Passenger Departing	5.7	4.7	3.1
港口货物吞吐量	Cargo Handled at Ports	4.5	4.3	4.9
社会消费品零售总额	Retail Sales of Consumer Goods	16.6	16.9	11.5
进出口总额	Total Value of Foreign Import and Export	13.9	21.1	21.4
进口额	Import	27.1	28.5	28.3
出口额	Export	10.3	16.2	15.6
城市居民人均可支配收入	Per Capita Annual Disposable Income of Urban Households	14.6	17.5	10.3
城市居民人均消费性支出	Per Capita Annual Consumption Spending	13.7	15.4	8.0
农村居民人均可支配收入	Per Capita Annual Disposable Income of Rural Residents	14.1	12.1	5.5
农村居民人均生活消费支出	Per Capita Consumption Expenditure of Rural Residents	14.9	12.8	5.9
职工工资总额	Total Wages of Staff and Workers	14.8	14.9	7.4
医　生	Number of Doctors	1.6	-1.6	-1.7
高等学校在校学生	Students Enrollment of Higher Education	7.7	7.9	11.7
城市基础设施投资额	Investment in Urban Infrastructure	25.2	30.7	15.3

表 1.4 主要年份社会经济发展结构指标
STRUCTURAL INDICATORS ON ECONOMIC AND SOCIAL DEVELOPMENT IN MAIN YEARS

单位:%

	指 标 Indicators	1978	1990	1995	2000	2001
人 口	**Population**					
农业非农业结构	Structure of Agriculture and Non-agriculture	100	100	100	100	100
农 业	Agriculture	41.3	32.6	29.2	25.4	24.7
非农业	Non-agriculture	58.7	67.4	70.8	74.6	75.3
性别结构	Structure of Sex	100	100	100	100	100
男	Male	49.4	50.4	50.4	50.4	50.4
女	Female	50.6	49.6	49.6	49.6	49.6
就 业	**Employment**					
从业人员产业结构	Employment Structure of Industry	100	100	100	100	100
第一产业	Primary Industry	34.4	11.1	9.8	10.8	11.6
第二产业	Secondary Industry	44.0	59.3	54.5	44.3	41.2
第三产业	Tertiary Industry	21.6	29.6	35.7	44.9	47.2
国民经济核算	**National Economic Accounting**					
国内生产总值产业结构	Structure of GDP	100	100	100	100	100
第一产业	Primary Industry	4.0	4.3	2.5	1.8	1.7
第二产业	Secondary Industry	77.4	63.8	57.3	47.6	47.6
第三产业	Tertiary Industry	18.6	31.9	40.2	50.6	50.7
国内生产总值所有制结构	Structure of GDP Ownership	100	100	100	100	100
公有制经济	State-owned	99.0	96.1	82.9	74.0	71.4
国有经济	State-owned	86.2	71.9	59.7	55.7	54.4
集体经济	Collective-owned	12.8	24.2	23.2	18.3	17.0
非公有制经济	Non-state owned	1.0	3.9	17.1	26.0	28.6
固定资产投资	**Investment in Fixed Assets**					
全社会固定资产投资结构	Structure of Total Investment in Fixed Assets	100	100	100	100	100
基本建设	Capital Construction	51.8	47.8	34.5	37.6	35.7
更新改造	Technical Updates and Transformation	20.1	31.6	24.3	21.2	21.9
房地产开发	Investment in Real Estate		3.6	29.1	30.3	31.6
其他投资	Other Investment	28.1	17.0	12.1	10.9	10.8
全社会固定资产投资结构	Structure of Total Investment in Fixed Assets	100	100	100	100	100
国有经济	State-owned			58.4	44.4	38.1
非国有经济	Non-State-owned			41.6	55.6	61.9
集体经济	Collective-owned				8.4	6.9
私营经济	Private				4.5	5.9
联营经济	Joint Owned				2.2	0.9
股份制经济	Shareholding				22.5	29.1
外商经济	Foreign Funded				11.9	13.8
港澳台经济	Hong Kong, Macao and Taiwan Funded				5.1	4.3
财 政	**Government Finance**					
地方财政收入结构	Structure of Local Financial Revenue	100	100	100	100	100
#增值税	Value-added Tax			23.4	18.8	18.0
营业税	Sales Tax			38.8	30.9	30.8
企业所得税	Enterprise Income Tax			18.9	20.7	24.1
个人所得税	Individual Income Tax			6.6	12.1	12.6
地方财政支出结构	Structure of Local Financial Expenditures	100	100	100	100	100
#基本建设支出	Capital Construction	45.2	18.5	15.8	21.3	19.9
企业挖潜改造资金	Technical Updates and Transformation of Enterprises	9.3	9.1	10.7	12.5	13.9
城市维护费	City Maintenance	2.0	8.9	6.5	5.7	5.6
科教文卫事业费	Culture, Education, Science and Health Care	11.8	24.4	22.8	21.8	21.5
行政管理费	Administration	3.2	3.0	3.6	3.6	3.8

表1.4 续表1 continued

单位:%

	指 标 Indicators	1978	1990	1995	2000	2001
吸收外资	**Foreign Capital Absorbed**					
实际吸收外资结构	Structure of Foreign Capital Actually Absorbed		100	100	100	100
#合资企业	Joint Ventures		13.8	33.1	24.0	23.5
合作企业	Coopratiye Ventures		8.6	20.5	5.5	7.0
独资企业	Sole-foreign Enterprises		0.3	6.9	29.1	28.8
对外借款	Foreign Loans		75.5	38.4	41.4	40.7
农 业	**Agriculture**					
农业总产值结构	Structure of Gross Output Value of Agriculture	100	100	100	100	100
种植业	Planting	73.9	42.7	42.6	41.5	42.0
林 业	Forestry	0.3	0.5	0.2	0.7	1.5
牧 业	Animal Husbandry	20.1	44.4	44.7	40.3	38.9
渔 业	Fishery	5.7	12.4	12.5	17.5	17.6
工 业	**Industry**					
工业总产值结构	Structure of Gross Output Value of Industry	100	100	100	100	100
轻工业	Light Industry	51.8	51.5	46.0	41.3	38.3
重工业	Heavy Industry	48.2	48.5	54.0	58.7	61.7
建筑业	**Construction**					
建筑业总产值结构	Structure of Gross Output Value of Construction			100	100	100
土木工程建筑业	Civil Engineering Construction			87.0	80.3	80.4
线路管道设备安装业	Line and Equipment Installation			8.0	8.7	10.0
建筑物装修装饰业	Building Decoration			5.0	11.0	9.6
运输业	**Transportation**					
货运量结构	Structure of Freight Traffic	100	100	100	100	100
铁 路	Railways	22.0	19.4	23.3	10.2	10.3
公 路	Highways	36.6	32.5	22.8	54.3	53.4
水 运	Waterways	41.4	48.0	53.8	35.3	36.1
民用航空	Civil Aviation	…	0.1	0.1	0.2	0.2
国内商业	**Domestic Trade**					
社会消费品零售总额结构	Structure of Retail Sales of Consumer Goods	100	100	100	100	100
吃	Food	49.1	42.6	39.6	40.7	40.7
穿	Clothing	21.4	15.7	14.7	13.4	13.3
用	Articles	28.0	41.1	45.0	45.1	45.2
烧	Fuels	1.5	0.6	0.7	0.8	0.8
对外经济贸易	**Foreign Trade**					
出口商品结构	Structure of Exports				100	100
初级产品	Primary Goods				3.4	2.8
工业制成品	Manufactured Goods				96.6	97.2
进口商品结构	Structure of Imports				100	100
初级产品	Primary Goods				11.9	11.0
工业制成品	Manufactured Goods				88.1	89.0
国际旅游	**International Tourism**					
来沪旅游人数结构	Structure of Tourists Visiting Shanghai	100	100	100	100	100
外国人	Foreigners	71.1	51.6	78.6	76.7	71.9
华 侨	Overseas Chinese	2.7	2.1	1.9	2.6	2.3
港澳同胞	Hong Kong, Macao	26.2	11.6	11.3	9.7	10.1
台湾同胞	Taiwanese		34.7	8.2	11.0	15.7

表 1.4 续表 2 continued

单位:%

指标	Indicators	1978	1990	1995	2000	2001
金 融	**Finance**					
银行存款结构	Structure of Total Saving Deposit Balance	100	100	100	100	100
#企业存款	Enterprise Deposit	12.9	43.1	52.4	59.6	58.8
财政存款	Treasury Saving Deposit	76.7	9.4	4.7	2.6	2.3
农业存款	Rural Saving Deposit	3.5	3.0	0.4	2.5	2.6
银行贷款结构	Structure of Total Loan Balance	100	100	100	100	100
#短期贷款	Short Term Loan	99.6	75.2	74.3	74.1	58.1
中长期贷款	Middle and Long Term Loan		14.8	18.1	19.3	32.3
教 育	**Education**					
在校学生结构	Structure of Students Enrollment	100	100	100	100	100
大学生	Institutions of Higher Education	2.6	7.1	7.3	12.5	15.5
中学生	Secondary Schools	52.1	28.3	36.8	43.9	44.5
小学生	Primary Schools	45.3	64.6	55.9	43.6	40.0
专任教师结构	Structure of Full-time Teachers	100	100	100	100	100
高等教育	Institutions of Higher Education	13.3	20.5	17.6	17.8	18.8
普通中学	Regular Secondary Schools	46.5	32.8	37.9	43.6	44.1
小 学	Primary Schools	40.2	46.7	44.5	38.6	37.1
生 活	**Livelihood**					
城市居民消费结构	Consumption Structure of Urban Residents		100	100	100	100
食品类	Food		56.5	53.2	44.2	43.1
衣着类	Clothing		10.8	9.6	6.4	6.2
家庭设备、用品及服务	Household Facilities, Articles and Services		7.5	11.5	8.3	6.9
医疗保健	Medicines and Medical Services		0.6	1.9	5.6	6.0
交通和通信	Transport and Communications		2.2	5.1	7.8	9.4
娱乐、教育、文化服务	Recreation, Education and Cultural Services		11.8	7.9	13.8	14.5
居 住	Residence		4.6	6.2	8.4	7.8
杂项商品和服务	Miscellanecus Commodities and Services		6.0	4.6	5.5	6.1
农村居民消费结构	Consumption Structure of Rural Residents	100	100	100	100	100
食品类	Food	60.6	46.4	44.3	44.0	40.3
衣着类	Clothing	15.0	8.5	6.9	4.9	4.7
居 住	Residence	13.0	21.6	22.6	17.5	18.7
家庭设备、用品及服务	Household Facilities, Articles and Services	6.2	10.2	8.4	5.4	6.2
医疗保健	Medicines and Medical Services		2.6	2.2	5.1	5.6
交通和通信	Transport and Communications		0.5	4.7	6.7	7.1
文教娱乐用品及服务	Cultural, Education and Recreation Articles and Services		4.7	7.6	13.5	14.2
其他商品和服务	Other Commodities and Services	5.2	5.5	3.3	2.9	3.2
福 利	**Social Welfare**					
职工劳保福利费结构	Structure of Insurance and Welfare Fund For Stuff and Workers		100	100	100	100
#离退休职工的离退休费	Pensions for Retired Veteran Carders		28.6	39.2	59.0	75.8
医疗卫生费	Medical Care		30.0	38.0	29.0	9.5
卫 生	**Health Care**					
卫生机构数结构	Structure of Various Health Care Institutions	100	100	100	100	100
#医 院	Hospital	8.0	6.0	9.2	10.4	11.3
疗养院、所	Sanatoriums	1.1	0.5	0.2	0.1	0.1
门诊部、所	Clinics	87.0	90.3	87.1	85.7	84.2
高、中等医药院校	Medical Institutions of Higher Education and Secondary Medical Schools	0.8	0.4	0.5	0.5	0.5
卫生技术人员结构	Structure of Medical Professionals	100	100	100	100	100
#医 生	Doctors	39.4	49.2	48.6	46.6	46.2
护师、护士	Senior and Junior Nurses	26.2	27.6	30.7	34.4	35.2

表 1.5　主要年份社会经济发展相对指标
RELATIVE INDICATORS ON ECONOMIC AND SOCIAL DEVELOPMENT IN MAIN YEARS

指　标	Indicators	1978	1990	1995	2000	2001
人口与就业	**Population and Employment**					
人　口	**Population**					
出生率(‰)	Birth Rate(‰)	11.3	10.2	5.5	5.3	4.4
死亡率(‰)	Death Rate(‰)	6.2	6.7	7.5	7.2	7.1
自然增长率(‰)	Natural Growth Rate(‰)	5.1	3.5	-2.0	-1.9	-2.7
就　业	**Employment**					
城市就业者负担人口	Dependency Ratio of Employee in Urban Areas	1.65	1.64	1.88	1.85	1.94
三次产业从业者比例（以第一产业从业人员为100）	Employment Ratio by Type of Industry (Employment in Primary Industry = 100)					
第一产业	Primary Industry	100	100	100	100	100
第二产业	Secondary Industry	128.1	535.3	552.8	411.3	355.5
第三产业	Tertiary Industry	62.8	267.5	362.1	417.0	407.4
宏观经济	**Macro Economic**					
国民经济核算	**National Economic Accounting**					
经济增长贡献率(%)	Contribution Rate to Gross Domestic Product(%)		100	100	100	100
第一产业	Primary Industry		4.7	1.0	0.6	0.5
第二产业	Secondary Industry		49.4	55.2	42.4	56.0
#工　业	Industry		43.1	49.2	41.0	51.1
第三产业	Tertiary Industry		45.9	43.8	57.0	43.5
#运输、仓储、邮电通信业	Transportation, Storage, Post and Telecommunications		22.9	3.8	9.1	6.0
批发和零售贸易业、餐饮业	Wholesale, Retail and Catering Businesses		0.5	9.8	11.3	16.4
房地产业	Real Estate			21.5	7.4	11.4
人均国内生产总值(元)	Per Capita Gross Domestic Produst(yuan)	2 498	5 910	18 942	34 547	37 382
固定资产投资	**Investment in Fixed Assets**					
全社会固定资产投资相当于国内生产总值比例(%)	Proportion of Investment in Fixed Assets to Gross Domestic Produst(%)	10.2	30.0	65.0	41.1	44.3
全社会房屋建筑面积竣工率(%)	Rate of Total Floor Space of Buildings Completed in Construction(%)		56.3	29.3	37.8	37.4
基本建设固定资产交付使用率(%)	Rate of Fixed Completed in Capital Construction and Put into Use(%)		109.9	50.6	83.5	38.9
基本建设项目建成投产率(%)	Rate of Projects Completed in Capital Construction and Put into Use(%)		35.4	33.0	34.9	34.4
财　政	**Finance**					
全市财政收入相当于国内生产总值比例(%)	Total Municipal Financial Revenue as Percentage of Gross Domestic Product(%)	69.9	37.6	28.5	38.5	40.3
吸收外资	**Absorption of Foreign Capital**					
实际吸收外资额相当于签订吸收外资比例(%)	Proportion of Foreign Capital Actually Used to Total Absorption of Foreign Capital(%)		182.5	71.5	66.9	70.0

表 1.5 续表 1 continued

	指 标 Indicators	1978	1990	1995	2000	2001
能源与电力消费	**Consumption of Energy and Electricity**					
电力消费弹性系数	Elasticity Coefficient of Electricity Consumption	0.68	1.66	0.49	1.07	0.59
能源消费弹性系数	Elasticity Coefficient of Energy Consumption	0.42	1.06	0.48	0.68	0.58
每万元工业总产值综合能耗(吨标准煤)	Energy Consumed Per 10 000 yuan Industrial Output Value(ton of SCE)		2.06	0.89	0.57	0.50
产 业	**Industries**					
农 业	**Agriculture**					
平均每个农村人口占有耕地(平方米)	Cultivated Area Per Rural Person(sq. m)	800	773	740	781	722
每公顷耕地农业机械总动力(千瓦)	Total Power of Agricultural Machinery Per 10 000 Hectares of Cultivated Land(kw)	4.86	8.55	5.53	4.99	4.77
农民人均农产品产量(公斤)	Output of Farm Products Per Agricultural Laborer(kg)					
粮 食	Grain	585	556	522	475	416
棉 花	Cotton	26.7	2.9	0.8	0.3	0.4
油菜籽	Rapeseed	26.80	43.10	39.30	42.90	33.85
蔬 菜	Vegetables	290	330	463	1 029	1 166
猪 肉	Pork	29.90	55.80	61.00	70.88	72.59
水产品	Aquatic Products	49.80	65.50	74.10	78.82	81.84
每公顷播种面积农产品产量(公斤)	Output of Farm Crops per Hectare of Sowning Area(kg)					
粮 食	Grain	4 905	5 865	6 382	6 722	7 170
棉 花	Cotton	1 252	938	1 091	1 122	1 273
油菜籽	Rapeseed	2 275	1 956	1 976	2 242	1 973
蔬 菜	Vegetables	36 842	24 069	28 093	26 849	28 383
工 业	**Industry**					
工业企业经济效益综合指数	Comprehensive Index of Industry Economic Results			133.02	140.45	150.65
总资产贡献率(%)	Total Assets Contribution Ratio(%)				9.45	9.25
资本保值增值率(%)	Ratio of Capital Hold and Rise(%)				127.71	120.73
资产负债率(%)	Asset-debt Ratio(%)				50.24	46.96
成本费用利润率(%)	After-Tax Profits/Cost(%)			6.25	6.18	6.43
工业产品销售率(%)	Sales Rate of Industrial Products(%)			98.67	98.84	98.76
流动资产周转率(%)	Turnover Rate of Current Assets(%)			1.53	1.54	1.53
全员劳动生产率(元/人)	Overall Industrial Labor Productivity(yuan/person)			35 252	69 112	86 676
建筑业	**Construction**					
技术装备率(元/人)	Per Capita Machinery Value(yuan/person)		4 522	6 491	10 735	11 802
全员劳动生产率(元/人)(按总产值计算)	Overall Labor Productivity(yuan/person)(In Term of Output Value)	6 005	18 569	67 023	109 244	118 641
交通、通信业	**Transportation and Telecommunication Services**					
每万人拥有公共车辆(辆)	Per 10 000 Persons Possession of Buses(vehicle)	2.1	4.2	8.4	13.1	13.2
住宅电话普及率(%)	Proportion of Household Telephone Installed(%)				89.8	97.1
国内商业	**Domestic Trade**					
每万人拥有批发零售贸易、餐饮业网点(个)	Retail,Catering and Service Outlets Owned Per 10 000 Persons(unit)	21	101	126	172	183
每万人拥有批发零售贸易、餐饮业人员数(人)	Retail,Catering and Service Employments Owned Per 10 000 Persons(person)	361	582	855	1 168	1 248
人均消费品零售额(元)	Per Capita Retail Sales of Consumer Goods(yuan)	495	2 608	7 461	13 031	14 054

表1.5 续表2 continued

	指 标 Indicators	1978	1990	1995	2000	2001
对外经济贸易	**Foreign Trade**					
进出口总额相当于国内生产总值比例(%)	Total Value of Foreign Imports and Exports to Groos Domestic Product(%)	19.1	47.0	64.3	99.4	101.8
出口总额相当于国内生产总值比例(%)	Total Value of Export to Groos Domestic Product(%)	18.2	33.6	39.1	46.1	46.2
教育、科技、文化	**Education, Science and Technology and Culture**					
教 育	**Education**					
学龄儿童入学率(%)	Rate of School-age Children Enrollment(%)	99.30	99.93	99.6	99.99	99.99
高中阶段升学率(%)	Rate of Entering Senior Secondary Schools(%)		75.9	86.9	97.0	98.0
高考录取率(%)	Enrolled Rate of Taking High Education Entrance Exam(%)				67.4	75.9
平均每个教师负担学生数(人)	Students Teached by Per Teacher(person)					
高等学校	Institutions of Higher Education	3	5	7	11	13
中等学校	Secondary Schools	17	11	16	17	16
小 学	Primary Schools	18	19	20	18	17
科 技	**Science and Technology**					
研究与开发经费支出相当于国内生产总值比例(%)	R&D Expense as Percentage of Groos Domestic Product(%)	0.48	1.36	1.32	1.69	1.78
文 化	**Culture**					
每百万人拥有电影放映单位(个)	Number of Film Projection Teams Per Million Persons (unit)	73	45	35	34	28
每百万人拥有公共图书馆(个)	Number of Public Libraries Per Million Persons(unit)	2	4	2	2	2
家庭、生活、环境	**Family, Livelihood and Environment**					
婚 姻	**Marriages and Divorces**					
离婚率(‰)	Divorce Rate(‰)		2.6	3.5	4.8	4.8
生 活	**Livelihood**					
城市与农村居民可支配收入比例	Ratio of Annual Net Income of Urban Residents to Rural	1:0.50	1:0.76	1:0.59	1:0.47	1:0.45
福 利	**Welfare**					
职工劳保福利费相当于工资总额比例(%)	Labour Insurance and Welfare Funds of Staff and Workers as Percentage of Total Wages(%)		46.3	45.4	56.6	44.5
离退休退职人数相当于在职人数比例(%)	Workers Who Have Retired or Resigned as Percentage of Employed Ones(%)	11	31	39	60	64
卫 生	**Health Care**					
每万人拥有医院数(个)	Number of Hospitals Per 10 000 Persons(unit)	0.35	0.36	0.37	0.35	0.33
每万人拥有医生数(人)	Number of Doctors Per 10 000 Persons(person)	31	45	41	38	37
每万人拥有医院床位数(张)	Number of Hospital Beds Per 10 000 Persons(bed)	43	48	52	55	58
城市建设	**Urban Construction**					
市区人均公共绿地面积(平方米)	Per Capita Public Green Areas(sq. m)	0.47	1.02	1.69	4.60	5.56
绿化覆盖率(%)	Coverage Rate of Urban Green Areas(%)	8.2	12.4	16.0	22.2	23.8

表 1.6 各时期社会经济主要指标
MAIN SOCIAL AND ECONOMIC INDICATORS OF EACH PERIOD

时 期 Period	国内生产总值（亿元） Gross Domestic Product (100 million yuan)	其中 of which 第一产业 Primary Industry	 第二产业 Secondary Industry	 第三产业 Tertiary Industry	全社会固定资产投资总额（亿元） Total Investment in Fixed Assets (100 million yuan)	住宅竣工建筑面积（万平方米） Floor Space of Residence Completed (10 000 sq. m)
"一五"时期"First Five-Year Plan"Period	293.26	12.56	163.89	116.81	19.29	294.12
"二五"时期"Second Five-Year Plan"Period	568.99	21.03	412.70	135.26	55.60	375.31
1963 ~ 1965	304.94	17.28	220.81	66.85	20.29	137.04
"三五"时期"Third Five-Year Plan"Period	657.06	37.64	487.88	131.54	34.77	207.16
"四五"时期"Fourth Five-Year Plan"Period	918.76	42.75	708.84	167.17	95.79	345.50
"五五"时期"Fifth Five-Year Plan"Period	1 309.61	49.26	1 004.23	256.12	151.44	917.64
"六五"时期"Sixth Five-Year Plan"Period	1 871.24	74.20	1 349.98	447.06	412.74	2 026.81
"七五"时期"Seventh Five-Year Plan"Period	3 137.58	130.88	2 082.31	924.39	1 020.34	2 245.77
"八五"时期"Eighth Five-Year Plan"Period	7 954.19	216.00	4 682.15	3 056.04	3 994.67	3 780.14
"九五"时期"Ninth Five-Year Plan"Period	18 539.72	389.08	9 301.75	8 845.89	9 620.86	7 809.90
1953 ~ 2001	40 503.19	1 076.18	22 770.07	16 656.94	17 420.53	19 882.87

表 1.6 续表 continued

时 期 Period	全市财政收入（亿元） Total Financial Revenue (100 million yuan)	地方财政支出（亿元） Local Financial Expenditure (100 million yuan)	工业总产值（亿元） Gross Output Value of Industry (100 million yuan)	农业总产值（亿元） Gross Output Value of Agriculture (100 million yuan)	外贸出口商品总额（亿美元） Total Exports Value of Foreign Trade (USD 100 million)	社会消费品零售总额（亿元） Retail Sales of Consumer Goods (100 million yuan)
"一五"时期"First Five-Year Plan"Period	177.51	12.25	512.03	18.85	17.46	121.02
"二五"时期"Second Five-Year Plan"Period	430.23	60.79	1 069.50	33.35	31.00	145.82
1963 ~ 1965	224.52	19.28	596.63	27.88	20.12	79.50
"三五"时期"Third Five-Year Plan"Period	466.76	39.41	1 334.94	58.83	43.08	153.86
"四五"时期"Fourth Five-Year Plan"Period	680.97	86.78	1 894.01	69.97	92.86	200.62
"五五"时期"Fifth Five-Year Plan"Period	886.60	111.30	2 550.91	88.24	150.33	302.07
"六五"时期"Sixth Five-Year Plan"Period	1 089.2	138.52	3 509.15	124.95	180.08	576.32
"七五"时期"Seventh Five-Year Plan"Period	1 342.38	327.68	6 498.13	254.46	226.96	1 383.16
"八五"时期"Eighth Five-Year Plan"Period	2 422.69	775.11	17 308.90	572.57	403.31	3 211.96
"九五"时期"Ninth Five-Year Plan"Period	6 233.99	2 421.50	29 721.24	1 035.51	880.57	7 270.19
1953 ~ 2001	15 950.47	4 719.00	68 104.93	2 512.42	2 322.09	15 305.82

表 1.7 各时期社会经济主要指标平均增长率
GROWTH RATE OF MAIN SOCIAL AND ECONOMIC INDICATORS OF EACH PERIOD

单位:%

时 期 Period	国内生产总值 Gross Domestic Product	其 中 of which 第一产业 Primary Industry	第二产业 Secondary Industry	第三产业 Tertiary Industry	全社会固定资产投资总额 Total Investment in Fixed Assets	住宅竣工建筑面积 Floor Space of Residence Completed
"一五"时期 "First Five-Year Plan" Period	13.8	3.3	18.4	8.3	23.1	28.9
"二五"时期 "Second Five-Year Plan" Period	1.6	1.3	4.1	-3.1	26.5	-3.7
1963～1965	17.1	11.6	21.8	5.6	31.4	20.1
"三五"时期 "Third Five-Year Plan" Period	8.7	3.3	9.7	5.7	-3.6	-14.7
"四五"时期 "Fourth Five-Year Plan" Period	6.6	-1.6	7.1	6.2	19.4	41.6
"五五"时期 "Fifth Five-Year Plan" Period	8.4	0.9	8.5	8.6	-2.4	19.0
"六五"时期 "Sixth Five-Year Plan" Period	9.1	4.3	8.2	12.3	20.6	9.7
"七五"时期 "Seventh Five-Year Plan" Period	5.7	1.2	5.0	8.0	18.7	-2.9
"八五"时期 "Eighth Five-Year Plan" Period	13.0	1.4	13.9	12.5	45.4	20.1
"九五"时期 "Ninth Five-Year Plan" Period	11.4	3.4	9.7	15.1	6.2	7.0
1953～2001	9.2	2.5	10.1	7.9	15.5	8.8

表 1.7 续表 continued

单位:%

时 期 Period	全市财政收入 Total Financial Revenue	地方财政支出 Local Financial Expenditure	工业总产值 Gross Output Value of Industry	农业总产值 Gross Output Value of Agriculture	外贸出口商品总额 Total Exports Value of Foreign Trade	社会消费品零售总额 Retail Sales of Consumer Goods
"一五"时期 "First Five-Year Plan" Period	18.9	12.3	14.5	2.7	30.6	5.6
"二五"时期 "Second Five-Year Plan" Period	6.2	0.6	4.9	5.2	4.2	1.2
1963～1965	10.5	25.2	18.8	12.8	11.4	-0.1
"三五"时期 "Third Five-Year Plan" Period	6.5	11.2	10.2	2.6	2.5	3.3
"四五"时期 "Fourth Five-Year Plan" Period	5.2	15.5	7.5	0.1	20.7	8.4
"五五"时期 "Fifth Five-Year Plan" Period	6.2	-6.3	7.6	1.8	14.0	11.0
"六五"时期 "Sixth Five-Year Plan" Period	5.8	19.2	7.7	4.2	-4.7	16.6
"七五"时期 "Seventh Five-Year Plan" Period	1.5	10.4	5.9	4.3	9.6	14.0
"八五"时期 "Eighth Five-Year Plan" Period	19.8	28.8	18.0	4.9	16.8	23.8
"九五"时期 "Ninth Five-Year Plan" Period	20.1	18.4	12.3	4.5	17.0	12.2
1953～2001	9.9	12.7	10.4	4.0	11.4	9.7

表 1.8 上海社会经济主要指标占全国比重(2001)
PERCENTAGE IN THE COUNTRY OF SHANGHAI'S MAIN SOCIAL AND ECONOMIC INDICATORS

指 标	Indicators	全 国 Country	上 海 Shanghai	上海占全国比重(%) Percentage of the National Total(%)
土地面积(万平方公里)	Land Area(10 000 sq. km)	960	0.63	0.1
从业人员(万人)	Employment(10 000 persons)	73 025	752.26	1.0
国内生产总值(亿元)	Gross Domestic Product(100 million yuan)	95 933	4 950.84	5.2
第一产业	Primary Industry	14 610	85.5	0.6
第二产业	Secondary Industry	49 069	2 355.53	4.8
#工 业	Industry	42 607	2 121.19	5.0
第三产业	Tertiary Industry	32 254	2 509.81	7.8
财政收入(亿元)	Total Municipal Financial Revenue(100 million yuan)	16 371	1 995.62	12.2
港口货物吞吐量(亿吨)	Cargo Handled at Seaports(100 millions tons)	24	2.21	9.2
邮电业务总量(亿元)	Revenue of Post and Telecommunication(100 million yuan)	4 370	195.52	4.5
全社会固定资产投资总额(亿元)	Total Investment in Fixed Assets(100 million yuan)	36 898	1 994.73	5.4
#基本建设	Capital Construction	14 567	712.49	4.9
更新改造	Technical Updates and Transformation	5 889	436.84	7.4
房地产开发	Investment in Real Estate	6 245	630.73	10.1
社会消费品零售总额(亿元)	Retail Sales of Consumer Goods(100 million yuan)	37 595	1 861.30	5.0
口岸进出口商品总额(亿美元)	Total Exports and Imports through Coustoms (USD 100 million)	5 098	1 204.88	23.6
#出口商品总额	Exports	2 662	680.07	25.5
外商直接投资实际到位金额(亿美元)	Direct Foreign Investment Actually Absorbed (USD 100 million)	468	43.91	9.4
国际旅游人数(万人次)	Number of International Tourists(10 000 person-times)	8 901	204.26	2.3
大学生在校学生数(万人)	Students Enrollment of Higher Education(10 000 persons)	719	28.00	3.9
图书出版量(亿册/张)	Books Published(100 million copies/signatures)	63	2.68	4.3
杂志出版量(亿册)	Magazines Published(100 million copies)	29	1.85	6.4
报纸出版量(亿份)	Newspapers Published(100 million copies)	216	16.98	7.9
卫生机构数(个)	Health Care Institutions(unit)	330 000	3 813	1.2
医 生(万人)	Doctors(10 000 persons)	209	4.85	2.3
医院床位数(万张)	Beds in Hospitals(10 000 beds)	297	7.63	2.6

第二篇

CHAPTER 2

国民经济核算

NATIONAL ECONOMIC ACCOUNTING

表 2.1 历年国内生产总值
GROSS DOMESTIC PRODUCT

年 份 Year	国内生产总值（亿元）Gross Domestic Product (100 million yuan)	其中 of which					人均国内生产总值（元）Gross Domestic Product Per Capita (yuan)
		第一产业 Primary Industry	第二产业 Secondary Industry	其中 of which		第三产业 Tertiary Industry	
				工业 Industry	建筑业 Construction		
1949	20.28	1.45	9.56	9.48	0.08	9.27	274
1950	22.43	1.66	10.08	9.78	0.30	10.69	309
1951	31.52	1.96	15.61	15.00	0.61	13.95	388
1952	36.66	2.17	19.22	18.22	1.00	15.27	430
1953	51.71	2.51	28.75	26.91	1.84	20.45	590
1954	54.70	2.26	29.67	28.38	1.29	22.77	589
1955	53.64	2.71	29.39	28.02	1.37	21.54	569
1956	63.61	2.38	35.25	34.41	0.84	25.98	681
1957	69.60	2.70	40.83	39.57	1.26	26.07	713
1958	95.61	3.57	64.66	62.93	1.73	27.38	952
1959	128.49	4.29	94.82	92.98	1.84	29.38	1 268
1960	158.39	4.23	123.36	121.47	1.89	30.80	1 521
1961	101.78	4.43	71.06	70.10	0.96	26.29	966
1962	84.72	4.51	58.80	58.05	0.75	21.41	803
1963	90.69	4.54	65.72	64.77	0.95	20.43	851
1964	100.70	6.24	72.17	70.97	1.20	22.29	933
1965	113.55	6.50	82.92	81.83	1.09	24.13	1 042
1966	124.81	6.80	92.27	91.27	1.00	25.74	1 140
1967	110.04	7.20	79.51	78.97	0.54	23.33	999
1968	123.24	8.31	89.20	88.73	0.47	25.73	1 113
1969	142.30	7.91	106.08	105.37	0.71	28.31	1 292
1970	156.67	7.42	120.82	119.86	0.96	28.43	1 446
1971	164.86	7.57	128.23	127.10	1.13	29.06	1 541
1972	170.98	8.54	132.82	131.70	1.12	29.62	1 605
1973	185.35	8.97	142.39	141.02	1.37	33.99	1 737
1974	193.45	9.45	147.86	145.95	1.91	36.14	1 805
1975	204.12	8.22	157.54	155.35	2.19	38.36	1 898
1976	208.12	8.79	158.89	156.96	1.93	40.44	1 929
1977	230.36	7.98	176.98	175.09	1.89	45.40	2 125
1978	272.81	11.00	211.05	207.47	3.58	50.76	2 498
1979	286.43	11.39	221.21	216.62	4.59	53.83	2 568
1980	311.89	10.10	236.10	230.87	5.23	65.69	2 738
1981	324.76	10.58	244.34	237.12	7.22	69.84	2 813
1982	337.07	13.31	249.32	240.75	8.57	74.44	2 877
1983	351.81	13.52	255.32	246.26	9.06	82.97	2 963
1984	390.85	17.26	275.37	263.19	12.18	98.22	3 259
1985	466.75	19.53	325.63	311.12	14.51	121.59	3 855
1986	490.83	19.69	336.02	318.89	17.13	135.12	4 008
1987	545.46	21.60	364.38	336.54	27.84	159.48	4 396
1988	648.30	27.36	433.05	399.53	33.52	187.89	5 161
1989	696.54	29.63	466.18	432.92	33.26	200.73	5 489
1990	756.45	32.60	482.68	446.88	35.80	241.17	5 910
1991	893.77	33.36	551.34	515.49	35.85	309.07	6 955
1992	1 114.32	34.16	677.39	636.68	40.71	402.77	8 652
1993	1 511.61	38.21	900.33	844.71	55.62	573.07	11 700
1994	1 971.92	48.59	1 143.24	1 069.31	73.93	780.09	15 204
1995	2 462.57	61.68	1 409.85	1 298.97	110.88	991.04	18 942
1996	2 902.20	71.58	1 582.50	1 439.14	143.36	1 248.12	22 275
1997	3 360.21	75.80	1 754.39	1 580.15	174.24	1 530.02	25 750
1998	3 688.20	78.50	1 847.20	1 646.70	200.50	1 762.50	28 240
1999	4 034.96	80.00	1 953.98	1 758.68	195.30	2 000.98	30 805
2000	4 551.15	83.20	2 163.68	1 956.66	207.02	2 304.27	34 547
2001	4 950.84	85.50	2 355.53	2 121.19	234.34	2 509.81	37 382

表2.2 历年第三产业增加值
TERTIARY INDUSTRY ADDED VALUE

单位:亿元(100 million yuan)

年 份 Years	第三产业 Tertiary Industry	#交通运输、仓储及邮电通信业 Transportation, Storage, Post and Telecommunications	#批发和零售贸易、餐饮业 Wholesale, Retail and Catering Businesses	#金融保险业 Banking and Insurance	#房地产业 Real Estate	#社会服务业 Social Service	#卫生体育和社会福利业 Health, Sports and Social Welfare	#教育文艺及广播电影电视业 Education, Culture, Broadcasting, Film and Television
1949	9.27	1.50	6.02	0.02	0.04	0.75	0.10	0.28
1950	10.69	1.56	7.31	0.02	0.05	0.77	0.11	0.29
1951	13.95	1.64	9.93	0.43	0.05	0.84	0.11	0.31
1952	15.27	1.79	10.49	0.91	0.05	0.89	0.12	0.33
1953	20.45	2.56	14.66	0.90	0.05	0.86	0.16	0.44
1954	22.77	3.11	16.30	0.85	0.05	0.83	0.17	0.52
1955	21.54	2.88	15.06	1.00	0.04	0.81	0.18	0.52
1956	25.98	2.93	18.67	1.24	0.04	0.86	0.25	0.71
1957	26.07	2.97	18.34	1.33	0.05	0.85	0.30	0.84
1958	27.38	3.69	18.24	1.89	0.05	0.94	0.31	0.89
1959	29.38	4.52	18.15	2.59	0.06	0.94	0.39	1.13
1960	30.80	4.71	17.22	4.37	0.06	1.08	0.40	1.18
1961	26.29	3.68	13.88	4.13	0.06	1.07	0.42	1.19
1962	21.41	3.02	10.22	3.68	0.06	1.00	0.44	1.25
1963	20.43	3.08	10.28	2.81	0.06	0.91	0.43	1.23
1964	22.29	3.63	11.73	2.58	0.07	0.93	0.44	1.24
1965	24.13	4.08	12.59	3.02	0.07	1.01	0.44	1.25
1966	25.74	4.47	13.60	3.38	0.07	1.05	0.41	1.16
1967	23.33	3.50	12.46	3.05	0.07	1.14	0.40	1.15
1968	25.73	3.85	12.91	4.79	0.08	1.14	0.38	1.08
1969	28.31	4.13	15.21	4.85	0.08	1.20	0.35	1.00
1970	28.43	4.50	14.74	5.04	0.08	1.15	0.38	1.08
1971	29.06	4.83	14.25	5.20	0.09	1.53	0.39	1.11
1972	29.62	5.34	15.18	4.06	0.11	1.61	0.43	1.21
1973	33.99	5.95	16.82	5.43	0.12	1.93	0.49	1.39
1974	36.14	6.30	18.13	5.69	0.13	1.98	0.51	1.45
1975	38.36	7.34	18.58	5.85	0.16	2.25	0.55	1.57
1976	40.44	7.82	18.47	6.36	0.20	2.48	0.70	1.98
1977	45.40	10.84	19.97	6.50	0.22	2.61	0.71	2.03
1978	50.76	12.04	23.15	7.02	0.27	2.90	0.72	2.06
1979	53.83	13.43	23.70	7.42	0.33	3.21	0.73	2.08
1980	65.69	15.45	31.62	7.82	0.36	3.58	0.89	2.54
1981	69.84	16.34	32.73	8.29	0.43	4.38	0.97	2.77
1982	74.44	17.28	29.18	13.36	0.48	4.72	1.27	3.60
1983	82.97	20.04	31.66	14.98	0.48	4.96	1.52	4.33
1984	98.22	22.93	38.22	17.21	0.52	6.31	1.81	5.12
1985	121.59	25.75	51.82	20.53	0.58	7.44	2.28	5.82
1986	135.12	31.51	51.56	25.59	0.53	8.63	2.33	6.89
1987	159.48	34.89	53.74	34.03	3.13	10.76	3.16	7.77
1988	187.89	42.08	64.19	41.88	3.37	10.53	4.07	8.42
1989	200.73	49.31	41.14	63.48	4.84	10.65	4.80	10.73
1990	241.17	62.44	51.84	71.07	3.75	14.80	6.01	12.73
1991	309.07	79.77	63.68	83.18	12.19	23.47	6.34	17.33
1992	402.77	95.92	96.31	98.93	20.48	30.84	8.24	21.55
1993	573.07	119.21	158.82	140.51	26.38	45.57	12.73	29.51
1994	780.09	148.44	206.44	214.75	39.09	61.74	17.74	39.81
1995	991.04	169.76	269.49	245.45	91.29	83.01	23.88	44.80
1996	1 248.12	204.32	316.15	347.84	124.26	96.06	28.88	56.16
1997	1 530.02	227.88	380.78	459.63	147.51	120.06	33.77	64.70
1998	1 762.50	244.42	412.04	512.21	185.40	160.45	43.51	89.93
1999	2 000.98	271.97	445.77	577.56	210.53	191.77	54.72	115.69
2000	2 304.27	315.42	485.30	685.03	251.70	221.45	62.94	137.66
2001	2 509.81	344.85	550.35	619.99	316.85	272.06	71.86	164.03

表2.3 历年国内生产总值指数(以1952年为100)
INDICES OF GROSS DOMESTIC PRODUCT(YEAR 1952 = 100)

年 份 Year	国内生产总值 Gross Domestic Product	其中 of which					人均国内生产总值 Gross Domestic Product Per Capita
		第一产业 Primary Industry	第二产业 Secondary Industry	其中 of which		第三产业 Tertiary Industry	
				工业 Industry	建筑业 Construction		
1949	57.3	66.8	49.6	51.9	8.0	65.7	66.0
1950	63.2	76.5	52.3	53.5	31.0	74.5	74.2
1951	85.2	90.3	81.2	82.2	62.0	90.2	89.0
1952	100.0	100.0	100.0	100.0	100.0	100.0	100.0
1953	138.5	117.5	146.1	143.2	197.6	131.9	133.2
1954	142.9	110.6	153.4	153.5	149.5	134.5	129.5
1955	142.9	142.2	156.2	156.3	151.9	126.6	127.8
1956	176.8	115.8	200.2	205.4	104.3	156.4	159.5
1957	190.8	117.7	232.6	236.0	169.0	148.7	164.6
1958	251.9	122.2	371.2	378.8	218.2	136.5	211.1
1959	343.6	125.5	556.8	572.7	228.7	141.0	285.5
1960	443.6	121.5	758.4	784.0	231.6	147.5	358.7
1961	279.9	123.6	408.8	422.6	129.7	156.6	223.6
1962	206.0	125.6	284.9	294.6	85.6	127.0	164.4
1963	231.5	122.9	346.7	358.8	99.3	118.7	183.1
1964	269.5	167.9	401.8	415.5	124.2	136.6	210.4
1965	330.4	174.6	514.3	533.1	124.0	149.6	255.4
1966	371.7	194.2	584.2	606.1	117.8	163.2	285.9
1967	340.8	193.4	518.8	540.0	68.3	164.2	260.8
1968	388.5	236.1	592.5	617.8	55.8	184.2	295.5
1969	446.8	221.8	708.6	738.3	78.6	190.8	341.6
1970	500.9	205.5	817.0	850.5	116.0	196.9	389.5
1971	531.5	210.2	869.3	904.1	139.0	207.5	418.3
1972	544.8	220.2	898.9	934.8	137.3	203.8	430.6
1973	598.2	212.4	988.8	1 027.3	172.4	229.3	472.0
1974	663.4	217.5	1 109.4	1 149.5	245.3	245.8	521.4
1975	690.6	189.2	1 153.8	1 193.2	300.4	265.5	541.0
1976	700.3	202.2	1 157.3	1 198.0	262.9	279.8	546.3
1977	766.8	157.9	1 300.8	1 348.9	269.5	287.9	595.6
1978	888.0	200.5	1 516.7	1 562.0	511.5	318.4	684.6
1979	953.7	199.1	1 647.1	1 699.5	500.2	328.0	720.2
1980	1 033.8	198.1	1 745.9	1 803.2	508.1	400.8	764.7
1981	1 091.7	198.7	1 831.4	1 877.1	707.5	436.5	796.9
1982	1 170.3	250.6	1 915.6	1 955.9	839.5	495.0	841.4
1983	1 261.6	250.6	2 061.2	2 102.6	914.4	543.5	894.8
1984	1 407.9	313.8	2 267.3	2 306.6	1 091.1	623.4	988.6
1985	1 596.6	244.2	2 602.9	2 652.6	1 212.2	715.0	1 111.8
1986	1 666.9	243.8	2 707.0	2 750.7	1 354.0	757.9	1 146.7
1987	1 791.9	237.2	2 907.3	2 937.7	1 655.9	825.4	1 216.5
1988	1 972.9	248.2	3 180.6	3 210.9	1 856.3	929.4	1 323.3
1989	2 032.1	248.9	3 231.5	3 271.9	1 774.6	995.4	1 349.3
1990	2 103.2	259.6	3 322.0	3 360.2	1 865.1	1 048.2	1 384.5
1991	2 252.5	260.6	3 547.9	3 655.9	1 516.3	1 137.3	1 477.1
1992	2 585.9	261.6	4 158.1	4 306.7	1 633.1	1 273.8	1 691.8
1993	2 971.2	254.5	4 852.5	5 034.5	1 858.5	1 441.9	1 937.8
1994	3 396.1	261.9	5 541.6	5 749.4	2 120.5	1 669.7	2 207.0
1995	3 875.0	278.7	6 361.8	6 571.6	2 650.6	1 888.4	2 511.6
1996	4 378.8	292.6	7 067.9	7 255.0	3 310.6	2 224.5	2 830.5
1997	4 934.9	304.9	7 817.1	7 995.0	3 870.1	2 618.2	3 181.5
1998	5 433.3	311.6	8 458.1	8 618.6	4 442.9	2 992.6	3 499.8
1999	5 987.5	318.5	9 219.3	9 446.0	4 416.2	3 381.6	3 846.3
2000	6 634.2	329.3	10 122.8	10 409.5	4 548.7	3 817.8	4 238.6
2001	7 310.9	339.2	11 337.5	11 669.0	5 044.5	4 149.9	4 645.5

表2.4 历年第三产业增加值指数(以1952年为100)
INDICES OF TERTIARY INDUSTRY ADDED VALUE(YEAR 1952 = 100)

年 份 Years	第三产业 Tertiary Industry	#交通运输、仓储及邮电通信业 Transportation, Storage, Post and Telecommunications	#批发和零售贸易、餐饮业 Wholesale, Retail and Catering Businesses	#金融保险业 Banking and Insurance	#房地产业 Real Estate	#社 会服务业 Social Service	#卫生体育和社会福利业 Health, Sports and Social Welfare	#教育文艺及广播电影电视业 Education, Culture, Broadcasting, Film and Television
1949	65.7	74.3	66.5	2.2	80.0	80.9	83.3	84.8
1950	74.5	83.2	76.9	2.2	100.0	85.4	91.7	87.9
1951	90.2	89.9	93.3	47.3	100.0	94.4	91.7	93.9
1952	100.0	100.0	100.0	100.0	100.0	100.0	100.0	100.0
1953	131.9	145.3	137.3	94.5	100.0	94.4	133.3	130.3
1954	134.5	175.5	135.1	89.0	100.0	91.0	133.3	151.5
1955	126.6	159.9	124.3	105.5	80.0	88.7	141.7	148.5
1956	156.4	168.2	158.4	139.6	80.0	95.4	191.7	203.0
1957	148.7	167.7	144.3	150.6	100.0	94.3	233.3	233.2
1958	136.5	182.5	120.5	207.2	100.0	102.0	241.0	249.8
1959	141.0	224.8	110.1	293.2	120.0	106.4	303.2	316.5
1960	147.5	302.8	90.3	518.4	120.0	119.7	303.2	316.5
1961	156.6	205.6	118.1	499.2	120.0	102.0	318.7	327.6
1962	127.0	133.2	94.5	436.8	120.0	94.2	311.1	319.4
1963	118.7	138.3	91.3	342.9	120.0	72.1	303.3	316.5
1964	136.6	180.1	110.7	314.4	140.0	83.2	318.8	322.2
1965	149.6	230.9	115.9	383.3	140.0	97.6	311.1	322.2
1966	163.2	277.1	123.3	446.5	140.0	110.9	303.3	311.2
1967	164.2	275.4	126.1	421.5	140.0	127.5	295.4	305.6
1968	184.2	330.2	128.5	687.0	160.0	129.7	279.7	286.0
1969	190.8	344.4	134.2	711.7	160.0	141.9	256.5	263.7
1970	196.9	394.7	131.1	775.8	160.0	134.1	279.8	285.9
1971	207.5	453.5	130.3	816.1	180.0	186.5	287.1	293.9
1972	203.8	492.0	129.9	634.1	220.0	194.7	316.7	320.4
1973	229.3	592.9	132.6	857.3	240.0	240.3	353.4	368.1
1974	245.8	629.7	144.4	921.6	259.9	243.9	368.2	383.9
1975	265.5	702.7	156.1	947.4	319.9	270.7	397.7	415.8
1976	279.8	742.1	154.1	1 041.2	399.9	302.1	508.3	527.2
1977	287.9	774.0	160.6	1 066.2	439.9	275.2	515.4	537.7
1978	318.4	851.4	183.6	1 139.8	539.8	309.0	522.6	545.8
1979	328.0	943.4	189.3	1 003.0	699.6	357.8	500.7	521.8
1980	400.8	1 134.0	240.0	1 222.7	799.6	406.8	581.8	606.3
1981	436.5	1 186.2	264.5	1 312.0	954.7	493.0	608.0	629.9
1982	495.0	1 348.7	260.0	2 164.8	1 132.3	562.5	810.5	832.7
1983	543.5	1 544.3	276.9	2 359.6	1 109.7	573.8	1 006.6	1 037.5
1984	623.4	1 687.9	322.3	2 732.4	1 176.3	717.8	1 124.4	1 149.5
1985	715.0	1 833.1	391.3	3 076.7	1 154.0	747.2	1 347.0	1 240.3
1986	757.9	1 906.4	394.0	3 544.4	1 065.1	869.0	1 379.3	1 472.2
1987	825.4	1 973.1	397.9	4 274.5	1 175.9	991.5	1 804.1	1 606.2
1988	929.4	2 085.6	461.2	5 185.0	1 198.2	1 014.3	2 072.9	1 538.7
1989	995.4	2 164.9	465.8	6 548.7	1 286.9	940.3	2 072.9	1 663.3
1990	1 048.2	2 437.7	467.2	6 961.3	1 020.5	1 100.2	2 224.2	1 842.9
1991	1 137.3	2 627.8	547.1	7 135.3	1 575.7	1 160.7	2 264.2	2 054.8
1992	1 273.8	2 869.6	643.9	7 784.6	1 905.0	1 407.9	2 567.6	2 153.4
1993	1 441.9	3 079.1	727.0	9 193.6	2 133.6	1 681.0	3 173.6	2 358.0
1994	1 669.7	3 300.8	803.3	11 924.1	2 656.3	1 921.4	3 595.7	2 650.4
1995	1 888.4	3 565.4	921.4	12 568.0	7 190.6	2 207.7	4 127.9	2 711.4
1996	2 224.5	4 007.5	1 029.2	16 313.3	8 923.5	2 386.5	4 643.8	3 204.8
1997	2 618.2	4 344.1	1 227.8	20 587.4	10 288.8	2 675.3	5 001.4	3 403.5
1998	2 992.6	4 717.7	1 355.5	23 016.7	12 696.4	3 467.1	6 261.7	4 598.1
1999	3 381.6	5 250.8	1 506.0	26 216.0	14 600.9	3 848.5	7 445.2	5 623.5
2000	3 817.8	6 022.7	1 673.2	30 489.2	16 849.6	4 094.8	7 891.9	6 169.0
2001	4 149.9	6 552.7	1 934.2	28 141.5	20 371.2	4 926.0	9 012.5	7 057.3

表2.5 主要年份国内生产总值(按三次产业分)
GROSS DOMESTIC PRODUCT IN MAIN YEARS (CLASSIFIED BY THREE INDUSTRIES)

单位:亿元(100 million yuan)

指 标	Indicators	1990	1995	2000	2001
国内生产总值	**Gross Domestic Product**	**756.45**	**2 462.57**	**4 551.15**	**4 950.84**
第一产业	Primary Industry	32.60	61.68	83.20	85.50
第二产业	Secondary Industry	482.68	1 409.85	2 163.68	2 355.53
工 业	Industry	446.88	1 298.97	1 956.66	2 121.19
建筑业	Construction	35.80	110.88	207.02	234.34
第三产业	Tertiary Industry	241.17	991.04	2 304.27	2 509.81
交通运输、仓储、邮电通信业	Transportation, Storage, Post and Telecommunications	62.44	169.76	315.42	344.85
交通运输业	Transportation	55.30	109.45	172.25	183.63
仓储业	Storage	3.41	11.33	15.76	16.99
邮电通信业	Post and Telecommunications	3.73	48.98	127.41	144.23
批发和零售贸易、餐饮业	Wholesale, Retail and Catering Businesses	51.84	269.49	485.30	550.35
商 业	Commerce	47.48	198.62	431.43	488.01
餐饮业	Catering Trade	4.36	17.93	53.87	62.34
金融保险业	Banking and Insurance	71.07	245.45	685.03	619.99
金融业	Banking	66.98	238.72	667.09	586.02
保险业	Insurance	4.09	6.73	17.94	33.97
房地产业	Real Estate	3.75	91.29	251.70	316.85
社会服务业	Social Service	14.80	83.01	221.45	272.06
公共服务业	Public Service	6.52	31.54	75.83	78.04
居民服务业	Services for Residents	7.95	45.14	93.31	127.02
信息咨询业	Information and Consultancy Service	0.33	6.33	52.31	67.00
卫生、体育、社会福利事业	Health, Sports and Social Welfare	6.01	23.88	62.94	71.86
教育、文化、广播电影电视事业	Education, Culture, Broadcasting, Film and Television	12.73	44.80	137.66	164.03
教 育	Education	11.75	29.98	100.10	123.11
文 艺	Culture and Art	0.72	9.53	18.96	22.07
广播电影电视	Broadcasting, Film and Television	0.26	5.29	18.60	18.85
科学研究和综合技术服务业	Scientific Research and Comprehensive Technical Services	10.60	33.65	71.98	79.90
综合技术服务业	Comprehensive Technical Services	5.15	20.93	40.19	45.13
科学研究	Scientific Research	5.45	12.72	31.79	34.77
国家政党机关、社会团体	Government Agencies, Political Party Institutions and Social Organizations	5.71	25.01	64.71	79.48
其 他	Others	7.93	4.70	8.08	10.44

表2.6 主要年份国内生产总值(支出法)
GROSS DOMESTIC PRODUCT IN MAIN YEARS(BY EXPENDITURE APPROACH)

年份 Year	国内生产总值(亿元) Gross Domestic Product (100 million yuan)	其中 of which 货物和服务净流出 Net Outflows of Good and Services	本市使用的国内生产总值 Gross Domestic Product Used	其中 of which 最终消费 Final Consumption	资本形成总额 Gross Capital Formation	国内生产总值构成(%) Composition of GDP(%) #最终消费 Final Consumption	#资本形成总额 Gross Capital Formation	可供投资率(%) Available Investment Rate (%)
1978	272.81	165.79	107.02	59.06	47.96	21.6	17.6	78.4
1980	311.89	164.13	147.76	81.24	66.52	26.1	21.3	73.9
1985	466.75	122.47	344.28	155.15	189.13	33.3	40.5	66.7
1986	490.83	80.97	409.86	181.74	228.12	37.0	46.5	63.0
1987	545.46	103.70	441.76	200.74	241.02	36.8	44.2	63.2
1988	648.30	57.32	590.98	255.42	335.56	39.4	51.8	60.6
1989	696.54	46.24	650.30	298.62	351.68	42.9	50.5	57.1
1990	756.45	117.76	638.69	316.80	321.89	41.9	42.5	58.1
1991	893.77	167.68	726.09	386.06	340.03	43.2	38.0	56.8
1992	1 114.32	150.12	964.20	476.57	487.63	42.8	43.7	57.2
1993	1 511.61	91.79	1 419.82	679.35	740.47	44.9	49.0	55.1
1994	1 971.92	-53.58	2 025.50	873.89	1 151.61	44.3	58.4	55.7
1995	2 462.57	-173.96	2 636.53	1 085.33	1 551.20	44.1	63.0	55.9
1996	2 902.20	-278.48	3 180.68	1 252.33	1 928.35	43.2	66.4	56.8
1997	3 360.21	-76.18	3 436.39	1 423.63	2 012.76	42.4	59.9	57.6
1998	3 688.20	185.98	3 502.22	1 526.28	1 975.94	41.4	53.6	58.6
1999	4 034.96	386.06	3 648.90	1 719.48	1 929.42	42.6	47.8	57.4
2000	4 551.15	486.11	4 065.04	1 947.10	2 117.94	42.8	46.5	57.2
2001	4 950.84	507.31	4 443.53	2 149.07	2 294.46	43.4	46.3	56.6

表2.7 主要年份国内生产总值(按所有制分)
GROSS DOMESTIC PRODUCT IN MAIN YEARS(BY OWNERSHIP)

年份 Year	国内生产总值 Gross Domestic Product	其中 of which 公有制经济 Public-owned	其中 of which 国有经济 State-owned	集体经济 Collective-owned	非公有制经济 Non-Public-owned
绝对值(亿元)	**Absolute Volume(100million yuan)**				
1978	272.81	270.10	235.22	34.88	2.71
1990	756.45	726.95	543.89	183.06	29.50
1995	2 462.57	2 041.70	1 469.82	571.88	420.87
1996	2 902.20	2 298.50	1 649.79	648.71	603.70
1997	3 360.21	2 638.27	1 910.88	727.39	721.94
1998	3 688.20	2 837.82	2 056.77	781.05	850.38
1999	4 034.96	3 032.46	2 220.80	811.66	1 002.50
2000	4 551.15	3 366.49	2 532.27	834.22	1 184.66
2001	4 950.84	3 534.13	2 690.44	843.69	1 416.71
构成(%)	**Composition(%)**				
1978	100	99.0	86.2	12.8	1.0
1990	100	96.1	71.9	24.2	3.9
1995	100	82.9	59.7	23.2	17.1
1996	100	79.2	56.8	22.4	20.8
1997	100	78.5	56.9	21.6	21.5
1998	100	76.9	55.7	21.2	23.1
1999	100	75.2	55.1	20.1	24.8
2000	100	74.0	55.7	18.3	26.0
2001	100	71.4	54.4	17.0	28.6

表2.8　信息产业增加值及构成(1998～2001)
ADDED VALUE OF INFORMATION INDUSTRY AND ITS COMPOSITION

指　标	Indicators	1998	1999	2000	2001
增加值(亿元)	**Added Value(100 million yuan)**	**212.93**	**266.74**	**338.18**	**402.38**
信息产品制造业	Production of Information Products	103.47	142.28	195.82	238.25
信息产品销售业	Sales of Information Products	10.56	11.88	12.59	14.89
信息服务业	Information Services	98.90	112.58	129.77	149.24
结　构(%)	**Composition(%)**	**100**	**100**	**100**	**100**
信息产品制造业	Production of Information Products	48.6	53.3	57.9	59.2
信息产品销售业	Sales of Information Products	5.0	4.5	3.7	3.7
信息服务业	Information Services	46.4	42.2	38.4	37.1

表2.9　旅游产业增加值(1998～2001)
ADDED VALUE OF TOURISM INDUSTRY

单位:亿元(100 million yuan)

指　标	Indicators	1998	1999	2000	2001
总　计	**Total**	**171.84**	**199.23**	**236.37**	**272.86**
旅行社服务业	Travel Agency	5.19	5.96	6.81	6.19
旅游宾(旅)馆业	Hotel	39.34	42.80	52.72	55.49
旅游运输业	Travel Transportation	43.29	52.77	58.87	63.59
邮电通信业	Post and Telecommunication	16.39	17.55	13.24	15.49
旅游商业	Tourism Commerce	14.07	15.14	20.13	20.28
餐饮业	Catering	20.09	20.98	27.23	31.48
城市交通业	City Traffic	14.80	16.95	22.86	29.42
园林文化业	Gardens and Culture	11.54	16.73	21.64	36.38
金融保险业	Banking and Insurance	3.68	4.40	5.08	5.60
其他服务业	Other Services	3.45	5.95	7.79	8.94

表2.10　各地在沪企业增加值(1998～2001)
ADDED VALUE FROM PROVINCIAL ENTERPRISES STATIONED IN SHANGHAI

行　业	Items	1998	1999	2000	2001
增加值(亿元)	**Added Value(100 million yuan)**	**181.42**	**205.25**	**231.37**	**249.88**
第一产业	Primary Industry	0.01	0.01	0.01	0.01
第二产业	Secondary Industry	71.55	73.37	75.58	83.83
工　业	Industry	12.05	15.26	18.01	20.71
建筑业	Construction	59.5	58.11	57.57	63.12
第三产业	Tertiary Industry	109.86	131.87	155.78	166.04
交通运输、仓储、邮电通信业	Transportation, Storage, Post and Telecommunications	16.12	18.85	21.61	25.81
批发和零售贸易、餐饮业	Wholesale, Retail and Catering Businesses	23.68	26.41	29.17	31.80
金融保险业	Banking and Insurance	39.50	51.12	60.69	55.56
房地产业	Real Estate	11.18	12.63	14.59	17.51
其他行业	Others	19.38	22.86	29.72	35.36
各地在沪企业对全市经济增长的贡献率(%)	**Contribution Rate to Municipal Economic Growth from Provincial Enterprises(%)**	**9.0**	**7.2**	**6.2**	**4.6**

表2.11 主要年份最终消费及构成
FINAL CONSUMPTION AND COMPOSITION IN MAIN YEARS

年份 Year	最终消费(亿元) Final Consumption(100 million yuan)					最终消费构成(%) Composition of Final Comsumption (%)		居民消费构成(%) Composition of Resident Consumption (%)	
	合计 Total	居民消费 Resident Consumption	其中 of which 农村居民 Rural Residents	城镇居民 Urban Residents	政府消费 Government Consumption	居民消费 Resident Consumption	政府消费 Government Consumption	农村居民 Rural Residents	城镇居民 Urban Residents
1978	59.06	48.25	12.82	35.43	10.81	81.7	18.3	26.6	73.4
1980	81.24	66.31	19.43	46.88	14.93	81.6	18.4	29.3	70.7
1985	155.15	124.78	38.35	86.43	30.37	80.4	19.6	30.7	69.3
1986	181.74	145.73	42.49	103.24	36.01	80.2	19.8	29.2	70.8
1987	200.74	161.09	47.23	113.86	39.65	80.2	19.8	29.3	70.7
1988	255.42	211.04	55.97	155.07	44.38	82.6	17.4	26.5	73.5
1989	298.62	244.60	61.15	183.45	54.02	81.9	18.1	25.0	75.0
1990	316.80	257.16	58.83	198.33	59.64	81.2	18.8	22.9	77.1
1991	386.06	311.09	72.17	238.92	74.97	80.6	19.4	23.2	76.8
1992	476.57	366.09	84.86	281.23	110.48	76.8	23.2	23.2	76.8
1993	679.35	537.71	114.18	423.53	141.64	79.2	20.8	21.2	78.8
1994	873.89	693.04	139.12	553.92	180.85	79.3	20.7	20.1	79.9
1995	1 085.33	872.67	167.39	705.28	212.66	80.4	19.6	19.2	80.8
1996	1 252.33	1 008.72	187.86	820.86	243.61	80.5	19.5	18.6	81.4
1997	1 423.63	1 135.24	199.15	936.09	288.39	79.7	20.3	17.5	82.5
1998	1 526.28	1 201.84	202.23	999.61	324.44	78.7	21.3	16.8	83.2
1999	1 719.48	1 352.86	204.41	1 148.45	366.62	78.7	21.3	15.1	84.9
2000	1 947.10	1 521.05	213.74	1 307.31	426.05	78.1	21.9	14.1	85.9
2001	2 149.07	1 663.73	229.67	1 434.06	485.34	77.4	22.6	13.8	86.2

表2.12 主要年份居民消费水平及指数
RESIDENT CONSUMPTION LEVEL AND INDICES IN MAIN YEARS

年份 Year	居民消费水平(元/人) Resident Consumption Level (yuan/person)			指数(以1952年为100) Indices(1952 = 100)		
	全市居民 Total	其中 of which 农村居民 Rural Residents	城镇居民 Urban Residents	全市居民 Total	其中 of which 农村居民 Rural Residents	城镇居民 Urban Residents
1978	442	286	551	181.1	275.2	184.6
1980	582	438	675	222.6	387.4	211.9
1985	1 030	938	1 078	329.6	635.6	295.4
1986	1 190	1 058	1 254	357.9	670.6	323.2
1987	1 298	1 104	1 400	361.8	703.5	320.3
1988	1 680	1 317	1 866	398.7	736.6	359.4
1989	928	1 449	2 166	400.3	740.3	358.7
1990	2 009	1 401	2 306	390.7	679.6	358.3
1991	2 421	1 727	2 756	423.5	772.7	382.3
1992	2 842	2 045	3 221	451.5	834.5	404.9
1993	4 162	2 805	4 786	546.3	955.5	496.0
1994	5 343	3 522	6 141	594.4	1 019.5	539.2
1995	6 712	4 359	7 699	650.3	1 092.9	589.9
1996	7 742	4 997	8 856	701.0	1 173.8	634.1
1997	8 699	5 421	9 984	745.2	1 233.7	672.8
1998	9 202	5 654	10 541	788.4	1 286.7	711.1
1999	10 328	5 870	11 943	864.9	1 316.3	787.2
2000	11 546	6 296	13 369	953.1	1 400.5	868.3
2001	12 562	6 923	14 447	1 040.8	1 540.6	943.0

表2.13 主要年份资本形成总额、构成和指数
GROSS CAPITAL FORMATION,COMPOSITION AND INDICES IN MAIN YEARS

年 份 Year	资本形成总额(亿元) Gross Capital Formation (100 million yuan)			资本形成总额构成(%) Composition of Gross Capital Formation(%)		资本形成总额指数(以1952年为100) Indices of Gross Capital Formation (1952=100)		
	合 计 Total	固定资本形成总额 Fixed Assets Formation	存货增加 Inventory Increment	固定资本形成总额 Fixed Assets Formation	存货增加 Inventory Increment	总指数 Indices	固定资本形成总额 Fixed Assets Formation	存货增加 Inventory Increment
1978	47.96	31.69	16.27	66.1	33.9	896.9	2 008.6	423.0
1980	66.52	45.57	20.95	68.5	31.5	1 207.6	2 680.8	558.5
1985	189.13	116.70	72.43	61.7	38.3	3 095.3	6 187.9	1 529.9
1986	228.12	144.41	83.71	63.3	36.7	3 457.5	7 079.0	1 653.8
1987	241.02	183.79	57.23	76.3	23.7	3 156.7	8 350.7	1 046.9
1988	335.56	236.92	98.64	70.6	29.4	3 712.3	9 519.8	1 341.1
1989	351.68	232.22	119.46	66.0	34.0	3 467.3	8 425.0	1 422.8
1990	321.89	248.34	73.55	77.2	22.8	3 030.4	8 644.1	835.2
1991	340.03	276.08	63.95	81.2	18.8	2 994.0	8 989.9	679.0
1992	487.63	382.01	105.62	78.3	21.7	3 901.2	11 273.3	1 026.5
1993	740.47	624.31	116.16	84.3	15.7	4 704.8	14 339.6	993.7
1994	1 151.61	996.48	155.13	86.5	13.5	6 393.8	19 975.1	1 195.4
1995	1 551.20	1 380.85	170.35	89.0	11.0	7 941.1	25 628.1	1 216.9
1996	1 928.35	1 711.46	216.89	88.8	11.2	9 402.3	30 189.8	1 489.5
1997	2 012.76	1 795.83	216.93	89.2	10.8	9 853.6	31 850.2	1 492.5
1998	1 975.94	1 804.81	171.13	91.3	8.7	9 814.2	32 519.1	1 225.3
1999	1 929.42	1 801.59	127.83	93.4	6.6	9 725.9	33 104.4	937.4
2000	2 117.94	1 933.01	184.93	91.3	8.7	10 358.1	34 991.4	1 080.8
2001	2 294.46	2 099.99	194.47	91.5	8.5	11 176.4	37 755.7	1 171.6

表2.14 主要年份经营性固定资产原价年末数
RUNNING INITIAL VALUE OF FIXED ASSETS (YEAR-END) IN MAIN YEARS

单位:亿元(100 million yuan)

年 份 Year	合 计 Total	其中 of which				
		第一产业 Primary Industry	第二产业 Secondary Industry	其中 of which 工 业 Industry	其中 of which 建筑业 Construction	第三产业 Tertiary Industry
1978	298.53	8.03	205.17	197.68	7.49	85.33
1980	355.16	11.81	225.55	216.16	9.39	117.80
1985	569.97	12.09	377.06	355.61	21.45	180.82
1986	726.95	13.25	496.56	472.68	23.88	217.14
1987	868.91	14.73	576.61	548.62	27.99	277.57
1988	975.78	15.78	656.35	629.34	27.01	303.65
1989	1 106.60	20.04	755.02	723.02	32.00	331.54
1990	1 263.17	22.80	866.64	827.01	39.63	373.73
1991	1 656.84	24.03	1 067.81	1 026.08	41.73	565.00
1992	2 011.38	26.29	1 279.04	1 236.56	42.48	706.05
1993	2 486.40	31.36	1 581.16	1 537.56	43.60	873.88
1994	3 536.83	47.58	2 330.14	2 271.38	58.76	1 159.11
1995	4 756.42	59.48	2 915.53	2 810.27	105.26	1 781.41
1996	5 827.13	69.64	3 393.66	3 263.77	129.89	2 363.83
1997	6 915.42	80.87	3 879.13	3 721.96	157.17	2 955.42
1998	8 392.45	82.93	4 573.10	4 406.50	166.60	3 736.42
1999	9 991.27	91.22	5 311.01	5 137.11	173.90	4 589.04
2000	10 954.28	98.52	5 835.14	5 650.70	184.44	5 020.62
2001	12 623.13	113.63	6 412.01	6 211.05	200.96	6 097.49

表2.15 主要年份存货年末数
YEAR-END INVENTORY IN MAIN YEARS

单位:亿元(100 million yuan)

年份 Year	合计 Total	其中 of which				
		第一产业 Primary Industry	第二产业 Secondary Industry	其中 of which		第三产业 Tertiary Industry
				工业 Industry	建筑业 Construction	
1978	264.20	3.00	108.10	106.69	1.41	153.10
1980	288.41	1.99	117.84	112.92	4.92	168.58
1985	412.20	2.87	206.32	194.62	11.70	203.01
1986	512.61	3.84	272.77	251.55	21.22	236.00
1987	577.18	4.50	299.99	281.86	18.13	272.69
1988	688.13	5.94	364.38	341.53	22.85	317.81
1989	834.92	6.84	451.30	424.89	26.41	376.78
1990	908.98	7.70	522.20	490.51	31.69	379.08
1991	994.92	8.43	632.74	602.03	30.71	353.75
1992	1 096.19	8.59	704.17	673.86	30.31	383.43
1993	1 269.30	10.46	852.01	789.73	62.28	406.83
1994	1 417.12	14.85	911.57	879.26	32.31	490.70
1995	1 528.21	21.74	1 066.51	1 029.50	37.01	439.96
1996	1 726.41	25.48	1 196.31	1 153.02	43.29	504.62
1997	1 874.05	31.98	1 276.86	1 227.71	49.15	565.21
1998	1 876.73	32.81	1 231.86	1 189.80	42.06	612.06
1999	1 965.43	33.46	1 290.14	1 244.17	45.97	641.83
2000	2 093.40	34.20	1 392.88	1 343.70	49.18	666.32
2001	2 229.46	34.99	1 495.50	1 444.88	50.62	698.97

表2.16 主要年份每百元增加值占用的资产总额
TOTAL CAPITAL IN EVERY 100 YUAN WORTH OF ADDED VALUE IN MAIN YEARS

单位:元(yuan)

年份 Year	合计 Total	其中 of which				
		第一产业 Primary Industry	第二产业 Secondary Industry	其中 of which		第三产业 Tertiary Industry
				工业 Industry	建筑业 Construction	
1978	196.80	99.59	141.67	140.09	233.24	447.09
1980	197.59	130.74	141.80	139.17	257.93	408.38
1985	193.69	72.99	163.09	161.39	199.62	295.01
1986	226.32	81.39	201.28	199.83	228.40	309.71
1987	246.18	84.07	225.85	230.98	163.83	314.58
1988	239.86	74.84	219.07	225.43	143.17	311.81
1989	258.81	82.01	238.86	244.71	162.76	331.24
1990	271.91	88.01	268.83	275.85	181.19	302.93
1991	269.86	94.36	280.17	285.71	200.50	270.42
1992	258.42	98.57	271.91	277.89	178.37	249.30
1993	227.02	100.37	245.26	250.84	160.62	206.80
1994	220.84	107.28	248.19	256.14	133.20	187.83
1995	228.19	116.45	256.19	269.07	105.22	195.31
1996	238.41	123.17	270.84	286.86	110.02	203.90
1997	243.18	137.18	277.76	296.38	108.90	208.79
1998	258.37	145.60	296.69	320.21	103.49	223.24
1999	275.42	150.28	317.45	340.53	109.71	239.36
2000	274.70	157.62	316.18	335.80	109.53	239.16
2001	281.77	164.53	321.28	345.33	103.52	248.69

表2.17 主要年份每百元增加值占用的存货
INVENTORY IN EVERY 100 YUAN WORTH OF ADDED VALUE IN MAIN YEARS

单位:元(yuan)

年份 Year	合计 Total	其中 of which				
		第一产业 Primary Industry	第二产业 Secondary Industry	其中 of which		第三产业 Tertiary Industry
				工业 Industry	建筑业 Construction	
1978	93.85	27.18	50.70	51.04	30.73	287.71
1980	89.11	20.00	48.73	47.76	91.68	244.87
1985	79.74	12.67	54.96	54.55	63.75	156.88
1986	94.21	17.04	71.29	69.96	96.09	162.45
1987	99.90	19.31	78.59	79.25	70.67	159.48
1988	97.59	19.08	76.71	78.02	61.13	157.14
1989	109.33	21.57	87.49	88.52	74.05	173.02
1990	115.27	22.30	100.84	102.42	81.15	156.71
1991	106.51	24.18	104.74	105.97	87.03	118.55
1992	93.83	24.91	98.68	100.20	74.94	91.51
1993	78.24	24.93	86.42	86.63	83.23	68.95
1994	68.12	26.04	77.13	78.04	63.97	57.53
1995	59.80	29.66	70.15	73.47	31.26	46.95
1996	56.07	32.98	71.50	75.83	28.01	37.84
1997	53.57	37.90	70.49	75.33	26.53	34.96
1998	50.85	41.27	67.91	73.40	22.75	33.40
1999	47.61	41.43	64.53	69.20	22.54	31.33
2000	44.59	41.43	61.34	64.97	22.98	28.66
2001	43.66	40.46	61.31	65.73	21.29	27.20

表2.18 主要年份每百元增加值占用的固定资产
FIXED ASSETS IN EVERY 100 YUAN WORTH OF ADDED VALUE IN MAIN YEARS

单位:元(yuan)

年份 Year	合计 Total	其中 of which				
		第一产业 Primary Industry	第二产业 Secondary Industry	其中 of which		第三产业 Tertiary Industry
				工业 Industry	建筑业 Construction	
1978	102.95	72.41	90.97	89.05	202.51	159.39
1980	108.48	110.74	93.07	91.42	166.25	163.51
1985	113.95	60.32	108.14	106.84	135.87	138.13
1986	132.11	64.35	130.00	129.87	132.31	147.26
1987	146.29	64.77	147.26	151.74	93.16	155.10
1988	142.27	55.76	142.36	147.42	82.04	154.67
1989	149.48	60.45	151.38	156.19	88.71	158.22
1990	156.64	65.71	167.99	173.43	100.04	146.22
1991	163.35	70.19	175.43	179.74	113.47	151.86
1992	164.59	73.65	173.23	177.69	103.43	157.79
1993	148.77	75.44	158.84	164.21	77.38	137.85
1994	152.73	81.23	171.06	178.10	69.23	130.30
1995	168.39	86.79	186.04	195.60	73.96	148.36
1996	182.34	90.19	199.34	211.03	82.01	166.06
1997	189.61	99.28	207.27	221.05	82.37	173.83
1998	207.52	104.33	228.78	246.81	80.74	189.84
1999	227.81	108.85	252.92	271.33	87.17	208.03
2000	230.11	116.19	254.84	270.83	86.55	210.50
2001	238.12	124.07	259.97	279.60	82.23	221.49

第三篇

CHAPTER 3

人口、劳动力

POPULATION AND LABOUR FORCE

表 3.1 历年户数及人口密度
TOTAL HOUSEHOLDS AND DENSITY OF POPULATION

年 份 Year	总户数 (万户) Total Households (10 000)	其 中 of which 区 District	县 County	平均每户人口 (人) Average Persons Per Household (person)	其 中 of which 区 District	县 County	人口密度 (人/平方公里) Density of Population (person/sq. km)	其 中 of which 区 District	县 County
1949	102.51	84.19	18.32	4.9	5.0	4.6	7 905	50 842	1 586
1950	108.10	91.60	16.50	4.6	4.6	4.5	7 745	50 709	1 415
1951	119.53	101.86	17.67	4.6	4.7	4.4	8 680	57 488	1 483
1952	124.92	110.25	14.67	4.6	4.6	4.6	9 001	61 379	1 263
1953	132.07	114.61	17.46	4.7	4.7	4.6	9 671	64 959	1 511
1954	140.90	120.73	20.17	4.7	4.7	4.7	10 417	68 802	1 809
1955	139.75	118.45	21.30	4.5	4.4	4.7	9 794	63 561	1 877
1956	138.82	123.73	15.09	4.6	4.6	4.7	9 702	48 347	1 391
1957	146.58	130.12	16.46	4.7	4.7	4.9	10 538	52 323	1 555
1958	163.70	127.36	36.34	4.6	4.5	4.8	11 472	39 929	3 362
1959	231.17	129.43	101.74	4.4	4.5	4.3	1 740	40 561	771
1960	234.14	138.02	96.12	4.5	4.6	4.3	1 787	45 527	725
1961	237.91	139.18	98.73	4.5	4.6	4.2	1 769	45 521	721
1962	240.79	138.87	101.92	4.4	4.6	4.1	1 790	45 140	738
1963	241.60	138.56	103.04	4.4	4.6	4.2	1 817	45 364	760
1964	241.08	138.74	102.34	4.5	4.6	4.3	1 838	45 633	775
1965	242.02	139.01	103.01	4.5	4.6	4.4	1 851	45 653	788
1966	242.42	138.54	103.88	4.5	4.6	4.4	1 854	45 166	803
1967	244.46	139.48	104.98	4.5	4.6	4.4	1 871	45 347	816
1968	248.03	140.66	107.37	4.5	4.5	4.4	1 876	44 989	831
1969	251.94	140.93	111.01	4.3	4.3	4.4	1 851	43 209	848
1970	253.40	140.77	112.63	4.2	4.1	4.4	1 734	41 180	821
1971	255.85	141.26	114.59	4.2	4.0	4.3	1 725	40 507	827
1972	261.32	142.20	119.12	4.1	4.0	4.2	1 720	40 080	833
1973	265.90	143.35	122.55	4.0	3.9	4.1	1 730	39 921	846
1974	269.42	144.37	125.05	4.0	3.9	4.1	1 736	39 884	853
1975	271.85	145.83	126.02	4.0	3.8	4.1	1 741	39 535	866
1976	278.75	147.62	131.13	3.9	3.7	4.6	1 748	39 170	883
1977	286.95	149.44	137.51	3.8	3.7	3.9	1 756	38 826	899
1978	291.69	151.84	139.85	3.8	3.7	3.9	1 776	35 153	905
1979	296.71	154.58	142.13	3.8	3.8	3.8	1 830	37 301	904
1980	303.87	157.96	145.91	3.8	3.8	3.7	1 854	37 922	912
1981	314.56	162.68	151.88	3.7	3.8	3.6	1 880	27 520	929
1982	321.71	167.54	154.17	3.7	3.7	3.6	1 908	27 230	937
1983	330.60	173.03	157.57	3.6	3.7	3.5	1 930	27 762	939
1984	340.78	189.72	151.06	3.5	3.6	3.4	1 948	19 716	892
1985	351.72	197.39	154.33	3.5	3.5	3.4	1 967	19 889	896
1986	364.92	206.47	158.45	3.4	3.4	3.3	1 944	18 915	875
1987	380.19	216.25	163.94	3.3	3.3	3.2	1 971	19 225	885
1988	394.95	226.11	168.84	3.2	3.2	3.1	1 991	19 514	888
1989	406.82	244.41	162.41	3.1	3.2	3.1	2 013	10 388	892
1990	415.28	250.71	164.57	3.1	3.1	3.0	2 024	10 464	894
1991	425.84	259.19	166.65	3.0	3.0	3.0	2 030	10 483	896
1992	431.67	265.70	165.97	3.0	3.0	3.0	2 034	10 003	895
1993	438.69	318.56	120.13	3.0	3.0	2.9	2 042	4 609	809
1994	444.38	323.79	120.59	2.9	2.9	2.9	2 048	4 633	807
1995	450.76	329.88	120.88	2.9	2.9	2.9	2 052	4 651	805
1996	457.49	336.30	121.19	2.9	2.9	2.8	2 057	4 672	802
1997	461.40	357.67	103.73	2.8	2.8	2.8	2 059	3 854	776
1998	465.72	378.79	86.93	2.8	2.8	2.7	2 061	3 296	763
1999	470.11	398.66	71.45	2.8	2.8	2.6	2 071	2 872	769
2000	475.73	404.17	71.56	2.8	2.8	2.6	2 084	2 897	765
2001	478.92	453.89	25.03	2.8	2.8	2.6	2 093	2 363	622

表3.2 历年年末人口数
YEAR-END POPULATION

单位：万人(10 000 persons)

年份 Year	年末人口 Year-end Population	按地区分 Grouped by District		按性别分 Grouped by Sex		按农业非农业分 Grouped by Agriculture and Non-agriculture	
		区 District	县 County	男 Male	女 Female	农业 Agriculture	非农业 Non-agriculture
1949	502.92	418.94	83.98	274.87	228.05	35.17	467.75
1950	492.73	417.84	74.89	266.03	226.70	35.38	457.35
1951	552.20	473.70	78.50	300.52	251.68	35.75	516.45
1952	572.63	505.76	66.87	310.72	261.91	36.55	536.08
1953	615.24	535.26	79.98	332.23	283.01	38.09	577.15
1954	662.71	566.93	95.78	353.56	309.15	40.14	622.57
1955	623.10	523.74	99.36	328.43	294.67	40.34	582.76
1956	634.94	563.48	71.46	329.99	304.95	38.19	596.75
1957	689.69	609.83	79.86	358.22	331.47	38.04	651.65
1958	750.80	578.13	172.67	385.45	365.35	64.35	686.45
1959	1 028.39	587.28	441.11	519.48	508.91	325.41	702.98
1960	1 056.30	641.30	415.00	533.66	522.64	332.19	724.11
1961	1 058.99	641.21	417.78	528.94	530.05	336.02	722.97
1962	1 057.86	635.84	422.02	523.99	533.87	350.65	707.21
1963	1 073.64	639.00	434.64	532.82	540.82	363.49	710.15
1964	1 086.22	642.79	443.43	539.12	547.10	373.39	712.83
1965	1 093.79	643.07	450.72	543.15	550.64	377.75	716.04
1966	1 095.83	636.21	459.62	544.40	551.43	387.30	708.53
1967	1 105.72	638.76	466.96	550.83	554.89	383.65	722.07
1968	1 108.97	633.71	475.26	552.60	556.37	391.72	717.25
1969	1 093.99	608.64	485.35	542.65	551.34	399.79	694.20
1970	1 072.55	580.23	492.32	531.92	540.63	410.55	662.00
1971	1 066.82	570.74	496.08	528.08	538.74	421.72	645.10
1972	1 064.11	564.73	499.38	525.94	538.17	423.82	640.29
1973	1 070.01	562.49	507.52	529.76	540.25	433.31	636.70
1974	1 073.78	561.96	511.82	531.74	542.04	433.59	640.19
1975	1 076.72	557.05	519.67	533.10	543.62	438.35	638.37
1976	1 081.30	551.91	529.39	535.33	545.97	443.97	637.33
1977	1 086.47	547.06	539.41	537.68	548.79	454.06	632.41
1978	1 098.28	557.38	540.90	542.70	555.58	453.05	645.23
1979	1 132.14	591.45	540.69	560.40	571.74	444.76	687.38
1980	1 146.52	601.29	545.23	569.30	577.22	444.09	702.43
1981	1 162.84	613.39	549.45	578.76	584.08	447.76	715.08
1982	1 180.51	626.84	553.67	588.82	591.69	449.20	731.31
1983	1 194.01	639.07	554.94	596.67	597.34	448.15	745.86
1984	1 204.78	688.13	516.65	602.59	602.19	444.03	760.75
1985	1 216.69	698.30	518.39	609.70	606.99	440.32	776.37
1986	1 232.33	710.16	522.17	618.88	613.45	429.77	802.56
1987	1 249.51	721.77	527.74	628.78	620.73	427.20	822.31
1988	1 262.42	732.65	529.77	635.82	626.60	423.49	838.93
1989	1 276.45	777.79	498.66	643.51	632.94	420.61	855.84
1990	1 283.35	783.48	499.87	647.13	636.22	418.89	864.46
1991	1 287.20	786.18	501.02	649.03	638.17	417.32	869.88
1992	1 289.37	792.75	496.62	649.97	639.40	413.82	875.55
1993	1 294.74	948.01	346.73	652.92	641.82	401.28	893.46
1994	1 298.81	953.04	345.77	655.14	643.67	388.32	910.49
1995	1 301.37	956.66	344.71	656.48	644.89	379.67	921.70
1996	1 304.43	961.02	343.41	657.86	646.57	372.29	932.14
1997	1 305.46	1 018.59	286.87	657.93	647.53	362.43	943.03
1998	1 306.58	1 070.62	235.96	658.22	648.36	352.93	953.65
1999	1 313.12	1 127.22	185.90	661.19	651.93	343.49	969.63
2000	1 321.63	1 136.82	184.81	665.51	656.12	335.47	986.16
2001	1 327.14	1 262.41	64.72	668.32	658.82	328.07	999.07

表3.3 各区、县土地面积、户数、人口及人口密度(2001)
LAND AREA,HOUSEHOLDS,POPULATION AND DENSITY OF POPULATION IN DISTRICTS AND COUNTIES

地 区	District	土地面积（平方公里）Land Area (sq. km)	户 数（万户）Total Households (10 000)	年末人口（万人）Year-end Population (10 000 persons)	平均每户人口（人）Average Persons Per Household (person)	人口密度（人/平方公里）Density of Population (person/sq. km)
全 市	**Total**	**6 340.50**	**478.92**	**1 327.14**	**2.8**	**2 093**
黄浦区	Huangpu	12.41	22.32	64.92	2.9	52 313
卢湾区	Luwan	8.05	12.40	34.63	2.8	43 019
徐汇区	Xuhui	54.76	31.58	87.53	2.8	15 984
长宁区	Changning	38.30	21.93	60.69	2.8	15 846
静安区	Jing'an	7.62	11.99	34.92	2.9	45 827
普陀区	Putuo	54.83	30.43	84.11	2.8	15 340
闸北区	Zhabei	29.26	26.06	70.80	2.7	24 197
虹口区	Hongkou	23.48	29.01	79.98	2.8	34 063
杨浦区	Yangpu	60.73	38.11	107.89	2.8	17 766
浦东新区	Pudong New Area	522.75	62.08	168.60	2.7	3 225
闵行区	Minhang	371.68	24.95	67.68	2.7	1 821
宝山区	Baoshan	458.80	31.15	82.96	2.7	1 808
嘉定区	Jiading	415.27	16.43	49.78	3.0	1 199
金山区	Jinshan	586.05	17.32	52.91	3.1	903
松江区	Songjiang	604.71	16.61	49.79	3.0	823
青浦区	Qingpu	675.54	14.67	45.68	3.1	676
南汇区	Nanhui	687.66	26.60	69.05	2.6	1 004
奉贤区	Fengxian	687.39	20.25	50.50	2.5	735
崇明县	Chongming	1 041.21	25.03	64.72	2.6	622

表3.4 主要年份人口出生率、死亡率、自然增长率和平均期望寿命
BIRTH RATE,DEATH RATE,NATURAL GROWTH RATE AND LIFE EXPECTANCY OF POPULATION IN MAIN YEARS

年 份 Year	出 生 Birth		死 亡 Death		自然增长 Natural Growth		平均期望寿 命(岁) Life Expectancy (year)	其 中 of which	
	人 数(万人) Population (10 000 persons)	出生率(‰) Birth Rate (‰)	人 数(万人) Population (10 000 persons)	死亡率(‰) Death Rate (‰)	人 数(万人) Population (10 000 persons)	自然增长率(‰) Natural Growth Rate(‰)		男 Male	女 Female
1978	12.36	11.3	6.82	6.2	5.54	5.1	73.35	70.69	74.78
1980	14.31	12.6	7.39	6.5	6.92	6.1	73.33	71.25	75.36
1985	15.43	12.7	8.10	6.7	7.33	6.0	74.27	72.14	76.37
1986	17.75	14.5	7.93	6.5	9.81	8.0	74.71	72.54	76.85
1987	19.02	15.3	8.27	6.7	10.75	8.6	74.46	72.32	76.60
1988	16.53	13.2	8.47	6.8	8.06	6.4	74.63	72.50	76.77
1989	15.91	12.5	8.43	6.6	7.48	5.9	74.98	72.85	77.12
1990	13.12	10.2	8.63	6.7	4.49	3.5	75.46	73.16	77.74
1991	10.08	7.8	8.56	6.7	1.52	1.1	75.79	73.58	77.95
1992	9.37	7.3	9.10	7.1	0.27	0.2	75.97	74.04	77.91
1993	8.40	6.5	9.40	7.3	-1.00	-0.8	75.97	74.04	77.91
1994	7.63	5.9	9.42	7.3	-1.79	-1.4	76.26	74.29	78.23
1995	7.11	5.5	9.79	7.5	-2.68	-2.0	76.03	74.11	77.97
1996	6.79	5.2	9.77	7.5	-2.98	-2.3	76.11	74.07	78.21
1997	6.42	4.9	9.57	7.3	-3.15	-2.4	77.20	75.18	79.21
1998	6.17	4.7	10.13	7.8	-3.96	-3.1	77.03	75.06	79.02
1999	6.56	5.0	9.54	7.3	-2.98	-2.3	78.44	76.38	80.53
2000	6.95	5.3	9.45	7.2	-2.50	-1.9	78.77	76.71	80.81
2001	5.76	4.4	9.34	7.1	-3.58	-2.7	79.66	77.47	81.83

表3.5 主要年份人口迁移
MIGRATION IN MAIN YEARS

年 份 Year	迁 入 Inflows		迁 出 Outflows		机械增长 Mechanical Increase	
	人 口(万人) Population (10 000 persons)	迁入率(‰) Rate of Inflows (‰)	人 口(万人) Population (10 000 persons)	迁出率(‰) Rate of Outflows (‰)	人 口(万人) Population (10 000 persons)	增长率(‰) Growth Rate (‰)
1978	24.83	22.7	18.13	16.6	6.70	6.1
1980	28.75	25.2	21.08	18.5	7.67	6.7
1985	18.29	15.1	12.99	10.7	5.30	4.4
1986	19.77	16.1	13.50	11.0	6.27	5.1
1987	22.17	17.9	15.40	12.4	6.77	5.5
1988	22.11	17.6	17.02	13.6	5.09	4.0
1989	21.09	16.6	16.95	13.4	4.14	3.2
1990	18.87	14.7	17.41	13.6	1.46	1.1
1991	16.70	13.0	14.54	11.3	2.16	1.7
1992	17.53	13.6	14.92	11.6	2.61	2.0
1993	18.55	14.4	11.86	9.2	6.69	5.2
1994	19.96	15.4	12.54	9.7	7.42	5.7
1995	19.47	15.0	13.20	10.2	6.27	4.8
1996	19.87	15.2	13.47	10.3	6.40	4.9
1997	17.81	13.6	13.06	10.0	4.75	3.6
1998	18.52	14.2	12.35	9.5	6.17	4.7
1999	23.87	18.2	14.98	11.4	8.89	6.8
2000	20.06	15.2	8.87	6.7	11.19	8.5
2001	17.58	13.3	8.50	6.4	9.08	6.9

表 3.6 各区、县人口自然变动情况(2001)
NATURAL CHANGES OF POPULATION IN DISTRICTS AND COUNTIES

地 区 District		出 生 Birth		死 亡 Death		自然增长 Natural Growth	
		人 数 (万人) Population (10 000 persons)	出生率 (‰) Birth Rate (‰)	人 数 (万人) Population (10 000 persons)	死亡率 (‰) Death Rate (‰)	人 数 (万人) Population (10 000 Persons)	自然增长率 (‰) Natural Growth Rate(‰)
全 市	**Total**	**5.76**	**4.4**	**9.34**	**7.1**	**-3.58**	**-2.7**
黄浦区	Huangpu	0.25	3.8	0.55	8.4	-0.30	-4.6
卢湾区	Luwan	0.12	3.4	0.30	8.5	-0.18	-5.1
徐汇区	Xuhui	0.33	3.8	0.56	6.4	-0.23	-2.6
长宁区	Changning	0.22	3.6	0.40	6.6	-0.18	-3.0
静安区	Jing'an	0.13	3.7	0.28	7.9	-0.15	-4.2
普陀区	Putuo	0.30	3.6	0.61	7.3	-0.31	-3.7
闸北区	Zhabei	0.23	3.2	0.54	7.6	-0.31	-4.4
虹口区	Hongkou	0.28	3.5	0.61	7.6	-0.33	-4.1
杨浦区	Yangpu	0.33	3.1	0.71	6.6	-0.38	-3.5
浦东新区	Pudong New Area	0.75	4.5	1.14	6.8	-0.39	-2.3
闵行区	Minhang	0.36	5.4	0.44	6.6	-0.08	-1.2
宝山区	Baoshan	0.35	4.3	0.55	6.7	-0.20	-2.4
嘉定区	Jiading	0.26	5.3	0.35	7.1	-0.09	-1.8
金山区	Jinshan	0.29	5.5	0.35	6.6	-0.06	-1.1
松江区	Songjiang	0.32	6.4	0.34	6.8	-0.02	-0.4
青浦区	Qingpu	0.26	5.6	0.29	6.4	-0.03	-0.8
南汇区	Nanhui	0.36	5.2	0.44	6.4	-0.08	-1.2
奉贤区	Fengxian	0.32	6.3	0.33	6.5	-0.01	-0.2
崇明县	Chongming	0.30	4.6	0.55	8.4	-0.25	-3.8

表3.7 各区、县计划生育基本情况(2001)
FAMILY PLANNING IN DISTRICTS AND COUNTIES

地 区 District		出生人数 (万人) Birth (10 000 persons)	已婚育龄妇女人数 (万人) Married Women at Childbearing Age (10 000 persons)	领独生子女证人数 (万人) Married Couples with One-child Certificate (10 000 persons)	采取避孕措施人数 (万人) Married People Adopting Contraception (10 000 persons)	计划生育率 (%) Family Planning Rate (%)	领证率 (%) Coverage of One-child Certificate (%)	避孕率 (%) Comprehensive Contarception Rate (%)
全 市	**Total**	**5.76**	**258.31**	**114.71**	**233.18**	**99.2**	**44.4**	**90.3**
黄浦区	Huangpu	0.25	11.24	6.18	9.74	98.0	55.0	86.7
卢湾区	Luwan	0.12	6.06	2.89	5.22	98.4	47.6	86.1
徐汇区	Xuhui	0.33	14.00	6.49	12.38	98.6	46.3	88.5
长宁区	Changning	0.22	11.12	5.75	9.71	98.2	51.7	87.3
静安区	Jing'an	0.13	5.82	2.88	4.92	98.0	49.5	84.5
普陀区	Putuo	0.30	15.76	7.45	13.60	99.1	47.3	86.3
闸北区	Zhabei	0.23	13.27	6.34	11.83	99.0	47.7	89.2
虹口区	Hongkou	0.28	13.99	6.27	12.35	98.5	44.9	88.3
杨浦区	Yangpu	0.33	17.19	8.17	15.28	99.2	47.5	88.9
浦东新区	Pudong New Area	0.75	33.02	14.63	30.19	99.5	44.3	91.4
闵行区	Minhang	0.36	12.70	5.28	11.74	99.9	41.6	92.4
宝山区	Baoshan	0.35	17.02	7.25	15.67	99.4	42.6	92.0
嘉定区	Jiading	0.26	11.66	4.03	10.68	99.9	34.6	91.7
金山区	Jinshan	0.29	11.97	4.70	11.15	99.8	39.3	93.2
松江区	Songjiang	0.32	11.12	4.83	10.31	99.8	43.4	92.7
青浦区	Qingpu	0.26	10.56	4.42	9.82	99.4	41.9	93.0
南汇区	Nanhui	0.36	15.97	6.33	14.83	99.4	39.6	92.9
奉贤区	Fengxian	0.32	11.67	4.50	10.87	99.8	38.6	93.1
崇明县	Chongming	0.30	14.17	6.32	12.89	98.2	44.6	91.0

表 3.8 主要年份婚姻情况
MARRIAGE STATISTICS IN MAIN YEARS

年 份 Year	准予登记结婚(万对) Marriage Registration Permitted (10 000 couples)	其 中 of which 区 District	县 County	初 婚(万人) First Marriage (10 000 persons)	再 婚(万人) Remarriage (10 000 persons)	其 中 of which #女 性 Female	离婚人数(万人) Divorce (10 000 persons)	其 中 of which 民政部门批准 Approved by the Civil Administration	法院调判 Mediated by the Court
1978	8.98	4.11	4.87						
1980	16.82	10.10	6.72	33.07	0.57		0.66	0.18	0.48
1985	18.24	11.78	6.46	35.47	1.01	0.48	1.39	0.46	0.93
1986	19.02	12.02	7.00	36.64	1.39	0.67	1.76	0.68	1.08
1987	15.53	9.90	5.63	29.64	1.42	0.73	2.26	0.86	1.40
1988	14.78	8.98	5.80	28.05	1.51	0.79	2.68	1.11	1.57
1989	11.70	7.23	4.47	21.53	1.72	0.87	3.10	1.33	1.77
1990	10.77	6.19	4.58	19.49	2.04	1.06	3.27	1.45	1.82
1991	9.87	5.49	4.38	17.16	2.59	1.08	3.43	1.54	1.89
1992	9.77	5.49	4.28	17.52	2.02	1.00	3.52	1.58	1.94
1993	8.98	6.43	2.55	15.92	2.05	0.95	3.75	1.56	2.19
1994	8.70	6.25	2.45	15.42	1.99	1.00	4.02	1.64	2.38
1995	8.40	6.21	2.19	14.61	2.19	1.09	4.54	1.97	2.57
1996	8.96	6.56	2.40	14.98	2.31	1.24	4.93	2.14	2.79
1997	8.84	6.82	2.02	15.12	2.57	1.27	5.46	2.38	3.08
1998	8.57	7.12	1.45	14.48	2.67	1.28	5.92	2.85	3.07
1999	9.05	7.68	1.37	15.07	2.46	1.24	6.24	3.39	2.85
2000	9.31	7.85	1.46	15.08	2.89	1.45	6.36	3.52	2.84
2001	9.30	8.00	1.30	15.23	2.68	1.40	6.29	3.36	2.93*

注：1999 年起，初婚、再婚仅指内地居民，不包括涉及华侨港澳台居民登记的初婚、再婚情况。
Note: Since 1999 figure of first marriage and remarriage covers only mainland residents. The number of first marriage and remarriage invloves overseas Chinese and residents from Hong Kong, Macao and Taiwan was not included.

表 3.9 主要年份涉外婚姻情况
CHINESE-FOREIGN MARRIAGE IN MAIN YEARS

年 份 Year	涉外婚姻(对) Chinese-Foreign Marriage (couple)	在涉外婚姻中：国内公民(人) In Chinese-Foreign Marriage: Chinese Citizens (person)	在国内公民中 Among the Chinese Citizens 男 性 Male	女 性 Female
1980	396			
1985	826	824	91	733
1986	794	793	73	720
1987	773	767	95	672
1988	802	800	92	708
1989	963	961	90	871
1990	1 345	1 345	136	1 209
1991	1 865	1 863	170	1 693
1992	2 555	2 554	214	2 340
1993	2 552	2 552	488	2 064
1994	2 549	2 457	139	2 318
1995	3 033	3 030	274	2 756
1996	3 107	3 105	307	2 798
1997	2 839	2 838	298	2 540
1998	2 926	2 923	293	2 630
1999	2 872	2 869	343	2 526
2000	3 187	3 182	374	2 808
2001	3 447	3 438	399	3 039

表3.10 第五次人口普查总户数、总人口
TOTAL HOUSEHOLDS AND POPULATION IN THE FIFTH CENSUS

地 区 District		总户数（万户）Total Households（10 000）	总人口（万人）Total Population（10 000 persons）	其 中 of which		平均每户人口（人）Average persons per household（person）
				男 Male	女 Female	
总 计	**Total**	**564.26**	**1640.77**	**843.03**	**797.75**	**2.9**
黄 浦 区	Huangpu	19.85	57.45	29.13	28.32	2.9
卢 湾 区	Luwan	11.16	32.89	16.53	16.36	2.9
徐 汇 区	Xuhui	36.59	106.46	54.60	51.86	2.9
长 宁 区	Changning	24.59	70.22	36.08	34.15	2.9
静 安 区	Jing'an	10.33	30.53	15.26	15.28	3.0
普 陀 区	Putuo	36.45	105.17	54.65	50.51	2.9
闸 北 区	Zhabei	27.41	79.86	40.91	38.96	2.9
虹 口 区	Hongkou	29.53	86.07	44.00	42.07	2.9
杨 浦 区	Yangpu	42.13	124.38	64.73	59.65	3.0
浦东新区	Pudong New Area	81.75	240.23	124.47	115.77	2.9
闵 行 区	Minhang	41.96	121.73	64.34	57.39	2.9
宝 山 区	Baoshan	43.35	122.80	65.60	57.20	2.8
嘉 定 区	Jiading	25.87	75.31	38.82	36.49	2.9
金 山 区	Jinshan	18.19	58.04	29.16	28.88	3.2
松 江 区	Songjiang	20.98	64.12	32.77	31.35	3.1
青 浦 区	Qingpu	18.93	59.59	30.40	29.18	3.1
南 汇 区	Nanhui	28.31	78.51	39.25	39.26	2.8
奉 贤 区	Fengxian	21.74	62.43	30.92	31.50	2.9
崇 明 县	Chongming	25.13	64.98	31.42	33.56	2.6

表3.11　第五次人口普查每十万人口中的各种文化程度人数
POPULATION OF VARIOUS EDUCATION DEGREE IN EVERY 100,000 PEOPLE IN THE FIFTH CENSUS

单位:人(person)

地　区	District	小　学 Primary Schools	初　中 Junior Schools	高　中 Senior Schools	大专及以上 Junior College and Above
总　计	**Total**	**18 934**	**36 803**	**23 018**	**10 940**
黄 浦 区	Huangpu	14 896	36 339	30 645	10 660
卢 湾 区	Luwan	13 198	31 964	31 369	16 905
徐 汇 区	Xuhui	12 326	29 567	28 651	22 994
长 宁 区	Changning	12 520	31 773	29 428	19 214
静 安 区	Jing'an	11 852	31 201	31 914	18 981
普 陀 区	Putuo	13 711	34 905	29 126	14 738
闸 北 区	Zhabei	14 207	36 129	29 450	12 314
虹 口 区	Hongkou	12 864	33 460	30 211	16 767
杨 浦 区	Yangpu	12 581	33 745	29 084	17 730
浦东新区	Pudong New Area	17 897	40 118	22 872	9 211
闵 行 区	Minhang	19 257	39 484	20 534	10 592
宝 山 区	Baoshan	19 569	40 129	21 164	8 431
嘉 定 区	Jiading	22 551	41 193	18 117	5 257
金 山 区	Jinshan	28 627	35 884	15 914	4 524
松 江 区	Songjiang	28 599	38 311	14 598	3 363
青 浦 区	Qingpu	28 444	37 856	13 793	3 061
南 汇 区	Nanhui	28 693	41 377	12 147	2 985
奉 贤 区	Fengxian	28 120	38 295	13 218	3 964
崇 明 县	Chongming	31 261	36 533	12 813	2 254

表 3.12 第五次人口普查在业人数(按行业分)
EMPLOYMENT IN THE FIFTH CENSUS (CLASSIFIED ACCORDING TO SECTORS)

单位:万人(10 000 persons)

行业	Sectors	合计 Total	其中 of which 男 Male	女 Female
总计	**Total**	**81.15**	**46.81**	**34.34**
农、林、牧、渔业	Farming, Forestry, Animal Husbandry and Fishery	9.36	4.66	4.70
采掘业	Excavation	0.04	0.03	0.01
制造业	Manufacturing	31.11	16.99	14.11
电力、煤气及水的生产和供应业	Power, Gas and Water Production and Supply	0.84	0.61	0.22
建筑业	Construction	5.18	4.59	0.59
地质勘察业、水利管理业	Geological Prospecting and Water Conservancy Administration	0.10	0.08	0.02
交通运输、仓储及邮电通信业	Transportation, Storage, Postal and Telecommunications	4.11	3.14	0.97
批发和零售贸易、餐饮业	Wholesale and Retail Business	12.11	6.45	5.66
金融、保险业	Banking and Insurance	1.05	0.54	0.51
房地产业	Real Estate	1.52	0.99	0.53
社会服务业	Social Services	6.84	4.12	2.71
卫生、体育和社会福利业	Health Care, Sports and Social Welfare	1.73	0.60	1.13
教育、文化艺术及广播电影电视业	Education, Culture, Art, Broadcasting, Film and Television	3.54	1.59	1.96
科学研究和综合技术服务业	Scientific Research and Polytechnical Services	0.94	0.61	0.33
国家机关、政党机关和社会团体	Government Institutions, Party and Social Organizations	2.37	1.59	0.78
其他行业	Others	0.32	0.20	0.12

注:本表和表 3.13、表 3.14 为 10% 的抽样调查数。 Note: The statistics in this page is the 10% of the total.

表 3.13 第五次人口普查在业人数(按职业分)
EMPLOYMENT IN THE FIFTH CENSUS(CLASSIFIED ACCORDING TO OCCUPATIONS)

单位:万人(10 000 persons)

职业	Career	合计 Total	其中 of which 男 Male	女 Female
总计	**Total**	**81.15**	**46.81**	**34.34**
国家机关企事业单位负责人	Leaders in Government Institutions and Enterprises	2.77	2.21	0.56
各类专业技术人员	All Sorts of Technicians	10.40	4.72	5.68
办事人员和有关人员	Staff and related people	9.59	6.46	3.13
商业服务业人员	Staff in Business Service Sector	18.21	9.42	8.79
农林牧渔水利生产人员	Workers in Farming, Forestry, Animal Husbandry, Fishery and Water Conservancy Sectors	9.17	4.51	4.66
生产运输设备操作人员	Workers in Manufacturing, Transport, Facilities Operation Sectors	31.00	19.48	11.52
其他劳动者	Others	0.01	0.01	…

表 3.14 第五次人口普查婚姻状况
MARITAL STATUS IN THE FIFTH CENSUS

单位:万人(10 000 persons)

年龄	Age	合计 Total	其中 of which 未婚 Unmarried	有配偶 Married and with Partner	丧偶 Married But with No Partner	离婚 Divorce
总计	**Total**	**138.51**	**27.41**	**101.66**	**7.19**	**2.26**
15~19 岁	15~19	12.18	12.12	0.05		
20~24 岁	20~24	12.32	9.31	3.01	…	0.01
25~29 岁	25~29	12.35	2.97	9.28	0.01	0.09
30~34 岁	30~34	12.91	1.00	11.65	0.02	0.23
35~39 岁	35~39	14.40	0.70	13.24	0.05	0.41
40~44 岁	40~44	16.72	0.56	15.51	0.11	0.55
45~49 岁	45~49	15.78	0.33	14.86	0.18	0.41
50~54 岁	50~54	10.70	0.17	10.06	0.26	0.21
55~59 岁	55~59	6.64	0.07	6.16	0.30	0.10
60~64 岁	60~64	5.71	0.05	5.07	0.52	0.07
65 岁及以上	65 Years old and above	18.80	0.13	12.76	5.73	0.18

表 3.15　历次人口普查人口年龄结构
AGE STRUCTURE IN CENSUS FOR FIVE TIMES

年　龄	Age	第一次普查(1953 年) the First Census(1953)			第二次普查(1964 年) the Second Census(1964)		
		合　计 Total	男 Male	女 Female	合　计 Total	男 Male	女 Female
总　计	**Total**	**620.44**	**331.96**	**288.48**	**1 081.65**	**536.90**	**544.74**
0 ~ 4 岁	0 ~ 4	101.91	52.90	49.00	135.96	70.15	65.81
0	0	23.14	11.86	11.28	27.60	14.22	13.37
1	1	24.03	12.42	11.61	29.89	15.42	14.47
2	2	19.27	10.05	9.22	22.52	11.63	10.89
3	3	18.93	9.94	8.98	26.00	13.39	12.61
4	4	16.54	8.63	7.91	29.96	15.49	14.47
5 ~ 9 岁	5 ~ 9	61.29	32.31	28.99	172.21	88.92	83.29
5	5	15.10	7.91	7.19	27.65	14.31	13.34
6	6	14.33	7.54	6.79	38.39	19.81	18.58
7	7	10.63	5.59	5.04	34.72	17.95	16.78
8	8	10.34	5.48	4.86	33.61	17.38	16.23
9	9	10.89	5.79	5.10	37.83	19.47	18.37
10 ~ 14 岁	10 ~ 14	41.69	22.30	19.39	149.44	77.22	72.22
10	10	8.12	4.31	3.81	33.90	17.50	16.40
11	11	8.86	4.70	4.16	31.65	16.26	15.39
12	12	8.22	4.36	3.85	31.01	15.96	15.05
13	13	8.31	4.44	3.86	26.89	13.92	12.97
14	14	8.19	4.48	3.71	25.99	13.58	12.42
15 ~ 19 岁	15 ~ 19	61.47	35.27	26.20	95.54	48.70	46.84
15	15	9.17	5.16	4.01	23.53	12.19	11.34
16	16	10.32	5.95	4.36	22.00	11.46	10.55
17	17	12.88	7.46	5.42	19.95	10.33	9.62
18	18	14.35	8.31	6.03	16.02	8.07	7.95
19	19	14.75	8.38	6.37	14.04	6.65	7.39
20 ~ 24 岁	20 ~ 24	69.18	38.18	31.01	55.73	25.73	30.00
20	20	15.06	8.46	6.61	13.48	6.17	7.31
21	21	14.26	8.03	6.23	10.54	4.85	5.69
22	22	13.21	7.30	5.91	10.94	5.05	5.89
23	23	13.19	7.18	6.01	10.42	4.82	5.61
24	24	13.41	7.22	6.25	10.35	4.85	5.50
25 ~ 29 岁	25 ~ 29	61.13	32.92	28.21	65.95	32.50	33.45
25	25	13.38	7.09	6.30	10.97	5.27	5.70
26	26	11.52	6.26	5.27	12.14	5.97	6.17
27	27	11.91	6.42	5.49	12.33	6.10	6.23
28	28	12.36	6.68	5.68	14.77	7.34	7.43
29	29	11.96	6.48	5.48	15.74	7.81	7.93
30 ~ 34 岁	30 ~ 34	53.66	29.20	24.46	79.83	39.50	40.33
30	30	11.27	6.09	5.19	16.56	8.13	8.43
31	31	11.20	6.01	5.19	17.56	8.62	8.94
32	32	10.63	5.79	4.84	16.32	8.14	8.18
33	33	10.68	5.94	4.74	14.33	7.13	7.20
34	34	9.87	5.38	4.50	15.06	7.47	7.59

单位:万人(10 000 persons)

第三次普查(1982年) the Third Census(1982)			第四次普查(1990年) the Fourth Census(1990)			第五次普查(2000年) the Fifth Census(2000)		
合计 Total	男 Male	女 Female	合计 Total	男 Male	女 Female	合计 Total	男 Male	女 Female
1 185.97	**591.00**	**594.97**	**1 334.19**	**680.61**	**653.58**	**1 640.77**	**843.03**	**797.75**
78.06	40.15	37.91	84.66	43.26	41.40	49.00	25.70	23.30
21.11	10.90	10.21	14.94	7.65	7.29	9.02	4.74	4.28
14.08	7.20	6.88	16.18	8.25	7.93	9.72	5.12	4.61
14.85	7.64	7.21	18.15	9.28	8.88	9.77	5.11	4.66
14.27	7.35	6.92	18.62	9.49	9.13	10.10	5.30	4.80
13.75	7.06	6.69	16.77	8.60	8.17	10.39	5.44	5.00
60.30	30.96	29.34	90.39	46.42	43.97	58.67	30.53	28.14
13.06	6.72	6.34	15.51	7.95	7.56	11.10	5.79	5.31
12.12	6.23	5.88	17.86	9.18	8.69	11.05	5.76	5.29
11.12	5.69	5.43	21.04	10.83	10.21	11.55	6.01	5.55
11.44	5.86	5.58	21.60	11.12	10.48	12.23	6.35	5.88
12.56	6.46	6.10	14.37	7.33	7.04	12.74	6.62	6.12
77.06	39.51	37.55	68.13	34.95	33.18	93.42	47.95	45.48
12.85	6.57	6.28	14.98	7.69	7.29	16.41	8.47	7.94
14.99	7.69	7.30	14.26	7.32	6.93	18.16	9.34	8.82
16.02	8.21	7.81	13.71	7.02	6.68	18.79	9.61	9.18
17.80	9.11	8.70	13.01	6.68	6.34	20.67	10.58	10.09
15.41	7.94	7.47	12.18	6.24	5.94	19.39	9.90	9.46
104.17	53.07	51.09	72.36	37.91	34.45	129.51	64.90	64.62
13.09	6.75	6.34	11.48	5.88	5.60	18.29	9.29	9.00
17.20	8.84	8.36	12.40	6.37	6.03	21.36	10.78	10.58
19.22	9.91	9.30	14.47	7.52	6.95	25.64	12.82	12.82
25.99	13.16	12.83	15.45	8.16	7.29	34.24	17.03	17.21
28.67	14.40	14.26	18.56	9.98	8.58	29.98	14.97	15.01
138.48	69.87	68.61	96.13	52.28	43.86	135.30	69.72	65.57
21.64	10.78	10.85	20.11	10.94	9.18	26.66	13.53	13.14
23.72	11.69	12.03	21.95	11.94	10.01	28.53	14.58	13.95
28.95	14.57	14.38	18.68	10.22	8.46	27.65	14.26	13.39
26.88	13.75	13.13	15.67	8.54	7.13	25.87	13.41	12.46
37.29	19.08	18.21	19.72	10.64	9.09	26.58	13.95	12.63
154.38	78.68	75.70	129.98	68.36	61.62	135.40	72.09	63.31
34.05	17.45	16.60	21.50	11.54	9.97	25.03	13.16	11.87
32.07	16.35	15.72	28.64	15.13	13.51	26.00	13.78	12.22
33.91	17.00	16.91	31.05	16.34	14.71	27.66	14.73	12.92
29.22	14.88	14.33	23.31	12.19	11.12	27.59	14.78	12.82
25.14	13.01	12.13	25.48	13.17	12.31	29.13	15.64	13.49
107.18	56.06	51.12	165.02	85.77	79.24	139.48	76.16	63.32
24.75	13.00	11.74	30.38	15.83	14.54	31.13	16.82	14.30
22.13	11.67	10.46	28.07	14.67	13.40	29.71	16.08	13.63
22.33	11.72	10.61	38.29	19.88	18.41	29.93	16.39	13.54
19.16	9.94	9.22	34.95	18.13	16.83	22.29	12.29	9.99
18.81	9.73	9.08	33.33	17.27	16.06	26.43	14.57	11.85

表3.15 续表1 continued

年龄	Age	第一次普查(1953年) the First Census(1953) 合计 Total	男 Male	女 Female	第二次普查(1964年) the Second Census(1964) 合计 Total	男 Male	女 Female
35～39岁	35～39	44.13	24.27	19.85	71.22	35.35	35.87
35	35	9.06	4.92	4.14	15.19	7.49	7.69
36	36	9.31	5.14	4.17	15.19	7.48	7.71
37	37	8.70	4.79	3.91	13.37	6.72	6.65
38	38	8.37	4.60	3.77	13.74	6.80	6.93
39	39	8.68	4.81	3.87	13.74	6.86	6.88
40～44岁	40～44	35.50	19.92	15.58	61.84	30.56	31.27
40	40	7.39	4.14	3.25	13.82	6.80	7.01
41	41	7.53	4.25	3.28	12.54	6.23	6.31
42	42	6.87	3.87	3.00	12.23	5.98	6.25
43	43	6.77	3.81	2.96	11.69	5.75	5.93
44	44	6.95	3.85	3.10	11.57	5.80	5.77
45～49岁	45～49	29.69	16.42	13.27	49.42	24.27	25.15
45	45	5.95	3.36	2.59	11.09	5.44	5.65
46	46	6.36	3.55	2.81	10.13	4.94	5.19
47	47	6.40	3.51	2.89	9.63	4.75	4.88
48	48	5.69	3.12	2.57	9.59	4.72	4.87
49	49	5.30	2.88	2.42	8.98	4.41	4.56
50～54岁	50～54	22.23	11.85	10.38	42.30	20.80	21.49
50	50	4.74	2.58	2.16	9.80	4.82	4.98
51	51	4.82	2.61	2.21	8.38	4.11	4.27
52	52	4.82	2.57	2.25	8.31	4.11	4.21
53	53	4.13	2.17	1.96	8.06	3.97	4.10
54	54	3.72	1.92	1.80	7.74	3.80	3.95
55～59岁	55～59	15.75	7.69	8.06	36.48	17.39	19.09
55	55	3.66	1.88	1.79	7.65	3.69	3.96
56	56	3.42	1.68	1.74	7.14	3.48	3.66
57	57	3.28	1.59	1.69	7.52	3.61	3.91
58	58	2.85	1.37	1.49	7.38	3.47	3.91
59	59	2.53	1.17	1.36	6.79	3.15	3.64
60～64岁	60～64	10.57	4.66	5.32	26.73	12.00	14.73
60	60	2.55	1.17	1.37	6.02	2.75	3.27
61	61	2.30	1.03	1.27	5.23	2.38	2.85
62	62	2.03	0.90	1.13	5.46	2.47	2.99
63	63	1.93	0.83	1.10	5.25	2.33	2.92
64	64	1.77	0.73	1.04	4.77	2.07	2.70
65～69岁	65～69	6.27	2.39	3.88	19.22	7.72	11.50
65	65	1.54	0.61	0.92	4.36	1.85	2.51
66	66	1.38	0.54	0.84	4.13	1.70	2.43
67	67	1.20	0.46	0.74	3.88	1.54	2.35
68	68	1.15	0.42	0.74	3.68	1.44	2.25
69	69	0.99	0.36	0.63	3.16	1.19	1.96

单位:万人(10 000 persons)

第三次普查(1982年) the Third Census(1982)			第四次普查(1990年) the Fourth Census(1990)			第五次普查(2000年) the Fifth Census(2000)		
合计 Total	男 Male	女 Female	合计 Total	男 Male	女 Female	合计 Total	男 Male	女 Female
69.79	35.60	34.19	142.97	75.24	67.74	150.65	81.27	69.38
17.24	8.84	8.40	35.92	18.47	17.45	27.45	15.11	12.34
14.18	7.16	7.02	30.98	16.17	14.81	29.56	16.07	13.49
13.65	6.95	6.70	26.70	14.14	12.56	38.79	20.87	17.92
13.74	7.04	6.70	26.14	14.00	12.14	30.47	16.42	14.05
10.98	5.60	5.38	23.23	12.46	10.77	24.38	12.80	11.58
54.81	27.13	27.68	96.90	51.16	45.74	170.02	88.98	81.04
11.09	5.59	5.50	23.39	12.52	10.87	31.46	16.50	14.96
11.03	5.52	5.51	20.50	10.84	9.66	27.81	14.65	13.16
10.32	5.07	5.25	19.88	10.49	9.39	35.79	18.76	17.03
10.67	5.21	5.46	18.09	9.51	8.58	40.41	21.10	19.31
11.70	5.75	5.96	15.04	7.80	7.24	34.56	17.98	16.58
72.65	35.44	37.21	63.25	32.88	30.37	159.15	82.89	76.26
11.67	5.72	5.94	14.33	7.49	6.84	36.27	18.75	17.53
13.92	6.81	7.11	14.29	7.48	6.81	37.23	19.23	18.00
14.79	7.25	7.54	11.51	6.02	5.49	29.69	15.44	14.24
15.60	7.56	8.04	11.64	6.00	5.64	29.84	15.68	14.16
16.67	8.09	8.58	11.48	5.89	5.59	26.12	13.79	12.33
71.57	34.97	36.60	59.99	30.07	29.92	107.80	56.33	51.46
15.53	7.62	7.90	10.81	5.47	5.34	24.73	13.08	11.66
13.46	6.61	6.85	10.96	5.48	5.48	23.81	12.51	11.30
14.25	6.96	7.29	12.08	6.08	6.00	21.44	11.20	10.24
14.20	6.90	7.30	11.99	6.01	5.98	20.18	10.51	9.67
14.13	6.87	7.26	14.15	7.04	7.11	17.64	9.05	8.59
60.99	29.63	31.37	75.29	37.00	38.29	66.61	34.30	32.31
12.34	6.08	6.26	14.91	7.39	7.52	14.66	7.56	7.10
12.63	6.14	6.49	15.61	7.65	7.97	15.39	7.95	7.44
12.41	6.06	6.35	16.46	8.05	8.41	12.53	6.51	6.02
12.47	5.98	6.49	15.21	7.48	7.73	11.68	6.01	5.66
11.15	5.37	5.78	13.10	6.44	6.66	12.35	6.27	6.09
48.46	22.95	25.50	63.97	30.89	33.08	57.73	28.54	29.19
10.82	5.13	5.69	13.65	6.63	7.02	10.87	5.50	5.38
10.10	4.81	5.28	13.52	6.51	7.02	10.65	5.26	5.39
9.86	4.75	5.11	13.38	6.43	6.95	11.75	5.83	5.92
9.28	4.35	4.93	11.62	5.66	5.96	11.33	5.56	5.77
8.40	3.91	4.49	11.79	5.66	6.13	13.12	6.40	6.73
35.70	16.46	19.24	51.13	23.99	27.14	68.31	32.25	36.06
7.77	3.64	4.13	11.37	5.44	5.93	13.76	6.59	7.17
7.58	3.51	4.06	11.34	5.32	6.02	14.11	6.68	7.43
6.86	3.16	3.69	9.98	4.70	5.28	14.92	7.01	7.90
7.38	3.38	4.00	9.60	4.44	5.16	13.89	6.48	7.40
6.11	2.76	3.35	8.84	4.09	4.75	11.64	5.49	6.15

表 3.15 续表 2 continued

年龄	Age	第一次普查(1953 年) the First Census(1953) 合计 Total	男 Male	女 Female	第二次普查(1964 年) the Second Census(1964) 合计 Total	男 Male	女 Female
70～74 岁	70～74	35 919	11 350	24 569	112 087	38 933	73 154
70	70	9 168	3 146	6 022	26 651	9 760	16 891
71	71	7 895	2 594	5 301	25 432	9 060	16 372
72	72	7 737	2 392	5 345	23 510	8 145	15 365
73	73	6 180	1 795	4 385	19 391	6 484	12 907
74	74	4 939	1 423	3 516	17 103	5 484	11 619
75～79 岁	75～79	16 944	4 259	12 685	56 497	15 985	40 512
75	75	4 560	1 248	3 312	15 995	4 889	11 106
76	76	4 242	1 080	3 162	12 868	3 668	9 200
77	77	3 197	786	2 411	10 619	3 038	7 581
78	78	2 688	650	2 038	9 112	2 457	6 655
79	79	2 257	495	1 762	7 903	1 933	5 970
80～84 岁	80～84	5 651	1 091	4 560	22 029	4 716	17 313
80	80	1 834	398	1 436	6 290	1 500	4 790
81	81	1 369	258	1 111	5 371	1 194	4 177
82	82	1 048	190	858	3 940	838	3 102
83	83	781	146	635	3 702	689	3 013
84	84	619	99	520	2 726	495	2 231
85～89 岁	85～89	1 214	178	1 036	6 058	997	5 061
85	85	484	75	409	2 015	352	1 663
86	86	305	43	262	1 513	270	1 243
87	87	216	29	187	1 220	193	1 027
88	88	143	21	122	763	98	665
89	89	66	10	56	547	84	463
90～94 岁	90～94	113	12	101	995	113	882
90	90	47	4	43	396	49	347
91	91	28	2	26	276	38	238
92	92	19	2	17	171	15	156
93	93	12	3	9	100	6	94
94	94	7	1	6	52	5	47
95～99 岁	95～99	15	3	12	81	5	76
95	95	4	2	2	40	1	39
96	96	1		1	20	1	19
97	97	4		4	13	1	12
98	98	4	1	3	6	1	5
99	99	2		2	2	1	1
100 岁及以上	100 Years old and above	1		1	2	1	1

单位：人(persons)

第三次普查(1982 年) the Third Census(1982)			第四次普查(1990 年) the Fourth Census(1990)			第五次普查(2000 年) the Fifth Census(2000)		
合 计 Total	男 Male	女 Female	合 计 Total	男 Male	女 Female	合 计 Total	男 Male	女 Female
25 1992	109 819	142 173	348 995	156 419	192 576	531 349	243 734	287 615
57 885	26 001	31 884	83 410	38 611	44 799	118 230	55 235	62 995
55 202	24 431	30 771	77 687	34 914	42 773	109 245	50 096	59 149
49 663	21 623	28 040	68 452	30 372	38 080	114 206	52 248	61 958
46 980	19 892	27 088	61 072	27 043	34 029	98 226	45 018	53 208
42 262	17 872	24 390	58 374	25 479	32 895	91 442	41 137	50 305
163 696	62 973	100 723	219 147	90 590	128 557	367 126	159 436	207 690
41 972	17 283	24 689	51 139	21 769	29 370	86 835	38 893	47 942
38 892	15 093	23 799	52 922	22 331	30 591	83 249	36 351	46 898
33 493	12 652	20 841	42 241	17 376	24 865	73 713	31 792	41 921
27 627	10 153	17 474	37 989	15 373	22 616	65 940	28 197	37 743
21 712	7 792	13 920	34 856	13 741	21 115	57 389	24 203	33 186
76 506	25 031	51 475	116 932	42 064	74 868	193 918	76 659	117 259
20 837	7 397	13 440	29 586	11 261	18 325	52 106	21 352	30 754
18 504	6 300	12 204	26 258	9 768	16 490	44 370	18 057	26 313
14 835	4 821	10 014	22 467	8 118	14 349	39 265	15 105	24 160
12 122	3 612	8 510	20 688	7 112	13 576	31 614	12 207	19 407
10 208	2 901	7 307	17 933	5 805	12 128	26 563	9 938	16 625
25 890	6 353	19 537	43 856	12 816	31 040	78 967	27 061	51 906
8 271	2 220	6 051	14 185	4 313	9 872	21 933	7 888	14 045
6 660	1 636	5 024	10 700	3 199	7 501	20 153	6 991	13 162
4 949	1 212	3 737	7 479	2 193	5 286	15 227	5 242	9 985
3 369	737	2 632	6 438	1 811	4 627	11 706	3 792	7 914
2 641	548	2 093	5 054	1 300	3 754	9 948	3 148	6 800
5 139	894	4 245	9 897	2 200	7 697	21 645	6 144	15 501
1 999	394	1 605	3 484	879	2 605	7 080	2 126	4 954
1 277	222	1 055	2 528	565	1 963	5 315	1 490	3 825
848	142	706	1 774	354	1 420	4 108	1 173	2 935
632	95	537	1 255	237	1 018	2 863	782	2 081
383	41	342	856	165	691	2 279	573	1 706
502	68	434	1 205	180	1 025	4 249	1 086	3 163
231	37	194	519	87	432	1 576	386	1 190
110	12	98	280	40	240	1 010	240	770
88	8	80	190	18	172	646	202	444
39	7	32	139	24	115	430	125	305
34	4	30	77	11	66	318	97	221
20	3	17	80	7	73	269	36	233

表 3.16 各行业从业人员(2001)
EMPLOYMENT IN DIFFERENT TRADES

单位:万人(10 000 persons)

类 别	Items	从业人员 Employment	按登记注册类型分 Classified according to the Categories of Registration				
			国有 State-owned Units	集体 Urban Collective-owned Units	其他 Other Ownership Units	其中 of which	
						#城镇个体劳动者 Urban Self-employed Labourers	#港澳台及外商投资单位 Units with Investment from Hong Kong, Macao, Taiwan and Foreign Countries
总 计	**Total**	**752.26**	**184.11**	**267.14**	**301.01**	**10.78**	**60.78**
按产业分	**Grouped by Industry**						
第一产业	Primary Industry	87.18	2.87	83.30	1.01	0.01	0.05
第二产业	Secondary Industry	309.91	55.04	119.90	134.97	0.23	49.92
第三产业	Tertiary Industry	355.17	126.20	63.94	165.03	10.54	10.81
按国民经济行业分	**Grouped by Sector**						
农、林、牧、渔业	Farming, Forestry, Animal Husbandry and Fishery	87.18	2.87	83.30	1.01	0.01	0.05
采掘业	Excavation	0.07	0.02		0.05		0.05
制造业	Manufacturing	269.79	42.62	105.17	122.00	0.22	49.47
电力、煤气及水的生产和供应业	Power, Gas and Water Production and Supply	6.02	4.41	0.24	1.37	0.07	
建筑业	Construction	34.03	7.99	14.49	11.55	0.01	0.33
地质勘查业、水利管理业	Geological Prospecting and Water Conservancy Administration	0.86	0.83		0.03		
交通运输、仓储及邮电通信业	Transportation, Storage, Postal and Telecommunications	32.23	14.93	8.23	9.07	0.20	1.36
批发和零售贸易、餐饮业	Wholesale, Retail and Catering Business	101.87	11.69	16.79	73.39	8.33	3.05
#批发业	Wholesale	12.36	5.14	3.09	4.13		0.72
零售业	Retail Sales	78.46	5.40	12.17	60.89	6.45	1.00
商业经纪与代理业	Business Brokerage	0.85	0.19	0.01	0.65		0.63
金融保险业	Banking and Insurance	11.07	4.30	0.40	6.37		0.96
房地产业	Real Estate	8.77	3.93	0.64	4.20		0.85
社会服务业	Social Services	80.22	20.88	4.28	55.06	1.96	3.30
#公共服务业	Public Services	21.64	13.18	1.32	7.14		0.72
居民服务业	Inhabitant Services	31.65	0.64	1.87	29.14	1.20	0.10
信息、咨询服务业	Community and Consultancy Services	7.80	0.90	0.29	6.61	0.03	0.44
卫生、体育和社会福利业	Health Care, Sports and Social Welfare	18.11	12.99	3.69	1.43		0.10
#卫 生	Health Care	15.22	11.37	2.98	0.87		0.04
体 育	Sports	0.92	0.80		0.12		0.05
教育、文化艺术及广播电影电视业	Education, Culture, Art, Broadcasting, Film and Television	33.25	30.04	1.10	2.11		0.06
教 育	Education	29.15	26.79	0.52	1.84		0.04
文化艺术业	Culture and Art	2.81	2.30	0.41	0.10		0.01
广播电影电视业	Broadcasting, Film and Television	1.29	0.95	0.17	0.17		0.01
科学研究和综合技术服务业	Scientific Research and Polytechnical Services	10.01	8.07	1.17	0.77		0.17
国家机关、政党机关和社会团体	Government Institutions, Party and Social Organizations	15.84	14.93	0.12	0.79		
其他行业	Others	42.94	3.61	27.52	11.81	0.05	0.96

注：本表的统计口径为在岗从业人员。
Note: The figures in this table exclude number of working staff and workers.

表3.17 各行业职工人数(2001)
STAFF AND WORKERS IN DIFFERENT TRADES

单位:万人(10 000 persons)

类别	Items	职工人数 Staff and Workers	按登记注册类型分 Classified according to the Categories of Registration: 国有单位 State-owned Units	集体单位 Urban Collective-owned Units	其他单位 Other Ownership Units	其中 of which: #港澳台及外商投资单位 Units with Investment from Hong Kong, Macao, Taiwan and Foreign Countries
总 计	**Total**	**375.37**	**214.24**	**40.56**	**120.57**	**54.43**
按产业分	**Grouped by Industry**					
第一产业	Primary Industry	2.46	2.11	0.14	0.21	0.04
第二产业	Secondary Industry	181.32	83.86	17.71	79.75	46.36
第三产业	Tertiary Industry	191.59	128.27	22.71	40.61	8.03
按国民经济行业分	**Grouped by Sector**					
农、林、牧、渔业	Farming, Forestry, Animal Husbandry and Fishery	2.46	2.11	0.14	0.21	0.04
采掘业	Excavation	0.07	0.02	…	0.05	0.05
制造业	Manufacturing	158.93	70.48	15.82	72.63	46.00
电力、煤气及水的生产和供应业	Power, Gas and Water Production and Supply	5.98	4.42	0.21	1.35	0.06
建筑业	Construction	16.34	8.94	1.68	5.72	0.25
地质勘查业、水利管理业	Geological Prospecting and Water Conservancy Administration	0.88	0.86		0.02	
交通运输、仓储及邮电通信业	Transportation, Storage, Postal and Telecommunications	24.89	17.09	1.58	6.22	1.26
批发和零售贸易、餐饮业	Wholesale, Retail and Catering Business	40.50	15.26	11.57	13.67	2.14
#批发业	Wholesale	15.30	7.48	3.74	4.08	0.57
零售业	Retail Sales	21.59	6.52	7.00	8.07	0.83
商业经纪与代理业	Business Brokerage	0.69	0.19	…	0.50	0.48
金融保险业	Banking and Insurance	9.26	4.02	0.40	4.84	0.40
房地产业	Real Estate	6.37	3.39	0.34	2.64	0.56
社会服务业	Social Services	34.50	20.88	2.94	10.68	2.57
#公共服务业	Public Services	20.54	13.75	0.79	6.00	0.62
居民服务业	Residents Services	2.57	1.05	1.06	0.46	0.06
信息、咨询服务业	Information and Consultancy Services	1.73	0.88	0.22	0.63	0.38
卫生、体育和社会福利业	Health Care, Sports and Social Welfare	14.58	12.11	2.38	0.09	0.09
#卫 生	Health Care	12.92	10.84	2.05	0.03	0.04
体 育	Sports	0.76	0.71	…	0.05	0.05
教育、文化艺术及广播电影电视业	Education, Culture, Art, Broadcasting, Film and Television	29.13	28.53	0.35	0.25	0.05
教 育	Education	25.80	25.47	0.24	0.09	0.04
文化艺术业	Culture and Art	2.23	2.12	0.08	0.03	…
广播电影电视业	Broadcasting, Film and Television	1.10	0.94	0.03	0.13	0.01
科学研究和综合技术服务业	Scientific Research and Polytechnical Services	8.44	7.79	0.08	0.57	0.16
国家机关、政党机关和社会团体	Government Institutions, Party and Social Organizations	13.42	13.37	0.05		
其他行业	Others	9.62	4.97	3.02	1.63	0.80

表 3.18 各行业在岗职工人数(2001)
WORKING STAFF AND WORKERS IN DIFFERENT TRADES

单位:万人(10 000 persons)

类别	Items	职工人数 Staff and Workers	按登记注册类型分 Classified according to the Categories of Registration			
			国有单位 State-owned Units	集体单位 Urban Collective-owned Units	其他单位 Other Ownership Units	其中 of which #港澳台及外商投资单位 Units with Investment from Hong Kong, Macao, Taiwan and Foreign Countries
总　计	**Total**	**289.97**	**163.68**	**21.53**	**104.76**	**50.83**
按产业分	**Grouped by Industry**					
第一产业	Primary Industry	1.82	1.50	0.12	0.20	0.04
第二产业	Secondary Industry	126.65	50.59	7.55	68.51	42.93
第三产业	Tertiary Industry	161.50	111.59	13.86	36.05	7.86
按国民经济行业分	**Grouped by Sector**					
农、林、牧、渔业	Farming, Forestry, Animal Husbandry and Fishery	1.82	1.50	0.12	0.20	0.04
采掘业	Excavation	0.06	0.02	…	0.04	0.04
制造业	Manufacturing	107.99	39.59	6.12	62.28	42.59
电力、煤气及水的生产和供应业	Power, Gas and Water Production and Supply	5.86	4.33	0.19	1.34	0.06
建筑业	Construction	12.74	6.65	1.24	4.85	0.24
地质勘查业、水利管理业	Geological Prospecting and Water Conservancy Administration	0.83	0.81		0.02	
交通运输、仓储及邮电通信业	Transportation, Storage, Postal and Telecommunications	20.33	13.74	0.99	5.60	1.22
批发和零售贸易、餐饮业	Wholesale, Retail and Catering Business	26.34	9.53	5.89	10.92	2.12
#批发业	Wholesale	10.01	4.62	2.05	3.34	0.57
零售业	Retail Sales	13.86	4.06	3.52	6.28	0.82
商业经纪与代理业	Business Brokerage	0.65	0.16		0.49	0.47
金融保险业	Banking and Insurance	9.03	3.86	0.40	4.77	0.40
房地产业	Real Estate	5.58	2.77	0.31	2.50	0.56
社会服务业	Social Services	29.81	17.75	2.12	9.94	2.46
#公共服务业	Public Services	18.21	11.88	0.72	5.61	0.55
居民服务业	Inhabitant Services	1.41	0.53	0.55	0.33	0.06
信息、咨询服务业	Community and Consultancy Services	1.61	0.76	0.22	0.63	0.38
卫生、体育和社会福利业	Health Care, Sports and Social Welfare	14.12	11.83	2.19	0.10	0.09
#卫　生	Health Care	12.63	10.60	1.99	0.04	0.04
体　育	Sports	0.74	0.69	…	0.05	0.05
教育、文化艺术及广播电影电视业	Education, Culture, Art, Broadcasting, Film and Television	28.21	27.68	0.29	0.24	0.05
教　育	Education	25.07	24.79	0.19	0.09	0.04
文化艺术业	Culture and Art	2.11	2.01	0.07	0.03	0.01
广播电影电视业	Broadcasting, Film and Television	1.03	0.87	0.03	0.13	0.01
科学研究和综合技术服务业	Scientific Research and Polytechnical Services	7.95	7.34	0.06	0.55	0.16
国家机关、政党机关和社会团体	Government Institutions, Party and Social Organizations	13.21	13.16	0.05		
其他行业	Others	6.09	3.12	1.56	1.41	0.80

表3.19 各行业在岗女职工人数(2001)
WORKING FEMALE STAFF AND WORKERS IN VARIOUS TRADES

单位:万人(10 000 persons)

行业	Sector	在岗女职工人数 Working Female Staff and Workers	按登记注册类型分 Classified according to the Categories of Registration		
			国有单位 State-owned Units	集体单位 Collective-owned Units	其他单位 Other Ownership Units
总计	**Total**	**108.36**	**59.92**	**9.56**	**38.88**
农、林、牧、渔业	Farming, Forestry, Animal Husbandry and Fishery	0.43	0.39	0.02	0.02
采掘业	Excavation	…	…	…	
制造业	Manufacturing	38.85	11.70	2.81	24.34
电力、煤气及水的生产和供应业	Power, Gas and Water Production and Supply	1.54	1.19	0.06	0.29
建筑业	Construction	2.41	1.29	0.32	0.80
地质勘查业、水利管理业	Geological Prospecting and Water Conservancy Administration	0.19	0.19		…
交通运输、仓储及邮电通信业	Transportation, Storage, Postal and Telecommunications	4.64	2.81	0.26	1.57
批发和零售贸易、餐饮业	Wholesale, Retail and Catering Business	12.09	4.05	2.73	5.31
#批发业	Wholesale	3.79	1.63	0.87	1.29
零售业	Retail Sales	7.05	2.01	1.65	3.39
商业经纪与代理业	Business Brokerage	0.23	0.05	…	0.18
金融保险业	Banking and Insurance	4.03	1.88	0.20	1.95
房地产业	Real Estate	1.84	0.92	0.10	0.82
社会服务业	Social Services	9.14	5.48	0.77	2.89
#公共服务业	Public Services	4.78	3.60	0.16	1.02
居民服务业	Residents Services	0.72	0.22	0.31	0.19
信息、咨询服务业	Information and Consultancy Services	0.45	0.10	0.08	0.27
卫生、体育和社会福利业	Health Care, Sports and Social Welfare	9.16	7.70	1.44	0.02
#卫生	Health Care	8.44	7.13	1.30	0.01
体育	Sports	0.28	0.27	…	0.01
教育、文化艺术及广播电影电视业	Education, Culture, Art, Broadcasting, Film and Television	15.62	15.38	0.15	0.09
教育	Education	14.41	14.26	0.11	0.04
文化艺术业	Culture and Art	0.85	0.81	0.03	0.01
广播电影电视业	Broadcasting, Film and Television	0.36	0.31	0.01	0.04
科学研究和综合技术服务业	Scientific Research and Polytechnical Services	2.82	2.61	0.02	0.19
国家机关、政党机关和社会团体	Government Institutions, Party and Social Organizations	3.66	3.63	0.03	
其他行业	Others	1.94	0.70	0.65	0.59

表 3.20　主要年份国有单位工业职工人数
STAFF AND WORKERS IN STATE-OWNED INDUSTRIAL ENTERPRISES IN MAIN YEARS

单位:万人(10 000 persons)

年　份 Year	合　计 Total	其　中　of which					
		工　人 Workers	学　徒 Apprentices	工程技术人员 Engineers and Technicians	管理人员 Management Clerks	服务人员 Service Clerks	其他人员 Others
1978	180.23	128.99	7.64	7.07	15.21	15.19	6.13
1980	194.43	135.24	10.79	8.11	17.23	16.55	6.51
1985	206.73	141.18	2.10	11.98	22.12	19.73	9.62
1986	210.27	142.31	1.92	12.63	23.05	20.53	9.83
1987	212.56	144.04	1.38	13.03	23.57	20.62	9.92
1988	213.06	142.99	1.01	13.68	23.01	20.63	11.74
1989	208.39	137.36	0.87	14.57	22.41	21.04	12.14
1990	209.91	138.12	0.91	15.18	22.90	21.39	11.41
1991	208.99	135.97	0.92	15.15	23.39	22.35	11.21
1992	209.99	135.79	0.66	14.85	23.35	21.32	14.02
1993	173.07	107.32		12.21	19.48	18.57	15.49
1994	160.18	97.69		11.19	18.18	16.55	16.57
1995	148.40	87.22		10.35	16.93	15.39	18.51
1996	132.35	77.04		9.37	15.68	13.25	17.01
1997	112.53	66.01		8.10	13.80	11.10	13.52
1998	93.88	47.04		6.36	10.17	7.61	22.70
1999	64.89	41.22		5.64	9.26	6.18	2.59
2000	52.87	34.60		4.76	7.80	3.67	2.04
2001	43.93	28.65		4.26	6.79	2.88	1.35

注：1998 年起,职工人数为在岗职工人数(下表同)。
Note: Since 1998 the figure of staff and workers refers to working staff and workers(same as follows).

表 3.21　主要年份国有单位建筑业职工人数
STAFF AND WORKERS IN STATE-OWNED CONSTRUCTION ENTERPRISES IN MAIN YEARS

单位:万人(10 000 persons)

年　份 Year	合　计 Total	其　中　of which					
		工　人 Workers	学　徒 Apprentices	工程技术人员 Engineers and Technicians	管理人员 Management Clerks	服务人员 Service Clerks	其他人员 Others
1978	11.82	8.38	0.50	0.36	1.18	0.94	0.46
1980	15.22	10.88	0.59	0.52	1.57	1.29	0.37
1985	20.49	14.15	0.21	0.95	2.52	1.91	0.75
1986	20.22	13.85	0.21	0.98	2.56	1.87	0.75
1987	21.33	14.47	0.27	1.08	2.73	2.00	0.78
1988	21.61	14.21	0.25	1.26	2.83	2.07	0.99
1989	20.43	12.90	0.15	1.44	2.78	2.11	1.05
1990	21.03	13.17	0.12	1.56	2.89	2.29	1.00
1991	21.15	12.99	0.13	1.63	2.95	2.35	1.10
1992	21.37	12.85	0.16	1.81	2.95	2.28	1.32
1993	19.25	10.73		1.78	2.92	2.00	1.82
1994	19.13	10.35		1.99	3.00	1.98	1.81
1995	17.66	9.30		2.04	2.94	1.73	1.65
1996	15.72	7.97		1.97	2.74	1.50	1.54
1997	13.73	6.49		1.97	2.54	1.23	1.50
1998	11.47	5.30		1.54	1.91	0.84	1.88
1999	8.77	4.53		1.49	1.65	0.68	0.42
2000	7.74	3.93		1.40	1.57	0.50	0.34
2001	6.65	3.30		1.37	1.29	0.41	0.28

表3.22 主要年份集体单位工业职工人数
STAFF AND WORKERS IN COLLECTIVE-OWNED INDUSTRIAL ENTERPRISES IN MAIN YEARS

单位:万人(10 000 persons)

年 份 Year	合 计 Total	其 中 of which 工 人 Workers	学 徒 Apprentices	工程技术人员 Engineers and Technicians	管理人员 Management Clerks	服务人员 Service Clerks	其他人员 Others
1978	22.46	16.20	2.16	0.08	1.83	1.67	0.52
1980	28.52	21.17	2.08	0.17	2.42	2.13	0.55
1985	35.28	25.12	0.52	0.67	4.11	3.05	1.81
1986	36.38	25.75	0.32	0.72	4.28	3.23	2.08
1987	37.12	26.15	0.22	0.76	4.43	3.32	2.24
1988	36.99	25.28	0.25	0.89	4.25	3.56	2.76
1989	38.72	26.01	0.14	1.14	4.31	3.80	3.32
1990	38.40	25.85	0.12	1.21	4.37	3.86	2.99
1991	38.33	25.46	0.10	1.27	4.50	3.88	3.12
1992	37.29	25.44	0.08	1.26	4.20	3.49	2.82
1993	42.11	27.68		1.38	4.74	2.96	5.35
1994	38.98	25.56		1.29	4.24	2.42	5.47
1995	37.82	22.74		1.28	4.19	2.21	7.40
1996	35.45	21.67		1.17	3.73	1.78	7.10
1997	30.83	18.62		1.08	3.25	1.42	6.46
1998	26.07	10.01		0.77	2.34	0.93	12.02
1999	11.39	7.50		0.58	1.88	0.73	0.70
2000	8.69	5.81		0.43	1.47	0.49	0.49
2001	6.31	4.16		0.32	1.04	0.40	0.39

注：1998年起,职工人数为在岗职工人数(下同)。
Note: Since 1998 the figure of staff and workers refers to working staff and workers(same as follows).

表3.23 主要年份集体单位建筑业职工人数
STAFF AND WORKERS IN COLLECTIVE-OWNED CONSTRUCTION ENTERPRISES IN MAIN YEARS

单位:万人(10 000 persons)

年 份 Year	合 计 Total	其 中 of which 工 人 Workers	学 徒 Apprentices	工程技术人员 Engineers and Technicians	管理人员 Management Clerks	服务人员 Service Clerks	其他人员 Others
1978	2.78	2.20	0.09	0.01	0.20	0.11	0.17
1980	5.63	4.55	0.23	0.02	0.48	0.24	0.11
1985	6.27	4.57	0.02	0.08	0.73	0.52	0.35
1986	5.82	4.11	0.02	0.09	0.70	0.54	0.36
1987	5.46	3.75	0.02	0.08	0.70	0.55	0.36
1988	4.66	3.05	0.02	0.08	0.60	0.44	0.47
1989	4.48	2.86	0.01	0.15	0.54	0.41	0.51
1990	4.11	2.60	0.01	0.15	0.53	0.38	0.44
1991	4.17	2.60	0.01	0.17	0.50	0.42	0.47
1992	4.28	2.92	0.02	0.18	0.47	0.29	0.40
1993	3.66	2.36		0.21	0.46	0.28	0.35
1994	4.41	2.70		0.26	0.54	0.37	0.54
1995	4.67	2.86		0.33	0.55	0.36	0.57
1996	3.96	2.38		0.31	0.49	0.30	0.48
1997	5.09	2.95		0.43	0.73	0.40	0.58
1998	3.31	1.60		0.29	0.40	0.23	0.79
1999	2.32	1.25		0.27	0.36	0.17	0.27
2000	1.99	1.01		0.24	0.33	0.16	0.25
2001	1.24	0.69		0.15	0.21	0.10	0.09

表 3.24　主要年份城镇新就业人数
NEW EMPLOYMENT IN URBAN AREAS IN MAIN YEARS

单位：万人(10 000 persons)

指　标	Indicators	1980	1990	1995	2000	2001
总　计	**Total**	**23.05**	**14.17**	**39.64**	**49.74**	**51.69**
按主要来源分	**Grouped by Major Source of Employment**					
城镇劳动力	Urban Labour Force	12.36	4.55	27.95	39.14	39.44
农村劳动力	Rural Labour Force	2.67	2.51	4.36	1.76	2.53
大学、中专、技校毕业生	Graduates from Universities, Secondary Technical Schools and Worker Training Schools	5.22	5.76	5.74	4.09	4.44
其　他	Others	2.80	1.35	1.59	4.75	5.28
按安置去向分	**Grouped by Employment Assignment**					
国有经济单位	State-owned Units	16.54	11.46	8.81	7.40	7.33
城镇集体经济单位	Urban Collective-owned Units	5.82	1.46	1.91	1.42	1.88
其他经济单位	Other Ownership Units		0.76	5.96	8.60	10.85
其他劳动者	Others	0.36	0.49	22.96	32.32	31.63

注：2000 年起城镇新就业人数的安置去向按登记注册类型划分。
Note: From 2000 the new employment in urban areas is classified according to categories of registration.

表 3.25　主要年份城镇登记失业人数和城镇登记失业率
THE NUMBER OF THE REGISTERED UNEMPLOYED IN URBAN AREAS AND THE REGISTERED UNEMPLOYMENT RATE IN MAIN YEARS

年　份 Year	城镇从业人数(万人) Employment in Urban Areas (10 000 persons)	城镇登记失业人数(万人) Registered Unemployed in Urban Areas (10 000 persons)	其　中 of which		城镇登记失业率(%) Registered Unemployment Rate in Urban Areas (%)
			区 District	县 County	
1978	423.64	10.00			2.3
1980	448.39	14.75			3.2
1985	499.58	1.20	0.94	0.26	0.2
1986	507.38	1.82	1.42	0.40	0.4
1987	515.26	2.90	2.43	0.47	0.6
1988	520.87	4.50	3.79	0.71	0.9
1989	517.77	6.99	5.97	1.02	1.3
1990	519.44	7.70	6.62	1.08	1.5
1991	532.32	7.61	6.69	0.92	1.4
1992	536.24	9.42	8.42	1.00	1.7
1993	521.28	12.97	12.21	0.76	2.4
1994	521.06	14.85	13.98	0.87	2.8
1995	531.34	14.36	13.52	0.84	2.7
1996	533.00	14.54	13.69	0.85	2.7
1997	534.91	14.90	14.03	0.87	2.8
1998	551.03	15.96	15.24	0.72	2.9
1999	540.92	17.47	16.49	0.98	3.1
2000	560.60	20.08	18.86	1.22	3.5
2001	573.23	25.72	25.21	0.51	4.3

注：本表不包括聘用离退休的从业人员数。
Note: Employment of retiring personnel is not included in this table.

表3.26 主要年份离休、退休及退职职工人数
NUMBER OF VCSR,RRSW AND RESIGNED IN MAIN YEARS

单位:万人(10 000 persons)

指标	Indicators	1980	1990	1995	2000	2001
总计	**Total**	**96.47**	**159.14**	**183.81**	**234.23**	**239.87**
国有单位	**State-owned Units**	**68.24**	**113.65**	**129.63**	**165.55**	**167.79**
离休	Retired Veteran Carders		3.85	4.62	3.39	3.30
退休	Retired	67.39	108.54	124.08	161.03	163.32
退职	Resigned	0.85	1.26	0.93	1.13	1.17
集体单位	**Collective-owned Units**	**28.23**	**44.18**	**43.14**	**50.22**	**50.40**
离休	Retired Veteran Carders		0.40	0.21	0.10	0.09
退休	Retired	27.85	42.02	41.71	48.40	48.65
退职	Resigned	0.38	1.76	1.22	1.72	1.66
其他单位	**Other Ownership Units**		**1.31**	**11.04**	**18.46**	**21.68**
离休	Retired Veteran Carders		0.01	0.22	0.21	0.26
退休	Retired		1.22	10.75	18.05	21.14
退职	Resigned		0.08	0.07	0.20	0.28
离休、退休及退职人数与全部职工人数的比例(以全部职工人数为1)	**Ratio of Employed Staff and Workers to VCSR, RRSW and Resigned (Working Staff and Workers = 1)**	**0.22**	**0.31**	**0.39**	**0.60**	**0.64**

表3.27 在岗职工人数变动(2001)
CHANGES IN THE NUMBER OF WORKING STAFF AND WORKERS

单位:万人(10 000 persons)

指标	Indicators	在岗职工人数变动 Changes in the Number of Working Staff and Workers	按登记注册类型分 Classified according to the Categories of Registration		
			国有单位 State-owned Units	集体单位 Collective-owned Units	其他单位 Others Ownership Units
增加人数	**Increase of Staff and Workers**	**43.93**	**19.55**	**5.22**	**19.16**
从农村招收	Recruited from Rural	2.53	0.55	0.59	1.39
从城镇招收	Recruited from Urban Areas	7.81	1.81	0.50	5.50
录用的复员转业军人	Demobilized Soldiers	0.38	0.24	0.02	0.12
录用的大、中专、技工学校毕业生	Graduates from Colleges, Secondary Technical Schools and Worker Training Schools	4.44	2.52	0.14	1.78
调入人数	Number Transferred in	16.66	9.17	1.51	5.98
#市外调入	From Outside Areas	0.35	0.27	0.01	0.07
其他	Others	12.11	5.26	2.46	4.39
减少人数	**Decrease of Staff and Workers**	**57.31**	**31.45**	**8.23**	**17.63**
离休、退休、退职	Retired and Resigned	6.57	4.17	0.98	1.42
开除、除名、辞退	Expelled and Discharged	0.83	0.34	0.13	0.36
终止、解除合同	Contract Terminated	15.37	6.69	1.55	7.13
调出人数	Number Transferred Out	13.01	8.31	1.26	3.44
#调往市外	To Outside Areas	0.05	0.04		0.01
其他	Others	21.53	11.94	4.31	5.28

表 3.28 在岗长期职工和临时职工人数(2001)
LONG-TERM AND SHORT-TERM WORKING STAFF AND WORKERS

单位:万人(10 000 persons)

行 业	Sector	合 计 Total	其中 of which 在岗长期职工 Long-term Working Staff and Workers	在岗临时职工 Short-term Working Staff and Workers
总 计	**Total**	**289.97**	**283.96**	**6.01**
农、林、牧、渔业	Farming, Forestry, Animal Husbandry and Fishery	1.82	1.77	0.05
制造业	Manufactruing	107.99	106.27	1.72
电力、煤气及水的生产和供应业	Power, Gas and Water Production and Supply	5.86	5.84	0.02
建筑业	Construction	12.74	12.26	0.48
交通运输、仓储及邮电通信业	Transportation, Storage, Postal and Telecommunications	20.33	20.23	0.10
批发和零售贸易、餐饮业	Wholesale, Retail and Catering	26.34	25.76	0.58
金融保险业	Banking and Insurance	9.03	8.60	0.43
房地产业	Real Estate	5.58	5.52	0.06
社会服务业	Social Services	29.81	28.62	1.19
卫生、体育和社会福利业	Health Care, Sports and Social Welfare	14.12	13.80	0.32
教育、文化艺术及广播电影电视业	Education, Culture, Art, Broadcasting, Film and Television	28.21	27.91	0.30
科学研究和综合技术服务业	Scientific Research and Polytechnical Services	7.95	7.93	0.02
国家机关、政党机关和社会团体	Government Institutions, Party and Social Organizations	13.21	13.17	0.04
其 他	Others	6.09	5.46	0.63

表 3.29 离岗职工人数(1998～2001)
DISMISSORY EMPLOYEES

单位:万人(10 000 persons)

指 标	Indicators	1998	1999	2000	2001
总 计	**Total**	**64.14**	**78.33**	**83.11**	**85.40**
国有单位	State-owned Units	36.68	46.60	48.25	50.57
集体单位	Collective-owned Units	19.71	20.21	20.87	19.03
其他单位	Other Ownership Units	7.75	11.52	13.99	15.80

第四篇 人民生活

CHAPTER 4

LIVING STANDARDS

表4.1 历年从业人员报酬
REMUNERATION OF EMPLOYEES

年份 Year	从业人员报酬(亿元) Remuneration of Employees (100 million yuan)	其中 of which 国有单位 State-owned Units	集体单位 Collective-owned Units	其他单位 Other Ownership Units	国有单位占全部劳动报酬比重(%) Proportion of Remuneration of Employees at State-owned Units to the Total (%)	集体单位占全部劳动报酬比重(%) Proportion of Remuneration of Employees at Collective-owned Units to the Total (%)
1949	6.73	6.73			100.0	
1950	7.53	7.53			100.0	
1951	9.11	9.11			100.0	
1952	10.33	9.95	0.38		96.3	3.7
1953	12.35	11.83	0.52		95.8	4.2
1954	12.60	11.93	0.67		94.7	5.3
1955	11.86	11.19	0.67		94.4	5.6
1956	14.43	13.34	1.09		92.4	7.6
1957	16.62	14.83	1.79		89.2	10.8
1958	18.21	16.75	1.46		92.0	8.0
1959	19.91	17.96	1.95		90.2	9.8
1960	20.32	17.55	2.77		86.4	13.6
1961	19.87	17.29	2.58		87.0	13.0
1962	18.02	15.94	2.08		88.5	11.5
1963	18.28	16.06	2.22		87.9	12.1
1964	19.40	16.78	2.62		86.5	13.5
1965	20.07	17.26	2.81		86.0	14.0
1966	19.74	17.00	2.74		86.1	13.9
1967	20.22	17.45	2.77		86.3	13.7
1968	19.75	17.18	2.57		87.0	13.0
1969	21.06	18.44	2.62		87.6	12.4
1970	20.63	18.03	2.60		87.4	12.6
1971	21.14	18.35	2.79		86.8	13.2
1972	22.08	18.94	3.14		85.8	14.2
1973	22.37	19.24	3.13		86.0	14.0
1974	22.80	19.53	3.27		85.7	14.3
1975	23.49	20.01	3.48		85.2	14.8
1976	24.79	21.01	3.78		84.8	15.2
1977	24.97	21.16	3.81		84.7	15.3
1978	28.18	23.88	4.30		84.7	15.3
1979	32.90	27.77	5.13		84.4	15.6
1980	38.26	31.71	6.55		82.9	17.1
1981	39.76	32.55	7.21		81.9	18.1
1982	41.55	33.83	7.72		81.4	18.6
1983	43.21	35.07	8.14		81.2	18.8
1984	54.13	43.39	10.29	0.45	80.2	19.0
1985	69.63	55.96	13.18	0.49	80.4	18.9
1986	84.89	68.32	15.84	0.73	80.5	18.7
1987	96.36	78.15	17.46	0.75	81.1	18.1
1988	117.04	94.78	20.91	1.35	81.0	17.9
1989	134.04	106.57	25.17	2.30	79.5	18.8
1990	150.48	121.56	25.64	3.28	80.8	17.0
1991	177.55	142.00	30.24	5.31	80.0	17.0
1992	223.36	179.43	35.40	8.53	80.3	15.8
1993	290.42	212.10	39.56	38.76	73.0	13.6
1994	374.44	268.19	48.59	57.66	71.6	13.0
1995	465.67	324.72	56.99	83.96	69.7	12.2
1996	521.63	359.56	60.18	101.89	68.9	11.5
1997	547.87	366.61	60.11	121.15	66.9	11.0
1998	554.86	342.88	49.65	162.33	61.8	8.9
1999	635.84	380.58	48.36	206.90	59.9	7.6
2000	647.55	369.65	38.88	239.02	57.1	6.0
2001	716.95	389.26	36.91	290.78	54.3	5.1

注:本表不包括私营、个体和农村劳动力等从业人员报酬(下表同)。
Note:This table excludes the remuneration of employees in private-owned business and rural labourers(same as follows).

表 4.2 从业人员报酬(2001) REMUNERATION OF EMPLOYEES

单位:亿元(100 million yuan)

行 业	Sectors	合 计 Total	国有单位 State-owned Units	集体单位 Collective-owned Units	其他单位 Other Ownership Units
从业人员报酬	**Remuneration of Employees**	**716.95**	**389.26**	**36.91**	**290.78**
农、林、牧、渔业	Farming, Forestry, Animal Husbandry and Fishery	3.25	2.78	0.18	0.29
工 业	Industry	274.43	96.86	9.66	167.91
采掘业	Excavation	0.12	0.07	…	0.05
制造业	Manufacturing	257.70	85.39	9.01	163.30
电力、煤气及水的生产和供应业	Power, Gas and Water Production and Supply	16.61	11.40	0.65	4.56
建筑业	Construction	27.50	14.98	2.40	10.12
地质勘查业、水利管理业	Geological Prospecting and Water Conservancy Administration	1.83	1.76		0.07
交通运输、仓储及邮电通信业	Transportation, Storage, Postal and Telecommunications	63.55	42.13	1.34	20.08
批发和零售贸易、餐饮业	Wholesale, Retail and Catering Business	61.04	22.08	8.97	29.99
批发业	Wholesale	25.43	12.03	3.82	9.58
零售业	Retail Sales	28.02	8.11	4.74	15.17
商业经纪与代理业	Business Brokerage	3.60	0.48	0.01	3.11
餐饮业	Catering	3.99	1.46	0.40	2.13
金融、保险业	Banking and Insurance	35.55	12.87	0.79	21.89
房地产业	Real Estate	17.35	8.31	0.74	8.30
服务业	Social Services	57.69	32.70	3.19	21.80
#公共服务业	Public Services	29.94	20.95	1.02	7.97
居民服务业	Community Services	2.48	1.13	0.81	0.54
信息、咨询服务业	Information and Consultancy Services	5.88	1.25	0.56	4.07
卫生、体育和社会福利业	Health Care, Sports and Social Welfare	34.86	29.43	5.18	0.25
#卫 生	Health Care	31.45	26.50	4.80	0.15
体 育	Sports	1.63	1.55	…	0.08
教育、文化艺术及广播电影电视业	Education, Culture, Art, Broadcasting, Film and Television	66.60	65.30	0.55	0.75
教 育	Education	57.14	56.47	0.34	0.33
文化艺术业	Culture and Art	6.45	6.24	0.15	0.06
广播电影电视业	Broadcasting, Film and Television	3.01	2.59	0.06	0.36
科学研究和综合技术服务业	Scientific Research and Polytechnical Services	20.46	18.41	0.15	1.90
国家机关、政党机关和社会团体	Government Institutions, Party and Social Organizations	34.81	34.68	0.13	
其 他	Others	18.03	6.97	3.63	7.43

表4.3 从业人员平均报酬(2001)
AVERAGE ANNUAL REMUNERATION OF EMPLOYEES

单位:元(yuan)

行 业	Sectors	合 计 Total	国 有 单 位 State-owned Units	集 体 单 位 Collective-owned Units	其 他 单 位 Other Ownership Units
全 市	**Total**	**20 876**	**20 715**	**12 735**	**22 979**
农、林、牧、渔业	Farming, Forestry, Animal Husbandry and Fishery	11 038	11 031	14 753	9 577
工 业	Industry	20 664	19 315	11 282	22 660
采掘业	Excavation	17 233	33 317	4 600	11 013
制造业	Manufacturing	20 355	18 711	10 846	22 474
电力、煤气及水的生产和供应业	Power, Gas and Water Production and Supply	27 079	25 381	25 178	32 951
建筑业	Construcation	18 429	19 282	14 628	18 358
地质勘查业、水利管理业	Geological Prospecting and Water Conservancy Administration	20 715	20 608		24 007
交通运输、仓储及邮电通信业	Transportation, Storage, Postal and Telecommunications	27 699	27 202	11 070	32 140
批发和零售贸易、餐饮业	Wholesale, Retail and Catering Business	16 894	18 254	10 311	19 555
批发业	Wholesale	19 633	22 322	11 433	22 695
零售业	Retail Sales	14 632	14 680	9 653	17 404
商业经纪与代理业	Business Brokerage	41 905	23 437	22 304	47 849
餐饮业	Catering	12 598	14 953	9 061	12 169
金融、保险业	Banking and Insurance	33 343	29 554	19 867	37 044
房地产业	Real Estate	21 326	20 922	15 470	22 525
服务业	Social Services	15 899	15 722	10 973	17 333
#公共服务业	Public Services	14 558	16 052	11 546	12 017
居民服务业	Community Services	11 553	14 653	8 475	12 847
信息、咨询服务业	Information and Consultancy Services	29 834	13 781	19 787	52 114
卫生、体育和社会福利业	Health Care, Sports and Social Welfare	22 404	22 631	21 056	26 236
#卫 生	Health Care	23 158	23 275	22 228	40 958
体 育	Sports	19 158	19 436	14 333	15 025
教育、文化艺术及广播电影电视业	Education, Culture, Art, Broadcasting, Film and Television	21 503	21 586	15 240	20 804
教 育	Education	20 888	20 931	15 342	21 290
文化艺术业	Culture and Art	26 203	26 868	14 478	17 936
广播电影电视业	Broadcasting, Film and Television	26 013	27 304	16 786	20 967
科学研究和综合技术服务业	Scientific Research and Polytechnical Services	22 916	22 471	16 152	29 513
国家机关、政党机关和社会团体	Government Institutions, Party and Social Organizations	23 100	23 203	10585	
其 他	Others	25 057	19 809	18 841	42 442

表4.4 历年职工工资总额和平均工资
TOTAL WAGES AND AVERAGE ANNUAL WAGE OF STAFF AND WORKERS

年 份 Year	职工工资总额（亿元）Total wages of Staff and Workers (100 million yuan)	其 中 of which 国有单位 State-owned Units	集体单位 Collective-owned Units	其他单位 Other Ownership Units	职工平均工资（元）Average Annual Wage of Staff and workers (yuan)	其 中 of which 国有单位 State-owned Units	集体单位 Collective-owned Units	其他单位 Other Ownership Units
1949	6.73	6.73			686	686		
1950	7.53	7.53			717	717		
1951	9.11	9.11			749	749		
1952	10.33	9.95	0.38		762	782	458	
1953	12.35	11.83	0.52		809	832	488	
1954	12.60	11.93	0.67		804	834	489	
1955	11.86	11.19	0.67		771	801	469	
1956	14.43	13.34	1.09		798	840	492	
1957	16.62	14.83	1.79		798	859	503	
1958	18.21	16.75	1.46		803	848	497	
1959	19.91	17.96	1.95		761	814	477	
1960	20.32	17.55	2.77		718	787	461	
1961	19.87	17.29	2.58		731	798	468	
1962	18.02	15.94	2.08		759	821	481	
1963	18.28	16.06	2.22		773	840	492	
1964	19.40	16.78	2.62		775	849	498	
1965	20.07	17.26	2.81		760	835	489	
1966	19.74	17.00	2.74		735	808	473	
1967	20.22	17.45	2.77		736	807	473	
1968	19.75	17.18	2.57		680	743	435	
1969	21.06	18.44	2.62		686	747	438	
1970	20.63	18.03	2.60		676	736	431	
1971	21.14	18.35	2.79		672	738	425	
1972	22.08	18.94	3.14		672	737	440	
1973	22.37	19.24	3.13		665	729	433	
1974	22.80	19.53	3.27		660	723	433	
1975	23.49	20.01	3.48		641	699	432	
1976	24.79	21.01	3.78		633	686	443	
1977	24.97	21.16	3.81		623	673	441	
1978	28.12	23.82	4.30		672	716	500	
1979	32.73	27.63	5.10		784	834	590	
1980	38.10	31.59	6.51		873	918	702	
1981	39.59	32.42	7.17		870	910	727	
1982	41.34	33.71	7.63		883	920	750	
1983	42.91	34.93	7.98		897	935	763	
1984	53.72	43.19	10.08	0.45	1 110	1 160	938	1 149
1985	68.99	55.50	13.00	0.49	1 416	1 467	1 227	1 628
1986	83.35	67.49	15.15	0.71	1 689	1 752	1 443	2 029
1987	94.78	77.19	16.87	0.72	1 893	1 960	1 623	2 510
1988	114.47	93.62	19.55	1.30	2 277	2 354	1 951	2 715
1989	131.10	105.08	23.77	2.25	2 608	2 691	2 259	3 235
1990	146.78	119.26	24.30	3.22	2 917	3 037	2 394	3 611
1991	172.84	139.12	28.51	5.21	3 375	3 487	2 817	4 363
1992	217.21	175.95	32.89	8.37	4 273	4 451	3 363	5 486
1993	279.33	206.12	36.60	36.61	5 650	5 784	4 253	7 043
1994	357.89	259.78	44.73	53.38	7 401	7 529	5 389	9 617
1995	440.75	314.69	51.61	74.45	9 279	9 578	6 309	11 518
1996	492.70	348.96	54.92	88.82	10 663	11 015	7 051	13 186
1997	510.10	353.69	53.69	102.72	11 425	11 733	7 329	14 313
1998	510.35	330.10	44.13	136.12	12 059	12 361	7 138	14 430
1999	583.54	366.21	43.22	174.11	14 147	14 419	7 935	16 736
2000	614.53	371.39	39.35	203.79	15 420	15 737	8 041	17 942
2001	678.29	389.91	35.79	252.59	17 764	17 820	8 525	20 865

表4.5 职工工资总额和平均工资(2001)
TOTAL WAGES AND ANNUAL AVERAGE WAGES OF STAFF AND WORKERS

行 业	Sectors	职工工资总额(亿元)Total Wages of Staff and 合 计 Total	国有单位 State-owned Units	集体单位 Collective-owned Units
总 计	**Total**	**678.29**	**389.91**	**35.79**
农、林、牧、渔业	Farming, Forestry, Animal Husbandry and Fishery	2.98	2.59	0.20
工 业	Industry	260.77	102.53	9.72
采掘业	Excavation	0.11	0.07	…
制造业	Manufacturing	244.22	91.15	9.11
电力、煤气及水的生产和供应业	Power, Gas and Water Production and Supply	16.44	11.31	0.61
建筑业	Construction	27.34	15.52	2.16
地质勘查业、水利管理业	Geological Prospecting and Water Conservancy Administration	1.82	1.78	
交通运输、仓储及邮电通信业	Transportation, Storage, Postal and Telecommunications	63.04	43.01	1.32
批发和零售贸易、餐饮业	Wholesale, Retail and Catering Business	55.98	22.01	8.57
批发业	Wholesale	24.66	12.54	3.34
零售业	Retail Sales	25.83	7.71	4.74
商业经纪与代理业	Business Brokerage	2.29	0.44	0.01
餐饮业	Catering	3.20	1.32	0.48
金融、保险业	Banking and Insurance	31.68	12.63	0.79
房地产业	Real Estate	14.86	7.56	0.60
服务业	Social Services	51.37	31.20	2.76
#公共服务业	Public Services	28.99	20.86	0.93
居民服务业	Community Services	2.27	1.15	0.65
信息、咨询服务业	Information and Consultancy Services	4.15	1.09	0.45
卫生、体育和社会福利业	Health Care, Sports and Social Welfare	33.86	28.60	5.04
#卫 生	Health Care	30.78	25.96	4.67
体 育	Sports	1.52	1.46	…
教育、文化艺术及广播电影电视业	Education, Culture, Art, Broadcasting, Film and Television	65.11	64.06	0.51
教 育	Education	56.01	55.50	0.33
文化艺术业	Culture and Art	6.19	6.02	0.12
广播电影电视业	Broadcasting, Film and Television	2.91	2.54	0.06
科学研究和综合技术服务业	Scientific Research and Polytechnical Services	19.73	17.98	0.11
国家机关、政党机关和社会团体	Government Institutions, Party and Social Organizations	33.52	33.43	0.09
其 他	Others	16.23	7.01	3.92

注：本表按登记注册类型分(下表同)。
Note: The table is classified according to the categories of registration (same as follows).

Workers(100 million yuan)		职工平均工资(元) Average Annual Wages of Staff and Workers (yuan)				
其他单位 Other Ownership Units	其中 of which #港澳台和外商投资单位 Units with Investment from Hong Kong, Macao, Taiwan and Foreign Countries	合计 Total	国有单位 State-owned Units	集体单位 Collective-owned Units	其他单位 Other Ownership Units	其中 of which #港澳台和外商投资单位 Units with Investment from Hong Kong, Macao, Taiwan and Foreign Countries
252.59	**132.23**	**17 764**	**17 820**	**8 525**	**20 865**	**24 352**
0.19	0.04	11 521	11 577	13 663	9 404	11 923
148.52	104.65	15 440	13 230	5 778	19 916	22 692
0.04	0.04	15 102	27 328	2 125	9 893	9 893
143.96	104.46	15 007	12 491	5 490	19 675	22 701
4.52	0.15	27 013	25 134	27 243	33 190	25 823
9.66	0.44	16 270	16 865	11 919	16 689	17 854
0.04		19 988	19 924		23 439	
18.71	6.09	25 030	24 757	8 104	30 266	49 567
25.40	6.03	13 402	14 009	7 139	18 071	27 960
8.78	1.69	16 101	16 224	8 611	20 395	29 348
13.38	2.01	11 694	11 642	6 528	16 300	23 765
1.84	1.78	32 765	22 421	23 472	37 003	37 511
1.40	0.55	10 432	11 328	5 549	13 442	21 063
18.26	2.60	34 654	31 084	19 860	39 016	67 695
6.70	1.74	22 944	21 754	17 585	25 178	32 483
17.41	6.23	15 043	15 025	9 270	16 736	24 870
7.20	0.91	14 323	15 302	11 861	12 365	14 715
0.47	0.09	8 551	10 373	5 938	10 482	14 816
2.61	1.82	24 548	12 380	20 785	43 951	53 237
0.22	0.22	23 200	23 582	21 194	24 707	24 758
0.15	0.15	23 782	23 895	22 866	41 191	41 191
0.06	0.06	20 034	20 590	14 063	12 106	12 042
0.54	0.12	22 180	22 281	14 113	22 192	23 843
0.18	0.10	21 529	21 611	12 939	22 254	27 631
0.05	0.01	27 693	28 232	16 135	17 918	20 739
0.31	0.01	26 355	27 108	18 391	23 005	11 607
1.64	0.75	23 077	22 719	13 425	29 643	49 781
			24 925	24 952	18 130	
5.30	3.32	16 269	13 003	13 166	32 937	41 501

表4.6　在岗职工工资总额和平均工资（2001）
TOTAL WAGES AND ANNUAL AVERAGE WAGES OF WORKING STAFF AND WORKERS

行　业	Sectors	在岗职工工资总额（亿元）Total Wages of Working		
		合　计 Total	国有单位 State-owned Units	集体单位 Collective-owned Units
总　计	**Total**	**649.19**	**371.26**	**31.91**
农、林、牧、渔业	Farming, Forestry, Animal Husbandry and Fishery	2.76	2.40	0.17
工　业	Industry	245.56	93.42	8.11
采掘业	Excavation	0.11	0.06	
制造业	Manufacturing	229.07	82.09	7.51
电力、煤气及水的生产和供应业	Power, Gas and Water Production and Supply	16.38	11.27	0.60
建筑业	Construction	25.50	14.17	2.03
地质勘查业、水利管理业	Geological Prospecting and Water Conservancy Administration	1.77	1.73	
交通运输、仓储及邮电通信业	Transportation, Storage, Postal and Telecommunications	60.42	40.88	1.19
批发和零售贸易、餐饮业	Wholesale, Retail and Catering Business	52.13	20.18	7.38
批发业	Wholesale	22.94	11.50	2.94
零售业	Retail Sales	23.97	6.99	4.10
商业经纪与代理业	Business Brokerage	2.28	0.44	0.01
餐饮业	Catering	2.94	1.25	0.33
金融、保险业	Banking and Insurance	31.36	12.36	0.79
房地产业	Real Estate	14.42	7.24	0.58
服务业	Social Services	49.56	29.84	2.59
#公共服务业	Public Services	27.85	19.89	0.92
居民服务业	Community Services	2.02	1.03	0.56
信息、咨询服务业	Information and Consultancy Services	4.13	1.07	0.45
卫生、体育和社会福利业	Health Care, Sports and Social Welfare	33.54	28.38	4.94
#卫　生	Health Care	30.53	25.76	4.62
体　育	Sports	1.50	1.44	
教育、文化艺术及广播电影电视业	Education, Culture, Art, Broadcasting, Film and Television	64.25	63.23	0.49
教　育	Education	55.31	54.82	0.31
文化艺术业	Culture and Art	6.10	5.93	0.12
广播电影电视业	Broadcasting, Film and Television	2.84	2.48	0.06
科学研究和综合技术服务业	Scientific Research and Polytechnical Services	19.33	17.60	0.11
国家机关、政党机关和社会团体	Government Institutions, Party and Social Organizations	33.43	33.34	0.09
其　他	Others	15.16	6.49	3.44

Staff and Workers(100 million yuan)		在岗职工平均工资(元) Average Annual Wages of Working Staff and Workers(yuan)				
其他单位 Other Ownership Units	其中 of which #港澳台和外商投资单位 Units with Investment from Hong Kong, Macao, Taiwan and Foreign Countries	合计 Total	国有单位 State-owned Units	集体单位 Collective-owned Units	其他单位 Other Ownership Units	其中 of which #港澳台和外商投资单位 Units with Investment from Hong Kong, Macao, Taiwan and Foreign Countries
246.02	**129.92**	**21 781**	**21 961**	**13 693**	**23 277**	**25 572**
0.19	0.04	14 204	14 654	14 878	9 870	11 923
144.03	102.56	20 760	19 900	11 792	22 344	23 956
0.05	0.05	17 578	39 115	4 500	9 893	9 893
139.47	102.36	20 406	19 302	11 269	22 117	23 968
4.51	0.15	27 468	25 617	28 507	33 324	26 603
9.30	0.44	19 244	20 398	15 312	18 682	18 407
0.04		20 973	20 924		23 439	
18.35	5.95	28 741	28 306	11 303	33 195	50 313
24.57	6.02	18 348	19 697	10 901	21 552	28 179
8.50	1.69	21 437	23 625	12 639	24 200	29 557
12.88	2.00	15 978	15 929	10 030	19 733	23 945
1.83	1.78	34 209	25 968	23 923	37 139	37 626
1.36	0.55	14 395	15 215	9 409	15 664	21 448
18.21	2.60	35 051	31 604	19 867	39 266	67 841
6.60	1.74	25 338	25 266	19 023	26 188	32 602
17.13	6.17	16 778	16 879	11 975	17 668	25 724
7.04	0.87	15 569	16 954	12 954	12 926	15 892
0.43	0.09	12 727	15 764	9 244	13 161	15 061
2.61	1.82	26 432	14 071	21 316	44 234	53 253
0.22	0.22	23 733	23 924	22 658	24 734	24 785
0.15	0.15	24 126	24 233	23 235	41 302	41 302
0.06	0.06	20 300	20 879	17 900	12 106	12 042
0.53	0.12	22 574	22 637	16 482	22 798	23 843
0.18	0.10	21 852	21 896	15 896	22 830	27 631
0.05	0.01	28 726	29 274	16 979	17 899	20 739
0.30	0.01	27 651	28 505	19 189	23 801	11 607
1.62	0.75	23 959	23 545	16 242	30 791	49 818
			25 247	25 274	18 228	
5.23	3.31	24 389	20 973	20 156	36 956	41 501

表4.7 主要年份职工劳保福利费用
LABOUR INSURANCE AND WELFARE FUNDS FOR STAFF AND WORKERS IN MAIN YEARS

指 标	Indicators	1990	1995	2000	2001
劳保福利费用(亿元)	**Labour Insurance and Welfare Funds(100 million yuan)**	**68.00**	**199.91**	**347.86**	**302.07**
相当于工资总额(%)	Percentage of Total Wages(%)	46.3	45.4	56.6	44.5
非在职职工劳保福利费(亿元)	Labour Insurance and Welfare Funds for Nonworking Staff and Workers(100 million yuan)	37.22	127.19	250.93	253.34
离休职工的离休费	Pensions for Retired Veteran Cardens	0.97	3.88	7.32	8.27
退休职工的退休费	Pensions for Retirement	18.25	73.74	195.90	218.75
退职人员的退职生活费	Living Expenses for the Resigned	0.25	0.83	1.92	1.99
医疗卫生费	Medical Care	7.42	35.61	34.39	11.24
其 他	Others	10.33	13.13	11.40	13.09
在职职工劳保福利费(亿元)	Labour Insurance and Welfare Funds for Working Staff and Workers(100 million yuan)	30.78	72.72	96.93	48.73
集体福利事业补贴费和设施费	Subsidies for Collective Welfare Funds	5.49	9.03	8.54	8.85
文体宣传费	Expenses for Cultural Activities,Sports and Propaganda	0.44	1.24	1.34	1.29
医疗卫生费	Medical Care	12.98	40.44	66.66	17.54
其 他	Others	11.87	22.01	20.39	21.05
在职职工每人年平均 (元)	Annual Average Per Capita for Working Staff and Workers (yuan)	612	1 531	2 432	1 276

注：劳保福利费中不包括民政部门支付的退休费。
Note: Pensions for retirement paid by civil administration department are excluded in labor insurance and welfare funds.

表4.8 按登记注册类型分的职工劳保福利费用（2001）
LABOUR INSURANCE AND WELFARE FUNDS FOR STAFF AND WORKERS CLASSIFIED ACCORDING TO THE CATEGORIES OF REGISTRATION

指 标	Indicators	劳保福利费用 Labour Insurance and Welfare Funds	国有单位 State-owned Units	集体单位 Collective-owned Units	其他单位 Other Ownership Units
劳保福利费用(亿元)	**Lobour Insurance and Welfare Funds(100 million yuan)**	**302.07**	**218.88**	**46.68**	**36.51**
相当于工资总额(%)	Percentage of Total Wages(%)	44.5	56.2	130.4	14.5
非在职职工劳保福利费(亿元)	Labour Insurance and Welfare Funds for Nonworking Staff and Workers(100 million yuan)	253.34	186.98	42.79	23.57
离休职工的离休费	Pensions for Retired Veteran Cardens	8.27	7.62	0.20	0.45
退休职工的退休费	Pensions for Retirement	218.75	161.09	38.95	18.71
退职人员的退职生活费	Living Expenses for the Resigned	1.99	0.74	1.09	0.16
医疗卫生费	Medical Care	11.24	6.96	1.91	2.37
其 他	Others	13.09	10.57	0.64	1.88
在职职工劳保福利费(亿元)	Labour Insurance and Welfare Funds for Working Staff and Workers(100 million yuan)	48.73	31.90	3.88	12.95
集体福利事业补贴费和设施费	Subsidies for Collective Welfare Funds	8.85	5.64	1.47	2.74
文体宣传费	Expenses for Cultural Activities,Sports and Propaganda	1.29	0.93	0.05	0.31
医疗卫生费	Medical Care	17.54	11.79	1.28	4.47
其 他	Others	21.05	13.54	2.08	5.43
在职职工每人年平均(元)	Annual Average Per Capita for Working Staff and Workers (yuan)	1 276	1 458	924	1 070

表4.9 主要年份国有单位职工劳保福利费用
LABOUR INSURANCE AND WELFARE FUNDS OF STAFF AND WORKERS IN STATE-OWNED UNITS IN MAIN YEARS

年份 Year	劳保福利费用 (万元) Labour Insurance and Welfare Funds (10 000 million yuan)	其中 of which 劳动保险费用 Labor Insurance	其中 of which #在职职工医疗卫生费 Medical Care Insurance of Working Staff and Workers	福利费用 Welfare Funds	劳动保险费用相当于工资总额(%) Percentage of Total Wages (%)
1978	57 424	39 491	17 583	17 933	24.2
1980	94 004	72 084	19 706	21 920	29.8
1985	190 217	136 381	33 389	53 836	34.3
1986	233 574	138 739	53 255	94 835	34.6
1987	286 323	172 343	73 758	113 980	37.1
1988	391 974	232 567	114 722	159 407	41.9
1989	437 789	260 248	135 859	177 541	41.7
1990	533 797	317 558	161 889	216 239	44.8
1991	670 676	400 903	219 640	269 773	48.2
1992	804 903	508 154	274 105	296 749	45.7
1993	1 038 701	636 285	373 089	402 416	50.4
1994	1 241 344	963 097	479 308	278 247	47.8
1995	1 496 034	1 194 820	590 976	301 214	47.5
1996	1 873 885	1 496 879	646 600	377 006	53.7
1997	1 931 500	1 564 729	646 477	366 771	54.6
1998	1 878 137	1 550 646	571 600	327 491	56.9
1999	2 095 239	1 820 855	547 135	274 384	57.2
2000	2 521 553	2 258 302	720 123	263 251	67.9
2001	2 188 807	1 899 277	187 516	289 530	56.1

表4.10 主要年份城乡居民储蓄存款
SAVING DEPOSITS OF RURAL AND URBAN RESIDENTS IN MAIN YEARS

年份 Year	城乡居民储蓄存款 (亿元) Saving Deposits of Rural and Urban Residents (100 million yuan)	其中 of which 城镇储蓄 Urban	其中 of which 农村储蓄 Rural	人均储蓄存款 (元) Average Per Capita Savings Deposit (yuan)
1978	18.18	16.92	1.26	166
1980	30.20	27.64	2.56	263
1985	70.09	62.79	7.30	576
1986	90.95	80.69	10.26	738
1987	120.33	106.79	13.54	963
1988	141.21	125.74	15.47	1 119
1989	193.47	172.93	20.54	1 516
1990	252.16	223.05	29.11	1 965
1991	328.22	290.41	37.81	2 550
1992	413.09	368.00	45.09	3 204
1993	578.39	519.53	58.86	4 467
1994	975.95	888.70	87.25	7 516
1995	1 396.13	1 278.44	117.69	10 728
1996	1 868.34	1 718.56	149.78	14 340
1997	2 109.18	1 936.44	172.74	16 157
1998	2 372.94	2 180.69	192.25	18 161
1999	2 597.12	2 392.83	204.29	19 778
2000	2 524.05	2 321.13	202.91	19 098
2001	3 001.89	2 781.82	220.07	22 619

注：1997年起储蓄存款余额由于口径因素，与历年资料无可比性。
Note: The figures of saving deposits since 1997 can not compared with the figures before because of the caculating approach.

表 4.11 主要年份城市居民家庭生活基本情况
BASIC INDICATORS OF URBAN HOUSEHOLD INCOME AND EXPENDITURES IN MAIN YEARS

年份 Year	调查户数 (户) Households Surveyed (household)	平均每户常住人口 (人) Average Number of Permanent Persons Per Household (person)	平均每户就业人口 (人) Average Number of Employees Per Household (person)	平均每一就业者负担人口 (人) Persons Supported by Each Employees (person)	平均每人实际收入 (元) Annual Actural Income Per Capita (yuan)	平均每人可支配收入 (元) Average Per Capita Annual Disposable Income (yuan)	平均每人储蓄借贷收入 (元) Savings and Lending Income Per Capita (yuan)	平均每人实际支出 (元) Annual Actural Expenditure Per Capita (yuan)	其中 of which #消费性支出 Consumption Expenditure
1980	500	4.06	2.41	1.69	637	637	78	586	553
1985	500	3.72	2.27	1.64	1 086	1 075	198	1 039	992
1986	500	3.66	2.30	1.60	1 303	1 293	251	1 231	1 170
1987	500	3.55	2.20	1.61	1 448	1 437	285	1 353	1 282
1988	500	3.38	2.08	1.62	1 735	1 723	406	1 755	1 648
1989	500	3.27	2.00	1.63	1 987	1 975	383	1 912	1 812
1990	500	3.25	1.98	1.64	2 198	2 182	390	2 050	1 936
1991	500	3.18	1.91	1.67	2 503	2 486	423	2 299	2 167
1992	500	3.11	1.86	1.68	3 027	3 009	503	2 674	2 509
1993	500	3.03	1.77	1.71	4 297	4 277	651	3 770	3 530
1994	500	3.07	1.69	1.82	5 890	5 868	778	5 065	4 669
1995	500	3.11	1.65	1.88	7 196	7 172	1 315	6 663	5 868
1996	500	3.07	1.58	1.95	8 191	8 159	1 151	7 306	6 763
1997	500	3.08	1.58	1.94	8 476	8 439	1 076	7 377	6 820
1998	500	3.09	1.58	1.95	8 825	8 773	1 122	7 521	6 866
1999	500	3.08	1.74	1.78	10 989	10 932	2 662	10 471	8 248
2000	500	3.04	1.64	1.85	11 803	11 718	2 944	11 324	8 868
2001	500	3.00	1.55	1.94	12 982	12 883	3 425	11 977	9 336

注:本表至表 4.19 为城市居民家庭收支抽样调查资料。
Note: Data in Tables 4.11 to 4.19 are obtained from the sample survey on income and expenditures of urban households.

表 4.12 城市居民家庭年人均可支配收入分组占全部户数比重(1990~2001)
PERCENTAGE OF URBAN HOUSEHOLDS IN TOTAL GROUPED BY DISPOSABLE INCOME

单位:%

年份 Year	2 000 元以下 Below 2 000 yuan	2 000~3 000 元 2 000~3 000 yuan	3 000~4 000 元 3 000~4 000 yuan	4 000~5 000 元 4 000~5 000 yuan	5 000~6 000 元 5 000~6 000 yuan	6 000~7 000 元 6 000~7 000 yuan
1990	51.0	43.2	5.4	0.4		
1991	29.8	54.2	13.0	2.6	0.2	
1992	12.8	45.0	31.2	7.8	2.8	0.2
1993	2.6	19.6	32.2	23.0	10.4	6.6
1994	1.0	5.6	15.4	22.8	22.8	11.2
1995		2.6	7.4	17.0	17.0	16.0
1996		1.0	4.0	13.4	15.0	13.6
1997		1.0	2.8	5.8	12.6	14.2
1998		1.0	3.2	4.4	9.2	14.6
1999			0.4	1.2	3.8	10.6
2000		0.2		0.6	2.4	4.0
2001			0.2	0.6	3.2	5.0

表 4.12 续表 continued

单位:%

年份 Year	7 000~8 000 元 7 000~8 000 yuan	8 000~9 000 元 8 000~9 000 yuan	9 000~10 000 元 9 000~1 0000 yuan	10 000~20 000 元 10 000~20 000 yuan	20 000~25 000 元 20 000~25 000 yuan	25 000 元以上 Over 25 000 yuan
1991	0.2					
1992	0.2					
1993	3.2	1.6	0.4	0.4		
1994	7.4	5.4	2.4	6.0		
1995	12.6	8.0	6.8	12.2	0.2	0.2
1996	12.4	11.8	9.4	18.0	1.2	0.2
1997	13.6	12.2	9.6	26.4	1.6	0.2
1998	12.4	15.0	11.2	26.8	1.8	0.4
1999	13.8	12.6	11.6	40.4	3.6	2.0
2000	12.2	12.2	10.6	51.4	3.6	2.8
2001	9.0	11.2	10.0	53.4	3.8	3.6

表4.13 城市居民家庭人均可支配收入(1985～2001)
AVERAGE PER CAPITA ANNUAL DISPOSABLE INCOME OF URBAN HOUSEHOLD

单位:元(yuan)

年 份 Year	可支配收入 Annual Disposable Income Per Capita	最低收入户 Lowest Income	低收入户 Low Income	中等偏下户 Medium-low Income	中等收入户 Medium Income	中等偏上户 Medium-high Income	高收入户 Highest Income	最高收入户 High Income
1985	1 075	665	818	918	1 043	1 216	1 377	1 648
1986	1 293	865	979	1 106	1 256	1 445	1 643	1 970
1987	1 437	920	1 087	1 231	1 380	1 610	1 884	2 304
1988	1 723	1 094	1 278	1 451	1 678	1 953	2 284	2 789
1989	1 975	1 226	1 476	1 664	1 919	2 229	3 129	3 104
1990	2 182	1 388	1 634	1 836	2 104	2 470	2 845	3 449
1991	2 486	1 519	2 089	2 092	2 434	2 753	3 281	4 163
1992	3 009	1 770	2 168	2 503	2 936	3 441	3 952	5 020
1993	4 277	2 312	3 236	3 380	4 017	4 821	5 900	7 547
1994	5 868	2 967	3 761	4 559	5 405	6 456	8 234	11 608
1995	7 172	3 486	4 587	5 412	6 600	8 005	10 032	13 796
1996	8 159	4 007	5 147	6 092	7 528	9 257	11 147	15 639
1997	8 439	4 080	5 369	6 475	7 939	9 659	11 834	15 916
1998	8 773	4 148	5 626	6 740	8 132	9 997	12 126	16 452
1999	10 932	5 655	6 837	7 949	9 534	11 893	15 221	24 006
2000	11 718	6 169	7 607	8 815	10 529	12 892	16 135	23 849
2001	12 883	6 103	7 700	9 170	11 155	13 812	16 935	30 615

表4.14 城市居民家庭人均消费性支出(1985～2001)
PER CAPITA ANNUAL CONSUMER EXPENDITURES OF URBAN HOUSEHOLDS

单位:元(yuan)

年 份 Year	消费性支出 Total Consumption Expenditures	其 中 of which						
		最低收入户 Lowest Income	低收入户 Low Income	中等偏下户 Medium-low Income	中等收入户 Medium Income	中等偏上户 Medium-high Income	高收入户 High Income	最高收入户 Highest Income
1985	992	689	757	870	973	1 123	1 255	1 369
1986	1 170	799	925	1 038	1 121	1 288	1 419	1 785
1987	1 282	894	991	1 114	1 203	1 459	1 630	1 961
1988	1 648	1 084	1 209	1 405	1 588	1 931	2 072	2 620
1989	1 812	1 191	1 407	1 625	1 743	2 079	2 219	2 662
1990	1 936	1 386	1 470	1 702	1 907	2 115	2 529	2 748
1991	2 167	1 366	1 684	1 866	2 295	2 347	2 752	3 194
1992	2 509	1 617	1 943	2 185	2 509	2 915	3 227	3 417
1993	3 530	2 141	2 639	2 967	3 416	3 895	4 999	5 126
1994	4 669	2 822	3 405	3 728	4 718	5 178	6 009	7 662
1995	5 868	3 227	4 139	4 696	5 497	6 601	7 630	10 203
1996	6 763	3 996	4 735	5 683	6 546	7 390	8 945	10 716
1997	6 820	4 147	4 973	5 624	6 659	7 395	8 753	11 593
1998	6 866	4 212	4 990	5 824	6 924	7 373	7 873	11 574
1999	8 248	5 603	6 371	7 011	7 623	8 966	11 006	12 812
2000	8 868	5 372	7 302	7 516	8 555	9 445	10 698	14 865
2001	9 336	6 126	7 731	7 647	8 473	10 010	11 997	15 482

表4.15 主要年份城市居民家庭人均消费性支出
URBAN HOUSEHOLD PER CAPITA ANNUAL CONSUMER EXPENDITURES IN MAIN YEARS

单位：元(yuan)

指 标	Indicators	1980	1985	1990	1995	2000	2001
消费性支出	**Total Consumer Expenditures**	**553**	**992**	**1 936**	**5 868**	**8 868**	**9 336**
食 品	Food	310	517	1 094	3 120	3 915	4 022
#粮 食	Grain	56	33	36	283	234	246
副 食	Non-staple Food	137	299	607	1 694	1 852	1 859
烟酒茶饮料	Cigarette Liquor and Tea	22	44	86	276	382	384
在外饮食	Dining Out	41	42	134	362	679	748
衣 着	Clothing	79	148	208	561	567	577
家庭设备用品及服务	Household Facilities Articles and Services	41	113	145	673	736	642
#家庭设备耐用品	Durable Goods of Household Facilities	36	79	74	463	393	341
医疗保健	Medicine and Medical Services	7	5	12	113	501	558
#医药费	Medical Cost	6	4	8	56	244	302
交通和通信	Traffic and Communications	20	23	42	302	692	875
交 通	Transportation	19	22	37	147	308	411
#交通费	Transportation Fees	16	17	31	98	268	277
通 信	Telecommunications	1	1	5	155	384	464
#电信费	Telecommunication Fees				59	272	331
娱乐教育文化服务	Recreation Education and Cultural Services	49	89	228	466	1 228	1 360
#文娱用耐用消费品	Durable Consumer Goods for Recreational Use	23	58	153	143	408	388
教 育	Education	4	8	23	176	586	731
文娱用品	Cultural and Recreational Articles	9	8	19	51	60	57
书报杂志	Books, Newspaper and Magazines	9	11	22	37	73	72
文化娱乐费	Funds for Cultural and Recreational Activities	4	5	11	58	101	112
居 住	Residence	26	43	90	365	741	733
#住 房	Housing Fees	9	18	36	114	234	206
水 费	Water	4	5	6	26	72	82
电 费	Electricity	4	9	30	124	258	269
燃料费	Fuels	9	11	17	99	157	156
杂项商品和服务	Miscellanecus Commodities and Services	21	54	117	268	488	569
#个人消费	Private Consumption	4	26	47	220	386	478

表4.16 主要年份城市居民家庭人均购买的主要商品数量
URBAN HOUSEHOLD PER CAPITA PURCHASE OF PRINCIPAL GOODS IN MAIN YEARS

商品名称	Items	1980	1985	1990	1995	2000	2001
粮　食(千克)	Grain(kg)	148.6	93.0	82.7	81.6	68.8	69.1
食用植物油(千克)	Edible Vegetable Oil(kg)	5.4	7.9	9.4	9.6	11.0	11.0
猪　肉(千克)	Pork(kg)	15.8	16.7	20.3	19.9	17.3	17.1
牛羊肉(千克)	Beef and Mutton(kg)	0.6	1.4	2.2	1.8	2.2	2.1
家禽类(千克)	Poultry(kg)	2.3	7.6	8.4	14.4	15.1	15.4
蛋　类(千克)	Eggs(kg)	6.1	9.7	11.5	10.8	12.7	12.0
水产品类(千克)	Aquatic Products(kg)	17.4	20.3	22.8	22.9	27.6	29.4
鲜　菜(千克)	Vegetables(kg)	126.2	111.7	113.4	97.7	104.7	106.5
食　糖(千克)	Sugar(kg)	4.1	5.0	5.3	3.6	3.1	3.1
卷　烟(盒)	Cigarettes (case)	38.5	43.4	36.1	32.4	31.6	31.2
酒　类(千克)	Liquor(kg)	7.4	10.7	15.1	15.6	14.5	12.8
糖果糕点类(千克)	Sugar Fruits and Pastry(kg)	6.2	7.4	5.8	4.5	5.5	5.5
水果类(千克)	Fruits(kg)	35.9	39.6	55.8	60.0	74.3	75.5
奶类及其制品(千克)	Milk and its Products(kg)	4.8	13.8	22.4	25.3	29.9	31.4

表4.17 主要年份平均每百户城市居民家庭年末耐用消费品拥有量
PER 100 URBAN HOUSEHOLDS YEAR-END POSSESSION OF DURABLE CONSUMER GOODS IN MAIN YEARS

商品名称	Items	1980	1985	1990	1995	2000	2001
自行车(辆)	Bicycle(vehicle)	65.2	81.4	114.4	114.6	125.6	123.8
助力自行车(助动车)(辆)	Scooter(vehicle)				4.8	15.2	14.4
摩托车(辆)	Motorcycle(vehicle)		0.4	0.2	0.8	1.2	1.4
收录音机(台)	Recorder(unit)	11.4	59.2	100.4	89.8	77.2	79.8
彩色电视机(台)	Color TV Set(unit)		22.4	76.8	108.6	147.0	153.6
录放像机(台)	Video Recorder(unit)			14.0	49.0	52.2	50.2
影碟机(台)	VCD Player(unit)				8.4	49.8	56.0
组合音响(台)	Stereo System(unit)			1.2	12.6	31.8	33.6
家用空调器(台)	Household Air Conditioner(unit)				33.2	96.4	100.4
热水淋浴器(台)	Water Heater(unit)				36.6	63.6	67.0
微波炉(台)	Microwave Oven(unit)				33.2	78.0	85.2
家用电脑(台)	Personal Computer(unit)				2.2	25.6	37.6
电风扇(台)	Electric Fan(unit)	44.6	117.8	186.6	215.8	227.0	224.8
电冰箱(台)	Household Refrigerator(unit)		19.8	87.8	98.4	102.2	102.6
洗衣机(台)	Washing Machine(unit)		26.2	72.2	78.2	93.4	99.0
照相机(架)	Camera(unit)	7.0	20.4	43.6	51.8	70.6	71.6
摄像机(架)	Video Camera(unit)				1.4	2.6	4.0
钢　琴(架)	Piano(unit)				2.2	3.4	3.2
移动电话(部)	Mobile Phone(unit)				0.2	28.8	49.6
健身器材(台)	Gymnasfic Equipment(unit)				0.2	5.6	6.6
净水器(台)	Pure Water Trough(unit)				11.5	33.4	37.4

表4.18　城市居民家庭生活基本情况(2001,按收入水平分组)
BASIC INDICATORS OF URBAN HOUSEHOLD INCOME AND EXPENDITURES (2001,GROUPED BY INCOME LEVEL)

指　标	Indicators	总平均 Total Average	最低收入户 Lowest Income
调查户数(户)	Households Surveyed(household)	500	50
平均每户常住家庭人口(人)	Average Number of Permanent Persons Per Household(person)	3.00	3.27
平均每户就业人员(人)	Average Number of Employees Per Household(person)	1.55	1.33
平均每户就业面(%)	Percentage of Employees Per Household(%)	51.58	40.64
平均每个就业者负担人口(人)	Persons Supported by Each Employees(person)	1.94	2.46
平均每人实际收入(元)	Annual Actural Income Per Capita(yuan)	12 982	6 143
平均每人可支配收入(元)	Average Per Capita Annual Disposable Income(yuan)	12 883	6 103
平均每人储蓄借贷收入(元)	Savings and Lending Income Per Capita(yuan)	3 425	1 097
平均每人实际支出(元)	Annual Actural Expenditures Per Capita(yuan)	11 977	6 555
消费性支出	Consumer Expenditures	9 336	6 126
非消费性支出	Nonconsumption Expenditures	2 641	429

表4.19　城市居民家庭人均消费性支出(2001,按收入水平分组)
URBAN HOUSEHOLD PER CAPITA ANNUAL CONSUMER EXPENDITURES (2001,GROUPED BY INCOME LEVEL)

指　标	Indicators	总平均 Total Average	最低收入户 Lowest Income
消费性支出	**Total Consumer Expenditures**	**9 336**	**6 126**
食　品	Food	4 022	3 136
#粮　食	Grain	246	231
副　食	Non-staple Food	1 859	1 608
烟酒茶饮料	Cigarette Liquor and Tea	384	305
在外饮食	Dining Out	748	358
衣　着	Clothing	577	387
家庭设备用品及服务	Household Facilities, Articles and Services	642	261
#家庭设备耐用品	Durable Goods of Household Facilities	341	131
医疗保健	Medicines and Medical Services	558	365
交通和通信	Traffic and Communications	875	381
交　通	Transportation	411	158
通　信	Postal and Telecommunications	464	223
娱乐教育文化服务	Recreation Education and Cultural Services	1 360	868
#文娱用耐用消费品	Durable Consumer Goods for Recreational Use	388	62
学杂费	Tuition Fee	494	497
托幼费	Child-care Fee	13	14
文娱用品	Cultural and Recreational Articles	57	19
书报杂志	Books, Newspaper and Magazines	72	39
文化娱乐费	Funds for Cultural and Recreational Activities	112	66
居　住	Residence	733	514
#房　租	Rent	118	83
水　费	Water	82	71
电　费	Electricity	269	212
燃料费	Fuels	156	137
杂项商品和服务	Miscellanecus Commodities and Services	569	214

低收入户 Low Income	中等偏下户 Medium-low	中等收入户 Medium-Income	中等偏上户 Medium-high	高收入户 High Income	最高收入户 Highest Income
50	100	100	100	50	50
3.04	2.85	2.94	3.06	3.12	2.87
1.39	1.31	1.43	1.73	1.94	1.89
45.65	45.91	48.61	56.56	62.00	65.70
2.19	2.18	2.06	1.77	1.61	1.52
7 700	9 170	11 155	13 812	16 935	30 615
7 744	9 229	11 242	13 895	17 110	30 887
2 097	930	1 858	1 754	7 117	15 188
8 335	8 351	10 030	11 306	17 452	28 667
7 731	7 647	8 473	10 010	11 997	15 482
604	704	1 557	1 296	5 455	13 185

单位:元(yuan)

低收入户 Low Income	中等偏下户 Medium-low	中等收入户 Medium-Income	中等偏上户 Medium-high	高收入户 High Income	最高收入户 Highest Income
7 731	**7 647**	**8 473**	**10 010**	**11 997**	**15 482**
3 543	3 646	3 978	4 228	4 279	5 652
258	238	254	240	237	270
1 803	1 808	1 945	1 822	1 880	2 184
308	374	413	422	334	489
542	548	624	865	918	1 627
332	427	516	634	810	1 105
314	368	422	521	1 318	1 942
112	186	202	206	821	1 183
423	499	542	657	623	789
416	599	701	1 405	1 045	1 518
209	236	283	833	371	674
207	363	418	572	674	844
1 706	1 141	1 203	1 299	1 942	1 804
639	251	257	407	644	711
703	540	482	392	540	372
5	8	9	34		3
36	41	49	65	88	116
64	56	66	85	96	109
87	88	104	117	147	203
662	616	647	653	843	1 510
142	121	120	107	103	165
80	79	75	84	91	98
249	247	268	273	312	344
155	148	157	155	166	187
335	351	464	613	1 137	1 162

表 4.20 农村居民家庭生活基本情况(1990 ~2001)
BASIC INDICATORS OF RURAL HOUSEHOLDS

指 标	Indicators	1990	1991
调查户数(户)	Households Surveyed(household)	1 000	600
平均每户人口(人)	Average Number of Persons Per Household(person)	3.68	3.49
平均每户劳动力(人)	Average Number of Laborers Per Household(person)	2.46	2.36
平均每一劳动力负担人口(人)	Persons Supported by Each Laborer (person)	1.49	1.48
平均每人总收入(元)	Annual Average Income Per Capita(yuan)	1 990	2 376
平均每人可支配收入(元)	**Average Per Capita Annual Disposable Income(yuan)**	**1 665**	**2 003**
工资性收入	Payment for Labour	1 066	1 235
家庭经营纯收入	Household Business Income	539	681
转移性和财产性收入	Property and Transfer Income	60	87
按可支配收入分组占全部户数比重(%)	Percentage of Households with Different Per Capita Annual Net Income(%)	100	100
2 000 元以下	Below 2 000 yuan	69.9	55.3
2 000 ~3 000 元	2 000 ~3 000 yuan	24.5	33.3
3 000 ~4 000 元	3 000 ~4 000 yuan	4.1	8.0
4 000 ~5 000 元	4 000 ~5 000 yuan	1.5	2.2
5 000 ~6 000 元	5 000 ~6 000 yuan		1.2
6 000 ~7 000 元	6 000 ~7 000 yuan		
7 000 元以上	Over 7 000 yuan		
平均每人总支出(元)	**Annual Average Expenditure Per Capita(yuan)**	**1 592**	**1 893**
#生活消费支出	Consumption Expenditure	1 262	1 540
食 品	Food	586	739
衣 着	Clothing	107	134
居 住	Housing	272	324
家庭设备、用品及服务	Household Facilities, Articles and Services	129	151
医疗保健	Medicines and Medical Services	33	35
交通和通信	Traffic and Communications	6	15
文教娱乐用品及服务	Cultural, Education and Recreation Articles and Services	59	85
其他商品和服务	Other Commodities and Services	70	55
家庭经营支出	Household Business Expenditure	259	296
#种植业生产支出	Farming Production Costs	96	114
牧业生产支出	Animal Husbandry Costs	146	161
购置生产性固定资产支出	Buying Fixed Assets of Production	5	3
税费支出	Tax expenditure	36	40
平均每人年底居住房屋面积(平方米)	**Average Per Capita Living Space Year-end(sq. m)**	**37.08**	**39.60**
平均每百户购买商品房	Commercial Housing Purchased by Every 100 Households		
面 积(平方米)	Floor Space(sq. m)		
金 额(万元)	Sum Pail(10 000 yuan)		

① 2000 年前平均每人可支配收入按纯收入口径计算。
② 本表至表 4.24 为农村住户抽样调查资料。
❶ Average per capita disposable income before 2000 is based on the net income.
❷ Data from Tables 4.20 to 4.24 are obtained from the sample surveys on rural households.

1992	1993	1994	1995	1996	1997	1998	1999	2000	2001
600	600	600	600	600	600	600	600	600	600
3.43	3.41	3.41	3.47	3.40	3.35	3.33	3.31	3.31	3.29
2.36	2.45	2.51	2.54	2.54	2.48	2.50	2.54	2.53	2.48
1.46	1.39	1.36	1.37	1.34	1.35	1.33	1.30	1.31	1.33
2 581	3 149	3 940	4 861	5 506	5 933	5 965	5 924	6 400	6 827
2 226	2 727	3 437	4 246	4 846	5 277	5 407	5 481	5 565	5 850
1 454	1 662	2 112	2 734	3 240	3 735	3 869	4 192	4 310	4 491
685	949	1 084	1 183	1 278	1 226	1 185	929	934	967
87	116	241	329	328	315	353	360	321	392
100	100	100	100	100	100	100	100	100	100
44.0	27.0	16.0	9.5	6.3	5.0	5.6	6.5	5.2	5.0
35.3	37.3	29.8	19.5	13.7	11.5	9.3	11.3	10.5	11.2
14.7	22.5	23.0	23.2	20.8	18.8	18.0	17.7	15.7	12.5
4.0	8.5	14.8	17.2	20.0	17.5	17.7	17.5	13.7	12.8
2.0	4.7	8.3	13.0	16.8	14.8	13.7	11.2	16.2	13.3
		4.2	7.5	6.7	12.3	13.7	10.0	11.2	14.3
		3.9	10.1	15.7	20.1	22.0	25.8	27.5	30.9
2 322	2 660	3 320	4 041	4 581	4 953	4 924	4 431	5 578	6 353
1 967	2 200	2 715	3 368	3 868	4 228	4 207	3 867	4 138	4 753
853	1 022	1 315	1 491	1 657	1 756	1 775	1 669	1 823	1 915
148	157	213	233	256	267	239	202	201	226
451	357	454	761	816	921	876	681	724	890
232	259	267	284	363	338	369	389	225	294
45	50	75	73	108	174	170	160	209	265
31	65	79	159	200	240	226	197	279	340
121	220	222	256	347	414	463	474	559	673
85	70	90	111	121	118	89	95	118	150
277	345	403	498	533	502	410	304	490	578
111	132	183	220	245	234	233	194	227	239
145	191	195	245	209	199	123	68	134	156
9	21	22	41	24	41	29	5	18	7
39	42	57	66	71	66	63	51	54	65
42.07	44.22	44.15	43.08	45.47	46.44	47.24	49.00	53.58	54.70
				159.20	147.80	128.70	53.00	48.30	75.80
				8.27	12.10	12.10	6.55	5.30	6.40

表 4.21　主要年份农村居民家庭平均每人主要消费品消费量
RURAL HOUSEHOLD PER CAPITA CONSUMPTION ON MAJOR CONSUMER GOODS IN MAIN YEARS

商品名称	Items	1980	1985	1990	1995	2000	2001
粮　食(千克)	Grain(kg)	302.79	263.84	236.49	250.69	222.27	230.48
#稻　谷	Rice	242.58	250.00	229.92	242.28	205.25	216.90
豆类及豆制品(千克)	Beans and Their Products(kg)				5.86	5.71	9.16
油脂类(千克)	Edible Oil (kg)	3.73	4.94	7.92	6.35	7.99	8.05
蔬菜及菜制品(千克)	Vegetables and Their Products(kg)	109.05	113.96	119.89	72.77	92.41	92.21
肉禽及其制品(千克)	Meat,Poultry and Their Products(kg)	13.61	18.97	21.88	22.36	29.68	30.39
#猪　肉	Pork	12.46	16.11	15.95	13.52	17.39	17.11
家　禽	Poultry	0.79	2.47	5.10	4.24	7.96	7.88
蛋类及蛋制品(千克)	Eggs and Their Products(kg)	2.79	5.04	8.38	5.64	10.71	9.76
奶及奶制品(千克)	Milk and Its Products(kg)				1.50	2.07	2.50
水产品(千克)	Aquatic Products(kg)	4.13	5.08	9.82	9.91	14.51	16.59
#鱼　类	Fish				8.35	10.11	10.52
虾、贝、蟹类	Shrimp				0.63	2.61	4.01
水果及水果制品(千克)	Fruits and Their Products(kg)		5.12	21.00	20.48	36.94	41.58
食　糖(千克)	Suger(kg)	2.82	3.49	3.59	2.74	2.47	2.53
卷　烟(盒)	Cigarette(case)	40.01	65.39	58.59	41.75	44.49	42.30
酒(千克)	Liquor(kg)	4.44	11.82	12.71	15.29	15.68	16.58

表 4.22　主要年份平均每百户农村居民家庭年末耐用消费品拥有量
PER 100 RURAL HOUSEHOLD YEAR-END POSSESSION OF DURABLE CONSUMER GOODS IN MAIN YEARS

商品名称	Items	1980	1985	1990	1995	2000	2001
自行车(辆)	Bicycle(vehicle)	71	152	254	256	219	213
黑白电视机(台)	Black/White TV Set(unit)	2	41	74	75	61	56
彩色电视机(台)	Color TV Set(unit)		4	25	49	97	105
电风扇(台)	Electric Fans(unit)	10	62	204	270	326	338
电冰箱(台)	Household Refrigerator(unit)			29	56	74	76
洗衣机(台)	Washing Machine(unit)		2	45	63	69	70
录音机(台)	Recorder(unit)		9	27	36	38	34
录放像机(台)	Video Recorder(unit)				9	13	10
照相机(架)	Camera(unit)		1	4	6	14	13
影碟机(台)	VCD player(unit)					27	29
摄像机(台)	Camcorder(unit)					0.5	0.3
轻骑、摩托车(辆)	Moped and Motorcycle(vehicle)			1	22	73	73
家用空调器(台)	Household Air Conditioner(unit)				1	14	16
抽油烟机(台)	Cooking Soat Inducer(unit)					35	39
微波炉(台)	Microwave Oven(unit)					14	20
吸尘器(台)	Vacuam Cleaner(unit)				5	9	9
热水淋浴器(台)	Water Heater(unit)					44	47
移动电话(部)	Mobile Phone(unit)					19	35
无线寻呼机(台)	Pager(unit)					38	40
家用电脑(台)	Personal Computer(unit)					4.7	6.5

表4.23 农村居民家庭人均可支配收入（2001）
AVERAGE PER CAPITA DISPOSABLE INCOME OF RURAL HOUSEHOLD

单位:元(yuan)

指 标	Indicators	总平均 Total Average	4 000 元以下 Below 4 000 yuan	4 000~5 000 元 4 000~5 000 yuan	5 000~6 000 元 5 000~6 000 yuan
平均每人可支配收入	**Average Per Capita Disposable Income**	**5 850**	**2 754**	**4 420**	**5 541**
工资性收入	Wage	4 491	1 961	3 577	4 291
在非企业组织中劳动得到	Gained from Non-enterprise Organazation	919	324	599	769
在本地企业中劳动得到	Gained from Local Enterprise	2 935	1 167	2 440	3 119
#在本地乡镇企业劳动得到	Gained from Local Township Enterprise	2 145	813	1 807	2 117
常住人口外出从业得到	Gained from Out-city Enterprise by Resident	469	223	342	221
其 他	Others	168	247	196	183
家庭经营收入	Household Business Income	967	622	622	986
财产性收入	Property Income	157	29	76	87
#利息收入	Interest Income	46	9	17	13
租金收入	Rental Income	25	6	12	9
土地征用补偿	Compensation for land requisition	44	14	23	56
转移性收入	Transfer Income	235	142	145	177
#在外人口寄回和带回	Income from Outside City	28	35	29	20
退休金	Pension	85	74	84	83

表4.23 续表 continued

单位:元(yuan)

指 标	Indicators	6 000~7 000 元 6 000~7 000 yuan	7 000~8 000 元 7 000~8 000 yuan	8 000~10 000 元 8 000~10 000 yuan	10 000 元以上 Over 10 000 yuan
平均每人可支配收入	**Average Per Capita Disposable Income**	**6 485**	**7 417**	**8 746**	**12 713**
工资性收入	Wage	4 873	6 181	6 608	9 770
在非企业组织中劳动得到	Gained from Non-enterprise Organazation	913	1 259	1 668	2 380
在本地企业中劳动得到	Gained from Local Enterprise	3 322	3 826	4 053	6 444
#在本地乡镇企业劳动得到	Gained from Local Township Enterprise	2 409	2 692	3 251	4 820
常住人口外出从业得到	Gained from Out-city Enterprise by Resident	391	769	677	783
其 他	Others	247	327	210	164
家庭经营收入	Household Business Income	1 245	848	1 380	1 780
财产性收入	Property Income	154	178	238	683
#利息收入	Interest Income	85	49	74	155
租金收入	Rental Income	25	39	82	46
土地征用补偿	Compensation for land requisition	39	78	55	123
转移性收入	Transfer Income	214	211	521	480
#在外人口寄回和带回	Income from Outside City	1		50	57
退休金	Pension	70	134	106	80

表 4.24 农村居民家庭人均总支出(2001,按收入水平分组)
AVERAGE PER CAPITA EXPENDITURES OF RURAL HOUSEHOLD (2001,GROUPED BY INCOME LEVEL)

单位:元(yuan)

指 标	Indicators	总平均 Total Average	4 000 元以下 Below 4 000 yuan	4 000~5 000 元 4 000~5 000 yuan	5 000~6 000 元 5 000~6 000 yuan
平均每人总支出	**Average Per Capita Annual Expenditures**	**6 353**	**4 212**	**4 566**	**5 470**
生活消费支出	Consumption Expenditures	4 753	2 957	3 426	4 337
食 品	Food	1 915	1 433	1 660	1 841
衣 着	Clothing	226	113	167	240
居 住	Residence	890	368	467	675
家庭设备用品及服务	Household Faclities, Articles and Services	294	140	176	281
医疗保健	Medicine and Medical Services	265	194	223	199
交通通信	Traffic and Communications	340	205	198	301
文教娱乐用品及服务	Cultural, Education and Recreation Articles and Services	673	401	457	716
其 他	Others	150	102	79	83
家庭经营支出	Household Business Expenditures	578	679	297	307
#种植业生产费用	Farming Production Costs	239	256	215	220
牧业生产费用	Animal Husbandry Costs	156	64	46	32
购置生产性固定资产	Buying Fixed Assets of Production	7	1	8	1
税费支出	Tax and Fee Payment	65	81	68	52
财产性支出	Property Expenditures	23	13	9	1
转移性支出	Transfer Expenditures	927	480	757	771

表 4.24 续表 continued

单位:元(yuan)

指 标	Indicators	6 000~7 000 元 6 000~7 000 yuan	7 000~8 000 元 7 000~8 000 yuan	8 000~10 000 元 8 000~10 000 yuan	10 000 元以上 Over 10 000 yuan
平均每人总支出	**Average Per Capita Annual Expenditures**	**6 295**	**7 712**	**10 237**	**11 641**
生活消费支出	Consumption Expenditures	4 818	5 908	7 568	8 792
食 品	Food	1 901	2 492	2 371	2 931
衣 着	Clothing	245	260	314	502
居 住	Residence	692	919	2 650	1 804
家庭设备用品及服务	Household Faclities, Articles and Services	271	426	533	632
医疗保健	Medicine and Medical Services	360	291	290	446
交通通信	Traffic and Communications	435	439	464	667
文教娱乐用品及服务	Cultural, Education and Recreation Articles and Services	791	858	728	1 396
其 他	Others	122	222	219	413
家庭经营支出	Household Business Expenditures	422	571	1 086	727
#种植业生产费用	Farming Production Costs	164	216	252	368
牧业生产费用	Animal Husbandry Costs	123	228	714	148
购置生产性固定资产	Buying Fixed Assets of Production		21	26	9
税费支出	Tax and Fee Payment	52	45	69	58
财产性支出	Property Expenditures	6	34	29	112
转移性支出	Transfer Expenditures	996	1 132	1 459	1 942

第五篇

CHAPTER 5

价格水平

PRICES

表 5.1 居民消费价格指数(2001,以上年价格为 100)
CLASSIFIED RESIDENTS CONSUMER PRICE INDICES(PRECEDING YEAR = 100)

指标	Indicators	2001
居民消费价格指数	**Overall Residents Consumer Price Index**	**100.0**
食品	**Food**	**100.3**
粮食	Grain	102.9
淀粉及薯类	Starch and potatoes	103.6
干豆类及豆制品	Dry Beans and Bean Products	95.6
油脂	Oil or Fat	84.5
肉禽及其制品	Meat Poultry and Their Products	99.3
蛋	Eggs	102.4
水产品	Aquatic Products	100.1
菜	Vegetables	108.9
#鲜菜	Fresh Vegetables	110.2
调味品	Flavoring	99.2
糖	Sugars	101.4
茶及饮料	Tea and Beverages	98.4
干鲜瓜果	Dried and Fresh Fruits	104.3
#鲜果	Fresh Fruits	105.8
糕点饼干面包	Cokes,Biscuits and Bread	100.5
奶及奶制品	Milk and its Products	100.8
在外用膳食品	Out-of-home food	98.0
其他食品及食品加工服务	Other Food and Food Processing Service	99.2
烟酒及用品	**Cigarettes,liquors and Related Hems**	**98.9**
烟草	Tobacco	99.2
酒	Liquor	98.2
吸烟饮酒用品	Cigarettes and Spirits-related Items	100.0
衣着	**Clothing**	**98.9**
服装	Garments	96.4
男式服装	Men's Wear	99.0
女式服装	Women's Wear	94.7
儿童服装	Children's Wear	95.4
衣着材料	Clothing Materials	98.7
鞋袜帽	Shoes,Socks and Hats	106.2
#鞋	Shoes	106.6
衣着加工服务	Garment Processing Service	100.0
家庭设备用品及维修服务	**Home Appliances and Repair Service**	**97.2**
耐用消费品	Durable Consumer Goods	94.7
室内装饰品	Interior Decorations	101.0
床上用品	Bed Articles	100.5
家庭日用杂品	Daily Use Household Articles	98.6
家庭服务及加工维修服务	Other Daily Use Articles	100.0
医疗保健和个人用品	**Medicime,Medical Services and Personal Articles**	**97.4**
医疗保健	Medicine and Medical Services	96.5
#中药材及中成药	Herbs and Readymade Traditional Chinese Medicine	105.5
西药	Westerm Medicine	92.0
保健器具及用品	Healthcare Equipment	95.4
医疗保健服务	Medical and Healthcare Service	100.0
个人用品及服务	Personal Articles and Service	99.8
交通和通信	**Means of Transportation and Communication**	**98.1**
交通	Transport	102.3
#交通工具	Transport tools	97.9
通信	Communications	94.4
通信工具	Communications tools	69.7
通信服务	Communications Service	103.1
娱乐教育文化用品及服务	**Recreation,Education and Culture Articles**	**102.1**
文娱用耐用消费品及服服务	Durable Consumer Goods for Recreational Use	9.12
教育	Teaching Material and Reference Books	109.6
文化娱乐用品	Recreation and Culture Articles	105.2
旅游及外出	Tourism	96.2
居住	**Residence**	**102.3**
建房及装修材料	Construction and Decoration Materials	97.5
租房	House Leasing	111.0
自有住房	Self-owned House	99.8
水电燃料	Water,Electricity and Fuels	101.7
#水	Water	109.3
电	Electricity	100.0
液化石油气	LPG	118.4
管道煤气	Gas	100.0

表5.2 商品零售价格指数(1996～2001,以1995年价格为100)
CLASSIFIED RETAIL PRICE INDICES(YEAR 1995 = 100)

指 标	Indicators	1996	1997	1998	1999	2000	2001
商品零售价格指数	**Overall Retail Price Index**	**105.0**	**103.7**	**98.7**	**96.0**	**92.5**	**91.2**
食 品	Food	111.6	113.3	110.1	105.8	103.2	101.5
粮 食	Grain	117.5	110.5	103.2	96.9	94.1	96.2
油脂类	Oil or Fat	95.8	95.9	102.5	96.8	74.8	60.9
肉禽蛋	Meat, Poultry and Eggs	108.3	114.1	105.1	93.9	87.7	89.3
水产品	Aquatic Products	111.1	107.4	101.1	98.7	99.7	89.8
鲜 菜	Fresh Vegetables	124.3	121.2	135.3	132.0	143.1	154.7
干 菜	Dried Vegetables	111.7	117.4	115.2	116.1	117.8	116.8
鲜 果	Fresh Fruits	103.1	94.4	83.6	79.1	73.8	80.7
干 果	Nuts	144.7	146.3	151.4	134.6	133.8	133.3
其他食品	Other Food	108.1	112.9	112.5	112.2	113.9	114.9
饮食业	Catering Trade	111.7	121.2	123.5	129.1	128.8	129.7
饮料烟酒	Beverages, Tobacco and Liquor	102.5	95.0	90.6	90.1	87.3	85.9
服装鞋帽	Garments, Shoes and Hats	108.5	108.4	97.1	94.1	88.3	95.1
纺织品	Textiles	104.8	105.1	102.5	106.2	105.8	104.5
中西药品	Traditional Chinese and Western Medicines	106.0	108.3	110.7	111.2	110.7	109.3
化妆品	Cosmetics	101.8	101.7	100.4	104.1	102.6	103.4
书报杂志	Books, Newspapers and Magazines	117.1	132.1	135.9	159.6	159.9	159.1
文化体育用品	Stationery and Sports Goods	103.2	100.3	97.4	97.2	95.3	93.2
日用品	Daily Use Articles	106.8	107.0	102.0	100.0	95.6	90.8
家用电器	Household Appliances	94.6	82.5	73.7	67.0	60.7	57.7
首 饰	Jewelry	101.2	96.0	86.4	85.1	84.0	73.3
燃 料	Fuels	103.1	126.8	137.3	137.1	164.1	182.8
建筑装潢材料	Building Decoration Materials	96.6	88.9	83.8	82.0	78.2	79.6
机电产品	Mechanical and Electrical Products	88.0	83.8	73.8	70.5	69.6	68.4

表5.3 商品零售价格指数(1995～2001,以上年价格为100)
CLASSIFIED RETAIL PRICE INDICES(PRECEDING YEAR = 100)

指 标	Indicators	1995	1996	1997	1998	1999	2000	2001
商品零售价格指数	**Overall Retail Price Index**	**113.0**	**105.0**	**98.8**	**95.1**	**97.3**	**96.4**	**98.6**
食 品	Food	126.9	111.6	101.5	97.2	96.1	97.5	98.4
粮 食	Grain	131.4	117.5	94.0	93.4	93.9	97.1	102.3
油脂类	Oil or Fat	108.9	95.8	100.1	106.9	94.4	77.3	81.4
肉禽蛋	Meat,Poultry and Eggs	137.0	108.3	105.4	92.1	89.3	93.4	101.8
水产品	Aquatic Products	115.6	111.1	96.7	94.1	97.6	101.0	90.1
鲜 菜	Fresh Vegetables	128.0	124.3	97.5	111.6	97.6	108.4	108.1
干 菜	Dried Vegetables	109.0	111.7	105.1	98.1	100.8	101.5	99.1
鲜 果	Fresh Fruits	120.4	103.1	91.6	88.5	94.6	93.4	109.3
干 果	Nuts	138.0	144.7	101.1	103.5	88.9	99.4	99.6
其他食品	Other Food	128.4	108.1	104.4	99.7	99.7	101.5	100.9
饮食业	Catering Trade	123.9	111.7	108.5	101.9	104.5	99.8	100.7
饮料烟酒	Beverages, Tobacco and Liquor	108.2	102.5	92.7	95.4	99.4	96.9	98.4
服装鞋帽	Garments, Shoes and Hats	112.6	108.5	99.9	89.6	96.9	93.8	107.7
纺织品	Textiles	111.0	104.8	100.3	97.5	103.6	99.6	98.8
中西药品	Traditional Chinese and Western Medicines	112.1	106.0	102.2	102.2	100.4	99.6	98.7
化妆品	Cosmetics	109.2	101.8	99.9	98.7	103.7	98.6	100.7
书报杂志	Books, Newspapers and Magazines	108.1	117.1	112.8	102.9	117.4	100.2	99.5
文化体育用品	Stationery and Sports Goods	110.1	103.2	97.2	97.1	99.8	98.0	97.8
日用品	Daily Use Articles	117.1	106.8	100.2	95.3	98.1	95.6	94.9
家用电器	Household Appliances	95.1	94.6	87.2	89.3	91.0	90.6	95.0
首 饰	Jewelry	98.1	101.2	94.9	90.0	98.5	98.7	87.2
燃 料	Fuels	118.5	103.1	123.0	108.3	99.8	119.7	111.4
建筑装潢材料	Building Decoration Materials	100.8	96.6	92.0	94.3	97.9	95.3	101.8
机电产品	Mechanical and Electrical Products	96.1	88.0	95.2	88.1	95.5	98.7	98.3

表5.4 工业品出厂价格指数(1996～2001,以1995年价格为100)
FACTORY PRICE INDICES OF INDUSTRIAL PRODUCTS(YEAR 1995 = 100)

指 标	Indicators	1996	1997	1998	1999	2000	2001
工业品出厂价格指数	**Factory Price Indices of Industrial Products**	**97.6**	**95.4**	**89.6**	**87.4**	**89.6**	**86.7**
按轻重工业分	**Grouped by Industries**						
轻工业	Light Industry	96.3	93.5	87.4	86.7	86.6	84.7
重工业	Heavy Industry	98.6	96.9	91.3	88.1	91.8	88.2
按用途分	**Grouped by Use**						
生产资料	Means of Production	95.8	92.8	86.2	83.2	87.7	84.4
生活资料	Consumer Goods	100.3	99.4	94.8	94.3	92.4	90.0
食 品	Food	106.2	109.2	110.2	111.7	109.6	112.5
衣 着	Clothing	98.3	99.7	88.1	88.8	88.7	88.3
一般日用品	General Consumer Goods	102.0	100.1	96.0	96.0	93.5	90.9
耐用消费品	Durable Consumer Goods	95.9	92.3	90.5	88.3	86.0	81.7

表5.5 工业品出厂价格指数(1995～2001,以上年价格为100)
FACTORY PRICE INDICES OF INDUSTRIAL PRODUCTS(PRECEDING YEAR = 100)

指 标	Indicators	1995	1996	1997	1998	1999	2000	2001
工业品出厂价格指数	**Factory Price Indices of Industrial Products**	**107.9**	**97.6**	**97.8**	**93.9**	**97.6**	**102.5**	**96.7**
按轻重工业分	**Grouped by Industries**							
轻工业	Light Industry	112.3	96.3	97.1	93.4	99.3	99.9	97.8
重工业	Heavy Industry	104.4	98.6	98.4	94.2	96.5	104.3	96.1
按用途分	**Grouped by Use**							
生产资料	Means of Production	107.3	95.8	96.9	92.9	96.4	105.4	96.3
生活资料	Consumer Goods	108.9	100.3	99.1	95.4	99.5	98.0	97.3
食 品	Food	112.8	106.2	102.9	100.9	101.3	98.2	102.6
衣 着	Clothing	113.7	98.3	101.5	88.3	100.8	99.9	99.6
一般日用品	General Consumer Goods	111.8	102.0	98.1	96.0	100.0	97.4	97.2
耐用消费品	Durable Consumer Goods	94.4	95.9	96.3	98.0	97.6	97.3	95.1

表5.6 原材料燃料动力购进价格指数(1996~2001,以1995年价格为100)
PURCHASING PRICE INDICES OF RAW MATERIALS FUELS AND POWER(YEAR 1995=100)

	指 标 Indicators	1996	1997	1998	1999	2000	2001
原材料燃料动力购进价格指数	**Purchasing Price Indices of Raw Materials, Fuels and Power**	**97.6**	**96.2**	**90.6**	**87.9**	**94.2**	**92.9**
燃料动力	Fuel and Power	109.9	113.4	110.5	112.8	131.6	131.4
黑色金属材料	Ferrous Metals	96.0	94.4	93.4	89.7	86.7	90.6
钢 材	Rolled-steel	98.5	93.4	91.5	86.4	88.6	88.4
其 他	Others	92.6	92.6	92.0	88.9	83.5	89.1
有色金属材料和电线	Nonferrous Metals and Electric Wire	87.3	84.2	70.1	69.1	76.9	71.7
化工原材料	Chemical Raw Materials	93.7	90.3	77.7	78.3	96.7	87.4
木材及纸浆	Wood and Paper Pulps	102.8	108.2	81.4	75.6	76.8	72.9
建筑材料及非金属矿	Building Materials and Nonmetals	132.8	120.7	110.9	113.3	112.7	114.5
其他工业原材料及半成品	Other Industrial Raw and Processed Materials		96.0	88.6	89.2	93.3	94.2
农副产品	Farm and Sideline Products	100.6	120.2	110.8	104.0	101.1	100.4
纺织原料	Textile Raw Material	90.0	86.4	86.6	75.4	73.1	70.8

注：其他工业原材料及半成品类以1996年为基期。
Note: The price index of other industrial raw and processed materials is based on year 1996.

表5.7 原材料燃料动力购进价格指数(1995~2001,以上年价格为100)
PURCHASING PRICE INDICES OF RAW MATERIALS FUELS AND POWER(PRECEDING YEAR=100)

	指 标 Indicators	1995	1996	1997	1998	1999	2000	2001
原材料燃料动力购进价格指数	**Purchasing Price Indices of Raw Materials, Fuels and Power**	**113.3**	**97.6**	**98.6**	**94.1**	**97.1**	**107.1**	**98.7**
燃料动力	Fuel and Power	107.6	109.9	103.2	97.4	102.1	116.7	99.9
黑色金属材料	Ferrous Metals	99.1	96.0	98.3	99.0	96.0	96.7	104.5
钢 材	Rolled-steel	98.8	98.5	94.8	98.0	94.4	102.6	99.7
其 他	Others	99.6	92.6	100.0	99.4	96.6	93.9	106.7
有色金属材料和电线	Nonferrous Metals and Electric Wire	131.7	87.3	96.4	83.3	98.5	111.4	93.2
化工原材料	Chemical Raw Materials	124.1	93.7	96.4	86.0	100.8	123.5	90.4
木材及纸浆	Wood and Paper Pulps	121.3	102.8	105.3	75.2	92.9	101.6	94.9
建筑材料及非金属矿	Building Materials and Nonmetals	91.1	132.8	90.9	91.9	102.1	99.5	101.6
其他工业原材料及半成品	Other Industrial Raw and Processed Materials			96.0	92.3	100.7	104.6	100.9
农副产品	Farm and Sideline Products	123.3	100.6	119.5	92.2	93.8	97.2	99.3
纺织原料	Textile Raw Material	114.8	90.0	96.0	100.2	87.1	96.9	96.8

表5.8 固定资产投资价格指数(1996~2001,以1995年价格为100)
PRICE INDICES OF FIXED ASSETS INVESTMENT(YEAR 1995 = 100)

指标	Indicators	1996	1997	1998	1999	2000	2001
固定资产投资价格指数	**Price Index of Fixed Asset Investment**	**107.0**	**107.5**	**105.8**	**103.8**	**103.8**	**104.5**
建筑安装工程	Build-in Project Price Index	108.9	110.4	109.2	106.8	108.4	111.0
直接费用	Direct Cost Price Index	101.8	102.6	100.7	98.3	99.7	102.0
#人工费	Manpower Cost Price Index	114.2	124.5	119.5	123.6	124.3	135.5
材料费	Material Price Index	97.4	96.1	94.5	90.8	92.4	93.5
机械费	Machinery Price Index	118.5	123.8	123.5	124.1	123.8	123.4
间接费用	Indirect Cost Price Index	158.9	169.9	179.0	176.7	180.8	186.0
设备工器具	Equipment and Instrument Price Index	101.7	99.5	95.6	92.6	89.8	86.7
其他费用投资	Other Investment Price Index	107.7	108.6	108.1	107.9	107.8	109.2

表5.9 固定资产投资价格指数(1995~2001,以上年价格为100)
PRICE INDICES OF FIXED ASSETS INVESTMENT(PRECEDING YEAR = 100)

指标	Indicators	1995	1996	1997	1998	1999	2000	2001
固定资产投资价格指数	**Price Index of Fixed Asset Investment**	**103.1**	**107.0**	**100.5**	**98.4**	**98.1**	**100.0**	**100.7**
建筑安装工程	Build-in Project Price Index	101.9	108.9	101.4	98.9	97.8	101.5	102.4
直接费用	Direct Cost Price Index	101.9	101.8	100.8	98.1	97.7	101.4	102.3
#人工费	Manpower Cost Price Index	108.7	114.2	109.0	96.0	103.4	100.6	109.0
材料费	Material Price Index	99.5	97.4	98.7	98.3	96.1	101.8	101.2
机械费	Machinery Price Index		118.5	104.5	99.7	100.5	99.8	99.7
间接费用	Indirect Cost Price Index	101.5	158.9	106.9	105.4	98.7	102.3	102.9
设备工器具	Equipment and Instrument Price Index	104.8	101.7	97.8	96.1	96.9	97.0	96.5
其他费用投资	Other Investment Price Index	107.0	107.7	100.8	99.6	99.8	99.9	101.3

表5.10 房地产价格指数(1998~2001,以上年价格为100)
REAL ESTATE PRICE INDICES(PRECEDING YEAR = 100)

指标	Indicators	1998	1999	2000	2001
土地交易价格指数	**Land Exchanging Price Index**	**95.5**	**93.3**	**91.9**	**97.2**
居民住宅用地	Residential	93.4	91.3	86.3	92.2
工业用地	Industrial	109.5	93.6	93.3	91.6
其他用地	Other Land Exchanging	101.9	88.2	103.8	103.9
房屋销售价格指数	**Price Index of Real Estate Sales**	**95.7**	**96.2**	**98.6**	**104.4**
商品房	Sales of Commodity Housing	95.7	96.0	98.5	101.8
住 宅	Residence	95.7	96.3	98.5	102.1
非住宅	Non-residence	96.1	91.7	98.2	98.3
公 房	Public Housing	100.0	100.0	100.0	107.4
私 房	Private Housing	94.4	96.6	99.1	110.8
房屋租赁价格指数	**Price Index of Real Estate Hiring**	**92.2**	**89.9**	**95.8**	**104.9**
住 宅	Residence	151.9	131.7	104.1	107.4
#公 房	Public Housing	146.0	131.7	104.1	115.2
办公用房	Office	88.1	78.9	87.6	98.6
商业用房	Commercial Housing	107.5	110.9	103.6	107.2
厂房仓库	Workshop and Storehouse	107.7	98.0	92.3	118.8

第六篇

CHAPTER 6

固定资产投资

INVESTMENT IN FIXED ASSETS

表6.1 历年全社会固定资产投资总额
TOTAL INVESTMENT IN FIXED ASSETS

单位:亿元(100 million yuan)

年 份 Year	全社会固定资产投资总额 Total Investment in Fixed Assets	基本建设 Capital Construction	更新改造 Technical Updates and Transformation	其他投资 Other Investment	房地产开发 Investment in Real Estate	城镇集体 Urban Collective	农村集体 Rural Collective	城镇私人建房 Urban Private Building	农村私人建房 Rural Private Building
1950	0.22	0.16	0.02			…		0.03	0.01
1951	0.74	0.52	0.09			0.01		0.10	0.02
1952	1.98	1.41	0.23			0.02		0.26	0.06
1953	3.65	2.59	0.43			0.03		0.48	0.12
1954	3.25	2.31	0.38			0.03		0.43	0.10
1955	3.43	2.43	0.41			0.03		0.45	0.11
1956	3.76	2.67	0.44			0.03		0.50	0.12
1957	5.20	3.71	0.62			0.04		0.69	0.14
1958	11.32	9.74	1.28			0.07		0.06	0.17
1959	15.61	12.32	2.55			0.10	0.36	0.08	0.20
1960	17.64	12.22	4.43			0.10	0.59	0.08	0.22
1961	7.21	4.91	1.77			0.04	0.23	0.03	0.23
1962	3.83	2.19	1.21			0.03	0.14	0.02	0.24
1963	5.32	3.31	1.39			0.03	0.34	0.02	0.23
1964	7.22	5.02	1.30			0.04	0.52	0.03	0.31
1965	7.75	5.12	1.70			0.04	0.53	0.03	0.33
1966	7.23	4.65	1.67			0.04	0.48	0.03	0.36
1967	4.61	2.68	1.23			0.02	0.28	0.02	0.38
1968	4.58	3.16	0.62			0.02	0.33	0.02	0.43
1969	7.45	5.31	1.11			0.04	0.55	0.03	0.41
1970	10.90	7.75	1.85			0.06	0.80	0.05	0.39
1971	11.36	7.49	2.52			0.06	0.77	0.05	0.47
1972	13.22	6.30	5.66			0.05	0.65	0.04	0.52
1973	16.24	8.15	6.58			0.07	0.84	0.05	0.55
1974	22.43	12.18	8.23			0.09	1.26	0.08	0.59
1975	32.54	21.18	8.29			0.17	2.19	0.14	0.57
1976	24.52	13.78	8.42			0.11	1.53	0.09	0.59
1977	18.00	8.10	7.13			0.17	1.97	0.06	0.57
1978	27.91	14.46	5.60	3.77		0.24	2.96	0.09	0.79
1979	35.58	21.13	7.69	3.26		0.25	2.17	0.14	0.94
1980	45.43	25.73	11.30	3.24		0.57	3.01	0.17	1.41
1981	54.60	30.80	11.18	3.02		0.78	4.65	0.20	3.97
1982	71.34	43.63	14.41	3.58		1.05	4.06	0.29	4.32
1983	75.94	43.01	17.44	4.56		1.25	4.95	0.25	4.48
1984	92.30	47.42	22.56	5.82		1.91	7.07	0.24	7.28
1985	118.56	57.05	35.61	3.26		3.40	7.04	0.20	12.00
1986	146.93	71.37	46.83	4.26		4.19	9.80	0.18	10.30
1987	186.30	92.10	57.39	4.02	0.97	4.79	13.84	0.53	12.66
1988	245.27	115.55	76.95	4.55	1.68	6.79	22.19	0.66	16.90
1989	214.76	111.76	61.88	3.42	1.85	3.95	16.94	0.64	14.32
1990	227.08	108.54	71.77	3.77	8.16	3.91	14.38	0.59	15.96
1991	258.30	108.90	95.21	3.91	7.59	4.20	23.62	0.70	14.17
1992	357.38	129.60	126.84	6.52	12.71	8.74	55.42	0.55	17.00
1993	653.91	273.64	220.30	9.91	22.04	15.74	104.82	2.13	5.33
1994	1 123.29	511.24	304.01	13.99	117.43	23.78	141.23	1.21	10.40
1995	1 601.79	551.86	389.20	16.33	466.20	24.81	139.57	0.72	13.10
1996	1 952.05	651.28	415.73	12.43	657.79	35.41	158.32	1.09	20.00
1997	1 977.59	762.00	386.24	7.43	614.23	23.64	166.16	1.09	16.80
1998	1 964.83	844.15	365.01	13.44	577.12	13.54	137.40	1.41	12.76
1999	1 856.72	786.81	393.59	9.88	514.83	10.51	134.33	1.23	5.54
2000	1 869.67	703.50	396.26	21.21	566.17	9.06	161.61	1.50	10.36
2001	1 994.73	712.49	436.84	30.70	630.73	0.50	173.13	1.06	9.28

表6.2 历年全社会固定资产投资总额(按经济类型分)
TOTAL INVESTMENT IN FIXED ASSETS (GROUPED BY ECONOMIC TYPES)

单位:亿元(100 million yuan)

年份 Year	全社会固定资产投资总额 Total Investment in Fixed Assets	其中 of which			
		#国有经济 State-owned	#集体经济 Collective-owned	#股份制经济 Shareholding	#外商、港澳台经济 Investment from Hong Kong, Macao, Taiwan and Other Countries
1950	0.22	0.18	...		
1951	0.74	0.61	0.01		
1952	1.98	1.64	0.02		
1953	3.65	3.02	0.03		
1954	3.25	2.69	0.03		
1955	3.43	2.84	0.03		
1956	3.76	3.11	0.03		
1957	5.20	4.33	0.04		
1958	11.32	11.01	0.07		
1959	15.61	14.87	0.46		
1960	17.64	16.65	0.69		
1961	7.21	6.68	0.27		
1962	3.83	3.40	0.17		
1963	5.32	4.70	0.37		
1964	7.22	6.32	0.56		
1965	7.75	6.82	0.57		
1966	7.23	6.32	0.52		
1967	4.61	3.91	0.30		
1968	4.58	3.78	0.35		
1969	7.45	6.42	0.59		
1970	10.90	9.60	0.86		
1971	11.36	10.01	0.83		
1972	13.22	11.96	0.70		
1973	16.24	14.73	0.91		
1974	22.43	20.41	1.35		
1975	32.54	29.47	2.36		
1976	24.52	22.20	1.64		
1977	18.00	15.23	2.14		
1978	27.91	23.83	3.20		
1979	35.58	32.08	2.42		
1980	45.43	40.27	3.58		
1981	54.60	45.00	5.43		
1982	71.34	61.62	5.11		
1983	75.94	65.01	6.20		
1984	92.30	75.80	8.98		
1985	118.56	95.92	10.44		
1986	146.93	122.46	13.99		
1987	186.30	154.45	18.65		
1988	245.27	198.68	29.03		
1989	214.76	178.81	21.00		
1990	227.08	192.24	18.29		
1991	258.30	215.61	27.82		
1992	357.38	275.67	64.16		
1993	653.91	419.22	124.18	32.83	61.61
1994	1 123.29	721.37	189.75	76.99	101.78
1995	1 601.79	935.92	247.11	150.17	208.30
1996	1 952.05	1 048.27	239.47	165.57	340.18
1997	1 977.59	1 148.69	257.10	118.80	367.50
1998	1 964.83	1 087.94	208.84	203.81	405.17
1999	1 856.72	986.82	227.19	268.68	325.58
2000	1 869.67	829.98	156.34	421.53	319.05
2001	1 994.73	760.58	136.81	580.75	362.25

表6.3　主要年份全社会固定资产投资主要指标
MAJOR INDICATORS OF TOTAL INVESTMENT IN FIXED ASSETS IN MAIN YEARS

单位：亿元(100 million yuan)

指　标	Indicators	1990	1995	2000	2001
投资总额	**Total Investment**	**227.08**	**1 601.79**	**1 869.67**	**1 994.73**
按隶属关系分	**Grouped by Administrative Relationship**				
中央项目	Central Government Projects	75.49	254.73	257.67	266.29
地方项目	Local Projects	151.59	1 347.06	1 612.00	1 728.44
按构成分	**Grouped by Use of Funds**				
建筑安装工程	Construction and Installation	127.63	916.35	882.91	996.51
设备、工具、器具购置	Purchase of Equipment and Instruments	79.51	355.46	482.47	475.20
其他费用	Others	19.94	329.98	504.29	523.02
按建设性质分	**Grouped by Type of Construction**				
#新　建	New Construction	78.01	516.75	730.76	786.22
改　建	Reconstruction	70.48	215.14	216.40	206.86
扩　建	Expansion	47.50	323.98	216.71	248.59
单纯建造生活设施	Construction of Living Facilities	24.00	45.22	39.02	27.47
按产业分	**Grouped by Type of Industry**				
第一产业	Primary Industry	3.20	9.77	7.87	6.51
第二产业	Secondary Industry	133.00	516.70	615.94	683.61
第三产业	Tertiary Industry	90.88	1 075.32	1 245.86	1 304.61
#住　宅	Residential Housing	42.94	433.76	443.90	466.71
按行业分	**Grouped by Economic Sectors**				
#工　业	Industry	131.09	491.52	600.11	651.05
采掘业	Excavation	0.23	0.98	7.80	2.20
制造业	Manufacturing	104.29	404.01	514.36	563.65
电力、煤气及水的生产和供应业	Electricity, Gas, Water Production and Supply	26.57	86.53	77.95	85.20
交通运输、仓储及邮电通信业	Transportation, Storage, Postal and Telecommunications	15.33	85.60	123.90	176.45
批发和零售贸易、餐饮业	Wholesale, Retail and Catering Businesses	4.74	64.25	27.76	18.63
房地产业	Real Estate	23.18	636.75	637.66	684.54
社会服务业	Social Service		129.99	289.95	289.42
按经济类型分	**Grouped by Economic Types**				
国有经济	State-owned		935.92	829.98	760.58
非国有经济	Non-state-owned		665.87	1 039.69	1 234.15
集体经济	Collective-owned		247.11	156.34	136.81
私营经济	Private			83.29	118.00
联营经济	Joint Owned		7.52	41.20	17.01
股份制经济	Shareholding		150.17	421.53	580.75
外商经济	Foreign Funded		208.30	222.86	275.56
港澳台经济	Hong Kong, Macao and Taiwan Funded			96.19	86.69
其他经济	Others		4.18	18.28	19.34
新增固定资产	**Newly Increased Fixed Assets**	**222.99**	**826.94**	**1 493.35**	**1 178.24**
固定资产交付使用率(%)	Rate of Fixed Assets Transferred and in Use(%)	98.2	51.6	79.9	59.10
房屋建筑面积(万平方米)	**Floor Space of Buildings(10 000 sq. m)**				
施工面积	Floor Space Under Construction	3 801.46	10 566.42	8 636.31	8 588.49
#住　宅	Residential Housing	2 269.06	6 195.12	4 804.12	5 236.93
竣工面积	Floor Space Completed	2 138.44	3 093.93	3 266.52	3 215.12
#住　宅	Residential Housing	1 339.02	1 746.82	1 724.02	1 743.90

注：从2000年起，固定资产投资统计起点为50万元以上(含50万元)项目，建设性质中不包括房地产开发投资(以下同)。
Note: Since 2000, the statistics that have been collected are about projects of fixed assets investment each involving 500,000 yuan and more. In the construction category, the investment in real estate development is excluded(same as follows).

表6.4 全社会固定资产投资主要指标(2001)
MAJOR INDICATORS OF TOTAL INVESTMENT IN FIXED ASSETS

单位:亿元(100 million yuan)

指标	Indicators	合计 Total	基本建设 Capital Construction Investment	更新改造 Technical Updates and Transformation	其他投资 Other Investment
投资总额	**Total Investment**	**1 994.73**	**712.49**	**436.84**	**30.70**
按隶属关系分	**Grouped by Administrative Relationship**				
中央项目	Central Government Projects	266.29	126.06	115.45	
地方项目	Local Projects	1 728.44	586.43	321.39	30.70
按构成分	**Grouped by Use of Funds**				
建筑安装工程	Construction and Installation	996.51	367.23	135.60	19.11
设备、工具、器具购置	Purchase of Equipment and Instruments	475.20	137.78	254.75	
其他费用	Others	523.02	207.48	46.49	11.59
按建设性质分	**Grouped by Type of Construction**				
#新　建	New Construction	786.22	566.21	81.71	28.30
改　建	Reconstruction	206.86	33.47	159.75	2.40
扩　建	Expansion	248.59	92.13	125.04	
单纯建造生活设施	Construction of Living Facilities	27.47	0.80	5.79	
按产业分	**Grouped by Type of Industry**				
第一产业	Primary Industry	6.51	2.21	1.40	
第二产业	Secondary Industry	683.61	267.38	268.13	
第三产业	Tertiary Industry	1 304.61	442.90	167.31	30.70
#住　宅	Residential Housing	466.71	10.31	3.35	
按行业分	**Grouped by Economic Sectors**				
#工　业	Industry	651.05	248.90	261.87	
采掘业	Excavation	2.20	1.85	0.26	
制造业	Manufacturing	563.65	184.72	239.57	
电力、煤气及水的生产和供应业	Electricity, Gas, Water Production and Supply	85.20	62.33	22.04	
交通运输、仓储及邮电通信业	Transportation, Storage, Postal and Telecommunications	176.45	82.96	88.62	
批发和零售贸易、餐饮业	Wholesale, Retail and Catering Businesses	18.63	3.48	10.65	
房地产业	Real Estate	684.54	37.57	14.42	
社会服务业	Social Services	289.42	213.96	41.07	29.95
卫生、体育和社会福利业	Health Care, Sports and Social Welfare	12.88	10.49	1.94	
教育、文化艺术及广播电影电视业	Education, Culture, Art, Broadcasting, Film and Television	67.81	57.42	7.42	
国家机关、政党机关和社会团体	Government Institutions, Party and Social Organizations	19.96	15.16	1.99	0.75
新增固定资产	**Newly Increased Fixed Assets**	**1 178.24**	**277.34**	**212.96**	**15.97**
固定资产交付使用率(%)	Rate of Fixed Assets Transferred and in Use(%)	59.1	38.9	48.8	52.0
房屋建筑面积(万平方米)	**Floor Space of Buildings (10 000 sq. m)**				
施工面积	Floor Space Under Construction	8 588.49	1 072.61	306.08	
#住　宅	Residential Housing	5 236.93	179.79	15.64	
竣工面积	Floor Space Completed	3 215.12	390.10	147.87	
#住　宅	Residential Housing	1 743.90	63.35	1.73	

表6.4 续表 continued

单位:亿元(100 million yuan)

指　标	Indicators	房地产开发投资 Investment in Real Estate Exploitation	城镇集体 Investment by Urban Collective-owned Units	农村集体 Investment by Rural Collective-owned Units	私人建房 Investment by Individual
投资总额	**Total Investment**	**630.73**	**0.50**	**173.13**	**10.34**
按隶属关系分	**Grouped by Administrative Relationship**				
中央项目	Central Government Projects	24.78			
地方项目	Local Projects	605.95	0.50	173.13	10.34
按构成分	**Grouped by Use of Funds**				
建筑安装工程	Construction and Installation	367.27	0.34	96.63	10.34
设备、工具、器具购置	Purchase of Equipment and Instruments	16.56	0.16	65.95	
其他费用	Others	246.90		10.55	
按建设性质分	**Grouped by Type of Construction**				
#新　建	New Construction		0.19	109.81	
改　建	Reconstruction		0.19	11.05	
扩　建	Expansion		0.02	31.39	
单纯建造生活设施	Construction of Living Facilities			20.87	
按产业分	**Grouped by Type of Industry**				
第一产业	Primary Industry			2.90	
第二产业	Secondary Industry			148.10	
第三产业	Tertiary Industry	630.73	0.50	22.13	10.34
#住　宅	Residential Housing	439.17		3.51	10.34
按行业分	**Grouped by Sectors**				
#工　业	Industry			140.28	
采掘业	Excavation			0.10	
制造业	Manufacturing			139.35	
电力、煤气及水的生产和供应业	Electricity, Gas, Water Production and Supply			0.83	
交通运输、仓储及邮电通信业	Transportation, Storage, Postal and Telecommunications		0.10	4.77	
批发和零售贸易、餐饮业	Wholesale, Retail and Catering Businesses		0.21	4.29	
房地产业	Real Estate	630.73		1.82	
社会服务业	Social Services		0.14	4.31	
卫生、体育和社会福利业	Health Care, Sports and Social Welfare			0.46	
教育、文化艺术及广播电影电视业	Education, Culture, Art, Broadcasting, Film and Television			2.96	
国家机关、政党机关和社会团体	Government Institutions, Party and Social Organizations			2.06	
新增固定资产	**Newly Increased Fixed Assets**	**519.20**	**0.68**	**141.75**	**10.34**
固定资产交付使用率(%)	Rate of Fixed Assets Transferred and in Use(%)	82.3	134.9	81.9	100.0
房屋建筑面积(万平方米)	**Floor Space of Buildings (10 000 sq. m)**				
施工面积	Floor Space Under Construction	5 986.18	1.92	1 068.52	153.19
#住　宅	Residential Housing	4 842.31	0.39	45.62	153.19
竣工面积	Floor Space Completed	1 791.36	1.73	751.42	132.64
#住　宅	Residential Housing	1 524.21	0.39	21.58	132.64

表6.5 地方全社会固定资产投资主要指标(2001)
MAJOR INDICATORS OF LOCAL INVESTMENT IN FIXED ASSETS

单位:亿元(100 million yuan)

指 标	Indicators	合 计 Total	基本建设 Capital Construction Investment	更新改造 Technical Updates and Transformation	其他投资 Other Investment
投资总额	**Total Investment**	**1 728.44**	**586.43**	**321.39**	**30.70**
按构成分	**Grouped by Use of Funds**				
建筑安装工程	Construction and Installation	888.12	308.26	96.01	19.11
设备、工具、器具购置	Purchase of Equipment and Instruments	370.91	98.34	193.23	
其他费用	Others	469.42	179.83	32.15	11.59
按建设性质分	**Grouped by Type of Construction**				
#新 建	New Construction	687.28	481.23	67.76	28.30
改 建	Reconstruction	147.84	31.27	102.92	2.40
扩 建	Expansion	182.88	58.11	93.35	
单纯建造生活设施	Construction of Living Facilities	26.93	0.38	5.68	
按产业分	**Grouped by Type of Industry**				
第一产业	Primary Industry	6.51	2.21	1.40	
第二产业	Secondary Industry	519.41	200.74	170.57	
第三产业	Tertiary Industry	1 202.52	383.48	149.42	30.70
#住 宅	Residential Housing	443.99	7.56	0.31	
按行业分	**Grouped by Sectors**				
#工 业	Industry	486.96	182.26	164.42	
采掘业	Excavation	1.35	1.20	0.05	
制造业	Manufacturing	452.06	167.22	145.48	
电力、煤气及水的生产和供应业	Electricity, Gas, Water Production and Supply	33.56	13.84	18.89	
交通运输、仓储及邮电通信业	Transportation, Storage, Postal and Telecommunications	112.44	31.93	75.63	
批发和零售贸易、餐饮业	Wholesale, Retail and Catering Businesses	14.01	3.48	6.03	
房地产业	Real Estate	659.65	37.46	14.42	
社会服务业	Social Services	289.23	213.82	41.02	29.95
卫生、体育和社会福利业	Health Care, Sports and Social Welfare	12.81	10.49	1.86	
教育、文化艺术及广播电影电视业	Education, Culture, Art, Broadcasting, Film and Television	61.96	51.68	7.32	
国家机关、政党机关和社会团体	Government Institutions, Party and Social Organizations	19.68	14.88	1.99	0.75
新增固定资产	**Newly Increased Fixed Assets**	**1 037.69**	**220.86**	**173.44**	**15.97**
固定资产交付使用率(%)	Rate of Fixed Assets Transfered and in Use(%)	60.0	37.7	54.0	52.0
房屋建筑面积(万平方米)	**Floor Space of Buildings (10 000 sq. m)**				
施工面积	Floor Space Under Construction	8 145.42	915.28	264.04	
#住 宅	Residential Housing	5 023.85	139.45	9.80	
竣工面积	Floor Space Completed	3 088.82	347.85	135.83	
#住 宅	Residential Housing	1 691.31	51.72	1.73	

表6.5 续表 continued

单位:亿元(100 million yuan)

指　标	Indicators	房地产开发投资 Investment in Real Estate Exploitation	城镇集体 Investment by Urban Collective-owned Units	农村集体 Investment by Rural Collective-owned Units	私人建房 Investment by Individual
投资总额	**Total Investment**	**605.95**	**0.50**	**173.13**	**10.34**
按构成分	**Grouped by Use of Funds**				
建筑安装工程	Construction and Installation	357.42	0.34	96.63	10.34
设备、工具、器具购置	Purchase of Equipment and Instruments	13.24	0.16	65.95	
其他费用	Others	235.29		10.55	
按建设性质分	**Grouped by Type of Construction**				
#新　建	New Construction		0.19	109.81	
改　建	Reconstruction		0.19	11.05	
扩　建	xpansion		0.02	31.39	
单纯建造生活设施	Construction of Living Facilities				
按产业分	**Grouped by Type of Industry**				
第一产业	Primary Industry			2.90	
第二产业	Secondary Industry			148.10	
第三产业	Tertiary Industry	605.95	0.50	22.13	10.34
#住　宅	Residential Housing	422.23		3.51	10.34
按行业分	**Grouped by Sectors**				
#工　业	Industry			140.28	
采掘业	Excavation			0.10	
制造业	Manufacturing			139.35	
电力、煤气及水的生产和供应业	Electricity, Gas, Water Production and Supply			0.83	
交通运输、仓储及邮电通信业	Transportation, Storage, Postal and Telecommunications		0.10	4.77	
批发和零售贸易、餐饮业	Wholesale, Retail and Catering Businesses		0.21	4.29	
房地产业	Real Estate	605.95		1.82	
社会服务业	Social Services		0.14	4.31	
卫生、体育和社会福利业	Health Care, Sports and Social Welfare			0.46	
教育、文化艺术及广播电影电视业	Education, Culture, Art, Broadcasting, Film and Television			2.96	
国家机关、政党机关和社会团体	Government Institutions, Party and Social Organizations			2.06	
新增固定资产	**Newly Increased Fixed Assets**	**474.65**	**0.68**	**141.75**	**10.34**
固定资产交付使用率(%)	Rate of Fixed Assets Transferred and in Use(%)	78.3	134.9	81.9	100.0
房屋建筑面积(万平方米)	**Floor Space of Buildings(10 000 sq. m)**				
施工面积	Floor Space Under Construction	5 742.46	1.92	1 068.52	153.19
#住　宅	Residential Housing	4 675.40	0.39	45.62	153.19
竣工面积	Floor Space Completed	1 719.35	1.73	751.42	132.64
#住　宅	Residential Housing	1 483.25	0.39	21.58	132.64

表6.6 工业各行业基本建设主要指标(2001)
MAIN INDICATORS OF CAPITAL CONSTRUCTION BY INDUSTRIAL SECTORS

行业	Sectors	施工项目(个) Projects Under Construction (unit)	全部建成投产项目(个) Projects Completed and Put into Production (unit)	建成投产率(%) Rate of Projects Completed and Put into Use (%)	基本建设投资额(亿元) Capital Construction Investment (100 million yuan)
总　计	**Total**	**243**	**75**	**30.9**	**248.90**
采掘业	Excavation	4	2	50.0	1.85
天然气开采业	Natural Gas Extraction	2			1.19
铁矿采选业	Ore Selection Industry	1	1	100.0	0.65
海盐业	Sea Salt Industry	1	1	100.0	0.01
制造业	Manufacturing	210	68	32.4	184.72
加工糖业	Sugar-processing Industry	4	2	50.0	0.19
蔬菜罐头制造业	Canned Vegetable Manufacturing Industry	6	3	50.0	1.09
葡萄酒制造业	Wine Brewery Industry	1	1	100.0	0.14
缫丝业	Silk Reeling Industry	3			0.94
服装制造业	Garment-making Industry	2	1	50.0	1.11
其他类未包括的皮革制品业	Leather Products Industry Not Included in Other Categories	1	1	100.0	0.03
金属家具制造业	Metal Furniture Manufacturing Industry	3	2	66.7	0.79
书、报、刊印刷业	Printing Press Industry	6	2	33.3	1.38
原油加工业	Crude-processing Industry	1			0.29
其他日用化学产品制造业	Other Household Chemical Products Industries	16	3	18.8	12.00
生物制品业	Biological Products Industry	10	2	20.0	3.31
涤纶纤维制造业	Polyester Fiber Manufacturing Industry	1	1	100.0	4.01
其他塑料制品业	Other Plastics Products Industry	6	4	66.7	1.69
电工用碳素制品业	Electrician Carbon Products Industry	2			0.98
钢压延加工业	Steel Rolling Industry	2	1	50.0	12.80
镁冶炼业	Magnesium Refinery Industry	2			2.38
建筑小五金制造业	Construction Hardware Manufacturing Industry	9	5	55.6	1.17
金属切削机床制造业	Metal Cutting Machine Tools Manufacturing Industry	9	2	22.2	1.87
拖拉机配件制造业	Tractor Accessories Manufacturing Industry	16	5	31.3	9.13
汽车修理业	Automobile Maintenance Industry	17	2	11.8	19.51
其他日用电器制造业	Other Home Electric Appliances Manufacturing Industries	7	2	28.6	0.99
交换设备制造业	Conversion Equipment Manufacturing Industry	44	12	27.3	94.90
汽车仪器仪表制造业	Automobile Apparatus and Meter Manufacturing Industry	2	1	50.0	1.39
生产用其他产品制造业	Other Production-oriented Products Manufacturing Industry	40	16	40.0	12.63
电力、煤气及水的生产和供应业	Electric Power, Gas, Water Production and Supply	29	5	17.2	62.33
电力供应业	Electric Power Supply	21	3	14.3	61.24
煤气供应业	Gas Supply	5	1	20.0	1.01
自来水供应业	Tap Water Supply	3	1	33.3	0.08

表6.7 工业各行业更新改造主要指标(2001)
MAIN INDICATORS OF TECHNICAL UPDATES AND TRANSFORMATION BY INDUSTRIAL SECTORS

行 业	Sectors	施工项目(个) Projects Under Construction (unit)	全部建成投产项目(个) Projects Completed and Put into Production (unit)	建成投产率(%) Rate of Projects Completed and Put into Use (%)	更新改造投资额(亿元) Technical Updates and Transformation (100 million yuan)
总 计	**Total**	**1 716**	**1 022**	**59.6**	**261.87**
采掘业	Excavation	7	1	14.3	0.26
天然气开采业	Petrolem and Natural Gas Extraction	1			0.05
铁矿采选业	Ore Selection Industry	6	1	16.7	0.21
制造业	Manufacturing	1 237	629	50.8	239.57
磨粉业	Flour Milling Industry	16	4	25.0	2.65
方便主食品业	Instant Food Industry	14	9	64.3	3.27
黄酒制造业	Shaoxing Wine Manufacturing Industry	7	3	42.9	1.05
其他烟草加工业	Other Tobacco Processing Industry	12	2	16.7	3.68
棉纺业	Cotton Spinning Industry	45	22	48.9	6.15
服装制造业	Garment Manufacturing Industry	14	7	50.0	1.03
毛皮服装业	Fur and Leather Garment Industry	3	2	66.7	0.29
胶合板制造业	Plywood Manufacturing Industry	2	1	50.0	0.37
其他家具制造业	Other Furniture Manufacturing Industry				0.01
纸制品业	Paper Products Industry	10	9	90.0	2.18
书、报、刊印刷业	Printing Press Industry	17	7	41.2	3.62
笔制造业	Pen Manufacturing Industry	7	3	42.9	0.39
原油加工业	Crude-processing Industry	48	33	68.8	34.82
有机化工原料制造业	Organic Chemical Raw Materials Manufacturing Industry	123	86	69.9	15.48
生物制品业	Biological Products Industry	43	23	53.5	8.47
其他合成纤维制造业	Other Synthetic Fiber Manufacturing Industry	24	10	41.7	6.04
轮胎制造业	Tire Manufacturing Industry	3	1	33.3	1.24
塑料薄膜制造业	Plastic Film Manufacturing Industry	12	8	66.7	1.66
砼结构构件制造业	Concrete Structure Components Manufacturing Industry	42	8	19.0	3.36
钢压延加工业	Steel Rolling Industry	218	110	50.5	36.43
贵金属压延加工业	Precious Metal Rolling Industry	36	3	8.3	2.33
建筑小五金制造业	Construction Hardware Manufacturing Industry	35	30	85.7	2.94
内燃机制造业	Internal Combustion Engine Manufacturing Industry	154	94	61.0	8.12
商业、饮食业、服务业	Commercial, Cuisine and Service Industries	45	23	51.1	7.75
其他铁路运输设备制造业	Other Railway Transport Equipment Manufacturing Industry	134	66	49.3	50.48
电气机械修理业	Electric Machinery Repair Industry	34	17	50.0	6.78
电子计算机整机制造业	Whole Computers Manufacturing Industry	45	17	37.8	20.60
实验室仪器及装置制造业	Laboratory Instruments and Apparatus Manufacturing Industry	14	6	42.9	1.49
生产用其他产品制造业	Other Production-oriented Products Manufacturing Industry	80	25	31.3	6.89
电力、煤气及水的生产和供应业	Electric Power, Gas, Water Production and Supply	472	392	83.1	22.04
电力生产业	Electric Power Production	437	376	86.0	11.33
煤气供应业	Gas Supply	21	11	52.4	4.81
自来水生产业	Tap Water Production	14	5	35.7	5.90

表6.8 主要年份新增固定资产
NEWLY INCREASED FIXED ASSETS IN MAIN YEARS

年 份 Year	新增固定资产（亿元）Newly Increased Fixed Assets (100 million yuan)	其中 of which: 基本建设 Capital Construction Investment	更新改造 Technical Updates and Transformation	房地产开发 Investment in Real Estate Exploitation	固定资产交付使用率(%) Rate of Fixed Assets Transferred and in Use(%)
1978	17.46	9.78	3.60		62.6
1980	23.71	11.55	7.00		52.2
1985	75.64	28.70	22.71		63.8
1986	179.47	124.30	32.58		122.1
1987	117.19	49.24	38.42	0.48	62.9
1988	135.33	45.84	47.30	0.83	55.2
1989	149.25	62.70	51.82	0.93	69.5
1990	222.99	119.24	62.74	4.97	98.2
1991	224.42	95.94	75.93	7.43	86.9
1992	275.45	98.48	109.11	7.86	77.1
1993	430.49	197.32	138.77	4.17	65.8
1994	558.35	212.61	170.72	32.80	49.7
1995	826.94	278.99	248.10	127.08	51.6
1996	1 199.10	373.40	328.26	318.58	61.4
1997	1 316.43	406.43	295.83	427.19	66.6
1998	1 534.90	496.26	377.04	508.32	78.1
1999	1 858.70	1 012.66	287.91	427.66	100.1
2000	1 493.35	587.43	271.08	477.39	79.9
2001	1 178.24	277.34	212.96	519.20	59.1

表6.9 主要年份固定资产投资资金来源
CAPITAL SOURCE OF FIXED ASSETS INVESTMENT IN MAIN YEARS

单位:亿元(100 million yuan)

指 标	Indicators	1990	1999	2000	2001
资金来源合计	**Total Capital Source**	**261.46**	**1 903.50**	**2 061.66**	**2 485.08**
上年末结余资金	A Balance at End of Previous Year	28.85	237.33	241.05	285.98
本年资金来源小计	Sub-total Capital Source of the Year	232.61	1 666.17	1 820.61	2 199.10
国家预算内资金	Capital with the State Budget	14.39	28.33	48.30	57.81
国内贷款	Domestic Loans	62.52	278.13	379.21	482.19
债 券	State Treasury Bond		1.21	4.85	1.85
利用外资	Foreign Capital Absorbed	35.46	169.88	161.83	202.63
#外商直接投资	Direct Overseas Investment		58.21	73.71	140.59
对外借款	Foreign Loans	10.12	27.52	55.25	27.37
自筹资金	Self-raised Capital	94.13	919.26	905.46	1 013.17
#市自筹	Self-raised in Shanghai	32.12	100.95	72.63	94.77
企、事业单位自筹	Self-raised by Enterprises and Institutions	57.13	776.48	509.93	573.34
其他资金	Other Capital	26.11	269.36	320.96	441.45
#集 资	Raising Funds		48.28	6.29	7.44
本年各项应付投资款	Investment Due to Pay of the Year		54.77	310.42	340.86
#工程款	Project Funds		39.56	76.52	116.84

表6.10　市重大项目完成情况(2001)
PROGRESS OF CITY'S MAJOR PROJECTS

单位:万元(10 000 yuan)

项　目	Items	投资额 Investment
外高桥港区三期工程	Waigaoqiao Port Third-phase Project	57 753
外高桥港区四期工程	Waigaoqiao Port Fourth-phase Project	73 809
外环线西北段工程	Northwest Section of the Outer Ring Road	74 968
外环线浦东段	Pudong Section of the Outer Ring Road	204 200
嘉浏一级公路二期工程	Second-phase Project of Jialiu Highway	16 592
同江—三亚国道上海段	Shanghai Section of the Tongjiang-Sanya National Highway	101 729
莘奉金高速公路	Xinfengjin Expressway	66 360
沪青平高速公路	Huqingping Expressway	74 881
机场立交和沪青平高速公路闵行段	Airport Overpass and Minhang District Section of the Huqingping Expressway	5 786
浦东国际机场市区航站楼工程	Downtown Navigation Station Building of Pudong International Airport	18 691
浦东机场专机坪及配套工程	Special Plane Lawn and Supporting Facilities of Pudong International Airport	12 404
磁悬浮列车机场快线工程	Meglev Train Rail at Pudong Airport	294 636
轨道交通明珠线二期工程	Second-phase of Metro Pearl Line	193 029
共和新路综合工程	Comprehensive Project of Gonghexin Road	81 104
城市高架有轨电车莘闵线工程	Xinmin Section of the Urban Elevated Tramcar Project	76 417
杨浦线一期工程	First-phase of Yangpu Route	13 594
内河航道治理(赵家沟)	Inland Waterway Rectification (Zhaojiagou)	4 900
龙泉港及东海港疏浚	Dredging of Longquan and Donghai Ports	18 470
龙吴路拓宽工程	Widening of Longwu Road	61 675
汶水路拓宽工程	Widening of Wenshui Road	32 563
武宁路桥拓宽工程	Widening of Wuning Rd. Bridge	7 090
吴中路拓宽和排水工程	Widening and Drainage Project of Wuzhong Road	8 737
外环线黄浦江下游越江隧道工程	Cross-river Tunnel Project of the Outer Ring Road	51 117
卢浦大桥	Lupu Bridge	94 490
复兴东路越江工程	Cross-river Project of Fuxing Road E.	16 619
大连路越江工程	Cross-river Project of Dalian Road.	30 433
松江出口加工区	Songjiang Export Processing Zone	27 818
张江高科技园区	Zhangjiang High-tech Park	19 513
集约化信息管线工程	Intensive Information-carrying Pipe Project	72 112
有线电视网改造	Cable Television Network Upgrade	62 457
宏力集成电路项目	Hongli Integrated Circuit	50 294
中芯集成电路项目	Zhongxin Integrated Circuit	491 600
IBM 芯片生产项目	IBM Chip Production	13 200
城乡电网建设与改造工程	Construction and Upgrade of Power Grids Citywide	235 167
吴泾电厂八期工程	Eighth-phase of Wujing Power Plant	100 000
外高桥电厂二期工程	Second-phase of Waigaoqiao Power Plant	34 633
苏州河综合治理一期工程	First-phase of Suzhou Creek Comprehensive Rectification	115 091
白龙港中线西段工程	Western Section of Mid-route of Bailong Port Project	12 159

表6.10 续表 continued 单位:万元(10 000 yuan)

项 目	Items	投资额 Investment
合流污水二期工程	Second-phase of Confluence Sewage Treatment	14 354
浦东新区生活垃圾焚烧厂	Pudong District Daily Garbage Incineration Plant	37 065
上海江桥生活垃圾焚烧厂	Shanghai Jiangqiao Daily Garbage Incineration Plant	24 087
上海市固体废物处置中心	Shanghai Municipal Solid Waste Treatment Center	5 467
城市大型绿地	Urban Large Greenbelts	127 619
外环线绿带二期工程	Second-phase of Outer Ring Road Greenbelts	49 740
延安路中心城区大型绿地二期工程	Second-phase of Yan'an Road Greenbelts	62 843
吴淞工业区环境整治	Environmental Rectification at Wusong Industrial Zone	66 597
市区防汛墙加高加固工程	Reinforcement Program of the Flood-blocking Walls Indowntown Areas	16 684
黄浦江上游干流段防洪工程	Flood-fighting Projects at the Main Section in Upper Huangpu River	9 827
拦路港工程	Lanlu Port Project	10 104
红旗塘工程	Hongqitang Project	12 180
金山出海闸	Jinshan Sea-access Sluice Gate	9 533
太浦河泵站	Taipu River Pump Station	6 584
长桥水厂	Changqiao Tap Water Works	20 373
农业基因库工程	Agricultural Gene Bank Program	3 300
宝钢克虏伯不锈钢板卷工程	Baosteel Krupp Stainless-steel Coil Program	104 020
不锈钢及碳钢热轧板卷工程	Stainless Steel and Carbon Steel Hot-rolling Coil Program	76 957
高化20万吨苯酚丙酮项目	Gaohua 200 000 ton Phenol Acetonide Program	1 000
金山石化70万吨乙烯改造工程	Jinshan Petrochemical 700 000 ton Ethylene Upgrade Program	254 078
大众紧凑型轿车项目	Dazhong Compact Car Program	100 000
永新彩管生产线	Yongxin Color TV Tube Assembly Line	55 290
旭电子公司大屏幕彩管玻屏项目	Xu Electronics Company Large-monitor TV Tube Glass Screen Program	86 371
真空电子松下等离子显示器项目	Vacuum Electronics Panasonic Plasma Monitor Program	8 221
三枪高档生产面料基地	Three Gun High-end Cloth Manufacture Center	19 354
化工区区内市政配套工程	Urban Construction Supporting Facilities Program at Chemical Zones	37 500
外高桥造船基地项目	Waigaoqiao Shipyard Center Program	90 244
上海科技馆	Shanghai Science and Technology Museum	53 609
上海国际新闻中心	Shanghai International Media Center	6 410
上海大学新校区二期建设	Second-phase of Shanghai University New Campus	14 500
上海松江大学城	Shanghai Songjiang University City	92 330
上海浦东国际展览中心	Pudong International Exposition Center	43 492
青少年素质教育基地	Youngsters Quality Education Center	84 706
中国残疾人体育艺术培训基地	China Disabled Sports & Arts Training Center	3 920
沪闵高架二期	Second-phase of Humin Elevated Road	1 611
泰龙半导体厂房设备	Tailong Semiconductor Works Work Houses and Equipment	39 199
贝岭公司张江芯片项目	Beiling Company Zhangjiang Chip Manufacture Program	7 207
上海展览中心	Shanghai Exhibition Center	25 330

表6.11 主要年份全社会房屋施工面积、竣工面积
TOTAL FLOOR SPACE UNDER CONSTRUCTION AND COMPLETED IN MAIN YEARS

年份 Year	施工面积（万平方米）Floor Space Under Construction (10 000 sq. m)	其中 of which #住宅 Residential Housing	竣工面积（万平方米）Floor Space Completed (10 000 sq. m)	其中 of which #住宅 Residential Housing	房屋建筑面积竣工率（%）Construction Completion Rate(%)	其中 of which #住宅 Residential Housing
1981	2 579.07	1 764.29	1 833.94	1 380.70	71.1	78.3
1985	4 162.15	2 651.52	2 909.58	2 112.04	69.9	79.7
1986	4 874.44	2 469.27	2 493.93	1 790.01	51.2	72.5
1987	4 382.40	2 658.05	2 700.96	1 874.90	61.6	70.5
1988	4 369.20	2 667.00	2 457.34	1 758.29	56.2	65.9
1989	3 683.77	2 048.20	1 941.80	1 246.58	52.7	60.9
1990	3 801.46	2 269.06	2 138.44	1 339.02	56.3	59.0
1991	3 611.53	2 157.46	1 923.92	1 160.61	53.3	53.8
1992	4 709.52	2 463.79	2 608.20	1 379.18	55.4	56.0
1993	4 724.30	2 142.39	2 031.76	1 017.54	43.0	47.5
1994	6 720.70	3 520.27	2 519.09	1 349.24	37.5	38.3
1995	10 566.42	6 195.12	3 093.93	1 746.82	29.3	28.2
1996	10 730.85	5 874.26	3 254.57	1 872.65	30.3	31.9
1997	9 955.21	5 450.13	3 614.19	2 179.68	36.3	40.0
1998	9 364.36	5 113.52	3 364.43	1 963.51	35.9	38.4
1999	8 364.48	4 608.49	3 257.57	1 731.55	38.9	37.6
2000	8 636.31	4 804.12	3 266.52	1 724.02	37.8	35.9
2001	8 588.49	5 236.93	3 215.12	1 743.90	37.4	33.3

表6.12 物业管理房屋面积(2001)
HOUSING AREAS UNDER PROPERTY MANAGEMENT

单位:万平方米(10 000 sq. m)

地区 District		管理房屋面积 Floor Space	其中 of which 住宅 Residence	其中 Of which #公寓、别墅 Apartments, Villas	办公楼 Office	商业营业用房 Commerce	厂房 Plant Building	其他 Others
总计	**Total**	**23 743.21**	**20 183.60**	**1 245.25**	**1 718.17**	**864.20**	**573.35**	**403.90**
黄浦区	Huangpu	2 201.85	1 665.98	103.19	313.97	122.38	14.68	84.84
卢湾区	Luwan	924.98	694.34	35.95	153.59	34.91	25.10	17.04
徐汇区	Xuhui	1 916.90	1 586.85	111.33	133.24	70.86	107.78	18.17
长宁区	Changning	835.84	742.09	82.32	40.72	33.26	6.78	12.98
静安区	Jing'an	1 170.03	837.44	85.34	196.90	46.44	49.44	39.81
普陀区	Putuo	1 346.06	1 218.09	53.14	50.92	44.14	2.54	30.37
闸北区	Zhabei	1 202.23	1 031.63	11.34	65.22	42.78	43.48	19.12
虹口区	Hongkou	1 750.75	1 384.91	38.11	154.61	58.05	103.42	49.76
杨浦区	Yangpu	1 950.93	1 801.70	49.17	59.72	68.46	4.05	17.00
浦东新区	Pudong New Area	3 445.91	2 714.89	145.04	349.08	151.29	161.49	69.16
闵行区	Minhang	1 845.34	1 736.41	201.41	28.82	44.24	22.53	13.35
宝山区	Baoshan	1 917.08	1 776.04	62.19	91.26	39.80	0.57	9.42
嘉定区	Jiading	874.25	814.21	31.98	28.02	18.33	1.73	11.96
金山区	Jinshan	167.41	153.80	3.59	2.19	10.76	0.05	0.61
松江区	Songjiang	570.27	549.34	103.01	3.24	15.54	0.31	1.84
青浦区	Qingpu	579.15	516.59	77.90	33.12	25.56	0.71	3.17
南汇区	Nanhui	248.18	213.38	39.37	7.84	11.98	14.55	0.42
奉贤区	Fengxian	460.63	440.11	2.35	1.92	18.36		0.23
崇明县	Chongming	335.43	305.81	8.52	3.79	7.05	14.13	4.66

表6.13 土地使用权出让情况(1995～2001)
LEASE OF LAND PLOT TENURE

	指 标 Indicators	1995	1996	1997	1998	1999	2000	2001
出让地块(幅)	**Leased Plot(piece)**	**499**	**640**	**1 029**	**1 326**	**1 119**	**1 325**	**1 981**
出让面积(万平方米)	**Leased Area(10 000 sq. m)**	**1 245.42**	**898.29**	**1 430.75**	**1 614.52**	**1 645.96**	**2 183.22**	**5 228.34**
区	District	875.11	507.84	839.99	740.43	971.88	1 259.94	2 937.69
#浦东新区	Pudong New Area	646.76	214.47	398.09	233.93	255.19	534.29	1 351.21
县	Couny	370.31	390.45	590.76	874.09	674.08	923.28	2 290.65
可建面积(万平方米)	**Area Suitable for Construction(10 000 sq. m)**	**1 343.99**	**1 409.65**	**1 966.80**	**2 269.94**	**1 973.82**	**3 502.73**	**5 877.60**
住 宅	Residence	720.58	869.17	1 308.20	1 449.49	1 549.47	1 868.18	3 728.89
商办综合楼	Commercial-office Building	167.02	199.85	190.28	322.10	78.90	44.13	673.60
商 业	Commerce	1.27	12.40	66.18	42.99	75.92	92.96	202.80
厂 房	Plant Building	424.46	284.28	336.99	420.72	218.79	1 417.67	1 127.15
其 他	Others	30.66	43.95	65.15	34.64	50.74	79.79	145.16

注：1999年以前为外销地块,1999年起包括内销和外销地块。
Note: The figures before 1999 have been collected from the plots sales abroad, and 1999, the plots sales domestic have been collected in.

表6.14 存量房转换和交易情况(1988～2001)
CONVERSION AND EXCHANGE OF SECOND-HAND HOUSES

年份 Year	成交户数 (户) Houses Traded (household)	成交面积 (万平方米) Areas Traded (10 000 sq. m)	其 中 of which		
			#居 住 Residence	#办公用品 Office	#商业用房 Commerce
1988	3 960	11.17	9.72		
1989	3 740	10.56	9.20		
1990	3 536	11.30	8.80		
1991	3 419	14.06	9.00		
1992	6 545	27.23	20.14		
1993	5 290	42.07	16.61		
1994	2 821	31.76	10.59		
1995	4 176	60.87	19.70		
1996	4 689	82.29	25.09		
1997	9 180	162.40	87.68	23.95	14.95
1998	24 501	315.23	197.56	21.49	18.28
1999	44 234	510.84	336.69	37.63	14.61
2000	96 348	778.52	648.23	39.48	21.65
2001	164 598	1 422.43	1 031.48	56.99	57.24

表6.15　房地产开发投资和经营情况(1995～2001)
INVESTMENT AND OPERATION IN REAL ESTATE EXPLOITATION

单位:亿元(100 million yuan)

指 标	Indicators	1995	1996	1997	1998	1999	2000	2001
投资总额	**Total Investment**	**466.20**	**657.79**	**614.23**	**577.12**	**514.83**	**566.17**	**630.73**
#商品房屋建设投资	Investment in Commercial Houses	286.45	454.79	515.78	440.47	401.44	476.32	535.25
土地开发投资	Investment in Land Development	53.19	67.60	41.50	18.19	13.47	25.91	27.65
在投资总额中	Of Total Investment							
住　宅	Residence	280.38	356.01	334.07	320.66	324.49	408.82	439.17
#别墅、高档公寓	Villas and Flats	31.75	40.64	26.17	28.69	34.54	40.72	41.82
写字楼	Office Building	81.74	150.83	140.04	121.90	81.26	57.47	26.22
商业营业用房	Commercial Building	32.39	62.71	54.19	61.11	60.42	51.51	62.70
其　他	Others	71.69	88.24	85.93	73.45	48.66	48.38	102.64
新增固定资产	**Newly Increased Fixed Assets**	**151.06**	**318.58**	**427.19**	**508.32**	**427.66**	**477.39**	**519.20**
资金来源合计	**Total Capital Source**	**670.83**	**963.56**	**942.22**	**893.44**	**773.69**	**778.16**	**991.91**
上年末结余资金	A Balance at End of Previous Year	112.00	209.51	215.66	185.45	124.59	113.48	159.93
本年资金来源小计	Sub-total Capital Source of the Year	558.83	754.05	726.56	707.99	649.10	664.68	831.98
国家预算内资金	Capital Within the State Budget	12.55	2.42	2.79	0.92		1.79	
国内贷款	Domestic Loans	122.63	176.83	176.33	174.64	134.49	155.37	179.49
债　券	State Treasury Bond	1.11	0.67	0.28		0.10	0.11	
利用外资	Foreign Capital Absorbed	51.81	109.49	133.41	100.85	95.18	28.11	25.48
#外商直接投资	Direct Overseas Investment	34.87	49.91	64.82	58.37	45.86	16.24	15.88
对外借款	Foreign Loans	13.75	47.81	60.11	27.31	46.26	11.50	7.42
自筹资金	Self-raised Capital	214.53	258.00	215.84	207.37	189.88	211.86	259.66
其他资金	Other Capital	156.20	206.64	197.91	224.21	229.45	267.44	367.35
经营收入	**Total Operation Incomes**	**297.57**	**438.78**	**429.42**	**567.01**	**583.69**	**783.69**	**970.89**
土地转让收入	Income from Land Transfer	40.60	45.01	33.94	30.14	15.28	22.99	59.46
商品房屋销售收入	Income from Commodity Housing Sales	145.92	217.24	211.89	361.66	421.06	556.63	700.94
#商品住宅销售收入	Income from Residential Housing Sales	126.25	163.52	168.00	283.02	359.42	487.95	641.58
房屋出租收入	Housing Rental Income	4.06	10.19	15.25	13.84	23.14	29.68	44.05
其他收入	Others	106.99	166.34	168.34	161.37	124.21	174.39	166.44
利润总额	**Total After-tax Profits**	**44.39**	**58.50**	**33.52**	**43.00**	**13.42**	**34.30**	**45.29**

表6.16 房地产开发企业房屋建筑面积和造价(1995～2001)
CONSTRUCTION SPACE AND COST OF PROPERTY DEVELOPED BY REAL ESTATE COMPANIES

指 标	Indicators	1995	1996	1997	1998	1999	2000	2001
房屋施工面积(万平方米)	**Floor Space Under Construction (10 000 sq. m)**	**5 074.80**	**6 005.46**	**5 341.79**	**5 416.10**	**5 083.18**	**5 523.23**	**5 986.18**
住 宅	Residence	3 843.22	4 154.16	3 647.47	3 704.29	3 747.17	4 263.50	4 842.31
#别墅、高档公寓	Villas and Flats	246.47	329.62	235.66	192.76	217.34	254.11	302.92
办公楼	Office Building	634.46	1 018.77	929.91	903.60	660.12	515.10	362.54
商业营业用房	Commercial Building	274.68	503.29	423.57	511.71	410.84	438.47	423.29
其 他	Others	322.44	329.24	340.84	296.50	265.05	306.16	358.04
房屋竣工面积(万平方米)	**Floor Space Completed (10 000 sq. m)**	**700.39**	**1 207.86**	**1 464.96**	**1 565.34**	**1 468.62**	**1 643.62**	**1 791.36**
住 宅	Residence	529.77	992.30	1 176.14	1 242.00	1 229.23	1 388.01	1 524.21
#别墅、高档公寓	Villas and Flats	75.50	98.28	50.40	43.99	65.93	66.38	92.74
办公楼	Office Building	30.82	86.01	170.70	166.94	93.01	95.93	62.23
商业营业用房	Commercial Building	50.74	62.88	59.32	111.08	90.89	100.16	113.48
其 他	Others	89.06	66.67	58.80	45.32	55.49	59.52	91.44
房屋竣工价值(亿元)	**Value of Building Completed (100 million yuan)**	**102.55**	**267.78**	**336.25**	**395.86**	**327.76**	**355.79**	**379.41**
住 宅	Residence	72.21	195.34	213.16	242.85	239.16	270.29	298.64
#别墅、高档公寓	Villas and Flats	18.41	45.41	20.67	22.82	25.14	20.66	26.40
办公楼	Office Building	9.48	38.63	87.76	96.00	44.55	45.41	27.24
商业营业用房	Commercial Building	7.88	17.91	18.37	45.38	27.46	24.29	30.78
其 他	Others	12.99	15.84	16.95	11.62	16.59	15.80	22.75
竣工房屋平均造价(元/平方米)	**Average Construction Cost (yuan/Sq. m)**	**1 464**	**2 217**	**2 295**	**2 529**	**2 232**	**2 164**	**2 118**
住 宅	Residence	1 363	1 969	1 812	1 955	1 946	1 947	1 959
#别墅、高档公寓	Villas and Flats	2 438	4 621	4 101	5 188	3 814	3 112	2 847
办公楼	Office Building	3 075	4 491	5 141	5 751	4 790	4 733	4 377
商业营业用房	Commercial Building	1 552	2 858	3 096	4 085	3 021	2 425	2 712
其 他	Others	1 458	2 376	2 883	2 564	2 989	2 654	2 488

表6.17 商品房销售和出租情况(1995～2001)
COMMODITY HOUSES SOLD AND LEASED

指 标	Indicators	1995	1996	1997	1998	1999	2000	2001
商品房销售面积(万平方米)	**Sold Area of Commercial Housing (10 000 sq. m)**	**567.66**	**573.50**	**686.45**	**1 141.91**	**1 328.67**	**1 557.87**	**1 796.64**
住 宅	Residence	536.31	528.56	617.02	1 056.77	1 243.33	1 445.87	1 681.48
#别墅、高档公寓	Villas and Flats	16.31	49.18	23.28	20.84	39.45	53.44	87.63
#个 人	Private Bought	184.69	244.83	403.44	786.94	1 009.25	1 242.67	1 571.19
办公楼	Office Building	4.03	22.78	37.41	51.22	39.23	47.76	40.98
商业营业用房	Commercial Building	6.89	7.79	6.74	26.45	39.44	54.54	56.55
其 他	Others	20.43	14.37	25.28	7.47	6.67	9.70	17.63
商品房平均销售价格(元/平方米)	**Average Price of Commodity Houses (yuan/sq. m)**	**2 572**	**3 200**	**3 199**	**3 493**	**3 422**	**3 565**	**3 866**
住 宅	Residence	2 477	2 968	2 891	3 026	3 102	3 326	3 659
#别墅、高档公寓	Villas and Flats	6 732	7 125	8 078	7 982	5 720	6 109	6 126
#个 人	Private Bought	2 098	2 364	2 724	2 911	3 042	3 286	3 630
办公楼	Office Building	5 663	7 973	8 121	11 517	10 043	9 223	9 500
商业营业用房	Commercial Building	4 140	3 976	3 625	6 562	6 831	5 110	6 156
其 他	Others	3 940	3 715	3 317	3 702	4 024	2 639	3 256
商品房出租面积(万平方米)	**Commodity Houses Leased (10 000 Sq. m)**	**50.95**	**60.52**	**102.02**	**130.42**	**219.99**	**358.38**	**508.26**
住 宅	Residence	18.34	14.31	21.38	27.34	42.71	59.29	65.99
#别墅、高档公寓	Villas and Flats	2.61	4.48	6.39	14.90	23.02	37.43	36.17
#个 人	Private Bought	11.33	4.10	5.83	4.99	4.41	11.42	9.06
办公楼	Office Building	7.34	16.94	38.82	49.29	93.21	156.15	198.55
商业营业用房	Commercial Building	11.19	16.93	17.65	34.73	44.51	62.04	98.26
其 他	Others	14.08	12.34	24.17	19.06	39.56	80.91	145.46
商品房销售额(亿元)	**Actual Sales Volume of Commercial Housing(100 million yuan)**	**146.01**	**183.49**	**219.56**	**398.87**	**454.66**	**555.45**	**694.65**
住 宅	Residence	132.83	156.90	178.35	319.76	385.64	480.97	615.17
#别墅、高档公寓	Villas and Flats	10.98	35.04	18.80	16.64	22.56	32.65	53.68
#个 人	Private Bought	38.76	57.87	109.89	229.08	307.02	408.29	570.27
办公楼	Office Building	2.28	18.16	30.38	58.99	39.40	44.05	38.93
商业营业用房	Commercial Building	2.85	3.10	2.44	17.36	26.94	27.87	34.81
其 他	Others	8.05	5.33	8.39	2.76	2.68	2.56	5.74

第七篇 城市建设

CHAPTER 7

URBAN CONSTRUCTION

表7.1 主要年份城市基础设施投资额
URBAN INFRASTRUCTURE INVESTMENT IN MAIN YEARS

单位:亿元(100 million yuan)

年 份 Year	城市基础设施投资额 Urban Infrastructure Investment	其 中 of which						
		电力建设 Electric Power	运 输 邮 电 Transportation, Postal and Telecommunications	其 中 of which		公 用 设 施 Facilities for Public Use	其 中 of which	
				交通运输 Transportation	邮电通信 Postal and Telecommunications		公用事业 Public Utilities	市政建设 Civil Construction
1950～1978	60.08	19.71	23.25	19.41	3.84	17.12	6.85	10.27
1980	9.55	5.31	2.91	2.31	0.60	1.33	0.64	0.69
1985	23.49	3.97	6.75	5.52	1.23	12.77	7.88	4.89
1986	24.78	5.68	8.40	6.56	1.84	10.70	5.67	5.03
1987	32.64	9.31	12.39	10.02	2.37	10.94	5.36	5.58
1988	37.08	14.18	12.35	8.80	3.55	10.55	4.01	6.54
1989	36.09	11.69	9.96	6.16	3.80	14.44	6.84	7.60
1990	47.22	17.53	10.06	7.17	2.90	19.63	10.83	8.80
1991	61.38	19.79	19.07	14.49	4.58	22.52	9.15	13.37
1992	84.35	19.70	21.44	15.01	6.43	43.21	12.58	30.63
1993	167.94	25.77	46.44	31.75	14.69	95.73	37.91	57.82
1994	238.16	41.57	72.68	36.83	35.85	123.91	26.77	97.14
1995	273.78	57.33	79.36	25.94	53.42	137.09	35.03	102.06
1996	378.78	77.61	147.21	69.66	77.55	153.96	48.31	105.65
1997	412.85	80.24	146.10	85.06	61.04	186.51	52.24	134.27
1998	531.38	89.58	181.46	108.79	72.67	260.34	58.37	201.97
1999	501.39	83.05	166.16	102.24	63.92	252.18	64.20	187.98
2000	449.90	64.61	117.52	48.83	68.69	267.77	104.43	163.34
2001	510.78	72.22	168.42	60.72	107.70	270.14	92.25	177.89

注:本表各项投资额均不包括住宅投资。
Note: All items in this table exclude investment in residential housing.

表7.2 用于公用事业和市政建设的投资额(1985～2001)
INVESTMENT IN PUBLIC UTILITIES AND CIVIL CONSTRUCTION

单位:亿元(100 million yuan)

年 份 Year	公 用 事 业 Public Utilities	其 中 of which			市 政 建 设 Civil Construction	其 中 of which			
		#自来水 Tap Water	#煤 气 Gas	#市内公共交通 Public Traffic		园 林 绿 化 Parks and Green Areas	环 境 卫 生 Environmental Sanitation	市 政 工程管理 Administration of Civil Utilities	其 他 Others
1985	7.88				4.89				
1986	5.67	2.74	1.78	1.12	5.03	0.43	0.71	3.84	0.05
1987	5.36	2.53	1.79	0.59	5.58	0.30	0.34	4.94	…
1988	4.01	0.72	1.25	1.20	6.54	0.24	0.58	5.72	…
1989	6.84	0.90	1.03	1.52	7.60	0.01	0.52	7.02	0.05
1990	10.83	1.06	1.81	1.68	8.80	0.11	0.37	8.31	0.01
1991	9.15	2.35	4.46	2.34	13.37	0.15	0.45	12.77	…
1992	12.58	3.24	6.14	3.20	30.63	0.32	0.79	28.45	1.07
1993	37.91	6.90	16.72	14.29	57.82	0.52	1.06	56.24	…
1994	26.77	11.49	7.80	7.48	97.14	2.42	1.01	93.47	0.24
1995	35.03	13.12	12.97	8.94	102.06	4.27	1.26	96.21	0.32
1996	48.31	22.12	14.61	11.58	105.65	2.66	1.14	101.80	0.05
1997	52.24	27.08	10.03	15.13	134.27	5.11	1.62	127.41	0.13
1998	58.37	14.59	13.15	30.63	201.97	9.10	3.35	189.41	0.11
1999	64.20	6.41	9.89	47.90	187.98	28.62	2.97	155.73	0.66
2000	104.43	5.35	6.88	92.20	163.34	38.76	19.34	102.36	2.88
2001	92.25	5.97	5.83	80.45	177.89	32.92	2.97	140.63	1.37

表7.3 历年住宅投资和竣工建筑面积
INVESTMENT IN RESIDENTIAL HOUSING AND FLOOR SPACE OF BUILDINGS COMPLETED

年 份 Year	住宅投资额 (亿元) Investment in Residential Housing (100 million yuan)	占全社会固定资产投资总额比重(%) As Percentage of Total Fixed Asset Investment(%)	住宅竣工建筑面积 (万平方米) Floor Space of Residential Housing Completed (10 000 sq. m)	市区人均居住面积 (平方米) Dwelling Area Per Capita (sq. m)
1950	…			3.9
1951	0.04	6.5		3.5
1952	0.28	16.8	25.77	3.4
1953	0.71	23.4	109.84	3.3
1954	0.39	14.2	54.95	3.3
1955	0.09	3.1	15.67	3.6
1956	0.19	6.0	29.61	3.3
1957	0.46	10.5	84.05	3.1
1958	0.45	4.0	138.04	3.8
1959	0.52	3.5	94.96	3.7
1960	0.48	2.8	67.04	3.8
1961	0.22	3.3	43.95	3.8
1962	0.14	4.0	31.32	3.8
1963	0.24	5.1	16.50	3.8
1964	0.36	5.6	55.46	3.8
1965	0.39	5.6	65.08	3.9
1966	0.27	4.2	52.77	3.9
1967	0.18	4.7	34.83	3.9
1968	0.19	5.1	45.63	4.0
1969	0.02	0.3	52.28	4.2
1970	0.11	1.2	21.65	4.4
1971	0.21	2.1	39.68	4.5
1972	0.34	2.9	42.18	4.6
1973	0.45	3.1	67.33	4.3
1974	0.70	3.4	90.64	4.1
1975	1.06	3.6	105.67	4.2
1976	1.27	5.7	88.99	4.3
1977	0.92	6.0	108.73	4.5
1978	1.79	7.4	199.61	4.5
1979	2.23	6.9	215.99	4.3
1980	4.24	10.4	304.32	4.4
1981	9.87	18.1	1 380.70	4.5
1982	10.95	15.3	1 363.63	4.7
1983	11.16	14.7	1 347.79	4.9
1984	15.72	17.0	1 788.44	5.0
1985	25.18	21.2	2 112.04	5.4
1986	28.03	19.1	1 790.01	6.0
1987	35.79	19.2	1 874.90	6.2
1988	44.73	18.2	1 758.29	6.3
1989	34.67	16.1	1 246.58	6.4
1990	42.94	18.9	1 339.02	6.6
1991	48.92	18.9	1 160.61	6.7
1992	61.23	17.1	1 379.18	6.9
1993	77.14	11.8	1 017.54	7.3
1994	300.65	26.8	1 349.24	7.5
1995	433.76	27.1	1 746.82	8.0
1996	466.99	23.9	1 872.65	8.7
1997	458.22	23.2	2 179.68	9.3
1998	404.96	20.6	1 963.51	9.7
1999	378.82	20.4	1 731.55	10.9
2000	443.90	23.7	1 724.02	11.8
2001	466.71	23.4	1 743.90	12.5

注：1981 年以前住宅投资额和住宅竣工建筑面积数据不包括城乡私人建房和农村投资，从 1981 年开始为全社会口径。

Note: Before 1981, investments and floor space of residential housing completed in this table dosen't cover private-built houses in urban and rural areas hor rural collective work units, The whole so ciety is covered since 1981.

表7.4 主要年份各类房屋构成情况
COMPOSITION OF BUILDING IN MAIN YEARS

单位：万平方米（10 000 sq. m）

指 标	Indicators	1978	1980	1990	1995	2000	2001
总 计	**Total**	**8 653**	**9 134**	**17 256**	**22 094**	**34 206**	**38 324**
居住房屋	**Dwellings**	**4 117**	**4 403**	**8 901**	**11 906**	**20 865**	**23 475**
花园住宅	Villas	128	134	158	179	250	443
公 寓	Apartments	90	92	118	111	206	412
职工住宅	Staff Dwellings	1 140	1 402	4 884	7 998	17 939	20 316
新式里弄	Improved Residential Block	433	434	474	454	428	420
旧式里弄	Old Residential Block	1 777	1 822	3 067	3 004	1 896	1 763
简 屋	Simple Housing	464	437	123	85	84	59
其 他	Others	85	82	77	75	62	62
非居住房屋	**Non-dwelling Buildings**	**4 536**	**4 731**	**8 355**	**10 188**	**13 341**	**14 849**
工 厂	Plant	2 543	2 646	4 822	5 573	5 739	6 155
学 校	School	504	521	927	1 162	1 417	1 536
仓库堆栈	Storehouse	354	365	472	574	650	752
办公建筑	Office	228	337	599	955	2 416	2 692
商场店铺	Shop	228	243	403	562	1 191	1 399
医 院	Hospital	123	127	203	244	367	404
旅 馆	Hotel	55	54	237	280	376	413
影 剧 院	Theatre and Cinema	20	22	34	41	47	47
其 他	Others	481	418	658	797	1 138	1 451

注：本表按建筑面积计算(下表同)。
Note: This table is calculated by floor space of builings (the same next).

表7.5 各区房屋建筑分布情况（2001）
DISTRIBUTION OF BUILDINGS IN DIFFERENT DISTRICTS

单位：万平方米（10 000 sq. m）

地 区	District	建筑面积合 计 Total	其 中 of which #年内新增 Newly Constructed	居住房屋 Dwellings	其 中 of which #年内新增 Newly Constructed	非居住房屋 Non-dwellings	其 中 of which #年内新增 Newly Constructed
总 计	**Total**	**38 324**	**4 118**	**23 475**	**2 610**	**14 849**	**1 508**
黄 浦 区	Huangpu	1 670	16	750		920	21
卢 湾 区	Luwan	1 096	34	604	16	492	18
徐 汇 区	Xuhui	3 625	149	2 557	92	1 068	57
长 宁 区	Changning	2 308	140	1 366	135	942	5
静 安 区	Jing'an	1 234	34	642	25	593	10
普 陀 区	Putuo	3 072	173	2 026	132	1 045	41
闸 北 区	Zhabei	2 042	113	1 111	75	931	38
虹 口 区	Hongkou	2 442	94	1 430	68	1 012	26
杨 浦 区	Yangpu	3 703	91	2 218	83	1 485	7
浦东新区	Pudong New Area	5 622	615	4 203	317	1 419	298
闵 行 区	Minhang	3 592	1 960	2 301	1 314	1 291	647
宝 山 区	Baoshan	3 400	261	2 038	181	1 362	80
嘉 定 区	Jiading	1 927	251	821	65	1 106	186
金 山 区	Jinshan	1 084	64	526	22	558	42
松 江 区	Songjiang	769	80	505	79	264	1
青 浦 区	Qingpu	738	42	377	12	361	31

表7.6 各区各类房屋分布情况（2001）
DISTRIBUTION OF BUILDINGS IN DIFFERENT DISTRICTS

单位：万平方米（10 000 sq. m）

地 区	District	居住房屋 Residencial Housing	其中 of which 花园住宅 Villas	公 寓 Apartment	一类职工住宅 Staff Dwelling of 1st Class	二类职工住宅 Staff Dwelling of 2nd Class	三类职工住宅 Staff Dwelling of 3rd Class
总 计	**Total**	**23 475**	**443**	**412**	**4 715**	**14 824**	**777**
黄浦区	Huangpu	750	1	3	244	138	12
卢湾区	Luwan	604	15	30	206	151	8
徐汇区	Xuhui	2 557	69	81	796	1 419	12
长宁区	Changning	1 366	43	11	375	813	11
静安区	Jing'an	642	22	36	255	123	4
普陀区	Putuo	2 026	3	20	477	1 390	35
闸北区	Zhabei	1 111	1		223	628	40
虹口区	Hongkou	1 430	9	16	404	706	15
杨浦区	Yangpu	2 218	3	1	446	1 522	45
浦东新区	Pudong New Area	4 203	40	6	974	2 997	85
闵行区	Minhang	2 301	69	207	159	1 499	263
宝山区	Baoshan	2 038	3	1	102	1 872	13
嘉定区	Jiading	821	18		17	608	100
金山区	Jinshan	526			32	363	82
松江区	Songjiang	505	122		3	320	19
青浦区	Qingpu	377	25		2	275	33

表7.6 续表1 continued

单位：万平方米（10 000 sq. m）

地 区	District	其中 of which 新式里弄 Improved Residential Block	旧式里弄 Old Residential Block 一等 1st Class	旧式里弄 Old Residential Block 二等 2nd Class	简屋 Simple Housing	其他 Non-dwelling Building-turned Housing	非居住房屋 Non-dwelling Building	其中 of which 工厂 Plant	学校 School
总 计	**Total**	**420**	**636**	**1 127**	**59**	**62**	**14 849**	**6 155**	**1 536**
黄浦区	Huangpu	34	149	129	4	37	920	108	53
卢湾区	Luwan	78	98	15	1	3	492	104	44
徐汇区	Xuhui	86	22	69			1 068	268	204
长宁区	Changning	23	2	83	2	2	942	283	125
静安区	Jing'an	110	52	35		5	593	144	43
普陀区	Putuo	5	6	82	3	6	1 045	425	137
闸北区	Zhabei	1	70	138	8	1	931	451	94
虹口区	Hongkou	70	127	71	5	7	1 012	381	130
杨浦区	Yangpu	8	52	129	11	1	1 485	935	218
浦东新区	Pudong New Area	2	44	36	19		1 419	409	94
闵行区	Minhang			102	3		1 291	683	85
宝山区	Baoshan		4	42			1 362	746	104
嘉定区	Jiading	2	4	72	1		1 106	665	84
金山区	Jinshan	1	2	45	1		558	295	54
松江区	Songjiang			41	1		264	103	35
青浦区	Qingpu		4	38			361	155	32

表 7.6 续表 2 continued

单位：万平方米（10 000 sq. m）

地　区 District		其　中 of which						
		仓库堆栈 Storehouse	办公建筑 Office	商场店铺 Shop	医　院 Hospital	旅　馆 Hotel	影剧院 Theatre and Cinema	其　他 Others
总　计	**Total**	**752**	**2 692**	**1 399**	**404**	**413**	**47**	**1 451**
黄 浦 区	Huangpu	37	441	142	35	33	9	62
卢 湾 区	Luwan	8	174	89	20	29	2	23
徐 汇 区	Xuhui	22	241	102	46	54	3	129
长 宁 区	Changning	31	232	64	31	58	2	116
静 安 区	Jing'an	5	214	62	28	54	3	38
普 陀 区	Putuo	78	147	122	18	21	3	95
闸 北 区	Zhabei	61	129	51	37	19	1	89
虹 口 区	Hongkou	78	109	118	33	36	2	123
杨 浦 区	Yangpu	79	63	64	29	13	4	81
浦东新区	Pudong New Area	46	485	180	45	32	3	127
闵 行 区	Minhang	84	87	57	11	11	3	269
宝 山 区	Baoshan	117	127	112	17	24	4	111
嘉 定 区	Jiading	36	96	96	19	9	2	98
金 山 区	Jinshan	29	54	59	14	9	3	41
松 江 区	Songjiang	20	33	40	8	5	2	18
青 浦 区	Qingpu	21	60	41	13	6	1	31

表 7.7　主要年份八层以上房屋情况
BUILDINGS OVER EIGHT STOREYS IN MAIN YEARS

分　组 Items		单　位 Unit	1980	1990	1995	2000	2001
总　计	**Total**	**幢(building)**	**121**	**748**	**1 484**	**3 529**	**4 226**
		万平方米(10 000 sq. m)	**127**	**914**	**2 029**	**6 180**	**7 410**
8 ~ 10 层	8 ~ 10 Storeys	幢(building)	78	207	273	536	638
		万平方米(10 000 sq. m)	68	170	227	451	523
11 ~ 15 层	11 ~ 15 Storeys	幢(building)	33	244	347	684	928
		万平方米(10 000 sq. m)	42	242	348	875	1 185
16 ~ 19 层	16 ~ 19 Storeys	幢(building)	7	145	404	831	970
		万平方米(10 000 sq. m)	12	182	503	1 100	1 312
20 ~ 29 层	20 ~ 29 Storeys	幢(building)	3	137	407	1 266	1 425
		万平方米(10 000 sq. m)	4	229	720	2 695	3 111
30 层以上	Over 30 Storeys	幢(building)		15	53	212	265
		万平方米(10 000 sq. m)		92	231	1 059	1 279

表7.8 八层以上房屋分布（2001）
DISTRIBUTION OF BUILDINGS OVER EIGHT STOREYS

单位：万平方米（10 000 sq. m）

地 区	District	合 计 Total		8－10层 8－10 Storeys		11－15层 11－15 Storeys	
		幢 Building	面 积 Floor Space	幢 Building	面 积 Floor Space	幢 Building	面 积 Floor Space
总 计	**Total**	**4 226**	**7 410**	**638**	**523**	**928**	**1 185**
黄 浦 区	Huangpu	333	640	89	87	54	73
卢 湾 区	Luwan	269	665	21	20	35	55
徐 汇 区	Xuhui	713	1 101	112	89	138	137
长 宁 区	Changning	355	639	68	54	86	106
静 安 区	Jing'an	218	432	45	33	23	21
普 陀 区	Putuo	455	676	54	43	92	101
闸 北 区	Zhabei	233	356	32	22	75	93
虹 口 区	Hongkou	311	500	33	30	62	63
杨 浦 区	Yangpu	368	505	44	30	105	107
浦东新区	Pudong New Area	674	1 525	71	63	132	290
闵 行 区	Minhang	62	122	16	14	21	48
宝 山 区	Baoshan	119	110	21	14	69	56
嘉 定 区	Jiading	29	35	6	5	11	9
金 山 区	Jinshan	32	37	9	9	2	2
松 江 区	Songjiang	8	10	3	2	2	1
青 浦 区	Qingpu	8	9	5	4	1	2

表7.8 续表 continued

单位：万平方米（10 000 sq. m）

地 区	District	16－19层 16－19 Storeys		20－29层 20－29 Storeys		30层以上 Over 30 Storeys	
		幢 Building	面 积 Floor Space	幢 Building	面 积 Floor Space	幢 Building	面 积 Floor Space
总 计	**Total**	**970**	**1 312**	**1 425**	**3 111**	**265**	**1 279**
黄 浦 区	Huangpu	62	104	95	250	33	126
卢 湾 区	Luwan	47	68	108	267	58	255
徐 汇 区	Xuhui	210	263	222	476	31	135
长 宁 区	Changning	71	96	104	218	26	166
静 安 区	Jing'an	28	39	93	195	29	145
普 陀 区	Putuo	90	106	193	349	26	78
闸 北 区	Zhabei	36	56	87	167	3	18
虹 口 区	Hongkou	103	145	102	211	11	51
杨 浦 区	Yangpu	98	130	114	211	7	27
浦东新区	Pudong New Area	162	225	269	671	40	275
闵 行 区	Minhang	20	31	5	30		
宝 山 区	Baoshan	22	27	7	14		
嘉 定 区	Jiading	4	4	7	15	1	3
金 山 区	Jinshan	11	11	10	16		
松 江 区	Songjiang			3	6		
青 浦 区	Qingpu	2	4				

表7.9 房屋拆迁情况（1995～2001）
RESIDENTS RESETTLEMENT

年 份 Year	拆迁户数(户) Households Resettled (unit)	其中 of which #居民住宅 Residence Resettlement	拆迁面积 (万平方米) Work Unit Resettlement (10 000 sq. m)	其中 of which #居民住宅 Residence Resettlement
1995	75 777	73 695	322.77	253.90
1996	89 132	86 481	342.95	258.86
1997	79 857	77 388	479.67	363.16
1998	78 205	75 157	452.22	343.94
1999	75 185	73 709	342.50	248.17
2000	70 606	68 293	365.77	288.35
2001	73 728	71 909	515.65	386.66

表7.10 各区房屋拆迁情况（2001）
RESIDENTS RESETTLEMENT IN DIFFERENT DISTRICTS

地 区	District	拆迁户数(户) Households Resettled (unit)	其中 of which #居民住宅 Residence Resettlement	拆迁面积 (万平方米) Work Unit Resettlement (10 000 sq. m)	其中 of which #居民住宅 Residence Resettlement
总 计	**Total**	**73 728**	**71 909**	**515.65**	**386.66**
黄浦区	Huangpu	10 837	10 574	40.32	31.86
卢湾区	Luwan	5 507	5 336	20.02	13.72
徐汇区	Xuhui	11 038	10 845	59.22	53.32
长宁区	Changning	5 498	5 358	51.46	17.25
静安区	Jing'an	5 570	5 280	25.18	15.20
普陀区	Putuo	6 008	5 847	26.39	18.90
闸北区	Zhabei	4 298	4 198	29.05	11.42
虹口区	Hongkou	6 566	6 267	30.77	19.04
杨浦区	Yangpu	4 386	4 386	18.03	18.03
浦东新区	Pudong New Area	14 020	13 818	215.21	187.92

表7.11 主要年份自来水供应情况
TAP WATER SUPPLY IN MAIN YEARS

年 份 Year	水厂生产能力 (万立方米/日) Production Capacity (10 000 cu. m/day)	供水管道长度 (公里) Length of Water Supply Pipelines (km)	供水总量 (亿立方米) Volume of Water Supply(100 million cu. m)	售水总量 (亿立方米) Sales Volume of Tap Water (100 million cu. m)	其 中 of which #生产用水 Industrial Use	#生活用水 Residential Use
1978	320	2 151	9.72	9.11	5.42	3.57
1980	372	2 317	9.73	9.16	5.63	3.42
1985	378	2 762	11.54	10.51	6.26	4.13
1986	371	2 924	11.71	10.54	6.07	4.36
1987	400	3 063	12.17	10.97	6.14	4.77
1988	422	3 176	12.61	11.59	6.22	5.26
1989	434	3 330	12.92	11.81	5.98	5.58
1990	462	3 483	13.32	12.25	5.90	6.11
1991	465	3 663	13.53	12.41	5.81	6.28
1992	485	3 830	14.10	12.90	6.02	6.56
1993	491	4 070	14.94	13.51	5.96	7.14
1994	528	4 442	16.27	14.18	5.47	7.78
1995	823	10 647	22.07	19.04	7.40	10.28
1996	880	10 652	23.11	19.79	7.08	10.77
1997	982	13 015	23.32	19.81	6.74	11.24
1998	1 019	13 657	24.12	20.08	6.19	11.55
1999	1 025	14 678	23.51	19.33	5.50	11.45
2000	1 048	15 943	24.00	19.75	5.49	11.88
2001	1 048	16 806	24.15	20.27	5.14	12.26

表7.12 主要年份用电量
ELECTRICITY CONSUMPTION IN MAIN YEARS

单位:亿千瓦·时(100 million kwh)

年 份 Year	用电量 Consumption	其 中 of which 工业用电 Industrial Consumption	农业用电 Agricultural Consumption	其 他 Others
1978	147.09	131.87	5.76	9.46
1980	160.36	143.13	6.22	11.01
1985	203.77	179.91	7.56	16.30
1986	215.76	190.77	5.66	19.33
1987	228.92	200.02	5.78	23.12
1988	240.69	204.99	6.97	28.73
1989	246.69	207.36	6.62	32.71
1990	264.74	220.97	7.22	36.55
1991	288.66	240.26	7.95	40.45
1992	317.38	262.62	8.64	46.12
1993	345.86	280.79	8.80	56.27
1994	377.30	293.31	10.65	73.34
1995	403.27	307.01	11.88	84.38
1996	430.40	318.18	12.82	99.40
1997	454.26	333.79	9.07	111.40
1998	482.94	343.59	8.99	130.36
1999	501.20	358.31	8.58	134.31
2000	559.42	393.13	8.92	157.37
2001	592.99	413.33	6.11	166.36

表7.13 主要年份煤气供应情况
GAS SUPPLY IN MAIN YEARS

年 份 Year	生产能力 (万立方米/日) Production Capacity (10 000 cu. m/day)	管线长度 (公里) Length of Gas Tube (km)	供气总量 (亿立方米) Total Gas Supply (100 million cu. m)	销售总量 (亿立方米) Total Sales Volume (100 million cu. m)	其 中 of which #生产用气 Production Use	#生活用气 Residential Use	家庭用气 户数(万户) Households with Access to Gas (10 000)
1978	199	1 312	8.31	8.33	4.89	3.44	55.32
1980	228	1 414	9.59	9.53	5.13	4.38	66.33
1985	252	1 798	11.19	11.01	5.17	5.81	86.47
1986	252	1 910	11.85	11.45	5.18	6.25	91.43
1987	344	2 039	12.33	11.92	5.21	6.69	98.45
1988	338	2 212	12.95	12.20	5.13	7.04	105.78
1989	338	2 495	12.82	12.11	4.80	7.29	109.71
1990	488	2 700	12.72	12.15	4.50	7.63	113.19
1991	588	2 893	13.27	12.42	4.57	7.82	126.02
1992	588	3 145	14.69	13.82	4.69	9.10	141.68
1993	648	3 431	15.67	14.73	4.40	10.29	151.58
1994	818	3 938	16.63	14.88	3.94	10.91	169.10
1995	847	4 825	18.81	15.83	3.75	12.10	192.69
1996	848	5 294	19.65	17.07	3.44	13.60	206.69
1997	1 066	5 995	19.54	17.04	3.06	13.95	226.12
1998	1 046	6 734	19.27	17.25	2.72	14.48	247.18
1999	1 038	6 872	20.84	18.51	2.73	15.71	257.43
2000	984	6 606	21.31	18.40	2.53	15.77	255.89
2001	984	7 442	21.98	19.20	2.43	16.60	266.88

表7.14 主要年份液化石油气用户数和销售量
HOUSEHOLDS WITH ACCESS TO LIQUEFIED PETROLEUM GAS AND ITS SALES VOLUME IN MAIN YEARS

年 份 Year	销售总量 (万吨) Sales Volume (10 000 tons)	其 中 of which #家庭用量 Residential Use	液化气用户数 (万户) Households (10 000)	其 中 of which #家庭用户数 Residential Use
1978	0.50	0.49	3.42	3.38
1980	0.79	0.69	4.63	4.56
1985	3.88	2.46	14.02	13.78
1986	4.26	2.71	15.68	15.39
1987	4.61	3.00	17.77	17.44
1988	4.64	3.34	20.71	20.32
1989	5.16	3.74	23.11	22.64
1990	5.97	4.27	30.23	29.64
1991	6.43	4.93	32.64	31.98
1992	6.90	4.79	33.23	32.51
1993	7.89	5.19	44.00	43.25
1994	12.28	6.54	56.54	55.77
1995	20.55	16.69	167.93	153.93
1996	23.18	19.19	176.81	174.14
1997	26.22	20.49	198.96	196.30
1998	26.01	18.97	222.35	219.50
1999	32.24	18.78	232.26	229.30
2000	45.94	20.47	242.73	239.30
2001	50.09	20.35	248.23	244.72

表7.15 主要年份公共交通和轮渡情况
PUBLIC TRANSPORTATION AND FERRY IN MAIN YEARS

年 份 Year	公交线路长度（公里） Length of Public Transit Route (km)	公交线路条数（条） Public Transit Route (route)	运营公交车辆数（辆） Operating Public Transit Vehicles (vehicle)	其中 of which #公共汽车 Buses	运客总量（亿人次） Annual Passenger Traffic Volume (100 million person-times)	年末轮渡船数（艘） Year-end Number of Ferry Boats (ship)	乘客人数（亿人次） Passenger Volume (100 million person-times)
1978	3 619	186	2 983	2 298	25.05	100	2.07
1980	5 231	231	3 719	3 034	34.09	97	2.43
1985	10 138	297	5 036	4 153	50.10	103	3.39
1986	14 146	331	5 505	4 579	51.85	105	3.55
1987	15 780	348	5 843	4 883	55.41	111	3.70
1988	17 267	367	5 988	5 027	55.99	117	3.83
1989	17 368	372	6 087	5 187	55.09	114	3.59
1990	18 593	390	6 264	5 341	54.37	115	3.74
1991	20 275	408	6 562	5 628	56.95	116	3.59
1992	23 322	436	6 837	5 960	58.68	113	3.54
1993	25 281	450	7 037	6 184	55.98	112	3.79
1994	27 046	458	7 415	6 617	52.37	110	3.66
1995	41 563	961	11 637	10 884	51.35	107	3.57
1996	45 840	1 058	13 323	12 715	23.07	108	3.47
1997	51 220	1 078	14 207	13 655	23.78	107	3.12
1998	53 901	1 098	15 282	14 764	24.88	102	2.45
1999	23 007	976	16 661	16 095	24.20	102	2.24
2000	23 260	978	17 939	17 358	26.49	103	1.85
2001	23 586	991	18 083	17 481	26.84	83	1.62

表7.16 主要年份出租汽车情况
TAXI NUMBER IN MAIN YEARS

年 份 Year	运营车辆（辆） Vehicle in Use (vehicle)	其中 of which #小客车 Small Passenger Car	#中客车 Media Passenger Car	#大客车 Big Passenger Car	载客车次（万次） Car-time with Passenger (10 000 times)	运营里程（亿公里） Length in Operation (100 million km)	运营收入（亿元） Income in Operation (100 million yuan)	运营单位（个） Operation Unit (unit)
1978	1 720	256	48	84	412	0.13	0.06	
1980	1 813	448	72	137	534	0.52	0.17	
1985	2 033	599	169	204	282	0.57	0.36	
1986	1 969	961	130	206	288	0.63	0.48	628
1987	1 951	979	105	204	852	2.67	2.33	2 243
1988	2 231	1 356	78	193	909	3.02	3.25	2 350
1989	2 725	2 042	41	178	1 349	2.96	4.24	2 037
1990	11 298	8 095	1 542	1 661	2 129	3.76	5.76	1 666
1991	12 308	9 095	1 479	1 734	2 781	4.21	7.54	1 448
1992	17 951	14 192	1 667	2 092	5 421	7.32	13.82	1 459
1993	31 010	26 374	2 159	2 477	8 882	11.17	19.25	1 549
1994	33 875	30 737	1 292	1 846	14 208	17.58	31.83	1 597
1995	36 991	33 968	1 216	1 807	15 536	22.58	37.38	596
1996	38 554	35 603	1 239	1 712	18 613	27.43	42.09	557
1997	40 977	38 428	1 296	1 253	22 387	29.67	48.46	513
1998	41 183	39 041	1 005	1 137	27 368	35.94	54.56	448
1999	42 056	39 923	1 033	1 100	31 109	40.05	55.77	393
2000	42 943	40 806	1 127	1 010	37 599	46.48	76.68	375
2001	46 921	43 796	1 657	1 468	36 784	46.07	74.25	374

注：从1990年起为全社会口径。
Note: From 1990 on, the figures have collected the whole society.

表7.17 轨道交通、高架、大桥和隧道基本情况(1996~2001)
BASIC FACTS OF ROADWAY COMMUNICATION, ELEVATED ROADS, BRIDGES AND TUNNELS

指 标	Indicators	单 位 Units	1996	1997	1998	1999	2000	2001
轨道交通	**Roadway Communication**							
运营车辆	Operating Vehicles	节 Car	96	96	96	96	216	216
运营线路长度	Length of Operation Routes	公里 km	15.21	20.06	20.06	20.06	62.92	62.92
行驶里程	Mileage	万列·公里 10 000 vehicle-km	128.71	175.84	211.47	223.90	324.64	538.99
客运总量	Volume of Passenger Traffic	万人次 10 000 person-times	8 944	11 174	12 606	10 921	13 556	28 270
年末职工人数	Year-end Number of Staff and Workers	人 person	1 510	1 531	1 458	1 643	3 991	3 991
高架、大桥和隧道	**Motor Vehicles Plying Elevated Roads, Bridges and Tunnels**							
高架道路长度	Length of Elevated Roads	公里 km	42	42	49	62	62	62
大桥数	Number of Bridges over Huangpu River	座 bridge	4	5	5	5	5	5
过江隧道数	Tunnels through Huangpu River	条 route	2	2	2	2	2	2

表7.18 主要年份市政工程设施情况
CIVIL FACILITIES IN MAIN YEARS

年 份 Year	年末实有铺装道路长度(公里) Year-end Length of Paved Roads(km)	年末实有铺装道路面积(万平方米) Year-end Area of Paved Roads (10 000 sq. m)	城市桥梁(座) Bridges (unit)	城市排水管道长度(公里) Length of Sewer Pipelines (km)	污水处理厂污水处理能力(万吨/日) Capacity of Sewage Treatment (10 000 tons/day)	防汛泵站(座) Pumps of Flood Prevention (unit)	路灯盏数(万盏) Street Lights (10 000)
1978	905	868	174	1 301	14	90	
1980	907	894	170	1 370	15	96	6.50
1985	1 265	1 294	348	1 502	21	108	7.44
1986	1 243	1 254	366	1 514	21	116	7.81
1987	1 279	1 303	362	1 592	39	120	7.84
1988	1 371	1 455	547	1 751	39	127	8.03
1989	1 621	1 692	559	1 886	39	131	
1990	1 631	1 787	553	1 892	41	134	
1991	1 653	1 802	567	1 942	41	140	6.82
1992	1 677	1 841	569	1 976	43	145	7.27
1993	2 722	2 829	1 548	2 132	45	154	9.57
1994	2 799	3 037	1 605	2 275	49	165	8.70
1995	3 008	3 434	1 655	2 536	49	171	11.12
1996	3 118	3 755	1 690	2 898	189	193	12.04
1997	3 553	4 341	2 061	3 023	189	194	13.94
1998	4 712	5 403	2 598	3 651	189	178	15.29
1999	5 204	6 393	3 253	3 736	267	182	17.22
2000	6 641	8 147	4 432	3 920	463	160	18.19
2001	9 225	13 418	6 951	4 001	463	160	19.51

注:2000 年起,本表防汛泵站统计口径不包括闵行、宝山、嘉定、金山、松江、青浦、奉贤 7 个区和崇明县。
Note: Since 2000, the statistics of the anti-flooding pump stations in this form excluded Minhang, Baoshan, Jiading, Jinshan, Songjiang, Qingpu and Fengxian districts and Chongming County.

表7.19 主要年份城市环境卫生情况
URBAN ENVIRONMENTAL SANITATION IN MAIN YEARS

年 份 Year	清运垃圾（万吨） Garbage Disposal Cleared (10 000 tons)	其中 of which 生活垃圾 Residential Garbage	其中 of which 建筑垃圾 Construction Garbage	清运粪便（万吨） Night Soil Disposal Cleared (10 000 tons)	环境卫生设施 Facilities of Environmental Sanitation 公共厕所(座) Public Toilets (unit)	生活垃圾收集箱(座) Collection Cans of Residential Garbage(unit)	废物箱(只) Trash Cans (unit)	倒粪站(座) Excrements Stations (unit)	化粪池(只) Septic Tanks (unit)
1978	214	108	106	418	706	13 840	2 333	3 303	25 540
1980	272	131	141	331	713	15 707	3 402	3 445	26 754
1985	305	196	109	252	952	22 870	5 700	3 470	33 477
1986	328	226	102	263	950	31 142	5 983	3 537	39 175
1987	325	229	97	262	978	37 751	6 341	3 587	40 042
1988	329	240	89	249	992	42 802	5 117	3 342	41 171
1989	344	250	94	246	1 057	46 149	5 276	3 107	41 349
1990	382	279	103	243	1 016	46 368	4 921	2 973	43 655
1991	393	296	97	229	1 033	40 309	4 980	3 006	43 089
1992	428	301	127	242	1 048	44 752	4 961	2 655	43 694
1993	488	335	152	234	1 104	46 741	5 756	2 732	43 323
1994	558	358	200	240	1 100	50 292	6 993	2 739	43 125
1995	668	372	296	216	1 100	48 563	9 019	2 532	43 151
1996	736	419	317	217	1 112	51 456	9 522	2 412	38 657
1997	755	454	301	227	1 120	53 643	12 735	2 207	44 440
1998	824	470	353	218	1 203	59 498	15 968	2 127	41 760
1999	767	500	267	172	1 311	66 067	17 326	2 192	44 694
2000	858	641	217	256	2 215	22 470	23 189	2 045	46 921
2001	901	644	257	219	2 406	17 694	24 672	1 890	47 500

注：2000年前生活垃圾收集箱为垃圾箱数。
Note: The number of the life garbage collection boxes before 2000 means the total number of the dustbins.

表7.20 环境综合整治情况（1998～2001）
ENVIRONMENT IMPROVEMENT

指 标	Indicators	1998	1999	2000	2001
环境质量	**Environment Quality**				
可吸入颗粒物日平均值（毫克/立方米）	Average Daily amount of the Inhalable Particles(mg/cu. m)	0.215	0.168	0.156	0.100
二氧化硫日平均值(毫克/立方米)	The Average Yearly and Daily Indicators of Sulfur Dioxide (mg/cu. m)	0.053	0.044	0.045	0.043
二氧化氮日平均值(毫克/立方米)	Average amount of Nitrogen Dioxide(mg/cu. m)	0.100	0.099	0.090	0.063
主要饮用水源水质达标率(%)	Up-to-standard Rate of Drinking Water Quality(%)	92.38	93.20	96.58	84.40
区域环境噪声平均值（分贝）	The Average Indicator of Urban Noise (decibel)	57.8	57.2	56.6	56.0
交通干线噪声平均值(分贝)	The Average Indicator of Traffic Main Line Noise (decibel)	70.2	70.3	70.5	69.5
酸雨频度(%)	Frequency of Acid Rain (%)	15.1	12.1	26.0	25.2
降 水(PH 值)	Rain (PH value)	5.58	5.63	5.19	5.20
污染控制	**Pollution Control**				
烟尘控制区覆盖率(%)	The Coverage Rate of Soot Control(%)	100.0	100.0	100.0	100.0
环境噪声达标区覆盖率(%)	Rate of Reach Standard of Noise Control(%)	55.9	56.0	80.7	84.8
危险废物综合利用处置率（%）	Rate of Comprehensive Utilization Treatment of Hazardous Waste(%)	99.9	99.9	99.3	99.9
环境建设	**Environment Improvement**				
城市污水处理率(%)	Rate of Treatment of City Waste Water(%)	53.3	50.4	49.4	53.3
城市气化率(%)	Rate of Gas Utilization in the City(%)	98.0	100.0	100.0	100.0
自然保护区覆盖率（%）	Coverage Rate of Nature Preservation Areas(%)	6.0	7.8	7.8	10.5
环境处理	**Environment Treatment**				
环境保护投资(亿元)	Environment Protection Investment(100 million yuan)	102.13	111.57	141.91	152.93
环境保护投资相当于国内生产总值比例(%)	Environment Protection Investment Compared to Gross Domestic Product(%)	2.8	2.8	3.1	3.1
污染防治设施运行率(%)	Operation Rate of Pollution Prevention Facilities(%)	99.7	99.7	100.0	100.0

表7.21 主要年份废水、废气排放总量
WASTE WATER DISCHARGED AND WASTE GAS EMISSION IN MAIN YEARS

年份 Year	废水排放总量(亿吨) Total Waste Water Discharged (100 million tons)	其中 of which 工业废水 Industrial Waste Water	生活废水 Residential Waste Water	工业废水排放达标量(亿吨) Volume of Meeting Standard for Industrial Sewage Discharge (100 million tons)	工业废水排放达标率(%) Up-to-Standard Rate of Industrial Waste Water Discharge (%)	废气排放总量(亿标立方米) Total Waste Gas Emission (100 million cu. m)	其中 of which #工业废气 Industrial Waste Gas
1985	19.60	14.99	4.61	11.13	74.2	3 010.3	3 010.3
1990	19.99	13.32	6.67	9.64	72.4	3 534.9	3 534.9
1991	19.58	13.25	6.33	8.66	65.3	4 617.1	3 999.9
1992	20.28	13.70	6.58	9.06	66.1	5 110.0	4 418.1
1993	20.32	12.81	7.51	9.07	70.8	4 230.5	3 859.2
1994	20.37	11.81	8.56	8.37	70.8	4 577.1	4 183.8
1995	22.45	11.61	10.84	8.94	77.0	5 095.0	4 624.5
1996	22.85	11.41	11.44	9.97	87.4	5 132.3	4 756.9
1997	21.10	9.99	11.11	8.66	86.6	5 248.9	4 754.5
1998	20.81	9.00	11.81	7.94	88.2	5 492.7	4 912.4
1999	20.28	8.52	11.76	7.67	89.9	5 479.5	4 946.6
2000	19.37	7.25	12.12	6.76	93.2	6 398.1	5 755.2
2001	19.50	6.80	12.70	6.49	95.4	7 620.0	6 964.2

表7.22 废水、废气中主要污染物排放总量(1995~2001)
WASTES IN WASTE WATER DISCHARGED AND WASTE GAS EMISSION

单位:万吨(10 000 tons)

年份 Year	废水 Waste Water 化学需氧量排放总量 Total Emission of Oxygen Needed by Chemistry	其中 of which 工业 Industrial Sector	生活及其他 Residential Sector and Others	废气 Waste Gas 二氧化硫排放总量 Total Emission of SO_2	其中 of which 工业 Industrial Sector	生活及其他 Residential Sector and others	烟尘排放总量 Total Emission of Smoke and Dust	其中 of which #工业 Industrial Sector
1995	12.29	12.29		53.41	38.15	15.26	20.78	13.33
1996	27.46	12.16	15.30	51.00	43.30	7.70	15.78	14.77
1997	38.55	11.70	26.85	50.85	43.62	7.23	17.08	13.38
1998	36.55	9.63	26.92	48.89	39.09	9.80	15.63	10.74
1999	34.98	8.92	26.06	40.31	31.09	9.22	13.57	9.00
2000	31.87	6.93	24.94	46.49	32.68	13.81	14.12	8.32
2001	30.48	5.27	25.21	47.26	30.00	17.26	13.52	6.03

表7.23 主要年份城市园林绿化情况
PARKS, GARDENS AND GREEN AREAS IN MAIN YEARS

单位:公顷 (hectare)

年 份 Year	城市园林绿地面积 Total Area of Parks, Gardens and Green Areas	其 中 of which				
		# 公共绿地 Public Green Area	其中 of which: 公园面积 Area of Parks	其中 of which: 街道绿地 Roadside Green Area	# 专用绿地 Special-Purpose Green Area	# 园林苗圃 Gardens and Nurseries
1978	761	383	308	75		308
1980	1 738	390	319	71	970	303
1985	2 339	522	412	110	1 551	143
1986	2 719	761	596	165	1 632	292
1987	2 886	801	615	186	1 757	290
1988	3 127	889	683	206	1 902	291
1989	3 308	910	686	224	2 061	293
1990	3 570	983	712	271	2 255	294
1991	4 167	1 070	717	352	2 755	300
1992	4 399	1 121	732	389	2 936	301
1993	4 654	1 189	741	448	3 141	294
1994	5 939	1 431	752	679	4 142	335
1995	6 561	1 793	920	873	4 429	309
1996	7 231	2 008	933	1 076	4 889	305
1997	7 849	2 484	961	1 523	5 083	253
1998	8 855	3 117	976	2 141	5 456	253
1999	11 117	3 856	993	2 863	6 888	318
2000	12 601	4 812	1 153	3 658	7 346	388
2001	14 771	5 820	1 291	4 529	8 624	248

表7.23 续表 continued

年 份 Year	公园数 (个) Park (unit)	游园人数 (万人次) Visiftors to Parks and Zooes (10 000 person-times)	植树数 (万株) Trees Planted (10 000)	行道树实有数 (万株) Roadside Trees (10 000)	人均公共绿地面积(平方米) Per Capita Public Green Areas (sq. m)	绿化覆盖率 (%) Coverage Rate of Urban Green Areas(%)
1978	42	3 876	35	13	0.47	8.2
1980	45	6 404	60	13	0.44	8.2
1985	52	8 372	208	15	0.71	9.7
1986	67	8 918	175	19	0.90	10.2
1987	72	8 969	125	21	0.93	10.7
1988	77	9 066	131	22	0.96	11.4
1989	80	8 590	144	23	0.96	11.7
1990	83	8 474	130	23	1.02	12.4
1991	86	8 633	155	28	1.07	12.7
1992	89	9 424	141	29	1.11	13.2
1993	91	7 617	87	29	1.15	13.8
1994	95	7 301	261	27	1.44	15.1
1995	100	9 064	279	33	1.69	16.0
1996	105	9 797	355	41	1.92	17.0
1997	108	9 757	383	43	2.41	17.8
1998	111	9 285	773	48	2.96	19.1
1999	115	9 601	845	54	3.62	20.3
2000	122	8 184	827	57	4.60	22.2
2001	125	8 561	1 384	65	5.56	23.8

表7.24　新辟3 000平方米以上公共绿地一览（2001）
NEW PUBLIC GREEN PLOTS EACH WITH AN AREA OF 3 000 SQUARE METRES OR LARGER

地　区 District	所在街道名称 Neighborhood		绿地名称 Name of Green Plot	
黄 浦 区 Huangpu	南京东路街道	Nanjing Road E. Neighborhood	苏州河绿地（三期）	Suzhou Creek Greenbelt（third-phase）
卢 湾 区 Luwan	瑞金二路街道	Ruijin Er Road Neighborhood	玉兰园	Yulan Garden
徐 汇 区 Xuhui	田林新村街道	Tianlin Xincun Neighborhood	好饰家园艺广场	Haoshijia Gardening Plaza
	漕河泾街道	Caohejing Neighborhood	柳州路沪闵路绿地	Liuzhou and Humin Roads Greenbelt
长 宁 区 Changning	新泾镇	Xinjing Town	周家浜绿地	Zhoujiabang Greenbelt
	仙霞新村街道	Xianxia Xincun Neighborhood	北虹园	Beihong Garden
静 安 区 Jing'an	南京西路街道	Nanjing Road W. Neighborhood	北常绿地	Beichang Greenbelt
	南京西路街道	Nanjing Road W. Neighborhood	延富绿地	Yanfu Greenbelt
普 陀 区 Putuo	桃浦镇	Taopu Town	古浪园	Gulang Garden
	桃浦镇	Taopu Town	雪松园	Xuesong Garden
	长征镇	Changzheng Town	万里城（二期）绿地	Wanlicheng（second-phase）Greenbelt
	真如镇	Zhenru Town	寻趣园	Xunqu Garden
	石泉路街道	Shiquan Road Neighborhood	馨　园	Xin Garden
	宜川路街道	Yichuan Road Neighborhood	明珠园	Mingzhu Garden
	长征镇	Changzheng Town	泾阳路香樟路绿地	Jingyang and Xiangzhang Roads Greenbelt
	长征镇	Changzheng Town	祥和公园	Xianghe Park
	桃浦镇	Taopu Town	韩塔园	Hanta Garden
	桃浦镇	Taopu Town	桃浦公园	Taopu Park
	长征镇	Changzheng Town	建德花园苏州河滨河绿地	Jiande Garden Greenbelt along Suzhou Creek
闸 北 区 Zhabei	彭浦新村街道	Pengpu Xincun Neighborhood	共康高压线下绿地	Greenbelt under the Gongkang Rd. high-tension Power Line
虹 口 区 Hongkou	江湾镇	Jiangwan Town	万安路河道绿地（三期）	Riverside Greenbelt（third-phase）along Wan'an Road
	四川北路街道	Sichuan Road N. Neighborhood	横浜桥东侧河道绿地	Riverside Greenbelt East of Hengbang Bridge
杨 浦 区 Yangpu	江湾新城街道	Jiangwan Xincheng Neighborhood	时代花苑	Times Garden
宝 山 区 Baoshan	海滨街道	Haibing Neighborhood	牡丹江路水产路西南角绿地	Mudanjiang and Shuichan Roads Greenbelt
	罗店镇	Luo Dian Town	罗店广场	Luodian Plaza
	吴淞街道	Wusong Neighborhood	同济路泰和路立交桥绿地	Tongji and Taihe Roads overpass Greenbelt
闵 行 区 Minhang	梅陇镇	Mei Long Town	梅陇世纪广场	Meilong Century Plaza
	莘庄镇	Xinzhuang Town	北横泾广场绿地	Beihengjing Square Greenbelt
	莘庄镇	Xinzhuang Town	地铁南广场绿地	Metro S. Station Greenbelt
嘉 定 区 Jiading	菊园小区	Juyuan Neighborhood	宝嘉路口绿地	Baojia Road Greenbelt
	嘉定镇	Jiading Town	环城河绿地（4 块）	City-encircling River Greenbelt（four parts）
	嘉定镇	Jiading Town	沪宜公路胜辛路口绿地	Huyi Highway-shengxin Road Greenbelt
	安亭镇	Antin Town	镇政府广场绿地	Town Government Square Greenbelt
浦东新区 Pudong New Area	金桥镇	Jinqiao Town	杨高路金海路绿带广场	Yanggao and Jinhai Roads Greenbelt Square
	金桥镇	Jinqiao Town	杨高路云山路绿地广场	Yanggao and Yunshan Roads Greenbelt Square
	钦洋镇	Qinyang Town	杨高路民生路绿地广场	Yanggao and Minsheng Roads Greenbelt Square
	钦洋镇	Qinyang Town	杨高路芳甸路绿地广场	Yanggao and Fangdian Roads Greenbelt Square
	张江镇	Zhangjiang Town	金科路绿地广场	Jinke Road Greenbelt Square
	周家渡街道	Zhoujiadu Neighborhood	成山路绿地	Chengshan Road Greenbelt

	位 置 Location	面 积(平方米) Area (sq. m)
新桥路－乌镇路	Xinqiao Road-Wuzhen Road	3 274
重庆南路－南昌路	Chongqing Road S. -Nanchang Road	3 700
漕溪路－田林路	Caoxi Road-Tianlin Road	25 000
柳州路－沪闵路	Liuzhou Road-Humin Road	15 285
剑河路－平塘路	Jianhe Road-Pingtang Road	3 900
北虹路－茅台路	Beihong Road-Maotai Road	3 900
北京路－常德路	Beijing Road-Changde Road	6 000
延安路－富民路	Yan'an Road-Fumin Road	7 000
古浪路－真大路	Gulang Road-Zhenda Road	5 858
真南路-雪松路口	Zhennan Road-Xuesong Road	4 432
富平路南侧	South of Fuping Road	26 000
真光路东侧	East of Zhenguang Road	5 975
铜川路 276 号	276 Tongchuan Road	4 760
光新路－中山北路	Guangxin Road-Zhongshan Road N.	3 000
建德新村内	Inside Jiande Xin Cun	11 334
真光路 962 号	962 Zhenguang Road	85 450
敦煌路－古浪路	Dunhuang Road-Gulang Road	4 200
桃浦西路 1018 号	1 018 Taopu Road W.	16 000
建德新村内	Inside Jiande Xin Cun	15 000
长临路 200 弄	Lane 200, Changlin Road	20 000
春申街－凉城路口	Chunshen Street-Liangcheng Road	10 000
四川北路－横浜桥	Sichuan Road N. - Hengbang Bridge	3 100
殷行路－世界路	Yinhang Road-Shijie Road	8 700
牡丹江路－水产路	Mudanjiang Road-Shuichan Road	12 666
市一路－罗溪路西南角	Shiyi Road-Luoxi Road (southwest)	9 149
同济路－泰和路	Tongji Road-Taihe Road	11 169
莲花路－上中西路口	Lianhua Road-Shangzhong Road W.	23 333
沪闵路－莘建东路口	Humin Road-Xinjian Road E.	8 333
地铁莘庄站(南面)	Metro Xinzhuang Station (southern)	16 000
嘉罗路－二环线	Jialuo Road-Second Outer Ring Road	8 662
环城河边	City-encircling River	28 545
沪宜公路－胜辛路口	Huyi Highway-Shengxin Road	4 500
墨玉路－昌吉路	Moyu Road-Changji Road	3 000
杨高路－金海路东南	Yanggao Road-Jinhai Road (southeastern)	33 425
杨高路－云山路东侧	Yanggao Road-Yunshan Road (eastern)	39 063
杨高路－民生路口	Yanggao Road-Minsheng Road	9 960
杨高路－芳甸路	Yanggao Road-Fangdian Road	7 200
金科路	Jinke Road	65 985
上南路－洪山路－云台路	Shangnan Road-Hongshan Road-Yuntai Road	6 680

表7.25　各区绿化面积（2001）
URBAN GREEN AREA IN DIFFERENT DISTRICTS

地　区 District		园林绿地面积（公顷）Total Area of Parks, Gardens and Green Areas (hectare)	其　中 of which #公共绿地面积 Public Green Areas	公园数（个）Number of Parks (unit)	公园游园人数（万人次）Visitors to Parks and Zooes (10 000 person-times)
总　计	**Total**	**14 659.68**	**5 784.05**	**123**	**8 550.65**
黄浦区	Huangpu	87.09	63.29	4	858.75
卢湾区	Luwan	81.50	38.48	4	803.73
徐汇区	Xuhui	883.82	298.15	11	880.00
长宁区	Changning	839.47	298.24	8	801.93
静安区	Jing'an	62.64	22.33	3	186.43
普陀区	Putuo	672.06	255.42	12	774.19
闸北区	Zhabei	354.42	146.07	7	370.23
虹口区	Hongkou	306.82	116.11	8	1 225.01
杨浦区	Yangpu	787.93	297.23	12	950.29
浦东新区	Pudong New Area	4 259.34	1 838.32	15	689.39
闵行区	Minhang	1 600.03	865.01	7	191.75
宝山区	Baoshan	2 181.73	466.25	11	340.74
嘉定区	Jiading	725.09	265.74	5	111.90
金山区	Jinshan	630.24	167.35	7	54.05
松江区	Songjiang	412.04	151.42	3	107.24
青浦区	Qingpu	258.98	174.75	3	66.60
南汇区	Nanhui	344.14	264.67	2	101.01
奉贤区	Fengxian	172.34	55.22	1	37.41

表7.25 续表 continued

地　区 District		覆盖面积（公顷）Coverage Areas (hectare)	绿化覆盖率（%）Coverage Rate of Urban Green Areas (%)	绿化种植数（万株）Trees Planted (10 000)	行道树实有数（万株）Roadside Trees (10 000)	人均公共绿地面积（平方米）Per Capita Public Green Areas (sq. m)
总　计	**Total**	**16 123.04**	**23.82**	**1 481.48**	**63.89**	**5.56**
黄浦区	Huangpu	119.29	9.61	58.38	0.86	0.97
卢湾区	Luwan	118.27	14.69	32.98	1.09	1.10
徐汇区	Xuhui	1 128.89	20.62	95.28	3.47	3.43
长宁区	Changning	930.09	24.28	36.09	2.09	4.95
静安区	Jing'an	96.61	12.68	6.24	1.06	0.64
普陀区	Putuo	797.44	14.54	26.56	3.76	3.06
闸北区	Zhabei	409.29	13.99	39.28	1.62	2.07
虹口区	Hongkou	364.90	15.54	17.99	1.99	1.45
杨浦区	Yangpu	946.56	15.59	136.91	2.79	2.75
浦东新区	Pudong New Area	4 509.28	30.98	380.11	31.32	13.12
闵行区	Minhang	1 712.36	33.25	113.83	2.50	17.84
宝山区	Baoshan	2 261.17	32.21	73.15	2.47	7.80
嘉定区	Jiading	787.40	35.15	162.00	3.15	12.03
金山区	Jinshan	681.74	28.64	18.76	1.84	10.05
松江区	Songjiang	435.29	21.28	163.74	1.10	11.54
青浦区	Qingpu	272.41	9.72	3.99	0.93	4.85
南汇区	Nanhui	357.45	11.05	110.72	0.72	4.11
奉贤区	Fengxian	194.60	23.58	5.47	1.14	6.90

注：绿化覆盖率和人均公共绿地面积不包括金山区、松江区、青浦区、南汇区和奉贤区。

Note: Jinshan, Songjiang, Qingpu, Nanhui and Fengxian districts are not included while calculating the city's total green coverage and average per capita public green space.

第八篇

CHAPTER 8

对外经济贸易和旅游

FOREIGN ECONOMIC RELATIONS, TRADE AND TOURISM

表8.1　口岸出口商品总额(1985～2001)
GROSS VALUE OF PORT EXPORTS

单位:亿美元(USD 100 million)

年　份 Year	口岸出口 商品总额 Gross Value of Port Exports	其　中　of which					
		#一般贸易 Original Trade	#补偿贸易 Compensation Trade	#来料加工装配贸易 Processing and Assembly Trade	#进料加工贸易 Processing Trade of Imported Material	#对外承包工程货物 Constructed Projects in Foreign Countries	#出料加工贸易 Discharging Processing Trade
1985	49.08	47.04	0.11	0.73	1.05		
1986	54.76	52.50	0.13	0.68	1.43		
1987	66.01	60.77	0.20	0.89	2.83	0.13	
1988	73.24	60.22	0.37	1.82	9.91	0.32	
1989	77.11	53.34	0.25	2.44	20.27	0.30	
1990	86.62	51.39	0.30	3.20	30.67	0.41	0.45
1991	101.51	55.91	0.25	4.63	39.94	0.43	0.33
1992	119.64	69.20	0.21	6.65	43.34	0.21	0.03
1993	139.77	86.94	0.19	7.22	43.12	0.51	0.05
1994	189.34	119.39	0.19	9.02	59.64	0.30	0.05
1995	256.07	149.16	0.24	14.31	90.12	0.63	0.06
1996	272.13	146.05	0.18	25.42	97.69	1.01	
1997	334.51	178.93	0.05	37.17	115.17	0.71	
1998	374.58	199.24	0.02	44.13	127.55	0.79	
1999	442.88	234.43	0.01	55.08	149.68	0.59	
2000	615.72	341.02	0.10	64.21	205.13	1.25	
2001	680.07	380.43		61.09	228.43	1.26	0.13

表8.2　口岸进口商品总额(1985～2001)
GROSS VALUE OF PORT IMPORTS

单位:亿美元(USD 100 million)

年　份 Year	口岸进口 商品总额 Gross Value of Port Imxports	其　中　of which					
		#一般贸易 Original Trade	#补偿贸易 Compensation Trade	#来料加工装配贸易 Processing and Assembly Trade	#进料加工贸易 Processing Trade of Imported Material	#外商投资企业进口设备 Imported of Equipment Foreign Investment Enterprise	#租赁贸易 Leasing Trade
1985	99.65	93.45	0.29	0.43	5.03		
1986	105.90	95.72	0.57	0.42	8.43		
1987	90.34	70.73	0.70	0.61	12.35		
1988	113.30	87.06	0.46	1.33	17.21	2.75	0.30
1989	117.27	82.42	0.42	1.69	21.65	6.39	0.24
1990	86.27	51.79	0.32	2.40	19.70	6.11	
1991	102.58	61.63	0.13	4.21	23.09	5.47	1.02
1992	131.81	74.34	0.13	5.16	29.61	10.03	1.02
1993	169.54	82.44	0.14	6.56	34.39	23.00	2.01
1994	173.08	62.64	0.14	9.33	46.50	34.71	4.57
1995	225.30	93.79	0.14	13.49	65.96	45.16	0.11
1996	256.57	85.64	0.03	20.48	69.33	70.09	3.10
1997	252.32	83.02	0.01	27.64	79.79	45.86	3.65
1998	261.80	93.24		29.63	80.37	40.52	2.63
1999	318.63	137.56		35.72	82.84	30.36	4.55
2000	477.39	212.65	0.20	44.87	125.13	40.26	2.47
2001	524.81	245.94	16.65	47.38	123.39	47.46	2.45

表8.3 按国别(地区)分的口岸出口商品总额(1995～2001)
EXPORT VALUE THROUGH SHANGHAI CUSTOM BY DIFFERENT COUNTRIES AND REGIONS

单位:亿美元 (USD 100 million)

国别(地区)	Country (Region)	1995	1996	1997	1998	1999	2000	2001
总计	**Total**	**256.07**	**272.13**	**334.51**	**374.58**	**442.88**	**615.72**	**680.07**
亚洲	**Asia**	**148.67**	**150.32**	**178.33**	**176.76**	**210.69**	**295.54**	**322.88**
#中国香港	Hong Kong, China	27.41	23.09	26.75	25.02	28.40	40.81	44.81
日本	Japan	63.16	72.94	82.03	83.42	100.82	137.04	146.93
韩国	Republic of Korea	13.39	12.84	15.77	10.45	16.73	24.83	25.65
新加坡	Singapore	7.26	8.28	9.72	9.14	10.79	15.44	16.06
马来西亚	Malaysia	2.69	2.60	4.17	3.14	3.44	6.82	9.45
泰国	Thailand	5.98	3.05	3.27	2.89	4.49	5.64	6.47
菲律宾	Philippines	1.31	1.27	3.06	5.95	5.83	4.97	4.54
巴基斯坦	Pakistan	2.74	2.68	2.68	1.86	1.63	2.02	3.69
科威特	Kuwait	0.35	0.35	0.29	0.38	0.44	0.46	0.61
沙特阿拉伯	Saudi Arabia	1.68	1.66	0.59	2.34	2.27	2.75	3.15
阿拉伯联合酋长国	United Arab Emirates	3.17	2.88	3.76	3.73	4.24	7.04	7.60
非洲	**Africa**	**7.86**	**8.33**	**10.11**	**12.13**	**12.17**	**17.83**	**21.49**
#埃及	Egypt	1.02	0.99	1.19	1.76	1.97	2.12	3.36
苏丹	Sudan	0.16	0.14	0.19	0.27	0.54	0.46	0.55
欧洲	**Europe**	**42.58**	**48.12**	**61.44**	**79.90**	**90.78**	**127.41**	**141.63**
#德国	Germany	10.92	11.27	14.59	7.20	19.02	24.03	27.98
法国	France	3.60	3.76	4.97	17.90	8.63	11.10	11.45
意大利	Italy	5.50	5.23	6.63	8.40	9.58	14.38	15.30
荷兰	Netherlands	5.35	7.76	8.49	11.49	12.29	18.55	18.10
英国	United Kingdom	4.49	5.30	7.25	9.79	10.98	17.86	19.54
瑞典	Sweden	1.03	1.04	1.52	1.75	2.05	2.69	4.09
俄罗斯	Russia	0.74	1.13	1.51	1.39	0.92	2.32	3.09
美洲	**America**	**51.41**	**59.62**	**77.60**	**97.88**	**118.88**	**160.43**	**179.00**
#美国	United States	39.59	46.84	59.95	77.40	95.62	128.36	140.07
加拿大	Canada	3.31	4.05	4.8	5.05	5.95	8.99	10.24
巴西	Brazil	2.04	2.00	2.92	3.28	3.07	3.62	4.50
智利	Chile	1.24	1.99	1.65	1.74	1.71	2.57	2.77
大洋洲及太平洋岛屿	**Oceanic and Pacific Island**	**5.53**	**5.74**	**7.02**	**7.91**	**10.36**	**14.50**	**15.06**
#澳大利亚	Australia	4.78	4.92	5.91	6.78	8.85	12.53	13.01
新西兰	New Zealand	0.62	0.66	0.91	0.97	1.32	1.75	1.85
其他	**Others**	**0.02**	…	**0.01**	…	…		**0.01**

表8.4　按国别(地区)分的口岸进口商品总额(1995~2001)
IMPORT VALUE THROUGH SHANGHAI CUSTOM BY DIFFERENT COUNTRIES AND REGIONS

单位:亿美元(USD 100 million)

国别(地区)	Country (Region)	1995	1996	1997	1998	1999	2000	2001
总　计	**Total**	**225.30**	**256.57**	**252.32**	**261.80**	**318.63**	**477.39**	**524.81**
亚　洲	**Asia**	**115.99**	**137.16**	**143.13**	**146.24**	**174.42**	**272.03**	**284.64**
#中国香港	Hong Kong, China	8.73	10.10	10.72	11.26	13.87	23.27	22.67
日　本	Japan	59.50	68.86	66.95	64.99	76.28	117.54	124.69
韩　国	Republic of Korea	15.94	19.19	21.39	20.03	24.27	36.10	36.18
新加坡	Singapore	3.88	4.91	7.80	11.18	12.11	16.21	12.68
马来西亚	Malaysia	2.96	3.35	3.41	4.18	6.20	8.77	10.35
泰　国	Thailand	1.61	2.71	3.92	5.24	4.63	8.78	9.01
菲律宾	Philippines	0.21	0.65	0.37	1.17	1.98	3.29	3.55
巴基斯坦	Pakistan	0.07	0.18	0.17	0.15	0.27	0.66	0.84
科威特	Kuwait	0.13	0.07	0.05	0.12	0.17	0.28	0.16
沙特阿拉伯	Saudi Arabia	0.71	0.99	1.92	0.35	0.30	0.76	1.40
阿拉伯联合酋长国	United Arab Emirates	0.20	0.26	0.30	0.16	0.36	0.37	0.50
非　洲	**Africa**	**1.30**	**1.37**	**2.49**	**1.20**	**1.08**	**2.17**	**2.82**
#埃　及	Egypt	0.05	0.01	0.03	0.03	0.10	0.19	0.25
南　非	South Africa	0.05	0.01	0.03	0.03	0.01	0.76	1.31
欧　洲	**Europe**	**59.94**	**66.28**	**55.37**	**61.89**	**81.09**	**104.77**	**130.70**
#德　国	Germany	21.87	25.47	20.52	24.07	29.40	38.22	51.14
法　国	France	6.82	8.00	7.57	7.10	10.55	11.93	14.45
意大利	Italy	6.37	8.62	6.83	6.46	7.85	9.37	12.10
荷　兰	Netherlands	2.71	3.13	2.58	2.76	2.75	3.55	4.79
英　国	United Kingdom	5.15	3.81	3.81	4.67	6.78	8.12	8.81
瑞　典	Sweden	2.44	2.54	2.41	4.54	6.36	13.11	10.51
俄罗斯	Russia	3.17	3.13	2.15	1.50	3.09	2.39	4.51
美　洲	**America**	**42.05**	**44.23**	**44.92**	**46.71**	**55.02**	**86.50**	**96.04**
#美　国	United States	30.97	31.13	32.83	35.74	41.80	58.50	67.93
加拿大	Canada	4.86	3.94	3.62	5.23	5.98	13.25	12.32
巴　西	Brazil	2.95	3.93	3.21	2.22	1.47	2.94	4.63
智　利	Chile	0.80	1.58	1.45	1.33	3.56	7.50	6.32
大洋洲及太平洋岛屿	**Oceanic and Pacific Island**	**6.01**	**7.52**	**6.39**	**5.75**	**7.01**	**11.87**	**10.61**
#澳大利亚	Australia	5.08	6.45	5.43	4.75	6.07	10.33	8.86
新西兰	New Zealand	0.92	1.05	0.90	0.95	0.90	1.48	1.70
其　他	**Others**	**0.01**	**0.01**	**0.02**	**0.01**	**0.01**	**0.05**	

表8.5 主要年份外贸进出口商品总额
TOTAL VALUE OF FOREIGN TRADE IMPORTS AND EXPORTS IN MAIN YEARS

年 份 Year	外贸进口商品总额(亿美元) Total Value of Imports (USD 100 million)	其 中 of which		外贸出口商品总额(亿美元) Total Value of Exports (USD 100 million)	外贸出口相当于国内生产总值的比例(%) Percentage of Foreign Export in Gross Domestic Product(%)
		生产资料 Production Goods	生活资料 Consumer Goods		
1978	1.33	1.12	0.21	28.93	18.2
1980	2.40	1.57	0.83	42.66	20.4
1985	18.13	16.21	1.92	33.61	23.0
1986	16.22	15.19	1.03	35.82	27.2
1987	18.36	17.01	1.35	41.60	28.4
1988	26.40	24.59	1.81	46.05	26.4
1989	28.16	27.03	1.13	50.32	26.9
1990	21.10	20.28	0.82	53.21	33.6
1991	23.04	21.30	1.74	57.40	34.2
1992	32.02	29.64	2.38	65.55	32.4
1993	53.50	50.84	2.66	73.82	28.1
1994	67.90	63.24	4.66	90.77	39.6
1995	74.48	72.40	2.08	115.77	39.1
1996	90.25	85.74	4.51	132.38	37.9
1997	100.40	95.38	5.02	147.24	36.3
1998	153.88	148.19	5.69	159.56	35.8
1999	198.19	190.86	7.33	187.85	38.5
2000	293.56	279.59	13.97	253.54	46.1
2001	332.70	316.87	15.83	276.28	46.2

注：1999 年以前外贸进口、出口商品总额为外经贸委统计口径，1999 年以后为海关统计的上海企业进口、出口总额。以下同。

Note: Before 1999, the figure of Shanghai's foreign trade imports and exports was based on statistics supplied by Shanghai Foreign Trade and Economic Cooperation Commission. Since 1999, the figure representing imports and exports made by Shanghai enterprises through Shanghai port. Same as follows.

表8.6 主要年份外贸出口商品总额
TOTAL VALUE OF FOREIGN TRADE EXPORTS IN MAIN YEARS

单位:亿美元 (USD 100 million)

指 标	Indicators	1985	1990	2000	2001
外贸出口总额	**Total Value of Exports**	**33.61**	**53.21**	**253.54**	**276.28**
按企业性质分	**Grouped by Different Enterprises**				
#国有企业	State-owned Enterprises		50.21	106.78	112.18
外商投资企业	Foreign-funded Enterprises		2.99	142.61	159.60
按贸易方式分	**Grouped by type of Trade**				
#一般贸易	Original Trade	27.59	29.03	101.72	110.71
加工贸易	Processing Trade	6.02	24.07	147.83	157.28
按产品类别分	**Grouped by Different Products**				
#机电产品	Electrical and Mechanical Products	6.20	12.68	121.43	142.12

表8.7 主要年份按国别(地区)分的外贸出口商品总额
EXPORT VALUE OF DIFFERENT COUNTRIES AND REGIONS IN MAIN YEARS

单位:亿美元 (USD 100 million)

国别(地区)	Country (Region)	1978	1980	1985	1990	1995	2000	2001
总 计	**Total**	**28.93**	**42.66**	**33.61**	**53.21**	**115.77**	**253.54**	**276.28**
亚 洲	**Asia**	**13.63**	**19.15**	**14.75**	**25.57**	**73.39**	**129.10**	**138.79**
#中国香港	Hong Kong, China	5.78	8.01	5.85	10.64	23.26	23.02	26.22
中国台湾	Taiwan, China				0.24	2.81	5.67	6.10
日 本	Japan	2.69	3.69	3.63	7.59	35.24	60.81	63.89
韩 国	Republic of Korea					5.18	10.59	10.14
新加坡	Singapore	0.98	1.32	1.01	1.82	3.47	7.88	8.39
马来西亚	Malaysia	0.38	0.50	0.29	0.39	1.23	2.59	5.23
泰 国	Thailand	0.11	0.31	0.15	0.78	2.36	2.48	2.65
巴基斯坦	Pakistan	0.21	0.25	0.26	0.33	0.88	0.55	0.60
科威特	Kuwait	0.58	0.86	0.42	0.58	0.33	0.20	0.30
沙特阿拉伯	Saudi Arabia	0.21	0.57	0.38	0.66	1.33	1.14	1.10
阿拉伯联合酋长国	United Arab Emirates	0.37	0.51	0.32	0.90	1.52	1.79	2.07
非 洲	**Africa**	**2.89**	**3.27**	**1.52**	**1.38**	**2.41**	**5.63**	**6.20**
#埃 及	Egypt	0.25	0.18	0.11	0.13	0.30	0.44	0.47
苏 丹	Sudan	0.20	0.19	0.07	0.01	0.10	0.22	0.24
阿尔及利亚	Algeria					0.03	0.09	0.08
摩洛哥	Moracco	0.27	0.32	0.33	0.13	0.20	0.20	0.22
欧 洲	**Europe**	**9.37**	**14.33**	**10.23**	**15.52**	**16.36**	**45.62**	**53.78**
#德 国	Germany	1.93	2.19	1.30	2.54	4.76	9.48	12.40
法 国	France	0.80	1.45	0.57	0.85	1.45	4.50	4.34
意大利	Italy	0.73	1.35	0.64	1.27	1.93	4.98	5.12
荷 兰	Netherlands	0.25	0.46	0.38	0.74	1.17	6.16	7.09
比利时	Belgium	0.11	0.25	0.22	0.30	0.94	2.95	3.76
英 国	United Kingdom	1.19	1.56	0.92	1.15	2.22	7.07	7.05
俄罗斯	Russia	0.69	0.82	0.77	1.74	0.39	0.37	0.63
美 洲	**America**	**2.24**	**4.81**	**6.14**	**9.57**	**21.41**	**67.82**	**71.96**
#美 国	United States	1.03	2.77	4.73	7.45	19.36	56.25	58.98
加拿大	Canada	0.46	0.64	0.66	0.92	1.83	4.04	4.15
巴 西	Brazil		0.01	0.01	0.03	0.68	1.06	1.46
古 巴	Cuba					0.04	0.07	0.15
大洋洲及太平洋岛屿	**Oceanic and Pacific Island**	**0.80**	**1.10**	**0.97**	**1.17**	**2.20**	**5.37**	**5.55**
#澳大利亚	Australia	0.67	0.86	0.81	1.02	2.17	4.74	4.91

表8.8 主要年份按国别(地区)分的外贸进口商品总额
IMPORT VALUE OF DIFFERENT COUNTRIES AND REGIONS IN MAIN YEARS

单位:亿美元(USD 100 million)

国别(地区)	Country (Region)	1978	1980	1985	1990	1995	2000	2001
总 计	**Total Import**	**1.33**	**2.40**	**18.13**	**21.10**	**74.48**	**293.56**	**332.70**
亚 洲	**Asia**	**0.75**	**1.34**	**10.39**	**11.15**	**44.15**	**161.59**	**173.62**
#中国香港	Hong Kong, China	0.02	0.29	3.71	5.30	11.95	16.68	16.27
中国台湾	Taiwan, China				0.21	1.93	19.44	23.70
日 本	Japan	0.69	0.92	6.34	4.59	23.24	70.43	74.48
韩 国	Republic of Korea					3.43	20.63	23.97
新加坡	Singapore	0.02	0.06	0.09	0.37	1.14	9.39	8.82
马来西亚	Malaysia	0.01	0.06	0.06	0.28	0.96	6.49	6.84
泰 国	Thailand				0.10	0.25	4.35	4.35
菲律宾	Philippines					0.01	1.83	1.87
科威特	Kuwait				0.03	0.05	0.22	0.10
沙特阿拉伯	Saudi Arabia					0.16	0.78	1.60
阿拉伯联合酋长国	United Arab Emirates					0.02	0.40	0.28
非 洲	**Africa**		**0.01**	**0.08**	**0.26**	**0.61**	**1.89**	**2.50**
欧 洲	**Europe**	**0.41**	**0.65**	**5.74**	**5.33**	**14.75**	**63.36**	**83.37**
#德 国	Germany	0.13	0.34	3.26	3.46	7.36	26.59	36.59
法 国	France	0.02	0.01	0.09	0.11	0.59	7.95	10.77
意大利	Italy	0.05	0.03	0.26	0.30	0.98	4.81	6.37
荷 兰	Netherlands	0.03	0.02	0.10	0.09	0.69	2.43	3.00
比利时	Belgium	0.02	0.03	0.11	0.21	1.18	2.83	3.86
英 国	United Kingdom	0.04	0.07	0.84	0.48	1.00	3.76	4.78
瑞 士	Switzerland	0.05	0.07	0.56	0.22	0.61	2.22	2.72
瑞 典	Sweden	0.02	0.01	0.10	0.09	0.11	4.53	3.37
美 洲	**America**	**0.07**	**0.30**	**1.73**	**3.14**	**11.62**	**58.60**	**64.71**
#美 国	United States	0.01	0.25	1.12	2.81	7.64	40.11	46.89
加拿大	Canada	0.02	0.02	0.01	0.14	0.80	7.03	6.74
巴 西	Brazil					2.92	4.11	4.78
大洋洲及太平洋岛屿	**Oceanic and Pacific Island**	**0.10**	**0.10**	**0.19**	**1.22**	**3.35**	**8.07**	**8.50**
#澳大利亚	Australia	0.07	0.08	0.17	1.08	2.93	6.68	6.94
新西兰	New Zealand	0.03	0.01	0.02	0.13	0.41	1.25	1.22

注：2000年国别之和不等于总计数，余额为无国别数。
Note: The total of the continents in 2000 is less than the accrued amount and the balance is picked up by the regions without sovereignty.

表8.9　主要商品出口额(1999～2001)
EXPORT VALUE OF MAJOR COMMODITIES

单位:亿美元 (USD 100 million)

商品名称	Name of Commodities	1999	2000	2001
总　计	**Total**	**187.85**	**253.54**	**276.28**
初级产品	**Primary Products**	**7.63**	**8.52**	**7.82**
食品及活动物	Food and Livestock	3.91	4.23	3.77
#肉及肉制品	Meat and Meat Products	0.93	0.99	0.95
蔬菜及水果	Vegetable and Fruit	0.60	0.65	0.68
饮料及烟类	Drinks and Tobacco	0.81	0.90	0.95
#烟草及其制品	Tobacco and Tobacco Products	0.70	0.81	0.86
非食用原料	Non-edible Raw Materials	1.35	1.61	1.61
矿物燃料、润滑油及其有关原料	Mineral Fuel, Lubricant and Related Raw Materials	1.51	1.75	1.46
动植物油、脂及蜡	Animal and Plant Oil, Fax and Wax	0.05	0.03	0.02
工业制成品	**Industrial Products**	**180.23**	**245.02**	**268.46**
化学成品及有关产品	Chemicals and Related Products	9.84	12.33	13.33
#医药品	Medical Products	2.04	2.03	2.15
原料制成品	Raw Material Products	33.81	45.92	45.55
#橡胶制品	Rubber Products	1.40	1.86	1.56
纺纱、织物、制成品及有关产品	Spinning, Textile and Related Products	14.51	17.80	17.56
钢　铁	Steel	4.96	8.84	6.18
机械及运输设备	Machinery and Transportation Equipment	69.98	101.54	120.36
#通用工业机械设备及零件	General-purpose Industrial Machinery Equipment and Spare Parts	6.64	9.25	11.76
电力机械、器具及电气零件	Electrical Equipment, Tools and Spare Parts	26.20	37.79	37.93
杂项制品	Assorted Products	66.59	85.02	89.06
#服装及衣着附件	Clothing and Dresses	42.15	53.18	53.82

表8.10　主要商品进口额(1999～2001)
IMPORT VALUE OF MAJOR COMMODITIES

单位:亿美元 (USD 100 million)

商品名称	Name of Commodities	1999	2000	2001
总　计	**Total**	**198.19**	**293.56**	**332.70**
初级产品	**Primary Products**	**24.89**	**34.81**	**36.55**
食品及活动物	Food and Livestock	1.91	2.75	3.04
#肉及肉制品	Meat and Meat Products	0.08	0.14	0.23
蔬菜及水果	Vegetable and Fruit	0.28	0.27	0.31
饮料及烟类	Drinks and Tobacco	0.14	0.25	0.48
#烟草及其制品	Tobacco and Tobacco Products	0.05	0.02	0.12
非食用原料	Non-edible Raw Materials	18.18	26.43	27.10
矿物燃料、润滑油及其有关原料	Mineral Fuel, Lubricant and Related Raw Materials	3.57	4.50	5.35
动植物油、脂及蜡	Animal and Plant Oil, Fax and Wax	1.09	0.87	0.58
工业制成品	**Industrial Products**	**173.30**	**258.75**	**296.14**
化学成品及有关产品	Chemicals and Related Products	28.70	43.83	48.85
#医药品	Medical Products	1.64	2.56	3.19
原料制成品	Raw Material Products	37.40	55.68	56.29
#橡胶制品	Rubber Products	0.60	1.00	1.57
纺纱、织物、制成品及有关产品	Spinning, Textile and Related Products	13.06	16.99	15.95
钢　铁	Steel	6.88	10.99	13.74
机械及运输设备	Machinery and Transportation Equipment	93.63	136.22	164.30
#通用工业机械设备及零件	General-purpose Industrial Machinery Equipment and Spare Parts	13.09	15.61	21.74
电力机械、器具及电气零件	Electrical Equipment, Tools and Spare Parts	26.57	48.25	58.73
杂项制品	Assorted Products	13.43	22.89	26.57
#服装及衣着附件	Clothing and Dresses	1.93	2.47	2.26

表8.11 主要年份吸收外资情况
FOREIGN CAPITAL ABSORBED IN MAIN YEARS

年 份 Year	签订合同项目（个） Number of Signed Contracts (unit)	其中 of which #直接吸收外资 Direct Foreign Investment	签订合同金额（亿美元） Contracted Foreign Capital (USD 100 million)	其中 of which #直接吸收外资 Direct Foreign Investment	实际吸收外资金额（亿美元） Foreign Capital Actually Absorbed (USD 100 million)	其中 of which #直接吸收外资 Direct Foreign Investment
1951	1	1	0.10	0.10	0.10	0.10
1980	16	1	0.34	0.03	0.15	
1981	20	3	0.47	0.06	0.18	0.03
1982	33	7	0.76	0.17	0.14	0.03
1983	20	6	1.13	0.47	0.16	0.11
1984	51	41	2.75	1.95	0.42	0.28
1985	125	94	4.10	3.05	1.15	0.62
1986	165	62	4.22	0.95	2.61	0.98
1987	187	76	9.74	1.29	7.00	2.12
1988	320	219	8.88	1.66	13.22	3.64
1989	326	199	10.19	1.77	11.90	4.22
1990	269	203	4.27	2.14	7.80	1.77
1991	509	365	7.72	2.79	8.66	1.75
1992	2 169	2 012	29.28	18.60	22.38	12.59
1993	3 864	3 650	45.36	37.57	31.75	23.18
1994	4 050	3 802	71.55	53.47	39.89	32.31
1995	3 334	2 845	74.08	53.60	52.98	32.50
1996	2 709	2 106	98.82	58.08	75.10	47.16
1997	2 541	1 802	81.74	53.20	63.45	48.08
1998	2 154	1 490	84.16	58.48	48.16	36.38
1999	2 028	1 472	76.28	41.04	59.99	30.48
2000	2 375	1 814	80.62	63.90	53.91	31.60
2001	3 236	2 458	105.92	73.73	74.10	43.91

表8.12 吸收外资情况(2001)
FOREIGN CAPITAL ABSORBED

指 标	Indicators	签订合同项目（个）Number of Signed Contracts (unit)		签订合同金额（亿美元）Contracted Foreign Capital (USD 100 million)		实际吸收外资金额（亿美元）Foreign Capital Actually Absorbed (USD 100 million)	
		2001	至2001年底累计 Total by the End of 2001	2001	至2001年底累计 Total by the End of 2001	2001	至2001年底累计 Total by the End of 2001
总 计	**Total**	**3 236**	**31 150**	**105.92**	**1 048.77**	**74.10**	**575.20**
直接吸收外资	**Direct Foreign Investment**	**2 458**	**24 728**	**73.73**	**527.97**	**43.91**	**353.85**
#合资企业	Joint Ventures	506	11 606	18.89	216.59	17.41	167.03
合作经营企业	Cooprative Ventures	210	4 550	9.42	96.32	5.16	69.50
独资企业	Sole-foreign Enterprises	1 740	8 529	44.86	197.33	21.34	99.45
间接吸收外资	**Indirect Foreign Investment**	**778**	**6 422**	**32.18**	**520.80**	**30.19**	**221.35**
#对外借款	Foreign Loans	778	6 376	32.18	520.80	30.19	216.88

① 累计数中包括增资和调整数据。
② 至2001年底，在外商直接投资中，合同金额在1 000万美元以上的项目2 074项，吸收合同外资金额387.68亿美元，其中，2001年合同金额在1 000万美元以上的项目159项，吸收合同外资金额53.33亿美元。
❶ The accumulative figures include the increased value and adjusted data.
❷ By the end of 2001, the number of projects each involving a contracted investment of 10 million US dollars or more grew to 2 074 in the category of direct foreign investment and their total contractual foreign investment reached 38.768 billion US dollars. And the figures in 2001 alone stood at 159 and 5.333 billion US dollars, respectively.

表8.13　外商直接投资合同项目和金额(2001)
NUMBER OF CONTRACTS AND INVESTMENT VALUE OF DIRECT FOREIGN-INVESTED PROJECTS

类　别	Items	签订合同项目(个) Number of Signed Contracts(unit)		签订合同金额(亿美元) Contracted Foreign Capital (USD 100 million)		实际吸收外资金额(亿美元) Foreign Capital Actually Absorbed (USD 100 million)	
		2001	至2001年底累计 Total by the End of 2001	2001	至2001年底累计 Total by the End of 2001	2001	至2001年底累计 Total by the End of 2001
总　计	**Total**	**2 458**	**24 728**	**73.73**	**527.97**	**43.92**	**353.85**
按投资方式分	**Grouped by Investment Mode**						
#合资经营	Joint Ventures	506	11 606	18.89	216.59	17.41	190.21
合作经营	Cooperative Ventures	210	4 550	9.42	96.32	5.16	50.18
独资经营	Sole-foreign Enterprises	1 740	8 529	44.86	197.33	21.34	108.18
按产业分	**Grouped by Industry**						
第一产业	Primary Industry	16	180	0.18	1.94	0.17	0.73
第二产业	Secondary Industry	1 317	15 918	55.10	322.83	26.50	184.03
工　业	Industry	1 308	15 279	54.84	315.01	26.28	181.89
建筑业	Construction	9	639	0.27	7.83	0.23	2.13
第三产业	Tertiary Industry	1 125	8 630	18.45	203.20	17.24	169.09
#交通、运输、仓储及邮电通信业	Transport, Communication, Storage, Postal and Telecommunications	144	945	1.10	16.04	2.18	8.20
批发、零售贸易及餐饮业	Wholesale, Retail and Caterting Businesses	352	2 471	2.10	20.75	1.68	11.69
房地产业	Real Estate	38	1 023	5.17	119.94	7.20	108.09
社会服务业	Social Services	532	2 618	3.63	41.46	2.13	19.29
按国别(地区)分	**Grouped by Country and Region**						
#中国香港	Hong Kong, China	479	8 667	7.75	145.58	11.59	108.72
中国澳门	Macao, China	3	174	0.08	2.06	0.01	1.05
中国台湾	Taiwan, China	412	3 437	3.56	23.60	2.94	16.85
日　本	Japan	342	3 122	13.24	64.67	9.31	45.41
韩　国	Republic of Korea	90	370	0.78	5.88	0.55	4.17
新加坡	Singapore	129	1 174	3.10	31.12	2.69	15.31
泰　国	Thailand	7	144	0.06	1.70	0.11	1.19
德　国	Germany	47	374	1.78	28.87	1.40	14.14
英　国	United Kingdom	13	365	5.52	14.91	1.23	8.06
法　国	France	28	188	0.38	4.36	1.03	3.16
意大利	Italy	12	109	0.16	1.21	0.04	0.53
美　国	United States	263	3 168	5.98	64.92	3.42	45.10
加拿大	Canada	41	442	0.23	4.58	0.04	2.33
澳大利亚	Australia	37	496	0.80	5.64	0.15	2.76

表8.14 主要年份外商投资企业生产经营情况
PRODUCTION AND OPERATION OF OVERSEAS-FUNDED ENTERPRISES IN MAIN YEARS

指标	Indicators	1990	1995	2000	2001
销售(经营)收入(亿元)	Sales(Operation) Income(100 million yuan)	111.02	1 589.66	3 977.90	4 754.12
利润总额(亿元)	Total After-tax Profits(100 million yuan)	11.04	99.25	217.79	233.02
交纳税金总额(亿元)	Total Tax Payment(100 million yuan)	3.90	73.60	158.93	191.98
外汇总收入(亿美元)	Total Foreign Exchange Earnings(USD 100 million)		196.92	209.58	217.07
#经常项目外汇收入	Foreign Exchange Income of Regular Items	11.92	53.62	126.39	139.66
外汇总支出(亿美元)	Total Foreign Exchange Expenditures(USD 100 million)		171.74	205.24	213.16
#经常项目外汇支出	Foreign Exchange Spending of Regular Items	10.81	63.76	140.43	155.89
年末外汇结存(亿美元)	Foreign Exchange Balance at Year End(USD 100 million)	5.46	90.10	29.55	31.13
从业人员薪金总额(亿元)	Total Payment for Employees(100 million yuan)		112.54	180.37	213.11

表8.15 主要年份引进技术情况
TECHNICAL IMPORT IN MAIN YEARS

单位:万美元(USD 10 000)

国别(地区)	Country (Region)	成交金额 Contracted Value				到货金额 Executed Value			
		1990	2000	2001	至2001年底累计 Total by the End of 2001	1990	2000	2001	至2001年底累计 Total by the End of 2001
总计	**Total**	**14 848**	**103 446**	**262 036**	**1 394 348**	**15 063**	**104 558**	**177 353**	**1 151 454**
#中国香港	Hong Kong,China	1 311	12 185	9 667	97 145	1 688	10 746	8 849	72 923
日本	Japan	3 861	6 335	29 563	295 779	2 868	10 069	20 894	303 390
德国	Germany	893	7 585	155 900	383 460	2 925	16 314	87 447	275 504
意大利	Italy	1 003	602	1 412	42 995	1 755	622	571	30 781
美国	United States	4 448	49 963	34 705	293 246	2 226	49 431	37 039	294 022
瑞士	Switzerland	638	1 853	1 078	23 948	1 060	1 862	1 020	19 857
英国	United Kingdom	632	1 071	2 064	24 718	667	712	1 734	17 663
瑞典	Sweden	46	1 548	1 004	15 707	576	639	695	9 268
奥地利	Austria	1 322	45	915	23 026	603	1 162	141	18 837
法国	France	159	10 697	10 910	66 145	70	1 926	3 445	26 167

注：1983年到2001年累计引进技术设备项目15 846个,其中2001年引进1 573个。
Note:15 846 projects of technique and equipment were imported during 1983-2001,which 1 573 projects were imported in 2001.

表8.16 主要年份对外承包工程和劳务合作情况
OVERSEAS CONTRACTED PROJECTS AND LABOR SERVICES IN MAIN YEARS

指 标	Indicators	1985	1990	1995	2000	2001
签订合同项目(个)	**Number of Contracted Projects(unit)**	**22**	**78**	**619**	**1 076**	**991**
#对外承包工程	Contracted Projects	7	12	43	143	85
劳务合作	Labor Services Cooperation	15	66	419	836	825
签订合同金额(万美元)	**Value of Contract(USD 10 000)**	**1 292**	**6 010**	**35 120**	**98 050**	**123 345**
#对外承包工程	Contracted Projects	1 149	3 929	16 454	76 058	87 795
劳务合作	Labor Services Cooperation	143	2 081	14 883	20 837	16 656
实际营业额(万美元)	**Actual Turnover(USD 10 000)**	**622**	**5 131**	**24 380**	**83 790**	**113 842**
#对外承包工程	Contracted Projects		4 083	13 848	61 906	58 961
劳务合作	Labor Services Cooperation	622	1 048	8 435	21 049	17 546
年末在外人员(人)	**Persons in Abroad(year-end)(person)**	**1 269**	**2 041**	**7 415**	**30 052**	**32 507**
#对外承包工程	Contracted Projects	6	121	437	1 327	2 700
劳务合作	Labor Services Cooperation	1 263	1 920	6 709	28 710	29 800

表8.17 对外承包工程和劳务合作合同金额(2001)
VALUE OF CONTRACTED PROJECTS AND LABOR SERVICES COOPERATION

单位:万美元(USD 10 000)

国 别(地区)	Country(Region)	合同金额 Contracted Value	国 别(地区)	Country(Region)	合同金额 Contracted Value
对外承包工程	**Contracted Projects**	**87 795**	劳务合作	**Labor Services Cooperation**	**16 656**
#中国香港	Hong Kong, China	12 480	#中国香港	Hong Kong, china	564
新加坡	Singapore	23 530	新加坡	Singapore	665
越 南	Viet Nam	8 127	日 本	Japan	7 304
境 内(外资)	With in China (Foreign Investment)	17 919	毛里求斯	Mauritius	216
			柬埔寨	Cambodia	259

表8.18 海外企业情况(2000～2001)
ENTERPRISES ABROAD

指标	Indicators	2000年新增 Established in 2000	至2000年底累计 Accumulated by the End of 2000	2001年新增 Established in 2001	至2001年底累计 Accumulated by the End of 2001
企业数(个)	**Number of Enterprises(unit)**	**34**	**579**	**32**	**611**
#贸易性企业	Trade Enterprises	9	254	12	266
非贸易性企业	Nontrade Enterprises	25	325	20	345
投资额(万美元)	**Investment Value (USD 10 000)**	**3 274**	**46 221**	**5 384**	**51 605**
#贸易性企业	Trade Enterprises	300	13 500	638	14 138
非贸易性企业	Nontrade Enterprises	2 974	32 721	4 746	37 467

表8.19 旅行社接待经营情况(2001)
TOURISTS RECEIVED BY TOUR AGENCIES

指标	Indicators	2001	指标	Indicators	2001
接待境内外来沪旅游者(万人次)	**Overseas and Domestic Tourists Received (10 000 person-times)**	**400.14**	**出境旅游者(万人次)**	**Local Tourists Travelling Outside the City and Overseas (10 000 person-times)**	**14.82**
#境外旅游者	Overseas Tourists	97.42			
#外国人	Foreigner	86.88	**经营和财务状况**	**Management and Financial Status**	
中国香港	Hong Kong, China	6.36			
中国澳门	Macao, China	0.08	营业收入(亿元)	Operational Income(100 million yuan)	58.47
台湾同胞	Taiwanese	4.10			
境内旅游者	Domestic Tourists	302.72	利润总额(亿元)	Total Profit(100 million yuan)	0.86

表8.20 旅馆业接待经营情况(2000～2001)
OPERATION OF HOTELS

指标	Indicators	2000	2001	指标	Indicators	2000	2001
接待能力	**Capacity**			实际住宿人天数(万人天)	Actual Number of Guests and Days of Stay (10 000 person-day)	5 287.16	5 760.77
年末客房数(万间)	Year-end Guest Rooms (10 000)	9.68	10.45	#境外来沪	Overseas Visitors	654.44	706.95
年末客房床位数(万张)	Year-end Guest Beds (10 000)	19.51	21.06	**经营和财务**	**Operation and Finance**		
客房率(%)	Room Occupancy Rate(%)	54.5	56.1	营业收入(亿元)	Operational Income (100 million yuan)	97.54	120.21
#星级宾馆	Star-rated Hotels	63.8	67.5	#客房收入	Room Rate Income	48.25	61.56
				餐饮收入	Catering Income	33.92	38.67
实际住宿人次数(万人次)	Actual Number of Guests (10 000 person-times)	1 602.17	1 783.34	商品收入	Commodity Sales Income	4.76	5.19
#境外来沪	Overseas Visitors	166.95	182.67	利润总额(亿元)	Total Profit (100 million yuan)	0.96	3.13

表8.21　外省市来沪旅游人数和人均消费支出(1998～2001)
NUMBER OF TOURISTS FROM OTHER PROVINCES AND CITIES AND AVERAGE PER CAPITA SPENDING

指　标	Indicators	1998	1999	2000	2001
来沪旅游人数(万人次)	**Number of Tourists Visiting Shanghai(10 000 person-times)**	**5 834**	**6 219**	**6 433**	**6 470**
人均消费支出(元)	**Average Per Capita Spending(yuan)**	**1 030**	**1 279**	**1 248**	**1 223**
# 长途交通费	Long-distance Traffic Expenditure	136	269	260	247
住宿费	Accommodation Expenditure	172	179	194	193
餐饮费	Food Expenditure	214	202	192	205
购物费	Shopping Expenditure	293	380	386	356
门票费	Ticket Fee	24	42	41	49
娱乐费	Entertainment Cost	38	42	30	46
市内交通费	Cost of Transport within the City	76	79	73	79
邮电通信费	Postal and Telecommunications Spending	21	15	13	10
交付旅行社费	Fees Paid to Tour Agencies	33	28	29	20

注:本表为抽样调查资料。
Note:The data in this table is according to the sampling survey.

表8.22　主要年份上海入境境外旅游者人数
NUMBER OF OVERSEAS TOURISTS THROUGH SHANGHAI CUSTOM IN MAIN YEARS

指　标	Indicators	1978	1980	1990	1995	2000	2001
入境境外旅游者人数(万人次)	**Number of Overseas Tourists Through Shanghai Custom(10 000 person-times)**	**24.02**	**31.18**	**89.30**	**136.79**	**181.40**	**204.26**
外国人	Foreigner	17.07	21.05	46.06	107.55	139.14	146.97
# 日　本	Japan	5.73	7.73	22.60	52.06	53.76	56.11
新加坡	Singapore	0.34	0.52	1.02	3.84	5.29	5.37
德　国	Germany	0.73	0.72	1.60	3.94	7.11	7.34
法　国	France	0.70	0.75	1.19	3.42	5.39	5.54
英　国	United Kingdom	0.44	0.59	1.11	2.45	1.69	2.05
意大利	Italy	0.39	0.35	0.99	1.71	1.88	1.83
加拿大	Canada	0.34	0.43	0.81	1.55	2.25	2.44
美　国	United States	3.87	5.27	4.67	9.12	13.78	14.59
澳大利亚	Australia	0.42	0.46	0.53	1.41	3.23	3.25
港澳同胞	Hong Kong and Macao Chinese	6.29	9.55	10.33	15.51	17.62	20.62
台湾同胞	Taiwanese			31.03	11.19	19.88	31.99
华　侨	Overseas Chinese	0.66	0.58	1.88	2.54	4.76	4.68
平均每天来沪旅游人数(人次/天)	**Average Number of Tourists Visiting Shanghai Everyday (person-time/day)**	**658**	**854**	**2 447**	**3 748**	**4 970**	**5 596**
来沪旅游者平均逗留天数(天/人)	**Average Time Tourists Staying in Shanghai(day/person)**	**3.87**	**3.96**	**2.83**	**3.81**	**3.92**	**3.87**
旅游外汇收入(亿美元)	**Foreign Exchange Earnings from Tourism (USD 100 million)**	**0.56**	**0.86**	**2.31**	**9.44**	**16.13**	**18.08**

表8.23 上海国际友好城市、与上海建立国际友好交流关系的城市一览(2001 年底) FOREIGN CITIES WITH SISTER-CITY RELATIONSHIP OR FRIENDLY EXCHANGE RELATIONSHIP WITH SHANGHAI

城 市	Cities	国 家	Countries	缔结日期	Relationship Eastablished Date
上海国际友好城市	**Cities with Sister-city Relationship**				
横滨市	Yokohama	日 本	Japan	1973 年 11 月 30 日	Nov. 30,1973
大阪市	Osaka	日 本	Japan	1974 年 4 月 18 日	Apr. 18,1974
米兰市	Milan	意大利	Italy	1979 年 6 月 25 日	Jun. 25,1979
鹿特丹市	Rotterdam	荷 兰	Netherlands	1979 年 11 月 23 日	Nov. 23,1979
旧金山市	San Francisco	美 国	United States	1980 年 1 月 28 日	Jan. 28,1980
萨格勒布市	Zagreb	克罗地亚	Croatia	1980 年 6 月 18 日	Jun. 18,1980
大阪府	Osaka	日 本	Japan	1980 年 11 月 21 日	Nov. 21,1980
咸兴市	Hamhung	朝 鲜	D. P. R. Korea	1982 年 6 月 18 日	Jun. 18,1982
大马尼拉市	Manila	菲律宾	Philippines	1983 年 6 月 15 日	Jun. 15,1983
卡拉奇市	Karachi	巴基斯坦	Pakistan	1984 年 2 月 15 日	Feb. 15,1984
安特卫普市	Antwerp	比利时	Belgium	1984 年 5 月 27 日	May. 27,1984
蒙特利尔市	Montreal	加拿大	Canada	1985 年 5 月 14 日	May. 14,1985
比雷埃夫斯市	Piraiev	希 腊	Greece	1985 年 6 月 24 日	Jun. 24,1985
滨海省	Binhai City	波 兰	Poland	1985 年 7 月 4 日	Jul. 4,1985
汉堡市	Hamburg	德 国	Germany	1985 年 6 月 29 日	Jun. 29,1985
卡萨布兰卡市	Casablanca	摩洛哥	Morocco	1986 年 9 月 8 日	Sep. 8,1986
马赛市	Marseilles	法 国	France	1987 年 10 月 26 日	Oct. 26,1987
圣堡罗市	Sao Paul	巴 西	Brazil	1988 年 7 月 7 日	Jul. 7,1988
圣彼得堡市	St Petersburg	俄罗斯	Russia	1988 年 12 月 15 日	Dec. 15,1988
昆士兰州	Queensland	澳大利亚	Australia	1989 年 5 月 24 日	May. 24,1989
伊斯坦布尔市	Istanbul	土耳其	Turkey	1989 年 10 月 23 日	Oct. 23,1989
亚历山大省	Alexandria	埃 及	Egypt	1992 年 5 月 12 日	May. 12,1992
海法市	Haifa	以色列	Israel	1993 年 6 月 22 日	Jun. 22,1993
釜山市	Pusan	韩 国	Republic of Korea	1993 年 8 月 24 日	Aug. 24,1993
胡志明市	Ho Chi Minh City	越 南	Viet Nam	1994 年 5 月 14 日	May. 14,1994
维拉港	Port-Vila	瓦努阿图	Vanuatu	1994 年 6 月 8 日	Jun. 8,1994
达尼丁市	Dunedin	新西兰	New Zealand	1994 年 10 月 21 日	Oct. 21,1994
塔什干市	Tashkent	乌兹别克	Uzbekistan	1994 年 12 月 15 日	Dec. 15,1994
波尔图市	Oporto	葡萄牙	Portugal	1995 年 4 月 15 日	Apr. 15,1995
亚丁省	Aden	也 门	Yemen	1995 年 9 月 14 日	Sep. 14,1995
温得和克市	Windhoek	纳米比亚	Namibia	1995 年 11 月 1 日	Nov. 1,1995
圣地亚哥省	Santiago	古 巴	Cuba	1996 年 7 月 30 日	Jul. 30,1996
罗萨里奥市	Rosario	阿根廷	Argentina	1997 年 6 月 17 日	Jun. 17,1997
埃斯波市	Espoo	芬 兰	Finland	1998 年 9 月 4 日	Sep. 4,1998
哈利斯科州	Jalisco Estado	墨西哥	Mexico	1998 年 11 月 18 日	Nov. 18,1998
利物浦市	Liverpool City	英 国	United Kingdom	1999 年 10 月 18 日	Oct. 18,1999
马普托市	Maputo	莫桑比克	Mozambique	1999 年 10 月 25 日	Oct. 25,1999
清迈府	Chiengmai	泰 国	Thailand	2000 年 4 月 2 日	Apr. 2,2000
迪拜市	Dubai	阿联酋	United Arab Emirates	2000 年 5 月 30 日	May. 30,2000
夸祖鲁-纳塔尔省	KwaZulu-Natal	南 非	South Africa	2001 年 5 月 16 日	May. 16,2001
瓜亚基尔市	Guayaquil	厄瓜多尔	Ecuador	2001 年 7 月 6 日	Jul. 6,2001
瓦尔帕莱索	Valparaiso	智 利	Chile	2001 年 7 月 10 日	Jul. 10,2001
巴塞罗那	Barcelona	西班牙	Spain	2001 年 10 月 31 日	Oct. 31,2001
奥斯陆	Oslo	挪 威	Norway	2001 年 11 月 10 日	Nov. 10,2001
上海与国外建立友好交流关系的城市	**Cities with Friendly Exchange Relations**				
芝加哥市	Chicago	美 国	United States	1985 年 9 月 5 日	Sep. 5,1985
哥德堡市	Gothenburg	瑞 典	Sweden	1986 年 5 月 29 日	Apr. 29,1986
罗纳-阿尔卑斯大区	Rhone-Aples	法 国	France	1986 年 1 月 20 日	Jan. 20,1986
符拉迪沃斯托克	Vladivostok	俄罗斯	Russia	1993 年 4 月 27 日	Apr. 27,1993
全罗南道	Cholla-Namdo	韩 国	Republic of Korea	1996 年 4 月 19 日	Apr. 19,1996
伦敦城	London City	英 国	United Kingdom	1996 年 9 月 4 日	Sep. 4,1996
长崎县	Nagasaki	日 本	Japan	1996 年 10 月 14 日	Oct. 14,1996

表8.24 各国驻沪总领事馆一览(2001 年底)
LIST OF CONSULATES GENERAL OF FOREIGN COUNTRIES IN SHANGHAI

馆 名	Consulates	领区地域	Consular Region
俄罗斯	Russia	上海、浙江、江苏、安徽	Shanghai, Zhejiang, Jiangsu and Anhui
波 兰	Poland	上海、浙江、江苏、安徽、福建	Shanghai, Zhejiang, Jiangsu, Anhui and Fujian
印 度	India	上海、浙江、江苏	Shanghai, Zhejiang and Jiangsu
韩 国	Republic of Korea	上海、浙江、江苏、安徽	Shanghai, Zhejiang, Jiangsu and Anhui
日 本	Japan	上海、浙江、江苏、安徽	Shanghai, Zhejiang, Jiangsu and Anhui
澳大利亚	Australia	上海、浙江、江苏、安徽	Shanghai, Zhejiang, Jiangsu and Anhui
古 巴	Cuba	上海、浙江、江苏、安徽	Shanghai, Zhejiang, Jiangsu and Anhui
法 国	France	上海、浙江、江苏	Shanghai, Zhejiang and Jiangsu
以色列	Israel	上海、浙江、江苏	Shanghai, Zhejiang and Jiangsu
美 国	United States	上海、浙江、江苏、安徽	Shanghai, Zhejiang, Jiangsu and Anhui
荷 兰	Netherlands	上海、浙江、江苏、安徽	Shanghai, Zhejiang, Jiangsu and Anhui
英 国	United Kingdom	上海、浙江、江苏	Shanghai, Zhejiang and Jiangsu
捷 克	Czech	上海、浙江、江苏、安徽	Shanghai, Zhejiang, Jiangsu and Anhui
德 国	Germany	上海、浙江、江苏、安徽	Shanghai, Zhejiang, Jiangsu and Anhui
瑞 士	Switzerland	上海、浙江、江苏、安徽	Shanghai, Zhejiang, Jiangsu and Anhui
加拿大	Canada	上海、浙江、江苏、安徽	Shanghai, Zhejiang, Jiangsu and Anhui
新西兰	New Zealand	上海、浙江、江苏、安徽	Shanghai, Zhejiang, Jiangsu and Anhui
墨西哥	Mexico	上海、浙江、江苏、福建、湖南、江西	Shanghai, Zhejiang , Jiangsu, Fujian, Hunan and Jiangxi
丹 麦	Denmark	上海、浙江、江苏、安徽	Shanghai, Zhejiang, Jiangsu and Anhui
意大利	Italy	上海、浙江、江苏、安徽	Shanghai, Zhejiang, Jiangsu and Anhui
伊 朗	Iran	上海、浙江、江苏、安徽	Shanghai, Zhejiang, Jiangsu and Anhui
新加坡	Singapore	上海、浙江、江苏	Shanghai, Zhejiang and Jiangsu
奥地利	Austria	上海、浙江、江苏、安徽	Shanghai, Zhejiang, Jiangsu and Anhui
芬 兰	Finland	上海、浙江、江苏、安徽	Shanghai, Zhejiang, Jiangsu and Anhui
智 利	Chile	上海、浙江、江苏、安徽	Shanghai, Zhejiang, Jiangsu and Anhui
瑞 典	Sweden	上海、浙江、江苏、安徽	Shanghai, Zhejiang, Jiangsu and Anhui
挪 威	Norway	上海、浙江、江苏、安徽	Shanghai, Zhejiang, Jiangsu and Anhui
比利时	Belgium	上海、浙江、江苏、安徽	Shanghai, Zhejiang, Jiangsu and Anhui
泰 国	Thailand	上海、浙江、江苏、安徽	Shanghai, Zhejiang, Jiangsu and Anhui
土耳其	Turkey	上海、浙江、江苏、安徽	Shanghai, Zhejiang, Jiangsu and Anhui
南斯拉夫	Yugoslavia	上海、浙江、江苏、安徽	Shanghai, Zhejiang, Jiangsu and Anhui
埃 及	Egypt	上海、浙江、江苏、安徽	Shanghai, Zhejiang, Jiangsu and Anhui
西班牙	Spain	上海、浙江、江苏	Shanghai, Zhejiang and Jiangsu
柬埔寨	Cambodia	上海、浙江、江苏、安徽	Shanghai, Zhejiang, Jiangsu and Anhui
马来西亚	Malaysia	上海、浙江、江苏	Shanghai, Zhejiang and Jiangsu
罗马尼亚	Romania	上海、浙江、江苏	Shanghai, Zhejiang and Jiangsu
阿根廷	Argentina	上海、浙江、江苏、安徽	Shanghai, Zhejiang, Jiangsu and Anhui
爱尔兰	Ireland	上海、浙江、江苏、安徽、江西	Shanghai, Zhejiang, Jiangsu , Anhui, and Jiangxi
乌克兰	Ukraine	上海、浙江、江苏、安徽、福建、江西	Shanghai, Zhejiang, Jiangsu , Anhui, Fujian and Jiangxi
巴西领馆	Brazilian Consulate	上海、浙江、江苏、安徽	Shanghai, Zhejiang, Jiangsu and Anhui
牙买加名誉领馆	Jamaica Honorary Consulate	上海、浙江、江苏、安徽	Shanghai, Zhejiang, Jiangsu and Anhui

① 波兰领馆原设天津，1954 年 10 月 22 日迁来上海，当时系领事馆，1955 年 6 月 17 日升格为总领事馆。
② 1990 年 10 月 3 日德国统一后原民主德国驻上海领事馆被联邦德国驻上海总领事馆合并。
③ 原苏联驻上海总领事馆于 1991 年 12 月更名为俄罗斯驻上海总领事馆。
❶ Poland consulate was in Tianjin formerly and moved to Shanghai in Oct. 22, 1954. In Jun. 17, 1955, it was upgraded as consulate general.
❷ In Oct. 3, 1990, former Democratic Germany consulate was combined by the Consulate General of United Germany after Germany unified.
❸ In Dec. 1991, former U. S. S. R. consulate general renamed as Russian consulate general.

第九篇

CHAPTER 9

财政、金融、保险

FISCAL,FINANCIAL AND INSURANCE

表9.1　历年财政收入
FINANCIAL REVENUE

单位:亿元(100 million yuan)

年　份 Year	全市财政收　入 Financial Revenue	中　央收　入 Central Financial Revenue	地方财政收　入 Local Financial Revenue	其　中: of which #企业收入 Revenue of Enterprises	#税收收入 Taxes	#其他收入 Others	#自筹收入 Local-Raised Revenue
1949	0.34	0.26	0.08		0.05	0.02	0.01
1950	7.36	6.27	1.09	0.01	0.64	0.19	0.25
1951	16.94	15.49	1.45	0.13	0.55	0.23	0.54
1952	19.30	16.75	2.55	0.28	0.54	0.53	1.20
1953	28.33	26.34	1.99	0.47	0.92	0.28	0.32
1954	32.14	29.42	2.72	0.72	1.13	0.36	0.51
1955	31.05	28.51	2.54	1.07	0.82	0.19	0.46
1956	40.22	37.16	3.06	1.64	0.76	0.11	0.55
1957	45.77	41.15	4.62	3.15	0.70	0.10	0.67
1958	72.64	58.70	13.94	12.34	0.63	0.13	0.84
1959	101.06	15.93	85.13	58.75	25.26	0.12	1.00
1960	121.10	19.84	101.26	73.83	26.10	0.14	1.19
1961	73.73	14.14	59.59	40.51	17.95	0.15	0.98
1962	61.70	17.34	44.36	27.01	16.37	0.12	0.86
1963	67.99	16.26	51.73	33.28	17.43	0.10	0.92
1964	73.35	15.47	57.88	37.09	19.59	0.14	1.06
1965	83.18	20.28	62.90	39.87	21.71	0.17	1.15
1966	92.49	21.66	70.83	48.60	20.86	0.13	1.24
1967	73.97	17.93	56.04	36.20	18.57	0.10	1.17
1968	83.98	21.55	62.43	40.98	20.14	0.14	1.17
1969	102.30	17.31	84.99	59.24	24.15	0.13	1.47
1970	114.02	14.12	99.90	69.12	29.14	0.18	1.46
1971	123.53	9.40	114.13	81.99	30.34	0.23	1.57
1972	129.11	7.96	121.15	87.24	31.97	0.29	1.65
1973	138.18	8.60	129.58	91.45	36.12	0.16	1.85
1974	143.04	10.29	132.75	92.13	38.52	0.18	1.92
1975	147.11	10.93	136.18	93.41	40.65	0.11	2.01
1976	144.42	11.19	133.23	89.48	41.56	0.08	2.11
1977	159.91	12.22	147.69	100.01	45.36	0.12	2.20
1978	190.67	21.45	169.22	115.30	51.51	0.03	2.38
1979	192.75	20.06	172.69	116.59	53.73	-0.16	2.53
1980	198.85	24.12	174.73	114.39	57.59	0.07	2.68
1981	204.52	30.17	174.35	109.14	62.21	0.18	2.82
1982	200.69	32.70	167.99	99.55	65.00	0.53	2.91
1983	204.34	47.95	156.39	85.94	67.04	0.72	2.69
1984	215.79	51.83	163.96	84.45	76.90	-0.25	2.86
1985	263.86	79.63	184.23	78.32	102.16	1.11	2.64
1986	257.72	78.26	179.46	65.76	108.66	1.68	3.36
1987	241.36	72.39	168.97	48.41	114.00	2.72	3.84
1988	261.69	100.07	161.62	24.01	126.72	6.74	4.15
1989	297.25	130.37	166.88	8.17	143.23	11.61	3.87
1990	284.36	114.33	170.03	2.19	152.37	11.22	4.25
1991	324.66	149.13	175.53	-3.55	161.17	13.37	4.54
1992	340.13	154.57	185.56	-16.52	182.63	12.74	6.71
1993	439.53	197.19	242.34	-33.17	255.70	13.72	6.09
1994	615.91	440.58	175.33	-25.40	179.95	15.07	5.71
1995	702.46	475.16	227.30	-23.56	226.72	16.41	7.73
1996	873.76	585.27	288.49	-5.51	271.28	14.69	8.03
1997	1 070.95	718.62	352.33	8.41	303.64	30.33	9.95
1998	1 146.00	753.78	392.22	4.50	339.34	36.85	11.53
1999	1 390.58	952.36	431.85	13.48	365.29	41.18	11.90
2000	1 752.70	1 246.47	497.96	29.80	417.00	38.70	12.40
2001	1 995.62	1 371.49	620.24	58.08	495.62	55.75	10.79

表9.2 历年财政支出
FINANCIAL EXPENDITURE

单位:亿元(100 million yuan)

年 份 Year	地方财政支出 Local Financial Expenditure	其中 of which #基本建设支出 Capital Construction	#企业挖潜改造支出 Technical Updates and Transformation of Enterprises	#科技三项费用 Science and Technology Promotion	#支援农村生产和农业综合开发支出 Expenditure for Pelping Agricultural Production and Comprehensive Agricultural Development	#城市维护费 City Maintenance	#科教文卫事业费 Science, Education, Culture and Health Care	#行政管理费 Administration
1949	0.07							
1950	0.80							
1951	1.48	0.46			…	0.07	0.32	0.54
1952	2.10	0.91			…	0.05	0.43	0.54
1953	1.87	0.64			…	0.16	0.41	0.57
1954	2.34	0.75			0.01	0.15	0.49	0.66
1955	1.88	0.35			0.02	0.12	0.49	0.69
1956	2.41	0.54			0.06	0.13	0.76	0.72
1957	3.75	1.32			0.02	0.12	0.95	0.65
1958	12.40	9.15			0.01	0.21	1.21	0.60
1959	16.42	8.51			0.07	0.18	1.52	0.81
1960	19.25	10.20			0.18	0.18	2.11	0.79
1961	8.85	3.50			0.41	0.14	1.31	0.71
1962	3.87	1.44		0.01	0.11	0.17	1.18	0.54
1963	4.92	1.42		0.42	0.24	0.50	1.31	0.53
1964	6.77	2.64		0.84	0.18	0.45	1.54	0.58
1965	7.59	2.24		1.12	0.11	0.59	1.58	0.56
1966	7.24	2.10		1.15	0.11	0.52	1.86	0.57
1967	5.99	1.63		0.92	0.10	0.30	1.82	0.55
1968	4.83	1.50		0.34	0.08	0.29	1.52	0.51
1969	8.47	3.61		0.81	0.11	0.30	1.55	0.54
1970	12.88	5.80		1.51	0.14	0.34	1.77	0.63
1971	11.59	5.17		1.94	0.23	0.58	1.85	0.67
1972	11.20	4.64	0.02	1.66	0.27	0.37	2.18	0.71
1973	15.40	5.82	0.01	2.69	0.42	0.51	2.56	0.63
1974	22.06	9.90	1.87	2.24	0.45	0.44	2.70	0.67
1975	26.53	12.87	1.04	4.31	0.58	0.49	2.75	0.69
1976	21.87	9.29	2.26	2.02	0.60	0.61	2.81	0.69
1977	17.18	5.86	0.95	1.90	0.48	0.46	2.75	0.66
1978	26.01	11.75	2.41	1.85	1.40	0.53	3.06	0.83
1979	27.06	12.73	3.45	0.95	1.39	0.75	3.61	0.90
1980	19.18	6.16	2.07	0.67	1.30	0.96	4.23	1.14
1981	19.06	5.42	2.93	0.52	1.02	1.20	4.62	1.15
1982	20.68	4.96	3.67	0.51	1.04	1.57	5.19	1.24
1983	22.39	4.80	4.68	0.82	0.92	1.83	5.62	1.41
1984	30.32	7.97	7.02	1.21	1.16	2.09	6.43	1.73
1985	46.07	14.23	8.48	0.93	1.46	2.75	9.08	1.84
1986	59.08	14.19	12.68	0.86	1.97	3.87	10.87	2.08
1987	53.85	10.03	6.95	0.49	1.68	4.55	11.98	2.28
1988	65.88	5.65	17.87	0.45	2.10	4.63	14.31	1.65
1989	73.31	5.49	16.93	0.49	3.61	5.83	16.51	1.89
1990	75.56	13.97	6.88	0.38	4.07	6.72	18.45	2.30
1991	86.05	12.77	7.95	0.35	4.50	7.34	20.63	2.71
1992	94.99	18.69	3.55	0.23	4.52	9.39	24.50	3.59
1993	129.26	22.21	12.44	0.07	5.30	11.97	32.82	5.57
1994	196.92	34.42	14.22	0.29	6.68	13.22	45.77	7.64
1995	267.89	42.26	28.60	0.15	6.44	17.52	61.02	9.62
1996	342.66	58.80	38.08	0.31	6.72	19.70	77.87	11.06
1997	428.92	82.78	59.80	0.51	8.13	23.81	95.42	13.66
1998	480.70	97.77	51.11	0.88	6.52	27.39	108.14	16.35
1999	546.38	119.56	56.21	1.01	9.59	29.36	121.45	18.87
2000	622.84	132.39	77.59	1.35	11.23	35.52	135.68	22.52
2001	726.38	144.58	100.93	1.29	13.35	40.41	156.03	27.46

表9.3　主要年份地方财政收入
LOCAL FINANCIAL REVENUE IN MAIN YEARS

指　标	Indicators	1995	2000	2001
地方财政收入(亿元)	**Local Financial Revenue(100 million yuan)**	**227.30**	**497.96**	**620.24**
#增值税	Value-added Tax	53.10	93.55	111.95
营业税	Sales Tax	88.30	153.81	191.12
企业所得税	Enterprise Income Tax	42.90	103.03	149.75
个人所得税	Individual Income Tax	15.10	60.24	78.44
#市级财政收入	Financial Revenue at Prefectural Level	105.90	215.81	243.18
区县级财政收入	Financial Revenue at District (County) Level	121.40	282.15	377.06
地方财政收入构成(%)	**Compostion of Local Financial Revenue(%)**	**100**	**100**	**100**
#增值税	Value-added Tax	23.4	18.8	18.0
营业税	Sales Tax	38.8	30.9	30.8
企业所得税	Enterprise Income Tax	18.9	20.7	24.1
个人所得税	Individual Income Tax	6.6	12.1	12.6
#市级财政收入	Financial Revenue at Prefectural Level	46.6	43.3	39.2
区县级财政收入	Financial Revenue at District (County) Level	53.4	56.7	60.8

表9.4　主要年份用于文教、卫生、科学部门的财政支出
FINANCIAL EXPENDITURE ON CULTURE, EDUCATION, HEALTH CARE AND SCIENCE IN MAIN YEARS

单位:亿元(100 million yuan)

年　份 Year	合　计 Total	其　中　of which					
		#教　育 Education	#卫　生 Health Care	#公费医疗 Free Medical Service	#科　学 Science	#通信广播 Communication and Broadcasting	#计划生育 Family Planning
1978	3.43	2.05	0.67	0.18	0.11	0.07	0.01
1980	4.77	2.89	0.95	0.20	0.19	0.10	0.02
1985	11.14	6.58	2.35	0.43	0.39	0.30	0.08
1986	13.23	7.51	2.86	0.54	0.61	0.36	0.08
1987	13.92	7.47	2.83	0.75	1.09	0.29	0.11
1988	15.98	8.60	3.09	1.02	1.19	0.29	0.10
1989	20.05	10.25	4.09	1.27	1.73	0.35	0.10
1990	21.81	11.35	4.53	1.53	1.76	0.36	0.18
1991	23.55	12.48	4.30	1.74	1.45	0.56	0.17
1992	27.63	14.93	5.29	2.31	1.78	0.56	0.20
1993	37.56	20.06	6.37	4.15	2.22	0.43	0.22
1994	53.46	31.21	8.25	5.28	3.14	0.54	0.29
1995	70.97	39.44	9.62	7.35	4.99	0.53	0.34
1996	87.44	49.89	11.19	9.47	5.68	0.61	0.38
1997	105.40	63.59	14.90	11.74	5.58	0.66	0.44
1998	117.48	76.01	12.42	13.53	5.48	0.64	0.49
1999	121.25	84.27	13.51	16.10	6.18	0.62	0.57
2000	133.93	93.79	13.67	17.93	7.32	0.61	0.61
2001	167.37	111.06	17.11	17.46	8.47	0.69	0.72

表9.5 主要年份金融机构存贷款余额
SAVING DEPOSIT AND LOAN BALANCE OF FINANCIAL INSTITUTIONS IN MAIN YEARS

单位:亿元(100 million yuan)

指 标	Indicators	1995	2000	2001
金融机构存款余额	**Saving Deposit of Financial Institutions**	**4 675.09**	**9 349.83**	**11 247.90**
中资金融机构	Chinese-funded Financial Institutions	4 565.56	9 088.66	10 972.45
人民币	RMB	3 783.51	7 771.50	9 584.22
外汇(折人民币)	Foreign Currency(Converting into RMB)	782.05	1 317.16	1 388.23
外资金融机构	Foreign-funded Financial Institutions	109.53	261.17	275.45
外汇(折人民币)	Foreign Currency (Converting into RMB)	109.53	196.41	178.34
人民币	RMB		64.76	97.11
金融机构贷款余额	**Loan Balances of Financial Institutions**	**3 832.04**	**7 254.26**	**8 543.02**
中资金融机构	Chinese-funded Financial Institutions	3 332.53	6 427.84	7 740.36
人民币	RMB	2 822.71	5 959.51	7 187.90
外汇(折人民币)	Foreign Currency (Converting into RMB)	509.82	468.33	552.46
外资金融机构	Foreign-funded Financial Institutions	499.51	826.42	802.66
外汇(折人民币)	Foreign Currency (Converting into RMB)	499.51	635.50	512.92
人民币	RMB		190.92	289.74

表9.6 主要年份银行存贷款余额
SAVING DEPOSIT AND LOAN BALANCE OF BANK IN MAIN YEARS

单位:亿元(100 million yuan)

指 标	Indicators	1995	2000	2001
银行存款余额	**Total Saving Deposit Balance**	**3 056.76**	**6 925.99**	**8 570.36**
#企业存款	Enterprise Deposit	1 601.88	4 127.65	5 042.29
财政性存款	Treasury Saving Deposit	142.27	179.68	199.30
农业存款	Rural Saving Deposit	12.33	171.29	221.99
银行贷款余额	**Total Loan Balance**	**2 387.33**	**5 415.71**	**6 583.30**
#短期贷款	Short Term	1 773.36	4 013.43	3 824.72
#工 业	Industry	792.40	1 094.43	1 137.58
商 业	Commerce	582.21	681.74	644.36
中长期贷款	Middle and Long Term	432.27	1 043.43	2 128.80

表9.7　现金收入和支出(1985～2001)
CASH INCOME AND PAYOUT

单位:亿元(100 million yuan)

年　份 Year	现金收入 Cash Income	其　中　of which #商品销售收　入 Commodity Sales Income	#储蓄存款收　入 Savings Income	#服务事业收　入 Service Undertaking Income	现金支出 Cash Payout	其　中　of which #工资及对个人支出 Wage and Personal Payout	#储蓄存款支　出 Saving Payout	#行政管理支　出 Administra- tive Payout	#农副产品采购支出 Agricultural Sideline Product Stock Payout
1985	229.63	138.28	53.03	16.18	197.55	87.08	44.84	12.45	8.35
1986	271.11	158.62	68.53	19.32	239.84	107.60	56.52	16.37	9.15
1987	330.83	181.16	91.24	23.74	292.26	125.50	74.08	21.51	9.52
1988	449.25	242.85	123.58	30.14	421.66	165.57	116.66	35.49	12.07
1989	507.70	259.67	149.14	35.52	468.54	188.68	120.11	45.12	17.00
1990	554.62	267.02	166.78	45.30	523.97	213.50	126.17	52.04	18.74
1991	697.34	312.02	220.87	59.38	667.14	256.55	178.78	64.94	19.11
1992	1 107.00	407.75	369.79	85.01	1 089.77	344.11	342.68	103.08	17.41
1993	1 766.29	594.21	647.16	126.20	1 776.11	495.36	585.66	208.33	18.75
1994	2 218.79	690.47	893.00	181.97	2 300.72	680.32	703.91	285.53	20.04
1995	3 017.36	828.25	1 398.83	208.13	3 102.50	913.91			23.52
1996	3 469.05	938.91	1 596.81	241.53	3 650.54	932.22			27.29
1997	4 026.57	998.75	1 877.66	279.41	4 219.72	779.27		455.81	21.87
1998	5 681.56	1 384.74	2 866.31	439.09	5 856.38	1 023.70	3 117.37	744.89	29.61
1999	6 430.00	1 506.02	3 370.06	493.27	6 612.87	949.15	3 749.12	856.16	46.10
2000	7 946.79	1 827.34	4 042.11	552.84	8 041.05	897.47	4 738.28	1 085.23	43.42
2001	10 102.34	2 085.64	5 937.10	574.42	10 305.35	977.28	6 268.39	1 426.58	52.03

表9.8　主要年份保险费收入和赔款及给付
PREMIUMS INCOME, INDEMNITY EXPENDITURE AND PAYMENT IN MAIN YEARS

年　份 Year	保险费收入 (万元) Premium Income (10 000 yuan)	赔款及给付支出 (万元) Indemnity Expenditure and Payment (10 000 yuan)	赔款率(%) Indemnity and Payment Ration (%)
1978	1 744	1 653	94.8
1980	6 967	1 341	19.2
1985	22 725	5 385	23.7
1990	89 905	22 179	24.7
1991	111 579	44 667	40.0
1992	111 000	42 300	38.1
1993	144 600	58 900	40.7
1994	211 976	119 088	56.2
1995	257 344	127 478	49.5
1996	524 000	150 000	28.6
1997	875 900	191 000	21.8
1998	1 029 200	286 664	27.9
1999	1 152 100	394 600	34.3
2000	1 272 300	362 000	28.5
2001	1 802 500	388 200	21.5

表9.9 主要年份外汇交易额、人民币市场加权汇率和全国银行间资金拆借情况
FOREIGN EXCHANGE VOLUME,WEIGHTED EXCHANGE RATE OF RMB MARKET AND NATIONAL INTERBANK FUNDING IN MAIN YEARS

指 标	Indicators	1995	2000	2001
外汇市场交易额	**Total Forex Trade**			
美元(亿美元)	US dollar(100 million US dollars)	595.10	412.30	741.35
港币(亿港元)	Hk dollar(100 million HK dollars)	431.60	33.60	30.62
日元(亿日元)	JP yen(100 million JP yen)	492.70	553.40	613.92
人民币市场加权汇率(人民币/本币)	**Weighted Exchange Rate of RMB Market (RMB/Foreign Currency)**			
美 元	US dollar	8.3494	8.2774	8.2766
港 币	HK dollar	1.0817	1.0606	1.0605
日 元	JP yen	8.8114	7.1879	6.3012
全国银行间资金拆借(亿元)	**National Interbank Funding(100 million yuan)**			
资金拆借总额	Total Funding		6 728.07	8 082.02
年末资金拆借余额	Total Funding at the End of the Year		289.00	200.60

表9.10 上海证券交易所股票发行总额(1995~2001)
TOTAL VOLUME OF STOCKS ISSUED IN SHANGHAI STOCK EXCHANGE

单位:亿元(100 million yuan)

指 标	Indicators	1995	1996	1997	1998	1999	2000	2001
总 计	**Total**	**557.76**	**740.66**	**1 062.39**	**1 375.86**	**1 675.66**	**2 127.93**	**3 467.35**
非流通股份	Non-circulation Shares	5.48	484.23	689.82	900.63	1 085.74	1 383.43	2 326.91
国家股	Government	245.38	303.36	399.77	552.32	682.96	926.68	1 837.35
境内发起法人股	Domestic Corporation	74.31	106.80	178.32	211.80	232.51	278.17	293.87
外资法人股	Foreign Corporation	5.59	7.83	9.90	13.10	16.10	21.76	25.63
募集法人股	Funded Corporation	34.87	51.46	69.70	78.80	110.86	119.22	143.17
内部职工股	Incompany Employees	1.29	6.30	15.24	19.72	14.96	13.11	17.85
转配遗留及其他	Transferred,Left and Others	4.04	8.48	16.89	24.89	28.36	24.49	9.04
可流通股份	Circulation Shares	192.28	256.43	372.57	475.23	589.92	744.50	1 140.44
A 股	A Shares	95.21	141.31	217.95	305.49	412.94	563.92	746.85
B 股	B Shares	34.65	45.28	67.61	74.23	81.47	85.07	90.68
H 股	H Shares	62.42	69.84	87.01	95.51	95.51	95.51	302.91

表9.11　上海企业向社会发行股票面值、发行值和筹资值(1984~2001)

FACE VALUE、OFFERING PRICE AND VALUE OF THE FUNDS RAISED FROM THE IPO SALES BY SHANGHAI COMPANIES

年份 Year	股票发行数(个) IPO Volume(unit) 合计 Total	A股 A Shares	B股 B Shares	H股 H Shares	股本面值(亿元) Face Value(100 million yuan) 合计 Total	A股 A Shares	B股 B Shares	H股 H Shares	发行值(亿元) Issued Value (100 million yuan)	向社会筹资额(亿元) Amount collected Brom the society (100 million yuan)
1984	1	1			0.01	0.01			0.01	0.01
1985	2	2			0.05	0.05			0.05	0.05
1987	3	3			1.79	1.79			1.79	0.24
1988	1	1			0.07	0.07			0.07	0.05
1991	2	2			0.34	0.34			1.37	1.30
1992	63	53	10		112.22	103.67	8.55		210.27	125.06
1993	45	31	13	1	105.57	80.24	8.53	16.80	169.32	100.82
1994	11		10	1	10.81		8.65	2.16	38.48	38.48
1995	1		1		0.80		0.80		1.84	1.84
1996	9	8	1		12.91	12.11	0.80		25.38	17.10
1997	11	8	2	1	68.58	51.11	1.80	15.67	113.78	71.50
1998	7	6	1		26.53	24.13	2.40		69.28	52.72
1999	2	2			27.33	27.33			69.15	46.66
2000	4	3	1		139.18	137.34	1.84		227.91	112.24
2001	3	3			8.72	8.72			30.44	24.13

① 本表反映新股第一次上市发行的股本面值、结构和发行值等情况。
② 间断的年份表明未发行新股。
❶ The capital face value, struclure and the initial public offering prices of the new shares when first put on the market are included in the this form.
❷ No shares were issued in the unrecorded years.

表9.12　上海证券交易所有价证券成交总额(1991~2001)

TOTAL PRICED SECURITIES TRANSACTION IN SHANGHAI SECURITIES TRADE MARKET

单位:亿元(100 million yuan)

年份 Year	合计 Total	股票 Securities	基金 Funds	国债 State Treasury Bond	其中 of which 现货 Spot	回购 Repo	期货 Futures	其他 others
1991	46	8		32	32			5
1992	324	247		70	70			6
1993	2 607	2 468	12	87	61		26	40
1994	25 546	5 735	117	19 575	457	63	19 054	118
1995	55 154	3 103	306	51 628	764	1 172	49 692	117
1996	27 661	9 115	497	17 402	4 962	12 439		648
1997	29 843	13 763	220	15 381	3 468	11 912		479
1998	34 336	12 386	605	21 235	6 046	15 188		109
1999	35 992	16 966	1 366	17 401	5 277	12 124		260
2000	49 901	31 374	1 334	16 804	3 657	13 147		389
2001	44 144	22 709	1 349	19 726	4 383	15 343		360

表9.13 上证综合指数(1990~2001)
SHANGHAI COMPOSITE IN DEX

年份 Year	开盘 Open	最高 High	日期 Date		最低 Low	日期 Date		收盘 Close
1990	96.05	127.61	12月31日	31,Dec	95.79	12月19日	19,Dec	127.61
1991	127.61	292.75	12月31日	31,Dec	104.96	5月17日	17,May	292.75
1992	293.74	1 429.01	5月26日	26,May	292.76	1月2日	2,Jan	780.39
1993	773.89	1 558.98	2月16日	16,Feb	750.46	12月20日	20,Dec	833.80
1994	837.70	1 052.94	9月13日	13,Sep	325.89	7月29日	29,July	647.87
1995	637.72	926.41	5月22日	22,May	524.43	2月7日	7,Feb	555.29
1996	550.26	1 258.69	12月11日	11,Dec	512.83	1月19日	19,Jan	917.02
1997	914.06	1 510.18	5月12日	12,May	870.80	2月20日	20,Feb	1 194.10
1998	1 200.95	1 422.95	6月4日	4,June	1 043.02	8月18日	18,Aug	1 146.70
1999	1 144.89	1 756.18	6月30日	30,June	1 047.83	5月17日	17,May	1 366.58
2000	1 368.69	2 125.72	11月23日	23,Nov	1 361.21	1月4日	4,Jan	2 073.48
2001	2 077.08	2 245.44	6月14日	14,June	1 514.86	10月22日	22,Oct	1 645.97

表9.14 投资者开户情况(1995~2001)
ACCOUNT-OPENING BY INVESTORS

单位:万户(10 000)

	指标 Indicators	1995	1996	1997	1998	1999	2000	2001
开户总数	**Total**							
总数	Total	685.20	1 207.87	1 713.31	1 999.41	2 281.12	2 957.84	3 419.85
个人	Private	682.32	1 204.11	1 708.09	1 993.14	2 272.80	2 944.89	3 403.06
机构	Institutional	2.88	3.76	5.22	6.26	8.32	12.95	16.79
A股开户数	**A Shares**							
总数	Total	682.50	1 203.30	1 706.77	1 991.61	2 272.23	2 943.32	3 326.94
个人	Private	680.00	1 200.00	1 702.19	1 986.05	2 264.67	2 931.20	3 311.07
机构	Institutional	2.50	3.30	4.59	5.56	7.56	12.12	15.87
B股开户数	**B Shares**							
总数	Total	2.70	4.57	6.54	7.80	8.88	14.52	92.91
个人	Private	2.32	4.11	5.91	7.10	8.13	13.69	91.99
机构	Institutional	0.38	0.46	0.63	0.70	0.76	0.83	0.92
新开户总数	**Newly Open**							
总数	Total	110.31	522.67	505.44	286.10	281.71	676.72	462.00
个人	Private	109.75	521.79	503.98	285.05	279.66	672.09	458.17
机构	Institutional	0.56	0.88	1.46	1.04	2.05	4.64	3.83
A股新开户数	**Newly Open of A Shares**							
总数	Total	109.50	520.80	503.48	284.83	280.62	671.08	383.61
个人	Private	109.00	520.00	502.19	283.86	278.62	666.52	379.87
机构	Institutional	0.50	0.80	1.29	0.97	2.00	4.56	3.75
B股新开户数	**Newly Open of B Shares**							
总数	Total	0.81	1.87	1.97	1.26	1.09	5.64	78.38
个人	Private	0.75	1.79	1.80	1.19	1.03	5.56	78.30
机构	Institutional	0.06	0.08	0.17	0.07	0.06	0.08	0.08

表9.15　上海企业公开发行股票(A股)一览(1984~2001)
LIST OF STOCKS PUBLICLY ISSUED BY SHANGHAI ENTERPRISES

名　称	Name	股票价格(元) Price (yuan)		股本面值(万元) Face Value(10 000 yuan)			发行值(万元) Issued Value (10 000 yuan)
		面　值 Face Value	发行价 Issued Price	国家股 Government Share	社会法人股 Cooperation Share	个人股 Personal Share	
1984 年	**Year of 1984**				**17**	**33**	**50**
飞乐音响	Feile Accoustics	50.00	50.00		17	33	50
1985 年	**Year of 1985**				32	498	530
延中实业	Yan Zhong	50.00	50.00		20	480	500
爱　使	AiShi	50.00	50.00		12	18	30
1987 年	**Year of 1987**			**15 485**	**680**	**1 730**	**17 895**
真空电子	Vacuum Electron	100.00	100.00	14 244		1 450	15 694
申华实业	Shenhua	100.00	100.00		30	70	100
飞乐股份	Feile Accoustics	100.00	100.00	1 241	650	210	2 101
1988 年	**Year of 1988**			**165**	**356**	**129**	**650**
豫园商城	Yuyuan Bazar	100.00	100.00	165	356	129	650
1991 年	**Year of 1991**				**1 603**	**1 100**	**13 658**
兴业房产	Xingye Real Estate	10.00	35.00		803	500	5 258
浦东大众	Pudong Dazhong	10.00	60.00		800	600	8 400
1992 年	**Year of 1992**			**711 893**	**116 350**	**68 326**	**1 675 752**
二纺机	ErfangJi	10.00	38.00	14 134	800	3 020	28 650
轻工机械	Light Ind Mach	10.00	24.00	15 516		1 000	17 916
嘉　丰	Jiafeng	10.00	35.00	5 913	150	1 000	9 938
联合实业	United Holding	10.00	43.00			1 100	12 923
异型钢管	Special Steel Tube	10.00	28.00	2 335	475	800	5 905
中纺机	China Textile Mach	10.00	38.00	11 010	1 300	1 500	21 650
大众出租	DaZhong Taxi	10.00	49.00	5 090	500	500	9 990
第一铅笔	First Pencil	10.00	40.00	2 892	508	500	6 924
永生制笔	Wing Sung	10.00	72.00	4 404	700	500	13 044
胶带股份	Rubber Belt	10.00	35.00	3 395	500	500	6 895
丰华圆珠	Fenghua Ballpen	10.00	55.00	3 872	1 200	600	13 772
第一食品	1st Provision Store	10.00	58.00	969	570	730	9 079
联华合纤	Lian Hua Fibre	10.00	55.80	5 289	1 500	500	16 449
氯碱化工	Chlor Alkali	10.00	54.00	50 538	7 000	1 643	97 210
冰箱压缩	Refrige Compressor	10.00	48.00	7 991	3 000	1 000	27 191
联　农	United Agriculture	10.00	50.00		1 100	600	9 300
金　陵	Jinling	10.00	42.00		1 217	600	10 913
嘉宝实业	Jiabao	10.00	50.00		1 500	1 000	20 626
轮胎橡胶	Tyre and Rubber	10.00	68.00	43 201	400	1 600	56 801
复华实业	Forward	10.00	52.00	432		1 500	10 639
水仙电器	Narcissus Electric	10.00	46.00	6 078	1 700	800	17 578
申达实业	Shenda	10.00	30.00	10 155	2 300	1 200	20 655
电　器	Electric	10.00	44.00	36 151	2 000	2 500	55 951
新世界	New World	10.00	88.00	820	241	400	6 500
棱光实业	Lengguang	10.00	22.00	1 880	400	1 100	5 180
龙头股份	Dragon Head	10.00	38.00	12 947	3 000	1 500	30 047
中百一店	No. 1 Store	10.00	89.00	6 808	3 000	2 300	53 978
华联商厦	Shanghai Hualian	10.00	92.80	3 653	2 800	1 700	45 413
双鹿电器	Shuanglu Elec	10.00	56.60		3 000	500	25 527

表9.15 续表1 continued

名 称 Name		股票价格(元) Price (yuan) 面 值 Face Value	发行价 Issued Price	股本面值(万元) Face Value(10 000 yuan) 国家股 Government Share	社会法人股 Cooperation Share	个人股 Personal Share	发行值 (万元) Issued Value (10 000 yuan)
海鸟电子	Albatronics	10.00	40.00			600	3 329
三爱富	3F New Material	10.00	34.00	3 000	500	1 500	9 800
广电股份	Radio and Audio	10.00	48.00	39 384	4 000	2 538	70 766
黄浦房产	Huangpu Real Estate	10.00	60.80	4 069	2 100	793	22 720
浦东金桥	Jin Qiao	10.00	25.00	24 000		3 000	34 500
国脉实业	Guo Mai	10.00	51.80		2 129	750	19 034
众城实业	Zhongcheng	10.00	12.00			1 000	6 380
申 能	Shenergy	10.00	28.00	212 286	25 000	2 988	290 652
爱 建	Aijian	10.00	70.00		2 000	2 500	42 000
望春花	Wang Chun Hua	10.00	50.00		700	500	7 822
国嘉实业	Citic-Jiading	10.00	36.00		500	500	5 598
新亚快餐	New Asia Fast Food	10.00	32.80		300	400	3 296
外高桥	Outer Gaoqiao	10.00	28.00	24 000		1 000	29 800
原 水	Raw Water	10.00	38.00	48 993	14 875	2 374	114 539
新锦江	Jinjiang Tower	10.00	52.00		6 000	2 000	50 230
豫圆商城	Yuyuan Bazar	10.00	80.00	1 619	4 000	1 350	48 740
南洋实业	Nanyang Int'l	10.00	55.80	541	1 824	750	18 389
浦东强生	Qiang Sheng Taxi	10.00	28.50			720	3 132
陆家嘴	Lujiazui	10.00	28.00	67 000		1 500	74 200
沪昌特钢	Huchang Sp Steel	10.00	28.00	19 528	5 431	3 500	56 076
良华实业	Liang Hua	10.00	24.50		1 570	730	9 605
东方明珠	Oriential Pearl	10.00	51.00		2 000	2 000	57 400
商业网点	Commerial Re	10.00	41.00		1 260	740	11 050
凌 桥	Lingqiao Tapwater	10.00	15.00	12 000	1 300	2 400	20 050
1993 年	**Year of 1993**			**598 397**	**34 051**	**83 390**	**1 155 968**
中华企业	China Enterprise	1.00	6.50	5 863	493	1 507	18 864
钢 运	Steel Trans	1.00	4.00	3 584	500	1 000	9 584
上海凤凰	Phoenix Bicycle	1.00	6.00	22 176	1 000	2 000	40 176
邮通设备	Posts and Telecoms	1.00	5.00	4 761	900	1 000	14 261
上海石化	Shanghai Petrochem	1.00	3.00	400 000	15 000	40 000	565 000
上海三毛	Sanmao Textile	1.00	4.00	4 909	750	1 000	11 909
亚 通	Ya Tong	1.00	2.80	3 216	800	1 000	8 256
大 江	Dajiang (Group)	1.00	4.00		1 000	1 500	53 435
上海永久	Forever Bicycle	1.00	5.50	14 801	1 000	1 300	27 451
耀皮玻璃	Yaohua Pilkington	1.00	6.30		452	2 500	44 645
隧 道	Tunnel Engineering	1.00	3.40	5 533	900	2 000	15 393
物贸中心	Goods and Materials	1.00	3.70	12 087	900	1 000	19 117
万象集团	Wan Xiang	1.00	5.00	3 000	750	1 250	13 000
益民集团	Yimin	1.00	6.60	3 763		1 270	12 145
时 装	Fashion Clothing	1.00	5.40	3 000	750	1 250	13 800
兰 生	Lansheng	1.00	5.50	10 613		3 550	30 138
友谊华侨	Friendship	1.00	5.20	3 000	497	1 003	10 800
上菱电器	Shangling Electric	1.00	5.50	17 665	900	1 800	32 515

表9.15 续表2 continued

名 称 Name		股票价格(元) Price (yuan) 面 值 Face Value	发行价 Issued Price	股本面值(万元) Face Value(10 000 yuan) 国家股 Government Share	社会法人股 Cooperation Share	个人股 Personal Share	发行值(万元) Issued Value (10 000 yuan)
界龙实业	Jielong	1.00	4.00	464	609	1 250	10 577
农垦商社	Saic Trading	1.00	5.00	3 759		1 260	10 059
第九百货	No.9 Store	1.00	5.00	3 000	750	1 250	13 000
上　柴	Diesel Engine	1.00	5.20	20 142	1 000	1 800	34 702
中西药业	Zhongxi Pharm	1.00	5.00	3 080	670	1 250	12 680
工业缝纫	Industrial Sewing	1.00	5.80	9 720	1 000	1 200	22 480
英　雄	Hero	1.00	5.80	5 821	680	1 000	15 565
钢　管	Steel Tube	1.00	4.00	13 640	1 000	1 200	22 440
同济科技	Tongji Science	1.00	6.00	491		1 300	11 509
自　仪	Auto Instrument	1.00	3.50	15 886	1 000	2 200	27 086
四　药	No.4 Pharm	1.00	4.50	4 297		1 500	11 047
华东电脑	East-china Computer	1.00	3.00	126	750	1 250	9 000
海　欣	Haixin	1.00	7.00			1 000	15 334
1996 年	**Year of 1996**			**43 824**	**4 360**	**25 350**	**241 523**
东海股份	Shanghai Donghai	1.00	5.80	5 482	1 260	3 250	34 040
民丰实业	Minfeng	1.00	4.90	2 497	300	2 250	18 934
上海港机	Shanghai Port Ma	1.00	5.18	7 960	400	3 600	28 680
浦东不锈	Pudong Stainless	1.00	5.40	4 021	600	5 400	50 400
新亚股份	New Asia	1.00	4.90	16 364	600	2 500	37 554
巴士股份	Shanghai Bus	1.00	5.80		300	2 200	17 200
张江高科	Zhangjiang Hi-te	1.00	6.15	7 500		2 500	22 875
中国高科	China High Tech		4.80		900	3 650	31 840
1997 年	**Year of 1997**			**111 868**	**8 825**	**79 425**	**854 362**
江南重工	Jiangnan Heavy Industry	1.00	5.37	7 201	600	5 400	39 421
中纺投资	China Textile Investment	1.00	6.20	5 417	300	2 700	26 600
上海梅林	Shanghai Meilin	1.00	4.00	17 000	1 000	9 000	57 000
华源股份	China Energy	1.00	7.04		400	3 600	36 513
东方航空	Eastern Airline	1.00	2.45		3 000	27 000	373 500
上海汽车	Shanghai Auto	1.00	7.02	70 000	3 000	27 000	280 600
东风电仪	Dongfeng Elec Instruments	1.00	7.55	3 750	125	1 125	13 188
长江投资	Changjiang Investment	1.00	4.76	8 500	400	3 600	27 540
1998 年	**Year of 1998**			**146 905**	**7 140**	**68 661**	**637 987**
沪东重机	Hudong Heavy Machine	1.00	3.83	14 954	700	6 300	41 764
航天机电	Hangtian Elec	1.00	5.76	20 400	680	6 120	59 568
上海贝岭	Shanghai Belling	1.00	6.53	12 851	760	11 241	99 785
上海建工	Shanghai Construction	1.00	6.67	38 700	1 500	13 500	138 750
虹桥机场	Hongqiao Airport	1.00	6.41	60 000	3 000	27 000	252 300
复星实业	Shanghai Fuxing	1.00	7.15		500	4 500	45 820
1999 年	**Year of 1999**			**156 530**	**53 320**	**39 650**	**150 580**
浦发银行	Pudong Development Bank	1.00	10.00	156 530	52 470	32 000	60 100
紫江实业	Zijiang	1.00	7.84		850	7 650	90 480
2000 年	**Year of 2000**			**1 155 340**	**159 300**	**57 400**	**2 242 886**
上港集箱	Shanggang Containers	1.00	11.98	67 840	12 600	8 400	320 800
宝钢股份	Baosteel	1.00	4.18	1 063 500	142 700	45 000	1 848 086
东方创业	Dongfang	1.00	6.25	24 000	4 000	4 000	74 000
2001 年	**Year of 2001**			**44 018**	**9 250**	**24 000**	**304 041**
上海家化	Shanghai Jahwa	1.00	9.18	8 997	7 600	8 000	92 440
上海能源	Shanghai Energy	1.00	9.00	29 021		11 000	128 151
交大昂立	Jiao Tong University	1.00	13.77	6 000	1 650	5 000	83 850

表9.16 上海企业向海外发行人民币特种股票(B股)一览(1992～2001)
LIST OF SPECIAL STOCKS (B-SHARE) ISSUED ABROAD BY SHANGHAI ENTERPRISES

名　称	Name	股票价格 Price 股票面值(元) Face Value (yuan)	发行价 Issued Price 美　元 USD	折人民币(元) Converting into RMB (yuan)	发行B股面值(万元) Face Value of B-Share (10 000 yuan)	发行值 Issued Value 万美元 USD 10 000	折人民币(万元) Converting into RMB (10 000 yuan)
1992 年	**Year of 1992**				**85 500**	**65 558**	**426 891**
真　空	Vacuum	100.00	71.20	420.00	10 000	7 120	42 000
二　纺	Erfang Ji	10.00	6.10	38.80	12 500	7 625	48 500
大　众	Dazhong	10.00	6.50	43.00	2 500	1 626	10 750
永　生	Wing Sung	10.00	8.36	53.00	2 500	2 091	13 250
中　铅	First Pencil	10.00	5.20	34.70	2 500	1 301	8 675
中　纺	China Textile	10.00	6.10	40.00	7 000	4 270	28 000
胶　带	Bubber Belt	10.00	5.31	35.00	2 500	1 327	8 750
氯　碱	Chlor Alkali	10.00	8.00	52.50	24 000	19 200	126 000
轮　胎	Tyre and Rubber	10.00	11.00	72.98	17 000	18 701	124 066
冰　箱	Refrigerator	10.00	4.60	33.80	5 000	2 300	16 900
1993 年	**Year of 1993**				**85 300**	**38 464**	**339 100**
金　桥	Jinqiao	1.00	0.3440	2.8000	11 000	3 784	30 800
外高桥	Outer Gaoqiao	1.00	0.3800	4.0700	8 500	3 230	34 595
联　华	Lian Hua	1.00	0.3800	3.3400	3 000	1 140	10 020
新锦江	Jinjiang Tower	1.00	0.3790	3.3000	9 000	3 411	29 700
永　久	Forever Bicycle	1.00	0.3550	3.0900	6 000	2 130	18 540
凤　凰	Phoenix Bicycle	1.00	0.4050	3.5200	10 000	4 050	35 200
海　欣	HaiXin	1.00	0.7000	6.0900	3 500	2 450	21 315
耀　皮	Yaohua Pilkinton	1.00	0.7200	6.2664	10 000	7 200	62 664
大　江	Dajiang (Group)	1.00	0.4020	3.5000	3 500	1 407	12 250
上　柴	Diesel Engine	1.00	0.5230	4.5500	10 000	5 230	45 500
英　雄	Hero	1.00	0.4390	3.8200	3 500	1 537	13 370
三　毛	Sanmao	1.00	0.3440	2.9800	3 300	1 135	9 834
友　谊	Friendship	1.00	0.4400	3.8280	4 000	1 760	15 312
1994 年	**Year of 1994**				**86 500**	**39 400**	**349 970**
工　缝	Industrial Sewing	1.00	0.4200	3.6540	7 500	3 150	27 405
上　菱	Shangling	1.00	0.7500	6.5220	7 000	5 250	45 654
钢　管	Steel Tube	1.00	0.3980	4.0000	8 000	3 184	32 000
物　贸	Goods and Materials	1.00	0.2580	3.7000	5 000	1 290	18 500
自　仪	Auto Instrument	1.00	0.2480	2.1576	7 000	1 736	15 103
国　旅	Int'L Travel	1.00	0.3600	3.0769	6 000	2 160	18 461
邮　通	Posts and Telecoms	1.00	0.5200	4.4356	6 000	3 120	26 614
水　仙	Narcissus	1.00	0.2650	2.2602	10 000	2 650	22 602
陆家嘴	Lujiazui	1.00	0.6680	5.6925	20 000	13 360	113 850
新　亚	New Asia	1.00	0.3500	2.9781	10 000	3 500	29 781
1995 年	**Year of 1995**				**8 000**	**2 216**	**18 400**
金　泰	Jintai	1.00	0.2770	2.3000	8 000	2 216	18 400
1996 年	**Year of 1996**				**800**	**1 496**	**12 320**
汇　丽	Huili	1.00	0.1870	1.5400	800	1 496	12 320
1997 年	**Year of 1997**				**18 000**	**6 378**	**52 857**
井　井	Kai Kai	1.00	0.2560	2.0992	8 000	2 048	16 957
振　华	Zhenghua	1.00	0.4330	3.5260	10 000	4 330	35 900
1998 年	**Year of 1998**				**35 000**	**9 704**	**80 367**
凯　马	Kaima B	1.00	0.2760	2.2870	24 000	6 624	54 847
茉织华	Mozhihua	1.00	0.2800	2.3200	11 000	3 080	25 520
2000 年	**Year of 2000**				**184 000**	**4 379**	**36 248**
凌　云	Lingyun	1.00	0.2380	1.9700	184 000	4 379	36 248

注：1999、2001 年没有发行新的 B 股。
Note: There was no new B-share issued in 1999 and 2001.

第十篇 农业

CHAPTER 10

AGRICULTURE

表10.1 历年农业总产值
GROSS OUTPUT VALUE OF AGRICULTURE

单位:亿元(100 million yuan)

年 份 Year	农业总产值 Gross Output Value of Agriculture	种植业 Planting	林 业 Forestry	牧 业 Animal Husbandry	副 业 Sideline	渔 业 Fishery
1949	2.27	1.74	0.01	0.29	0.20	0.03
1950	2.62	2.08	0.01	0.31	0.18	0.04
1951	3.16	2.55	0.01	0.37	0.18	0.05
1952	3.43	2.77	0.02	0.41	0.16	0.07
1953	3.70	3.02	0.02	0.42	0.16	0.08
1954	3.36	2.59	0.02	0.50	0.14	0.11
1955	3.79	3.06	0.02	0.46	0.13	0.12
1956	3.87	3.10	0.02	0.50	0.14	0.11
1957	4.13	3.37	0.01	0.42	0.16	0.17
1958	5.71	5.17	0.02	0.21	0.15	0.16
1959	6.61	5.81	0.03	0.36	0.17	0.24
1960	6.69	5.81	0.03	0.33	0.25	0.27
1961	6.73	6.10	0.03	0.26	0.06	0.28
1962	7.61	6.78	0.03	0.27	0.22	0.31
1963	7.66	6.93	0.03	0.23	0.15	0.32
1964	9.61	8.44	0.04	0.50	0.14	0.49
1965	10.61	8.76	0.04	1.04	0.15	0.62
1966	10.77	8.81	0.04	1.20	0.15	0.57
1967	11.09	8.84	0.03	1.19	0.36	0.47
1968	12.34	9.74	0.02	1.43	0.52	0.63
1969	12.54	9.66	0.02	1.80	0.50	0.56
1970	12.29	9.33	0.03	1.95	0.58	0.40
1971	12.71	8.92	0.04	2.46	0.64	0.65
1972	14.24	10.60	0.03	2.66	0.41	0.54
1973	13.89	10.03	0.06	2.52	0.74	0.54
1974	14.96	11.45	0.06	2.16	0.77	0.52
1975	14.17	9.70	0.07	3.03	0.63	0.74
1976	15.95	11.24	0.08	3.35	0.71	0.57
1977	14.72	10.57	0.06	3.24	0.27	0.58
1978	18.26	13.49	0.06	3.67	0.18	0.86
1979	20.41	15.10	0.04	4.22	0.15	0.90
1980	18.90	11.40	0.06	6.27	0.20	0.97
1981	20.33	11.91	0.21	6.38	0.60	1.23
1982	23.97	13.80	0.23	7.81	0.57	1.56
1983	22.68	12.59	0.20	7.80	0.80	1.29
1984	26.59	16.41	0.21	8.06	0.51	1.40
1985	31.38	15.63	0.21	12.25	0.47	2.82
1986	33.76	16.83	0.24	12.75	0.49	3.45
1987	38.84	17.69	0.34	15.48	0.54	4.79
1988	53.07	22.47	0.45	22.18	0.54	7.43
1989	60.63	25.53	0.39	26.41	0.42	7.88
1990	68.16	29.09	0.37	30.25	0.41	8.04
1991	73.65	30.51	0.39	33.38	0.40	8.97
1992	80.01	32.80	0.43	37.19	0.41	9.18
1993	96.20	40.52	0.41	42.95		12.31
1994	140.24	60.19	0.49	62.04		17.52
1995	182.47	77.71	0.45	81.48		22.83
1996	200.95	87.64	0.67	85.46		27.18
1997	204.41	85.20	0.47	88.37		30.37
1998	206.75	89.10	0.84	87.27		29.54
1999	206.90	87.86	0.98	86.35		31.71
2000	216.50	89.81	1.41	87.35		37.92
2001	227.61	95.53	3.52	88.43		40.13

表10.2 历年农业总产值指数(以1952年价格为100)
INDICES OF GROSS OUTPUT VALUE OF AGRICULTURE(year 1952 = 100)

年份 Year	农业总产值指数 Index of Gross Output Value of Agriculture	种植业 Planting	林业 Forestry	牧业 Animal Husbandry	副业 Sideline	渔业 Fishery
1949	66.2	62.5	92.9	72.3	122.3	41.3
1950	79.7	78.7	94.1	73.5	124.5	51.9
1951	85.8	84.8	100.0	83.2	110.8	80.5
1952	100.0	100.0	100.0	100.0	100.0	100.0
1953	109.7	111.5	103.5	101.3	98.2	115.2
1954	103.9	101.1	107.1	122.3	82.6	156.8
1955	125.6	129.4	107.1	110.9	82.1	162.7
1956	116.5	111.8	108.2	152.2	88.5	158.7
1957	114.0	108.3	94.1	147.3	91.9	199.2
1958	134.3	142.6	77.5	82.2	66.2	271.4
1959	141.1	138.6	199.3	131.2	112.5	349.8
1960	142.1	140.0	135.1	128.5	98.8	397.6
1961	136.8	141.0	48.7	81.5	91.1	403.3
1962	146.7	148.4	29.9	120.5	61.6	438.0
1963	152.5	147.3	14.4	164.9	79.3	461.2
1964	184.3	176.6	15.5	190.7	166.9	502.2
1965	201.8	191.0	13.3	234.3	376.5	484.2
1966	214.4	181.8	36.5	352.6	356.2	384.6
1967	212.0	181.7	34.3	343.1	362.0	313.7
1968	239.6	212.2	46.5	248.7	406.8	318.1
1969	247.9	204.4	14.4	270.7	865.0	416.6
1970	239.6	215.8	132.9	325.2	336.8	465.3
1971	244.7	208.3	145.1	367.5	431.4	537.9
1972	264.3	221.8	208.0	396.2	526.3	414.6
1973	254.9	220.2	455.9	346.4	428.3	671.0
1974	261.0	221.4	533.4	386.1	444.2	632.9
1975	241.0	204.7	549.5	414.4	141.6	639.8
1976	252.7	209.5	578.7	414.8	411.8	565.8
1977	215.7	184.1	491.2	371.2	84.8	609.2
1978	286.1	254.6	493.5	448.2	19.9	831.3
1979	290.0	236.5	601.7	574.2	86.0	844.6
1980	263.6	200.2	754.4	519.1	389.7	865.1
1981	286.2	213.5	710.7	628.6	347.7	809.1
1982	335.9	248.0	795.1	762.5	430.5	891.6
1983	314.4	218.9	572.8	749.9	464.8	1 027.5
1984	356.1	277.6	485.5	750.8	295.8	953.6
1985	323.2	224.6	528.9	813.0	274.2	1 060.4
1986	342.6	227.9	663.7	901.9	279.9	1 242.6
1987	350.5	230.6	685.7	926.3	309.9	1 314.2
1988	372.7	242.7	819.4	1 017.5	307.7	1 329.8
1989	377.6	234.9	665.5	1 100.6	241.1	1 427.8
1990	399.1	245.3	689.3	1 215.6	237.2	1 366.0
1991	418.4	243.4	758.4	1 339.9	231.1	1 435.6
1992	442.6	257.9	710.5	1 447.1	235.9	1 403.5
1993	423.1	239.6	638.7	1 406.6		1 386.7
1994	456.1	244.4	643.8	1 509.3		1 787.5
1995	506.3	264.7	618.1	1 627.0		2 098.5
1996	548.3	291.4	832.0	1 744.1		2 241.2
1997	579.3	313.5	656.2	1 812.1		2 397.7
1998	593.2	329.4	913.9	1 847.0		2 316.2
1999	608.2	339.2	1 274.7	1 873.6		2 403.8
2000	631.9	359.4	2 047.3	1 858.4		2 675.8
2001	676.7	369.8	3 107.8	1 943.9		3 259.1

表 10.3 历年耕地面积
AREAS UNDER CULTIVATION

年 份 Year	耕地面积 (万公顷) Cultivated Area (10 000 hectare)	其 中 of which 水 田 Paddy Fields	旱 田 Dry Fields	平均每个农村人口占有耕地(平方米) Cultivated Area Per Rural Person(sq. m)	平均每个农村劳动力占有耕地(平方米) Cultivated Area Per Rural Laborer(sq. m)
1949	37.50	24.75	12.75	1 375	3 085
1950	38.03	25.48	12.55	1 377	3 053
1951	38.60	26.25	12.35	1 371	3 014
1952	38.73	26.72	12.01	1 359	2 965
1953	38.78	27.15	11.63	1 333	2 969
1954	38.67	27.46	11.21	1 292	2 906
1955	38.87	27.98	10.88	1 269	2 868
1956	38.70	28.25	10.45	1 242	2 840
1957	38.25	28.31	9.95	1 210	2 854
1958	37.29	27.97	9.32	1 129	2 697
1959	36.36	27.63	8.73	1 096	2 733
1960	36.23	27.98	8.26	1 138	2 608
1961	36.14	27.91	8.23	1 090	2 509
1962	36.30	28.03	8.27	1 041	2 255
1963	36.38	28.54	7.84	1 012	2 179
1964	36.43	28.87	7.56	992	2 093
1965	36.77	29.09	7.68	989	2 003
1966	36.76	29.34	7.42	909	1 983
1967	36.70	29.57	7.13	957	1 873
1968	36.73	29.86	6.87	919	1 747
1969	36.61	30.03	6.58	912	1 618
1970	36.48	30.17	6.31	896	1 568
1971	36.58	31.02	5.56	884	1 531
1972	36.58	31.02	5.56	886	1 504
1973	36.47	32.65	3.82	878	1 469
1974	36.60	32.90	3.70	875	1 414
1975	36.47	32.84	3.63	866	1 355
1976	36.21	32.28	3.93	854	1 346
1977	36.31	32.11	4.21	845	1 315
1978	36.01	31.88	4.14	800	1 240
1979	35.58	31.49	4.08	793	1 220
1980	35.41	31.26	4.15	787	1 193
1981	35.27	31.02	4.25	773	1 173
1982	35.17	30.96	4.21	767	1 173
1983	34.99	31.00	4.00	760	1 193
1984	34.58	30.89	3.69	760	1 207
1985	33.96	30.45	3.51	753	1 200
1986	33.30	29.75	3.56	740	1 200
1987	33.09	29.67	3.42	740	1 207
1988	32.72	29.28	3.44	740	1 213
1989	32.40	28.95	3.45	733	1 227
1990	32.32	28.54	3.78	773	1 293
1991	32.10	28.38	3.72	731	1 236
1992	31.78	28.03	3.75	718	1 303
1993	30.20	26.42	3.78	712	1 215
1994	29.38	25.81	3.58	735	1 262
1995	29.00	25.39	3.61	740	1 189
1996	30.06	27.16	2.89	753	1 051
1997	29.80	26.93	2.87	762	1 052
1998	29.38	26.67	2.71	758	1 087
1999	29.09	26.15	2.94	732	1 058
2000	28.59	25.74	2.85	731	1 048
2001	28.06	26.02	2.04	722	1 029

表 10.4 主要年份农村户数、人口、从业人员
RURAL HOUSEHOLDS, POPULATION AND EMPLOYMENT IN MAIN YEARS

指　标	Indicators	1978	1990	1995	2000	2001
户　数(万户)	**Households(10 000)**	**122.32**	**139.79**	**134.59**	**115.60**	**115.77**
人　口(万人)	**Population(10 000 persons)**	**429.56**	**417.91**	**392.27**	**366.26**	**363.70**
从业人员(万人)	**Employment(10 000 persons)**	**272.45**	**246.40**	**230.43**	**255.60**	**255.00**
#农　业	Farming	210.35	75.04	65.61	84.60	83.18
工　业	Industry	47.06	124.45	105.95	104.10	106.47
运输、邮电业	Transportation, Postal and Telecommunications	3.42	3.56	2.72	6.80	7.18
建筑业	Construction	8.54	6.48	6.18	13.10	13.33
商业、餐饮业	Commerce and Catering Trade	0.93	3.87	5.54	13.00	13.26

注：2000 年、2001 年的从业人员包括农村国有经济的机关、团体、学校、企事业单位的集体户人口和户口在家而领取工资的国家职工。
Note: Job holders in 2000 and 2001 has included salary taking state staff and workers who had local residential papers or registered in the collective residential papers of state-owned economic departments, organizations, schools ,enterprises and institutions in rural areas.

表 10.5 主要年份农业商品产值和商品率
AGRICULTURAL COMMODITY OUTPUT VALUE AND COMMODITY RATE IN MAIN YEARS

指　标	Indicators	农业商品产值(亿元) Agricultural Commodity Output Value(100 million yuan)				农业商品率(%) Agricultural Commodity Rate(%)			
		1990	1995	2000	2001	1990	1995	2000	2001
总　计	**Total**	**52.21**	**140.36**	**179.79**	**189.29**	**76.6**	**76.9**	**83.0**	**83.2**
#种植业	Planting	16.08	43.47	61.84	69.69	55.3	55.9	68.8	72.9
#粮食作物	Grain Crops	5.47	13.89	10.15	8.14	33.5	33.9	45.4	44.8
牧　业	Animal Husbandry	27.84	74.75	80.75	81.47	92.0	91.7	92.4	92.1
#猪	Hogs	11.85	29.79	29.82	29.99	97.6	95.7	95.8	96.3
禽	Poultry	8.17	29.04	33.41	32.98	92.0	91.3	91.9	91.5
蛋	Egg	4.99	9.33	7.94	9.13	90.5	83.4	82.3	87.6
渔　业	Fishery	7.71	21.90	36.53	36.97	96.0	95.9	96.3	92.1
#淡水产品	Freshwater Aquatic Products	4.35	15.39	25.14	24.90	93.9	95.2	95.9	89.6

表 10.6 主要年份农作物总播种面积
TOTAL AREAS OF PLANTING IN MAIN YEARS

年　份 Year	总播种面积 (万公顷) Total Sown Areas (10 000 hectare)	粮食作物 Grain Crops		经济作物 Cash Crops		其他作物 Others	
		播种面积 Area	占总播种面积(%) Pearcentage of the Total(%)	播种面积 Area	占总播种面积(%) Pearcentage of the Total(%)	播种面积 Area	占总播种面积(%) Pearcentage of the Total(%)
1990	63.11	41.71	66.1	11.16	17.7	10.24	16.2
1995	54.22	34.40	63.5	8.88	16.4	10.94	20.1
1996	57.01	35.38	62.1	8.33	14.6	13.30	23.3
1997	55.23	36.58	66.2	6.91	12.5	11.74	21.3
1998	55.64	35.25	63.4	7.42	13.3	12.97	23.3
1999	55.17	33.50	60.7	7.97	14.5	13.70	24.8
2000	52.15	25.88	49.6	8.84	17.0	17.43	33.4
2001	49.09	21.12	43.0	8.08	16.5	19.89	40.5

表 10.7 主要年份农副产品产量
OUTPUT OF MAJOR GRAIN AND SIDELINE PRODUCTS IN MAIN YEARS

指 标	Indicators	1978	1980	1985	1990	1995	2000	2001
农副产品	**Grain and Sideline Products**							
粮 食(包括大豆)(万吨)	Grain(Including Soybean)(10 000 tons)	260.88	186.85	213.83	244.36	219.50	174.00	151.42
棉 花(万吨)	Cotton(10 000 tons)	12.10	7.62	4.88	1.22	0.36	0.12	0.14
油 料(万吨)	Oil Plants(10 000 tons)	11.64	9.60	15.60	18.20	15.80	16.37	12.81
#油菜籽	Rapeseed	11.63	9.58	15.53	18.17	15.49	15.71	12.31
蔬菜产量(万吨)	Output of Vegetables(10 000 tons)	145.45	112.55	152.26	186.79	244.33	377.00	424.04
西甜瓜(万吨)	Watermelon and Muskmelon(10 000 tons)	15.24	10.28	28.05	30.77	21.02	49.88	70.03
蚕 茧(吨)	Pod(ton)	98	104	136	311	2 676	79	121
水 果(万吨)	Fruit(10 000 tons)	2.99	3.70	4.06	9.42	21.71	22.54	26.74
生 梨(万吨)	Pear(10 000 tons)	1.90	2.32	1.86	1.15	1.59	1.74	1.58
柑 桔(万吨)	Citrus Fruits(10 000 tons)	0.01	0.03	0.29	2.58	9.04	10.18	13.75
畜禽产品	**Livestock and Poultry**							
生猪出栏量(万头)	Number of Butchered Pigs(10 000)	299.27	350.66	307.25	411.80	452.55	471.46	480.00
生猪年末圈存量(万头)	Hog In Pens By Year-end(10 000)	365.74	260.93	198.72	237.53	208.42	241.60	237.77
奶牛年末头数(万头)	Cow In Pens By Year-end(10 000)	2.19	2.65	4.91	7.09	6.12	5.83	5.99
羊年末头数(万头)	Sheep In Pens By Year-end(10 000)	38.44	41.15	22.28	37.19	47.90	55.44	56.33
兔年末圈存量(万头)	Rabbit In Pens By Year-end(10 000)	65.57	108.23	866.20	130.62	108.83	88.90	102.12
猪 肉(万吨)	Pork(10 000 tons)	12.86	16.76	16.94	23.32	23.94	25.96	26.40
牛羊肉(万吨)	Supply of Beef and Mutton(10 000 tons)		0.17	0.20	0.30	0.40	0.79	0.92
家禽出栏量(万羽)	Number of Market Delivered Birds(10 000)	1 733	2 577	1 935	7 357	14 882	17 213	17 279
牛 奶(万吨)	Milk(10 000 tons)	6.34	7.33	14.19	22.68	21.78	25.95	26.04
鲜 蛋(万吨)	Egg(10 000 tons)	2.28	4.59	8.50	15.07	14.78	16.64	16.87
水产品	**Aquatic Products**							
海水产品(万吨)	Seawater Aquatic Output(10 000 tons)	19.59	18.56	15.29	17.04	16.21	12.23	10.49
淡水产品(万吨)	Freshwater Aquatic Output(10 000 tons)	1.81	1.89	5.31	10.32	12.86	16.64	19.28

表 10.8 农牧业特色种养产品产量(1999~2001)
OUTPUT OF SPECIAL PRODUCTS IN AGRICULTURE AND ANIMAL HUSBANDRY

指 标	Indicators	1999	2000	2001	指 标	Indicators	1999	2000	2001
桃 子(吨)	Peach(ton)	69 957	72 376	79 480	鸵 鸟(只)	Ostrich(unit)	1 283	1 111	1 012
葡 萄(吨)	Graper(ton)	22 007	23 124	23 921	肉 鸽(万只)	Meat Dove(10 000)	149	194	411
草 莓(吨)	Strawberry(ton)	39 397	42 712	52 039	甲 鱼(吨)	Soft-shelled Turtle(ton)	876	854	1 034
无花果(吨)	Fig(ton)	401	541	312	牛 蛙(吨)	Bullforg(ton)	79	177	279
弥猴桃(吨)	Kiwi(ton)	380	382	639	河 蟹(吨)	Hairy Crab(ton)	3 788	5 343	6 324

表10.9 主要农副产品产量与建国以来最高年产量的比较(2001)
OUTPUT OF MAJOR GRAIN AND SIDELINE PRODUCTS IN COMPARISON WITH THE PEAK YEAR SINCE 1949

指 标	Indicators	2001	建国以来最高年 Peak Year Since 1949		2001年为建国以来最高年份(%) 2001/Peak Year Since 1949(%)
			年 份 Year	产 量 Output	
农产品	**Farm Output**				
粮食总产量(万吨)	Total Grain Output(10 000 tons)	151.42	1978	260.88	58.0
#小 麦	Wheat	12.53	1999	38.44	32.6
大 麦	Barley	4.04	1984	34.79	11.6
后季稻	Late Season Rice	8.39	1978	104.21	8.0
晚 稻	Late Rice	118.99	1991	164.27	72.4
棉 花(万吨)	Cotton(10 000 tons)	0.14	1978	12.10	1.2
油菜籽(万吨)	Rapeseed(10 000 tons)	12.31	1992	21.84	56.4
蔬菜产量(万吨)	Output of Vegetables(10 000 tons)	424.04	2000	377.00	112.5
西甜瓜产量(万吨)	Output of Watermelon and Muskmelon(10 000 tons)	70.03	1988	53.71	130.4
水果产量(万吨)	Fruit Output(10 000 tons)	26.74	1996	26.83	99.7
畜产品	**Animal Husbandry Products**				
猪年末圈存数(万头)	Number of Hogs On Hand(year-end)(10 000)	237.77	1978	365.74	65.0
猪肉产量(万吨)	Pork Output(10 000 tons)	26.40	2000	25.96	101.7
奶牛年末头数(万头)	Number of Milk Cow(year-end)(10 000)	5.99	1991	7.31	81.9
牛奶产量(万吨)	Milk Output(10 000 tons)	26.04	1992	27.74	93.9
家禽出栏量(万羽)	Number of Market Delivered Birds(10 000)	17 279	1997	17 851	96.8
鲜蛋产量(万吨)	Egg Output(10 000 tons)	16.87	2000	16.64	101.4
水产品	**Aquatic Products**				
海水产品产量(万吨)	Seawater Aquatic Output(10 000 tons)	10.49	1999	15.39	68.2
淡水产品产量(万吨)	Freshwater Aquatic Output(10 000 tons)	19.28	1989	19.63	98.2

注：建国以来最高年年份和产量均是指2000年及以前的年份和产量，不包括2001年在内。
Note: Peak year and output of peak year since 1949 are what before 2000, excluding 2001.

表 10.10 主要年份耕地面积增减情况
INCREASE AND DECREASE OF CULTIVATED AREA IN MAIN YEARS

单位:公顷(hectare)

指 标	Indicators	1978	1990	1995	2000	2001
年初耕地面积	**Cultivated Area(year-beginning)**	**363 147**	**324 013**	**293 844**	**290 862**	**285 893**
当年增加	Increase in the Year	2 960	676	906	1 844	2 246
#新开荒	Newly Developed Wasteland	2 345	159	460	503	1 009
当年减少	Decrease in the Year	5 980	1 496	4 790	6 813	7 578
#国家征用	Government Requisition	1 793	615	1 735	1 299	2 312
乡村基建	Rural Capital Construction	393	382	2 242	1 360	1 972
私人造房	Private Building	280	187	161	66	77
其 他	Others	3 514	312	652	4 088	3 217
年末耕地面积	**Cultivated Area(Year-end)**	**360 127**	**323 193**	**289 959**	**285 893**	**280 561**

表 10.11 主要年份林业生产情况
FORESTRY OUTPUT IN MAIN YEARS

年 份 Year	年末竹园 面积(公顷) Bamboo Areas (year-end) (hectare)	年末林地 面积(公顷) Forest Areas (year-end)(hectare)	年末实有 育苗面积(公顷) Nursery Garden Areas(year-end)(haectare)	年末四旁 植树(万株) Surrounding Tree Planting(10 000)	木材采伐 (万立方米) Cut Timber (10 000 cu. m)
1978	3 053	2 333	447	839	0.51
1980	2 747	1 667	447	3 790	0.68
1985	2 507	3 147	960	3 574	1.34
1986	2 307	2 380	887	3 482	1.36
1987	2 240	2 907	853	3 967	1.58
1988	2 307	3 253	833	4 224	1.40
1989	2 113	3 493	793	3 997	1.60
1990	2 147	3 867	747	4 416	1.49
1991	1 983	4 649	671	3 611	1.57
1992	4 773	5 373	986	5 458	1.67
1993	3 390	5 918	1 050	5 369	1.68
1994	2 720	6 486	946	9 535	1.43
1995	2 466	6 337	1 086	4 931	1.54
1996	2 533	5 026	1 134	5 146	1.79
1997	3 607	5 558	1 501	5 126	1.67
1998	3 232	5 672	1 916	5 904	1.47
1999	3 232	5 814	2 690	6 317	1.03
2000	3 565	11 720	4 022	7 464	1.05
2001	3 800	17 727	5 896	8 258	0.78

表10.12 主要年份农田水利工程投资
INVESTMENT IN FARM WATER CONSERVANCY PROJECTS IN MAIN YEARS

单位:万元(10 000 yuan)

年 份 Year	合 计 Total	国家投资 Government Investment	其 中 of which			乡、村自筹 Funds Raised by Township and Village
			#海 塘 Seadike	#农田水利 Farm Water Conservancy	#基本建设 Capital Construction	
1978	17 431	13 542	719	8 512	4 134	3 889
1980	13 172	8 080	623	4 519	2 765	5 092
1985	7 425	5 079	796	2 638	1 276	2 346
1986	10 631	7 711	779	4 436	1 596	2 920
1987	13 028	7 821	925	4 185	1 547	5 207
1988	18 223	11 655	1 184	6 562	1 565	6 568
1989	20 702	13 299	781	6 814	2 846	7 403
1990	26 143	15 959	907	10 877	1 506	10 184
1991	39 757	23 310	1 400	10 392	9 697	16 447
1992	42 649	30 013	2 541	9 235	25 263	12 636
1993	48 025	37 060	3 537	7 192	25 349	10 965
1994	70 920	56 478	3 653	8 634	39 087	14 442
1995	62 474	44 651	6 103	10 583	21 800	17 823
1996	76 467	56 421	6 470	16 159	20 693	20 046
1997	83 097	60 497	14 467	27 153	22 447	22 600
1998	108 565	83 596	9 660	25 712	37 780	24 969
1999	150 324	119 193	18 580	32 882	53 660	31 131
2000	184 102	151 539	22 063	31 282	53 532	32 563
2001	244 337	188 477	10 598	42 406	120 575	32 178

注：2001 年农田水利工程投资除包括国家投资和乡、村自筹外,还包括区县自筹和企事业单位自筹投资 23 682 万元。
Note:In 2001,The investment in the farming and water conservation projects includes not only government investment and funds raised by township and village,but also the 236.82 million yuan that were pooled from the district and county governments and enterprises and public affairs departments.

表10.13 主要年份农村用电量
RURAL ELECTRICITY CONSUMPTION IN MAIN YEARS

年 份 Year	农村用电量 (亿千瓦·时) Rural Electricity Consumption (100 million kwh)	其 中 of which			每公顷耕地排灌用电量 (千瓦·时) Electricity Consumption of Drainage and Irrigation Per ha. (kwh)
		#机电排灌 Motorized Drainage and Irrigation	#农、副业加工 Farming and Sideline Product Processing	#乡村办工业 Rural Enterprises	
1978	8.93	1.51	2.78	3.36	420
1980	12.23	1.24	3.10	6.28	350
1985	21.87	1.44	3.01	14.73	450
1986	25.63	1.60	3.04	18.51	510
1987	28.58	1.63	3.28	21.35	492
1988	30.78	1.81	4.13	22.07	554
1989	31.44	1.67	3.77	23.00	516
1990	32.16	1.75	4.00	22.85	542
1991	35.99	1.84	4.24	25.75	573
1992	42.62	1.79	4.84	31.29	563
1993	52.24	1.60	4.78	38.35	530
1994	48.04	1.99	8.56	32.53	677
1995	58.19	2.00	7.26	41.24	690
1996	62.07	2.01	7.79	44.16	669
1997	64.98	1.94	6.92	47.55	651
1998	67.91	2.09	6.79	49.55	712
1999	70.89	2.09	6.34	52.67	718
2000	68.43	2.34	6.12	49.71	818
2001	82.05	1.51	3.57	62.51	538

表 10.14 主要年份农业机械拥有量
OWNERSHIP OF AGRICULTURAL MACHINERY IN MAIN YEARS

指标	Indicators	1978	1990	2000	2001
农业机械总动力(万千瓦)	**Total Power of Agricultural Machinery(10 000 kw)**	**187.10**	**276.50**	**142.50**	**133.92**
耕作机械动力合计(万千瓦)	Total Power of Farming Machinery(10 000 kw)	40.54	65.09	37.60	34.75
#大、中型拖拉机(台)	Large and Medium Tractors(set)	6 170	11 600	7 844	7 144
(万千瓦)	(10 000 kw)	18.59	42.73	29.30	26.61
小型拖拉机(台)	Walking Tractors(set)	29 370	26 335	9 253	9 003
(万千瓦)	(10 000 kw)	21.97	22.35	8.30	8.14
排灌机械动力合计(万千瓦)	Total Powers of Drainage and Irrigation Machinery (10 000 kw)	24.08	30.13	25.92	25.36
收获机械动力合计(万千瓦)	Total Power of Harvest Machinery(10 000 kw)	39.33	56.04	33.30	30.46
#联合收割机(台)	Combined Harvesters(set)	69	3 033	4 991	4 730
(万千瓦)	(10 000 kw)	0.01	0.91	2.70	3.35
机动收割机(割晒机)(台)	Swathers(set)	8 620	380	87	63
机动脱粒机(万台)	Motorized Thresher(10 000 sets)	8.26	14.35	11.34	10.68
(万千瓦)	(10 000 kw)	30.80	44.56	30.05	26.8
植物保护机械动力合计(万千瓦)	Total Power of Plant Protecting Machine(10 000 kw)	4.87	3.88	3.07	2.67
#机动喷雾器(万台)	Motorized Nebulizer(10 000 sets)	2.33	2.45	2.07	2.65
(万千瓦)	(10 000 kw)	4.81	3.88	3.07	1.85
渔业机械动力合计(万千瓦)	Total Power of Fisherny Machinery(10 000 kw)	11.98	17.83	23.40	23.48
#机动渔船(艘)	Motorized Fishing Boats(ship)	1 343	2 683	2 905	2 688
(万千瓦)	(10 000 kw)	11.98	17.83	20.50	20.30
运输机械动力合计(万千瓦)	Total Power of Transport Machinery(10 000 kw)	27.65	83.34	8.11	6.84
#农用载重汽车(万千瓦)	Agricultural Camion(10 000 kw)	15.93	39.32	5.89	4.65
(辆)	(automobile)	2 865	6 413	953	808
机动运输船(万千瓦)	Motorized Transport Vessel(10 000 kw)	8.51	8.77	2.22	2.18
(艘)	(ship)	4 911	6 623	1 545	1 483
其他农业机械动力合计(万千瓦)	Total Power of Other Agricultural Machine(10 000 kw)	38.64	20.07	11.13	10.37
#推土机(万千瓦)	Bulldozer(10 000 kw)		0.01	0.25	0.28
(辆)	(automobile)		2	45	51
每万公顷耕地拥有动力(千瓦)	**Power Per 10 000 hectares of Cultivated Land(kw)**	**48 630**	**85 500**	**49 844**	**47 733**
每万公顷耕地拥有拖拉机(台)	**Number of Tractors Per 10 000 hectares of Cultivated Land(set)**	**987**	**1 173**	**589**	**576**

表10.15 主要年份农业技术应用和综合开发情况
TECHNOLOGY APPLICATIONS AND INTEGRATIVE EXPLOITATION IN AGRICULTURE IN MAIN YEARS

指标	Indicators	1990	1995	2000	2001
机耕面积(万公顷)	Areas of Motorized Cultivation(10 000 hectare)	29.14	26.57	23.46	18.23
占耕地面积(%)	Rate in Total(%)	90.2	91.7	82.1	65.0
机电排灌总控制面积(万公顷)	Total Area with Motorized Drainage and Irrigation Facilities(10 000 hectare)	31.97	28.77	28.59	24.50
占耕地面积(%)	Rate in Total(%)	98.9	99.2	100.0	87.3
机种面积(万公顷)	Areas of Motorized Planting(10 000 hectore)	2.05	5.64	6.08	5.16
占粮食播种面积(%)	Rate in Total Planting Area(%)	4.9	16.4	23.5	24.4
机收面积(万公顷)	Areas of Motorized Harvesting(10 000 hectore)	7.78	16.81	16.42	14.55
占粮食收获面积(%)	Rate in Total Harvesting Area(%)	18.6	48.9	63.4	68.9
喷、滴管灌面积(万公顷)	Areas of Irrigating by Insufflantion and Dripping Pipeline(10 000 hectare)	1.07	0.81	0.43	0.37
机械植保面积(万公顷)	Areas of Mechancial Protecting(10 000 hectare)	1.87	38.89	41.10	32.51
化肥施用面积(万公顷)	Areas of Chemical Fertilizing(10 000 hectare)			32.10	31.37
化肥施用量(实物量)(万吨)	Chemical Fertilizer Consumption(real)(10 000 tons)	100.63	86.09	82.54	80.98
化肥施用量(折纯量)(万吨)	Chemical Fertilizer Consumption(convert to pure amount)(10 000 tons)	19.62	22.80	19.33	20.28
农药施用面积(万公顷)	Areas of Farm Pesticides(10 000 hectare)			31.02	30.11
农药施用量(万吨)	Farm Pesticides Consumption(10 000 tons)	1.88	0.84	1.10	0.98
农用塑料薄膜使用量(万吨)	Agricultural Plastic Film Consumption(10 000 tons)			2.13	2.23
地覆膜盖面积(万公顷)	Areas Covered by Plastic Film(10 000 hectare)			2.05	2.33
大棚面积(万平方米)	Areas of Trellis(10 000 sq. m)	0.08	0.08	0.15	0.29
温室面积(万平方米)	Area of Greenhouse(10 000 sq. m)	12.61	11.77	88.15	100.91
科技攻关重点项目数(个)	Number of Key Science and Techndogy Projects(unit)			103	118
科技攻关重点项目投资额(万元)	Investment of key Science and Techndogy Projects(10 000 yuan)			1.00	1.07
"三高"粮田示范方(个)	Number of "Three-High" Demostration Plowlands(unit)			110	110
"三高"粮田面积(万公顷)	Areas of "Three-High" Demostration Plowlands(10 000 hectare)			1.41	1.42
常年菜田面积(万公顷)	Areas of Perennial Vegetable Farmland(10 000 hectare)	1.11	1.20	1.25	1.25
#设施菜田	Established Vegetable Farmland			0.27	0.27
精养渔塘面积(万公顷)	Areas of Find-breed Ponds(10 000 hectare)	1.10	1.07	1.05	15.34
粮食良种使用面积(万公顷)	Areas of Well-bred Provision Farmland(10 000 hectare)			23.56	19.26

表10.16 农业规模经营情况(1997~2001)
SCALE OPERATION OF AGRICULTURE

指标	Indicators	1997	1998	1999	2000	2001
蔬菜园艺场单位数(个)	Vegetable Horticultural Farm Number(unit)	165	165	166	166	151
蔬菜产量(万吨)	Output of Vegetables(10 000 tons)	19.78	18.79	20.54	27.06	20.85
生猪饲养场单位数(个)	Pig Farm Number(unit)	825	748	904	818	778
#1 000头以上饲养场	Farms Each Raising 1 000 or More Pigs	550	462	521	569	547
生猪出栏数(万头)	Number of Butchered Pigs(10 000)	285.00	289.49	294.09	322.65	284.86
#1 000头以上饲养场	Farms Each Raising 1 000 or More Pigs	260.51	211.60	263.35	282.23	267.90
家禽饲养场单位数(个)	Poultry Farm Number(unit)	1 637	1 809	1 948	2 124	1 866
#万羽以上饲养场	Farms Each Breeding 10 000 or More Birds	702	723	948	938	1 081
家禽出栏数(万羽)	Number of Market Delivered Birds(10 000)	9 310	8 678	10 313	11 079	9 998
#万羽以上饲养场	Farms Each Breeding 10 000 or More Birds	9 285	8 088	7 535	9 302	9 058

第十一篇 工业

CHAPTER 11

INDUSTRY

表 11.1 历年工业企业单位数
NUMBER OF INDUSTRIAL ENTERPRISES

单位：个(unit)

年 份 Year	企业单位数 Number of Enterprises	其 中 of which #大中型企业 Large and Medium Enterprises	国有经济工业企业 State-owned Industrial Enterprises	集体经济工业企业 Collective-owned Industrial Enterprises	其他经济工业企业 Others
1949	20 307	46	143		201 64
1950	20 897		159	7	20 731
1951	24 956		200	24	24 732
1952	25 878	82	228	37	25 613
1953	29 873		266	54	29 553
1954	28 860		293	340	28 227
1955	23 713		292	444	22 977
1956	18 724		17 090	1 628	6
1957	16 316	121	14 679	1 632	5
1958	14 240	157	7 738	6 499	3
1959	12 205	190	6 633	5 571	1
1960	13 488	234	4 957	8 531	
1961	11 447	245	4 276	7 171	
1962	8 809	260	3 529	5 280	
1963	8 522	272	3 572	4 950	
1964	8 343	388	3 447	4 896	
1965	8 189	404	3 424	4 765	
1966	8 267		3 318	4 949	
1967	8 582		3 305	5 277	
1968	8 532		3 288	5 244	
1969	8 635		3 269	5 366	
1970	9 834	390	3 253	6 581	
1971	9 307	400	3 290	6 017	
1972	9 327	428	3 300	6 027	
1973	9 069	458	3 270	5 799	
1974	8 867	486	3 341	5 526	
1975	8 743	550	3 374	5 369	
1976	8 798	591	3 389	5 409	
1977	8 572	647	3 411	5 161	
1978	7 962	382	3 372	4 590	
1979	6 770	384	3 254	3 516	
1980	7 149	411	3 164	3 914	71
1981	8 017	433	3 356	4 536	125
1982	8 368	457	3 309	4 888	171
1983	8 562	480	3 290	5 074	198
1984	8 764	512	3 278	5 279	207
1985	10 656	584	4 176	6 141	339
1986	11 029	607	4 123	6 381	525
1987	11 812	678	4 188	6 859	765
1988	12 431	759	4 318	7 089	1 024
1989	13 277	850	4 637	7 252	1 388
1990	13 220	937	4 517	7 122	1 581
1991	13 468	1 023	4 517	7 206	1 745
1992	13 416	928	4 500	6 968	1 948
1993	13 699	932	4 270	6 762	2 667
1994	14 375	1 057	4 015	7 129	3 231
1995	15 877	1 272	3 713	7 871	4 293
1996	15 595	1 324	3 612	7 607	4 376
1997	23 986	1 489	3 245	14 623	6 118
1998	22 450	1 482	2 842	12 920	6 688
1999	20 572	1 420	1 810	8 790	9 972
2000	19 719	1 384	1 400	7 329	10 990
2001	19 273	1 399	1 228	5 955	12 090

① 从 1997 年开始，工业企业单位数合计包括独立核算和非独立核算工业企业，但不包括村以下工业企业。
② 自 1978 年以来，大中型工业企业划分标准作了调整，1992 年作了修改和补充。
❶ From 1997, Total number of industrial enterprises include firms of every ownership, with or without an independent accounting system. But the figure does not include village industrial enterprises.
❷ The classification standard of large and medium enterprises had been adjusted since 1978, It was modified in 1992.

表11.2 历年工业总产值及指数
GROSS OUTPUT VALUE AND INDICES OF INDUSTRY

年 份 Year	工业总产值(亿元) Gross Output Value of Industry (100 million yuan)	其 中 of which		工业总产值指数(以1952年为100) Indices of Gross Output Value of Industry (year 1952=100)	其 中 of which	
		轻工业 Light Industry	重工业 Heavy Industry		轻工业 Light Industry	重工业 Heavy Industry
1949	34.34	30.31	4.03	51.5	57.4	29.2
1950	35.43	30.47	4.96	53.1	57.7	36.0
1951	54.53	43.73	10.80	81.8	82.8	78.3
1952	66.60	52.81	13.79	100.0	100.0	100.0
1953	91.50	70.73	20.77	136.9	133.1	151.2
1954	96.37	73.43	22.94	144.0	137.9	167.1
1955	91.42	69.02	22.40	139.9	131.6	171.6
1956	113.92	81.79	32.13	187.9	166.7	267.9
1957	118.82	84.36	34.46	197.1	171.1	295.6
1958	176.44	110.34	66.10	295.7	225.9	573.2
1959	254.68	141.70	112.98	428.9	291.0	986.2
1960	298.97	134.49	164.48	515.9	275.9	1 498.3
1961	187.43	96.97	90.46	315.9	199.5	788.9
1962	151.98	90.68	61.30	249.9	182.2	521.2
1963	168.91	96.95	71.96	282.2	197.7	622.4
1964	196.95	112.86	84.09	338.5	236.7	748.4
1965	230.77	129.56	101.21	419.2	290.5	938.2
1966	259.59	142.87	116.72	487.1	327.5	1 132.2
1967	226.88	131.69	95.19	440.0	308.8	968.3
1968	251.87	144.45	107.42	505.9	346.8	1 148.4
1969	284.42	158.56	125.86	593.4	389.8	1 418.1
1970	312.18	162.11	150.07	682.0	412.1	1 781.5
1971	336.52	157.89	178.63	747.3	414.3	2 108.8
1972	355.39	166.05	189.34	799.1	436.2	2 285.3
1973	383.33	181.68	201.65	871.1	477.8	2 481.2
1974	398.40	193.28	205.12	926.7	512.0	2 623.1
1975	420.37	203.97	216.40	977.8	540.1	2 767.9
1976	423.45	207.82	215.63	998.4	555.0	2 810.4
1977	458.40	233.94	224.46	1 085.5	623.1	2 967.9
1978	514.01	266.02	247.99	1 216.6	711.5	3 267.4
1979	556.30	290.78	265.52	1 321.6	780.2	3 517.3
1980	598.75	331.13	267.62	1 407.9	878.0	3 537.1
1981	620.12	360.12	260.00	1 460.1	966.9	3 416.3
1982	634.65	359.62	275.03	1 528.4	995.4	3 655.4
1983	663.53	363.92	299.61	1 635.2	1 050.4	3 979.8
1984	728.12	395.60	332.52	1 796.8	1 162.0	4 336.1
1985	862.73	456.59	406.14	2 040.2	1 311.5	4 961.7
1986	952.21	493.09	459.12	2 152.8	1 367.6	5 312.3
1987	1 073.84	556.96	516.88	2 298.0	1 467.9	5 632.4
1988	1 304.66	679.17	625.49	2 539.7	1 616.3	6 252.8
1989	1 524.67	789.57	735.10	2 615.1	1 662.2	6 448.0
1990	1 642.75	846.63	796.12	2 720.9	1 720.2	6 752.9
1991	1 947.18	976.34	970.84	3 104.6	1 915.6	7 903.0
1992	2 429.96	1 132.75	1 297.21	3 731.6	2 179.8	10 018.1
1993	3 327.04	1 401.33	1 925.71	4 479.3	2 509.5	12 418.6
1994	4 255.19	1 890.12	2 365.06	5 295.8	3 058.4	14 298.4
1995	5 349.53	2 432.67	2 916.86	6 215.6	3 587.3	16 791.7
(1995)	(4 547.47)	(2 092.89)	(2 454.57)			
1996	5 126.22	2 334.29	2 791.73	7 179.0	4 046.5	19 814.2
1997	5 649.93	2 528.19	3 121.74	8 220.0	4 556.4	23 004.3
1998	5 763.67	2 527.56	3 236.11	8 863.3	4 679.4	25 770.7
1999	6 213.24	2 679.71	3 533.53	9 794.4	5 045.6	28 996.7
2000	6 968.18	2 880.74	4 087.44	11 116.6	5 565.3	33 578.2
2001	7 656.96	2 929.50	4 727.46	12 941.8	6 155.6	40 346.4

注：从1996年开始，工业总产值按新规定计算，括号内数为1995年新规定数。以下同。
Note: Since 1996, new regulations have been adopted in calculating total industrial output value. The figures of 1995 in brackets are calculated in line with the new regulations. Same as follows.

表 11.3 历年工业总产值
GROSS OUTPUT VALUE OF INDUSTRY

单位：亿元(100 million yuan)

年 份 Year	工业总产值 Gross Output Value of Industry	国有经济 State-owned	集体经济 Collective-owned	其他经济 Others	其 中 of which #外商及港澳台投资企业 Foreign-invested and Hong Kong, Macao and Taiwan Funded	#股份制企业 Shareholding
1949	34.34	5.59		28.75		
1950	35.43	5.77	0.03	29.63		
1951	54.53	14.54	0.10	39.89		
1952	66.60	17.76	0.23	48.61		
1953	91.50	24.40	1.38	65.22		
1954	96.37	28.63	1.56	66.18		
1955	91.42	28.90	2.42	60.10		
1956	113.92	36.59	4.29	73.04		
1957	118.82	36.01	5.56	77.25		
1958	176.44	173.44	2.35			
1959	254.68	251.15	3.41			
1960	298.97	294.04	4.93			
1961	187.43	182.37	5.06			
1962	151.98	147.75	4.09	0.14		
1963	168.91	164.84	4.01	0.06		
1964	196.95	190.96	5.93	0.06		
1965	230.77	223.98	6.72	0.07		
1966	259.59	251.77	7.77	0.05		
1967	226.88	219.05	7.79	0.04		
1968	251.87	243.02	8.80	0.05		
1969	284.42	274.31	10.07	0.04		
1970	312.18	299.53	12.61	0.04		
1971	336.52	318.43	18.09			
1972	355.39	333.90	21.49			
1973	383.33	358.16	25.17			
1974	398.40	369.14	29.26			
1975	420.37	386.06	34.31			
1976	423.45	385.98	37.47			
1977	458.40	419.49	38.91			
1978	514.01	471.35	42.66			
1979	556.30	505.89	50.41			
1980	598.75	526.94	65.58	6.23	0.29	
1981	620.12	532.12	77.79	10.21	0.33	
1982	634.65	538.99	82.71	12.95	0.52	
1983	663.53	552.73	94.68	16.12	0.66	
1984	728.12	595.73	114.92	17.47	0.85	
1985	862.73	672.87	164.40	25.46	3.04	
1986	952.21	734.22	177.10	40.89	8.93	
1987	1 073.84	790.30	204.81	78.73	15.68	
1988	1 304.66	913.26	266.60	124.80	31.82	
1989	1 524.67	1 049.38	294.19	181.10	54.14	
1990	1 642.75	1 114.46	287.05	241.24	89.61	
1991	1 947.18	1 263.12	354.58	329.48	157.70	
1992	2 429.96	1 389.80	455.52	584.63	267.97	97.01
1993	3 327.04	1 629.66	608.35	1 089.03	472.99	304.10
1994	4 255.19	1 802.91	792.16	1 660.12	915.24	390.45
1995	5 349.53	2 028.45	926.85	2 394.23	1 496.96	409.04
(1995)	(4 547.47)	(1 692.35)	(782.70)	(2 072.42)	(1 296.21)	(357.75)
1996	5 126.22	1 678.62	916.75	2 530.85	1 733.36	349.88
1997	5 649.93	1 641.10	983.32	3 025.51	2 118.87	388.41
1998	5 763.67	1 497.60	915.28	3 506.47	2 597.86	405.73
1999	6 213.24	1 450.36	787.96	3 974.92	2 868.06	428.58
2000	6 968.18	1 215.48	737.65	5 015.05	3 492.17	815.42
2001	7 656.96	1 085.10	675.84	5 896.02	3 962.99	902.50

表11.4 主要年份工业企业主要指标
MAJOR INDICATORS OF INDUSTRIAL ENTERPRISES IN MAIN YEARS

年 份 Year	单位数 (个) Number of Enterprises (unit)	从业人员 (万人) Employment (10 000 persons)	工 业 总产值 (亿元) Gross Output Value of Industry (100 million yuan)	产品销售 收 入 (亿元) Revenue of Products Sales (100 million yuan)	利润总额 (亿元) Total Pre-tax Profits (100 million yuan)	税金总额 (亿元) Total Tax and Duty (100 million yuan)	固定资产 原 价 (亿元) Original Value of Fixed Assets (100 million yuan)	固定资产 净 值 (亿元) Net Value of Fixed Assets (100 million yuan)
1978	6 975	244.95	493.41	494.99	121.79	42.70	188.72	116.30
1980	6 233	269.63	574.17	564.46	135.13	47.33	208.52	129.23
1985	8 422	332.47	808.50	808.26	146.31	73.34	343.72	222.29
1986	8762	341.77	890.60	889.62	134.24	74.96	456.56	322.09
1987	9 328	348.09	990.12	1 003.00	132.16	77.31	528.53	377.55
1988	9 668	353.18	1 180.73	1 191.20	139.53	88.10	603.34	427.31
1989	10 282	355.68	1 373.48	1 355.23	126.30	101.32	689.41	485.06
1990	10 109	357.91	1 477.04	1 447.39	95.24	106.78	787.54	550.70
1991	10 203	360.30	1 747.59	1 762.19	114.28	127.97	982.43	698.11
1992	10 144	354.00	2 153.76	2 184.43	130.53	146.67	1 175.17	838.35
1993	10 254	333.06	2 880.62	2 888.98	211.31	159.25	1 437.96	1 020.02
1994	11 496	323.94	3 664.65	3 234.58	235.06	206.69	2 128.59	1 428.20
1995	15 396	331.90	3 880.68	4 016.34	241.31	222.88	2 613.81	1 746.72
1996	15 007	297.79	4 247.12	4 250.51	210.68	230.93	2 987.71	1 956.46
1997	23 507	324.25	5 361.37	5 384.49	239.29	273.88	3 675.25	2 435.04
1998	22 053	284.67	5 431.90	5 398.12	187.41	293.60	4 354.24	2 853.76
1999	20 290	257.44	5 665.65	5 656.51	261.54	316.19	4 987.26	3 286.40
2000	19 516	248.90	6 604.41	6 793.29	398.79	359.17	5 578.24	3 582.63
2001	19 065	240.03	7 269.17	7 461.37	454.11	392.37	6 103.23	3 740.35

注：本表为村及村以上独立核算工业企业口径，以下同。
Note: The data in this table is collected from the industrial enterprises at village level and above with independent accounting system, same as follows.

表11.5 工业企业主要指标(1995 ~2001)
MAJOR INDICATORS OF INDUSTRIAL ENTERPRISES IN MAIN YEARS

单位:亿元(100 million yuan)

指 标	Indicators	1995	1996	1997	1998	1999	2000	2001
工业销售产值	Sales Value of Industry	3 829.03	4 174.62	5 256.89	5 320.72	5 560.19	6 527.55	7 179.00
出口交货值	Export Delivery	679.81	731.47	1 004.11	989.95	1 074.66	1 355.47	1 443.48
工业增加值	Value Added	1 051.73	1 112.65	1 393.17	1 390.26	1 605.90	1 804.14	2 062.38
固定资产净值年平均余额	Average Balance Net Value of Fixed Assets	1 601.74	1 828.12	2 333.46	2 758.61	3 135.91	3 524.09	3 602.20
流动资产合计	Total Circulating Funds	2 811.22	3 155.29	3 953.30	4 092.05	4 263.36	4 675.35	4 928.61
流动资产年平均余额	Average Balance Circulating Funds	2 622.80	3 042.42	3 725.55	4 023.16	4 118.15	4 417.27	4 883.08
年末资产总计	Total Proerty (year-end)	5 555.76	6 487.43	8 249.20	8 749.43	9 197.21	9 945.36	10 882.61
年末负债合计	Total Liabilities	3 247.28	3 704.81	4 599.15	4 787.44	4 898.92	4 996.51	5 110.01
流动负债合计	Total Circulating Liability	2 488.49	2 876.58	3 579.83	3 763.27	3 864.39	3 972.48	4 027.17
年末所有者权益	Rights and Interests (year-end)	2 308.48	2 782.61	3 650.05	3 961.99	4 298.29	4 945.01	5 772.58
成本费用总额	Total Cost Value	3 860.02	4 131.83	5 231.18	5 290.72	5 465.34	6 452.80	7 061.85

表 11.6 工业企业主要指标(2001)
MAJOR INDICATORS OF INDUSTRIAL ENTERPRISES

类 别	Items	单位数（个）Number of Enterprises (unit)	从业人员（万人）Employment (10 000 persons)	工业总产值（亿元）Gross Output Value of Industry (100 million yuan)
总 计	**Total**	**19 065**	**240.03**	**7 269.17**
按隶属关系分	**Grouped by Subordination**			
#中央工业	Central	208	25.37	1 591.01
市(局)属工业	City	2 509	71.05	2 524.67
区属工业	District	2 705	20.21	479.32
县属工业	County	269	1.60	22.44
街道属工业	Neighbourhood	605	2.09	31.98
镇属工业	Town	2 910	35.59	659.92
乡属工业	Country	1 087	13.55	275.13
村属工业	Village	5 968	36.93	704.80
按登记注册类型分	**Grouped by Registration Categories**			
内 资	Domestic Investment	14 071	149.89	3 306.18
国 有	State-owned	1 120	29.54	779.75
集 体	Collective-owned	5 938	32.71	457.44
股份合作	Share Holding	1 915	12.88	181.28
联 营	Joint Owned	1 322	12.86	214.57
有限责任公司	Companies with Limited Liabilities	1 525	34.28	839.89
股份有限公司	Stock-holding Companies with Limited Liabilities	89	10.58	504.59
私 营	Private	2 129	16.70	318.91
其 他	Others	33	0.34	9.76
港澳台商投资	Hong Kong, Macao Taiwan Funded	2 268	36.08	1 095.14
外商投资	Foreign Funded	2 726	54.06	2 867.85
按轻、重工业分	**Grouped by Light and Heavy Industries**			
轻工业	Light Industry	10 213	119.90	2 623.42
以农产品为原料	Using Farm Products as Raw Materials	5 454	67.73	1 233.09
以非农产品为原料	Using Non-farm Products as Raw Materials	4 759	52.16	1 390.34
重工业	Heavy Industry	8 852	120.13	4 645.75
采掘工业	Excavation	4	1.72	27.30
原料工业	Raw Materials	1 366	28.31	1 660.28
加工工业	Processing	7 482	90.10	2 958.16
按企业规模分	**Grouped by Size of Enterprises**			
大型企业	Large	694	72.57	4 071.37
特大型企业	Outsized	39	19.49	2 019.39
大一型企业	Large(First)	244	28.94	1 230.70
大二型企业	Large(Second)	411	24.13	821.28
中型企业	Medium	705	25.38	664.27
中一型企业	Medium(First)	273	10.49	270.78
中二型企业	Medium(Second)	432	14.89	393.48
小型企业	Small	17 666	142.08	2 533.53

工业增加值（亿元）Value Added (100 million yuan)	年末资产总计（亿元）Total Property (year-end) (100 million yuan)	固定资产原价（亿元）Original Value of Fixed Assets (100 million yuan)	固定资产净值（亿元）Net Value of Fixed Assets (100 million yuan)	固定资产净值年平均余额（亿元）Average Balance Net Value of Fixed Assets (100 million yuan)
2 062.38	10 882.61	6 103.23	3 740.35	3 602.20
562.96	3 829.56	2 712.33	1 572.43	1 414.02
693.23	3 772.75	1 859.09	1 136.56	1 154.38
128.85	600.10	260.92	174.78	172.29
6.24	33.16	15.02	11.18	11.59
7.79	31.58	9.81	6.10	7.14
173.12	745.50	346.42	214.64	226.66
73.51	277.74	152.70	104.88	106.31
184.92	643.16	276.32	181.81	183.52
1 027.54	6 353.84	3 705.80	2 208.60	2 080.13
283.22	2 389.00	1 053.72	650.58	647.78
125.27	468.89	178.60	101.85	116.52
51.54	167.89	67.15	40.28	40.47
62.59	224.61	137.67	82.82	83.82
232.31	1 611.00	911.62	597.18	572.43
186.52	1 248.55	1 278.43	674.41	561.72
83.04	220.03	74.83	59.21	55.05
3.06	23.86	3.77	2.27	2.34
282.53	1 451.88	777.86	461.45	467.90
752.31	3 076.89	1 619.58	1 070.30	1 054.17
741.79	3 136.41	1 454.79	942.77	952.32
406.36	1 458.75	672.25	418.14	432.86
335.43	1 677.66	782.55	524.64	519.47
1 320.60	7 746.20	4 648.44	2 797.58	2 649.87
15.25	56.93	60.19	35.85	34.53
488.16	3 796.98	2 909.66	1 706.99	1 547.10
817.19	3 892.29	1 678.59	1 054.73	1 068.25
1 219.76	7 365.87	4 538.30	2 735.95	2 582.78
613.67	4 047.93	2 871.54	1 693.97	1 533.14
383.07	2 060.13	1 077.38	684.41	690.47
223.03	1 257.81	589.38	357.57	359.17
166.72	879.22	439.76	266.57	272.30
73.77	424.88	239.08	142.67	147.32
92.95	454.34	200.67	123.90	124.97
675.91	2 637.53	1 125.17	737.83	747.13

表 11.6 续表 1 continued

类　别 Items		单位数 （个） Number of Enterprises (unit)	从业人员 （万人） Employment (10 000 persons)
按工业行业分	**Grouped by Sectors**		
煤炭采选业	Coal Minerals Mining and Processing	1	1.69
石油和天然气开采业	Petroleum and Natural Gas Exploiting	1	0.02
非金属矿采选业	Nonmetal Minerals Mining and Processing	2	0.01
食品加工业	Food Processing	247	2.93
食品制造业	Food Production	390	5.17
饮料制造业	Beverage Production	120	1.55
烟草加工业	Tobacco Processing	4	0.64
纺织业	Textile	1 238	18.85
服装及其他纤维制品制造业	Garment and Other Fiber Products	1 443	21.43
皮革、毛皮、羽绒及其制品业	Leathers, Furs, Down and Related Products	285	4.44
木材加工及竹、藤、棕、草制品业	Timber Processing, Bamboo, Cane, Palm Fiber and Straw Products	269	2.77
家具制造业	Furniture Manufacturing	300	2.16
造纸及纸制品业	Papermaking and Paper Products	452	3.20
印刷业、记录媒介的复制	Printing and Record Processing	653	4.41
文教体育用品制造业	Stationary, Education and Sports Goods	469	6.77
石油加工及炼焦业	Petroleum Processing and Coking Products	68	3.11
化学原料及化学制品制造业	Raw Chemical Materials and Chemical Products	1 256	12.72
医药制造业	Medicine Manufacturing	223	4.63
化学纤维制造业	Chemical Fiber Manufacturing	86	1.39
橡胶制品业	Rubber Products	262	3.88
塑料制品业	Plastic Products	1 082	8.55
非金属矿物制品业	Nonmetal Mineral Products	812	8.11
黑色金属冶炼及压延加工业	Smelting and Pressing of Ferrous Metals	192	9.04
有色金属冶炼及压延加工业	Smelting and Pressing of Nonferrous Metals	244	2.60
金属制品业	Metal Products	2 237	15.81
普通机械制造业	Ordinary Machinery Manufacturing	1 749	18.47
专用设备制造业	Special Purpose Equipment Manufacturing	948	12.28
交通运输设备制造业	Transportation Equipment Manufacturing	958	18.92
电气机械及器材制造业	Electric Equipments and Machinery Manufacturing	1 433	17.27
电子及通信设备制造业	Electronic and Telecommunications Equipments Manufacturing	621	13.77
仪器仪表及文化、办公用机械制造业	Instruments, Meters, Culture and Office Equipments Manufacturing	462	4.48
其他制造业	Other Manufacturing	431	3.27
电力、蒸汽、热水的生产和供应业	Power, Steam and Water Production and Supply	22	3.04
煤气生产和供应业	Gas Production and Supply	9	1.13
自来水的生产和供应业	Tap Water Production and Supply	96	1.51

工业总产值（亿元）Gross Output Value of Industry (100 million yuan)	工业增加值（亿元）Value Added (100 million yuan)	年末资产总计（亿元）Total Property (year-end) (100 million yuan)	固定资产原价（亿元）Original Value of Fixed Assets (100 million yuan)	固定资产净值（亿元）Net Value of Fixed Assets (100 million yuan)	固定资产净值年平均余额（亿元）Average Balance Net Value of Fixed Assets (100 million yuan)
12.16	5.96	19.02	17.82	10.65	7.01
15.09	9.26	37.83	42.33	25.18	27.51
0.05	0.03	0.07	0.04	0.02	0.01
89.75	18.84	86.28	39.91	25.84	25.51
134.13	36.16	151.19	76.17	38.32	50.02
72.62	24.61	113.25	63.28	38.69	39.42
116.84	96.74	179.54	49.13	32.56	34.01
254.88	70.79	340.91	164.95	100.03	101.32
256.01	68.23	204.91	79.71	51.21	51.57
57.19	13.56	43.95	16.23	10.53	10.61
78.45	17.49	81.37	40.21	31.56	29.97
36.05	10.86	34.73	14.57	9.69	10.11
76.25	19.33	94.82	56.3	38.72	39.30
80.65	28.89	113.26	69.43	43.51	42.27
95.63	23.88	109.75	36.97	25.21	24.11
359.31	69.14	359.8	325.35	168.29	161.01
469.74	123.06	640.44	368.55	217.76	222.12
140.44	42.15	199.9	93.51	63.36	63.68
53.64	17.15	72.38	60.93	42.15	39.62
59.43	14.10	110.76	57.33	34.49	54.28
182.93	51.63	235.93	126.76	85.89	86.01
177.76	49.17	269.18	148.32	89.08	90.24
679.72	191.47	1 941.92	1 380.57	744.26	619.92
98.10	16.11	101.68	42.28	27.30	26.24
307.32	81.9	348.41	167.55	108.43	109.72
392.84	114.55	600.44	255.62	156.82	157.91
197.03	57.95	325.40	130.85	75.69	77.20
892.57	260.38	1 142.32	501.03	325.70	317.96
497.71	124.7	580.86	234.40	149.33	150.36
989.36	215.88	1 069.96	412.30	261.03	256.93
105.62	28.38	117.75	40.28	22.45	23.43
57.93	16.68	70.09	28.99	18.23	18.11
194.33	127.92	880.68	812.99	555.19	529.31
19.16	6.46	76.03	54.67	38.52	32.78
18.48	8.95	127.80	93.88	74.67	72.64

表 11.6 续表 2 continued

类 别	Items	流动资产年平均余额 Average Balance Circulating Funds	年末负债合计 Total Liabilities (year-end)
总 计	**Total**	**4 883.08**	**5 110.01**
按隶属关系分	**Grouped by Subordination**		
#中央工业	Central	1 094.21	1 438.81
市(局)属工业	City	1 980.75	1 888.88
区属工业	District	333.64	329.25
县属工业	County	17.09	20.39
街道属工业	Neighbourhood	22.03	18.27
镇属工业	Town	413.36	400.71
乡属工业	Country	144.93	157.42
村属工业	Village	392.26	338.52
按登记注册类型分	**Grouped by Registration Categories**		
内 资	Domestic Investment	2 488.14	2 908.87
国 有	State-owned	756.40	839.60
集 体	Collective-owned	297.30	279.58
股份合作	Share Holding	106.51	98.38
联 营	Joint Owned	120.06	127.97
有限责任公司	Companies with Limited Liabilities	649.27	877.26
股份有限公司	Stock-holding Companies with Limited Liabilities	408.38	559.82
私 营	Private	132.04	123.51
其 他	Others	18.18	2.75
港澳台商投资	Hong Kong, Macao Taiwan Funded	750.85	730.30
外商投资	Foreign Funded	1 644.09	1 470.83
按轻、重工业分	**Grouped by Light and Heavy Industries**		
轻工业	Light Industry	1 682.28	1 607.99
以农产品为原料	Using Farm Products as Raw Materials	771.56	709.30
以非农产品为原料	Using Non-farm Products as Raw Materials	910.72	898.69
重工业	Heavy Industry	3 200.80	3 502.02
采掘工业	Excavation	18.16	24.94
原料工业	Raw Materials	1 003.20	1 433.60
加工工业	Processing	2 179.43	2 043.48
按企业规模分	**Grouped by Size of Enterprises**		
大型企业	Large	2 877.05	3 143.16
特大型企业	Outsized	1 250.33	1 591.16
大一型企业	Large(First)	989.59	971.52
大二型企业	Large(Second)	637.13	580.47
中型企业	Medium	480.33	487.30
中一型企业	Medium(First)	215.93	228.50
中二型企业	Medium(Second)	264.40	258.80
小型企业	Small	1 525.70	1 479.55

单位:亿元(100 million yuan)

年末所有者权益 Rights and Interests (year-end)	产品销售收入 Revenue of Products Sales	利润总额 Total Pre-tax Profits	税金总额 Total Tax and Duty	成本费用总额 Total Cost Value
5 772.58	**7 461.37**	**454.11**	**392.37**	**7 061.85**
2 390.75	1 767.92	129.22	160.80	1 618.22
1 883.87	2 605.72	166.70	129.69	2 485.38
270.84	477.60	24.85	16.62	459.96
12.77	21.12	-0.15	0.89	21.86
13.30	32.05	1.23	1.53	31.35
344.79	636.02	32.93	22.41	609.39
120.32	263.03	11.98	8.74	253.36
304.62	678.91	40.28	24.75	645.78
3 444.94	3 505.86	197.29	231.13	3 342.88
1 549.40	934.06	34.62	109.51	884.60
189.31	436.03	23.88	20.02	421.58
69.48	172.49	10.85	8.19	165.56
96.64	210.68	12.26	8.40	200.95
733.74	864.46	30.13	39.04	854.49
688.73	562.78	65.50	34.71	508.88
96.52	315.13	18.48	10.79	297.74
21.11	10.23	1.56	0.48	9.10
721.58	1 082.96	51.85	43.68	1 041.47
1 606.06	2 872.55	204.97	117.55	2 677.50
1 528.43	2 619.31	144.60	155.44	2 485.48
749.45	1 239.63	81.93	105.58	1 144.41
778.97	1 379.68	62.67	49.86	1 341.06
4 244.15	4 842.07	309.51	236.93	4 576.37
31.99	29.12	8.25	2.18	21.03
2 363.37	1 857.35	85.61	109.87	1 781.28
1 848.79	2 955.60	215.65	124.88	2 774.06
4 222.71	4 314.70	308.71	277.62	4 019.76
2 456.77	2 176.27	137.31	132.85	2 031.11
1 088.60	1 267.39	111.97	109.66	1 156.27
677.34	871.04	59.43	35.11	832.38
391.91	683.73	28.71	25.09	665.54
196.38	267.41	7.33	10.32	265.45
195.54	416.32	21.38	14.77	400.10
1 157.95	2 462.94	116.69	89.66	2 376.54

表 11.6 续表 3 continued

类 别	Items	流动资产年平均余额 Average Balance Circulating Funds	年末负债合计 Total Liabilities(year-end)
按工业行业分	**Grouped by Sectors**		
煤炭采选业	Coal Minerals Mining and Processing	6.04	3.85
石油和天然气开采业	Petroleum and Natural Gas Exploiting	12.07	21.04
非金属矿采选业	Nonmetal Minerals Mining and Processing	0.05	0.05
食品加工业	Food Processing	42.64	51.48
食品制造业	Food Production	80.72	81.46
饮料制造业	Beverage Production	49.63	58.30
烟草加工业	Tobacco Processing	84.96	11.45
纺织业	Textile	187.18	187.94
服装及其他纤维制品制造业	Garment and Other Fiber Products	126.34	112.52
皮革、毛皮、羽绒及其制品业	Leathers, Furs, Down and Related Products	27.77	29.04
木材加工及竹、藤、棕、草制品业	Timber Processing, Bamboo, Cane, Palm Fiber and Straw Products	44.10	46.22
家具制造业	Furniture Manufacturing	18.63	19.40
造纸及纸制品业	Papermaking and Paper Products	45.08	53.16
印刷业、记录媒介的复制	Printing and Record Processing	57.70	52.47
文教体育用品制造业	Stationary, Education and Sports Goods	65.34	57.82
石油加工及炼焦业	Petroleum Processing and Coking Products	112.42	154.59
化学原料及化学制品制造业	Raw Chemical Materials and Chemical Products	323.10	298.33
医药制造业	Medicine Manufacturing	99.86	118.43
化学纤维制造业	Chemical Fiber Manufacturing	22.11	37.82
橡胶制品业	Rubber Products	55.97	70.89
塑料制品业	Plastic Products	115.54	116.32
非金属矿物制品业	Nonmetal Mineral Products	137.77	139.70
黑色金属冶炼及压延加工业	Smelting and Pressing of Ferrous Metals	433.60	645.96
有色金属冶炼及压延加工业	Smelting and Pressing of Nonferrous Metals	51.22	72.70
金属制品业	Metal Products	195.45	184.08
普通机械制造业	Ordinary Machinery Manufacturing	351.17	336.39
专用设备制造业	Special Purpose Equipments Manufacturing	184.20	191.94
交通运输设备制造业	Transportation Equipments Manufacturing	594.37	540.42
电气机械及器材制造业	Electric Equipments and Machinery Manufacturing	335.46	327.56
电子及通信设备制造业	Electronic and Telecommunications Equipments Manufacturing	665.16	570.38
仪器仪表及文化、办公用机械制造业	Instruments, Meters, Culture and Office Equipments Manufacturing	82.74	66.57
其他制造业	Other Manufacturing	38.80	36.58
电力、蒸汽、热水的生产和供应业	Power, Steam and Water Production and Supply	177.22	336.45
煤气生产和供应业	Gas Production and Supply	29.16	22.29
自来水的生产和供应业	Tap Water Production and Supply	29.53	56.38

单位:亿元(100 million yuan)

年末所有者权益 Rights and Interests(year-end)	产品销售收入 Revenue of Products Sales	利润总额 Total Pre-tax Profits	税金总额 Total Tax and Duty	成本费用总额 Total Cost Value
15.17	14.07	1.89	1.30	12.04
16.80	15.00	6.36	0.87	8.95
0.02	0.05		0.01	0.04
34.80	90.34	-0.90	1.32	93.02
69.73	132.65	4.22	7.43	130.66
54.95	70.08	1.21	6.58	69.92
168.09	110.96	37.56	60.18	43.87
152.97	269.71	9.08	8.11	265.77
92.39	248.45	11.79	6.38	238.13
14.90	54.63	1.20	0.88	54.03
35.15	80.85	1.61	1.88	80.46
15.33	37.17	1.63	1.52	36.01
41.66	74.85	3.70	3.67	72.49
60.79	82.15	8.99	5.55	74.39
51.93	97.57	5.74	2.06	94.58
205.21	361.08	3.08	27.79	346.63
342.10	482.17	22.03	23.91	463.88
81.47	147.56	8.96	9.11	141.19
34.56	49.50	3.13	1.85	46.49
39.87	58.47	0.98	3.39	58.86
119.59	177.74	11.04	7.02	168.13
129.49	164.61	6.85	7.34	160.40
1 295.96	714.43	34.85	38.02	685.29
28.98	97.45	0.46	2.17	96.35
164.33	302.28	16.01	10.48	288.97
264.05	381.95	22.77	16.01	366.27
133.45	198.99	7.83	9.12	195.81
601.89	894.98	92.10	56.52	803.25
253.30	492.77	30.75	16.19	473.92
499.58	1 009.35	53.87	18.39	971.11
51.18	110.16	6.55	3.95	105.36
33.51	56.49	2.88	2.41	54.65
544.23	326.72	35.49	28.80	299.07
53.75	38.53	-0.61	1.04	42.68
71.42	17.62	0.99	1.12	19.19

表 11.7 规模以上工业企业主要指标(2001)
MAJOR INDICATORS OF THE CITY'S INDUSTRIAL ENTERPRISES ABOVE THE SET SCALE

类 别	Items	单位数（个）Number of Enterprises (unit)	从业人员（万人）Employment (10 000 persons)	工业总产值（亿元）Gross Output Value of Industry (100 million yuan)
总 计	**Total**	**9 701**	**206.49**	**7 003.90**
按隶属关系分	**Grouped by Subordination**			
#中央工业	Central	189	25.33	1 590.67
市(局)属工业	City	1 826	69.06	2 512.76
区属工业	District	1 139	15.61	445.84
县属工业	County	68	0.95	18.49
街道属工业	Neighbourhood	109	0.95	22.12
镇属工业	Town	1 653	29.42	612.00
乡属工业	Country	563	10.89	259.97
村属工业	Village	2 138	24.07	604.28
按登记注册类型分	**Grouped by Registration Categories**			
内 资	Domestic Investment	6 040	122.16	3 099.10
国 有	State-owned	925	29.40	779.38
集 体	Collective-owned	1 569	18.32	363.88
股份合作	Share Holding	656	8.11	151.24
联 营	Joint Owned	555	10.16	195.92
有限责任公司	Companies with Limited Liabilities	883	31.35	813.28
股份有限公司	Stock-holding Companies with Limited Liabilities	73	10.49	502.90
私 营	Private	1 357	14.03	283.43
其 他	Others	22	0.30	9.08
港澳台商投资	Hong Kong, Macao Taiwan Funded	1 567	33.08	1 068.78
外商投资	Foreign Funded	2 094	51.25	2 836.02
按轻、重工业分	**Grouped by Light and Heavy Industries**			
轻工业	Light Industry	5 198	101.58	2 483.51
以农产品为原料	Using Farm Products as Raw Materials	2 912	57.87	1 159.08
以非农产品为原料	Using Non-farm Products as Raw Materials	2 286	43.72	1 324.43
重工业	Heavy Industry	4 503	104.91	4 520.39
采掘工业	Excavation	3	1.72	27.30
原料工业	Raw Materials	802	26.65	1 638.63
加工工业	Processing	3 698	76.54	2 854.45
按企业规模分	**Grouped by Size of Enterprises**			
大型企业	Large	681	72.26	4 069.25
特大型企业	Outsized	39	19.49	2 019.39
大一型企业	Large(First)	243	28.94	1 230.66
大二型企业	Large(Second)	399	23.82	819.21
中型企业	Medium	670	25.06	658.89
中一型企业	Medium(First)	257	10.31	268.80
中二型企业	Medium(Second)	413	14.75	390.09
小型企业	Small	8 350	109.18	2 275.76

注：本表为国有及销售收入在500万元以上的非国有企业。
Note: The data in this table is collected from state-owned enterprises and none-state-owned enterprises with revenue of sales more than 5 million yuan.

工业增加值 (亿元) Value Added (100 million yuan)	年末资产总计 (亿元) Total Property (year-end) (100 million yuan)	固定资产原价 (亿元) Original Value of Fixed Assets (100 million yuan)	固定资产净值 (亿元) Net Value of Fixed Assets (100 million yuan)	固定资产净值年平均余额 (亿元) Average Balance Net Value of Fixed Assets (100 million yuan)
1 988.38	**10 435.70**	**5 918.95**	**3 621.95**	**3 481.48**
562.84	3 827.60	2 710.83	1 571.01	1 412.60
690.11	3 699.03	1 835.82	1 122.27	1 139.55
120.03	525.97	234.67	158.48	156.01
4.52	28.32	13.03	9.85	10.21
5.13	20.82	6.75	4.34	4.40
163.32	673.07	311.13	192.53	204.66
68.85	250.04	137.78	95.17	96.79
153.73	512.87	221.70	147.48	148.03
964.03	6 050.24	3 587.78	2 135.88	2 005.36
284.02	2 380.08	1 050.04	647.94	645.38
95.24	328.59	119.76	65.48	79.63
42.07	130.02	51.11	31.63	31.38
56.17	196.29	124.87	75.59	76.25
224.32	1 553.71	894.69	586.45	561.77
186.16	1 245.28	1 277.74	673.96	561.27
73.11	193.66	66.05	52.75	47.54
2.93	22.62	3.51	2.08	2.15
275.29	1 388.04	747.03	441.31	447.51
749.06	2 997.41	1 584.13	1 044.76	1 028.61
706.27	2 905.18	1 357.66	880.40	888.95
387.96	1 335.80	621.86	385.28	399.44
318.31	1 569.38	735.79	495.13	489.51
1 282.11	7 530.52	4 561.29	2 741.54	2 592.53
15.25	56.93	60.19	35.85	34.53
482.01	3 760.54	2 892.66	1 694.85	1 535.28
784.85	3 713.06	1 608.44	1 010.84	1 022.72
1 220.30	7 321.63	4 528.22	2 728.68	2 575.20
613.67	4 047.93	2 871.54	1 693.97	1 533.14
383.07	2 059.82	1 077.06	684.13	690.17
223.56	1 213.88	579.62	350.58	351.89
166.89	850.12	428.27	258.79	264.42
73.52	406.34	232.43	138.29	142.87
93.37	443.78	195.84	120.50	121.55
601.19	2 263.95	962.45	634.48	641.85

表 11.7 续表 1 continued

	类 别 Items	单位数（个） Number of Enterprises (unit)	从业人员（万人） Employment (10000 persons)	工业总产值（亿元） Gross Output Value of Industry (100 million yuan)
按工业行业分	**Grouped by Sectors**			
煤炭采选业	Coal Minerals Mining and Processing	1	1.69	12.16
石油和天然气开采业	Petroleum and Natural Gas Exploiting	1	0.02	15.09
非金属矿采选业	Nonmetal Minerals Mining and Processing	1	0.01	0.05
食品加工业	Food Processing	166	2.71	86.02
食品制造业	Food Production	218	4.64	128.12
饮料制造业	Beverage Production	55	1.37	71.58
烟草加工业	Tobacco Processing	3	0.64	116.84
纺织业	Textile	669	16.33	236.70
服装及其他纤维制品制造业	Garment and Other Fiber Products	871	18.33	236.63
皮革、毛皮、羽绒及其制品业	Leathers, Furs, Down and Related Products	160	3.92	53.96
木材加工及竹、藤、棕、草制品业	Timber Processing, Bamboo, Cane, Palm Fiber and traw Products	137	2.39	75.15
家具制造业	Furniture Manufacturing	143	1.67	30.05
造纸及纸制品业	Papermaking and Paper Products	203	2.49	70.88
印刷业、记录媒介的复制	Printing and Record Processing	258	3.32	73.00
文教体育用品制造业	Stationary, Education and Sports Goods	261	5.89	90.63
石油加工及炼焦业	Petroleum Processing and Coking Products	37	3.03	357.39
化学原料及化学制品制造业	Raw Chemical Materials and Chemical Products	701	11.17	448.74
医药制造业	Medicine Manufacturing	165	4.39	138.65
化学纤维制造业	Chemical Fiber Manufacturing	52	1.26	52.91
橡胶制品业	Rubber Products	134	3.33	55.45
塑料制品业	Plastic Products	560	7.08	169.36
非金属矿物制品业	Nonmetal Mineral Products	389	6.42	167.65
黑色金属冶炼及压延加工业	Smelting and Pressing of Ferrous Metals	131	8.87	678.20
有色金属冶炼及压延加工业	Smelting and Pressing of Nonferrous Metals	139	2.24	94.32
金属制品业	Metal Products	892	11.23	274.58
普通机械制造业	Ordinary Machinery Manufacturing	788	14.80	366.38
专用设备制造业	Special Purpose Equipments Manufacturing	467	10.60	184.18
交通运输设备制造业	Transportation Equipments Manufacturing	495	17.07	880.78
电气机械及器材制造业	Electric Equipments and Machinery Manufacturing	776	15.05	474.30
电子及通信设备制造业	Electronic and Telecommunications Equipments Manufacturing	405	13.07	983.67
仪器仪表及文化、办公用机械制造业	Instruments, Meters, Culture and Office Equipments Manufacturing	191	3.67	98.89
其他制造业	Other Manufacturing	181	2.36	51.45
电力、蒸汽、热水的生产和供应业	Power, Steam and Water Production and Supply	19	3.02	193.88
煤气生产和供应业	Gas Production and Supply	8	1.13	19.16
自来水的生产和供应业	Tap Water Production and Supply	24	1.30	17.09

工业增加值（亿元）Value Added (100 million yuan)	年末资产总计（亿元）Total Property (year-end) (100 million yuan)	固定资产原价（亿元）Original Value of Fixed Assets (100 million yuan)	固定资产净值（亿元）Net Value of Fixed Assets (100 million yuan)	固定资产净值年平均余额（亿元）Average Balance Net Value of Fixed Assets (100 million yuan)
5.96	19.02	17.82	10.65	7.01
9.26	37.83	42.33	25.18	27.51
0.03	0.07	0.04	0.02	0.01
17.03	82.57	37.52	24.17	23.83
33.84	140.95	70.59	34.51	45.97
24.75	90.00	57.18	34.51	35.16
96.74	179.54	49.13	32.56	34.01
65.17	316.12	153.49	92.65	93.92
67.57	180.83	71.17	45.64	46.04
12.45	37.79	13.78	8.92	8.84
16.37	75.36	37.70	30.22	28.65
9.09	29.43	12.75	8.54	8.83
17.68	87.44	52.97	36.60	37.20
26.23	102.09	63.66	40.03	38.72
22.42	99.56	32.59	22.46	21.32
68.73	358.34	324.67	167.82	160.58
118.00	610.25	358.30	211.17	215.61
41.63	195.75	91.78	62.18	62.52
16.91	71.23	60.48	41.85	39.33
13.54	101.94	53.28	31.58	51.36
47.47	218.69	118.05	80.64	80.42
45.65	250.92	139.18	82.78	84.19
191.09	1 940.03	1 379.57	743.70	619.37
15.06	95.04	39.99	25.82	24.81
71.71	300.89	147.40	95.90	96.92
106.71	549.29	238.73	147.00	147.67
53.91	303.53	122.11	70.89	71.97
256.51	1 125.65	492.49	320.16	312.36
119.26	543.83	219.67	139.66	140.75
214.08	1 050.94	406.48	256.77	252.83
26.06	107.86	37.10	20.52	20.42
14.60	58.80	23.62	15.02	14.80
128.00	874.17	808.01	550.81	525.13
6.46	76.03	54.67	38.52	32.78
8.41	123.90	90.64	72.49	70.63

表 11.7 续表 2 continued

	类 别 Items	流动资产年平均余额 Average Balance Circulation Funds	年末负债合计 Total Liabilities(year-end)
总 计	**Total**	**4 627.04**	**4 848.17**
按隶属关系分	**Grouped by Subordination**		
#中央工业	Central	1 093.77	1 437.23
市(局)属工业	City	1 948.45	1 844.30
区属工业	District	288.71	282.53
县属工业	County	13.99	17.15
街道属工业	Neighbourhood	12.36	12.17
镇属工业	Town	371.59	358.82
乡属工业	Country	129.35	140.76
村属工业	Village	308.63	266.28
按登记注册类型分	**Grouped by Registration Categories**		
内 资	Domestic Investment	2 302.06	2 726.22
国 有	State-owned	753.35	833.81
集 体	Collective-owned	206.45	193.20
股份合作	Share Holding	82.36	74.54
联 营	Joint Owned	102.60	112.63
有限责任公司	Companies with Limited Liabilities	619.46	842.37
股份有限公司	Stock-holding Companies with Limited Liabilities	406.84	558.05
私 营	Private	113.63	109.45
其 他	Others	17.37	2.17
港澳台商投资	Hong Kong, Macao Taiwan Funded	716.82	691.00
外商投资	Foreign Funded	1 608.17	1 430.94
按轻、重工业分	**Grouped by Light and Heavy Industries**		
轻工业	Light Industry	1 550.05	1 465.52
以农产品为原料	Using Farm Products as Raw Materials	703.28	632.33
以非农产品为原料	Using Non-farm Products as Raw Materials	846.77	833.20
重工业	Heavy Industry	3 076.99	3 382.65
采掘工业	Excavation	18.16	24.94
原料工业	Raw Materials	984.30	1 413.42
加工工业	Processing	2 074.52	1 944.29
按企业规模分	**Grouped by Size of Enterprises**		
大型企业	Large	2 862.00	3 117.92
特大型企业	Outsized	1 250.33	1 591.16
大一型企业	Large(First)	989.58	971.51
大二型企业	Large(Second)	622.09	555.25
中型企业	Medium	463.78	464.75
中一型企业	Medium(First)	204.60	212.89
中二型企业	Medium(Second)	259.19	251.86
小型企业	Small	1 301.26	1 265.50

单位:亿元(100 million yuan)

年末所有者权益 Rights and Interests (year-end)	产品销售收入 Revenue of Products Sales	利润总额 Total Pre-tax Profits	税金总额 Total Tax and Duty	成本费用总额 Total Cost Value
5 587.53	**7 213.02**	**450.01**	**379.43**	**6 809.58**
2 390.37	1 767.62	129.22	160.78	1 617.90
1 854.73	2 592.44	167.69	128.70	2 468.36
243.44	442.80	25.19	14.54	422.98
11.18	18.10	-0.19	0.70	18.84
8.66	21.57	1.04	0.89	21.01
314.25	593.13	31.72	20.31	566.83
109.28	248.72	11.85	7.96	238.86
246.59	590.56	36.12	20.07	559.66
3 324.02	3 315.31	190.87	220.69	3 152.75
1 546.28	932.48	34.78	109.43	882.66
135.39	350.55	20.67	14.80	336.34
55.48	145.88	10.04	6.58	139.10
83.66	193.82	11.79	7.39	184.12
711.34	840.09	30.06	37.84	828.57
687.22	561.05	65.41	34.69	507.17
84.21	281.85	16.57	9.50	266.37
20.44	9.58	1.55	0.46	8.41
697.04	1 058.97	54.68	42.69	1 014.54
1 566.47	2 838.74	204.46	116.05	2 642.29
1 439.66	2 488.96	146.15	148.96	2 349.94
703.47	1 171.19	82.55	102.18	1 072.93
736.18	1 317.77	63.61	46.78	1 277.01
4 147.87	4 724.06	303.85	230.46	4 459.64
31.99	29.12	8.25	2.18	21.03
2 347.12	1 835.48	83.82	108.63	1 760.63
1 768.77	2 859.46	211.78	119.65	2 677.97
4 203.72	4 310.96	308.42	277.29	4 013.98
2 456.77	2 176.27	137.31	132.85	2 031.11
1 088.31	1 267.35	112.00	109.66	1 156.19
658.63	867.34	59.12	34.79	826.67
385.37	675.87	30.15	24.68	656.16
193.45	265.17	8.78	10.13	261.72
191.92	410.70	21.37	14.55	394.44
998.45	2 226.19	111.44	77.46	2 139.45

表 11.7 续表 3 continued

类 别	Items	流动资产年平均余额 Average Balance Circulating Funds	年末负债合计 Total Liabilities (year-end)
按工业行业分	**Grouped by Sectors**		
煤炭采选业	Coal Minerals Mining and Processing	6.04	3.85
石油和天然气开采业	Petroleum and Natural Gas Exploiting	12.07	21.04
非金属矿采选业	Nonmetal Minerals Mining and Processing	0.05	0.05
食品加工业	Food Processing	40.98	49.38
食品制造业	Food Production	75.81	74.38
饮料制造业	Beverage Production	40.58	40.29
烟草加工业	Tobacco Processing	84.96	11.45
纺织业	Textile	172.77	173.64
服装及其他纤维制品制造业	Garment and Other Fiber Products	111.16	98.82
皮革、毛皮、羽绒及其制品业	Leathers, Furs, Down and Related Products	23.73	25.11
木材加工及竹、藤、棕、草制品业	Timber Processing, Bamboo, Cane, Palm Fiber and Straw Products	40.31	41.81
家具制造业	Furniture Manufacturing	15.24	16.08
造纸及纸制品业	Papermaking and Paper Products	40.47	48.66
印刷业、记录媒介的复制	Printing and Record Processing	51.02	46.87
文教体育用品制造业	Stationary, Education and Sports Goods	58.81	50.82
石油加工及炼焦业	Petroleum Processing and Coking Products	111.57	153.97
化学原料及化学制品制造业	Raw Chemical Materials and Chemical Products	304.71	282.63
医药制造业	Medicine Manufacturing	97.61	116.31
化学纤维制造业	Chemical Fiber Manufacturing	21.30	37.21
橡胶制品业	Rubber Products	52.08	66.75
塑料制品业	Plastic Products	103.00	106.72
非金属矿物制品业	Nonmetal Mineral Products	128.22	128.63
黑色金属冶炼及压延加工业	Smelting and Pressing of Ferrous Metals	432.46	644.88
有色金属冶炼及压延加工业	Smelting and Pressing of Nonferrous Metals	47.42	68.18
金属制品业	Metal Products	167.03	155.83
普通机械制造业	Ordinary Machinery Manufacturing	324.35	310.44
专用设备制造业	Special Purpose Equipments Manufacturing	170.62	178.38
交通运输设备制造业	Transportation Equipments Manufacturing	585.09	531.46
电气机械及器材制造业	Electric Equipments and Machinery Manufacturing	313.06	301.63
电子及通信设备制造业	Electronic and Telecommunications Equipments Manufacturing	653.49	559.56
仪器仪表及文化、办公用机械制造业	Instruments, Meters, Culture and Office Equipments Manufacturing	76.14	61.38
其他制造业	Other Manufacturing	32.14	30.62
电力、蒸汽、热水的生产和供应业	Power, Steam and Water Production and Supply	175.48	334.04
煤气生产和供应业	Gas Production and Supply	29.16	22.29
自来水的生产和供应业	Tap Water Production and Supply	28.12	54.99

单位:亿元(100 million yuan)

年末所有者权益 Rights and Interests (year-end)	产品销售收入 Revenue of Products Sales	利润总额 Total Pre-tax Profits	税金总额 Total Tax and Duty	成本费用总额 Total Cost Value
15.17	14.07	1.89	1.30	12.04
16.80	15.00	6.36	0.87	8.95
0.02	0.05		0.01	0.04
33.20	87.96	-0.87	1.27	90.58
66.56	126.94	4.47	7.19	124.67
49.70	68.69	2.24	6.41	66.66
168.09	110.96	37.56	60.18	43.87
142.48	253.06	9.05	7.29	248.75
82.01	230.36	11.55	5.52	219.88
12.68	51.98	1.28	0.77	51.24
33.55	78.10	1.75	1.75	77.39
13.35	31.31	1.62	1.37	30.06
38.78	69.98	3.75	3.42	67.47
55.22	74.78	8.56	5.05	67.19
48.74	93.04	5.89	1.85	89.69
204.36	359.33	2.97	27.74	344.99
327.62	461.32	20.68	22.77	443.97
79.45	145.62	8.78	8.94	139.35
34.02	48.87	3.13	1.83	45.85
35.18	53.69	0.75	3.16	54.21
111.97	165.67	11.30	6.44	155.84
122.29	155.67	6.74	6.89	151.44
1 295.15	712.98	34.80	37.97	683.83
26.86	93.88	0.39	2.05	92.71
145.06	272.60	15.15	8.83	259.41
238.85	357.57	21.03	14.65	341.41
125.15	187.39	7.71	8.45	184.03
594.19	884.34	91.84	55.82	792.55
242.20	469.07	31.24	15.29	449.39
491.38	1 004.20	54.23	18.14	965.48
46.47	104.18	6.22	3.54	99.44
28.17	50.72	2.77	2.02	48.90
540.14	324.87	34.88	28.58	297.82
53.75	38.53	-0.61	1.04	42.68
68.91	16.24	0.90	1.03	17.82

表11.8 工业企业销售产值和新产品产值(2001)
SALES VALUE AND NEW PRODUCTS VALUE OF INDUSTRIAL ENTERPRISES

单位:亿元(100 million yuan)

类 别	Items	工业销售产值 Sales Value of Industry	其中 of which #出口交货值 Delivery Value of Industry Export	新产品产值 New Products Value
总 计	Total	7 179.00	1 443.48	964.28
按隶属关系分	Grouped by Subordination			
#中央工业	Central	1 580.21	138.47	93.21
市(局)属工业	City	2 503.23	411.79	828.83
区属工业	District	465.92	140.40	23.99
县属工业	County	22.00	2.42	4.10
街道属工业	Neighbourhood	31.92	1.94	0.15
镇属工业	Town	643.88	166.79	7.79
乡属工业	Country	269.51	78.22	0.74
村属工业	Village	686.84	113.00	1.56
按登记注册类型分	Grouped by Registration Categories			
内 资	Domestic Investment	3 250.74	304.72	215.29
国 有	State-owned	775.23	62.27	52.50
集 体	Collective-owned	444.80	29.09	4.05
股份合作	Share Holding	175.56	13.69	3.86
联 营	Joint Owned	208.76	17.97	5.07
有限责任公司	Companies with Limited Liabilities	826.90	89.17	81.29
股份有限公司	Stock-holding Companies with Limited Liabilities	496.49	62.86	66.18
私 营	Private	313.52	29.36	2.31
其 他	Others	9.47	0.32	0.03
港澳台商投资	Hong Kong, Macao Taiwan Funded	1 085.26	270.28	51.62
外商投资	Foreign Funded	2 843.00	868.49	697.37
按轻、重工业分	Grouped by Light and Heavy Industries			
轻工业	Light Industry	2 568.62	761.80	210.23
重工业	Heavy Industry	4 610.38	681.68	754.05
按企业规模分	Grouped by Size of Enterprises			
大型企业	Large	4 040.95	710.56	882.35
特大型企业	Outsized	2 013.95	234.60	610.87
大一型企业	Large(First)	1 212.93	265.18	165.19
大二型企业	Large(Second)	814.07	210.79	106.30
中型企业	Medium	663.08	190.86	42.12
中一型企业	Medium(First)	266.51	72.13	24.22
中二型企业	Medium(Second)	396.57	118.72	17.91
小型企业	Small	2474.97	542.06	39.80

注：新产品产值是指国家级或市经委认证并颁发给新产品证书，且在新产品证书规定的有效期内生产的产品产值。

Note:New Products Value refers to the value of the products which have been awarded the new products certificate by the relevant state or city authorities and are manufactured during the time limit as specified in the new product certificate.

表11.8 续表 continued

单位:亿元(100 million yuan)

类 别	Items	工业销售产值 Sales Value of Industry	其中 of which #出口交货值 Delivery Value of Industry Export	新产品产值 New Products Value
按工业行业分	**Grouped by Sectors**			
煤炭采选业	Coal Minerals Mining and Processing	12.27	1.13	1.69
石油和天然气开采业	Petroleum and Natural Gas Exploiting	15.00		
非金属矿采选业	Nonmetal Minerals Mining and Processing	0.05		
食品加工业	Food Processing	90.40	9.22	0.14
食品制造业	Food Production	131.65	4.76	1.70
饮料制造业	Beverage Production	71.93	2.61	1.45
烟草加工业	Tobacco Processing	111.08	5.54	
纺织业	Textile	248.11	93.92	18.67
服装及其他纤维制品制造业	Garment and Other Fiber Products	250.00	137.30	3.10
皮革、毛皮、羽绒及其制品业	Leathers, Furs, Down and Related Products	55.94	31.84	0.17
木材加工及竹、藤、棕、草制品业	Timber Processing, Bamboo, Cane, Palm Fiber andStraw Products	78.69	6.96	1.90
家具制造业	Furniture Manufacturing	36.28	7.71	0.14
造纸及纸制品业	Papermaking and Paper Products	74.37	2.95	1.30
印刷业、记录媒介的复制	Printing and Record Processing	79.88	1.19	0.25
文教体育用品制造业	Stationary, Education and Sports Goods	94.58	56.44	2.43
石油加工及炼焦业	Petroleum Processing and Coking Products	360.18	19.05	14.49
化学原料及化学制品制造业	Raw Chemical Materials and Chemical Products	464.07	46.75	32.27
医药制造业	Medicine Manufacturing	136.76	14.81	27.49
化学纤维制造业	Chemical Fiber Manufacturing	49.37	5.32	0.86
橡胶制品业	Rubber Products	59.32	16.50	7.20
塑料制品业	Plastic Products	178.27	39.48	2.53
非金属矿物制品业	Nonmetal Mineral Products	171.13	14.27	3.35
黑色金属冶炼及压延加工业	Smelting and Pressing of Ferrous Metals	676.70	56.61	26.99
有色金属冶炼及压延加工业	Smelting and Pressing of Nonferrous Metals	97.50	13.55	3.67
金属制品业	Metal Products	300.79	80.35	4.45
普通机械制造业	Ordinary Machinery Manufacturing	389.29	88.24	45.40
专用设备制造业	Special Purpose Equipment Manufacturing	191.25	26.02	21.85
交通运输设备制造业	Transportation Equipment Manufacturing	892.80	94.15	427.71
电气机械及器材制造业	Electric Equipments and Machinery Manufacturing	487.76	124.58	54.47
电子及通信设备制造业	Electronic and Telecommunications Equipments Manufacturing	981.46	394.54	236.43
仪器仪表及文化、办公用机械制造业	Instruments, Meters, Culture and Office Equipments Manufacturing	104.07	36.39	20.31
其他制造业	Other Manufacturing	56.38	11.17	1.89
电力、蒸汽、热水的生产和供应业	Power, Steam and Water Production and Supply	194.23		
煤气生产和供应业	Gas Production and Supply	19.14	0.13	
自来水的生产和供应业	Tap Water Production and Supply	18.30		

表 11.9 工业企业经济效益指标(2001)
ECONOMIC EFFICIENCY INDICATORS OF INDUSTRIAL ENTERPRISES

类 别	Items	工业经济效益综合指数 Comprehensive Index of Industry Economic Results	总资产贡献率(%) Total Assets Contribution Ratio (%)	资产保值增值率(%) Ratio of Capital Hold and Rise (%)	资 产 负债率(%) Asset-debt Ratio (%)
总 计	**Total**	**150.65**	**9.25**	**120.73**	**46.96**
#国有及国有控股企业	Enterprises Owned by the State or with the State Holding Major Shares	167.94	8.61	122.69	43.37
#大中型企业	Large and Medium Enterprises	185.31	8.88	123.83	42.31
按隶属关系分	**Grouped by Subordination**				
中央工业	Central	210.87	9.34	129.95	37.57
地方工业	Local	140.61	9.20	114.96	52.05
按轻、重工业分	**Grouped by Light and Heavy Industries**				
轻工业	Light Industry	134.85	10.84	113.73	51.27
重工业	Heavy Industry	166.47	8.57	123.46	45.21
按企业规模分	**Grouped by Size of Enterprise**				
大型企业	Large	214.65	9.50	122.43	42.67
中型企业	Medium	121.02	7.41	109.03	55.42
小型企业	Small	118.13	9.18	118.95	56.09

表 11.9 续表 continued

类 别	Items	流动资产周转率(次) Turnover Rate of Current Assets (time)	成本费用利润率(%) After-Tax Profits/cost (%)	工业全员劳动生产率(元/人) Overall Industrial Labor Productivity (yuan/person)	工业产品销售率(%) Sales Rate of Industrial Products (%)
总 计	**Total**	**1.53**	**6.43**	**86 676**	**98.76**
#国有及国有控股企业	Enterprises Ouned by the State or with the State Holding Major Shares	1.35	7.00	116 019	99.19
#大中型企业	Large and Medium Enterprises	1.36	7.52	140 175	99.30
按隶属关系分	**Grouped by Subordination**				
中央工业	Central	1.62	7.99	172 425	99.32
地方工业	Local	1.50	5.97	74 919	98.60
按轻、重工业分	**Grouped by Light and Heavy Industries**				
轻工业	Light Industry	1.56	5.82	60 741	97.91
重工业	Heavy Industry	1.51	6.76	112 435	99.24
按企业规模分	**Grouped by Size of Enterprise**				
大型企业	Large	1.50	7.68	183 716	99.25
中型企业	Medium	1.42	4.31	60 781	99.82
小型企业	Small	1.61	4.91	42 019	97.69

表11.10 国有及国有控股企业主要指标占全市比重(2001)
PROPORTION OF THE MAJOR INDICATORS OF ENTERPRISES OWNED BY THE STATE OR WITH THE STATE HOLDING MAJOR SHARES

指 标	Indicators	全 市 Total	国有及国有控股企业 Enterprises Owned by the State or with the State Holding Major Shares	占全市比重(%) Proportion(%)
企业单位数(个)	Number of Enterprises(unit)	19 065	2 977	15.6
从业人员(万人)	Year-end Employees(10 000 persons)	240.03	91.07	37.9
工业总产值(亿元)	Gross Output Value of Industry(100 million yuan)	7 269.17	3 429.06	47.2
工业增加值(亿元)	Value Added(100 million yuan)	2 062.38	1 061.59	51.5
年末资产总计(亿元)	Total Property(year-end)(100 million yuan)	10 882.61	6 998.62	64.3
#流动资产年平均余额	Average Balance Circulating Funds	4 883.08	2 726.03	55.8
固定资产净值年平均余额(亿元)	Average Balance Net Value of Fixed Assets(100 million yuan)	3 602.20	2 341.73	65.0
年末负债合计(亿元)	Total Liabilities(year-end)(100 million yuan)	5 110.01	3 035.62	59.4
年末所有者权益(亿元)	Right and Interests(year-end)(100 million yuan)	5 772.58	3 963.00	68.7
#实收资本	Paid-up Capital	3 663.33	2 171.46	59.3
产品销售收入(亿元)	Revenue of Product Sales(100 million yuan)	7 461.37	3 682.24	49.4
产品销售税金及附加(亿元)	Product Sales Tax and Addition(100 million yuan)	96.35	87.71	91.0
利润总额(亿元)	Total After-Tax Profits(100 million yuan)	454.11	242.12	53.3
税金总额(亿元)	Total Tax and Duty(100 million yuan)	392.37	261.83	66.7
全员劳动生产率(元/人)	Labor Productivity(yuan/person)	86 676	116 019	
亏损企业数(个)	Number of Loss-making Enterprises(unit)	4 223	683	16.2
亏损企业亏损额(亿元)	Total Losses Made by Enterprises-in-red(100 million yuan)	109.40	48.28	44.1

表11.11 国有及国有控股大中型企业主要指标占全市比重(2001)
PROPORTION OF THE MAJOR INDICATORS OF LARGE AND MEDIUM-SIZED ENTERPRISES OWNED BY THE STATE OR WITH THE STATE HOLDING MAJOR SHARES

指 标	Indicators	全 市 Total	国有及国有控股大中型企业 Large And Medium-sized Enterprises Owned by the State or with the State Holding Major Shares	占全市比重(%) Proportion(%)
企业单位数(个)	Number of Enterprises(unit)	19 065	745	3.9
从业人员(万人)	Year-end Employees(10 000 persons)	240.03	70.52	29.4
工业总产值(亿元)	Gross Output Value of Industry(100 million yuan)	7 269.17	3 145.19	43.3
工业增加值(亿元)	Value Added(100 million yuan)	2 062.38	985.86	47.8
资产总计(亿元)	Total Property(year-end)(100 million yuan)	10 882.61	6 591.72	60.6
#流动资产年平均余额	Average Balance Circulating Funds	4 883.08	2 495.17	51.1
固定资产净值年平均余额(亿元)	Average Balance Net Value of Fixed Assets(100 million yuan)	3 602.20	2 236.99	62.1
年末负债总计(亿元)	Total liabilities(year-end)(100 million yuan)	5 110.01	2 789.06	54.6
年末所有者权益(亿元)	Rights and Interests(year-end)(100 million yuan)	5 772.58	3 802.65	65.9
#实收资本	Paid-up Capital	3 663.33	2 037.09	55.6
产品销售收入(亿元)	Revenue of Product Sales(100 million yuan)	7 461.37	3 397.06	45.5
产品销售税金及附加(亿元)	Product Sales Tax and Addition(100 million yuan)	96.35	86.62	89.9
利润总额(亿元)	Total After-Tax Profits(100 million yuan)	454.11	238.33	52.5
税金总额(亿元)	Total Tax and Duty(100 million yuan)	392.37	248.98	63.5
全员劳动生产率(元/人)	Labor Productivity(yuan/person)	86 676	140 175	
亏损企业数(个)	Number of Loss-making Enterprises(unit)	4 223	149	3.5
亏损企业亏损额(亿元)	Total Losses Made by Enterprises-in-red(100 million yuan)	109.40	39.53	36.1

表 11.12 各区、县工业企业主要指标(2001)
MAJOR INDICATORS OF INDUSTRIAL ENTERPRISES IN DISTRICTS AND COUNTY

地 区	District	单位数(个) Number of Enterprises (unit)	从业人员(万人) Employment (10 000 persons)	工业总产值(亿元) Gross Output Value of Industry (100 million yuan)	工业增加值(亿元) Value Added (100 million yuan)
总 计	**Total**	**19 065**	**240.03**	**7 269.17**	**2 062.38**
黄浦区	Huangpu	274	5.15	120.85	76.22
卢湾区	Luwan	183	5.14	136.37	42.86
徐汇区	Xuhui	585	8.99	264.63	70.75
长宁区	Changning	401	4.39	84.89	24.50
静安区	Jing'an	178	4.00	92.17	35.67
普陀区	Putuo	771	8.17	161.57	51.55
闸北区	Zhabei	524	6.60	99.04	28.41
虹口区	Hongkou	322	5.38	90.49	27.92
杨浦区	Yangpu	559	10.90	313.11	147.95
浦东新区	Pudong New Area	3 171	44.42	1 961.90	463.18
闵行区	Minhang	1 931	27.39	839.89	237.43
宝山区	Baoshan	1 283	16.97	702.42	226.00
嘉定区	Jiading	2 048	20.40	853.70	217.32
金山区	Jinshan	882	11.67	332.23	89.06
松江区	Songjiang	1 425	16.71	389.00	95.72
青浦区	Qingpu	1 258	13.16	301.98	82.90
南汇区	Nanhui	1 272	12.01	225.60	60.25
奉贤区	Fengxian	1 276	11.78	223.91	61.03
崇明县	Chongming	715	6.54	65.09	19.70
外省市等	Outside Areas	7	0.26	10.33	3.98

表 11.12 续表 continued

地 区	District	年末资产总计(亿元) Total Property (year-end) (100 million yuan)	产品销售收入(亿元) Revenue of Product Sales (100 million yuan)	利润总额(亿元) Total Pre-tax Profits (100 million yuan)	税金总额(亿元) Total Tax and Duty (100 million yuan)
总 计	**Total**	**10 882.61**	**7 461.37**	**454.11**	**392.37**
黄浦区	Huangpu	707.43	277.76	9.47	17.22
卢湾区	Luwan	419.00	147.01	13.62	8.65
徐汇区	Xuhui	396.58	286.54	20.22	12.31
长宁区	Changning	144.98	83.13	3.71	3.96
静安区	Jing'an	231.16	98.66	7.93	5.98
普陀区	Putuo	289.65	186.91	13.70	7.96
闸北区	Zhabei	186.69	105.02	1.31	5.12
虹口区	Hongkou	179.06	93.57	3.06	4.25
杨浦区	Yangpu	538.37	313.47	44.81	68.74
浦东新区	Pudong New Area	3 035.50	2 010.70	94.08	85.70
闵行区	Minhang	1 050.20	812.66	50.31	36.67
宝山区	Baoshan	1 195.75	730.44	60.71	39.76
嘉定区	Jiading	739.41	842.35	72.89	39.27
金山区	Jinshan	394.54	324.35	7.32	18.78
松江区	Songjiang	464.71	366.13	15.14	9.69
青浦区	Qingpu	318.45	277.69	13.29	8.76
南汇区	Nanhui	239.82	219.19	10.55	8.19
奉贤区	Fengxian	255.04	212.70	10.01	7.42
崇明县	Chongming	77.12	63.50	2.47	3.56
外省市等	Outside Areas	17.16	9.59	-0.49	0.36

表11.13 六个重点发展工业行业主要指标(2001)
MAJOR INDICATORS FOR SIX KEY INDUSTRIES

行业	Sectors	单位数(个) Number of Enterprises (unit)	从业人员(万人) Year-end Employees (10 000 persons)
总计	**Total**	**4 150**	**78.38**
电子信息产品制造业	Electronic Information Product Manufacture	621	13.88
汽车制造业	Automobile Manufacture	430	9.56
石油化工及精细化工制造业	Petrochemical and Fine Chemical Manufacture	1 003	13.61
精品钢材制造业	Fine Steel and Iron Manufacture	177	9.00
成套设备制造业	Equipment Complex Manufacture	1 498	25.17
生物医药制造业	Bio-medicine Manufacture	421	7.17
六个重点发展工业行业占全市比重(%)	Percentage of the Six Key Industries in Shanghai(%)	21.8	32.7

表11.13 续表1 continued

单位:亿元 (100 million yuan)

行业	Sectors	工业总产值 Gross Output Value of Industry	工业增加值 Value Added of Industry	年末资产总计 Total Property (year-end)
总计	**Total**	**3 958.23**	**1 041.56**	**6 008.40**
电子信息产品制造业	Electronic Information product Manufacture	1 013.09	232.18	1 083.52
汽车制造业	Automobile Manufacture	723.87	218.27	811.64
石油化工及精细化工制造业	Petrochemical and Fine Chemical Manufacture	788.86	185.68	933.21
精品钢材制造业	Fine Steel and Iron Manufacture	678.00	191.01	1 939.81
成套设备制造业	Equipment Complex Manufacture	558.23	157.66	960.49
生物医药制造业	Bio-medicine Manufacture	196.17	56.76	279.73
六个重点发展工业行业占全市比重(%)	Percentage of the Six Key Industries in Shanghai(%)	54.5	50.5	55.2

表11.13 续表2 continued

单位:亿元 (100 million yuan)

行业	Sectors	利润总额 Total Pre-tax Profits	税金总额 Total Tax and Duty	工业销售产值 Sales Value of Industry
总计	**Total**	**242.58**	**191.78**	**3 909.50**
电子信息产品制造业	Electronic Information Product Manufacture	54.47	18.74	987.88
汽车制造业	Automobile Manufacture	90.51	52.99	724.53
石油化工及精细化工制造业	Petrochemical and Fine Chemical Manufacture	25.26	49.56	781.09
精品钢材制造业	Fine Steel and Iron Manufacture	34.75	37.97	675.06
成套设备制造业	Equipment Complex Manufacture	25.69	21.09	549.00
生物医药制造业	Bio-medicine Manufacture	11.90	11.42	191.94
六个重点发展工业行业占全市比重(%)	Percentage of the Six Key Industries in Shanghai(%)	53.4	48.9	54.5

表 11.14 高新技术产业主要情况(2000～2001)
MAIN INDICATORS ABOUT HIGH AND NEW TECHNOLOGY INDUSTRY

单位:亿元(100 million yuan)

指 标	Indicators	工业总产值 Gross Output Value of Industry		工业增加值 Value Added of Industry	
		2000	2001	2000	2001
总 计	**Total**	**1 435.48**	**1 671.43**	**378.54**	**441.26**
占全市比重(%)	**Proportion(%)**	**20.6**	**21.8**	**21.0**	**21.4**
按登记注册类型分	**Grouped by Registration Categories**				
#国 有	State-owned	74.60	55.64	20.24	18.36
集 体	Collective-owned	59.95	49.28	16.50	14.45
股份制企业	Share Holding	68.59	49.61	20.19	13.46
外商投资企业	Foreign Funded	973.54	1 158.94	252.36	312.68
按技术领域分	**Grouped by Technology Areas**				
#电子及信息领域	Electronics and Information	732.61	914.11	165.42	206.59
生物、医药技术	Biology and Medical Technologies	139.60	152.12	43.39	47.31
光机电一体化	Photoelectric,Mechanical and Electrial Products	156.67	164.87	46.95	49.46
环境保护	Environmental Protection	3.01	4.51	0.95	1.43
航空航天	Aviation and Aerospace	5.89	8.71	1.90	2.82
地球、空间及海洋工程	Earth, Space and Ocean Projects	0.97	1.42	0.39	0.57
核应用技术	Nuclear Utilization Technology	0.04	0.04	0.02	0.02

表 11.14 续表 1 continued

单位:亿元(100 million yuan)

指 标	Indicators	工业销售产值 Sales Value of Industry		年末资产总计 Total Doperty(year-end)	
		2000	2001	2000	2001
总 计	**Total**	**1 412.66**	**1 653.17**	**1 767.58**	**1 717.01**
占全市比重(%)	**Proportion(%)**	**21.6**	**23.0**	**17.8**	**15.8**
按登记注册类型分	**Grouped by Registration Categories**				
#国 有	State-owned	74.33	54.12	154.08	84.85
集 体	Collective-owned	56.61	46.75	63.28	50.87
股份制企业	Share Holding	67.98	47.22	192.94	206.63
外商投资企业	Foreign Funded	959.78	1 154.35	1 164.65	1 163.90
按技术领域分	**Grouped by Technology Areas**				
#电子及信息领域	Electronics and Information	717.69	908.72	836.15	820.18
生物、医药技术	Biology and Medical Technologies	135.47	149.27	178.52	180.93
光机电一体化	Photoelectric, Mechanical and Electrial Products	155.04	159.72	188.86	160.62
环境保护	Environmental Protection	2.72	4.12	3.50	4.98
航空航天	Aviation and Aerospace	5.83	8.62	10.78	10.75
地球、空间及海洋工程	Earth, Space and Ocean Projects	0.97	1.28	1.23	1.52
核应用技术	Nuclear Utilization Technology	0.04	0.05	0.22	0.26

表11.14 续表2 continued

单位:亿元(100 million yuan)

指标	Indicators	产品销售收入 Revenue of Products Sales 2000	2001	利润总额 Total Pre-tax Profits 2000	2001
总计	**Total**	**1 481.86**	**1 704.16**	**146.91**	**147.75**
占全市比重(%)	**Proportion(%)**	**21.8**	**22.8**	**36.8**	**32.5**
按登记注册类型分	**Grouped by Registration Categories**				
#国有	State-owned	77.50	55.63	2.19	2.22
集体	Collective-owned	58.51	46.64	4.44	4.09
股份制企业	Share Holding	71.65	59.54	12.46	7.09
外商投资企业	Foreign Funded	1 000.94	1 172.08	116.37	120.36
按技术领域分	**Grouped by Technology Areas**				
#电子及信息领域	Electronics and Information	769.41	936.52	80.62	75.94
生物、医药技术	Biology and Medical Technologies	143.37	161.63	8.69	11.97
光机电一体化	Photoelectric, Mechanical and Electrial Products	154.19	165.90	11.75	13.85
环境保护	Environmental Protection	2.91	4.24	0.25	0.30
航空航天	Aviation and Aerospace	5.45	8.25	0.13	0.22
地球、空间及海洋工程	Earth, Space and Ocean Projects	0.98	1.27	0.06	0.11
核应用技术	Nuclear Utilization Technology	0.04	0.04	…	0.01

表11.14 续表3 continued

指标	Indicators	税金总额(亿元) Total Tax and Duty (100 million yuan) 2000	2001	产品销售率(%) Sales Rate of Industrial Products(%) 2000	2001
总计	**Total**	**51.66**	**51.11**	**98.4**	**98.8**
占全市比重(%)	**Proportion(%)**	**14.4**	**13.0**		
按登记注册类型分	**Grouped by Registration Categories**				
#国有	State-owned	3.74	3.09	99.6	97.3
集体	Collective-owned	2.54	2.32	94.4	94.9
股份制企业	Share Holding	3.86	2.10	99.1	95.2
外商投资企业	Foreign Funded	33.89	34.47	98.6	99.6
按技术领域分	**Grouped by Technology Areas**				
#电子及信息领域	Electronics and Information	17.54	17.07	98.0	99.4
生物、医药技术	Biology and Medical Technologies	9.28	8.36	97.0	98.1
光机电一体化	Photoelectric, Mechanical and Electrial Products	7.04	7.33	99.0	96.9
环境保护	Environmental Protection	0.09	0.16	90.2	91.3
航空航天	Aviation and Aerospace	0.07	0.15	99.0	99.0
地球、空间及海洋工程	Earth, Space and Ocean Projects	0.07	0.09	99.9	90.1
核应用技术	Nuclear Utilization Technology	…	…	100.0	108.2

表 11.15 都市型工业基本情况(2000~2001)
BASIC STATISTICS OF URBAN INDUSTRIES

指 标	Indicators	单位数(个) Number of Enterprises (unit)		从业人员(万人) Employees (10 000 persons)		工业总产值(亿元) Gross Output Value of Industry (100 million yuan)	
		2000	2001	2000	2001	2000	2001
总 计	**Total**	**5 655**	**5 554**	**64.91**	**64.96**	**1 130.90**	**1 236.33**
按企业规模分	**Grouped by Size of Enterprises**						
大 型	Large	154	153	10.12	9.3	352.14	378.37
中 型	Medium	165	176	4.84	5.77	86.81	100.37
小 型	Small	5 336	5 225	49.94	49.89	691.95	757.59
按登记注册类型分	**Grouped by Registration Categories**						
内 资	Domestic Investment	3 865	3 655	34.05	32.25	421.55	445.28
国 有	State-owned	333	288	4.47	4.36	48.36	46.98
集 体	Collective-owned	1 862	1 472	11.66	8.55	122.79	103.26
股份合作	Share Holding	450	417	3.41	2.99	37.99	33.92
联 营	Joint Owned	391	313	4.56	3.46	45.70	40.85
有限责任公司	Companies with Limited Liabilities	346	431	5.05	5.69	79.75	98.76
股份有限公司	Stock-holding Companies with Limited Liabilities	16	23	0.90	1.23	21.31	27.64
私 营	Private	452	702	3.89	5.94	63.80	92.29
其 他	Others	15	9	0.12	0.05	1.84	1.58
港澳台商投资	Hong Kong, Macao and Taiwan Funded	868	875	13.01	13.12	252.70	256.26
外商投资	Foreign Funded	922	1 024	17.85	19.59	456.65	534.79
按行业分	**Grouped by Sectors**						
服装服饰业	Garment and Trappings	1 654	1 687	24.12	25.20	292.65	306.32
食品加工制造业	Food Processing	767	757	10.29	9.65	266.66	296.50
包装、印刷业	Packaging and Printing	1 067	1 008	6.88	6.51	106.21	120.28
室内装饰用品制造业	Indoor Decoration Materials and Equipments Manufacturing	915	887	7.30	7.61	121.12	145.49
化妆品及清洁洗涤业	Cosmetics and Cleaning	173	165	2.37	2.14	104.96	101.47
工艺美术品、旅游用品制造业	Art Crafts and Tourism Equipments Manufacturing	857	814	10.33	10.33	156.80	166.07
小型电子信息产品	Small Electronic Information Products	222	236	3.62	3.51	82.51	100.20

表11.15 续表1 continued

单位:亿元(100 million yuan)

类别	Items	工业增加值 Value Added 2000	2001	工业销售产值 Sales Value of Industry 2000	2001	年末资产总计 Total Propertry (year-end) 2000	2001
总 计	**Total**	**285.53**	**330.52**	**1 110.35**	**1 215.89**	**1 291.78**	**1 328.49**
按企业规模分	**Grouped by Size of Enterprises**						
大 型	Large	89.88	101.87	348.77	377.09	498.65	502.18
中 型	Medium	25.31	27.91	85.00	100.86	122.01	143.58
小 型	Small	170.34	200.73	676.58	737.93	671.12	682.74
按登记注册类型分	**Grouped by Registration Categories**						
内 资	Domestic Investment	107.96	121.46	412.73	439.19	547.92	541.00
国 有	State-owned	13.71	15.53	48.17	47.33	103.88	74.82
集 体	Collective-owned	29.82	28.92	119.53	100.99	126.28	106.45
股份合作	Share Holding	10.59	9.47	37.33	32.96	32.67	29.63
联 营	Joint Owned	11.63	11.11	44.36	38.96	48.50	38.61
有限责任公司	Companies with Limited Liabilities	19.37	23.58	78.69	98.05	131.22	147.88
股份有限公司	Stock-holding Companies with Limited Liabilities	5.06	6.68	20.22	28.42	68.09	89.58
私 营	Private	17.54	25.81	62.69	90.97	36.13	53.23
其 他	Others	0.25	0.35	1.74	1.51	1.13	0.81
港澳台商投资	Hong Kong, Macao and Taiwan Funded	56.99	69.40	247.54	253.13	293.88	278.43
外商投资	Foreign Funded	120.58	139.66	450.08	523.56	449.99	509.06
按行业分	**Grouped by Sectors**						
服装服饰业	Garment and Trappings	73.56	80.03	286.43	299.28	245.55	244.79
食品加工制造业	Food Processing	66.36	79.61	263.68	293.97	340.12	350.72
包装、印刷业	Packaging and Printing	34.16	38.95	104.56	118.47	145.36	156.63
室内装饰用品制造业	Indoor Decoration Materials and Equipments Manufacturing	29.15	39.22	118.80	140.79	136.38	145.78
化妆品及清洁洗涤业	Cosmetics and Cleaning	23.38	26.59	102.74	100.52	115.53	115.34
工艺美术品、旅游用品制造业	Art Crafts and Tourism Equipments Manufacturing	36.43	42.06	154.11	162.97	186.15	181.14
小型电子信息产品	Small Electronic Information Products	22.50`	24.07	80.03	99.89	122.70	134.11

表11.15 续表2 continued

单位:亿元(100 million yuan)

类 别	Items	产品销售收入 Revenue of Porducts Sales 2000	2001	利润总额 Total Pre-tax Profits 2000	2001	税金总额 Total Tax and Duty 2000	2001
总 计	**Total**	**1 161.22**	**1 227.24**	**43.83**	**51.84**	**45.62**	**48.66**
按企业规模分	**Grouped by Size of Enterprises**						
大 型	Large	378.31	388.48	15.79	19.52	19.43	20.78
中 型	Medium	93.03	105.80	4.60	2.66	3.39	3.87
小 型	Small	689.89	732.96	23.44	29.65	22.80	24.01
按登记注册类型分	**Grouped by Registration Categories**						
内 资	Domestic Investment	428.51	442.04	19.75	19.52	17.41	19.01
国 有	State-owned	54.96	50.92	0.57	2.06	2.60	2.66
集 体	Collective-owned	122.63	97.58	4.67	4.73	5.44	4.58
股份合作	Share Holding	36.89	31.84	2.48	1.92	1.70	1.60
联 营	Joint Owned	44.85	38.31	1.39	0.98	1.73	1.59
有限责任公司	Companies with Limited Liabilities	86.99	98.69	2.64	2.91	3.48	4.15
股份有限公司	Stock-holding Companies with Limited Liabilities	21.33	31.20	4.56	1.63	0.52	1.13
私 营	Private	58.83	92.00	3.36	5.28	1.88	3.26
其 他	Others	2.03	1.49	0.08	0.01	0.04	0.03
港澳台商投资	Hong Kong, Macao and Taiwan Funded	276.18	257.20	10.84	10.33	8.70	8.37
外商投资	Foreign Funded	456.53	528.00	13.24	21.99	19.51	21.28
按行业分	**Grouped by Sectors**						
服装服饰业	Garment and Trappings	293.75	296.69	12.86	12.78	7.17	7.07
食品加工制造业	Food Processing	281.89	293.06	4.46	4.52	13.99	15.33
包装、印刷业	Packaging and Printing	110.41	121.68	8.54	10.70	5.87	7.26
室内装饰用品制造业	Indoor Decoration Materials and Equipments Manufacturing	119.73	142.80	3.44	5.79	3.84	4.71
化妆品及清洁洗涤业	Cosmetics and Cleaning	110.31	104.82	-1.11	2.74	8.66	7.93
工艺美术品、旅游用品制造业	Art Crafts and Tourism Equipments Manufacturing	164.04	166.66	6.09	8.28	4.12	4.26
小型电子信息产品	Small Electronic Information Products	81.08	101.54	9.55	7.03	1.97	2.09

表 11.16 主要年份工业产品产量
PRODUCTION OF INDUSTRIAL PRODUCTS IN MAIN YEARS

年 份 Year	化学纤维（万吨）Chemical Fibers (10 000 tons)	食用植物油（万吨）Vegetatble Oil (10 000 tons)	啤 酒（万吨）Beer (10 000 tons)	照相机（万台）Cameras (10 000)	彩色电视机（万部）Color TV Set (10 000)	家用洗衣机（万台）Household Washing Machines (10 000)	家用电冰箱（万台）Household Refrigerators (10 000)	房间空调器（万台）Household Air-conditioners (10 000)	钢 琴（架）Piano (set)
1978	11.59	7.32	5.40	10.57	0.24				2 652
1980	15.15	6.77	7.22	20.69	0.55	0.81	0.42	0.10	3 850
1985	22.49	11.13	9.07	53.51	71.75	113.85	20.49	0.74	6 250
1986	22.76	13.36	11.58	41.42	74.58	129.42	20.20	0.55	7 500
1987	23.37	13.76	16.39	45.06	85.86	159.33	28.76	0.83	9 500
1988	23.71	13.97	19.89	48.25	108.56	177.04	57.45	1.58	13 700
1989	24.81	13.31	15.53	34.07	86.45	138.79	63.15	2.83	13 681
1990	25.74	13.42	18.01	20.62	81.48	101.29	53.36	1.83	7 200
1991	26.59	14.71	20.20	18.60	108.13	92.26	67.93	4.28	9 200
1992	28.74	15.77	21.21	16.51	112.29	100.91	75.76	12.56	12 500
1993	28.16	12.39	19.99	60.76	98.29	118.85	95.18	31.82	18 000
1994	32.64	12.10	25.00	189.90	132.99	182.00	110.90	55.89	22 880
1995	37.83	39.94	23.50	153.23	111.77	144.80	128.72	62.46	21 976
1996	38.61	17.38	21.81	198.99	42.59	141.52	93.12	86.75	20 573
1997	39.26	12.35	28.41	373.95	70.42	124.81	30.72	88.20	25 026
1998	40.93	19.46	29.28	428.58	107.80	72.55	38.61	113.98	27 659
1999	37.38	8.03	28.80	517.75	152.05	57.03	43.03	180.70	31 855
2000	47.15	11.55	33.07	1 116.94	147.97	62.11	43.12	186.08	40 749
2001	45.46	10.32	36.21	630.13	108.30	70.79	43.44	223.57	39 252

表 11.16 续表 1 continued

年 份 Year	燃气热水器（万台）Hot Water Showers (10 000)	录像机（万部）Videorecorders (10 000)	传真机（万部）Facsimile Printers (10 000)	机制纸及纸板（万吨）Machine-Made Paper and Paperboards (10 000 tons)	钢（万吨）Steel (10 000 tons)	成品钢材（万吨）Rolled-Steel Final Products (10 000 tons)	生铁（万吨）Pig Iron (10 000 tons)	塑料（万吨）Plastic (10 000 tons)	轮胎外胎（万条）Tires (10 000)
1978				27.34	476.52	360.08	149.86	12.86	149.59
1980				29.57	521.61	412.63	171.12	14.57	174.85
1985				41.29	570.16	451.18	215.37	17.46	219.00
1986				41.55	801.39	462.57	426.84	17.77	239.40
1987				45.16	866.92	473.74	496.91	17.76	253.07
1988				45.54	859.80	473.41	511.62	18.07	278.59
1989				45.83	808.78	476.98	518.14	17.96	304.32
1990		0.09		46.49	914.62	609.59	526.90	25.35	318.78
1991		2.02		47.08	1 006.92	738.08	664.04	33.91	375.31
1992		6.79		46.86	1 234.24	918.09	867.98	42.32	464.68
1993		22.27		36.47	1 298.22	1 103.67	912.66	51.46	577.57
1994		57.42		37.37	1 326.77	1 149.26	948.42	56.22	692.64
1995	34.45	26.69		39.97	1 454.11	1 185.89	1 048.38	58.24	639.09
1996	37.90	20.44	3.03	38.85	1 441.92	1 175.74	964.03	65.46	942.69
1997	36.25	84.65	11.89	40.00	1 532.42	1 296.48	1 054.56	64.56	829.57
1998	36.52	102.14	10.67	45.46	1 603.75	1 417.58	1 208.57	77.42	957.75
1999	35.07	129.85	23.89	45.42	1 668.62	1 486.08	1 337.75	89.67	804.43
2000	32.27	125.81	23.60	43.54	1 778.70	1544.46	1 473.00	95.47	830.66
2001	27.86	99.79	22.45	41.35	1 874.71	1 641.11	1 468.91	104.19	545.97

表 11.16 续表 2 continued

年 份 Year	水 泥（万吨）Cement (10 000 tons)	平板玻璃（万重量箱）Plate Glass (10 000 wt. cases)	发电设备（万千瓦）Power Generating Equipments (10 000 kw)	金属切削机床（台）Metal-cutting Machines (unit)	发电量（亿千瓦·时）Electricity (100 million kwh)	硫 酸（万吨）Sulfuric (10 000 tons)	纯 碱（万吨）Soda Ash (10 000 tons)	光通信设备（部）Light Communication Equipments (unit)
1978	139.47	111.87	109.80	17 384	199.32	34.49	0.65	
1980	161.28	132.79	58.20	16 949	206.41	38.76	1.30	
1985	219.31	160.08	133.00	19 408	256.25	35.22	1.96	
1986	227.28	146.44	169.50	16 877	267.63	33.17	2.04	
1987	232.81	161.85	225.40	17 040	276.34	36.05	2.53	
1988	261.84	415.59	238.60	14 855	280.59	39.48	3.52	
1989	251.85	507.24	239.00	16 146	278.33	42.96	3.58	
1990	230.30	503.05	210.20	13 796	284.10	40.04	3.73	711
1991	297.85	483.47	238.70	14 927	304.82	38.68	3.83	851
1992	354.73	513.55	253.60	16 070	347.64	37.45	3.67	519
1993	359.88	570.72	300.30	17 681	371.14	33.97	3.43	914
1994	379.44	664.81	351.00	13 628	399.40	34.70	3.89	3 580
1995	433.22	634.63	496.50	15 833	403.42	31.03	4.25	7 574
1996	443.77	687.63	494.30	15 379	428.64	36.24	4.21	4 649
1997	338.47	691.08	541.60	18 700	458.48	36.79	4.44	3 374
1998	330.95	701.45	403.85	11 916	482.16	32.59	4.24	5 786
1999	251.14	641.81	314.55	17 822	498.01	38.38	4.00	2 658
2000	311.69	751.88	179.00	22 346	553.09	34.22	4.00	8 509
2001	334.75	755.80	336.20	21 839	572.86	36.15	3.43	11 296

表 11.16 续表 3 continued

年 份 Year	程控交换机（万线）Program Controlled Exchanges (10 000)	微型电子计算机（万部）Personal Computers (10 000)	彩色显像管（万只）Color Tubes (10 000)	移动通信设备（万部）Moving Communication Facilities (10 000)	半导体集成电路（万块）Semi-conduct IC (10 000)	汽 车（万辆）Motor Vehicles (10 000)	其 中 of which #轿 车 Cars	民用钢质船舶（万综合吨）Civil Steel Ships (10 000 syn - tons)	医疗器械（万元）Medical Equipment (10 000 yuan)
1978						1.04	0.26	25.18	24 274
1980						1.47	0.53	17.26	21 447
1985						1.22	0.86	40.13	21 593
1986						1.51	1.07	40.83	23 941
1987						2.01	1.50	38.42	25 561
1988						2.61	2.10	30.49	27 477
1989						2.48	2.12	28.12	28 856
1990	95.23	0.77	74.83		1 167	2.81	2.46	39.07	27 534
1991	102.12	0.80	119.25		1 518	4.44	4.08	46.40	41 475
1992	164.16	0.62	108.53		1 665	7.00	6.50	34.33	54 370
1993	301.98	0.75	102.28		2 146	10.38	10.00	66.91	80 628
1994	471.22	2.06	171.77		3 202	11.76	11.53	64.87	84 000
1995	476.60	4.07	244.31	4.21	15 290	16.27	16.07	83.33	89 440
1996	580.93	6.20	255.22	5.50	11 624	20.17	20.02	77.54	99 036
1997	631.62	40.39	298.69	3.51	88 098	23.30	23.15	85.29	112 137
1998	794.96	21.16	422.16	23.06	92 908	23.64	23.50	79.93	120 509
1999	915.46	40.09	457.17	113.46	170 001	25.58	25.42	62.47	119 824
2000	1 091.64	42.04	515.08	1.60	239 330	25.29	25.15	118.81	94 496
2001	1 752.90	47.13	519.23	39.49	225 315	29.00	28.88	177.59	88 984

注：2000 年开始移动通信设备不包括手机。
Note: The figure of moving communication facilities exclude mobile phones from 2000.

表 11.17 主要工业产品生产、销售总量(2001)
OUTPUT AND SALES OF MAIN INDUSTRIAL PRODUCTS

产品名称	Product	单 位 Unit	生产量 Output	销售量 Sales
发电量	Electricity	亿千瓦・时(100 million kwh)	572.86	463.77
啤 酒	Beer	万吨(10 000 tons)	36.21	35.21
无酒精饮料(软饮料)	Non-alcoholic Beverage	万吨(10 000 tons)	155.56	154.41
卷 烟	Cigarettes	万箱(10 000 cases)	130.83	126.59
化学纤维	Chemical Fibers	万吨(10 000 tons)	45.46	39.97
纱	Yarn	万吨(10 000 tons)	14.32	11.00
布	Cloth	亿米(100 million m)	2.41	2.29
丝织品	Silk Products	万米(10 000 m)	1 352.42	1 132.99
呢 绒	Wool Fabric	万米(10 000 m)	1 406.56	1 221.30
毛 线	Knitting Wool	吨(ton)	5 740	5 761
服 装	Garments	亿件(100 million)	4.35	4.26
皮 鞋	Leather Shoes	万双(10 000 pairs)	2 397.37	2 422.84
机制纸	Paperboard	万吨(10 000 tons)	17.48	15.40
汽 油	Gasoline	万吨(10 000 tons)	240.38	245.04
柴 油	Diesel Oil	万吨(10 000 tons)	448.19	451.09
焦 炭	Coke	万吨(10 000 tons)	739.79	612.00
硫 酸	Sulphuric Acid	万吨(10 000 tons)	36.15	34.17
烧 碱	Caustic Soda	万吨(10 000 tons)	35.46	33.08
合成氨	Synthtic Ammonia	万吨(10 000 tons)	24.96	7.66
农用化肥	Ag-fertilizer	万吨(10 000 tons)	13.05	13.77
#氮 肥	Nitrogen	万吨(10 000 tons)	11.93	12.77
磷 肥	Phophate	万吨(10 000 tons)	1.12	1.00
化学农药	Chemical Pesticides	万吨(10 000 tons)	1.48	1.51
乙 烯	Ethylene	万吨(10 000 tons)	63.10	22.62
合成橡胶	Synthetic Rubber	万吨(10 000 tons)	13.10	13.23
合成洗涤剂	Synthetic Detergents	万吨(10 000 tons)	19.25	19.30
中成药	Chinese Medicine	万吨(10 000 tons)	0.75	0.73
轮胎外胎	Tires	万条(10 000)	545.97	655.25
水 泥	Cement	万吨(10 000 tons)	334.75	332.76
平板玻璃	Plate Glass	万重量箱(10 000 wt. cases)	755.80	654.33
生 铁	Pig Iron	万吨(10 000 tons)	1 468.91	271.94
钢	Steel	万吨(10 000 tons)	1 874.71	279.44
金属切削机床	Metal-cutting Machines	台(unit)	21 839	20 566
#数控机床	Degital Machine Tools	台(unit)	988	970
高精度机床	High Precision Machine Tools	台(unit)	145	133
大型机床	Large Machine Tools	台(unit)	114	117

表 11.17 续表 continued

产品名称	Product	单 位 Unit	生产量 Output	销售量 Sales
成品钢材	Rolled-steel Final Products	万吨(10 000 tons)	1 641.11	1 613.58
内燃机	Internal Combustion Engines	万千瓦(10 000 kw)	514.92	521.72
缝纫机	Sewing Machines	万架(10 000)	115.00	112.63
大中型拖拉机	Large and Medium Size Tractors	万台(10 000)	0.61	0.62
汽 车	Motor Vehicles	万辆(10 000)	29.00	28.96
#轿 车	Cars	万辆(10 000)	28.88	28.84
摩托车	Motorcycles	万辆(10 000)	44.20	44.28
自行车	Bicycles	万辆(10 000)	374.69	385.12
民用钢质船舶	Civil Steel Ships	万综合吨(10 000 syn-tons)	177.59	177.59
发电设备	Power Generating Equipments	万千瓦(10 000 kw)	336.20	336.20
电力电缆	Electric Cable	万公里(10 000 km)	6.45	6.19
家用洗衣机	Household Washing Machines	万台(10 000)	70.79	71.40
家用电冰箱	Household Refrigerators	万台(10 000)	43.44	45.75
电风扇	Electric Fans	万台(10 000)	38.77	40.34
房间空调器	Household Air-conditioners	万台(10 000)	223.57	221.03
排油烟机	Range Hoods	万台(10 000)	1.83	1.88
微波炉	Microware Oven	万台(10 000)	211.35	212.24
电饭锅	Electric Rice Cookers	万个(10 000)	25.96	21.40
吸尘器	Vacuum Cleaners	万台(10 000)	23.10	23.52
燃气热水器	Hot Water Showers	万台(10 000)	27.86	29.33
程控交换机	Program-controlled Exchanges	万线(10 000)	1 752.90	1 752.90
传真机	Facsimile Printers	万部(10 000)	22.45	22.95
微型电子计算机	Personal Computers	万部(10 000)	47.13	47.01
彩色显像管	Color Tubes	万只(10 000)	519.23	511.75
电视机	Television Sets	万部(10 000)	146.59	152.75
#彩色电视机	Color TV Sets	万部(10 000)	108.30	111.91
录像机	Videorecorders	万部(10 000)	99.79	100.05
收音机	Radios	部(unit)	1 000	1 000
组合音响	Stereo System	万部(10 000)	39.99	39.34
照相机	Cameras	万台(10 000)	630.13	636.98
表	Watches	万只(10 000)	201.59	193.82
光通信设备	Light Communication Equipments	部(unit)	11 296	11 005
摄像机应用电视	Videorecorders and Applied Projective TV	部(unit)	8 016	9 082
移动通信设备	Moving Communication Facilities	万部(信道)(10 000)	39.49	39.97
光学仪器	Optical Instruments	万台(10 000)	6.23	5.96

表11.18 主要工业产品产量占全国的比重(2001)
PROPORTION OF MAJOY INDUSTRIAL PRODUCTS OUTPUT TO ALL THE COUNTRY

产品名称	Product	单位 Unit	全国 Country	上海 Shanghai	上海占全国比重(%) Shanghai/Country(%)
发电量	Electricity	亿千瓦·时(100 million kwh)	147 080.00	572.86	3.9
卷　烟	Cigarettes	万箱(10 000 cases)	3 402.10	130.83	3.8
化学纤维	Chemical Fibers	万吨(10 000 tons)	828.30	45.46	5.5
纱	Yarn	万吨(10 000 tons)	699.80	14.32	2.0
布	Cloth	亿米(100 million m)	290.60	2.41	0.8
机制纸	Paperboard	万吨(10 000 tons)	1 646.80	17.48	1.1
焦　炭	Coke	万吨(10 000 tons)	10 059.00	739.79	7.4
硫　酸	Sulphuric Acid	万吨(10 000 tons)	2 740.10	36.15	1.3
烧　碱	Caustic Soda	万吨(10 000 tons)	738.20	35.46	4.8
农用化肥(折100%)	Ag-fertilizer(convert into 100%)	万吨(10 000 tons)	3 396.50	13.05	0.4
乙　烯	Ethylene	万吨(10 000 tons)	480.70	63.10	13.1
合成洗涤剂	Synthetic Detergents	万吨(10 000 tons)	311.60	19.25	6.2
水　泥	Cement	万吨(10 000 tons)	64 000.00	334.75	0.5
平板玻璃	Plate Glass	万重量箱(10 000 wt. cases)	20 364	755.80	3.7
生　铁	Pig Iron	万吨(10 000 tons)	14 541.00	1 468.91	10.1
钢	Steel	万吨(10 000 tons)	15 266.10	1 874.71	12.3
成品钢材	Rolled-steel Final Products	万吨(10 000 tons)	15 745.40	1 641.11	10.4
汽　车	Motor Vehicles	万辆(10 000)	233.40	29.00	12.4
自行车	Bicycles	万辆(10 000)	2 617.90	374.69	14.3
家用洗衣机	Household Washing Machines	万台(10 000)	1 334.30	70.79	5.3
家用电冰箱	Household Refrigerators	万台(10 000)	1 349.10	43.44	3.2
房间空调器	Household Air-conditioners	万台(10 000)	2 312.9	223.57	9.7
程控交换机	Program-controlled Exchanges	万线(10 000)	7 223.50	1 752.90	24.3
传真机	Facsimile Printers	万部(10 000)	318.20	22.45	7.1
微型电子计算机	Personal Computers	万部(10 000)	758.00	47.13	6.2
彩色电视机	Color TV Sets	万台(10 000)	3 967.10	108.30	2.7
照相机	Cameras	万架(10 000)	5 400.90	630.13	11.7

表 11.19 国有工业企业主要指标(2001)
MAJOR INDICATORS OF STATE-OWNED INDUSTRIAL ENTERPRISES

类 别	Items	单位数(个) Number of Enterprises (unit)	从业人员(万人) Employees (10 000 persons)
总 计	**Total**	**1 120**	**29.54**
按隶属关系分	**Grouped by Subordination**		
#中央工业	Central	84	7.75
市(局)属工业	City	750	19.78
区属工业	District	269	1.65
县属工业	County	15	0.13
按轻、重工业分	**Grouped by Light and Heavy Industries**		
轻工业	Light Industry	590	11.15
重工业	Heavy Industry	530	18.39
按企业规模分	**Grouped by Size of Enterprises**		
大型企业	Large	127	14.45
中型企业	Medium	145	6.50
小型企业	Small	848	8.58
按工业行业分	**Grouped by Sectors**		
非金属矿采选业	Nonmetal Mineral Mining and Processing	2	0.01
食品加工业	Food Processing	38	0.43
食品制造业	Food Manufacturing	18	0.24
饮料制造业	Beverage Manufacturing	3	0.01
烟草加工业	Tobacco Processing	1	0.57
纺织业	Textile	112	2.49
服装及其他纤维制品制造业	Garment and Other Fiber Products	30	0.78
皮革、毛皮、羽绒及其制品业	Leathers, Furs, Down and Related Products	10	0.31
木材加工及竹、藤、棕、草制品业	Timber Processing, Bamboo, Cane, Palm Fiber and Straw Products	8	0.07
家具制造业	Furniture Manufacturing	16	0.17
造纸及纸制品业	Papermaking and Paper Products	21	0.24
印刷业、记录媒介的复制	Printing and Record Processing	75	1.11
文教体育用品制造业	Stationary, Educational and Sports Goods	31	0.57
石油加工及炼焦业	Petroleum Processing and Coking Products	1	0.50
化学原料及化学制品制造业	Raw Chemical Materials and Chemical Products	70	1.91
医药制造业	Medical and Pharmaceutical Products	20	0.88
化学纤维制造业	Chemical Fiber Manufacturing	8	0.23
橡胶制品业	Rubber Products	9	0.12
塑料制品业	Plastic Products	41	0.52
非金属矿物制品业	Nonmetal Mineral Products	44	1.39
黑色金属冶炼及压延加工业	Smelting and Pressing of Ferrous Metals	7	0.74
有色金属冶炼及压延加工业	Smelting and Pressing of Nonferrous Metals	13	0.31
金属制品业	Metal Products	102	1.37
普通机械制造业	Ordinary Machinery Manufacturing	113	3.00
专用设备制造业	Special Purpose Equipment Manufacturing	85	2.84
交通运输设备制造业	Transportation Equipment Manufacturing	67	3.53
电气机械及器材制造业	Electric Equipments and Machinery Manufacturing	72	2.03
电子及通信设备制造业	Electronic and Telecommunications Equipments Manufacturing	28	0.42
仪器仪表及文化、办公用机械制造业	Instruments, Meters, Culture and Office Equipments Manufacturing	43	0.61
其他制造业	Other Manufacturing	15	0.12
电力、蒸汽、热水的生产和供应业	Electric Power, Steam and Hot Water Production and Supply	8	1.85
自来水的生产和供应业	Tap Water Production and Supply	9	0.15

工业总产值 (亿元) Gross Output Value of Industry (100 million yuan)	工业增加值 (亿元) Value Added (100 million yuan)	年末资产总计 (亿元) Total Proerty (year-end) (100 million yuan)	固定资产原价 (亿元) Original Value of Fixed Assets (100 million yuan)	固定资产净值 (亿元) Net Value of Fixed Assets (100 million yuan)	固定资产净值年平均余额 (亿元) Auerage Balance Net Value of Fixed Assets (100 million yuan)
779.75	**283.22**	**2 389.00**	**1 053.72**	**650.58**	**647.78**
527.81	218.54	1 822.67	795.37	508.42	497.27
231.59	58.75	522.30	236.39	129.75	135.84
15.39	4.37	33.28	17.85	11.44	11.31
2.24	0.85	3.30	1.73	1.08	1.02
241.76	132.11	417.96	171.71	104.01	107.41
537.98	151.11	1 971.05	882.02	546.57	540.38
623.42	240.30	2 067.80	914.37	572.43	563.97
74.63	18.80	157.30	72.12	37.65	42.15
81.70	24.12	163.91	67.24	40.49	41.66
0.05	0.03	0.07	0.04	0.02	0.01
7.65	1.41	10.42	6.29	3.78	3.61
1.21	0.39	1.83	1.04	0.76	0.78
0.16	0.04	0.39	0.30	0.11	0.12
113.75	95.23	174.98	44.69	30.11	31.61
23.75	5.86	52.26	28.66	16.07	17.48
1.95	0.76	3.31	0.79	0.49	0.50
2.20	0.81	5.61	1.77	0.88	0.92
0.51	0.12	2.43	0.57	0.42	0.52
1.23	0.35	3.82	0.80	0.49	0.55
3.43	0.89	5.41	2.58	1.35	1.38
24.02	9.38	33.84	21.88	13.20	13.24
2.70	0.71	4.74	2.12	1.25	1.29
152.68	19.80	69.36	74.19	37.19	39.61
42.58	7.21	79.22	48.14	27.65	28.28
22.27	6.61	29.08	16.75	9.58	9.22
5.44	1.31	9.90	10.87	5.87	6.19
1.08	-0.32	2.79	1.16	0.70	0.77
7.22	2.06	9.31	4.74	2.81	2.89
18.43	4.08	48.33	17.23	6.91	10.22
113.26	20.96	837.97	127.64	64.88	65.01
3.85	0.98	9.32	3.37	2.10	2.09
11.77	4.51	32.37	15.02	8.22	8.75
32.43	9.09	104.20	36.90	20.04	20.43
32.38	9.76	82.63	34.25	18.89	19.18
42.27	11.83	111.39	52.92	32.58	34.54
22.89	5.09	54.39	17.09	8.68	8.85
7.21	1.81	11.02	4.23	2.61	2.68
5.14	1.86	15.00	3.99	2.26	2.31
0.68	0.18	4.11	1.12	0.84	0.87
73.63	59.57	571.27	466.04	325.23	309.36
1.92	0.86	8.23	6.57	4.61	4.53

表 11.19 续表 continued

类别	Items	流动资产年平均余额 Average Balance Circulating Funds
总　计	**Total**	**756.40**
按隶属关系分	**Grouped by Subordination**	
#中央工业	Central	460.76
市(局)属工业	City	275.17
区属工业	District	15.68
县属工业	County	2.08
按轻、重工业分	**Grouped by Light and Heavy Industries**	
轻工业	Light Industry	205.12
重工业	Heavy Industry	551.28
按企业规模分	**Grouped by Size of Enterprises**	
大型企业	Large	584.76
中型企业	Medium	83.12
小型企业	Small	88.51
按工业行业分	**Grouped by Sectors**	
非金属矿采选业	Nonmetal Mineral Mining and Processing	0.05
食品加工业	Food Processing	5.07
食品制造业	Food Manufacturing	1.00
饮料制造业	Beverage Manufacturing	0.20
烟草加工业	Tobacco Processing	83.17
纺织业	Textile	23.14
服装及其他纤维制品制造业	Garment and Other Fiber Products	2.19
皮革、毛皮、羽绒及其制品业	Leathers, Furs, Down and Related Products	4.46
木材加工及竹、藤、棕、草制品业	Timber Processing, Bamboo, Cane, Palm Fiber and Straw Products	0.98
家具制造业	Furniture Manufacturing	1.66
造纸及纸制品业	Papermaking and Paper Products	3.72
印刷业、记录媒介的复制	Printing and Record Processing	14.26
文教体育用品制造业	Stationary, Educational and Sports Goods	2.85
石油加工及炼焦业	Petroleum Processing and Coking Products	31.67
化学原料及化学制品制造业	Raw Chemical Materials and Chemical Products	34.83
医药制造业	Medical and Pharmaceutical Products	14.08
化学纤维制造业	Chemical Fiber Manufacturing	2.90
橡胶制品业	Rubber Products	1.47
塑料制品业	Plastic Products	5.49
非金属矿物制品业	Nonmetal Mineral Products	25.61
黑色金属冶炼及压延加工业	Smelting and Pressing of Ferrous Metals	142.93
有色金属冶炼及压延加工业	Smelting and Pressing of Nonferrous Metals	5.14
金属制品业	Metal Products	15.32
普通机械制造业	Ordinary Machinery Manufacturing	50.48
专用设备制造业	Special Purpose Equipment Manufacturing	44.83
交通运输设备制造业	Transportation Equipment Manufacturing	59.19
电气机械及器材制造业	Electric Equipments and Machinery Manufacturing	31.73
电子及通信设备制造业	Electronic and Telecommunications Equipments Manufacturing	4.50
仪器仪表及文化、办公用机械制造业	Instruments, Meters, Culture and Office Equipments Manufacturing	10.15
其他制造业	Other Manufacturing	1.60
电力、蒸汽、热水的生产和供应业	Electric Power, Steam and Hot Water Production and Supply	128.73
自来水的生产和供应业	Tap Water Production and Supply	2.98

单位：亿元(100 million yuan)

年末负债合计 Total Liabilities (year-end)	年末所有者权益 Rights and Interests (year-end)	产品销售收入 Revenue of Products Sales	利润总额 Total Pre-tax Profits	税金总额 Total Tax and Duty	成本费用总额 Total Cost Value
839.60	**1 549.40**	**934.06**	**34.62**	**109.51**	**884.60**
429.21	1 393.46	672.71	41.12	96.72	606.86
381.06	141.24	241.42	-6.21	11.82	256.94
21.72	11.56	15.56	-0.19	0.80	16.22
1.90	1.40	1.89	0.04	0.08	1.95
181.59	236.37	241.65	36.58	66.30	179.03
658.01	1 313.03	692.41	-1.96	43.21	705.57
613.50	1 454.30	771.35	38.49	101.14	710.03
106.05	51.25	78.46	-1.30	3.95	83.32
120.05	43.86	84.24	-2.56	4.42	91.25
0.05	0.02	0.05			0.04
7.66	2.75	8.76	-0.38	0.10	9.34
1.67	0.16	1.16	-0.14	0.07	1.32
0.45	-0.07	0.18	-0.06		0.26
10.61	164.37	107.88	37.14	59.56	41.49
39.12	13.14	24.49	-1.43	1.03	26.46
2.77	0.54	1.80	-0.39	0.11	2.02
3.82	1.79	2.29	-0.12	0.04	2.64
1.91	0.52	0.52	-0.20	0.03	0.72
2.38	1.44	1.89	-0.06	0.07	2.11
3.69	1.72	3.64	0.09	0.17	3.61
14.58	19.26	24.30	3.25	1.78	21.39
4.04	0.70	2.69	-0.03	0.15	3.32
49.05	20.31	153.48	1.14	12.50	144.74
33.15	46.07	54.80	-0.43	1.96	55.98
21.65	7.43	21.31	0.14	1.00	21.01
6.25	3.65	5.32	-0.26	0.25	5.42
2.01	0.78	1.94	0.02	0.09	1.97
6.05	3.26	6.87	0.17	0.21	7.02
34.45	13.89	18.63	-0.33	0.75	19.64
84.95	753.02	117.99	-5.79	7.16	127.02
6.94	2.38	3.46	-0.06	0.12	3.58
19.56	12.81	11.91	0.14	0.94	12.10
79.56	24.64	35.58	-1.33	1.73	38.86
60.31	22.32	32.96	-0.64	1.78	34.28
80.32	31.07	42.72	-1.98	1.76	48.00
42.76	11.63	23.88	-1.07	1.07	26.11
6.63	4.38	7.56	0.23	0.25	8.00
10.78	4.23	6.46	0.03	0.32	6.88
3.71	0.41	2.16	-0.04	0.05	2.30
195.40	375.87	205.62	6.95	14.34	205.23
3.32	4.90	1.77	0.06	0.11	1.74

表 11.20 股份制、港澳台商和外商投资企业主要指标(2001)

MAJOR INDICATORS OF STOCK-HOLDING ENTERPRISES AND ENTERPRISES WITH INVESTMENT FROM OTHER COUNTRIES OR FROM HONG KONG, MACAO AND TAIWAN

指 标	Indicators	股份有限公司 Stock-holding Companies with Limited Liabilities	港澳台商投资企业 Enterprises with Investment from Hong kong, Macao and Taiwan
单位数(个)	Number of Enterprises(unit)	89	2 268
从业人员(万人)	Employees(10 000 persons)	10.58	36.08
工业总产值(亿元)	Gross Output Value of Industry(100 million yuan)	504.59	1 095.14
出口交货值(亿元)	Export Delivery(100 million yuan)	62.86	270.28
工业增加值(亿元)	Value Added(100 million yuan)	186.52	282.53
实收资本(股本)(亿元)	Net Capital(fixed capital stock)(100 million yuan)	322.99	498.15
#国家资本(国家股)	State Capital (state stock)	154.64	80.06
年末资产总计(亿元)	Total Property (year-end)(100 million yuan)	1 248.55	1 451.88
流动资产合计(亿元)	Total Circulating Funds(100 million yuan)	381.26	724.31
流动资产年平均余额(亿元)	Average Balance of Circulating Funds(100 million yuan)	408.38	750.85
固定资产合计(亿元)	Total Fixed Assets(100 million yuan)	720.68	529.65
固定资产原价(亿元)	Original Value of Fixed Assets(100 million yuan)	1 278.43	777.86
固定资产净值(亿元)	Net Value of Fixed Assets(100 million yuan)	674.41	461.45
固定资产净值年平均余额(亿元)	Average Balance of Net Value of Fixed Assets(100 million yuan)	561.72	467.90
年末负债合计(亿元)	Total Liability (year-end)(100 million yuan)	559.82	730.30
流动负债合计(亿元)	Total Circulating Liability(100 million yuan)	263.33	629.00
长期负债合计(亿元)	Long-Term Liability(100 million yuan)	289.92	93.11
年末所有者权益(亿元)	Rights and Interests(year-end)(100 million yuan)	688.73	721.58
产品销售收入(亿元)	Revenue of Products Sales(100 million yuan)	562.78	1 082.96
利润总额(亿元)	Total Pre-tax Profits(100 million yuan)	65.50	51.85
税金总额(亿元)	Total Tax and Duty(100 million yuan)	34.71	43.68

其中 of which				其 中 of which		
#与港澳台商合资合作经营 Joint and Cooperation Enterprises with Investment from Hong Kong, Macao and Taiwan	#港澳台商独 资 Ventures Solely Invested by Business from Hong kong, Macao and Taiwan	#港澳台商投资股份有限公司 Stock-holding Companies with Limited Liabilities with Investment from Hong Kong, Macao and Taiwan	外商投资企 业 Foreign-invested Enterprises	#中外合资合作企业 Sino-foreign Joint and Cooperation Enterprises	#外商独资 Solely Foreign-invested Ventures	#外商投资股份有限公司 Stock-holding Companies with Limited Liabilities with Foreign Investment
1 612	639	17	2 726	1 770	944	12
22.89	7.84	5.35	54.06	35.96	15.76	2.34
583.63	190.13	321.38	2 867.85	2 154.74	636.58	76.53
149.43	69.85	51.00	868.49	537.70	319.81	10.98
161.28	50.15	71.10	752.31	587.95	147.24	17.12
267.51	81.11	149.54	1 233.57	885.98	290.68	56.91
16.78		63.28	59.64	48.50		11.15
700.05	209.07	542.76	3 076.89	2 223.41	652.29	201.19
409.00	112.21	203.10	1 680.17	1 253.79	337.31	89.07
419.64	101.78	229.43	1 644.09	1 227.06	324.54	92.49
231.89	81.00	216.76	1 103.68	794.70	260.41	48.57
345.79	107.70	324.36	1 619.58	1 176.65	360.17	82.76
220.66	77.69	163.10	1 070.30	771.23	252.46	46.62
222.29	72.24	173.37	1 054.17	761.74	244.52	47.91
367.42	111.29	251.59	1 470.83	1 045.35	353.79	71.69
334.21	100.26	194.54	1 298.49	909.41	322.73	66.34
25.94	10.14	57.04	163.90	130.84	27.83	5.24
332.63	97.78	291.17	1 606.06	1 178.06	298.50	129.50
579.66	182.16	321.13	2 872.55	2 140.24	647.90	84.41
33.44	9.98	8.43	204.97	168.96	29.79	6.22
20.19	4.66	18.83	117.55	96.16	18.42	2.98

表 11.21 大中型工业企业主要指标(2001)
MAJOR INDICATORS OF LARGE AND MEDIUM SIZED INDUSTRIAL ENTERPRISES

类别	Items	单位数(个) Number of Enterprises (unit)	从业人员(万人) Employmees (10 000 persons)	工业总产值(亿元) Gross Output Value of Industry (100 million yuan)	工业销售产值(亿元) Sales Value of Industry Products (100 million yuan)
总 计	**Total**	**1 399**	**97.95**	**4 735.64**	**4 704.03**
按轻、重工业分	**Grouped by Light and Heavy Industries**				
大型企业	Large Enterprises	694	72.57	4 071.37	4 040.95
轻工业	Light Industry	305	22.41	1 053.01	1 032.89
重工业	Heavy Industry	389	50.16	3 018.36	3 008.07
中型企业	Medium Enterprises	705	25.38	664.27	663.08
轻工业	Light Industry	316	12.00	234.53	229.35
重工业	Heavy Industry	389	13.38	429.73	433.73
按隶属关系分	**Grouped by Subordination**				
大型企业	Large Enterprises	694	72.57	4 071.37	4 040.96
中央工业	Central	71	21.85	1 505.30	1 495.60
地方工业	Local	623	50.72	2 566.07	2 545.36
中型企业	Medium Enterprises	705	25.38	664.27	663.08
中央工业	Central	37	1.77	55.44	54.10
地方工业	Local	668	23.61	608.83	608.98
按从业人员分	**Grouped by Number of Employmees**				
1 万人及以上	10 000 persons and above	8	11.95	936.73	932.20
5 000 ~ 9 999 人	5 000 ~ 9 999 persons	13	8.51	588.11	578.63
3 000 ~ 4 999 人	3 000 ~ 4 999 persons	19	7.51	374.97	375.02
1 000 ~ 2 999 人	1 000 ~ 2 999 persons	178	28.96	1 037.15	1 027.40
1 000 人以下	Below 1 000 persons	1 181	41.02	1 798.69	1 790.78
按工业总产值分	**Grouped by Gross Output Value of Industry**				
10 亿元及以上	1 000 million yuan and above	75	28.64	2 890.49	2 880.98
5 ~ 9.99 亿元	500 ~ 999 million yuan	71	10.20	490.24	485.72
1 ~ 4.99 亿元	100 ~ 499 million yuan	470	36.44	1 026.75	1 010.07
5 000 ~ 9 999 万元	50 ~ 99.99 million yuan	284	11.27	205.45	205.20
1 000 ~ 4 999 万元	10 ~ 49.99 million yuan	409	10.40	118.43	117.56
1 000 万元以下	Below 10 million yuan	90	1.00	4.28	4.51
按固定资产原价分	**Grouped by Original Value of Fixed Assets**				
10 亿元及以上	1 000 million yuan and above	58	27.12	2 420.13	2 408.35
1 ~ 9.99 亿元	100 ~ 999 million yuan	448	40.21	1 529.34	1 507.76
5 000 ~ 9 999 万元	50 ~ 99.99 million yuan	312	14.34	415.78	416.20
1 000 ~ 4 999 万元	10 ~ 49.99 million yuan	555	16.03	362.82	364.18
1 000 万元以下	Below 10 million yuan	26	0.24	7.56	7.55

实收资本(股本)(亿元) Net Capital (fixed capital stock) (100 million yuan)	年末资产总计(亿元) Total Property (year-end) (100 million yuan)	年末负债合计(亿元) Total Liabilities (year-end) (100 million yuan)	产品销售收入(亿元) Revenue of Products Sales (100 million yuan)	利润总额(亿元) Total Pre-tax Profits (100 million yuan)	税金总额(亿元) Total Tax and Duty (100 million yuan)	成本费用总额(亿元) Total Cost Value (100 million yuan)
2 747.63	**8 245.09**	**3 630.46**	**4 998.43**	**337.42**	**302.71**	**4 685.31**
2 410.88	7 365.87	3 143.16	4 314.70	308.71	277.62	4 019.76
480.06	1 487.41	674.99	1 090.40	84.13	100.12	1 000.26
1 930.82	5 878.45	2 468.17	3 224.31	224.58	177.50	3 019.51
336.75	879.22	487.30	683.73	28.71	25.09	665.54
137.41	326.43	181.57	238.62	7.47	9.90	235.86
199.34	552.78	305.74	445.11	21.24	15.19	429.69
2 410.88	7 365.87	3 143.15	4 314.70	308.70	277.62	4 019.76
1 140.87	3 701.53	1 384.73	1 680.14	125.41	156.44	1 531.02
1 270.01	3 664.34	1 758.42	2 634.56	183.29	121.18	2 488.74
336.74	879.22	487.30	683.73	28.71	25.09	665.54
38.21	83.20	36.03	55.49	1.26	2.46	55.08
298.53	796.02	451.27	628.24	27.45	22.63	610.46
348.14	1 915.41	864.59	1 090.93	93.20	75.98	989.64
241.06	911.15	382.94	590.77	53.69	85.75	513.41
196.32	612.38	282.82	388.31	19.32	19.77	372.06
440.99	1 452.82	768.18	1 076.82	55.11	36.96	1 042.58
1 521.12	3 353.34	1 331.93	1 851.61	116.11	84.25	1 767.61
1 513.11	4 975.05	1 939.48	3 064.23	253.23	222.15	2 786.38
277.95	714.82	348.17	516.28	26.94	19.99	496.98
615.39	1 665.93	846.18	1 050.98	55.98	43.62	1 018.00
173.86	431.21	240.35	231.29	3.71	9.75	235.01
127.53	356.63	195.71	127.12	0.48	6.54	133.92
39.79	101.44	60.58	8.53	-2.93	0.67	15.02
1 554.24	4 888.57	1 892.49	2 578.12	195.69	206.91	2 358.16
867.50	2 376.64	1 174.20	1 599.45	103.04	68.04	1 528.23
170.40	521.43	297.37	429.67	18.55	12.96	420.20
153.67	450.81	261.47	383.42	19.53	14.54	371.55
1.83	7.62	4.94	7.77	0.61	0.26	7.18

表 11.21 续表 continued

	类 别 Items	单位数（个）Number of Enterprises (unit)	从业人员（万人）Employees (10 000 persons)	工业总产值（亿元）Gross Output Value of Industry (100 million yuan)
按工业行业分	**Grouped by Sectors**			
煤炭采选业	Coal Minerals Mining and Processing	1	1.69	12.16
石油和天然气开采业	Petroleum and Natural Gas Exploiting	1	0.02	15.09
食品加工业	Food Processing	14	0.69	38.72
食品制造业	Food Manufacturing	46	2.31	74.73
饮料制造业	Beverage Manufacturing	31	1.04	63.54
烟草加工业	Tobacco Processing	2	0.60	115.74
纺织业	Textile	79	5.58	81.36
服装及其他纤维制品制造业	Garment and Other Fiber Products	40	1.78	22.78
皮革、毛皮、羽绒及其制品业	Leathers, Furs, Down and Related Products	11	1.04	13.82
木材加工及竹、藤、棕、草制品业	Timber Processing, Bamboo, Cane, Palm Fiber and Straw Products	12	0.98	33.50
家具制造业	Furniture Manufacturing	8	0.30	6.00
造纸及纸制品业	Papermaking and Paper Products	23	0.69	32.03
印刷业、记录媒介的复制	Printing and Record Pressing	41	1.38	37.46
文教体育用品制造业	Stationary, Educational and Sports Goods	31	1.21	14.60
石油加工及炼焦业	Petroleum Processing and Coking Products	4	2.83	348.92
化学原料及化学制品制造业	Raw Chemical Materials and Chemical Products	111	5.79	267.71
医药制造业	Medicine Manufacturing	55	3.10	108.48
化学纤维制造业	Chemical Fiber	13	0.81	42.80
橡胶制品业	Rubber Products	12	1.38	30.06
塑料制品业	Plastic Products	54	1.45	41.72
非金属矿物制品业	Nonmetal Mineral Products	69	2.87	74.43
黑色金属冶炼及压延加工业	Smelting and Pressing of Ferrous Metals	24	7.32	627.27
有色金属冶炼及压延再加工业	Smelting and Pressing of Non-ferrous Metals	26	1.25	46.21
金属制品业	Metal Products	67	2.43	92.99
普通机械制造业	Original Machinery Manufacturing	129	7.84	231.73
专用设备制造业	Special Purpose Equipments Manufacturing	91	6.09	97.45
交通运输设备制造业	Transportation Equipments Manufacturing	105	12.40	766.61
电气机械及器材制造业	Electric Equipments and Machinery Manufacturing	102	6.71	264.99
电子及通信设备制造业	Electronic and Telecommunications Equipments Manufacturing	119	8.44	823.72
仪器仪表及文化、办公用机械制造业	Instruments, Meters, Culture and Office Equipments Manufacturing	41	2.24	69.60
其他制造业	Other Manufacturing	11	0.49	14.54
电力、蒸汽、热水的生产和供应业	Electric Power, Steam and Hot Water Production and Supply	12	2.94	191.16
煤气生产和供应业	Gas Production and Supply	7	1.13	18.82
自来水的生产和供应业	Tap Water Production and Supply	7	1.15	14.88

工业销售产值（亿元）Sales Value of Industry Products (100 million yuan)	实收资本（股本）（亿元）Net Capital (fixed capital stock) (100 million yuan)	年末资产总计（亿元）Total Property (year-end) (100 million yuan)	年末负债合计（亿元）Total Liabilities (year-end) (100 million yuan)	产品销售收入（亿元）Revenue of Products Sales (100 million yuan)	利润总额（亿元）Total Pre-tax Profits (100 million yuan)	税金总额（亿元）Total Tax and Duty (100 million yuan)	成本费用总额（亿元）Total Cost Value (100 million yuan)
12.27	4.02	19.02	3.85	14.07	1.89	1.30	12.04
15.00	9.00	37.83	21.04	15.00	6.36	0.87	8.95
40.67	14.00	42.62	23.84	43.44	-0.87	0.29	45.37
73.41	39.15	84.73	42.50	75.24	4.45	5.02	72.89
63.16	44.61	100.57	49.14	62.35	2.67	6.18	60.72
109.99	11.11	177.99	10.67	109.87	37.41	60.10	42.91
78.00	46.06	154.04	74.53	102.24	4.80	2.70	100.68
22.51	10.30	28.57	15.10	24.00	1.19	0.19	22.92
13.98	5.17	14.17	9.60	13.80	0.17	0.06	13.96
34.37	11.26	35.99	19.65	36.08	0.66	0.64	36.42
6.87	4.71	9.66	5.33	7.05	0.19	0.54	7.07
30.84	17.56	47.84	27.27	30.33	1.93	1.77	29.13
37.44	21.74	56.71	22.98	39.46	5.16	2.79	34.71
14.64	14.69	45.49	21.72	15.83	1.03	0.59	16.66
349.81	133.98	351.28	150.09	350.47	2.61	27.37	336.43
267.55	179.82	432.41	186.47	287.47	11.19	14.96	278.09
106.25	44.76	154.47	94.84	116.55	6.18	7.21	112.51
39.06	23.14	59.44	31.27	39.73	3.01	1.51	36.75
30.31	19.64	74.08	51.35	29.70	-0.67	1.99	31.39
40.61	24.82	61.56	28.83	41.95	3.23	2.06	39.09
71.95	60.52	148.57	74.42	72.43	2.78	3.52	70.94
625.52	772.34	1 877.65	612.58	661.50	33.52	36.61	632.48
46.58	12.79	55.47	41.70	46.68	0.08	1.01	45.53
90.74	47.88	123.57	57.67	95.46	5.91	2.46	89.98
231.32	126.20	423.02	236.90	223.49	12.84	9.03	215.35
96.12	65.51	207.33	122.09	102.19	2.85	4.60	102.45
768.95	290.04	1 011.35	467.06	770.42	84.11	51.11	683.80
258.28	121.55	348.09	192.42	258.84	16.44	8.48	250.94
820.80	247.34	902.07	473.47	847.91	45.66	14.17	815.81
68.36	26.78	79.08	45.73	74.76	4.19	2.28	71.69
14.00	3.98	16.79	10.43	14.35	0.87	0.81	13.73
191.14	187.15	872.16	331.46	323.51	35.40	28.51	295.87
18.80	52.52	75.89	22.25	38.20	-0.60	1.03	42.34
14.75	53.52	115.58	52.21	14.06	0.76	0.92	15.71

表 11.22 国有大中型工业企业主要指标(2001)
MAJOR INDICATORS OF STATE-OWNED LARGE AND MEDIUM-SIZED INDUSTRIAL ENTERPRISES

类别	Items	单位数(个) Number of Enterprises (unit)	从业人员(万人) Employees (10 000 persons)	工业总产值(亿元) Gross Output Value of Industry (100 million yuan)	工业销售产值(亿元) Sales Value of Industry Products (100 million yuan)
总 计	**Total**	**272**	**20.96**	**698.05**	**694.42**
按轻、重工业分	**Grouped by Light and Heavy Industrial**				
大型企业	Large Enterprises	127	14.46	623.41	620.95
轻工业	Light Industry	50	3.84	172.93	165.91
重工业	Heavy Industry	77	10.62	450.48	455.04
中型企业	Medium Enterprises	145	6.50	74.63	73.47
轻工业	Light Industry	53	2.48	26.90	26.46
重工业	Heavy Industry	92	4.02	47.73	47.01
按隶属关系分	**Grouped by Subordination**				
大型企业	Large Enterprises	127	14.45	623.42	620.95
中央工业	Central	29	6.43	508.16	506.01
地方工业	Local	98	8.02	115.26	114.94
中型企业	Medium Enterprises	145	6.50	74.63	73.47
中央工业	Central	14	0.52	9.55	9.15
地方工业	Local	131	5.98	65.08	64.32
按从业人员分	**Grouped by Number of Employment**				
1 万人及以上	10 000 persons and above	1	1.40	58.95	58.95
5 000 ~ 9 999 人	5 000 ~ 9 999 persons	3	1.65	276.36	270.60
3 000 ~ 4 999 人	3 000 ~ 4 999 persons	2	0.70	7.43	7.12
1 000 ~ 2 999 人	1 000 ~ 2 999 persons	46	7.67	121.96	120.61
1 000 人以下	Below 1 000 persons	220	9.54	233.35	237.14
按工业总产值分	**Grouped by Gross Output Value of Industry**				
10 亿元及以上	1 000 million yuan and above	6	3.03	450.42	450.02
5 ~ 9.99 亿元	500 ~ 999 million yuan	6	1.63	43.50	42.66
1 ~ 4.99 亿元	100 ~ 499 million yuan	68	8.35	131.11	129.75
5 000 ~ 9 999 万元	50 ~ 99.99 million yuan	53	3.34	37.62	37.28
1 000 ~ 4 999 万元	10 ~ 49.99 million yuan	112	4.15	33.90	33.08
1 000 万元以下	Below 10 million yuan	27	0.46	1.49	1.62
按固定资产原价分	**Grouped by Original Value of Fixed Assets**				
10 亿元及以上	1 000 million yuan and above	8	3.66	468.09	467.24
1 ~ 9.99 亿元	100 ~ 999 million yuan	65	8.40	127.02	125.30
5 000 ~ 9 999 万元	50 ~ 99.99 million yuan	65	4.07	48.00	47.82
1 000 ~ 4 999 万元	10 ~ 49.99 million yuan	132	4.81	54.61	53.65
1 000 万元以下	Below 10 million yuan	2	0.02	0.33	0.41

实收资本(股本)(亿元) Net Capital (fixed capital stock) (100 million yuan)	年末资产总计(亿元) Total Property (year-end) (100 million yuan)	年末负债合计(亿元) Total Liabilities (year-end) (100 million yuan)	产品销售收入(亿元) Revenue of Products Sales (100 million yuan)	利润总额(亿元) Total Pre-tax Profits (100 million yuan)	税金总额(亿元) Total Tax and Duty (100 million yuan)	成本费用总额(亿元) Total Cost Value (100 million yuan)
722.49	**2 225.09**	**719.55**	**849.82**	**37.18**	**105.09**	**793.35**
685.24	2 067.80	613.50	771.35	38.48	101.13	710.03
30.45	287.64	90.59	168.29	38.57	62.78	101.46
654.79	1 780.16	522.91	603.06	-0.09	38.35	608.57
37.25	157.29	106.05	78.46	-1.31	3.96	83.32
13.89	53.30	33.08	30.16	-0.49	1.34	31.35
23.36	103.99	72.97	48.30	-0.82	2.62	51.97
685.24	2 067.80	613.51	771.35	38.49	101.13	710.03
630.32	1 791.77	409.24	652.79	41.58	95.71	584.93
54.92	276.03	204.27	118.56	-3.09	5.42	125.10
37.26	157.29	106.05	78.47	-1.30	3.95	83.32
4.17	15.49	10.24	9.15	-0.39	0.38	9.78
33.09	141.80	95.81	69.32	-0.91	3.57	73.54
62.32	543.83	178.39	191.40	7.16	13.29	189.60
30.20	269.46	81.40	270.20	38.35	72.07	196.13
8.22	21.44	15.10	7.56	-0.88	0.24	8.66
60.42	255.25	151.22	132.42	0.20	6.68	134.85
561.33	1 135.12	293.44	248.23	-7.65	12.82	264.11
599.55	1 671.80	329.77	595.16	38.78	93.17	528.07
14.16	70.52	52.77	42.32	2.10	1.77	41.23
60.51	252.76	170.80	130.16	-0.21	6.43	133.90
20.46	98.75	73.35	41.87	-1.26	1.67	45.23
18.21	105.17	77.72	37.27	-1.70	1.82	40.59
9.59	26.08	15.14	3.04	-0.52	0.23	4.34
601.56	1 706.10	360.17	611.28	39.00	93.46	545.10
83.31	298.50	193.88	131.14	-0.62	7.09	135.21
18.28	108.67	81.15	51.11	-0.22	2.07	53.34
19.32	111.33	84.00	55.81	-0.99	2.46	59.23
0.03	0.49	0.34	0.48			0.47

表 11.22 续表 continued

类 别	Items	单位数（个）Number of Enterprises (unit)	从业人员（万人）Employees (10 000 persons)	工业总产值（亿元）Gross Output Value of Industry (100 million yuan)
六、按工业行业分	Grouped by Sectors			
食品加工业	Food Processing	5	0.22	3.28
食品制造业	Food Manufacturing	1	0.03	0.33
饮料制造业	Beverage Manufacturing	1	0.01	0.13
烟草加工业	Tobacco Processing	1	0.57	113.75
纺织业	Textile	18	1.50	13.80
服装及其他纤维制品制造业	Garment and Other Fiber Products	1	0.04	0.27
皮革、毛皮、羽绒及其制品业	Leathers, Furs, Down and Related Products	4	0.25	1.99
造纸及纸制品业	Papermaking and Paper Products	3	0.15	2.51
印刷业、记录媒介的复制	Printing and Record Pressing	19	0.82	22.01
文教体育用品制造业	Stationary, Educational and Sports Goods	3	0.15	1.05
石油加工及炼焦业	Petroleum Processing and Coking Products	1	0.50	152.68
化学原料及化学制品制造业	Raw Chemical Materials and Chemical Products	18	1.28	33.74
医药制造业	Medicine Manufacturing	11	0.77	19.42
化学纤维制造业	Chemical Fiber	3	0.21	5.11
橡胶制品业	Rubber Products	1		0.07
塑料制品业	Plastic Products	6	0.29	4.63
非金属矿物制品业	Nonmetal Mineral Products	15	1.27	16.80
黑色金属冶炼及压延加工业	Smelting and Pressing of Ferrous Metals	4	0.50	109.08
有色金属冶炼及压延再加工业	Smelting and Pressing of Non-ferrous Metals	4	0.20	2.45
金属制品业	Metal Products	16	0.73	7.79
普通机械制造业	Original Machinery Manufacturing	50	2.33	25.19
专用设备制造业	Special Purpose Equipments Manufacturing	27	2.25	26.32
交通运输设备制造业	Transportation Equipments Manufacturing	22	2.91	38.50
电气机械及器材制造业	Electric Equipments and Machinery Manufacturing	20	1.52	16.61
电子及通信设备制造业	Electronic and Telecommunications Equipments Manufacturing	5	0.25	5.16
仪器仪表及文化、办公用机械制造业	Instruments, Meters, Culture and Office Equipments Manufacturing	6	0.26	1.72
其他制造业	Other Manufacturing	2	0.04	0.42
电力、蒸汽、热水的生产和供应业	Electric Power, Steam and Hot Water Production and Supply	3	1.81	72.20
自来水的生产和供应业	Tap Water Production and Supply	2	0.08	1.01

工业销售产值(亿元) Sales Value of Industry Products (100 million yuan)	实收资本(股本)(亿元) Net Capital (fixed capital stock) (100 million yuan)	年末资产总计(亿元) Total Property (year-end) (100 million yuan)	年末负债合计(亿元) Total Liabilities (year-end) (100 million yuan)	产品销售收入(亿元) Revenue of Products Sales (100 million yuan)	利润总额(亿元) Total Pre-tax Profits (100 million yuan)	税金总额(亿元) Total Tax and Duty (100 million yuan)	成本费用总额(亿元) Total Cost Value (100 million yuan)
3.65	0.89	5.51	2.90	4.46	-0.05	0.06	4.61
0.33	0.04	0.24	0.11	0.34	0.01	0.02	0.32
0.13	0.26	0.34	0.42	0.15	-0.06	…	0.22
108.01	8.21	174.98	10.61	107.88	37.14	59.56	41.49
13.40	5.63	24.75	16.26	14.16	-0.03	0.67	14.51
0.20	0.13	1.52	1.28	0.26	-0.41		0.49
2.07	1.28	5.12	3.41	2.08	-0.10	0.03	2.41
2.33	0.75	4.19	2.80	2.34	0.04	0.10	2.34
22.01	11.76	31.34	12.81	22.21	3.22	1.64	19.23
1.04	0.45	1.90	1.54	1.05	0.05	0.04	1.37
152.66	20.08	69.36	49.05	153.48	1.14	12.50	144.74
33.42	16.29	68.80	27.23	45.87	-0.47	1.51	46.76
18.39	2.74	25.50	19.00	18.71	0.02	0.75	18.63
4.98	3.26	9.28	6.12	4.98	-0.26	0.23	5.08
0.06	…	1.16	0.93	0.85	…	0.02	0.85
4.65	1.53	5.34	2.98	4.63	0.12	0.15	4.68
16.21	11.44	44.84	32.12	16.97	-0.30	0.65	17.90
114.39	496.35	831.70	80.78	114.27	-5.77	6.96	123.14
2.44	0.30	4.73	4.09	1.97	-0.09	0.06	2.03
7.79	7.18	22.72	12.80	7.85	0.33	0.69	7.70
24.93	16.47	90.08	68.43	28.75	-1.23	1.35	31.58
25.98	14.03	70.60	51.50	25.26	-0.71	1.26	26.53
38.58	26.56	100.91	73.11	38.94	-1.58	1.49	42.50
16.56	5.91	40.46	30.90	17.02	-0.95	0.80	18.81
5.05	2.56	6.63	3.52	5.31	0.24	0.15	5.49
1.66	1.84	9.86	7.19	3.26	0.04	0.14	3.43
0.42	0.21	2.27	2.36	1.85	-0.03	0.03	1.94
72.20	65.65	566.24	193.01	204.03	6.88	14.18	203.68
0.88	0.67	4.72	2.33	0.89		0.06	0.88

表 11.23 闵行经济技术开发区主要指标(2001)
MAJOR INDICATORS OF MINHANG ECONOMIC AND TECHNICAL DEVELOPMENT ZONE

类 别	Items	单位数(个) Number of Enterprises (unit)	工业总产值(亿元) Gross Output Value of Industry (100 million yuan)
总 计	**Total**	**93**	**178.30**
按登记注册类型分	**Grouped by Registration Categories**		
国 有	State-owned	3	0.57
港澳台商合资经营	Joint Ventures with Investment from Hong Kong, Macao and Taiwan	18	5.89
港澳台商合作经营	Cooperation Ventures with Business from Hong Kong, Macao and Taiwan	2	0.45
港澳台商独资	Hong Kong, Macao and Taiwan Enterprises	6	1.16
中外合资经营	Sino-foreign Joint Ventures	36	122.76
中外合作经营	Sino-foreign Cooperation Ventures	4	13.86
外商独资	Foreign Funded Enterprises	14	27.65
外商投资股份有限公司	Share-holding Corperation with Foreign Funds	1	4.43
其 他	Others	9	1.52
按轻、重工业分	**Grouped by Light and Heavy Industries**		
轻工业	Light Industry	64	124.81
重工业	Heavy Industry	29	53.49
按企业规模分	**Grouped by Size of Enterprises**		
大型企业	Large	30	159.25
大一型企业	Large(First)	13	92.91
大二型企业	Large(Second)	17	66.33
中型企业	Medium	18	10.13
中一型企业	Medium(First)	7	2.70
中二型企业	Medium(Second)	11	7.43
小型企业	Small	45	8.92
按工业行业分	**Grouped by Sectors**		
食品制造业	Food Manufacturing	6	7.25
饮料制造业	Beverage Manufacturing	4	23.27
纺织业	Textile	6	1.31
服装及其他纤维制品制造业	Garment and Other Fiber Products Industry	10	6.16
皮革、毛皮、羽绒及其制品业	Leathers, Furs, Down and Related Products	5	2.00
家具制造业	Furniture Manufacturing	1	…
印刷业、记录媒介的复制	Printing and Record Pressing	3	0.85
文教体育用品制造业	Stationary, Education and Sports Goods	1	0.43
化学原料及化学制品制造业	Raw Chemical Materials and Chemical Products	4	13.30
医药制造业	Medicine Manufacturing	3	16.22
化学纤维制造业	Chemical Fiber	2	0.17
橡胶制品业	Rubber Products	3	4.97
塑料制品业	Plastic Products	2	1.92
非金属矿物制品业	Nonmetal Mineral Products	6	2.36
有色金属冶炼及压延加工业	Smelting and Pressing of Non-ferrous Metals	1	4.65
金属制品业	Metal Products	4	1.50
普通机械制造业	Original Machinery Manufacturing	8	34.41
专用设备制造业	Special Purpose Equipments Manufacturing	3	2.44
交通运输设备制造业	Transportation Equipments Manufacturing	3	2.97
电器机械及器材制造业	Electric Equipment Manufacturing	2	3.95
电子及通信设备制造业	Electronic and Telecommunications Equipments Manufacturing	6	37.79
仪器仪表及文化、办公用机械制造业	Instruments, Meters, Culture and Office Equipments Manufacturing	4	9.08
其他制造业	Other Manufacturing	5	0.32
自来水的生产和供应业	Tap Water Production and Supply	1	0.97

工业销售产值（亿元）Sales Value of Industrial Products (100 million yuan)	实收资本(股本)（亿元）Net Capital (fixed capital stock) (100 million yuan)	年末资产总计（亿元）Total Property (year-end) (100 million yuan)	年末负债合计（亿元）Total Liabilities (year-end) (100 million yuan)	产品销售收入（亿元）Revenue of Products Sales (100 million yuan)	利润总额（亿元）Total Pre-tax Profits (100 million yuan)	税金总额（亿元）Total Tax and Duty (100 million yuan)
176.76	**75.72**	**178.30**	**81.94**	**180.88**	**15.34**	**8.61**
0.56	0.34	1.64	1.02	0.41		0.01
5.52	2.26	6.02	2.74	6.14	0.32	0.18
0.45	0.07	0.28	0.22	0.39		0.01
1.00	1.07	1.87	0.93	1.00	-0.03	0.03
123.30	35.59	107.24	49.94	127.14	13.90	5.66
13.34	9.32	13.26	4.44	13.44	0.53	0.48
27.22	12.93	19.60	10.14	27.94	1.68	2.11
3.86	6.63	15.80	10.12	2.96	-0.95	
1.49	7.53	12.58	2.39	1.48	-0.11	0.12
124.34	47.81	94.57	39.71	125.26	7.88	5.98
52.41	27.91	83.73	42.23	55.62	7.46	2.62
158.67	68.10	157.83	72.31	162.45	14.02	8.07
91.33	49.71	112.13	53.24	94.17	10.57	5.95
67.34	18.39	45.70	19.07	68.28	3.45	2.12
9.37	4.18	11.17	4.76	9.40	0.84	0.30
2.51	1.51	3.67	1.36	2.46	0.20	0.14
6.85	2.67	7.50	3.40	6.95	0.64	0.16
8.72	3.44	9.30	4.87	9.04	0.48	0.24
6.99	2.43	6.62	3.25	7.82	0.21	0.52
22.81	12.33	21.66	6.90	22.54	1.77	0.98
1.16	1.24	2.35	0.41	1.14	-0.20	0.04
5.65	0.79	3.21	1.33	5.96	0.48	0.02
1.98	0.77	1.99	1.39	1.91	0.02	0.02
…	0.06	0.08	0.12	…	-0.01	…
0.82	0.71	1.34	0.35	0.83	0.19	0.09
0.44	0.14	0.33	0.11	0.44		
13.13	8.94	7.10	5.41	13.24	0.64	1.69
15.46	4.60	13.82	7.76	15.46	2.27	1.79
0.16	0.65	0.84	0.51	0.16	-0.05	…
4.38	6.81	16.17	10.35	3.43	-0.96	…
1.85	0.86	2.50	1.34	1.91	0.16	0.04
2.35	3.61	4.90	0.45	2.35	0.22	0.13
4.55	2.10	3.29	1.52	4.55	0.42	0.23
1.47	0.23	1.32	0.36	1.50	0.34	0.06
34.54	15.03	54.75	27.09	38.55	6.75	2.03
2.53	1.22	3.64	2.01	2.93	0.44	…
2.83	1.39	2.32	0.78	2.89	0.09	0.10
4.02	0.98	4.01	0.81	3.99	0.38	…
39.44	1.78	7.91	4.83	38.57	0.71	0.41
8.90	1.67	5.78	2.46	9.42	1.36	0.33
0.34	0.36	0.69	0.22	0.33	-0.04	…
0.97	7.03	11.68	2.16	0.97	0.15	0.08

表 11.24 漕河泾新兴技术开发区主要指标(2001)
MAJOR INDICATORS OF CAOHEJING NEW TECHNICAL DEVELOPMENT ZONE

类 别	Items	单位数(个) Number of Enterprises (unit)
总 计	**Total**	**110**
按登记注册类型分	**Grouped by Registration Categories**	
国 有	State - owned	4
港澳台商合资经营	Joint Ventures with Investment from Hong Kong, Macao and Taiwan	13
港澳台商合作经营	Cooperation Ventures with Business from Hong Kong, Macao and Taiwan	2
港澳台商独资	Hong Kong, Macao and Taiwan Enterprises	6
中外合资经营	Sino - foreign Joint Ventures	29
中外合作经营	Sino - foreign Cooperation Ventures	1
外商独资	Foreign Funded Enterprises	13
外商投资股份有限公司	Share - holding Corperations with Foreign Funds	2
其 他	Others	40
按轻、重工业分	**Grouped by Light and Heavy Industries**	
轻工业	Light Industry	34
重工业	Heavy Industry	76
按企业规模分	**Grouped by Size of Enterprises**	
大型企业	Large	25
特大型企业	Outsized	2
大一型企业	Large(First)	12
大二型企业	Large(Second)	11
中型企业	Medium	14
中一型企业	Medium(First)	4
中二型企业	Medium(Second)	10
小型企业	Small	71
按工业行业分	**Grouped by Sectors**	
食品制造业	Food Manufacturing	3
家具制造业	Furniture Manufacturing	2
造纸及纸制品业	Papermaking and Paper Products	1
印刷业、记录媒介的复制	Printing and Record Pressing	2
文教体育用品制造业	Stationary, Education and Sports Goods	4
石油加工及炼焦业	Petroleum Processing and Coking Products	1
化学原料及化学制品制造业	Raw Chemical Materials and Chemical Products	5
医药制造业	Medicine Manufacturing	3
塑料制品业	Plastic Products	2
金属制品业	Metal Products	2
普通机械制造业	Original Machinery Manufacturing	3
专用设备制造业	Special Purpose Equipments Manufacturing	11
交通运输设备制造业	Transportation Equipments Manufacturing	2
电气机械及器材制造业	Electric Equipments and Machinery Manufacturing	11
电子及通信设备制造业	Electronic and Telecommunications Equipments Manufacturing	41
仪器仪表及文化、办公用机械制造业	Instruments, Meters, Culture and Office Equipments Manufacturing	15
其他制造业	Other Manufacturing	2

工业总产值（亿元）Gross Output Value of Industry (100 million yuan)	工业销售产值（亿元）Sales Value of Industrial Products (100 million yuan)	实收资本(股本)（亿元）Net Capital (fixed capital stock) (100 million yuan)	年末资产总计（亿元）Total Property (year-end) (100 million yuan)	年末负债合计（亿元）Total Liabilities (year-end) (100 million yuan)	产品销售收入（亿元）Revenue of Products Sales (100 million yuan)	利润总额（亿元）Total Pre-tax Profits (100 million yuan)	税金总额（亿元）Total Tax and Duty (100 million yuan)
107.14	**106.97**	**45.90**	**133.41**	**48.65**	**117.75**	**15.07**	**4.64**
3.27	3.25	1.39	3.55	1.69	3.33	0.06	0.05
3.73	3.64	1.84	3.21	1.10	3.73	0.10	0.13
1.22	1.26	0.81	1.94	0.39	1.28	0.33	0.14
2.16	2.10	2.61	3.34	0.97	2.10	0.02	0.07
57.67	57.81	16.37	55.92	19.42	61.78	10.66	2.03
5.31	5.06	1.18	2.90	1.27	5.03	0.31	0.45
14.23	14.73	5.80	15.40	4.96	15.11	0.92	0.44
5.71	5.64	7.39	27.14	8.20	11.19	2.03	0.47
13.84	13.48	8.51	20.01	10.65	14.21	0.63	0.85
20.63	20.58	8.45	20.36	8.57	20.72	1.47	1.13
86.51	86.40	37.45	113.05	40.07	97.03	13.60	3.50
88.75	89.07	36.00	112.21	39.11	98.82	13.95	3.90
9.92	9.67	4.75	14.59	3.31	9.67	1.65	0.22
45.04	45.45	19.40	55.76	22.05	51.71	7.01	2.44
33.79	33.95	11.85	41.87	13.75	37.44	5.29	1.24
8.27	8.18	4.14	9.00	3.45	8.44	0.71	0.25
1.71	1.76	1.40	3.13	1.07	1.92	0.23	0.10
6.56	6.42	2.74	5.88	2.38	6.53	0.48	0.15
10.12	9.72	5.76	12.19	6.08	10.48	0.41	0.49
8.70	8.46	3.58	8.18	3.99	8.44	0.44	0.69
0.05	0.05	…	0.01	…	0.05	…	…
0.03	0.03	0.01	0.03	…	0.03		…
0.66	0.64	0.58	1.07	0.33	0.69	0.04	0.06
0.05	0.05	0.02	0.05	0.04	0.05	…	…
0.09	0.05	0.02	0.03	…	0.05		…
8.95	9.46	5.54	12.58	3.75	9.67	0.82	0.47
1.29	1.30	1.38	3.19	1.22	1.32	0.37	0.14
0.12	0.12	0.24	0.34	0.10	0.12	-0.02	…
0.22	0.20	0.26	0.56	0.19	0.30	0.03	0.01
0.04	0.04	0.09	0.13	0.04	0.04		…
3.86	4.03	1.04	3.62	2.13	4.12	0.40	0.15
2.86	2.87	1.03	2.24	1.20	2.94	0.01	…
9.05	9.95	1.61	7.85	2.21	10.24	0.81	0.26
58.19	56.83	26.44	80.32	25.91	66.27	11.18	2.27
12.79	12.67	3.96	13.07	7.49	13.18	0.98	0.57
0.21	0.21	0.10	0.14	0.03	0.25	…	…

表 11.25 九大工业园区主要经济指标(2001)
MAJOR ECONOMIC INDICATORS OF NINE MAIN INDUSTRIAL ZONES

类 别	Items	合 计 Total	松 江 工业区 Songjiang Industrial Park	康 桥 工业开发区 Kangqiao Industrial Park	嘉 定 工业开发区 Jiading Industrial Park	莘 庄 工业区 Xinzhuang Industrial Park
单位数(个)	Number of Enterprises(unit)	806	107	154	158	192
从业人员(万人)	Employees(10 000 persons)	10.83	2.22	1.83	2.06	2.43
工业总产值(亿元)	Gross Output Value of Industry(100 million yuan)	394.30	91.05	73.68	95.02	76.34
出口交货值(亿元)	Delivery Value of Industry Export(100 million yuan)	112.10	43.06	9.44	27.71	15.93
工业增加值(亿元)	Value Added of Industry(100 million yuan)	105.24	23.18	18.74	21.23	24.66
实收资本(股本)(亿元)	Net Capital(fixed capital stock)(100 million yuan)	199.99	64.52	37.73	31.41	31.18
年末资产总计(亿元)	Total Property(year-end)(100 million yuan)	451.66	121.81	90.52	85.38	73.37
流动资产合计(亿元)	Total Circulating Funds(100 million yuan)	225.98	52.98	44.74	46.62	44.27
流动资产年平均余额(亿元)	Average Balance Circulating Funds(100 million yuan)	217.57	51.59	43.67	45.66	42.25
固定资产合计(亿元)	Total Fixed Assets(100 million yuan)	183.59	57.76	36.72	31.79	22.61
固定资产原价(亿元)	Original Value of Fixed Assets(100 million yuan)	251.16	78.39	49.61	47.34	30.95
固定资产净值年平均余额(亿元)	Average Balance Net Value of Fixed Assets(100 million yuan)	174.59	55.42	34.66	28.00	21.24
年末负债合计(亿元)	Total Liabilities(year-end)(100 million yuan)	229.80	60.70	40.98	45.63	37.41
年末流动负债合计(亿元)	Total Circulating Liabilities(year-end)(100 million yuan)	189.95	54.20	29.85	40.93	30.48
长期负债合计(亿元)	Total Long-term Liabilities(100 million yuan)	33.57	6.47	5.29	4.69	6.59
年末所有者权益(亿元)	Rights and Interests(year-end)(100 million yuan)	221.87	61.11	49.54	39.75	35.95
产品销售收入(亿元)	Revenue of Products Sales(100 million yuan)	383.33	89.21	74.02	92.83	71.10
利润总额(亿元)	Total Pre-tax Profits(100 million yuan)	21.94	2.75	5.12	5.92	6.21
税金总额(亿元)	Total Tax and Duty(100 million yuan)	12.91	2.16	2.49	2.80	3.01
亏损总额(亿元)	Total Loss(100 million yuan)	7.66	2.64	0.61	0.84	1.45

表 11.25 续表 continued

类 别	Items	奉 浦 工业开发区 Fengpu Industrial Park	金山嘴 工业开发区 Jinshanzui Industrial Park	宝山城市 工业园区 Baoshan Urban Industrial Park	青 浦 工业园区 Qingpu Industrial Park	崇 明 工业园区 Chongming Industrial park
单位数(个)	Number of Enterprises(unit)	58	11	19	83	24
从业人员(万人)	Employees(10 000 persons)	0.58	0.05	0.19	1.29	0.18
工业总产值(亿元)	Gross Output Value of Industry(100 million yuan)	14.15	1.11	4.64	36.55	1.76
出口交货值(亿元)	Delivery Value of Industry Export(100 million yuan)	2.08	0.26	1.00	12.02	0.59
工业增加值(亿元)	Value Added of Industry(100 million yuan)	4.11	0.29	1.18	11.31	0.53
实收资本(股本)(亿元)	Net Capital(Fixed capital stock)(100 million yuan)	8.88	0.64	1.62	23.31	0.71
年末资产总计(亿元)	Total Property(year-end)(100 million yuan)	20.19	1.18	6.34	50.74	2.14
流动资产合计(亿元)	Total Circulating Funds(100 million yuan)	12.05	0.79	3.65	19.70	1.17
流动资产年平均余额(亿元)	Average Balance Circulating Funds(100 million yuan)	10.89	0.77	2.14	19.49	1.11
固定资产合计(亿元)	Total Fixed Assets(100 million yuan)	5.78	0.28	2.52	25.22	0.92
固定资产原价(亿元)	Original Value of Fixed Assets(100 million yuan)	7.32	0.46	2.85	33.13	1.10
固定资产净值年平均余额(亿元)	Average Balance Net Value of Fixed Assets(100 million yuan)	5.79	0.20	2.43	26.02	0.83
年末负债合计(亿元)	Total Liabilities(year-end)(100 million yuan)	11.04	0.53	3.29	29.08	1.14
年末流动负债合计(亿元)	Total Circulating Liabilities(year-end)(100 million yuan)	10.86	0.40	2.22	19.90	1.11
长期负债合计(亿元)	Total Long-term Liabilities(100 million yuan)	0.17	0.12	1.07	9.16	0.01
年末所有者权益(亿元)	Rights and Interests(year-end)(100 million yuan)	9.16	0.65	3.06	21.66	1.00
产品销售收入(亿元)	Revenue of Products Sales(100 million yuan)	14.59	1.14	4.21	34.52	1.70
利润总额(亿元)	Total Pre-tax Profits(100 million yuan)	0.12	0.05	0.42	1.25	0.10
税金总额(亿元)	Total Tax and Duty(100 million yuan)	0.54	0.04	0.16	1.65	0.06
亏损总额(亿元)	Total Loss(100 million yuan)	0.43		0.05	1.62	

第十二篇

CHAPTER 12

建筑业

CONSTRUCTION

表 12.1 历年建筑业主要指标
MAJOR INDICATORS OF CONSTRUCTION SECTOR

年 份 Year	年末从业人员 （万人） Year-end Employment （10 000 persons）	总产值 （亿元） Output Value （100 million yuan）	竣工房屋面积 （万平方米） Floor Space of Building Completed （10 000 sq. m）	平均每个职工竣工房屋面积 （平方米/人） Area of Completed Building for Every Staff and Worker（sq. m/person）	全员劳动生产率 （按总产值计算） （元/人） Overall Labor Productivity （In Term of Output Value） （yuan/person）
1949	0.82	0.07	5.35	6.53	770
1950	0.82	0.13	10.71	13.06	1 540
1951	2.22	0.41	34.82	15.68	1 848
1952	4.56	1.00	85.71	18.80	2 217
1953	6.44	1.68	118.02	19.47	2 660
1954	5.32	1.35	95.92	18.90	2 559
1955	1.88	0.64	62.52	34.85	3 425
1956	2.16	0.52	53.46	40.77	3 807
1957	4.78	1.17	116.92	40.83	3 913
1958	4.76	2.43	256.15	49.26	4 490
1959	5.76	3.00	143.89	22.61	4 537
1960	5.21	3.75	149.77	20.12	4 850
1961	4.00	1.49	68.15	17.35	3 639
1962	2.75	1.03	57.28	20.64	3 560
1963	3.67	1.74	74.28	24.54	5 527
1964	3.94	2.41	140.86	35.36	5 827
1965	4.29	2.39	163.38	41.84	5 881
1966	4.62	2.02	152.06	38.37	4 910
1967	4.61	1.44	92.54	21.56	3 229
1968	5.18	1.45	102.83	22.61	3 065
1969	5.20	2.00	85.81	17.56	3 929
1970	5.37	2.67	115.77	23.30	5 173
1971	5.52	2.34	105.34	20.81	4 444
1972	6.13	2.90	119.95	20.90	4 851
1973	6.47	3.52	166.44	26.93	5 470
1974	7.74	4.76	175.23	21.41	5 596
1975	8.83	5.47	187.13	20.03	5 631
1976	9.47	4.79	174.51	18.91	4 987
1977	9.00	4.04	161.40	18.74	4 513
1978	10.07	5.55	234.03	26.32	6 005
1979	23.35	13.98	564.62	26.10	6 226
1980	27.27	17.07	607.91	24.13	6 513
1981	30.21	18.03	649.93	22.28	5 941
1982	30.73	21.56	684.61	22.90	6 928
1983	33.35	24.64	736.34	22.46	7 189
1984	32.94	30.62	799.40	23.10	8 402
1985	33.35	36.73	819.24	23.78	10 070
1986	35.53	49.91	867.08	22.87	12 147
1987	35.83	59.45	872.25	22.66	14 455
1988	36.70	68.83	836.73	21.26	16 251
1989	34.43	74.75	758.34	19.70	18 053
1990	34.01	75.62	747.88	20.01	18 569
1991	34.62	84.30	775.63	20.14	21 022
1992	36.33	117.68	860.49	19.92	26 221
1993	36.90	193.00	1 144.16	26.10	44 020
1994	39.95	309.68	1 557.87	29.33	58 305
1995	41.10	391.42	1 485.87	25.44	67 023
1996	36.19	450.41	1 514.58	26.95	80 161
1997	37.40	564.37	1 777.41	29.60	93 995
1998	40.88	593.11	1 913.55	33.08	102 531
1999	39.01	573.06	1 950.76	33.86	99 473
2000	35.91	631.64	1 909.11	33.02	109 244
2001	35.52	730.33	2 434.73	39.55	118 641

表 12.2 建筑业主要指标(2001)
MAJOR INDICATORS OF CONSTRUCTION SECTOR

类别	Items	企业数(个) Number of Enterprises (unit)	年末从业人员(万人) Year-end Employment (10 000 persons)	总产值(亿元) Output Value (100 million yuan)	其中 of which #建筑工程 Construction	#安装工程 Installation
总 计	**Total**	**1 440**	**35.52**	**730.33**	**622.15**	**88.87**
按登记注册类型分	**Grouped By Registration Categories**					
内 资	Domestic Investment	1 277	34.45	696.16	594.35	84.84
#国 有	State-owned	203	8.58	198.98	165.65	28.26
集 体	Collective Owned	337	6.97	97.43	88.12	7.03
股份合作	Stock-holding Cooperation	72	1.84	18.57	15.54	2.60
联 营	Joint Owned	38	0.65	8.25	5.99	1.49
有限责任公司	Companies with Limited Liabilition	491	11.97	226.11	185.97	33.43
股份有限公司	Stock-holding Companies Liabilities	40	2.90	126.44	114.59	10.47
私 营	Private	94	1.53	20.13	18.25	1.56
港澳台商投资	Hong Kong, Macao and Taiwan Funded	105	0.62	18.11	13.78	2.63
外商投资	Foreign Funded	58	0.45	16.06	14.02	1.40
按行业分	**By Sectors**					
土木工程建筑业	Civil Engineering Construction	888	29.28	586.72	543.74	31.74
#房屋建筑业	Buildings	593	21.71	409.59	371.55	27.83
铁路公路隧道桥梁建筑业	Railways, Tunnels, Highways and Bridges	116	4.36	103.91	102.07	1.26
线路管道设备安装业	Line and Equipments Installation	159	3.31	73.29	20.56	51.06
线路管道安装业	Line Installation	76	1.42	38.87	15.13	23.26
设备安装业	Equipment Installation	83	1.89	34.41	5.42	27.80
建筑物装修装饰业	Buildings Decoration	393	2.93	70.32	57.85	6.07

表 12.2 续表 continued

类别	Items	竣工产值(亿元) Output Value of Construction Completed (100 million yuan)	房屋建筑面积(万平方米) Floor Space of Buildings (10 000 sq. m) 施工面积 Under Construction	竣工面积 Completed	年末自有机械设备 Machines Owned (year-end) 总台数(万台) Number (10 000)	总功率(万千瓦) Capacity (10 000 kw)
总 计	**Total**	**498.35**	**5 493.74**	**2 434.73**	**12.90**	**218.62**
按登记注册类型分	**Grouped By Registration Categories**					
内 资	Domestic Investment	475.25	5 393.72	2 404.16	12.10	213.01
#国 有	State-owned	138.45	1 203.96	514.74	3.33	79.61
集 体	Collective Owned	70.90	949.05	473.77	2.08	30.45
股份合作	Stock-holding Cooperation	14.33	167.47	101.18	0.42	3.83
联 营	Joint Owned	4.45	59.44	16.86	0.40	3.19
有限责任公司	Companies with Limited Liabilition	143.47	1 538.42	724.53	4.34	63.45
股份有限公司	Stock-holding Companies Liabilities	88.66	1 289.10	489.25	0.87	26.86
私 营	Private	14.98	186.28	83.83	0.65	5.37
港澳台商投资	Hong Kong, Macao and Taiwan Funded	13.18	57.03	11.72	0.47	2.71
外商投资	Foreign Funded	9.92	42.99	18.84	0.33	2.91
按行业分	**By Sectors**					
土木工程建筑业	Civil Engineering Construction	395.34	5 421.19	2 399.50	9.65	189.59
#房屋建筑业	Buildings	294.74	5 211.54	2 328.71	7.03	104.48
铁路公路隧道桥梁建筑业	Railways, Tunnels, Highways and Bridges	52.87	99.18	37.19	1.20	37.97
线路管道设备安装业	Line and Equipments Installation	55.87	6.53	5.57	1.58	23.30
线路管道安装业	Line Installation	32.50	2.45	1.84	0.56	12.09
设备安装业	Equipment Installation	23.36	4.08	3.72	1.02	11.21
建筑物装修装饰业	Buildings Decoration	47.15	66.02	29.67	1.67	5.73

表 12.3 建筑业主要财务指标(2001)
MAJOR ACCOUNTING INDICATORS OF CONSTRUCTION SECTOR

指标	Indicators	合计 Total	内资 Domestic Investment
施工企业单位数(个)	Numbers of Construction Enterprises(unit)	1 440	1 277
年平均人数(万人)	Staff and Workers(Annual Average)(10 000 persons)	61.56	58.97
固定资产原价(亿元)	Fixed Assets(Original Value)(100 million yuan)	155.38	148.83
固定资产净值(亿元)	Fixed Assets(Net Value)(100 million yuan)	85.77	81.98
自有机械设备台数(台)	Machinery and Equipment(set)	129 004	120 998
自有机械设备净值(亿元)	Machinery and Equipment(Net Value) (100 million yuan)	41.92	40.07
自有机械设备总功率(万千瓦)	Power of Machinery and Equipment(10 000 kw)	218.62	213.01
总产值(亿元)	Output Value(100 million yuan)	730.33	696.16
资产总计(亿元)	Assets at year-end(100 million yuan)	943.98	902.83
#流动资产	Total Circulating Funds	743.05	707.53
固定资产	Total Fixed Assets	97.84	94.01
专项工程	Special Engineering Assets	7.46	7.39
无形及递延资产	Intangible and Prolonged Assets	12.51	11.94
负债合计(亿元)	Total Liabilities at year-end(100 million yuan)	687.89	662.50
流动负债	Circulating Liabilities	664.85	639.61
长期负债	Long-term Liabilities	23.04	22.89
所有者权益(亿元)	Total Owners Rights and Interests(100 million yuan)	256.10	240.33
企业总收入(亿元)	Total Revenue of Enterprises(100 million yuan)	740.29	705.77
工程结算收入	Revenue of Engineering Settlement Accounts	708.21	674.30
其他业务收入	Other Revenue	32.08	31.48
施工面积(万平方米)	Floor Space of Building Under Construction(10 000 sq. m)	5 493.74	5 393.72
竣工面积(万平方米)	Floor Space of Building Completed(10 000 sq. m)	2 434.73	2 404.16
利润总额(亿元)	Total Profits(100 million yuan)	19.44	18.96
全员劳动生产率(元/人)	Overall Labor Productivity(yuan/person)		
按总产值计算	In Term of Output Value	118 641	118 056
按增加值计算	In Term of Construction Value Added	29 264	29 105
技术装备率(元/人)	Per Capita Machinery Value(yuan/person)	11 802	11 629
动力装备率(千瓦/人)	Per Capita Machinery Power(kw/person)	6.2	6.2
房屋建筑面积竣工率(%)	Rate of Buiding Completed(%)	44.3	44.6
工程质量优良品率(%)	Rate of High Quality Projects(%)	27.0	27.0
产值利润率(%)	Rate of Profit/Gross Output Value(%)	2.7	2.7
产值利税率(%)	Rate of Profit and Taxes/Gross Output Value(%)	5.4	5.4

其 中 of which									
国 有 State-owned	集 体 Collective-Owned	股份合作 Stock-holding Cooperation	联 营 Joint Owned	有限责任公司 Companies With Limited Liabilition	股份有限公司 Stock-holding Companies Liabilities	私 营 Private	其 他 Others	港澳台商投资 Hong Kong, Macao and Taiwan Funded	外 商 投 资 Foreign Funded
203	337	72	38	491	40	94	2	105	58
14.39	9.53	2.10	0.94	18.31	11.53	2.15	0.02	1.40	1.19
60.70	16.44	2.63	2.02	41.94	20.30	4.70	0.11	2.95	3.60
30.35	11.70	1.68	1.40	25.69	7.50	3.64	0.03	1.65	2.14
33 290	20 827	4 186	3 969	43 350	8 677	6 509	190	4 713	3 293
13.21	5.68	1.06	0.78	12.98	4.68	1.66	0.02	0.72	1.13
79.61	30.45	3.83	3.19	63.45	26.86	5.37	0.26	2.71	2.91
198.98	97.43	18.57	8.25	226.11	126.44	20.13	0.24	18.11	16.06
327.63	119.71	22.85	8.40	287.96	112.67	23.37	0.26	23.34	17.82
240.00	100.71	19.52	6.50	237.28	85.37	18.02	0.14	21.29	14.24
32.94	11.99	1.86	1.44	31.05	11.05	3.65	0.03	1.65	2.18
1.81	0.14	0.25	0.05	4.94	0.04	0.15			0.06
4.93	1.48	0.18	0.23	4.10	0.71	0.32		0.28	0.29
250.33	87.88	16.68	4.62	213.24	76.88	12.78	0.09	14.63	10.75
238.59	86.23	16.51	4.55	207.43	74.01	12.21	0.09	14.54	10.70
11.74	1.64	0.17	0.08	5.81	2.87	0.57		0.09	0.06
77.30	31.83	6.17	3.77	74.72	35.78	10.58	0.17	8.70	7.07
215.77	97.47	19.41	7.14	232.90	112.23	20.61	0.24	19.83	14.69
199.96	96.07	18.22	7.08	221.27	111.25	20.46		19.65	14.26
15.81	1.40	1.19	0.07	11.63	0.99	0.15	0.24	0.18	0.43
1203.96	949.05	167.47	59.44	1 538.42	1 289.10	186.28		57.03	42.99
514.74	473.77	101.18	16.86	724.53	489.25	83.83		11.72	18.84
2.67	3.46	0.79	0.19	6.23	4.60	1.05	-0.03	0.10	0.37
138 284	102 234	88 392	88 150	123 483	109 654	93 749	106 167	129 489	134 859
35 212	21 543	20 299	17 466	27 479	44 212	29 132	7 759	32 453	37 133
15 388	8 153	5 755	12 049	10 850	16 128	10 844	7 845	11 653	25 391
9.3	4.4	2.1	4.9	5.3	9.2	3.5	11.0	4.4	6.5
42.8	49.9	60.4	28.4	47.1	38.0	45.0		20.6	43.8
40.4	11.9	30.4	11.9	27.5	44.9	20.5		25.8	20.3
1.3	3.6	4.2	2.3	2.8	3.6	5.2	-10.9	0.6	2.3
3.9	6.8	7.3	4.6	5.5	6.0	8.3	-10.8	3.3	4.7

第十三篇

CHAPTER 13

交通运输、邮电通信

TRANSPORTATION, POSTS AND TELECOMMUNICATIONS

表 13.1 历年货物运输量和港口货物吞吐量
FREIGHT TRAFFIC VOLUME AND CARGO HANDLED AT PORTS

单位:万吨(10 000 tons)

年 份 Year	货物运输量 Freight Traffic Volume	其 中 of which					港口货物吞吐量 Cargo Handled at Ports	其 中 of which	
		铁 路 Railway	公 路 Highway	水 运 Waterway	其中 of which #远洋运输 Ocean Shipping	民用航空 Civil Aviation		进 口 Import	出 口 Export
1952	2 420	829	1 046	545	28		560	439	121
1953	3 155	995	1 483	677	40		658	484	174
1954	3 425	953	1 521	951	52		1 011	763	248
1955	2 943	810	1 197	936	53		1 118	838	280
1956	3 838	909	1 798	1 131	60		1 297	903	393
1957	4 252	1 068	1 882	1 302	62		1 649	1 171	478
1958	6 374	1 714	2 829	1 831	79		2 739	1 841	898
1959	11 899	2 522	5 630	3 747	78		3 697	2 612	1 085
1960	16 622	2 998	8 936	4 688	78		4 267	3 082	1 185
1961	10 255	2 053	5 118	3 084	81		3 105	2 290	815
1962	7 087	1 402	3 201	2 484	62		2 556	1 861	695
1963	7 138	1 510	3 068	2 560	77		2 575	1 935	640
1964	7 806	1 830	3 245	2 731	109		2 679	1 952	727
1965	9 337	2 199	3 813	3 325	163		3 194	2 258	936
1966	9 948	2 174	4 033	3 741	169		3 609	2 590	1 819
1967	8 584	1 546	3 787	3 251	131		3 380	2 378	1 002
1968	9 249	1 920	3 943	3 386	147		3 571	2 523	1 048
1969	10 060	2 056	4 357	3 647	166		3 602	2 560	1 006
1970	11 400	2 537	4 795	4 068	144		3 991	2 858	1 133
1971	12 162	2 718	5 129	4 315	187		4 158	2 943	1 215
1972	12 939	2 879	5 461	4 599	208		4 459	3 176	1 283
1973	14 496	3 194	6 029	5 273	246		5 039	3 545	1 494
1974	14 976	3 083	6 442	5 451	370		5 137	3 731	1 406
1975	16 122	3 239	6 673	6 210	469		5 581	4 019	1 562
1976	16 521	3 390	6 522	6 609	560		5 461	3 992	1 469
1977	17 139	3 635	6 336	7 168	727		6 089	4 391	1 698
1978	19 645	4 329	7 184	8 131	939	1	7 955	5 632	2 323
1979	19 613	4 373	7 255	7 983	1 081	2	8 350	5 781	2 569
1980	20 037	4 484	7 284	8 267	1 098	2	8 483	5 800	2 683
1981	20 150	4 421	7 451	8 276	1 118	2	8 335	5 745	2 590
1982	21 153	4 562	7 826	8 763	1 097	2	8 976	6 121	2 855
1983	21 594	4 627	8 052	8 913	1 209	2	9 190	6 374	2 816
1984	23 121	4 841	8 696	9 581	1 370	3	10 066	6 969	3 097
1985	24 243	5 059	9 216	9 965	1 402	3	11 291	7 972	3 319
1986	26 671	5 306	10 126	11 235	1 634	4	12 604	8 853	3 751
1987	27 241	5 484	10 159	11 592	1 847	6	12 833	8 877	3 956
1988	27 832	5 322	10 019	12 480	2 032	11	13 320	9 150	4 170
1989	27 666	5 303	9 526	12 826	2 065	11	14 604	9 910	4 694
1990	26 777	5 186	8 714	12 864	2 246	13	13 959	9 461	4 498
1991	27 558	5 169	8 888	13 485	2 491	16	14 679	9 933	4 746
1992	29 580	5 527	9 427	14 607	25 25	19	16 297	11 470	4 827
1993	30 293	6 085	9 194	15 000	2 529	24	17 596	12 672	4 924
1994	28 585	6 230	7 446	14 882	2 605	27	16 581	12 098	4 483
1995	27 571	6 416	6 273	14 845	2 778	37	16 567	12 097	4 470
1996	45 821	6 213	25 023	14 544	3 594	41	16 402	11 947	4 455
1997	45 938	5 817	25 991	14 082	4 201	48	16 397	11 851	4 546
1998	46 230	5 292	26 352	14 529	4 844	57	16 388	11 839	4 549
1999	48 398	4 910	27 171	16 241	5 783	76	18 641	12 936	5 705
2000	52 206	5 307	28 369	18 442	7 022	88	20 440	13 791	6 649
2001	54 049	5 584	28 869	19 496	7 129	100	22 099	14 922	7 177

表13.2 历年旅客发送量
PASSENGER DEPARTING

单位:万人次(10 000 person-times)

年 份 Year	旅客发送量 Passenger Departing	其 中 of which 铁 路 Railway	公 路 Highway	港 口 Harbor	民用航空 Civil Aviation
1952	812	728		84	
1953	927	804		123	
1954	830	693		137	
1955	755	607		148	
1956	811	659		152	
1957	917	724		193	
1958	855	700		155	
1959	1 145	945		200	
1960	1 243	1 031		212	
1961	1 422	1 121		301	
1962	1 262	958		304	
1963	757	576		181	
1964	664	508		155	1
1965	638	482		154	2
1966	718	508		208	2
1967	900	653		245	2
1968	998	682	70	244	2
1969	1 146	761	120	263	2
1970	1 070	730	107	232	1
1971	981	656	101	222	2
1972	1 091	743	113	231	4
1973	1 171	798	116	252	5
1974	1 297	888	122	278	9
1975	1 390	943	133	301	13
1976	1 642	1 159	146	324	13
1977	1 739	1 250	145	329	15
1978	1 763	1 272	140	330	21
1979	2 047	1 470	148	402	27
1980	2 369	1 692	200	446	31
1981	2 532	1 805	209	481	37
1982	2 598	1 853	221	480	44
1983	2 825	1 995	227	511	42
1984	3 150	2 228	343	517	62
1985	3 434	2 320	410	622	82
1986	3 720	2 477	504	616	123
1987	4 138	2 610	713	659	156
1988	4 409	2 838	717	679	175
1989	4 140	2 711	657	621	151
1990	3 835	2 476	605	555	199
1991	4 035	2 594	598	592	251
1992	4 283	2 748	591	623	321
1993	4 389	2 860	520	617	392
1994	5 074	2 984	1 086	546	458
1995	5 265	2 929	1 257	512	567
1996	5 822	2 804	1 974	422	622
1997	6 057	2 779	2 277	328	673
1998	6 139	2 760	2 006	678	695
1999	6 406	2 906	2 178	581	741
2000	6 893	2 980	2 482	539	892
2001	6 324	3 231	1 508	543	1 042

① 1997 年前港口旅客发送量为港务局公用码头范围,1998 年以后扩大为全港范围。以下同。

② 2000 年前旅客发送量是专业运输部门的数字,2001 年开始为跨省市旅客运输的行业统计数字。

❶ Before 1997, the harbo passenger traffic volume referred to the amount passing through the public ports under the administration of Shanghai Harbo Bureau. From 1998 statistics, the volume covered all the ports in Shanghai. The same in the following table.

❷ The passenger transport volume before 2000 is based on the figures for special transport departments and the volume since 2001 is based on the figures for the inter-provincial passenger transport industries.

表 13.3 主要年份货物周转量
TURNOVER VOLUME OF FREIGHT TRAFFIC IN MAIN YEARS

单位:亿吨.公里(100 million tons. km)

年 份 Year	货物周转量 Freight Traffic	其 中 of which				
		铁 路 Railway	公 路 Highway	水 运 Waterway	其 中 of which #远洋运输 Ocean Shipping	民用航空 Civil Aviation
1978	1267	81	7	1 179	698	
1980	1 487	87	8	1 392	778	
1985	2 015	102	11	1 902	1 072	
1986	2 343	105	13	2 225	1 061	
1987	2 659	106	13	2 540	1 533	
1988	2 889	105	14	2 769	1 621	1
1989	3 097	111	13	2 972	1 733	1
1990	3 359	111	11	3 236	1 957	1
1991	3 609	112	12	3 484	2 117	1
1992	3 664	125	13	3 523	2 112	3
1993	3 777	132	12	3 629	2 081	4
1994	3 953	139	10	3 800	2 042	4
1995	4 187	143	9	4 030	2 259	5
1996	3 814	133	49	3 627	2 721	5
1997	4 016	123	47	3 840	3 049	6
1998	4 838	117	49	4 665	3 794	7
1999	5 606	113	51	5 432	4 020	10
2000	6 620	122	56	6 430	5 285	12
2001	6 992	113	60	6 808	5 511	11

表 13.4 主要年份旅客周转量
TURNOVER VOLUME OF PASSENGER TRAFFIC IN MAIN YEARS

单位:亿人.公里(100 million persons. km)

年 份 Year	旅客周转量 Turnover Volume of Passenger Traffic	其 中 of which			
		铁 路 Railway	公 路 Highway	水 运 Waterway	民用航空 Civil Aviation
1978	34.12	11.44	0.92	21.75	
1980	49.31	15.67	1.24	32.39	
1985	87.20	24.30	4.32	44.63	13.95
1986	90.57	25.89	6.43	42.67	15.58
1987	105.68	28.93	8.08	46.36	22.31
1988	119.83	31.83	8.61	48.85	30.54
1989	110.54	29.92	8.24	45.76	26.62
1990	113.94	26.85	8.42	40.84	37.84
1991	131.83	27.94	7.27	43.64	52.98
1992	151.54	29.79	6.53	44.49	70.72
1993	154.58	31.88	6.08	42.38	74.25
1994	158.73	34.48	8.78	35.97	79.50
1995	170.98	34.18	8.23	31.71	96.86
1996	171.06	30.74	8.83	24.13	107.36
1997	181.03	30.47	12.61	16.52	121.42
1998	208.75	40.27	12.07	9.97	146.43
1999	217.13	33.36	15.81	7.94	160.02
2000	234.72	35.40	16.44	6.77	176.11
2001	286.93	37.81	42.31	5.48	201.30

表 13.5 主要年份铁路运输情况
RAILWAY TRANSPORTATION IN MAIN YEARS

年 份 Year	车 站 (个) Station (unit)	运营里程 (公里) Operation Mileage(km)	正线延展里程 (公里) Mainline Railway Length Completed(km)	货物发送量 (万吨) Freight Departing (10 000 tons)	货物到达量 (万吨) Freight Arriving (10 000 tons)	旅客发送量 (万人次) Passenger Departing (10 000 person-times)
1978	32	245	273	1 409	1 829	1 272
1980	33	245	273	1 283	1 963	1 692
1985	38	245	282	1 353	2 213	2 320
1986	43	245	282	1 382	2 381	2 477
1987	40	245	302	1 343	2 476	2 610
1988	40	259	307	1 218	2 359	2 838
1989	40	259	329	1 250	2 443	2 711
1990	40	259	356	1 257	2 283	2 476
1991	37	259	389	1 311	2 140	2 594
1992	37	235	388	1 371	2 232	2 748
1993	37	247	402	1 436	2 667	2 860
1994	37	246	403	1 420	2 739	2 984
1995	37	256	415	1 376	2 790	2 929
1996	37	256	414	1 320	2 673	2 804
1997	35	244	396	1 252	2 524	2 779
1998	35	248	400	1 152	2 279	2 760
1999	32	260	400	997	2 008	2 906
2000	33	257	397	1 055	2 208	2 980
2001	33	257	397	1 080	2 228	3 231

注：本表为上海市辖范围。
Note: This table covers the Shanghai administered area only.

表 13.6 主要年份公路运输情况
HIGHWAY TRANSPORTATION IN MAIN YEARS

年 份 Year	通车里程 (公里) Highways in operation(km)	旅客发送量 (万人次) Passenger Departing (10 000 person-times)	旅客周转量 (万人·公里) Turnover Volume of Passenger Traffic (10 000 persons · km)	货物运输量 (万吨) Freight Traffic (10 000 tons)	货物周转量 (万吨·公里) Turnover Volume of Freight Traffic (10 000 tons · km)
1978	1 978	140	9 230	7 184	71 017
1980	2 116	200	12 436	7 284	79 827
1985	2 058	410	43 179	9 216	110 718
1986	2 348	504	64 273	10 126	125 873
1987	2 681	713	80 845	10 159	134 169
1988	2 728	717	86 105	10 019	136 301
1989	2 904	657	82 408	9 526	130 000
1990	3 050	605	84 175	8 714	114 732
1991	3 165	598	72 690	8 888	119 397
1992	3 625	591	65 347	9 427	129 768
1993	3 677	520	60 771	9 194	119 299
1994	3 721	1 086	87 790	7 446	99 578
1995	3 787	1 257	82 289	6 273	93 214
1996	3 881	1 974	88 345	25 023	487 517
1997	3 961	2 277	126 122	25 991	471 196
1998	4 104	2 006	120 713	26 352	494 440
1999	4 231	2 178	158 108	27 171	510 920
2000	5 970	2 482	164 433	28 369	563 738
2001	6 078	1 508	423 054	28 869	603 395

① 1995 年前货物运输量和货物周转量是专业运输部门的数字,1996 年以后为全社会口径。
② 2000 年前旅客周转量是专业运输部门的数字,2001 年开始为跨省市旅客运输的行业统计数字。
❶ Before 1995, the figures about Freight transportation and turnover came from specialized transportation departments. Since 1996, the figures have been collected about all social sectors.
❷ The passenger circulation volume before 2000 is based on the figures for the special transport departments and the volume since 2001 is based on the figures for the inter-provincial passenger transport industries.

表 13.7 主要年份水路运输情况
WATERWAY TRANSPORTATION IN MAIN YEARS

单位：万吨(10 000 tons)

年份 Year	货运量 Total Cargo Transport	其中 of which			
		远洋 Ocean Shipping	沿海 Coastal Traffic	长江 The Yangtze River	内河 Navigable Inland Waterways
1978	8 131	939	3 922	1 252	2 018
1980	8 267	1 098	3 919	1 296	1 954
1985	9 965	1 402	4 769	1 272	2 522
1986	11 235	1 634	5 690	1 354	2 557
1987	11 592	1 847	5 815	1 448	2 482
1988	12 480	2 032	6 207	1 564	2 677
1989	12 826	2 065	6 887	1 525	2 349
1990	12 864	2 246	6 971	1 567	2 080
1991	13 485	2 491	7 234	1 646	2 114
1992	14 607	2 525	7 997	1 834	2 251
1993	15 000	2 529	8 304	2 027	2 140
1994	14 882	2 605	8 166	2 111	2 000
1995	14 845	2 778	8 084	2 230	1 753
1996	14 544	3 594	7 290	1 315	1 630
1997	14 082	4 201	7 259	1 217	1 405
1998	14 529	4 844	7 365	662	1 658
1999	16 241	5 783	8 607	458	1 393
2000	18 442	7 022	9 396	405	1 619
2001	19 496	7 129	10 182		2 185

注：2001 年长江货运量归并到内河货运量中。
Note: Cargo transport volume on the Yangtze River in 2001 is included in the inland rivers.

表 13.8 主要年份港口货物吞吐量
CARGO HANDLED AT PORTS IN MAIN YEARS

年份 Year	港口货物吞吐量(万吨) Cargo Handled at Ports(10 000 tons)	其中 of which		比重(%) Percentage(%)	
		进口 Import	出口 Export	进口 Import	出口 Export
1978	7 955	5 632	2 323	70.8	29.2
1980	8 483	5 800	2 683	68.4	31.6
1985	11 291	7 972	3 319	70.6	29.4
1986	12 604	8 853	3 751	70.2	29.8
1987	12 833	8 877	3 956	69.2	30.8
1988	13 320	9 150	4 170	68.7	31.3
1989	14 604	9 910	4 694	67.9	32.1
1990	13 959	9 461	4 498	67.8	32.2
1991	14 679	9 933	4 746	67.7	32.3
1992	16 297	11 470	4 827	70.4	29.6
1993	17 596	12 672	4 924	72.0	28.0
1994	16 581	12 098	4 483	73.0	27.0
1995	16 567	12 097	4 470	73.0	27.0
1996	16 402	11 947	4 455	72.8	27.2
1997	16 397	11 851	4 546	72.3	27.7
1998	16 388	11 839	4 549	72.2	27.8
1999	18 641	12 936	5 705	69.4	30.6
2000	20 440	13 791	6 649	67.5	32.5
2001	22 099	14 922	7 177	67.5	32.5

表13.9 主要年份港口码头仓库情况
PORTS AND STOREHOUSES IN MAIN YEARS

年 份 Year	装卸公司 (个) Companies for Loading and Unloading (unit)	年 末 职工人数 (万人) Employment (year-end) (10 000 persons)	其 中 of which #装卸工人 Loading and Unloading Workers	客运航线 (条) Routes for Passenger Transportation (route)	旅客发送量 (万人次) Passenger Departing (10 000 person-times)	码头长度 (万米) Length of Harbor (10 000 m)
1978	14	4.48	0.95	19	330	1.30
1980	14	4.87	0.98	19	446	1.28
1985	13	5.32	1.09	26	622	1.39
1986	13	5.33	1.07	26	616	1.38
1987	13	5.45	1.08	26	659	1.45
1988	13	5.44	1.02	27	679	1.47
1989	15	5.58	0.98	28	621	1.60
1990	15	5.53	0.90	28	555	1.77
1991	14	5.49	0.87	27	592	1.78
1992	14	5.27	0.71	28	623	1.74
1993	15	4.87	0.47	26	617	1.83
1994	15	4.74	0.36	24	546	1.90
1995	14	4.55	0.37	23	512	1.90
1996	11	4.37	0.32	23	422	1.90
1997	11	4.11	0.30	23	328	1.96
1998	12	3.77	0.25	18	678	1.89
1999	14	3.56	0.17	19	581	1.94
2000	14	3.39	0.16	13	539	1.94
2001	14	3.21	0.13	10	543	1.89

表13.9 续表 continued

年 份 Year	泊 位 (个) Berths (unit)	其 中 of which #万吨级 10 000 Tonnage	仓库总面积 (万平方米) Total Area of Storehouse (10 000 sq. m)	堆场总面积 (万平方米) Total Area of Stacking (10 000 sq. m)	集装箱吞吐量 Container Handling Capacity 国际集装箱数 (万 TEU) International Containers (10 000 TEU)	国际集装箱重量 (万吨) Weight of International Containers (10 000 tons)	国内集装箱数 (万箱) Domestic Containers (10 000)	国内集装箱重量 (万吨) Weight of Domestic Conainers (10 000 tons)
1978	99	50	71.7	121.4				
1980	92	46	69.0	107.0				
1985	98	46	68.5	124.3	20.2	184.4	4.4	16.3
1986	98	45	68.4	123.1	20.4	201.6	5.0	19.1
1987	102	47	68.0	125.3	22.4	246.5	5.2	20.5
1988	104	48	67.7	126.1	31.3	345.1	6.2	23.6
1989	113	55	71.8	147.2	35.4	351.3	5.9	22.7
1990	122	64	80.0	176.2	45.6	445.5	6.1	22.7
1991	134	62	73.6	172.1	57.7	610.5	6.2	22.8
1992	131	63	69.6	171.9	73.1	715.6	6.9	25.8
1993	136	67	70.8	191.6	93.5	847.5	6.4	22.3
1994	140	68	69.4	192.6	119.9	1 058.2	5.9	19.0
1995	140	68	66.5	194.8	152.7	1 388.9	6.4	21.5
1996	138	69	66.1	195.1	197.1	1 785.1	4.6	16.1
1997	142	71	63.9	214.7	252.7	2 303.6	3.6	12.4
1998	135	67	67.2	223.6	306.6	2 773.1	2.2	7.4
1999	134	70	64.8	258.0	421.6	3 948.5	1.5	4.9
2000	134	70	61.9	258.0	561.2	5 169.6	1.2	5.3
2001	126	71	56.5	263.3	634.0	5 911.4	0.5	1.6

注：TEU 是"折合20英尺标准箱"英文缩写语。
Note:TEU is the abbreviation, Which refers to 20-foot equivalent unit.

表13.10 主要年份交通运输部门运输船舶拥有量 TRANSPORT VESSELS OWNED BY TRANSPORTATION DEPARTMENTS IN MAIN YEARS

船舶名称	Transport Vessels	1978	1980	1990	1995	2000	2001
客轮(艘)	Passenger Transport Vessels(ship)	21	16	15	60	22	43
(客位)	(Passenger Seats)	10 908	8 879	10 084	19 096	9 829	8 365
客货轮(艘)	Passenger and Freight Transport Vessels(ship)	29	48	51	48	27	23
(客位)	(Passenger Seats)	26 165	44 322	52 693	48 368	11 407	8 245
(载重万吨)	(10 000 tons Haulage Capacity)	2.10	3.64	4.27	3.51	2.53	2.2
货轮(艘)	Freight Transport Vessels(ship)	483	561	573	642	690	642
(载重万吨)	(10 000 tons Haulage Capacity)	342.00	359.20	534.78	680.58	736.60	895.88
拖轮(艘)	Tugboats(ship)	506	677	587	375	117	127
(万千瓦)	(10 000 kw)	8.81	10.08	13.73	13.33	8.50	10.13
驳船(艘)	Bargers(ship)	4 706	4 144	3 191	2 470	318	487
(载重万吨)	(10 000 tons Haulage Capacity)	51.93	54.35	71.01	68.43	26.30	21.79

表13.11 主要年份交通运输主要技术指标 MAIN TECHNICAL INDICATORS OF TRANSPORTATION IN MAIN YEARS

指 标	Indicators	1978	1980	1990	1995	2000	2001
铁路运输	**Railway Transportation**						
货车平均周转时间(天)	Turnover Days of Freight Cars(day)	0.96	0.98	1.24	1.32	1.45	1.52
铁路平均每日装车数(车)	Daily Average Loaded Freight Cars(wagon)	1 073	1 014	990	1 058	896	921
货运机车平均日产量(万吨·公里)	Daily Average Tonnage of Freight Locomotives (10 000 tons · km)	94	93	110	124	100	100
内燃机消耗柴油(千克/万吨·公里)	Oil Consumption of Diesel Locomotives (kg/10 000 tons · km)	34	34	20	20	26	27
公路运输	**Highway Transportation**						
货运汽车每车吨年产量(万吨·公里)	Annual Tonnage of Each Ton-wagon(10 000 tons · km)	2.47	2.33	1.72	1.24	1.50	1.63
汽油车耗油(升/百吨·公里)	Oil Consumption of Gasoline Trucks (litre/100 tons · km)	6.90	6.80	6.50	5.60	6.87	8.21
柴油车耗油(升/百吨·公里)	Oil Consumption of Diesel Trucks (litre/100 tons · km)	4.50	4.40	4.00	5.20	4.77	4.55
水路运输	**Waterway Transportation**						
海运船舶每吨船年产量(万吨·公里)	Annual Tonnage of Each Ton Sea Vessel (10 000 tons · km)	3.54	3.68	4.64	4.40	4.37	4.14
远洋货轮每吨船年产量(万吨·公里)	Annual Tonnage of Each Ton Ocean Ship (10 000 tons · km)	3.87	3.66	6.90	7.90	9.08	7.99
长江拖轮每千瓦年产量(万吨·公里)	Annual Tonnage of Each Killo-watt of Yangtze River Tugboat(10 000 tons · km)	18.66	16.29	16.46	18.00	15.40	14.81
港 口	**Harbor**						
船舶平均在港停泊时间(天)	Days of Vessel Berthed at Harbor (day)	2.0	2.0	1.5	1.2	0.9	0.7

表 13.12 主要年份邮电通信情况
POST AND TELECOMMUNICATIONS SERVICES IN MAIN YEARS

年份 Year	邮电局、所（个）Post Office (unit)	邮路及农村投递路线总长度（万公里）Length of Postal Routes and Rural Delivery Routes(10 000 km)	邮政汽车（辆）Postal Automobiles (car)	长途电话电路（路）Long Distance Telephone Lines (line)	邮电业务总量（亿元）Revenue from Postal and Telecommunications Services (100 million yuan)	函件（亿件）Mail (100 million)
1978	437	4.68	168	758	1.59	1.30
1980	411	4.62	140	1 044	2.04	1.60
1985	481	7.15	244	1 909	3.53	2.19
1986	493	18.76	298	2 156	3.94	2.28
1987	508	18.54	388	2 835	4.65	2.70
1988	519	19.89	398	4 934	6.58	2.88
1989	527	19.53	432	6 698	8.30	2.93
1990	535	18.40	441	9 558	10.23	2.96
1991	528	18.15	480	12 807	13.16	3.14
1992	538	18.27	511	17 840	18.52	3.17
1993	572	20.01	610	28 734	28.64	3.91
1994	599	20.10	856	34 385	39.19	4.90
1995	666	19.30	974	46 422	55.70	5.58
1996	712	20.63	1 212	58 677	77.06	6.82
1997	714	20.67	1 281	63 320	102.01	5.09
1998	849	20.60	1 367	67 912	139.87	4.20
1999	579	20.60	1 400	74 106	168.99	3.99
2000	580	21.20	1 609	128 600	171.65	4.61
2001	585	20.96	1 708	191 000	195.52	4.67

注：邮电业务总量2000年以前按1990年不变价格计算，2000年开始按2000年不变价格计算。
Note: Revenue from postal and telecommunications services are calculated at 1990 constant price, while calculated at 2000 constant price from 2000.

表 13.12 续表 continued

年份 Year	报纸、杂志累计订销数（亿份）Total Copy of Newspapers and Magazines Subscribed and Sold(100 million)	国内长途电话（万次）Domestic Long-distance Call (10 000)	国际及港澳长途电话（万次）International and HongKong, Macao Long-distance Call(10 000)	电话交换机容量（万门）Switchboard Lines (10 000)	年末电话用户（万户）Year-end Installed Telephones (10 000)	其中 of which #公用 Public Phones
1978	5.86	637	3	10.93	9.38	0.39
1980	7.83	323	10	15.94	11.14	0.44
1985	11.76	741	40	27.30	18.57	0.70
1986	12.13	804	60	32.35	20.96	0.73
1987	13.08	921	79	37.40	23.96	0.76
1988	11.51	1 262	183	45.90	28.82	0.79
1989	8.39	1 861	312	57.62	36.15	0.81
1990	8.71	3 132	471	74.17	45.69	0.88
1991	9.74	4 924	658	83.68	56.59	0.92
1992	10.67	8 178	1 044	106.98	76.79	1.17
1993	10.90	13 471	1 747	163.63	108.24	1.52
1994	10.35	19 640	2 546	232.56	158.25	1.95
1995	10.93	30 329	3 260	345.71	223.27	3.42
1996	11.63	43 533	3 990	455.53	303.30	4.74
1997	12.06	54 517	4 811	531.88	373.31	5.30
1998	12.98	65 805	5 161	618.40	431.10	5.90
1999	13.12	73 856	5 220	645.00	484.00	5.70
2000	11.30	64 107	4 675	685.40	549.00	6.28
2001	13.58	48 988	3 988	738.50	616.40	5.69

表 13.13 邮电通信主要指标(1996 ~ 2001)
MAJOR INDICES OF POST AND TELECOMMUNICATIONS SERVICES

指 标	Indicators	1996	1997	1998	1999	2000	2001
国内特快专递(万件)	Domestic Express Mail(10 000)	327.4	411.2	507.9	589.9	709.9	790.4
国际特快专递(万件)	International Express Mail(10 000)	47.2	49.0	47.8	46.2	52.1	57.1
邮政储蓄期末余额(亿元)	Postal Saving Deposit Balance(100 million yuan)	107.50	132.50	140.86	142.40	153.50	183.80
集邮业务(万枚)	Stamp Collection Business(10 000 stamps)	10 599	10 164	15 721	13 671	9 467	8 877
长话业务电路(万路)	Long-distance Telephone Service Line(10 000 line)	5.87	6.33	6.79	7.41	12.86	19.10
电话主线普及率(%)	Telephone Line Diffusion Rate(%)	23.3	28.6	33.0	36.9	41.7	46.5
住宅电话普及率(%)	Household Telephone Diffusion Rate(%)	49.7	61.0	68.8	79.0	89.8	97.1
净增电话用户(万户)	Telephone Users Added(10 000)	80	70	58	53	65	67
移动电话用户(万户)	Mobil Phone Users(10 000)	36	75	127	204	362	626
无线寻呼用户(万户)	Radio Pagers(10 000)	223	276	323	329	342	301
分组交换用户(户)	Packet Switching Users(user)	1 066	1 348	1 562	1 677	1 658	1 650
数字数据用户(万户)	Digital and Data Users(10 000)	0.32	0.48	0.54	0.96	1.88	2.30
国际互联网用户(万户)	Internet Service Users(10 000)	0.33	0.90	10.24	42.24	88.24	104.10

表 13.14 民用车辆拥有量(1996 ~ 2001)
CIVIL MOTOR VEHICLES

单位:万辆(10 000 cars)

指 标	Indicators	1996	1997	1998	1999	2000	2001
民用车辆拥有量	**Civil Motor Vehicles**	**46.64**	**53.84**	**58.27**	**67.64**	**104.29**	**119.84**
民用汽车	Civil Automobile	34.28	38.34	38.68	42.55	49.19	55.01
载客汽车	Passenger Vehicles	19.66	22.66	24.43	27.68	32.69	37.19
载货汽车	Freight Trucks	12.66	13.46	12.31	12.86	14.38	15.99
其他专用汽车	Other Special Motor Vehicles	1.04	1.15	0.93	0.95	1.07	0.81
特种汽车	Special-purpose Cars	0.92	1.07	1.02	1.05	1.06	1.02
轮胎式拖拉机	Wheel Tractor	2.05	2.05	0.87	0.85	0.84	0.83
# 手扶拖拉机	Walking Tractor	1.84	1.84	0.86	0.84	0.82	0.81
摩托车	Motorcycle	9.87	13.02	18.33	23.83	53.77	62.75
# 两轮摩托车	Bicycle Motor	9.30	9.66	17.87	23.42	53.40	62.41
其他机动车	Other Motor Vehicles	0.39	0.41	0.37	0.40	0.45	1.13
载货挂车	Trailer Trucks	0.05	0.02	0.02	0.02	0.04	0.12

第十四篇

CHAPTER 14

国内商业

DOMESTIC TRADE

表 14.1 历年商业、餐饮业、服务业网点和人员数
NUMBER OF OUTLETS AND STAFF OF COMMERCE,CATERING AND SERVICE INDUSTRIES

年份 Year	网点(万个) Outlets (10 000)	其中 of which 商业 Commerce	餐饮业 Catering	服务业 Service	从业人员(万人) Employment (10 000 persons)	其中 of which 商业 Commerce	餐饮业 Catering	服务业 Service
1949	14.06	11.20	1.90	0.96	40.69	31.03	4.80	4.86
1950	15.80	12.60	2.14	1.06	43.53	33.20	5.13	5.20
1951	17.57	14.16	2.33	1.08	46.57	35.40	5.58	5.59
1952	17.55	14.14	2.33	1.08	46.13	34.89	5.93	5.31
1953	18.00	14.71	2.22	1.07	46.89	35.77	5.77	5.35
1954	17.18	13.63	2.47	1.08	47.84	37.26	5.92	4.66
1955	15.83	11.37	3.06	1.40	41.44	30.19	6.41	4.84
1956	14.57	11.29	2.03	1.25	44.21	33.80	6.31	4.10
1957	13.76	11.03	1.94	0.79	43.55	33.17	6.32	4.06
1958	4.38	3.35	0.64	0.39	33.42	26.57	4.24	2.61
1959	5.27	4.10	0.61	0.56	40.18	32.32	4.85	3.01
1960	3.81	3.04	0.37	0.40	38.82	30.78	4.67	3.37
1961	3.51	2.63	0.46	0.42	39.26	30.66	5.14	3.46
1962	3.95	2.99	0.54	0.42	38.25	29.41	5.48	3.36
1963	5.35	3.59	0.58	1.18	39.00	28.52	5.14	5.34
1964	5.29	3.82	0.62	0.85	40.91	30.73	5.21	4.97
1965	4.84	3.49	0.59	0.76	41.08	31.04	5.23	4.81
1966	4.61	3.34	0.58	0.69	42.32	32.43	5.20	4.69
1967	4.42	3.21	0.56	0.65	42.46	32.86	5.02	4.58
1968	4.28	3.10	0.54	0.64	42.88	33.42	4.95	4.51
1969	4.03	2.98	0.52	0.53	43.39	34.12	4.94	4.33
1970	3.85	2.86	0.49	0.50	44.04	34.73	5.02	4.29
1971	3.76	2.77	0.47	0.52	42.52	33.14	5.14	4.24
1972	3.49	2.57	0.46	0.46	42.57	33.58	5.20	3.79
1973	3.37	2.55	0.45	0.37	42.39	33.53	5.13	3.73
1974	3.24	2.45	0.43	0.36	42.84	33.94	5.23	3.67
1975	3.11	2.35	0.42	0.34	42.60	33.89	5.20	3.51
1976	2.99	2.25	0.39	0.35	40.90	32.11	5.32	3.47
1977	2.80	2.15	0.38	0.27	40.79	31.91	5.45	3.43
1978	2.34	1.75	0.35	0.24	39.62	30.70	5.57	3.35
1979	3.38	2.37	0.39	0.62	44.70	32.94	5.82	5.94
1980	3.77	2.50	0.39	0.88	45.78	33.94	5.66	6.18
1981	4.27	2.63	0.51	1.13	48.47	35.31	6.25	6.91
1982	5.48	3.26	0.71	1.50	50.24	36.70	6.51	7.03
1983	6.26	3.75	0.76	1.75	51.30	37.64	6.51	7.15
1984	8.93	5.82	1.05	2.06	55.24	40.57	6.86	7.81
1985	10.85	7.26	1.31	2.28	62.64	45.41	7.66	9.57
1986	10.78	7.10	1.31	2.37	63.76	44.98	7.97	10.81
1987	11.87	7.96	1.46	2.45	66.13	45.98	8.18	11.97
1988	12.89	8.72	1.65	2.52	72.80	50.89	8.67	13.24
1989	13.14	8.78	1.86	2.50	77.31	52.20	9.35	15.76
1990	12.91	8.60	1.83	2.48	74.75	50.48	9.33	14.94
1991	13.50	8.99	1.99	2.53	75.41	52.47	10.71	12.23
1992	14.92	10.18	2.12	2.62	87.27	63.71	10.98	12.58
1993	13.59	11.31	2.28		109.98	98.44	11.54	
1994	13.82	11.54	2.28		88.51	77.49	11.02	
1995	16.34	13.69	2.65		111.24	94.78	16.46	
1996	19.64	17.12	2.53		145.67	122.21	23.46	
1997	20.29	17.64	2.65		149.97	125.64	24.33	
1998	20.32	17.67	2.65		150.96	126.56	24.40	
1999	22.56	19.69	2.87		153.90	128.18	25.72	
2000	22.75	19.85	2.90		154.32	128.41	25.91	
2001	24.34	21.31	3.03		165.68	138.73	26.95	

注：1993 年以后，贸易统计不包括服务业。
Note: After 1993, business trading statistics exclude service industries.

表14.2 历年社会消费品零售总额
RETAIL SALES OF CONSUMER GOODS

单位:亿元(100 million yuan)

年 份 Year	社会消费品零售总额 Retail Sales of Consumer Goods	其 中 of which #农民对非农业居民零售额 Retail Volume by Agricultural Residents to non-agricultural Residents	按商品用途分 By Use 食品类 Foods	衣着类 Clothing	用品类 Articles	燃料类 Fuels
1949	12.23	0.26	6.66	1.72	3.52	0.33
1950	14.87	0.24	8.10	2.05	4.28	0.44
1951	21.54	0.28	11.16	3.05	6.63	0.70
1952	19.50	0.26	10.44	2.66	5.64	0.76
1953	25.56	0.13	12.97	3.62	8.06	0.91
1954	23.58	0.08	12.26	3.24	7.09	0.99
1955	21.64	0.08	11.84	3.05	5.74	1.01
1956	24.63	0.08	12.68	3.96	7.11	0.88
1957	25.61	0.05	13.41	3.68	7.55	0.97
1958	27.07	0.07	14.28	4.18	7.73	0.88
1959	29.89	0.09	15.46	4.46	9.02	0.95
1960	32.24	0.10	15.33	4.94	11.04	0.93
1961	29.43	0.24	15.94	3.45	9.01	1.03
1962	27.19	0.37	16.16	2.91	7.15	0.97
1963	25.82	0.17	15.21	2.95	6.79	0.87
1964	26.55	0.09	14.98	3.73	7.01	0.83
1965	27.13	0.07	15.45	4.33	6.53	0.82
1966	28.72		16.10	4.12	7.68	0.82
1967	30.78		16.85	4.94	8.19	0.80
1968	29.94		17.11	4.29	7.76	0.78
1969	32.57		17.26	5.36	9.19	0.76
1970	31.85		16.80	5.47	8.84	0.74
1971	32.91		17.38	5.36	9.44	0.73
1972	36.15		19.19	5.35	10.89	0.72
1973	39.79		20.16	6.96	11.97	0.70
1974	44.06		22.14	8.28	12.93	0.71
1975	47.71		23.56	9.37	14.02	0.76
1976	49.98		25.23	10.01	13.95	0.79
1977	49.28		24.20	11.07	13.20	0.81
1978	54.10		26.51	11.60	15.16	0.83
1979	68.28	0.29	30.05	16.07	21.28	0.88
1980	80.43	0.87	34.30	19.75	25.44	0.94
1981	88.73	1.55	38.78	21.27	27.73	0.95
1982	89.80	1.58	40.72	19.57	28.52	0.99
1983	100.68	2.24	44.20	22.31	33.18	0.99
1984	123.72	2.59	50.18	27.71	44.81	1.02
1985	173.39	4.72	64.08	35.51	72.70	1.10
1986	196.84	6.90	76.99	39.38	79.31	1.16
1987	225.25	9.48	91.01	42.52	90.41	1.31
1988	295.83	14.08	119.36	53.66	121.17	1.64
1989	331.38	17.42	140.03	51.95	137.70	1.70
1990	333.86	20.18	142.15	52.33	137.23	2.15
1991	382.06	25.09	162.82	52.91	163.30	3.03
1992	464.82	30.95	190.70	67.04	202.83	4.25
1993	624.30	45.50	245.13	93.90	280.42	4.85
1994	770.74	66.26	306.85	114.84	343.18	5.87
1995	970.04	85.62	384.08	142.58	436.40	6.98
1996	1 161.30	94.85	462.71	165.76	524.69	8.14
1997	1 325.21	109.69	532.12	186.04	597.64	9.41
1998	1 471.03	135.90	604.21	197.44	659.24	10.14
1999	1 590.38	150.38	654.67	211.73	712.81	11.17
2000	1 722.27	167.99	701.42	230.90	776.65	13.30
2001	1 861.30	175.62	756.91	247.14	842.33	14.92

表 14.3　各区、县零售商业、饮食业网点和从业人员(2001)

NUMBER OF OUTLETS AND EMPLOYEES IN RETAIL SALES AND CATERING TRADE OF EACH DISTRICT AND COUNTY

地 区 District		合 计 Total		零售商业 Retail Sales		饮食业 Catering Trade	
		网 点 (个) Outlets (unit)	从业人员 (万人) Employees (10 000 persons)	网 点 (个) Outlets (unit)	从业人员 (万人) Employees (10 000 persons)	网 点 (个) Outlets (unit)	从业人员 (万人) Employees (10 000 persons)
总 计	**Total**	**201 141**	**109.35**	**170 849**	**82.40**	**30 292**	**26.95**
黄浦区	Huangpu	13 514	14.19	11 076	10.32	2 438	3.87
卢湾区	Luwan	5 926	5.14	4 872	3.68	1 054	1.46
徐汇区	Xuhui	10 431	7.56	9 231	5.06	1 200	2.50
长宁区	Changning	8 189	5.64	6 742	3.49	1 447	2.15
静安区	Jing'an	6121	4.77	5 191	2.92	930	1.85
普陀区	Putuo	10 584	6.55	8 411	4.68	2 173	1.87
闸北区	Zhabei	8 109	6.59	6 619	4.90	1 490	1.69
虹口区	Hongkou	9 230	6.66	7 523	5.06	1 707	1.60
杨浦区	Yangpu	10 687	6.23	8 849	4.58	1 838	1.65
浦东新区	Pudong New Area	18 935	10.39	16 103	7.77	2 832	2.62
闵行区	Minhang	10 666	4.12	9 128	3.15	1 538	0.97
宝山区	Baoshan	12 240	4.52	10 066	3.09	2 174	1.43
嘉定区	Jiading	12 601	4.64	11 340	4.08	1 261	0.56
金山区	Jinshan	12 538	4.88	11 006	4.33	1 532	0.55
松江区	Songjiang	10 287	4.91	8 852	4.41	1 435	0.50
青浦区	Qingpu	14 869	5.34	13 471	4.90	1 398	0.44
南汇区	Nanhui	8 752	2.81	7 456	2.31	1 296	0.50
奉贤区	Fengxian	7 790	2.38	6 300	1.89	1 490	0.49
崇明县	Chongming	9 672	2.03	8 613	1.78	1 059	0.25

表 14.4 批发贸易业网点和从业人员(2001)
OUTLETS AND EMPLOYEES OF WHOLESALE BUSINESS

类 别	Items	法人企业(个) Corporations (unit)	网 点(个) Outlets (unit)	从业人员(人) Employees (person)
总 计	**Total**	**33 692**	**42 302**	**563 310**
按登记注册类型分	**Grouped by Registration Categories**			
内资企业	Domestic Investment Enterprises	32 379	40 509	524 364
国 有	State-owned	5 922	8 053	231 903
集 体	Collective-owned	13 377	13 712	168 017
私 营	Private	10 831	11 087	76 004
个 体	Individual		4 873	5 572
股份制公司	Share Holding	251	384	18 142
其他内资	Others	2 198	2 400	24 726
外商投资	Foreign Funded	806	918	23 330
港澳台商投资	Hong Kong, Macao and Taiwan Funded	507	875	15 616
按行业分	**Grouped By Sectors**			
食品、饮料、烟草和家庭用品批发业	Food, Beverage, Tabacco and Family Use Goods	14 510	18 961	283 191
#食品、饮料、烟草批发业	Food, Beverage and Tabacco	4 335	7 223	104 732
纺织品、服装和鞋帽批发业	Textile Products, Garments, Shoes and Hats	1 378	3 301	34 252
日用杂品批发业	Daily Use Goods and Articles	833	1 039	7 201
五金、交电、化工批发业	Hardware, Electrical Appliance and Chemicals	5 100	6 148	71 594
能源、材料和机械电子设备批发业	Energy, Materials, Machines and Electric Equipments	16 302	19 289	251 306
#化工材料批发业	Chemical Materials	1 159	1 495	27 283
建筑材料批发业	Building Materials	6 172	8 335	69 473
金属材料批发业	Ferrous Metals	1 717	1 956	33 621
机械、电子设备批发业	Machine and Electric Equipments	3 159	3 675	60 845
汽车、摩托车及零配件批发业	Spare and Component Parts for Automobiles, Motorcycles	2 232	2 675	19 654
其他批发业	Others	2 880	4 052	28 813
工艺美术品批发业	Handicaft Articles	726	840	2 828
图书报刊批发业	Books, Newspapers and Magazines	151	196	3 652
农业生产资料批发业	Agricultural Production Means	365	735	7 317
其他类未包括的批发业	Others	1 638	2 281	15 016

表 14.5 零售贸易业网点和从业人员(2001)
OUTLETS AND EMPLOYEES IN RETAIL SALES TRADE

类 别	Items	法人企业(个) Corporations (unit)	网 点(个) Outlets (unit)	从业人员(人) Employees (person)
总 计	**Total**	**38 116**	**170 849**	**824 011**
按登记注册类型分	**Grouped by Registration Categories**			
内资企业	Domestic Investment Enterprises	34 497	169 404	784 137
国 有	State-owned	8 448	18 542	262 148
集 体	Collective-owned	13 338	23 330	257 832
私 营	Private	10 045	15 975	58 330
个 体	Individual		104 786	143 433
股份制公司	Share Holding	586	991	34 697
其他内资	Others	2 080	5 780	27 697
外商投资	Foreign Funded	266	975	20 187
港澳台商投资	Hong Kong, Macao and Taiwan Funded	288	470	19 687
按行业分	**Grouped By Sectors**			
#食品、饮料和烟草零售业	Food, Beverage and Tabacco	6 932	69 583	236 044
日用百货零售业	Articles for Daily Use	7 545	22 825	145 333
纺织品、服装和鞋帽零售业	Textile Products, Garments, Shoes and Hats	4 063	16 986	83 000
日用杂品零售业	Daily Use Goods and Articles	945	4 966	17 595
五金、交电和化工零售业	Hardware, Electrical Appliance and Chemicals	12 941	20 693	170 381
药品及医疗器械零售业	Medicine and Medical Appliance	997	2 429	18 720
图书报刊零售业	Books, Newspapers and Magazines	462	2 054	10 106

表 14.6 各区、县饮食业网点和从业人员(2001)

NUMBER OF OUTLETS AND EMPLOYEES IN CATERING TRADE OF EACH DISTRICT AND COUNT

地 区	District	合 计 Total		正 餐 Main Meal		快 餐 Fast Food		其 他 Outlets	
		网 点（个）Outlets（unit）	从业人员（人）Employees（person）	网 点（个）Outlets（unit）	从业人员（人）Employees（person）	网 点（个）Outlets（unit）	从业人员（人）Employees（person）	网 点（个）Outlets（unit）	从业人员（人）Employees（person）
总 计	**Total**	**30 292**	**269 512**	**14 052**	**194 907**	**2 978**	**26 274**	**13 262**	**48 331**
黄浦区	Huangpu	2 438	38 679	1 095	24 913	298	2 740	1 045	11 026
卢湾区	Luwan	1 054	14 609	452	10 925	138	1 230	464	2 454
徐汇区	Xuhui	1 200	25 054	540	18 583	127	2 533	533	3 938
长宁区	Changning	1 447	21 512	727	14 510	184	3 331	536	3 671
静安区	Jingán	930	18 538	657	15 043	129	2 039	144	1 456
普陀区	Putuo	2 173	18 668	809	11 418	244	2 829	1 120	4 421
闸北区	Zhabei	1 490	16 914	601	12 485	154	1 129	735	3 300
虹口区	Hongkou	1 707	15 951	902	11 622	184	1 695	621	2 634
杨浦区	Yangpu	1 838	16 515	759	12 271	189	1 289	890	2 955
浦东新区	Pudong New Area	2 832	26 186	1 308	21 313	412	3 384	1 112	1 489
闵行区	Minhang	1 538	9 751	858	8 277	129	820	551	654
宝山区	Baoshan	2 174	14 256	1 192	10 973	139	899	843	2 384
嘉定区	Jiading	1 261	5 627	592	3 001	103	326	566	2 300
金山区	Jinshan	1 532	5 489	846	4 666	18	203	668	620
松江区	Songjiang	1 435	5 022	586	3 283	69	515	780	1 224
青浦区	Qingpu	1 398	4 356	568	3 083	137	368	693	905
南汇区	Nanhui	1 296	5 021	600	3 536	173	457	523	1 028
奉贤区	Fengxian	1 490	4 884	652	3 468	137	323	701	1 093
崇明县	Chongming	1 059	2 480	308	1 537	14	164	737	779

表14.7 主要年份社会消费品零售总额
RETAIL SALES OF CONSUMER GOODS IN MAIN YEARS

单位:亿元(100 million yuan)

年 份 Year	社会消费品零售总额 Retail Sales of Consumer Goods	按经济类型分 By Type of Ownership				
		国有经济 State-owned	集体经济 Collective-owned	合 营 Joint Owned	个 体 Individual	其 他 Others
1978	54.10	39.50	14.41		0.19	
1980	80.43	54.01	25.31		0.24	0.87
1985	173.39	102.59	59.49	0.18	6.42	4.71
1986	196.84	111.73	69.06	0.67	8.47	6.91
1987	225.25	123.05	80.38	0.88	11.46	9.48
1988	295.83	161.65	103.84	1.72	14.56	14.06
1989	331.38	176.07	119.97	1.76	16.16	17.42
1990	333.86	179.37	115.59	2.05	16.17	20.68
1991	382.06	200.25	135.30	2.72	18.70	25.09
1992	464.82	247.68	157.56	5.75	22.88	30.95
1993	624.30	295.96	205.30	0.51	30.00	92.53
1994	770.74	326.94	256.16	0.64	47.04	139.96
1995	970.04	409.90	302.79	0.86	55.32	201.17
1996	1 161.30	454.28	350.15	30.10	67.04	259.73
1997	1 325.21	534.94	385.03	21.83	83.14	300.27
1998	1 471.03	590.92	417.01	36.79	91.88	334.43
1999	1 590.38	626.33	441.83		102.16	420.06
2000	1 722.27	637.79	450.11		110.62	523.75
2001	1 861.30	621.32	441.65		120.66	677.67

表14.7 续表 continued

单位:亿元(100 million yuan)

年 份 Year	按销售地区分 By Regions		按行业分 By Sectors			
	区 Districts	县 Counties	商业零售额 Commerce	饮食业零售额 Catering Trade	工业零售额 Industry	其他行业零售额 Others
1978	41.42	12.68	47.55	2.39	1.65	2.51
1980	61.08	19.35	70.28	3.41	4.24	2.50
1985	133.59	39.80	150.03	7.58	8.41	7.37
1986	149.64	47.20	170.12	9.54	8.79	8.39
1987	167.61	57.64	193.50	11.09	10.47	10.19
1988	227.12	68.71	254.99	14.48	11.90	14.46
1989	253.51	77.87	265.87	15.66	16.84	33.01
1990	265.83	68.03	265.67	17.08	15.15	35.96
1991	302.54	79.52	300.26	20.91	17.70	43.19
1992	361.64	103.18	362.03	25.92	20.25	56.62
1993	488.32	135.98	503.48	33.96	27.00	59.86
1994	606.98	163.76	630.36	40.93	30.25	69.20
1995	766.07	203.97	793.12	50.38	35.16	91.38
1996	925.68	235.62	943.82	75.16	36.81	105.51
1997	1 063.32	261.89	1 072.29	89.56	41.01	122.35
1998	1 185.61	285.42	1 190.05	92.52	41.95	146.51
1999	1 286.13	304.25	1 274.24	110.15	43.64	162.35
2000	1 398.87	323.40	1 368.18	127.65	45.43	181.01
2001	1 531.89	329.41	1 482.83	141.64	46.91	189.92

注:县的零售额包括崇明县全部及宝山区、嘉定区、闵行区、浦东新区、松江区、金山区、青浦区、奉贤区、南汇区中镇以下地区零售额。

Note: The retail sales of consumer goods include Chongming County and those areas at town level and in below from Baoshan, Jiading, Minhang, Pudong New Area, Songjiang, Jinshan, Qingpu, Fengxian and Nanhui Districts.

表 14.8 主要消费品零售量(1990～2001)
RETAIL SALES OF MAIN CONSUMER GOODS

年 份 Year	电饭锅 (万个) Electric Rice Cookers(10 000)	化妆品 (亿元) Cosmetics (100 million yuan)	摩托车 (万辆) Motorcycles (10 000)	彩色电视机 (万台) Color TV Sets (10 000)	录像机 (万台) Video Recorders (10 000)	家用空调器 (万台) Air-conditioners (10 000)	摄像机 (万架) Video Cameras (10 000)
1990				23.04	37.51	1.12	
1991				26.67	38.98	2.34	
1992	62.25	2.16	2.22	26.25	26.24	4.59	
1993	67.62	4.16	5.26	35.58	20.28	9.68	0.58
1994	129.36	5.29	7.19	34.33	14.14	19.48	0.78
1995	121.92	11.67	7.58	37.60	15.12	33.93	0.95
1996	90.18	10.32	7.05	36.12	9.12	39.11	0.99
1997	130.52	10.91	6.82	49.03	6.05	39.70	1.17
1998	212.67	12.46	11.80	60.87	4.31	40.87	1.63
1999	212.56	15.42	11.91	71.65	4.08	37.27	1.48
2000	214.67	21.70	10.12	80.69	4.20	42.10	1.73
2001	233.42	28.53	10.18	88.43	3.61	43.78	2.36

表 14.8 续表 continued

年 份 Year	汽 车 (万辆) Automobiles (10 000)	金饰品 (亿元) Gold Ornaments (100 million yuan)	微波炉 (万台) Microwave Ovens (10 000)	热水淋浴器 (万台) Water Heaters (10 000)	电 脑 (台) Computers (set)	脱排油烟机 (万台) Range Hoods (10 000)	钢 琴 (台) Pianoes (set)
1992		13.60		14.04		8.63	
1993		21.38	6.47	24.42		11.96	
1994	3.45	16.17	16.50	24.66		11.59	
1995	4.62	24.51	23.19	28.38		17.36	
1996	3.84	23.95	29.63	26.18	3 903	15.59	1 904
1997	5.11	26.45	35.76	26.78	12 564	15.97	2 207
1998	5.11	27.16	34.94	21.72	37 279	16.85	3 660
1999	4.96	22.51	30.50	20.52	76 529	15.41	3 863
2000	4.81	23.09	31.71	21.55	127 854	17.35	3 999
2001	5.10	26.00	33.53	21.81	158 134	17.76	4 190

表 14.9 主要年份国内商业商品购、销、存总额
PURCHASE,SALES AND INVENTORY OF COMMODITIES OF DOMESTIC TRADE IN MAIN YEARS

单位:亿元(100 million yuan)

指 标	Indicators	1995	2000	2001
商品购进总额	**Purchase of Commodities**	**1 515.46**	**2 447.45**	**2 765.49**
#从生产者购进	Purchase from Producers	593.54	1 156.71	1 193.60
农副产品	Farm and Sideline Products	67.87	163.78	181.71
工业品	Industrial Products	525.67	992.93	1 011.89
从批发零售贸易业购进	Purchase from Wholesalers and Retailers	866.42	1 425.88	1 471.89
市 内	In the City	641.77	1 179.82	1 223.37
市 外	Outside the City	224.65	246.06	248.52
商品销售总额	**Sales of Commodities**	**1 760.29**	**3 194.31**	**3 387.18**
零 售	Retail Sales	592.56	1 353.13	1 443.44
批 发	Wholesale	1 167.73	1 841.18	1 943.74
售给生产经营用	Sales to Producers	260.87	291.76	344.04
售给批发零售贸易业	Sales to Retailers and Wholesalers	894.24	1 509.04	1 546.53
市 内	In the City	713.20	1 234.62	1 260.90
市 外	Outside the City	181.04	274.42	285.63
出 口	Export	12.62	40.38	53.17
年末库存总额	**Year-end Inventory**	**204.52**	**230.04**	**240.81**

表 14.10 主要年份批发零售贸易业购、销、存总额
PURCHASE,SALES AND INVENTORY OF WHOLESALE AND RETAIL SALES TRADE IN MAIN YEARS

单位:亿元(100 million yuan)

指 标	Indicators	1978	1980	1990	2000	2001
商品购进总额	**Purchase of Commodities**	**259.35**	**316.58**	**1 129.49**	**3 653.38**	**4 021.90**
#从生产者购进	Purchase from Producers	190.27	233.57	597.66	1 789.67	1 994.72
从批发零售贸易业购进	Purchase from Wholesalers and Retailers	69.08	83.01	113.79	1 526.39	1 701.40
商品销售总额	**Sales of Commodities**	**303.43**	**370.44**	**1 305.41**	**4 103.43**	**4 572.68**
零 售	Retail Sales	47.55	70.28	265.67	1 368.19	1 482.83
批 发	Wholesale	255.88	300.16	1 039.74	2 735.24	3 089.86
#售给批发零售贸易	Sales to Retailers and Wholesalers	110.61	112.26	168.14	2 045.18	2 243.37
年末库存总额	**Year-end Inventory**	**47.27**	**52.18**	**230.97**	**260.45**	**281.76**

注:本表为国内商业、物资供销业、对外贸易业统计口径。
Note: The figures in this table is based on domestic trade, purchase and sales of commodities and foreign trade.

表 14.11 批发零售贸易业商品销售总额(1999~2001)
SALES OF WHOLESALE AND RETAIL SALES ENTERPRISES

单位:亿元(100 million yuan)

指 标	Indicators	1999	2000	2001
商品销售总额	**Sales of Commodities**	**3 882.13**	**4 103.43**	**4 572.68**
#食 品	Food	568.93	603.78	623.43
饮 料	Beverage	37.04	42.11	47.29
烟 酒	Tabacco and Liquor	377.24	408.34	436.46
服装、鞋帽	Garments, Shoes and Hats	252.07	284.15	313.84
针、纺织品	Knitwear	151.05	167.17	185.40
化妆品	Cosmetics	26.92	30.19	35.59
金银珠宝	Jewelry	31.63	28.49	30.42
日用品	Articles for Daily Use	132.37	156.60	160.72
五金、电料	Hardware and Electrical Appliances	47.28	47.72	58.66
体育、娱乐用品	Recreation and Sports Articles	22.65	24.60	26.94
书报、杂 志	Books and Newspapers	64.46	67.86	73.87
电子出版物及音像制品	Electric Publication and Sound-video Meterials	1.97	3.65	4.88
家用电器和音响器材	Household Electric Appliances and Sound-video Equipments	273.18	253.78	270.90
中西药品	Medicines	160.62	177.84	194.80
文化、办公用品	Culture and Office Articles	76.78	80.42	83.75
家 具	Furnitures	24.48	25.86	28.08
通信器材	Telecommunication Appliances	90.86	108.48	128.63
建筑及装潢材料	Materials for Construction and Ornament	101.35	127.14	169.61
机电产品及设备	Mechanical and Electrical Equipments	556.81	554.58	681.28

表 14.12 主要年份国内商业主要工业品购进量
PURCHASE OF MAJOR INDUSTRIAL PRODUCTS IN MAIN YEARS

商品名称	Name of Commodities	1978	1990	1995	2000	2001
卷 烟(万箱)	Cigarettes(10 000 cases)	81.70	130.20	232.22	226.70	248.17
酒(万吨)	Liquor(10 000 tons)	7.48	28.72	31.5	52.01	57.24
棉 布(万米)	Cotton Cloth(10 000 m)		19 698	7 788	1 736	1 976
呢 绒(万米)	Wool Fabric(10 000 m)	2 231	1 919	1 376	1 221	1 351
绸 缎(万米)	Silk and Statins(10 000 m)	3 072	65 150	3 251	651	656
服 装(万件)	Garments(10 000)	2 738	9 871	6 801	9 020	9 518
皮 鞋(万双)	Leather Shoes(10 000 pairs)	892	2 101	1 732	921	1 025
自行车(万辆)	Bicycles(10 000)	300.64	322.98	191.43	41.42	51.61
电风扇(万台)	Electrical Fans(10 000)	24.75	157.07	139.23	49.21	53.08
电视机(万台)	TV Sets(10 000)	28.48	146.57	80.69	13.76	79.50
#彩色电视机	Color TV Sets		35.23	67	63.21	79.22
录音机(万台)	Recorders(10 000)	5.16	44.96	66.26	28.45	29.84
录像机(万台)	Video Recorders(10 000)		41.16	19.75	0.91	1.77
照相机(万架)	Cameras(10 000)	8.66	24.94	26.10	24.76	34.67
电冰箱(万台)	Refrigerators(10 000)		25.65	59.72	40.65	37.74
洗衣机(万台)	Washing Machines(10 000)		31	45.03	29.51	31.48
家用空调器(万台)	Air-conditioners(10 000)		1.47	65.56	64.46	71.39
影碟机(万台)	VCD Player(10 000)				30.31	35.84
脱排油烟机(万架)	Range Hoods(10 000)			20.44	10.21	15.82
热水淋浴器(万架)	Water Heaters(10 000)			43.28	15.18	19.57
微波炉(万台)	Microware Ovens(10 000)			36.99	23.06	26.20
电话机(万只)	Telephones(10 000)				56.12	79.33
电饭锅(万个)	Electric Rice Cookers(10 000)			1.87	5.43	6.10
电 脑(万台)	Computers(10 000)			0.46	4.03	10.97
煤 油(万吨)	Kerosene(10 000 tons)		23.75	31.67	33.02	48.54
柴 油(万吨)	Diesel Oil(10 000 tons)		245.15	284.28	1 648.28	2 202.68

表14.13 主要年份国内商业主要工业品销售量
SALES VOLUME OF MAJOR INDUSTRIAL PRODUCTS IN MAIN YEARS

商品名称	Name of Commodities	1978	1990	1995	2000	2001
卷 烟(万箱)	Cigarettes(10 000 cases)	36.20	148.73	233.45	227.27	252.25
酒(万吨)	Liquor(10 000 tons)	0.34	37.35	33.28	52.27	58.63
棉 布(万米)	Cotton Cloth(10 000 m)		20 196	7 911	1 925	1 973
呢 绒(万米)	Wool Fabric(10 000 m)	1 934	2 228	1 330	1 263	1 368
绸 缎(万米)	Silk and Satins(10 000 m)	1 815	6 354	3 201	680	675
服 装(万件)	Garments(10 000)	503.73	9 935	6 852.00	8 941	10 301
皮 鞋(万双)	Leather Shoes(10 000 pairs)	50.82	2 191	1 738.00	962	1 104
自行车(万辆)	Bicycles(10 000)	275.08	344.40	187.45	41.90	60.29
电风扇(万台)	Electrical Fans(10 000)	15.67	130.93	137.97	49.78	53.10
电视机(万台)	TV Sets(10 000)	22.17	155.30	80.17	67.11	81.58
#彩色电视机	Color TV Sets		41.51	66.54	66.51	81.27
录音机(万台)	Recorders(10 000)	4.32	54.84	62.66	32.56	37.01
照相机(万架)	Cameras(10 000)	8.82	26.85	26.33	24.53	35.10
电冰箱(万台)	Refrigerators(10 000)		29.79	57.94	42.73	40.88
洗衣机(万台)	Washing Machines(10 000)		36.55	45.62	32.18	33.41
家用空调器(万台)	Air-conditioners(10 000)		1.71	66.27	65.89	73.27
影碟机(万台)	VCD Players(10 000)				31.59	46.77
脱排油烟机(万架)	Range Hoods(10 000)			20.55	10.70	16.23
热水淋浴器(万架)	Water Heater(10 000)			43.94	15.80	20.81
微波炉(万台)	Microware Ovens(10 000)			35.15	24.57	31.05
电话机(万只)	Telephones(10 000)				58.62	86.37
煤 油(万吨)	Kerosene(10 000 tons)		23.62	33.65	39.43	49.51
柴 油(万吨)	Diesel Oil(10 000 tons)		243.90	312.91	1 645.00	2 243.84

表 14.14 主要年份国内商业主要农副产品纯购进量
PURE PURCHASE OF MAJOR FARM AND SIDELINE PRODUCTS IN MAIN YEARS

单位:万吨 (10 000 tons)

商品名称	Name of Commodities	从生产者购进 Purchase from Producers 1978	1990	1995	2000	2001
粮 食(贸易粮)	Grain (for Trading)	41.45	57.84	51.34	76.72	88.35
食用植物油	Edible Vegetable Oil	4.39	4.79	4.38	5.58	8.01
猪和猪肉	Hogs and Porks	12.47	28.27	9.86	7.34	8.58
牛和牛肉	Oxes and Beef		0.29	0.10	0.61	0.48
家 禽	Poultries	0.77	2.26	1.73	0.99	1.07
鲜 蛋	Fresh Eggs	2.28	10.70	4.30	1.23	1.60
水产品	Aquatic Products	26.93	24.98	12.41	5.55	4.76
鲜 菜	Fresh Vegetable	145.45	117.78	81.42	64.70	74.58
棉 花	Cotton			0.76	0.24	1.86

表 14.14 续表 continued

单位:万吨 (10 000 tons)

商品名称	Name of Commodities	从市外批发零售贸易购进 Purchase from Wholesalers and Retailers of Outside Areas 1978	1990	1995	2000	2001
粮 食(贸易粮)	Grain (for Trading)	135.80	137.10	118.67	185.31	203.83
食用植物油	Edible Vegetable Oil	3.87	10.11	12.87	38.74	11.28
猪和猪肉	Hogs and Pork	12.22	19.01	20.77	10.32	15.30
牛和牛肉	Oxes and Beef		1.26	1.29	1.43	1.54
家 禽	Poultries	0.79	1.04	2.02	1.52	0.88
鲜 蛋	Fresh Eggs	1.96	2.80	2.13	3.48	1.78
水产品	Aquatic Products	2.91	1.58	2.97	0.15	1.45
鲜 菜	Fresh Vegetable	7.00	5.40	19.62	64.72	77.70
棉 花	Cotton			9.75	3.96	19.03

表14.15 国内商业企业商品销售库存情况(2001)
COMMODITY INVENTORY OF TRADE ENTERPRISES

单位:亿元(100 million yuan)

类　别	Items	商品总销售 Total Sales	其中 of which #零售额 Retail Sales	年末库存 Inventory (year-end)
总　计	**Total**	**3 387.18**	**1 443.44**	**240.81**
食品、饮料、烟　酒	Food、Beverage、Tobacco and Liquor	1 097.36	481.94	77.00
服装、鞋帽	Garments, Shoes and Hats	200.86	125.57	10.21
针织和纺织品	Knitwear	136.17	50.28	6.73
化妆品	Cosmetics	32.58	28.53	3.54
金银珠宝	Jewelry	28.18	26.00	6.35
日用品	Articles for Daily Use	122.17	100.92	12.98
五金、电料	Hardware and Electrical Appliances	50.71	26.74	4.64
体育、娱乐用品	Recreation and Sports Articles	17.74	9.53	1.49
书报、杂志	Books and Newspapers	68.02	28.83	11.49
电子出版物及音像制品	Electric Publication and Sound-video Materials	4.41	3.85	1.03
家用电器和音响器材	Household Electric Appliances and Sound-video Equipments	250.90	203.61	19.96
中西药品	Medicines	184.40	95.01	17.03
文化、办公用品	Culture and Office Articles	74.79	30.20	6.00
家　具	Furnitures	28.08	15.44	0.71
通信器材	Telecommunication Appliances	84.64	13.42	12.01
煤炭及制品	Coal and Coal Products	10.83	2.17	0.51
木材及制品	Timber	7.03	2.18	0.65
石油及制品	Petroleum and Products	230.18	8.54	4.65
化工材料	Chemical Materials and Products	103.54	3.00	10.31
黑色金属材料	Ferrous Metal Materials	127.56	1.59	3.40
有色金属材料	Nonferrous Metal Materials	39.90	1.78	0.89
建筑及装潢材料	Materials for Construction and Ornament	132.18	47.51	4.30
机电产品及设备	Mechanical and Electrical Instruments	160.71	46.39	10.24
种子饲料	Seeds and Forage	3.99	0.07	0.78
棉麻、土畜产品	Cotton, Flax, Native, Domestic Animal and Products	9.87	0.14	2.00
其　他	Others	180.38	90.20	11.91

表 14.16 限额以上批发、零售贸易业主要财务指标(2000～2001)
MAIN ACCOUNTING INDICATORS OF WHOLESALE AND RETAIL SALES ABOVE THE SET SCALE

指 标	Indicators	2000	2001
商品销售收入净额(亿元)	Business Revenues(100 million yuan)	3 190.83	3 324.58
商品销售成本(亿元)	Business Cost(100 million yuan)	2 945.45	3 039.55
经营费用(亿元)	Business Overhead(100 million yuan)	93.67	134.50
商品销售税金及附加(亿元)	Business Taxes and Surcharges(100 million yuan)	4.42	4.26
商品销售利润(亿元)	Business Profit(100 million yuan)	147.30	128.89
代购代销收入(亿元)	Revenues fagentrom(100 million yuan)	1.05	2.32
主营业务利润(亿元)	Profit from Major Business(100 million yuan)	148.34	131.21
其他业务利润(亿元)	Profit from Other Business(100 million yuan)	25.04	24.25
管理费用(亿元)	Management Cost(100 million yuan)	84.71	77.04
#税 金	Taxes	2.23	1.33
财务费用(亿元)	Financial Fees(100 million yuan)	34.80	30.90
利润总额(亿元)	Total Profits(100 million yuan)	84.48	77.02
资产总计(亿元)	Total Assets(100 million yuan)	1 687.92	1 501
#流动资产	Current Assets	1 090.73	982.12
#存 货	Stock-in-trade	313.70	280.61
负债合计(亿元)	Total Liabilities(100 million yuan)	1 194.15	1 025.48
#流动负债	Current Liabilities	1 004.54	864.24
所有者权益分配合计(亿元)	Total Owner's Equities(100 million yuan)	493.77	475.52
主营业务应付工资总额(亿元)	Total Payable Salaries involved in Major Business(100 million yuan)	39.23	32.84
主营业务应付福利费总额(亿元)	Total Payable Welfare involved in Major Business(100 million yuan)	6.46	5.04
从业人员平均人数(人)	Average Number of Employees(person)	270 297	259 120

表 14.17 限额以上餐饮业主要财务指标(2000～2001)
MAIN ACCOUNTING INDICATORS OF CATERING SECTOR ABOVE THE SET SCALE

指 标	Indicators	2000	2001
营业收入(亿元)	Business Revenues(100 million yuan)	36.50	43.63
营业成本(亿元)	Business Cost(100 million yuan)	16.70	20.02
营业费用(亿元)	Business Overhead(100 million yuan)	12.65	14.03
营业税金及附加(亿元)	Business Taxes and Surcharges(100 million yuan)	1.71	2.04
经营利润(亿元)	Profit(100 million yuan)	5.44	7.54
管理费用(亿元)	Management Cost(100 million yuan)	5.05	5.87
#税 金	Taxes	0.13	0.09
财务费用(亿元)	Financial Fees(100 million yuan)	0.71	0.98
利润总额(亿元)	Total Profits(100 million yuan)	-0.13	1.25
资产总计(亿元)	Total Assets(100 million yuan)	50.36	61.49
#流动资产	Current Assets	13.36	21.02
负债合计(亿元)	Total Liabilities(100 million yuan)	41.58	49.02
#流动负债	Current Liabilities	32.03	37.58
所有者权益合计(亿元)	Total Owner's Equities(100 million yuan)	8.78	12.47
主营业务应付工资总额(亿元)	Total Payable Salaries involved in Major Business(100 million yuan)	4.17	3.71
主营业务应付福利费总额(亿元)	Total Payable Welfare involved in Major Business(100 million yuan)	0.61	0.48
从业人员平均人数(人)	Average Number of Employees(person)	42 709	43 579

表14.18 主要商业集团(公司)基本情况(2001)
BASIC FACTS ABOUT MAJOR COMMERCIAL GROUPS(COMPANIES)

名 称	Name	网 点 (个) Outlets (unit)	从业人员 (人) Employment (person)	多种经营收入 (亿元) Income from Diversified Operation (100 million yuan)
华联(集团)有限公司	Hualian (Group) Co., Ltd.	1 663	17 491	192.60
上海友谊(集团)有限公司	Shanghai Friendship (Group) Co., Ltd.	1 241	26 022	174.65
上海新世界(集团)有限公司	Shanghai New World (Group) Company	784	28 878	141.10
上海一百(集团)有限公司	Shanghai No 1 Department Store (Group) Co., Ltd.	83	10 592	118.37
上海烟糖(集团)有限公司	Shanghai Sugar, Tobacco and Wine (Group) Co., Ltd.	610	7 924	106.48
上海九百(集团)有限公司	Shanghai No 9 Department Store (Group) Co., Ltd.	136	4 931	56.06
上海淮海商业(集团)有限公司	Shanghai Huaihai Commercial (Group) Co., Ltd.	591	7 034	52.59
上海徐家汇商城(集团)股份有限公司	Shanghai Xujiahui Commercial City (Group) Stock-holding Co., Ltd.	9	3 538	49.00
上海良友(集团)有限公司	Shanghai Liangyou (Group) Co., Ltd.	469	11 072	48.90
上海豫园(集团)有限公司	Shanghai Yuyuan (Group) Co., Ltd.	396	8 053	47.20
上海中山物贸(集团)公司	Shanghai Zhongshan Goods and Materials (Group) Co., Ltd.	323	2 382	44.03
上海伊格尔(集团)有限公司	Shanghai Eagle (Group) Co., Ltd.	38	1 547	41.20
上海不夜城股份有限公司	Shanghai Everbright City Co., Ltd.	34	1 592	36.60
上海蔬菜(集团)有限公司	Shanghai Vegetable (Group) Co., Ltd.	71	4 480	36.42
上海复兴企业(集团)有限公司	Shanghai Fuxing (Group) Co., Ltd.	335	4 395	25.30

表14.19 主要超市公司基本情况(2001)
BASIC FACTS ABOUT MAJOR SUPERMARKETS

名 称	Name	网 点 (个) Outlets (unit)	其中 of which #本市直营店 Directly-operated Stores in the City	从业人员 (人) Employment (person)	销售额 (亿元) Sales Volume (100 million yuan)
联华超市公司	Lianhua Supermarket Company	1 225	844	15 734	140.63
#上海联家超市有限公司	Shanghai Lianjia Supermarket Co., Ltd.	6	6	3 748	30.80
华联超市股份有限公司	Hualian Supermarket Company	818	318	18 143	85.04
农工商超市有限公司	Nonggongshang Supermarket Company	324	301	8 882	74.75
上海锦江麦德龙购物中心有限公司	Shanghai Jinjiang Metro Shopping Centre Co., Ltd.	15	4	4 615	49.49
大润发超市公司	RT-Mart Supermarket Company	12	3	5 214	48.89
上海易初配销有限公司	Shanghai Ekchor Allocation and Distribution Co., Ltd.	3	3	679	19.31
上海捷强烟草糖酒(集团)连锁有限公司	Shanghai Jieqiang Tobacco, Sugar & Wine (Group) Chain Co., Ltd.	243	143	2 549	17.18
上海华联集团经济发展有限公司	Shanghai Hualian (Group) Economic Development Co., Ltd.	5	4	2 140	16.01
上海家得利超市有限公司	Shanghai Homegain Supermarket Co., Ltd.	126	125	3 400	10.26
欧尚超市公司	Auchan Supermarket Company	2	2	989	5.34
上海顶顶鲜超市有限公司	Shanghai Tops Supermarket Co., Ltd.	46	46	1 580	4.50
上海长发购物中心有限公司	Shanghai Changfa Shopping Center Co., Ltd.	2	2	382	3.48
上海商务世界百货有限公司	Shanghai Business World Department Store Co., Ltd.	1	1	204	3.25
上海星地连锁超市股份有限公司	Shanghai Xingdi Chain Supermarket Co., Ltd.	35	20	1 290	3.15
上海家家乐商业发展有限公司	Jiajiale Supermarket Company	32	32	904	2.65
屈臣士日用品有限公司	Watson Daily Articles Co., Ltd.	11	11	267	1.56
上海协和量贩超市公司	Concord Hypermarket	1	1	269	1.05
上海市食品(集团)公司上食分公司	Shanghai Provisions (Group) Corporation Shanghai Food Company	12	12	239	0.43

表14.20 亿元以上30个商品交易市场一览(2001)
BASIC STATISTICS OF 30 COMMODITY EXCHANGE MARKETS WITH TRANSACTION VOLUME OVER 100 MILLION

名 称	Name	市场摊位容量(个) Capacity of Stalls in market (unit)	已出租摊位数(个) Number of Leased Stalls (unit)	成交额(亿元) Transaction Volume (100 million yuan)
宝山钢材交易市场	Baoshan Steel Material Exchange Market	550	537	106.00
上海物资贸易中心商品市场	Market of Shanghai Commodity Trade Center	518	466	162.17
上海石化物资交易中心	Shanghai Petrochemical Commodity Exchange Center	72	68	85.00
上海华油石油天然气华工交易中心	Shanghai Huayou Petroleum & Gas Huagong Trading Center	160	129	121.85
上海香山钢材交易市场	Xiangshan Steel Material Exchange Market	330	318	72.36
上海枫泾商城	Shanghai Fengjing Merchant City	2 000	1470	53.15
华东钢材管理有限公司	Shanghai Yangpu East China Steel Products Management Co. ,Ltd.	250	220	40.27
上海华通有色金属现货中心批发市场	Wholesale Market Co. Ltd. of Shanghai Huatong Non-ferreaus Metal on Hand Center	136	136	38.60
上海生产资料交易市场	Shanghai Production Material Exchange Market	400	100	37.22
上海铜川水产市场	Shanghai Tongchuan Aquatic Products Market	500	400	27.68
上海中山化工市场	Shanghai Zhongshan Chemical Products Market	256	187	26.31
长江有色金属现货市场	Changjiang Non-ferreous Metal on Hand Market	29	29	58.69
上海曹安路市场	Shanghai Cao' an Road Market	105	85	20.29
上海商务中心家电城	Household Electric Appliance City of Shanghai Business Center	149	149	15.00
上海市旧机动车交易市场	Shanghai Secord-hand Motor Vehicles Exchange Market	60	57	9.03
上海金桥原产地商品市场	Shanghai Jinqiao Market of Original Commodities	56	45	29.89
上海金桥钢材交易市场	Shanghai Jinqiao Steel Material Market	100	40	16
上海电子电器市场	Shanghai Electric and Electronic Market	210	210	10.38
上海国际金属交易市场	Shanghai International Metal Exchange Market	19	19	12.88
上海砖桥贸易城	Zhuanqiao Commodity City	1 900	1 470	14.27
上海曹安四平水产市场	Shanghai Cao'an Siping Aquatic Products Market	344	268	6.92
上海浦东新区食糖交易中心	Pudong District Sugar Trading Center	40	3	8.01
上海毛家塘南北货批发市场有限公司	MaoJiatang Local Produce Wholesale Market Co. , Ltd.	450	450	7.35
上海中昊化工网上交易中心有限公司	Shanghai Zhonghao Chemical Industry Online Trading Center Co. ,Ltd	200	18	15.42
上海恒大商品市场塘桥水产品市场	Shanghai Hengda Commodities Market, Tangqiao Aquatic Products Bazaar	180	153	8.06
上海农产品中心批发市场有限公司	Shanghai Farm Produce Center Wholesale Marke	602	415	8.66
上海华漕龙上农副产品批发市场	Shanghai Huacao longshang Farm and BY-Produce Wholesale Market	300	240	9.93
上海亿联轻纺市场	Shanghai Yilian Textile Market	186	140	43.43
七宝商城综合贸易市场	Qibao Mall Comprehensive Trade Market	224	209	16.70
工业品批发市场	Industrial Products Wholesale Market	301	301	15.00

第十五篇 CHAPTER 15 能　源

ENERGY

表 15.1 能源消耗基本情况(1985~2001)
ENERGY CONSUMPTION

年 份 Year	能源消耗 Growth Rate of Energy (万吨标准煤) (10 000 tons SCE)	其 中 of which #工 业 Industry	电力消耗 Growth Rate of Electricity (亿千瓦小时) (100 million kwh)	其 中 of which #工 业 Industry	工业总产值能耗 Energy Consumption (吨标准煤/万元) (ton SCE/10 000 yuan)
1985	2 553.21	2 015.10	203.77	179.91	2.32
1986	2 783.66	2 213.12	215.76	190.77	2.41
1987	2 868.06	2 260.16	228.92	200.02	2.31
1988	2 980.64	2 353.58	240.69	204.99	2.17
1989	3 111.03	2 426.51	246.69	207.36	2.18
1990	3 191.06	2 462.21	264.74	220.97	2.12
1991	3 466.52	2 694.76	288.78	240.26	1.36
1992	3 656.92	2 841.70	317.38	262.62	1.20
1993	3 946.73	3 150.68	345.86	280.79	1.11
1994	4 176.64	3 272.84	337.30	293.31	0.97
1995	4 465.87	3 512.49	403.27	307.01	0.94
1996	4 626.21	3 484.47	430.40	318.18	0.81
1997	4 758.82	3 498.83	454.26	333.79	0.71
1998	4 874.11	3 452.96	482.94	343.60	0.65
1999	5 119.19	3 608.67	501.20	358.31	0.61
2000	5 492.08	3 779.13	559.42	393.13	0.57
2001	5 818.28	3 923.12	592.99	413.33	0.50

表 15.1 续表 1 continued

年 份 Year	国内生产总值能耗 (吨标准煤/万元) Energy Consumption of GDP (Ton SCE/10 000 yuan)	工业总产值电耗 (千瓦小时/万元) Power Consumption of Gross Industrial Product (kwh/10 000 yuan)	工业增加值能耗 (吨标准煤/万元) Energy Consumption of Value Added in Industry (Ton SCE/10 000 yuan)	工业增加值电耗 (千瓦小时/万元) Power Consumption of Value Added in Industry (kwh/10 000 yuan)	工业总产值节能量 (万吨标准煤) Energy Saved in Gross Industrial Product (10 000tons SCE)	工业总产值节电量 (亿千瓦小时) Power Saved in Gross Industrial Product (100 million kwh)
1985	5.47	2 068.48	6.48	5 782.66		
1986	5.67	2 078.63	6.94	5 982.31	-86.81	-0.93
1987	5.26	2 041.69	6.72	5 943.42	102.25	3.62
1988	4.60	1 893.32	5.89	5 130.78	144.25	16.06
1989	4.47	1 860.01	5.60	4 789.80	-3.09	3.71
1990	4.22	1 905.00	5.51	4 944.73	62.51	-5.22
1991	3.88	1 216.50	5.23	4 660.81	114.49	11.85
1992	3.28	1 106.21	4.46	4 124.84	397.54	26.18
1993	2.61	987.73	3.73	3 324.10	252.06	33.68
1994	2.12	872.69	3.06	2 742.98	452.17	38.66
1995	1.81	822.76	2.70	2 363.49	121.14	18.63
1996	1.59	738.03	2.42	2 210.90	573.72	36.53
1997	1.42	675.94	2.21	2 112.39	492.35	30.66
1998	1.32	645.31	2.10	2 086.60	319.67	16.31
1999	1.27	608.96	2.05	2 037.38	207.03	21.39
2000	1.21	588.85	1.90	1 973.94	315.48	13.43
2001	1.18	531.80	1.84	1 878.57	502.40	47.03

表 15.2 主要年份能源终端消费量
FINAL CONSUMPTION OF ENERGY IN MAIN YEARS

单位:万吨标准煤(10 000 tons SCE)

年 份 Year	能源终端消费量 Final Consumption of Emgrgy	其 中 of which			
		第一产业 Primary Industry	第二产业 Secondary Industry	第三产业 Tertiary Industry	生活消费 Production Consumption
1980	2 130.56	71.04	1 655.92	194.64	208.96
1985	2 416.44	43.91	1 903.59	266.99	201.95
1986	2 708.52	53.13	2 164.42	307.81	183.16
1987	2 835.69	52.30	2 251.45	335.65	196.29
1988	2 893.77	43.16	2 277.29	352.48	220.84
1989	2 969.66	52.56	2 302.49	379.68	234.91
1990	3 098.82	58.49	2 387.88	403.47	248.98
1991	3 362.87	48.85	2 621.24	428.25	264.53
1992	3 546.35	52.56	2 774.00	460.69	259.10
1993	3 784.08	38.80	3 010.63	443.46	291.22
1994	3 957.53	46.12	3 095.79	467.66	347.95
1995	4 250.45	77.12	3 339.73	517.05	316.53
1996	4 376.37	102.18	3 291.05	626.39	356.78
1997	4 505.70	90.53	3 312.18	715.31	387.72
1998	4 608.13	91.06	3 261.21	828.84	427.02
1999	4 899.60	98.01	3 467.49	915.48	418.62
2000	5 219.77	103.38	3 594.41	1 069.01	452.99
2001	5 473.61	113.81	3 690.04	1 220.67	449.09

表 15.3 主要年份工业能源终端消费量
FINAL CONSUMPTION OF ENERGY IN MAIN YEARS

年 份 Year	工业能源终端消费量(万吨标准煤) Final Consumption of Energy (10 000 tons SCE)	原煤(万吨) Coal(10 000 tons)	焦炭(万吨) Coke(10 000 tons)	燃料油(万吨) Fuel Oill(10 000 tons)	电力(亿千瓦·时) Electricity(100 million kwh)
1978	1 630.24	490.54	206.45	158.01	128.51
1980	1 645.20	535.03	211.52	122.41	136.85
1985	1 878.33	567.67	247.40	80.91	171.34
1986	1 965.27	596.95	348.20	97.44	182.91
1987	2 122.06	691.52	381.04	98.82	190.50
1988	2 667.12	642.72	411.73	125.61	195.26
1989	2 285.15	646.33	410.04	128.95	197.80
1990	2 369.99	596.14	419.24	136.09	209.21
1991	2 591.11	641.71	516.28	140.06	226.69
1992	2 731.13	630.83	651.49	112.47	247.75
1993	2 988.03	700.97	617.24	170.97	262.75
1994	3 053.73	661.10	625.62	165.55	270.54
1995	3 297.07	694.31	687.98	154.76	282.87
1996	3 234.63	726.24	637.73	149.69	293.04
1997	3 245.71	698.14	653.75	147.70	309.74
1998	3 186.98	723.59	660.40	132.93	318.12
1999	3 389.09	792.14	658.28	120.21	335.01
2000	3 506.82	733.65	676.06	139.67	362.94
2001	3 578.45	790.51	654.79	136.93	381.64

表 15.4　主要年份能源平衡表(标准量)
BALANCE OF ENERGY IN MAIN YEARS(STANDARD EQUIVALENT)

单位:万吨标准煤(10 000 tons SCE)

	指　标 Indicators	1985	1990	2000	2001
可供本地区消费的能源量	**Volume of Energy Available for Consumption in this Area**	**2 542.40**	**3 193.79**	**5 490.16**	**5 820.17**
库存差	Storage Balance	14.27	41.63	69.08	-88.89
一次能源生产量	One-off Energy			103.39	133.42
外省(市)调入量	Inflow from Other Provinces (Autonomous Region and Municipalities)	3 272.36	4 186.21	8 531.65	10 005.76
进口量	Import	36.84	88.89	1 475.47	1 762.21
本市调出量	Outflow from This Provinces (Autonomous Region of Municipality)	631.38	936.67	4 432.35	5 795.63
出口量	Export	153.91	81.31	179.95	270.42
加工转换投入(-)产出(+)量	**Processing Transfer Input (-) and Output (+)**	**-70.29**	**-52.20**	**-88.78**	**-133.52**
#火力发电	Fuel Power Generation		-5.87	-0.05	-0.05
炼　焦	Coke Making	-35.10	-17.02	-57.93	-32.73
炼　油	Oil Refining	-13.37	-4.50	-20.63	-64.98
制　气	Gas Making	-21.74	-19.22	-9.80	-35.64
损失量	**Loss Volume**	**66.48**	**40.04**	**183.53**	**211.15**
#运输和输配损失	Loss in Transportation and Distribution	36.06	40.04	183.53	211.15
终端消费量	**End-user Consumption**	**2 416.44**	**3 098.82**	**5 219.77**	**5 473.61**
第一产业	Primary Industry	43.91	58.49	103.38	113.81
第二产业	Secondary Industry	1 903.59	2 387.88	3 594.41	3 690.04
工　业	Industry	1 878.33	2 369.97	3 506.82	3 578.45
建筑业	Construction	25.26	17.91	87.60	111.59
第三产业	Tertiary Industry	266.99	403.47	1 069.01	1 220.67
#交通运输、仓储及邮电通信业	Transportation, Storage, Post and Communications	201.70	276.29	597.96	668.78
批发和零售贸易业、餐饮业	Wholesale, Retail Sales and Catering Trade	17.05	53.41	129.82	174.64
生活消费	Living Consumption	201.95	248.98	452.99	449.09
城　镇	Townships	150.99	175.21	338.68	348.60
乡　村	Villages	50.96	73.77	114.30	100.50
平衡差额	**Balance**	**-10.81**	**2.73**	**-1.92**	**1.90**

表 15.5 能源终端消费量(折合标准量)(2001)
FINAL CONSUMPTION OF ENERGY (STANDARD EQUIVALENT MEASUREMENT)

单位:万吨标准煤(10 000 tons SCE)

行业	Sectors	合计 Total	其中 of which #原煤 Coal	#焦炭 Coke
总计	**Total**	**5 473.61**	**742.96**	**645.40**
生产消费	**Production Consumption**	**5 024.52**	**651.73**	**645.40**
第一产业	Primary Industry	113.81	14.74	
农、林、牧、渔业	Farming, Forestry, Animal Husbandry and Fishery	113.81	14.74	
第二产业	Secondary Industry	3 690.04	619.35	645.40
工业	Industry	3 578.45	609.22	645.40
建筑业	Construction	111.59	10.13	
第三产业	Tertiary Industry	1 220.67	17.63	
#交通运输、仓储及邮电通信业	Transportation, Storage, Post and Communications	668.78	12.57	
批发和零售贸易业、餐饮业	Wholesale, Retail Sales and Catering Trade	174.64	2.54	
生活消费	**Living Consumption**	**449.09**	**91.23**	

表 15.5 续表 1 continued

单位:万吨标准煤(10 000 tons SCE)

行业	Sectors	其中 of which #燃料油 Fuel Oil	#汽油 Gasoline	#煤油 Kerosene
总计	**Total**	**603.43**	**202.07**	**87.64**
生产消费	**Production Consumption**	**603.43**	**173.51**	**87.63**
第一产业	Primary Industry		34.98	
农、林、牧、渔业	Farming, Forestry, Animal Husbandry and Fishery		34.98	
第二产业	Secondary Industry	195.14	57.40	1.90
工业	Industry	195.14	31.06	1.66
建筑业	Construction		26.34	0.24
第三产业	Tertiary Industry	408.28	81.13	85.73
#交通运输、仓储及邮电通信业	Transportation, Storage, Post and Communications	397.78	21.85	84.95
批发和零售贸易业、餐饮业	Wholesale, Retail Sales and Catering Trade	10.50	5.53	0.19
生活消费	**Living Consumption**		**28.56**	**0.01**

表 15.5 续表 2 continued

单位:万吨标准煤(10 000 tons SCE)

行业	Sectors	其中 of which #柴油 Diesel Oil	#其他石油制品 Other Petroleum Products	#电力 Electricity
总计	**Total**	**328.42**	**238.46**	**1 812.98**
生产消费	**Production Consumption**	**310.62**	**230.99**	**1 628.91**
第一产业	Primary Industry	43.36	0.99	19.74
农、林、牧、渔业	Farming, Forestry, Animal Husbandry and Fishery	43.36	0.99	19.74
第二产业	Secondary Industry	108.95	201.01	1 254.30
工业	Industry	58.53	198.30	1 232.69
建筑业	Construction	50.42	2.71	21.60
第三产业	Tertiary Industry	158.30	29.00	354.88
#交通运输、仓储及邮电通信业	Transportation, Storage, Post and Communications	110.60	9.31	28.91
批发和零售贸易业、餐饮业	Wholesale, Retail Sales and Catering Trade	25.37	6.01	107.75
生活消费	**Living Consumption**	**17.81**	**7.47**	**184.07**

表 15.6 能源终端消费量(实物量)(2001)
FINAL CONSUMPTION OF ENERGY (QUANTITY IN KIND)

行 业	Sectors	原 煤 (万吨) Coal (10 000 tons)	焦 炭 (万吨) Coke (10 000 tons)	燃料油 (万吨) Fuel Oil (10 000 tons)
总 计	**Total**	**964.04**	**654.79**	**423.42**
生产消费	**Production Consumption**	**845.66**	**654.79**	**423.42**
第一产业	Primary Industry	19.13		
农、林、牧、渔业	Farming, Forestry, Animal Husbandry and Fishery	19.13		
第二产业	Secondary Industry	803.65	654.79	136.93
工 业	Industry	790.65	654.79	136.93
建 筑 业	Construction	13.14		
第三产业	Tertiary Industry	22.88		286.49
交通运输、仓储及邮电通信业	Transportation, Storage, Post and Communications	16.31		279.12
批发和零售贸易业、餐饮业	Wholesale, Retail Sales and Catering Trade	3.29		7.37
其 他	Others	3.28		
生活消费	**Living Consumption**	**118.38**		

表 15.6 续表 1 continued

行 业	Sectors	汽 油 (万吨) Gassoline (10 000 tons)	煤 油 (万吨) Kerosene (10 000 tons)	柴 油 (万吨) Diesel Oil (10 000 tons)
总 计	**Total**	**137.33**	**59.57**	**225.39**
生产消费	**Production Consumption**	**117.92**	**59.56**	**213.17**
第一产业	Primary Industry	23.77		29.76
农、林、牧、渔业	Farming, Forestry, Animal Husbandry and Fishery	23.77		29.76
第二产业	Secondary Industry	39.01	1.29	74.77
工 业	Industry	21.11	1.13	40.17
建 筑 业	Construction	17.90	0.16	34.60
第三产业	Tertiary Industry	55.14	58.27	108.64
交通运输、仓储及邮电通信业	Transportation, Storage, Post and Communications	14.85	57.74	75.90
批发和零售贸易业、餐饮业	Wholesale, Retail Sales and Catering Trade	3.76	0.13	17.41
其 他	Others	36.53	0.40	15.33
生活消费	**Living Consumption**	**19.41**	**0.01**	**12.22**

表 15.6 续表 2 continued

行 业	Sectors	其他石油制品 (万吨) Other Petroleum Products (10 000 tons)	热 力 (万百万千焦) Thermopower (10 000 million K.J)	电 力 (亿千瓦·时) Electricity (100 million kwh)
总 计	**Total**	**212.65**	**3 931.47**	**561.30**
生产消费	**Production Consumption**	**205.99**	**3 796.76**	**504.31**
第一产业	Primary Industry	0.88		6.11
农、林、牧、渔业	Farming, Forestry, Animal Husbandry and Fishery	0.88		6.11
第二产业	Secondary Industry	179.25	3 739.56	388.33
工 业	Industry	176.83	3 735.78	381.64
建 筑 业	Construction	2.42	3.78	6.69
第三产业	Tertiary Industry	25.86	57.20	109.87
交通运输、仓储及邮电通信业	Transportation, Storage, Post and Communications	8.30	5.86	8.95
批发和零售贸易业、餐饮业	Wholesale, Retail Sales and Catering Trade	5.36	16.34	33.36
其 他	Others	12.20	35.00	67.56
生活消费	**Living Consumption**	**6.66**	**134.71**	**56.99**

表 15.7 主要年份平均每人生活用能源
AVERAGE PER CAPITA ANNUAL LIVING ENERGY CONSUMPTION IN MAIN YEARS

品 名	Items	1980	1990	2000	2001
生活消费能源总计(千克标准煤)	**Total(kg of SCE)**	**150.74**	**191.53**	**342.75**	**338.39**
煤炭(千克)	Coal(kg)	153.41	143.04	105.54	89.20
煤油(千克)	Kerosene(kg)		0.65	0.05	0.01
液化石油气(千克)	Liquefied Petroleum Gas(kg)	0.61	3.34	16.00	15.33
煤气(立方米)	Gas(cu. m)	28.61	45.08	121.14	90.34
电力(千瓦·时)	Electricity(kwh)	54.59	112.51	402.53	429.42

表 15.8 能源消费弹性系数(1978 ~2001)
ELASTICITY COEFFICIENT OF ENERGY CONSUMPTION

年 份 Year	能源消费比上年增长(%) Growth Rate of Energy Consumption Over Preceding Year (%)	电力消费比上年增长(%) Growth Rate of Electricity Consumption Over Preceding Year (%)	国内生产总值比上年增长(%) Growth Rate of GDP Over Preceding Year (%)	能源消费弹性系数 Elasticity Coefficient of Energy Consumption	电力消费弹性系数 Elasticity Coefficient of Electricity Consumption
1978	6.6	10.8	15.8	0.42	0.68
1979	1.5	3.0	7.4	0.20	0.41
1980	-0.6	3.4	8.4		0.40
1981	1.0	6.4	5.6	0.18	1.14
1982	2.6	4.4	7.2	0.36	0.61
1983	2.5	4.2	7.8	0.32	0.54
1984	2.5	4.1	11.6	0.22	0.35
1985	4.9	3.9	13.4	0.37	0.29
1986	13.8	6.8	4.4	3.14	1.55
1987	4.3	4.1	7.5	0.57	0.55
1988	2.8	2.5	10.1	0.28	0.25
1989	-0.3	1.3	3.0		0.42
1990	3.7	5.8	3.5	1.06	1.66
1991	5.6	9.0	7.1	0.79	1.27
1992	5.5	10.0	14.8	0.37	0.68
1993	7.9	9.0	14.9	0.53	0.61
1994	5.8	9.1	14.3	0.41	0.64
1995	6.7	6.9	14.1	0.48	0.49
1996	7.1	6.7	13.0	0.55	0.52
1997	3.0	5.5	12.7	0.24	0.43
1998	2.4	6.3	10.1	0.24	0.62
1999	5.0	3.8	10.2	0.49	0.37
2000	7.3	11.6	10.8	0.68	1.07
2001	5.9	6.0	10.2	0.58	0.59

第十六篇 科学技术

CHAPTER 16

SCIENCE AND TECHNOLOGY

表 16.1 主要年份科技活动基本情况
BASIC STATISTICS FOR SCIENTIFIC AND TECHNICAL ACTIVITIES IN MAIN YEARS

年 份 Years	机构数（个） Number of Scientific & Technical Research Institutions (unit)	科技活动人员（万人） Persons Engaged in Scientific and Technical Activities (10 000 persons)	科技活动经费筹集总额（亿元） Funding for Scientific and Technical Research (100 million yuan)	科技活动经费支出总额（亿元） Expenditures of Scientific and Technical Reseaerch (100 million yuan)	地方财政科技经费支出（亿元） Local Financial Expenditures of Scientific and Technical Research (100 million yuan)	科技经费支出占地方财政支出比重（%） Percentage of Expenditures for Scientific and Technical Research in Local Financial(%)
1980	551				1.38	7.2
1985	908	15.12	19.91	13.37	2.49	5.4
1986	907	18.88	19.79	15.69	1.72	2.9
1987	849	18.92	20.96	18.93	1.70	3.2
1988	949	22.62	25.06	23.06	1.85	2.8
1989	1 012	21.23	30.50	27.56	1.86	2.5
1990	1 053	19.34	32.47	28.25	2.44	3.2
1991	1 092	19.05	43.13	37.62	2.10	2.4
1992	1 043	18.88	61.07	47.57	2.30	2.4
1993	1 165	20.35	73.08	64.65	2.60	2.0
1994	1 148	19.50	95.11	88.73	3.43	1.7
1995	1 266	18.25	122.49	114.22	5.12	2.0
1996	1 018	19.11	128.91	134.37	5.63	1.7
1997	1 133	17.99	154.90	165.61	7.65	1.8
1998	1 022	18.72	140.24	177.62	8.28	1.7
1999	915	16.25	153.05	198.00	10.82	2.0
2000	894	16.31	201.45	221.38	10.08	1.6
2001	826	15.19	218.18	247.22	12.39	1.7

① 机构数、科技活动人员和科技活动经费筹集总额是根据科技部、教育部和国家统计局科技统计年报综合汇总。
② 科技活动经费支出总额为全社会口径。
❶ Number of Scientific & Technical Research, Persons Engaged in Scientific and Technical Activities and Funding for Scientific and Technical Research are based on the science and technology statistics yearbooks of the science and Technology Commission, the Ministry of Education and State Statistics Bureau.
❷ Expenditures of scientific and technical research cover the whole society.

表 16.2 主要年份研究与发展(R&D)投入情况
INPUT IN R&D IN MAIN YEARS

年 份 Year	研究与发展经费支出（亿元） Expenditures in R&D (100 million yuan)	国内生产总值（亿元） Gross Domestic Product (100 million yuan)	R&D 相当于国内生产总值比例(%) Percentage of R&D in Gross Domestic Product (%)
1978	1.32	272.81	0.48
1980	2.04	311.89	0.65
1985	4.62	466.75	0.99
1986	5.42	490.83	1.10
1987	6.54	545.46	1.12
1988	7.97	648.30	1.23
1989	9.52	696.54	1.37
1990	10.13	756.45	1.36
1991	12.64	893.77	1.47
1992	17.48	1 114.32	1.57
1993	23.04	1 511.61	1.53
1994	27.61	1 971.92	1.40
1995	32.60	2 462.57	1.32
1996	40.96	2 902.20	1.42
1997	49.76	3 360.21	1.48
1998	55.69	3 688.20	1.51
1999	63.75	4 034.96	1.58
2000	76.73	4 551.15	1.69
2001	88.08	4 950.84	1.78

注：研究与发展经费支出为全社会口径。
Note: Expenditures in R&D cover the whole society.

表16.3 主要年份科技活动基本情况
BASIC STATISTICS FOR SCIENTIFIC AND TECHNICAL ACTIVITIES IN MAIN YEARS

指 标	Indicators	1990	1995	2000	2001
科技机构数(个)	**Number of Scientific and Technical Research Institutions(unit)**	**1 053**	**1 266**	**894**	**826**
科研单位	Research Institutions	300	289	304	289
大中型工业企业	Large and Medium Industrial Enterprises	383	590	264	217
高等院校	Institutions of Higher Education	370	387	326	320
科技活动人员数(万人)	**Persons Engaged in Scientific and Technical Activities (10 000 persons)**	**19.34**	**18.25**	**16.31**	**15.19**
#科学家、工程师	Scientists and Engineers	11.20	11.03	11.58	11.23
科技活动经费收入总额(亿元)	**Funding for Scientific and Technical Research(100 million yuan)**	**32.47**	**122.49**	**201.45**	**218.18**
上级拨款	Government Allocation	8.10	15.75	34.90	46.29
自筹资金	Selp-raised Funds	14.30	74.12	127.00	131.46
银行贷款	Bank Loans	4.00	8.88	22.08	14.57
其他收入	Others	6.07	23.74	17.47	25.86
科技活动经费支出总额(亿元)	**Expenditures of Scientific and Technical Research Funds (100 million yuan)**	**23.82**	**102.85**	**158.94**	**184.82**
#劳务费	Service Fees	5.10	20.93	44.50	55.37
固定资产购建支出	Purchasing Fixed Assets	6.42	13.98	23.71	56.69

表16.4 科技成果(1985~2001)
ACHIEVEMENTS IN SCIENTIFIC AND TECHNICAL RESEARCH

单位:项(item)

年 份 Year	科技成果 Achievements in Science and Technology	按成果水平分 By Level of Achievements		按成果类别分 By Type of Achievements		
		#达到国际先进水平或属国际领先 Attaining Advanced World Levels or Being First Created in the World	#达到国内先进水平或属国内领先 Attaining Advanced Domestic Levels or Being First Created in China	基础理论成果 Basic Theory Research Results	应用技术成果 Application of Technology Achievements	软科学成果 Soft Scientific Achievements
1985	1 957	253	1 439			
1986	2 123	400	1 388			
1987	1 955	427	1 521			
1988	2 062	446	1 616			
1989	1 855	423	1 405			
1990	2 092	465	1 597			
1991	2 588	640	1 483			
1992	2 557	463	1 634			
1993	1 995	401	1 212			
1994	1 715	390	1 039			
1995	1 350	332	802			
1996	1 094	358	711			
1997	1 193	442	719	118	978	97
1998	1 305	524	749	156	1 036	113
1999	1 252	498	729	80	1 054	118
2000	1 102	507	569	79	953	70
2001	1 338	620	560	81	1 196	61

注：1991~1996年软科学成果为新技术及计算机软件的成果数。
Note:The data of soft scientific achievements from 1991 to 1996 refers to achievements of new technology and computer sofrware.

表 16.5　主要年份国有经济单位各类专业人员
SCIENTIFIC AND TECHNICAL PERSONNEL IN STATE-OWNED UNITS IN MAIN YEARS

单位:万人(10 000 persons)

类　别	Items	1980	1990	1995	2000	2001
总　计	**Total**	**33.08**	**86.16**	**84.79**	**71.03**	**69.68**
#工程技术人员	Engineering	11.82	26.30	23.20	17.07	16.68
农业技术人员	Agriculture	0.18	0.37	0.38	0.31	0.29
卫生技术人员	Medical Professionals	5.80	9.07	9.29	9.00	9.15
科学研究人员	Scientific Research	2.55	2.55	2.16	1.76	1.64
教学人员	Teaching	8.52	20.12	18.94	16.55	16.35
经济人员	Economic		14.07	12.85	10.17	10.12
财会人员	Financial Accounting	2.78	7.46	8.36	7.63	7.36
统计人员	Statistical	0.52	1.76	1.43	0.78	0.70
新闻出版、播音人员	Media and Publishing	0.19	0.55	0.57	0.59	0.58
翻译人员	Translator	0.14	0.41	0.28	0.21	0.20
艺术人员	Art Personnel	0.58	0.55	0.42	0.40	0.38
平均每万职工拥有专业技术人员数(人)	**Scientific and Technical Personnel Per 10 000 Employees(person)**	**940**	**2 169**	**2 615**	**3 099**	**3 252**

表 16.6　主要年份国有经济单位工程、卫生技术人员
ENGINEERING AND MEDICAL PROFESSIONAL PERSONNEL IN STATE-OWNED UNITS IN MAIN YEARS

单位:万人(10 000 persons)

类　别	Items	工程技术人员 Engineering Personnel			卫生技术人员 Medical Professional Personnel		
		1990	2000	2001	1990	2000	2001
总　计	**Total**	**26.30**	**17.07**	**16.68**	**9.07**	**9.00**	**9.15**
#女　性	Female	6.56	3.83	3.86	6.60	6.52	6.62
按专业技术职务分	**By Professional Titles**						
高　级	Senior	2.05	2.17	2.03	0.38	0.63	0.66
中　级	Medium	7.96	6.68	6.29	1.47	1.90	1.96
初　级	Junior	13.15	7.58	7.50	6.72	6.23	6.30
未　聘	Not Appointed	3.15	0.65	0.86	0.49	0.23	0.23
按学历分	**By Education Background**						
高等院校	Higher Education	16.95	12.31	12.11	2.80	3.46	3.68
中等专业	Specialized Secondary School	6.07	3.42	3.30	5.44	5.15	5.10
高中及以下	Senior Middle School & below	3.28	1.35	1.27	0.83	0.39	0.37
按年龄分	**By Age**						
30 岁及以下	30 Years Old and below	8.30	4.19	4.24	2.73	3.26	3.20
31~40 岁	31~40	4.44	5.42	5.39	3.01	2.11	2.32
41~50 岁	41~50	7.99	3.92	3.86	2.10	2.81	2.80
51~59 岁	51~59	5.48	3.46	3.12	1.19	0.78	0.78
60 岁及以上	60 Years Old and above	0.09	0.08	0.07	0.04	0.05	0.05

表 16.7 主要年份国有经济单位科学研究、教学人员
SCIENTIFIC RESEARCH AND TEACHING PERSONNEL IN STATE-OWNED UNITS IN MAIN YEARS

单位：万人(10 000 persons)

类 别	Items	科学研究人员 Scientific Research Personnel			教学人员 Teaching Personnel		
		1990	2000	2001	1990	2000	2001
总 计	**Total**	**2.55**	**1.76**	**1.64**	**20.12**	**16.55**	**16.35**
#女 性	Female	0.77	0.59	0.55	10.77	9.72	9.72
按专业技术职务分	**By Professional Titles**						
高 级	Senior	0.51	0.55	0.53	1.34	1.96	1.95
中 级	Medium	1.09	0.75	0.68	5.66	7.97	8.03
初 级	Junior	0.75	0.40	0.38	10.70	6.21	5.98
未 聘	Not Appointed	0.19	0.06	0.05	2.42	0.40	0.39
按学历分	**By Education Background**						
高等院校	Higher Education	1.96	1.44	1.38	10.20	11.21	11.81
中等专业	Specialized Secondary School	0.33	0.18	0.16	6.65	4.51	3.84
高中及以下	Senior Middle School & below	0.27	0.14	0.10	3.26	0.82	0.70
按年龄分	**By Age**						
30 岁及以下	30 Years Old and below	0.65	0.37	0.34	5.65	5.15	4.99
31 ~ 40 岁	31 ~ 40	0.49	0.46	0.46	3.25	4.17	4.75
41 ~ 50 岁	41 ~ 50	0.74	0.45	0.42	7.21	3.02	2.88
51 ~ 59 岁	51 ~ 59	0.65	0.44	0.38	3.90	4.10	3.62
60 岁及以上	60 Years Old and above	0.03	0.04	0.04	0.11	0.11	0.11

表 16.8 主要年份国有经济单位经济、财会人员
ECONOMIC AND FINANCIAL ACCOUNTING PERSONNEL IN STATE-OWNED UNITS IN MAIN YEARS

单位：万人(10 000 persons)

类 别	Items	经济人员 Economic Personnel			财会人员 Financial Accounting Personnel		
		1990	2000	2001	1990	2000	2001
总 计	**Total**	**14.07**	**10.17**	**10.12**	**7.46**	**7.63**	**7.36**
#女 性	Female	3.51	2.85	3.01	4.72	4.85	4.73
按专业技术职务分	**By Professional Titles**						
高 级	Senior	0.10	0.32	0.33	0.04	0.08	0.08
中 级	Medium	2.14	2.98	2.96	0.83	1.48	1.46
初 级	Junior	9.61	5.75	5.45	5.22	5.69	5.40
未 聘	Not Appointed	2.21	1.13	1.38	1.36	0.38	0.42
按学历分	**By Education Background**						
高等院校	Higher Education	4.18	5.53	5.84	1.79	3.26	3.30
中等专业	Specialized Secondary School	3.58	2.46	2.35	3.23	3.05	2.86
高中及以下	Senior Middle School & below	6.31	2.18	1.93	2.44	1.32	1.20
按年龄分	**By Age**						
30 岁及以下	30 Years Old and below	2.25	1.81	1.86	2.55	2.03	1.78
31 ~ 40 岁	31 ~ 40	4.02	2.29	2.43	2.21	2.63	2.67
41 ~ 50 岁	41 ~ 50	4.69	3.88	3.59	2.06	2.32	2.27
51 ~ 59 岁	51 ~ 59	3.06	2.18	2.23	0.62	0.65	0.64
60 岁及以上	60 Years Old and above	0.05	0.01	0.01	0.02	…	…

表 16.9 主要年份国有经济单位统计、新闻出版及播音人员
STATISTICAL, JOURNALISM, PUBLISHING AND ANNOUNCER PERSONNEL IN STATE-OWNED UNITS IN MAIN YEARS

单位:人(person)

类 别	Items	统计人员 Statistical Personnel			新闻出版、播音人员 Journalism, Publishing & Announcer Personnel		
		1990	2000	2001	1990	2000	2001
总 计	**Total**	**17 649**	**7 800**	**6 955**	**5 450**	**5 876**	**5 804**
#女 性	Female	12 525	5 257	4 698	1 526	2 113	2 151
按专业技术职务分	**By Professional Titles**						
高 级	Senior	43	79	77	674	1 186	1 164
中 级	Medium	1 384	1 747	1 627	2 041	2 747	2 646
初 级	Junior	14 389	5 568	5 014	1 872	1 813	1 876
未聘用	Not Appointed	1 833	406	237	863	130	118
按学历分	**By Education Background**						
高等院校	Higher Education	3 605	2 464	2 393	4 154	5 049	5 056
中等专业	Specialized Secondary School	7 632	3 283	2 899	406	322	287
高中及以下	Senior Middle School & below	6 412	2 053	1 663	890	505	461
按年龄分	**By Age**						
30 岁及以下	30 Years Old and below	2 888	804	657	1 104	1 038	1 148
31 ~ 40 岁	31 ~ 40	6 570	2 324	2 098	1 671	1 434	1 458
41 ~ 50 岁	41 ~ 50	6 410	3 619	3 193	1 625	1 957	1 791
51 ~ 59 岁	51 ~ 59	1 758	1 049	1 004	972	1 397	1 357
60 岁及以上	60 Years Old and above	23	4	3	78	50	50

表 16.10 主要年份国有经济单位翻译、艺术人员
TRANSLATORS AND ART PERSONNEL IN STATE-OWNED UNITS IN MAIN YEARS

单位:人(person)

类 别	Items	翻译人员 Translators			艺术人员 Art Personnel		
		1990	2000	2001	1990	2000	2001
总 计	**Total**	**4 140**	**2 080**	**1 985**	**5 486**	**4 047**	**3 780**
#女 性	Female	1 488	815	783	1 602	1 164	1 094
按专业技术职务分	**By Professional Titles**						
高 级	Senior	171	201	181	1 191	1 175	1 069
中 级	Medium	1 575	1 144	1 081	2 224	1 741	1 632
初 级	Junior	1 373	641	615	1 148	1 010	964
未聘用	Not Appointed	1 021	94	108	923	121	115
按学历分	**By Education Background**						
高等院校	Higher Education	3 708	1 943	1 867	1 679	1 556	1 492
中等专业	Specialized Secondary School	80	49	50	1 993	1 418	1 265
高中及以下	Senior Middle School & below	352	88	68	1 814	1 073	1 023
按年龄分	**By Age**						
30 岁及以下	30 Years Old and below	927	423	408	910	675	588
31 ~ 40 岁	31 ~ 40	1 904	412	402	1 353	827	709
41 ~ 50 岁	41 ~ 50	946	901	845	2 103	1 417	1 392
51 ~ 59 岁	51 ~ 59	350	341	326	1 056	1 097	1 050
60 岁及以上	60 Years Old and above	13	3	4	64	31	41

表16.11 国有经济单位各类专业人员(2001)
PROFESSIONAL PERSONNEL IN STATE-OWNED UNITS BY TITLE, EDUCATION BACKGROUND AND AGE

单位:万人(10 000 persons)

类别 Items		合计 Total	其中 of which	按专业技术职务分 By Professional Titles			
			#女 Female	高级 Senior	中级 Medium	初级 Junior	未聘 Not Appointed
总计	**Total**	**69.68**	**30.98**	**6.27**	**24.82**	**35.01**	**3.58**
#工程技术人员	Engineering	16.68	3.86	2.03	6.29	7.50	0.86
农业技术人员	Agriculture	0.29	0.05	0.02	0.10	0.17	…
卫生技术人员	Medical Professionals	9.15	6.62	0.66	1.96	6.30	0.23
科学研究人员	Scientific Research	1.64	0.55	0.53	0.68	0.38	0.05
教学人员	Teaching	16.35	9.72	1.95	8.03	5.98	0.39
经济人员	Economic	10.12	3.01	0.33	2.95	5.45	1.39
财会人员	Financial Accounting	7.36	4.73	0.08	1.46	5.40	0.42
统计人员	Statistical	0.70	0.47	…	0.16	0.50	0.02
新闻出版、播音人员	Media, Publishing & Announcer	0.58	0.22	0.12	0.26	0.19	0.01
翻译人员	Translator	0.20	0.08	0.02	0.11	0.06	0.01
艺术人员	Culture & Art	0.38	0.11	0.11	0.16	0.10	0.01

表16.11 续表 continued

单位:万人(10 000 persons)

类别 Items		按学历分 By Education Background			按年龄分 By Age		
		高等院校 Higher Education	中等专业 Specialized Secondary	高中及以下 Senior Middle School and below	45岁及以下 45 and below	46~59岁 46~59	60岁及以上 60 and above
总计	**Total**	**42.87**	**19.51**	**7.30**	**46.35**	**23.00**	**0.33**
#工程技术人员	Engineering	12.11	3.30	1.27	11.66	4.95	0.07
农业技术人员	Agriculture	0.14	0.11	0.04	0.20	0.09	…
卫生技术人员	Medical Professionals	3.68	5.10	0.37	6.56	2.54	0.05
科学研究人员	Scientific Research	1.38	0.16	0.10	0.97	0.62	0.05
教学人员	Teaching	11.81	3.84	0.70	10.89	5.34	0.12
经济人员	Economic	5.84	2.35	1.93	5.89	4.22	0.01
财会人员	Financial Accounting	3.30	2.86	1.20	5.76	1.60	…
统计人员	Statistical	0.24	0.29	0.17	0.46	0.24	…
新闻出版、播音人员	Media, Publishing & Announcer	0.51	0.03	0.04	0.34	0.24	…
翻译人员	Translator	0.19	0.01	…	0.12	0.08	…
艺术人员	Culture & Art	0.15	0.13	0.10	0.20	0.18	…

表 16.12 其他经济单位各类专业人员(2001)
PROFESSIONAL PERSONNEL IN OTHER ECONOMIC UNITS BY TITLE, EDUCATION BACKGROUND AND AGE

单位:人(person)

类别 Items		合计 Total	其中 of which #女 Female	按专业技术职务分 By Professional Titles 高级 Senior	中级 Medium	初级 Junior	未聘 Not Appointed
总计	**Total**	**114 491**	**41 764**	**3 097**	**27 498**	**77 248**	**6 648**
工程技术人员	Engineering	37 788	6 052	2 103	12 667	20 220	2 798
农业技术人员	Agriculture	3 088	371	4	906	2 113	65
卫生技术人员	Medical Professionals	18 138	12 399	281	2 529	14 939	389
科学研究人员	Scientific Research	57	15	6	20	20	11
教学人员	Teaching	1 052	712	23	317	598	114
经济人员	Economic	19 445	4 243	308	4 974	12 629	1 534
财会人员	Financial Accounting	23 131	13 588	165	3 218	19 132	616
统计人员	Statistical	2 524	1 402	1	353	1 956	214
其他专业人员	Others	9 268	2 982	206	2 514	5 641	907

表 16.12 续表 continued

单位:人(person)

类别 Items		按学历分 By Education Background 高等院校 Higher Education	中等专业 Specialized Secondary	高中及以下 Senior Middle School and below	按年龄分 By Age 45 岁及以下 45 and below	46~59 岁 46~59	60 岁及以上 60 and above
总计	**Total**	**49 585**	**34 180**	**30 726**	**75 347**	**38 560**	**584**
工程技术人员	Engineering	25 409	6 133	6 246	27 814	9 715	259
农业技术人员	Agriculture	461	1 046	1 581	1 660	1 376	52
卫生技术人员	Medical Professionals	5 241	10 230	2 667	12 056	6 063	19
科学研究人员	Scientific Research	55	2		52	4	1
教学人员	Teaching	471	371	210	679	363	10
经济人员	Economic	7 522	5 105	6 818	10 023	9 348	74
财会人员	Financial Acconunting	5 696	8 359	9 076	15 806	7 201	124
统计人员	Statistical	694	962	868	1 680	840	4
其他专业人员	Others	4 036	1 972	3 260	5 577	3 650	41

注:本表包括集体事业单位、乡镇企业单位和外商投资企业单位人数。
Note: This table includes collective-owned units, township units and foreign-funded enterprises.

表16.13 主要年份专利申请量
PATENT APPLICATIONS IN MAIN YEARS

单位：件(item)

指标	Indicators	1990	1995	2000	2001
总计	**Total**	**1 526**	**2 456**	**11 318**	**12 777**
按种类分	**By Sort**				
发明	Creations and Inventions	297	350	4 694	3 268
实用新型	Utility Models	1 049	1 518	2 760	3 610
外观设计	Designs	180	588	3 864	5 899
按对象分	**By Applicant**				
非职务发明创造	Non-position Creatinons and Inventions	846	1 358	2 136	4 676
职务发明创造	Position Creations and Inventions	680	1 098	9 182	8 101
大专院校	Universities and Colleges	87	72	604	630
科研单位	Research Institutions	153	148	610	585
工矿企业	Industrial Enterprises	354	622	7 935	6 846
机关团体	Government Agencies and Organizations	86	256	33	40

表16.14 主要年份专利授权量
PATENT APPLICATIONS CERTIFIED IN MAIN YEARS

单位：件(item)

指标	Indicators	1990	1995	2000	2001
总计	**Total**	**924**	**1 436**	**4 048**	**5 371**
按种类分	**By Sort**				
发明	Creations and Inventions	99	72	302	242
实用新型	Utility Models	769	1 025	2 083	2 220
外观设计	Designs	56	339	1 663	2 909
按对象分	**By Applicant**				
非职务发明创造	Non-position Creations and Inventions	502	783	1 516	1 649
职务发明创造	Position Creations and Inventions	422	653	2 532	3 722
大专院校	Universities and Colleges	81	49	183	160
科研单位	Research Institutions	145	77	215	219
工矿企业	Industrial Enterprises	156	233	2 099	3 320
机关团体	Government Agencies and Organizations	40	294	35	23

表 16.15 各类技术合同项目(1991 ~ 2001)
VARIOUS CONTRACTS ON TECHNOLOGY

单位:项(item)

年 份 Year	项 目 Item	其 中 of which 技术开发 Technical Development	技术转让 Technical Transfer	技术咨询 Technical Consulting	技术服务 Technical Service
1991	25 023	3 038	1 992	3 203	16 790
1992	32 731	3 501	2 159	4 200	22 871
1993	25 507	2 517	1 389	3 671	17 930
1994	25 099	2 368	941	4 215	17 575
1995	21 213	1 915	775	3 672	14 851
1996	20 074	1 841	823	3 821	13 589
1997	18 863	1 643	1 037	3 569	12 614
1998	18 364	1 206	919	3 235	13 004
1999	19 721	1 158	937	3 993	13 633
2000	20 974	1 561	888	3 905	14 620
2001	23 816	2 385	1 294	5 012	15 125

表 16.16 各类技术合同成交金额(1991 ~ 2001)
TOTAL CONTRAITED VALUE IN VARIUS TECHNICAL CONTRACTS

单位:亿元(100 million yuan)

年 份 Year	成交金额 Contracted Value	其 中 of which 技术开发 Technical Development	技术转让 Technical Transfer	技术咨询 Technical Consulting	技术服务 Technical Service
1991	9.33	2.15	1.90	0.55	4.72
1992	15.25	3.56	1.33	0.99	9.37
1993	20.32	3.03	2.00	2.16	13.13
1994	22.09	3.31	1.08	2.08	15.62
1995	23.04	4.14	1.57	2.12	15.21
1996	25.65	4.38	1.50	2.81	16.97
1997	28.76	5.72	2.14	3.28	17.61
1998	31.41	4.55	2.58	2.44	21.85
1999	36.63	3.68	3.50	3.24	26.21
2000	73.90	9.96	36.44	3.51	23.99
2001	106.16	28.24	50.71	4.63	22.58

表 16.17 自然科学研究与技术开发机构课题情况(1985 ~ 2001)
PROJECTS OF NATURAL SCIENCE RESEARCH AND TECHNICAL DEVELOPMENT ORGANIEATIONS

年 份 Year	机构数 (个) Number of Organizations (unit)	课题数 (项) Projects (item)	投入经费 (万元) Funds Invested (10 000 yuan)	投入人力 (人年) Labour Force (person-year)	其 中 of which #科学家和工程师 Scientistsand engineers	#技术员 Technicians
1985	220	6 398	21 235	22 349		
1986	248	8 894	22 871	28 398	17 003	7 686
1987	234	10 353	28 667	28 265	17 655	7 616
1988	223	8 689	34 034	27 267	17 741	6 537
1989	227	8 686	38 267	26 260	18 699	5 456
1990	229	8 339	33 061	23 279	16 292	5 468
1991	231	8 504	37 736	23 970	17 402	5 192
1992	232	8 909	53 501	23 924	17 487	5 246
1993	230	6 926	54 480	20 489	14 951	3 683
1994	229	6 268	66 158	17 023	13 275	2 998
1995	230	6 544	80 957	17 531	13 811	2 645
1996	233	5 538	90 504	17 434	14 465	2 227
1997	232	5 481	117 199	17 507	14 453	2 343
1998	230	5 554	122 513	16 713	13 466	2 508
1999	225	5 135	125 620	16 396	13 360	2 456
2000	229	4 879	148 846	17 104	13 569	2 671
2001	221	4 468	210 910	16 972	13 821	2 205

表16.18 自然科学研究与技术开发机构课题情况(2001)
PROJECTS OF NATURAL SCIENCE RESEARCH AND TECHNICAL DEVELOPMENT ORGANIZATIONS

类别	Items	机构数(个) Number of Organizations (unit)	课题数(项) Projects (item)	投入经费(万元) Funds Invested (10 000 yuan)	投入人力(人年) Labor Force (person-year)	其中 of which #科学家和工程师 Scientists and Engineers	#技术员 Technicians
总计	**Total**	**221**	**4 468**	**210 910**	**16 972**	**13 821**	**2 205**
按学科领域分	**By the Domain of Subject**						
自然科学	Natural Science	16	1 297	51 442	3 488	3 069	162
农业科学	Agriculture Science	20	303	2 518	574	418	141
医学科学	Medical Science	17	432	7 222	951	756	191
工程科学与技术	Engineering Science and Technology	164	2 412	149 638	11 889	9 541	1 688
社会与人文科学	Social Science and Humanities	4	24	90	70	37	23
按事业费管理类型分	**By Type of Management of Operating Expenses**						
技术开发	Technical Development	98	1 227	89 930	6 479	5 224	1 042
基础研究	Basic Research	7	661	17 655	1 447	1 340	75
社会公益	Social Public Welfare	50	973	13 261	2 015	1 576	399
多种类型	Varied Sorts	16	882	58 573	4 053	3 487	180
其他	Others	50	725	31 491	2 978	2 194	509
按行业分	**By Sector**						
农、林、牧、渔业	Farming, Forestry, Animal Husbandry & Fishery	13	237	10 803	880	711	159
制造业	Manufacturing	101	1 523	61 219	5 815	4 406	935
电力、煤气及水的生产和供应业	Electric Power, Gas & Water Production & Supply	1	24	742	121	119	3
建筑业	Construction	3	91	733	130	120	8
地质勘查业、水利管理业	Geological Prospecting & Water Conservancy	4	13	80	50	42	8
交通运输、仓储及邮电通信业	Transportation, Storage, Post & Tele-communications	6	54	2 741	235	213	22
批发业、零售业	Wholesale, Retail & Catering Businesses						
社会服务业	Social Services	11	129	2 554	303	226	73
卫生、体育和社会福利业	Health Care, Sports & Social Welfare	15	285	3 724	600	464	136
科学研究和综合技术服务业	Scientific Research & Polytechnical Services	61	2 036	126 949	8 604	7 304	843
其他	Others	6	76	1 365	234	216	18

表 16.19　自然科学研究与技术开发机构论文与著作情况(2001)
PAPERS AND WORKS OF NATURAL SCIENCE RESEARCH AND TECHNICAL DEVELOPMENT ORGANIZATIONS

类　别	Items	论　文(篇) Papers	其中 of which #国外发表 Published Abroad	科技著作(种) Scientific and Technological Works(sort)
总　计	**Total**	**4 789**	**1 141**	**56**
按学科领域分	**By the Domain of Subject**			
自然科学	Natural Science	1 813	854	16
农业科学	Agriculture Science	363	7	6
医学科学	Medical Science	625	27	5
工程科学与技术	Engineering Science and Technology	1 977	249	29
社会与人文科学	Social Science and Humanities	11	4	
按事业费管理类型分	**By Type of Management of Operating Expenses**			
技术开发	Technical Development	774	21	19
基础研究	Basic Research	834	371	7
社会公益	Social Public Welfare	1 189	46	11
多种类型	Varied Sorts	1 481	671	12
其　他	Others	511	32	7
按行业分	**By Sector**			
农、林、牧、渔业	Farming, Forestry, Animal Husbandry and Fishery	295	6	4
制造业	Manufacturing	1 073	212	22
电力、煤气及水的生产和供应业	Electric Power, Gas and Water Production and Supply	12		
建筑业	Construction	128	5	2
地质、勘查业、水利管理业	Geological Prospecting and Water Conservancy	16		
交通运输、仓储及邮电通信业	Transportation, Storage, Post and Telecommunications	22	3	
社会服务业	Social Services	45		2
卫生、体育和社会福利业	Health Care, Sports and Social Welfare	524	15	5
科学研究和综合技术服务业	Scientific Research and Polytechnical Services	2 639	900	20
其　他	Others	35		1

表 16.20 主要年份大中型工业企业技术开发情况
TECHNICAL DEVELOPMENT OF LARGE AND MEDIUM INDUSTRIAL ENTERPRISES IN MAIN YEARS

	指 标 Indicators	1990	1995	2000	2001
技术开发机构数(个)	**Technical Development Institutions(unit)**	**383**	**590**	**264**	**217**
#有经常性研究开发任务	Having Regular Development Task	362	407	256	205
有稳定经费来源	Having Comparatively Stable Source of Funds	295	252	250	199
有一定测试条件	Having Fairly High Conditions of Test	345	294	254	205
从事技术开发的人员数(万人)	**Technical Development Personnel(10 000 persons)**	**6.45**	**8.04**	**7.48**	**6.50**
#科学家和工程师	Scientists and Engineers	2.50	3.33	4.33	4.09
研究与发展人员	Research and Development Personnel		2.21	2.63	2.26
经费筹集额(亿元)	**Funds(100 million yuan)**	**12.50**	**62.60**	**122.64**	**128.55**
国有经济	State-owned	10.94	25.66	24.97	18.86
集体经济	Collective-owned	0.23	0.32	0.14	0.20
其他经济	Other Ownership Units	1.34	36.62	97.52	109.49
#中外合资	Sino-foreign Joint-owned	1.28	29.96	81.98	89.33
在经费筹集额中(亿元)	**Funds Classified by Source(100 million yuan)**				
#上级拨款	Appropriations from Upper Authorities	0.70	0.99	1.40	1.39
银行贷款	Bank Loans	2.95	4.08	14.44	11.60
企业自筹	Raised by Enterprises	8.02	57.08	103.70	112.28
开发经费支出(亿元)	**Expenditures of Technical Development(100 million yuan)**	**10.72**	**47.05**	**100.78**	**105.16**
国有经济	State-owned	9.95	25.09	20.76	18.04
集体经济	Collective-owned	0.23	0.33	0.09	0.13
其他经济	Others	0.54	21.63	79.93	86.99
#中外合资	Sino-foreign Joint-owned	0.46	14.51	64.75	71.15
各项技术专款(亿元)	**Special Technology Funds(100 million yuan)**	**30.89**	**154.48**	**117.47**	**125.26**
技术改造经费支出	Expenditures of Technical Transformation	18.61	107.19	75.31	75.74
技术引进经费支出	Expenditures of Technical Introduction	11.28	45.56	39.00	45.88
用于消化吸收的经费	Expenditures of Technical Digesting and Absorbing	0.31	0.94	2.41	2.82
购买国内技术支出	Expenditures of Buying Domestic Technology	0.70	0.79	0.75	0.82
技术开发项目数(项)	**Number of Projects (item)**	**3 107**	**6 143**	**5 140**	**4 169**
项目组人员(人年)	**Personnel of Project Groups (person-year)**		**42 555**	**45 254**	**34 143**
#科学家和工程师	**Scientists and Engineers**		**15 786**	**29 965**	**23 142**
项目经费支出(内部)(亿元)	**Expenditure of Projects(Interal)(100 million yuan)**	**5.43**	**34.75**	**63.72**	**57.61**
新产品销售收入(亿元)	**Revenue of New Products Sales(100 million yuan)**	**127.63**	**427.08**	**1 351.69**	**1 610.44**
#新产品出口	**New Products Exported**		**317.08**	**197.41**	**188.99**
新产品实现利润(亿元)	**Profits of New Products(100 million yuan)**	**9.53**	**71.58**	**140.79**	**149.02**
新产品实现税金(亿元)	**Pre-tax Profits of New Products(100 million yuan)**			**100.86**	**85.86**

注：新产品包括:1.经国家级或市经委认证并颁发给新产品证书,且在新产品证书规定的有效期内生产的产品。2.未经国家级或市经委等有关部门认证的产品,这些产品在报告期内由企业根据新产品定义自行定义,而且各类产品投入批量生产跟踪2至5年的产品。(表16.25同)。

Note:New Products refer to, 1. The products under the authentication of national or municiple economic committee and produced during the period of validity limited by the certificate. 2. Other products defined by enterprises in the report period complying with the definition of new products. and these products have been batch produced for 2 to 5 years. (The same as table 16.25)

表16.21 大中型工业企业技术开发机构情况(2001)
TECHNICAL DEVELOPMENT INSTITUTIONS OF LARGE AND MEDIUM INDUSTRIAL ENTERPRISES

类别	Items	企业办技术开发机构数(个) Technical Development Institutions in Enterprises (unit)	技术开发机构科技活动人数(人) Technical Development Personnel (person)	其中 of which #科学家和工程师 Scientists and Engineers	技术开发机构经费支出(万元) Expenditures of Technical Development (10 000 yuan)
总计	**Total**	**217**	**17 347**	**11 139**	**321 931**
按隶属关系分	**Grouped by Subordination**				
中央单位	Central Units	42	7 196	4 900	92 687
地方单位	Local Units	175	10 151	6 239	229 244
按登记注册类型分	**By Registration Categories**				
国有单位	State-owned	51	3 108	2 097	25 887
集体单位	Collective-owned	1	8	5	16
其他单位	Other Ownership Units	165	14 231	9 037	296 028
#中外合资	Sino-foreign Joint-owned	103	9 185	6 299	262 593
按工业行业分	**By Sectors**				
#食品制造业	Food Manufacturing	3	150	64	2 289
饮料制造业	Beverage Manufacturing	1	60	47	1 900
烟草加工业	Tobacco Processing	1	50	34	2 310
纺织业	Textile Industry	7	154	106	1 414
文教体育用品制造业	Stationery, Educational & Sports Goods	2	668	49	1 684
石油加工及炼焦业	Petroleum Processing & Coking Products	7	853	383	11 222
化学原料及化学制品制造业	Raw Chemical Materials & Chemical Products	26	1 321	806	19 513
医药制造业	Medical and Pharmaceutical Products	29	912	566	15 183
化学纤维制造业	Chemical Fibers				
橡胶制品业	Rubber Products	1	106	67	3 682
塑料制品业	Plastic Products	2	107	28	2 513
非金属矿物制品业	Nonmetal Mineral Products	8	258	192	3 644
黑色金属冶炼及压延加工业	Smelting & Pressing of Ferrous Metals	8	1 590	731	9 961
有色金属冶炼及压延加工业	Smelting & Pressing of Nonferrous Metals	3	85	79	84
金属制品业	Metal Products	3	89	66	1 309
普通机械制造业	Ordinary Machinery Manufacturing	13	1 343	1 018	17 415
专用设备制造业	Special Purpose Equipments Manufacturing	15	1 051	822	6 994
交通运输设备制造业	Transportation Equipments Manufacturing	39	3 606	2 291	98 440
电气机械及器材制造业	Electric Equipments Manufacturing	14	1 246	560	28 264
电子及通信设备制造业	Electronic and Telecommunications Equipments Manufacturing	27	3 411	3 033	92 270
仪器仪表及文化、办公用机械制造业	Instruments, Meter, Cultural and Office Equipments Manufacturing	5	211	150	1 478
煤气生产和供应业	Gas Production and Supply	1	15	13	167

表16.22 大中型工业企业技术开发人员和经费来源(2001) TECHNICAL DEVELOPMENT PERSONNEL AND FUNDS OF LARGE AND MEDIUM INDUSTRIAL ENTERPRISES

类别	Items	从事技术开发人员(人) Tech. Development Personnel(person)	其中 of which #科学家和工程师 Scientists & Engineers
总　计	**Total**	**65 024**	**40 882**
按隶属关系分	**Grouped by Subordination**		
中央单位	Central Units	21 529	13 799
地方单位	Local Units	43 495	27 083
按登记注册类型分	**By Registration Categories**		
国有单位	State-owned	19 930	12 992
集体单位	Collective-owned	367	152
其他单位	Other Owership Units	44 727	27 738
#中外合资	Sino-foreign Joint-owned	27 595	18 438
按工业行业分	**By Sectors**		
#食品加工业	Food Processing	160	58
食品制造业	Food Manufacturing	685	308
饮料制造业	Beverage Manufacturing	144	88
烟草加工业	Tobacco Manufacturing	248	140
纺织业	Textile Industry	1 367	724
服装及其他化纤制品	Garment and Other Fiber Product Industry	437	105
皮革、毛皮、羽绒及其制品业	Leather, Furs, Down and Related Products	421	60
木材加工及竹、藤、棕、草制品业	Timber Processing, Bamboo, Cane, Palm Fiber and Straw Products	280	143
家具制造业	Furniture Manufacturing	115	21
造纸及纸制品业	Papermaking and Paper Products	130	94
印刷业、记录媒介的复制	Printing and Record Media Duplicating	723	414
文教体育用品制造业	Stationery, Educational and Sports Goods	1 050	191
石油加工及炼焦业	Petroleum Processing and Coking Products	3 701	2 033
化学原料及化学制品制造业	Raw Chemical Materials and Chemical Products	4 139	2 778
医药制造业	Medical and Pharmaceutical Products	2 849	1 664
化学纤维制造业	Chemical Fibers	389	188
橡胶制品业	Rubber Products	276	140
塑料制品业	Plastic Products	505	285
非金属矿物制品业	Nonmetal Mineral Products	1 033	720
黑色金属冶炼及压延加工业	Smelting and Pressing of Ferrous Metals	6 631	4 167
有色金属冶炼及压延加工业	Smelting and Pressing of Nonferrous Metals	999	524
金属制品业	Metal Products	933	543
普通机械制造业	Ordinary Machinery Manufacturing	6 676	4 391
专用设备制造业	Special Purpose Equipments Manufacturing	5 462	3 219
交通运输设备制造业	Transportation Equipments Manufacturing	6 891	4 747
电气机械及器材制造业	Electric Equipments Manufacturing	4 723	2 648
电子及通信设备制造业	Electronic and Telecommunications Equipments Manufacturing	8 957	6 903
仪器仪表及文化、办公用机械制造业	Instruments, Meter, Cultural & Office Equipments Manufacturing	2 895	1 750
其他制造业	Other Manufacturing	135	108
电力、蒸汽、热水的生产和供应业	Electric Power, Steam & Hot Water Production & Supply	1 363	1 105
煤气生产和供应业	Gas Production and Supply	372	359
自来水的生产和供应业	Tap Water Production and Supply	227	199

表 16.22 续表 continued

类　别	Items	当年筹集额（万元）Funds of 2001 (10 000 yuan)	其　中 of which #上级拨款 Appropriations from Upper Authorities	#银行贷款 Bank Loans	#企业自筹 Self-raised Funds
总　计	**Total**	**1 285 495**	**13 943**	**116 025**	**1 122 849**
按隶属关系分	**Grouped by Subordination**				
中央单位	Central Units	322 359	8 654	4 800	294 350
地方单位	Local Units	963 136	5 289	111 225	828 499
按登记注册类型分	**By Registration Categories**				
国有单位	State-owned	188 641	7 063	7 280	158 296
集体单位	Collective-owned	1 953			1 943
其他单位	Other Ownership Units	1 094 901	6 880	108 745	962 610
#中外合资	Sino-foreign Joint-owned	893 347	1 732	93 997	781 022
按工业行业分	**By Sectors**				
#食品加工业	Food Processing	2 706			2 706
食品制造业	Food Manufacturing	7 405	215	350	6 840
饮料制造业	Beverage Manufacturing	5 706			5 706
烟草加工业	Tobacco Manufacturing	8 852			8 852
纺织业	Textile Industry	9 637	98	600	8 936
服装及其他化纤制品	Garment and Other Fiber Product Industry	2 980			2 980
皮革、毛皮、羽绒及其制品业	Leather, Furs, Down and Related Products	2 887	2		2 861
木材加工及竹、藤、棕、草制品业	Timber Processing, Bamboo, Cane, Palm Fiber and Straw Products	15 255		6 900	8 355
家具制造业	Furniture Manufacturing	358			358
造纸及纸制品业	Papermaking and Paper Products	1 656			1 656
印刷业、记录媒介的复制	Printing and Record Media Duplicating	7 442	902		6 419
文教体育用品制造业	Stationery, Educational and Sports Goods	2 451	2		2 427
石油加工及炼焦业	Petroleum Processing and Coking Products	43 383	185		43 198
化学原料及化学制品制造业	Raw Chemical Materials and Chemical Products	69 254	321	2 440	66 493
医药制造业	Medical and Pharmaceutical Products	49 974	724	258	48 740
化学纤维制造业	Chemical Fibers	5 109		50	5 059
橡胶制品业	Rubber Products	3 736			3 736
塑料制品业	Plastic Products	11 523	85	2 880	8 558
非金属矿物制品业	Nonmetal Mineral Products	10 471	42		10 419
黑色金属冶炼及压延加工业	Smelting and Pressing of Ferrous Metals	94 824	145	620	94 020
有色金属冶炼及压延加工业	Smelting and Pressing of Nonferrous Metals	10 622	265	3 303	7 048
金属制品业	Metal Products	15 878	71	2 240	12 731
普通机械制造业	Ordinary Machinery Manufacturing	73 856	1 816	4 460	66 246
专用设备制造业	Special Purpose Equipments Manufacturing	38 481	117	5 060	33 233
交通运输设备制造业	Transportation Equipments Manufacturing	304 008	6 897	65 370	217 870
电气机械及器材制造业	Electric Equipments Manufacturing	94 664	127	17 894	64 308
电子及通信设备制造业	Electronic and Telecommunications Equipments Manufacturing	329 329	1 010	2 800	325 457
仪器仪表及文化、办公用机械制造业	Instruments, Meter, Cultural & Office Equipments Manufacturing	27 705	686	800	23 206
其他制造业	Other Manufacturing	1 567	150		1 417
电力、蒸汽、热水的生产和供应业	Electric Power, Steam & Hot Water Production & Supply	26 461	20		25 760
煤气生产和供应业	Gas Production and Supply	254			251
自来水的生产和供应业	Tap Water Production and Supply	1 921	14		1 907

表16.23 大中型工业企业技术开发项目与技术开发经费支出情况(2001) TECHNICAL DEVELOPMENT PROJECTS AND EXPENDITURES OF LARGE AND MEDIUM INDUSTRIAL ENTERPRISES

类别	Items	项目数(项) Number of Projects	技术开发经费支出(万元) Expenditures of Technical Development (10 000 yuan)	其中 of which #用于开发新产品 New Products	研究与发展经费内部支出(万元) Interal Expenditures (10 000 yuan)
总　计	**Total**	**4 169**	**1 051 625**	**510 494**	**387 303**
按隶属关系分	**Grouped by Subordination**				
中央单位	Central Units	1 057	301 167	97 039	114 165
地方单位	Local Units	3 112	750 458	413 455	273 138
按登记注册类型分	**By Registration Categories**				
国有单位	State-owned	1 373	180 360	70 797	53 051
集体单位	Collective-owned	32	1 334	362	106
其他单位	Other Ownership Units	2 764	869 931	439 335	334 146
#中外合资	Sino-foreign Joint-owned	1 815	711 487	385 499	290 638
按工业行业分	**By Sectors**				
#食品加工业	Food Processing	24	2 758	1 197	
食品制造业	Food Manufacturing	51	4 508	2 833	25
饮料制造业	Beverage Manufacturing	13	4 084	2 037	1 657
烟草加工业	Tobacco Manufacturing	20	5 491	347	852
纺织业	Textile Industry	69	6 828	3 044	2 169
服装及其他化纤制品	Garment and Other Fiber Product Industry	11	1 953	472	197
皮革、毛皮、羽绒及其制品业	Leather, Furs, Down and Related Products	6	2 940	164	
木材加工及竹、藤、棕、草制品业	Timber Processing, Bamboo, Cane, Palm Fiber and Straw Products	10	1 233	162	100
家具制造业	Furniture Manufacturing	12	334	292	
造纸及纸制品业	Papermaking and Paper Products	11	1 396	610	26
印刷业、记录媒介的复制	Printing and Record Media Duplicating	63	7 547	5 092	3 016
文教体育用品制造业	Stationery, Educational and Sports Goods	53	3 576	1 983	
石油加工及炼焦业	Petroleum Processing and Coking Products	314	38 226	8 941	7 782
化学原料及化学制品制造业	Raw Chemical Materials and Chemical Products	353	55 924	30 455	24 150
医药制造业	Medical and Pharmaceutical Products	320	35 899	20 011	24 146
化学纤维制造业	Chemical Fibers	13	2 972	1 201	78
橡胶制品业	Rubber Products	23	4 066	3 467	3 276
塑料制品业	Plastic Products	63	7 438	6 643	3 318
非金属矿物制品业	Nonmetal Mineral Products	81	9 547	6 932	2 038
黑色金属冶炼及压延加工业	Smelting and Pressing of Ferrous Metals	197	79 595	6 279	18 402
有色金属冶炼及压延加工业	Smelting and Pressing of Nonferrous Metals	58	10 130	5 415	952
金属制品业	Metal Products	92	12 306	6 595	2 823
普通机械制造业	Ordinary Machinery Manufacturing	534	56 478	35 890	29 029
专用设备制造业	Special Purpose Equipments Manufacturing	406	35 141	24 619	12 189
交通运输设备制造业	Transportation Equipments Manufacturing	438	226 816	131 505	111 786
电气机械及器材制造业	Electric Equipments Manufacturing	210	58 868	43 806	25 169
电子及通信设备制造业	Electronic and Telecommunications Equipments Manufacturing	299	293 266	146 202	89 258
仪器仪表及文化、办公用机械制造业	Instruments, Meter, Cultural & Office Equipments Manufacturing	223	18 788	9 771	6 052
其他制造业	Other Manufacturing	13	1 466	1 359	
电力、蒸汽、热水的生产和供应业	Electric Power, Steam & Hot Water Production & Supply	138	54 524	2 736	18 016
煤气生产和供应业	Gas Production and Supply	27	680	96	258
自来水的生产和供应业	Tap Water Production and Supply	18	1 746	330	456

表 16.24 大中型工业企业其他技术活动费用支出情况(2001)
SPECIAL TECHNICAL PROJECT FUNDS OF LARGE AND MEDIUM INDUSTRIAL ENTERPRISES

单位:万元(10 000 yuan)

类 别	Items	技术改造经费支出 Expenditures of Technical Transformation	技术引进经费支出 Expenditures of Technical Introduction	购买国内技术支出 Expenditures of Buying Domestic Techniology
总 计	**Total**	**757 379**	**458 798**	**8 165**
按隶属关系分	**Grouped by Subordination**			
中央单位	Central Units	531 572	85 698	1 720
地方单位	Local Units	225 807	373 100	6 445
按登记注册类型分	**By Registration Categories**			
国有单位	State-owned	289 744	19 822	1 879
集体单位	Collective-owned		8	
其他单位	Other Ownership Units	467 635	438 968	6 286
#中外合资	Sino-foreign Joint-owned	215 280	357 459	2 946
按工业行业分	**By Sectors**			
#食品制造业	Food Manufacturing	1 017	140	40
纺织业	Textile Industry	3 612	2 584	15
印刷业、记录媒介的复制	Printing and Record Media Duplicating	9 086	555	
石油加工及炼焦业	Petroleum Processing and Coking Products	123 484	4 538	1 099
化学原料及化学制品制造业	Raw Chemcial Materials & Chemical Products	21 245	1 828	395
医药制造业	Medical and Pharmaceutical Products	11 037	4 490	535
化学纤维制造业	Chemical Fibers	375	18 630	
橡胶制品业	Rubber Products	1 489	166	
塑料制品业	Plastic Products	100	3 256	
非金属矿物制品业	Nonmetal Mineral Products	5 066	1 999	300
黑色金属冶炼及压延加工业	Smelting and Pressing of Ferrous Metals	207 038	44 202	14
有色金属冶炼及压延加工业	Smelting and Pressing of Nonferrous Metals	3 524	144	
金属制品业	Metal Products	6 387	1 705	97
普通机械制造业	Ordinary Machinery Manufacturing	19 416	21 436	989
专用设备制造业	Special Purpose Equipments Manufacturing	4 040	670	438
交通运输设备制造业	Transportation Equipments Manufacturing	99 977	71 091	1 627
电气机械及器材制造业	Electric Equipments Manufacturing	44 250	12 958	1 004
电子及通信设备制造业	Electronic & Telecommunications Equipments Manufacturing	49 194	252 562	8
仪器仪表及文化、办公用机械制造业	Instruments, Meter, Cultural & Office Equipments Manufacturing	3 706	628	5
电力、蒸汽、热水的生产和供应业	Electric Power, Steam & Hot Water Production and Supply	104 338	10	
煤气生产和供应业	Gas Production and Supply	7 796	302	

表16.25 大中型工业企业新产品开发情况(2001)
NEW PRODUCTS DEVELOPMENT OF LARGE AND MEDIUM INDUSTRIAL ENTERPRISES

类别	Items	新产品项目数(项) New Products (Item)	新产品实现利税(万元) Pre-tax Profits of New Products (10 000 yuan)	新产品销售收入(万元) Sales Revenue of New Products (10 000 yuan)	其中 of which #新产品出口 Export of New Products
总计	**Total**	**3 140**	**2 348 785**	**16 104 417**	**1 889 915**
按隶属关系分	**Grouped by Subordination**				
中央	Central	588	396 256	2 896 675	574 583
地方	Local Units	2 552	1 952 529	13 207 742	1 315 332
按登记注册类型分	**By Registration Categories**				
国有单位	State-owned	946	238 675	1 500 064	256 393
集体单位	Collective-owned	30	2 337	12 222	1 925
其他单位	Other Ownership Units	2 164	2 107 773	14 592 131	1 631 597
#中外合资	Sino-foreign Joint-owned	1 397	1 863 937	12 986 967	1 355 755
按工业行业分	**By Sectors**				
#食品加工业	Food Processing	24	627	4 337	
食品制造业	Food Manufacturing	50	11 889	45 108	7 566
饮料制造业	Beverage Manufacturing	11	1 580	14 402	
烟草加工业	Tobacco Manufacturing	15	48 381	71 750	
纺织业	Textile Industry	59	21 091	89 798	8 333
服装及其他纤维制造业	Garment and Other Fiber Product Industry	8	3 000	21 451	3 984
皮革、毛皮、羽绒及其制品业	Leather, Furs, Down and Related Products	4	1 847	61 207	5 095
木材加工及竹、藤、棕、草制品业	Timber Processing, Bamboo, Cane, Plam Fiber and Straw Products	8	7 987	92 734	
家具制造业	Furniture Manufacturing	10	718	8 444	2 828
造纸及纸制品业	Papermaking and Paper Products	9	24 810	82 545	114
印刷业、记录媒介的复制	Printing and Record Media Duplicating	41	27 403	94 490	373
文教体育用品制造业	Stationery, Educational and Sports Goods	30	5 299	33 537	4 792
石油加工及炼焦业	Petroleum Processing and Coking Products	119	95 169	610 507	29 041
化学原料及化学制品制造业	Raw Chemical Materials & Chemical Products	252	108 437	657 431	20 635
医药制造业	Medical and Pharmaceutical Products	289	44 720	235 834	24 499
化学纤维制造业	Chemical Fibers	10	35 884	184 753	10 363
橡胶制品业	Rubber Products	21	4 302	30 325	7 594
塑料制品业	Plastic Products	58	9 974	64 171	7 008
非金属矿物制品业	Nonmetal Mineral Products	66	14 230	61 481	3 718
黑色金属冶炼及压延加工业	Smelting & Pressing of Ferrous Metals	106	77 685	518 398	61 072
有色金属冶炼及压延加工业	Smelting & Pressing of Nonferrous Metals	48	14 372	189 680	4 205
金属制品业	Metal Products	75	20 319	199 454	109 599
普通机械制造业	Ordinary Machinery Manufacturing	497	138 582	701 644	49 455
专用设备制造业	Special Purpose Equipments Manufacturing	356	45 923	293 847	15 543
交通运输设备制造业	Transportation Equipments Manufacturing	297	1 103 059	5 306 072	459 701
电气机械及器材制造业	Electric Equipments Manufacturing	188	146 204	1 214 182	251 522
电子及通信设备制造业	Electronic and Telecommunications Equipments Manufacturing	251	285 794	4 882 268	714 079
仪器仪表及文化、办公用机械制造业	Instruments, Meter, Cultural & Office Equipments Manufacturing	191	46 154	291 943	88 545
其他制造业	Other Manufacturing	7	3 346	42 617	250
电力、蒸汽、热水的生产和供应业	Electric Power, Steam and Hot Water Production and Supply	23	1	8	

表 16.26 主要年份县以上国有单位独立研究与开发机构职工人数
STAFF AND WORKERS OF STATE-OWNED INDEPENDENT RESEARCH AND DEVELOPMENT INSTITUTIONS ABOVE COUNTY LEVEL IN MAIN YEARS

单位:人(person)

类别	Items	1990	1995	2000	2001
总计	**Total**	**93 757**	**81 337**	**63 660**	**59 206**
按隶属关系分	**Grouped by Subordination**				
中国科学院	The Chinese Academy of Science	10 906	9 253	7 332	6 649
国务院部门	Departments of the State Council	41 551	38 162	32 737	31 384
地方	Local	41 300	33 922	23 591	21 173
按领域分	**By Domain**				
自然科学	Natural Science	90 568	78 766	60 939	56 528
科技情报文献	Scientific & Technological Information & Document	1 581	1 321	1 555	1 532
社会与人文科学	Social Science and Humanities	1 608	1 250	1 166	1 146

表 16.27 主要年份县以上国有单位独立研究与开发机构从事科技活动的科学家和工程师
SCIENTISTS AND ENGINEERS ENGAGED IN SCIENTIFIC AND TECHNICAL ACTIVITIES OF STATE-OWNED INDEPENDENT RESEARCH AND DEVELOPMENT INSTITUTIONS ABOVE COUNTY LEVEL IN MAIN YEARS

单位:人(person)

类别	Items	1990	1995	2000	2001
总计	**Total**	**40 962**	**37 433**	**25 699**	**24 330**
按隶属关系分	**Grouped by Subordination**				
中国科学院	The Chinese Academy of Science	6 091	5 713	3 810	3 542
国务院部门	Departments of the State Council	19 261	18 319	13 129	12 908
地方	Local	25 610	13 401	8 760	7 880
按领域分	**By Domain**				
自然科学	Natural Science	39 130	35 856	24 160	22 768
科技情报文献	Scientific & Technological Information & Document	754	748	732	790
社会与人文科学	Social Science and Humanities	1 078	829	807	772

表 16.28 县以上国有单位独立研究与开发机构人员状况(2001)
PERSONNEL OF STATE-OWNED INDEPENDENT RESEARCH AND DEVELOPMENT INSTITUTIONS ABOVE COUNTY LEVEL

单位:人(person)

类别	Items	从事科技活动人员 Personnel Engaged in Scientific and Technical Activities	其中 of which: #科学家和工程师 Scientists and Engineers	#研究生 Post-graduates	#大学 University and College	#大专 Specialized Institutions of Higher Education
总计	**Total**	**36 581**	**24 330**	**3 485**	**14 162**	**7 815**
按隶属关系分	**Grouped by Subordination**					
中国科学院	The Chinese Academy of Science	4 344	3 542	1 167	1 458	755
国务院部门	Departments of the State Council	20 458	12 908	1 253	8 624	3 622
地方	Local	11 779	7 880	1 065	4 080	3 438
按领域分	**By Domain**					
自然科学	Natural Science	34 411	22 768	3 120	13 476	7 220
科技情报文献	Scientific & Technological Information & Document	1 159	790	75	340	405
社会与人文科学	Social Science and Humanities	1 011	772	290	346	190

表16.29 主要年份县属研究与开发机构状况
RESEARCH AND DEVELOPMENT INSTITUTIONS AT COUNTY LEVEL IN MAIN YEARS

指标	Indicators	1990	1995	2000	2001
机构数(个)	**Number of Institutions(unit)**	**28**	**23**	**35**	**28**
从业人员(人)	**Employment(person)**	**1 175**	**1 057**	**1 261**	**1 270**
#科学家和工程师	Scientists and Engineers	339	385	515	469
技术员	Technicians	378	238	198	349
经费支出(万元)	**Expenditures(10 000 yuan)**	**770**	**2 729**	**7 343**	**7 147**

表16.30 主要年份民营科技企业状况
SCIENTIFIC AND TECHNOLOGICAL RESEARCH INSTITUTIONS RUNNED BY LOCAL PEOPLE IN MAIN YEARS

指标	Indicators	1995	2000	2001
机构数(个)	**Number of Institutions(unit)**	**6 787**	**12 316**	**15 458**
#集体经济单位	Collective-owned Units	3 551	1 401	1 186
从业人员(万人)	**Employment(10 000 persons)**	**13.16**	**26.33**	**32.35**
#从事科技活动的科学家和工程师	Scientific & Technical Personnel Scientists & Engineers	5.98	8.90	10.09
技术员	Technicians	2.24	4.05	4.95
经费收入(亿元)	**Funds(100 million yuan)**	**176.99**	**811.35**	**1 122.46**
经费支出(亿元)	**Expenditures(100 million yuan)**	**146.41**	**712.97**	**915.29**

注：本表统计范围是指经上海市科委确认的独立核算国有、集体、个体、私营以及国有与集体联营等科技经营机构。
Note: Figures of scientific and technical institutions in this table are the enterprises with independent accounting systems such as State-owned, collective-owned, individual, private and state-collective joint units certified by Shanghai Science and Technology Commission.

表16.31 普通高等学校科技活动人员(2001)
SCIENTIFIC AND TECHNICAL PERSONNEL OF INSTITUTIONS OF HIGHER EDUCATION

单位：人(person)

指标	Indicators	合计 Total	其中 of which #自然科学 Natural Science	#工程与技术 Engineering and Technology	#医学科学 Medical Science	#农业科学 Agriculture Science	#社会和人文科学 Social Science and Humanities
总计	**Total**	**49 522**	**6 262**	**14 760**	**16 952**	**445**	**8 367**
按职称分	**By Professional Title**						
高级	Senior	13 536	2 470	4 917	3 037	129	2 696
中级	Medium	18 419	2 435	6 513	4 826	157	3 501
初级	Junior	14 638	900	2 709	8 447	129	1 851
按技术等级分	**By Technical Scale**						
科学家和工程师	Scientists and Engineers	46 593	5 805	14 139	16 310	415	8 048
技术员	Technicians	925	36	164	458	28	87

注：本表统计范围是指普通高等学校中理工医类口径。
Note: Figures of scientific and technical pernnel in this table refer those of science, engineering, agriculture and medicine of higher education.

表 16.32 主要年份普通高等学校研究与开发状况
THE STATUS OF R&D BY INSTITUTIONS OF HIGHER EDUCATION IN MAIN YEARS

	指 标 Indicators	1990	1995	1999	2000	2001
科技活动人员数(人)	**Technical Personnel(person)**	**50 800**	**49 795**	**51 139**	**49 402**	**49 522**
自然科学	Natural Science	7 901	6 382	5 766	5 012	6 262
工程与技术	Engineering and Technology	17 976	18 200	15 860	15 854	14 760
医学科学	Medical Science	12 116	15 036	16 529	15 817	16 952
农业科学	Agriculture Science	415	324	342	441	445
社会与人文科学	Social Science and Humanities	9 199	8 477	10 037	8 994	8 367
其 他	Others	1 899	1 376	2 605	3 284	2 736
R&D 机构数(个)	**R&D Institutions(unit)**	**370**	**387**	**309**	**326**	**265**
R&D 人员数(人)	**R&D Personnel(person)**	**16 629**	**14 640**	**13 900**	**13 526**	**14 282**
#科学家和工程师	Scientists & Engineers	15 278	13 769	13 316	13 055	13 703
#高级职务	Senior Duty	5 363	5 742	6 423	6 212	6 322
课题数(个)	**Number of Projects(unit)**	**8 801**	**9 755**	**12 080**	**12 827**	**11 517**
课题投入人数(万人)	**Personnel of Projects(10 000 persons)**	**1.21**	**1.5**	**1.53**	**1.71**	**1.08**
课题投入经费(亿元)	**Funds(100 million yuan)**	**1.36**	**5.19**	**10.60**	**13.56**	**17.14**
课题经费支出(亿元)	**Expenditures(100 million yuan)**	**1.11**	**4.32**	**9.71**	**10.64**	**13.60**

表 16.33 普通高等学校 R&D 人员、机构及课题情况(2001)
PERSONNEL, INSTITUTIONS AND PROJECTS OF R&D IN INSTITUTIONS OF HIGHER EDUCATION

	指 标 Indicators	合 计 Total	其 中 of which #自然科学 Natural Science	#工程与技术 Engineering and Technology	#医学科学 Medical Science	#农业科学 Agriculture Science
R&D 人员数(人)	**R&D Personnel(person)**	**14 282**	**2 207**	**7 022**	**4 836**	**217**
#科学家和工程师	Scientists and Engineers	13 703	2 119	6 752	4 624	208
#高级职务	Senior Duty	6 322	1 119	3 272	1 823	108
R&D 机构数(个)	R&D Institutions(unit)	265	51	125	82	7
R&D 机构人员(人)	R&D Institutions Personnel(person)	6 541	1 158	3 230	2 108	45
课题数(个)	Number of Projects(unit)	11 517	2 426	6 383	2 134	346
课题投入人数(人年)	Personnel of Projects(person-year)	10 803	2 140	5 692	2 628	212
课题投入经费(万元)	Funds(10 000 yuan)	171 363	20 756	129 425	15 712	1 719
课题经费支出(万元)	Expenditures(10 000 yuan)	135 975	14 377	107 207	10 492	942

表 16.34 各级科协机构和人员(2001)
INSTITUTIONS AND PERSONNEL OF SCIENCE AND TECHNOLOGY ASSOCIATIONS AT VARIOUS LEVELS

指 标	Indicators	市级科协 Prefectural Associations	区级科协 District Associations	县级科协 County Associations
机构数(个)	Number of Institutions(unit)	1	14	5
人 员(人)	Personnel(person)	57	524	161
#科学家和工程师	Scientists and Engineers	47	63	34
各级学会在册个数(个)	Number of Societies Registered(unit)	164	215	82

表 16.34 续表 continued

指 标	Indicators	机构数(个) Number of Institutions (unit)	个人会员 (万人) Individual Member (10 000 persons)	其 中 of which #科学家和工程师 Scientists and Engineers	团体会员数(个) Organization Member (unit)	所属分科学会(个) Attached Associations (unit)
市级学会	Prefectural Societies	162	20.51	16.31	7 245	1 535

表 16.35 科协系统学术交流情况(2001)
ACADEMIC EXCHANGES OF SCIENCE AND TECHNOLOGY ASSOCIATIONS

指 标	Indicators	合 计 Total	科 协 Associations	学 会 Societies
国内学术会议	**Domestic Academic Meetings**			
举办次数(次)	Times	918	280	638
参加人次(人次)	Participants(person-times)	201 211	26 181	175 030
交流论文(篇)	Papers Exchanged(piece)	20 943	2 882	18 061
国际学术会议	**International Academic Meetings**			
举办次数(次)	Times	75	8	67
中方参加人次(人次)	Chinese Participants(person-time)	18 716	4 876	13 840
中方交流论文(篇)	Chinese Papers Exchanged(piece)	2 279	178	2 101
外方参加人次(人次)	Oversea Participants(person-time)	2 975	1 154	1 821
外方交流论文(篇)	Oversea Papers Exchanged(piece)	896	92	804
接待科技来访团组	**Receiving Visiting Science and Technology Delegations**			
接待海外科技团组数(个)	Foreign Science and Technology Groups(unit)	311	49	262
接待海外来访人次(人次)	Foreign Visitors(person-time)	2 456	556	1 900
外派科技团组	**Dispatching Science and Technology Delegations Abroad**			
外派团组数(个)	Number of Delegations Sent Abroad(unit)	67	34	33
外派总人次(人次)	Number of People Sent Abroad(person-time)	396	205	191
#外派研修生	Trainees Sent Abroad	3		3
访问考察	Investigation Tours	221	153	68
参加国际会议	Attending International Conferences	121	10	111

表 16.36 科协系统科普活动和科技培训情况(2001)
PROMOTING SCIENCE ACTIVITIES AND TRAINING PROGRAM PARTICIPANTS ORGANIZED BY SCIENCE AND TECHNOLOGY ASSOCIATIONS

指 标	Indicators	合 计 Total	科 协 Associations	学 会 Societies
科普活动	**Promoting Science Activities**			
科普讲座次数(次)	Lectures(time)	7 567	5 640	1 927
科普讲座参加人次(万人次)	Participants(10 000 person-times)	73.16	42.2	30.96
科普展览次数(次)	Exhibitions(time)	1 029	898	131
科普展览参加人次(万人次)	Participants(10 000 person-times)	104.07	79.28	24.79
科普宣传活动(次)	Popular Science Promotion Activities(time)	3 676	2 987	689
科技夏(冬)令营次数(次)	Technical Summer(Winter) Camp(time)	256	207	49
青少年科技竞赛次数(次)	Youth Technical Competitions(time)	1 057	996	61
科技培训	**Training Program**			
学历证书班	Classes with Certification			
本年结业学员数(人)	Number of Completing-course Students in the Year(person)	4 819	1 079	3 740
培训班	Training Class			
36 学时以上班数(个)	Classes of more than 36 Learning Hours(unit)	1 680	1 415	265
培训人次(万人次)	Trainees(10 000 person-times)	9.01	6.07	2.94

表 16.37 科协系统出版物和科技服务情况(2001)
PUBLICATIONS AND CONSULATIVE ACTIVITIES OF TECHNOLOGY ASSOCIATIONS

指 标	Indicators	合 计 Total	科 协 Associations	学 会 Societies
出版物	**Publications**			
主办科技期刊种数(种)	Academic Journals(sort)	80	4	76
年发行总数(万册)	Total Circulation Distributed(10 000 copies)	556.60	18.71	537.89
年发表论文(篇)	Thesis Published on Academic Journals(piece)	7 742		7 742
编辑论文集种数(种)	Thesis Collection(sort)	110	12	98
年发行总数(册)	Annual Circulation(copy)	67 865	12 650	55 215
主办科技报纸种数(种)	Science and Technology Newspaper(sort)	10	2	8
年发行份数(万份)	Annual Circulation(10 000 pieces)	2 938.6	1 407.8	1 530.8
编著科技图书种数(种)	Science and Technology Books(sort)	127	93	34
年发行册数(万册)	Annual Circulation(10 000 copies)	157.37	107.80	49.57
咨 询	**Consultation**			
完成技术咨询合同数(项)	Technical Contracts Completed(item)	6 549	6 135	414
决策咨询(项)	Decision-making Consultation(item)	157	77	80
无偿咨询项目数(项)	Free Consultation(item)	1 087	130	957
咨询合同实现金额(万元)	Technical Constracts Revenue(10 000 yuan)	8 112.6	6 652.8	1 459.8
科技建议	**Scientific and Technological Suggestion**			
被采纳建议项数(项)	Number of Suggestions Adopted(item)	69	51	18

第十七篇

CHAPTER 17

教育、文化

EDUCATION AND CULTURE

表 17.1 历年各级各类学校在校学生数
STUDENTS ENROLLMENT BY VARIOUS SCHOOLS

单位:万人(10 000 persons)

年份 Year	高等学校 Institutions of Higher Education	中等学校 Secondary Schools	其中 of which 中等专业学校 Specialized Secondary Schools	普通中学 Regular Secondary Schools	职业学校 Secondary Vocational Schools	技工学校 Technical Worker Schools	小学 Primary Schools	特殊教育学校 Special Education Schools
1949	2.03	10.45	0.72	9.73	…		48.17	0.04
1950	2.29	11.35	0.81	10.54			58.11	0.04
1951	2.21	12.92	1.10	11.82			72.78	0.06
1952	2.23	18.90	1.80	17.10			91.17	0.07
1953	2.34	20.80	1.63	19.17			88.50	0.07
1954	2.74	25.00	1.86	23.14			95.04	0.07
1955	3.01	27.91	2.00	25.91			100.41	0.07
1956	3.99	35.90	2.64	33.26			114.37	0.09
1957	3.87	39.09	2.36	36.73			124.48	0.10
1958	4.58	46.28	3.71	39.32	0.18	3.07	155.13	0.14
1959	5.59	44.62	4.79	37.02	0.03	2.78	162.91	0.16
1960	6.34	49.73	6.71	38.85	0.75	3.42	179.16	0.18
1961	6.36	48.93	6.02	38.62	2.56	1.73	178.80	0.18
1962	5.86	51.03	3.84	44.65	2.12	0.42	175.94	0.17
1963	5.36	55.86	3.13	49.92	2.23	0.58	183.88	0.17
1964	5.29	66.42	2.89	58.77	3.11	1.65	199.17	0.18
1965	5.20	72.63	2.81	64.07	2.43	3.32	207.92	0.20
1966	5.27	54.86	0.27	54.59			202.60	0.20
1967	4.80	52.98	0.22	52.76			199.72	0.20
1968	2.86	57.52	0.08	57.44			192.44	0.19
1969	2.18	77.30	0.09	77.21			169.86	0.19
1970	0.38	71.60	0.06	71.54			164.59	0.21
1971	0.35	76.58	0.17	76.41			155.73	0.15
1972	0.81	103.81	0.10	103.71			163.52	0.16
1973	1.68	125.32	1.53	123.79			152.33	0.19
1974	2.51	115.11	0.75	114.36			138.23	0.20
1975	3.13	111.81	1.12	110.69			123.93	0.16
1976	3.36	113.26	0.69	112.57			104.83	0.15
1977	3.56	122.91	0.48	122.43			84.06	0.17
1978	5.06	101.81	1.55	100.26			87.06	0.18
1979	6.74	90.80	2.42	81.72		6.66	88.00	0.18
1980	7.67	71.68	2.81	62.71	0.29	5.87	85.47	0.18
1981	9.11	58.82	2.94	49.93	0.45	5.50	83.22	0.16
1982	8.39	61.69	3.30	53.53	0.85	4.01	78.88	0.16
1983	7.87	60.53	3.61	52.04	1.71	3.17	79.82	0.23
1984	8.99	61.01	4.48	49.18	3.07	4.28	83.47	0.21
1985	10.79	63.50	5.92	48.23	4.69	4.66	84.18	0.23
1986	11.77	64.82	6.86	48.31	4.71	4.94	86.56	0.25
1987	12.25	64.50	7.03	48.21	4.08	5.18	89.35	0.28
1988	12.82	61.20	6.52	45.68	3.69	5.31	98.39	0.30
1989	12.61	61.01	6.45	46.10	3.54	4.92	106.02	0.32
1990	12.13	62.59	6.17	48.31	3.66	4.45	110.19	0.33
1991	11.69	65.92	6.01	51.24	3.97	4.70	111.38	0.35
1992	11.95	70.84	6.41	54.77	4.90	4.76	113.37	0.38
1993	13.10	76.54	7.58	57.69	6.39	4.88	116.70	0.44
1994	14.04	87.23	9.23	65.56	7.54	4.90	113.98	0.52
1995	14.41	96.38	10.85	72.40	8.64	4.49	109.78	0.57
1996	14.79	99.97	9.95	76.23	9.12	4.67	106.46	0.62
1997	15.38	100.81	11.10	74.43	10.29	4.99	102.44	0.63
1998	16.51	102.53	12.38	73.85	10.72	5.58	96.14	0.52
1999	18.63	105.66	13.06	76.69	10.21	5.70	87.16	0.53
2000	22.68	105.28	11.89	79.54	8.48	5.37	78.86	0.54
2001	28.00	104.41	12.12	80.23	7.52	4.54	72.28	0.55

表17.2 历年每万人口在校学生数、每个教师负担学生数
STUDENTS ENROLLMENT PER 10 000 PERSONS AND STUDENTS TAUGHT BY EVERY TEACHER

单位：人(person)

年 份 Year	平均每万人口在校学生数 Students Enrollment Per 10 000 Persons				平均每个教师负担学生数 Students Taught by Every Teacher		
	大学生 College and University	中专生 Special Secondary School	中学生 High School	小学生 Primary School	普通高校 Institution of Higher Education	普通中等学校 Specialized Secondary Schools	普通小学 Primary Schools
1949	26	14	135	623	11	19	28
1950	30	16	148	757	11	24	31
1951	27	19	155	874	10	25	34
1952	26	21	222	1 072	9	29	36
1953	26	18	231	982	7	28	36
1954	29	19	261	992	7	28	37
1955	33	22	302	1 085	7	28	37
1956	42	28	381	1 214	7	25	38
1957	38	23	387	1 233	6	23	35
1958	46	37	463	1 553	8	27	42
1959	54	47	434	1 584	8	24	39
1960	60	64	471	1 696	8	23	38
1961	60	57	462	1 688	6	20	36
1962	55	36	482	1 663	6	20	36
1963	50	29	520	1 713	5	20	36
1964	49	27	611	1 834	5	21	37
1965	48	26	664	1 901	5	21	38
1966	48	2	501	1 849	5	16	32
1967	43	2	479	1 806	4	15	31
1968	26	1	519	1 735	3	15	30
1969	20	1	707	1 553	2	19	26
1970	4	1	668	1 535		16	25
1971	3	2	718	1 460		16	24
1972	8	1	967	1 537	1	21	26
1973	16	14	1 171	1 424	2	24	25
1974	23	7	1 072	1 287	2	22	23
1975	29	10	1 038	1 151	3	21	22
1976	31	6	1 047	969	3	21	20
1977	33	4	1 131	774	2	21	18
1978	46	14	913	793	3	17	18
1979	60	21	722	777	4	16	19
1980	67	24	547	746	4	13	18
1981	78	25	429	716	5	11	17
1982	71	28	453	668	4	12	16
1983	66	30	436	669	4	10	16
1984	75	37	408	693	4	11	17
1985	89	49	396	692	4	12	17
1986	95	56	392	702	5	11	17
1987	98	56	386	715	5	11	17
1988	102	52	362	779	5	11	18
1989	99	50	361	831	5	11	19
1990	94	48	376	859	5	11	19
1991	91	47	398	865	5	12	19
1992	93	50	425	879	5	13	22
1993	101	58	445	901	6	14	21
1994	108	71	504	877	6	15	21
1995	110	83	556	843	7	16	20
1996	113	76	584	816	7	16	20
1997	118	85	570	785	8	16	20
1998	126	95	565	736	8	17	19
1999	142	99	584	664	9	17	19
2000	172	90	602	597	11	17	18
2001	211	91	605	545	13	16	17

表 17.3 各级各类学校基本情况(2001)
BASIC STATISTICS OF VARIOUS SCHOOLS

类别 Items		学校(所) Schools (unit)	专任教师人数(万人) Teachers (10 000 persons)	在校学生数(万人) Students Enrollment (10 000 persons)	毕业生人数(万人) Graduates (10 000 persons)
总计	**Total**	**2 013**	**12.78**	**205.24**	**54.41**
高等学校	Institutions of Higher Education	45	2.17	28.00	4.28
中等专业学校	Specialized Secondary Schools	82	0.51	12.12	2.94
职业中学	Secondary Vocational Schools	54	0.37	7.52	3.36
技工学校	Technical Worker Schools	83	0.23	4.54	1.43
普通中学	Regular Secondary Schools	865	5.11	80.23	24.91
小学	Primary Schools	852	4.30	72.28	17.43
特殊教育学校	Special Education Schools	32	0.09	0.55	0.06

注：2001 年学龄儿童入学率 99.99%；初中毕业生入学率 98%；普通高校录取率 75.9%。
Note: In year 2001, the attendance rate of schoolage children in Shanghai is 99.99 percent; the rate of admission to higher schools for junior middle school graduates reaches 98 percent; and the rate of admission to regular institutions of higher education is 75.9 percent.

表 17.4 主要年份博士生、硕士生和研究生人数
NUMBER OF DOCTOR, MASTER AND GRADUATE STUDENTS IN MAIN YEARS

单位：人(person)

年份 Year	获博士学位人数 Number of Doctor's Degree Obtained	获硕士学位人数 Number of Master's Degree Obtained	研究生 Postgraduates					
			招生数 New Students Enrollment		在读人数 Students Enrollment		毕业生数 Graduates	
			高等学校 Institutions of Higher Education	研究所(院) Research Institutions (Academies)	高等学校 Institutions of Higher Education	研究所(院) Research Institutions (Academies)	高等学校 Institutions of Higher Education	研究所(院) Research Institutions (Academies)
1978			1 072		1 253		9	
1980			410		2 696		6	
1985	57	1 371	4 264	83	8 163	170	1 543	37
1986	37	1 243	3 933	88	10 195	238	1 642	27
1987	70	1 902	3 444	70	10 766	243	2 692	58
1988	249	3 196	3 406	374	10 332	1 354	3 524	474
1989	302	3 198	2 679	325	9 120	1 167	3 367	417
1990	300	2 746	2 803	324	8 533	1 035	2 953	369
1991	342	2 739	2 717	302	8 020	949	2 936	320
1992	343	2 124	3 323	345	8 858	997	2 262	264
1993	368	2 489	3 919	363	10 037	1 008	2 569	315
1994	442	2 363	4 665	465	11 905	1 185	2 608	251
1995	606	2 742	4 776	525	13 378	1 335	3 038	317
1996	627	3 233	5 915	592	15 307	1 528	3 537	323
1997	890	3 585	6 163	562	16 841	1 619	4 117	358
1998	1 090	3 552	7 281	593	19 499	1 663	4 253	389
1999	1 323	4 288	8 758	655	22 656	1 764	5 196	415
2000	1 307	4 546	11 796	856	28 582	2 032	5 435	433
2001	1 487	5 330	14 751	1 075	36 528	2 515	6 380	437

表17.5 高等学校基本情况(2001)
BASIC STATISTICS OF INSTITUTIONS OF HIGHER EDUCATION

类 别 Items		学校(所) Institutions (unit)	毕业生数(人) Graduates (person)	招生数(人) New Students Enrollment (person)	在校学生数(人) Students Enrollment (person)	教职员工(人) Staff and Workers (person)	其 中 of which # 专任教师 Full-time Teachers	其 中 of which # 正、副教授 Prof. & Associate Prof.
总 计	**Total**	**45**	**42 842**	**98 579**	**279 966**	**61 693**	**21 695**	**9 822**
# 综合大学	Comprehensive Universities	2	7 179	11 808	41 308	11 682	4 051	2 048
理工院校	Science and Engineering	12	20 162	35 974	117 475	29 126	9 381	4 423
农林院校	Agriculture and Forestry	1	886	3 628	7 275	798	351	135
医药院校	Medical	2	1 474	1 673	6 899	2 614	724	308
师范院校	Teacher Training	2	5 062	9 599	30 113	6 962	2 543	1 224
语言院校	Linguistics and Literacy	1	641	1 582	5 186	1 217	442	142
财经院校	Economics and Finance	6	3 653	9 275	22 936	2 941	1 298	456
政法院校	Politics and Law	2	1 300	1 849	6 293	1 042	406	114
体育院校	Physical Culture	1	379	990	3 305	725	341	115
艺术院校	Art Schools	2	242	369	1 283	756	282	125
职业技术大学	Vocational Technical Universities	13	666	14 041	24 081	3 105	1 528	556

注：学生数未包括研究生人数。
Note: Postgraduates are not included in the students enrollment.

表17.6 高等学校分科专任教师数和学生数(2001)
FULL TIME TEACHERS AND STUDENTS IN INSTITUTIONS OF HIGHER EDUCATION BY FIELDS OF STUDY

单位:人(person)

类 别 Items		专任教师数 Full-time Teachers	其中 of which 教 授 Prof.	副教授 Associ-ate Prof.	讲 师 Lec-turers	助 教 Assis-tants	教 员 Instructors	毕业生人数 Graduates	招生人数 New Students Enrollment	在校学生人数 Students Enrollment
总 计	**Total**	**21 695**	**2 937**	**6 885**	**8 371**	**2 751**	**751**	**42 842**	**98 579**	**279 966**
哲 学	Philosophy	731	80	257	337	40	17	36	47	226
经济学	Economics	1 532	163	481	625	208	55	3 647	8 696	23 124
法 学	Law	887	85	264	413	81	44	2 579	5 082	15 207
教育学	Education	2 533	146	570	1 172	501	144	1 428	5 099	12 845
文 学	Literature	3 948	340	1 080	1 575	769	184	4 846	13 927	35 487
历史学	History	272	60	98	89	20	5	200	225	810
理 学	Science	3 146	631	1 189	1 041	248	37	3 030	5 537	18 285
工 学	Engineering	6 687	1 096	2 343	2 529	552	167	16 894	35 117	106 234
农 学	Agriculture	224	27	58	72	62	5	373	756	2 529
医 学	Medical	968	185	253	263	202	65	2 346	3 445	13 212
管理学	Manage	767	124	292	255	68	28	7 463	20 648	52 007

表 17.7　中等专业学校基本情况（2001）
BASIC STATISTICS OF SPECIALIZED SECONDARY SCHOOLS

类　别 Items		学校(所) Schools (unit)	毕业生数(人) Graduates (person)	招生数(人) New Students Enrollment (person)	在校学生(人) Students Enrollment (person)	教职员工(人) Staff and Workers (person)	其 中 of which #专任教师 Full-time Teachers
总　计	**Total**	**82**	**29 392**	**34 848**	**121 242**	**12 297**	**5 140**
中等技术学校	**Technical**	**81**	**29 107**	**34 848**	**120 653**	**12 189**	**5 078**
工业学校	Industry	38	17 988	19 498	71 139	7 286	2 902
农业学校	Agriculture	3	2 129	2 480	6 889	487	226
林业学校	Forestry	1	122	433	1 216	79	38
医药学校	Medical	17	1 891	1 393	6 035	1 343	603
财经学校	Econonmics and Finance	10	6 110	8 919	27 818	1 325	602
政法学校	Politics and Law	2		205	524	191	56
体育学校	Physical Culture	3	73	203	685	511	169
艺术学校	Art	6	546	829	3 160	813	405
其他学校	Others	1	248	888	3 187	154	77
中等师范学校	**Teacher Training**	**1**	**285**		**589**	**108**	**62**

表 17.8　职业中学和技工学校基本情况（2001）
BASIC STATISTICS OF SECONDARY VOCATIONAL SCHOOLS AND TECHNICAL WORKER SCHOOLS

类　别 Items		学校(所) Schools (unit)	毕业生数(人) Graduates (person)	招生数(人) New Students Enrollment (person)	在校学生(人) Students Enrollment (person)	教职员工(人) Staff and Workers (person)	其 中 of which #专任教师 Full-time Teachers
职业中学	Secondary Vocational Schools	54	33 642	25 785	75 212	6 280	3 722
技工学校	Technical Worker Schools	83	14 281	13 990	45 407	7 074	2 271

表 17.9　普通中学基本情况（2001）
BASIC STATISTICS OF REGULAR SECONDARY SCHOOLS

类　别 Items		学校(所) Schools (unit)	毕业生数(人) Graduates (person)	招生数(人) New Students Enrollment (person)	在校学生(人) Students Enrollment (person)	专任教师(人) Full-time Teachers (person)
总　计	**Total**	**865**	**249 051**	**264 191**	**802 318**	**50 411**
高　中	Senior	330	79 158	91 787	250 822	15 017
初　中	Junior	535	169 893	172 404	551 496	35 394

注：普通中学学校数中，完全中学 192 所，高级中学 138 所，初级中学 424 所。
Note: In regular secondary schools, there are 192 whole secondary schools , 138 senior high schools and 424 junior high schools.

表17.10 各区、县普通中学基本情况(2001)
BASIC STATISTICS OF REGULAR SECONDARY SCHOOLS BY DISTRICT

地 区	District	学校(所) Schools (unit)	毕业生数(人) Graduates (person)	招生数(人) New Students Enrollment (person)	在校学生(人) Students Enrollment (person)	教职员工(人) Staff and Workers (person)	其中 of which #专任教师 Full-time Teachers
总 计	**Total**	**865**	**249 051**	**264 191**	**802 318**	**76 519**	**50 411**
黄浦区	Huangpu	38	14 242	13 461	42 572	4 217	2 735
卢湾区	Luwan	25	7 186	6 297	20 767	2 057	1 293
徐汇区	Xuhui	56	16 979	18 166	54 641	5 199	3 496
长宁区	Changning	35	12 128	12 645	38 142	3 364	2 294
静安区	Jing'an	18	7 753	7 181	23 340	2 296	1 499
普陀区	Putuo	63	17 506	18 498	56 263	5 527	3 507
闸北区	Zhabei	52	15 713	15 798	48 400	4 726	3 085
虹口区	Hongkou	55	15 869	16 065	49 496	4 397	2 868
杨浦区	Yangpu	73	21 013	21 552	67 052	6 082	4 184
浦东新区	Pudong New Area	112	34 579	35 150	108 698	10 230	7 011
闵行区	Minhang	47	11 647	12 879	37 359	4 275	2 769
宝山区	Baoshan	52	12 057	14 670	42 759	3 826	2 550
嘉定区	Jiading	31	8 561	8 378	25 689	2 842	1 725
金山区	Jinshan	29	8 612	9 686	29 289	3 173	2 067
松江区	Songjiang	32	7 839	9 925	29 270	2 723	1 685
青浦区	Qingpu	29	7 411	7 991	24 856	2 063	1 432
南汇区	Nanhui	40	11 272	13 807	39 746	3 431	2 378
奉贤区	Fengxian	32	7 562	8 637	25 860	2 809	1 634
崇明县	Chongming	38	10 217	12 481	35 612	2 961	1 966
农 场	Farm	8	905	924	2 507	321	233

表 17.11 各区、县普通中学初、高中学生基本情况(2001)
BASIC STATISTICS OF JUNIOR AND SENIOR HIGH SCHOOLS STUDENTS BY DISTRICT

单位:人(person)

地 区	District	毕业生数 Graduates		招生数 New Students Enrollment		在校学生 Students Enrollment	
		初 中 Junior	高 中 Senior	初 中 Junior	高 中 Senior	初 中 Junior	高 中 Senior
总 计	**Total**	**169 893**	**79 158**	**172 404**	**91 787**	**551 496**	**250 822**
黄浦区	Huangpu	9 950	4 292	8 010	5 451	27 501	15 071
卢湾区	Luwan	5 102	2 084	3 950	2 347	13 978	6 789
徐汇区	Xuhui	10 801	6 178	10 875	7 291	34 230	20 411
长宁区	Changning	8 435	3 693	7 625	5 020	24 776	13 366
静安区	Jing'an	5 083	2 670	4 102	3 079	14 386	8 954
普陀区	Putuo	11 835	5 671	11 128	7 370	36 321	19 942
闸北区	Zhabei	11 092	4 621	10 683	5 115	34 226	14 174
虹口区	Hongkou	11 242	4 627	9 620	6 445	32 497	16 999
杨浦区	Yangpu	14 168	6 845	13 832	7 720	45 750	21 302
浦东新区	Pudong New Area	21 108	13 471	23 599	11 551	74 218	34 430
闵行区	Minhang	7 541	4 106	8 434	4 446	25 524	11 885
宝山区	Baoshan	8 514	3 543	10 325	4 345	31 300	11 459
嘉定区	Jiading	5 669	2 892	5 279	3 099	17 627	8 062
金山区	Jinshan	6 344	2 268	6 997	2 689	22 069	7 220
松江区	Songjiang	5 541	2 298	6 896	3 029	21 713	7 557
青浦区	Qingpu	5 720	1 691	5 625	2 366	18 671	6 185
南汇区	Nanhui	8 068	3 204	10 033	3 771	30 031	9 715
奉贤区	Fengxian	5 676	1 886	5 821	2 816	18 885	6 975
崇明县	Chongming	7 325	2 892	8 755	3 728	25 614	9 998
农 场	Farm	679	226	815	109	2 179	328

表17.12 各区、县职业中学基本情况（2001）
BASIC STATISTICS OF SECONDARY VOCATIONAL SCHOOLS BY DISTRICT

地　区	District	学校(所) Schools (unit)	毕业生数(人) Graduates (person)	招生数(人) New Students Enrollment (person)	在校学生(人) Students Enrollment (person)	教职员工(人) Staff and Workers (person)	其中 of which #专任教师 Full-time Teachers
总计	**Total**	**54**	**33 642**	**25 785**	**75 212**	**6 280**	**3 722**
黄浦区	Huangpu	4	2 825	2 272	6 272	6 48	362
卢湾区	Luwan	3	1 609	1 033	3 449	306	189
徐汇区	Xuhui	3	2 138	1 403	4 737	414	223
长宁区	Changning	1	1 570	1 279	3 660	364	201
静安区	Jing'an	1	707	903	2 634	303	173
普陀区	Putuo	4	3 128	1 663	5 204	412	240
闸北区	Zhabei	4	1 721	1 584	4 373	360	208
虹口区	Hongkou	3	2 215	1 460	5 385	450	246
杨浦区	Yangpu	1	1 908	1 819	4 602	316	212
浦东新区	Pudong New Area	7	6 889	5 359	16 494	1 082	716
闵行区	Minhang	3	1 178	1 044	2 606	244	121
宝山区	Baoshan	6	2 379	1 985	5 438	323	180
嘉定区	Jiading	1	418	413	755	118	74
金山区	Jinshan	1	551	307	607	46	21
松江区	Songjiang	2	1 134	978	2 251	240	151
青浦区	Qingpu	3	978	868	2 338	233	126
南汇区	Nanhui		520	128	653		
奉贤区	Fengxian	1	288	137	576	98	60
崇明县	Chongming	4	1 354	1 065	2 890	283	198
农　场	Farm	2	132	85	288	40	21

表 17.13 各区、县普通小学基本情况(2001)
BASIC STATISTICS OF REGULAR PRIMARY SCHOOLS BY DISTRICT

地 区 District		学校(所) Schools (unit)	毕业生数(人) Graduates (person)	招生数(人) New Students Enrollment (person)	在校学生(人) Students Enrollment (person)	教职员工(人) Staff and Workers (person)	其中 of which #专任教师 Full-time Teachers
总 计	**Total**	**852**	**174 314**	**102 749**	**722 847**	**58 705**	**42 329**
黄浦区	Huangpu	31	7 547	3 090	25 419	2 115	1 570
卢湾区	Luwan	20	4 026	1 739	14 007	1 437	1 004
徐汇区	Xuhui	49	10 345	6 357	43 866	2 780	2 003
长宁区	Changning	30	7 569	3 608	28 733	2 074	1 564
静安区	Jing'an	14	4 643	1 943	14 674	1 516	1 126
普陀区	Putuo	42	12 734	5 562	40 455	2 854	2 000
闸北区	Zhabei	41	10 488	4 938	38 005	3 024	2 103
虹口区	Hongkou	50	9 353	4 198	34 042	2 849	2 113
杨浦区	Yangpu	55	13 818	5 933	48 284	3 657	2 832
浦东新区	Pudong New Area	128	24 256	15 442	103 635	8 784	6 521
闵行区	Minhang	52	7 843	6 745	41 278	3 326	2 152
宝山区	Baoshan	74	10 448	8 045	51 702	4 177	3 282
嘉定区	Jiading	30	5 318	4 553	27 600	2 362	1 593
金山区	Jinshan	47	6 985	4 947	33 587	2 958	1 840
松江区	Songjiang	23	6 829	4 495	30 998	2 677	1 824
青浦区	Qingpu	35	5 766	4 652	30 412	2 371	1 734
南汇区	Nanhui	29	10 632	6 293	43 083	3 487	2 726
奉贤区	Fengxian	28	5 780	4 638	30 074	2 815	1 814
崇明县	Chongming	65	8 711	4 614	36 495	2 944	2 151
农 场	Farm	9	1 223	957	6 498	498	377

表 17.14 主要年份幼儿园、特殊教育学校基本情况
BASIC STATISTICS OF KINDERGARTENS AND SPECIAL EDUCATION SCHOOLS IN MAIN YEARS

类 别	Items	1978	1980	1990	2000	2001
幼儿园	**Kindergartens**					
幼儿园(所)	Kindergartens(unit)	3 843	4 599	4 774	1 616	1 215
幼儿数(万人)	Children Enrollment(10 000 persons)	22.88	26.30	41.75	24.12	23.40
教职员工(万人)	Staff and Workers(10 000 persons)	2.20	2.24	4.35	2.52	2.42
#教　师	Teachers	1.49	1.57	2.79	1.50	1.44
特殊教育学校	**Special Education**					
学校(所)	Schools(unit)	19	20	29	34	32
毕业生数(人)	Graduates(person)	186	195	237	868	615
招生数(人)	New Students Enrollment(person)	347	271	561	1 141	731
在校学生(人)	Students Enrollment(person)	1 764	1 812	3 341	5 407	5 463
教职员工(人)	Staff and Workers(person)	541	621	1 053	1 584	1 599
#专任教师	Full-time Teachers	338	358	613	943	946

表 17.15 各级各类成人教育基本情况(2001)
BASIC STATISTICS OF ADULT EDUCATION AT VARIOUS LEVELS

类 别	Items	学校(所) Schools (unit)	毕业生数(人) Graduates (person)	招生数(人) New Students Enrollment (person)	在校学生(人) Students Enroll-ment (person)	教职员工(人) Staff and Workers (person)	其中 of which #专任教师 Full-time Teachers
总　计	**Total**	**1 292**	**886 197**	**1 227 408**	**576 171**	**20 826**	**10 999**
成人高等教育	**Adult Higher Education**	**31**	**27 619**	**53 827**	**138 302**	**5 311**	**2 407**
广播电视大学	Broadcasting and TV Universities	1	956	570	2 869	356	93
职工高等学校	Staff Higher Education Schools	25	3 315	5 686	15 942	4 148	2 008
管理干部学校	Cadre Management Schools	5	793	1 249	3 315	807	306
函　授*	Correspondence Education		6 854	10 548	31 275		
夜　大*	Evening College Education		13 593	31 803	77 312		
成人脱产*	Off-job Adult Education		2 108	3 971	7 589		
成人中等教育	**Adult Secondary Education**	**1 261**	**858 578**	**1 173 581**	**437 869**	**15 515**	**8 592**
电视中专	TV Specialized Secondary Schools	2	9 751	3 536	19 211	67	26
中等专业学校	Specialized Secondary Schools	59	9 835	6 082	22 481	2 282	1 067
成人业余中学	Adult Spare-time Secondary Schools	371	120 757	198 136	131 589	5 260	2 863
高　中	Senior	360	117 970	188 175	128 783	5 012	2 674
初　中	Junior	11	2 787	9 961	2 806	248	189
教师进修学校	Teacher's Advanced Study Schools	7		76	76	838	501
成人技术学校	Adult Technical Secondary Schools	822	718 235	965 751	264 512	7 068	4 135

注："*"指高等院校举办的各类成人教学点数据。
Note: The figures with "*" refer to the number of the adult education places conducted by higher education institutions.

表 17.16 上海国际学校一览(2001)
SHANGHAI INTERNATIONAL SCHOOLS

学校名称	Name of School	地址	Address
上海美国学校	Shanghai US School		
浦东校区	Pudong Campus	浦东新区三里港林克司外商休闲社区	Foreign Business Recreation Community at Linke Department, Sanli Harbor Pudong New Area
浦西校区	Puxi Campus	诸翟镇金丰路 258 号	No. 258 Jinfeng Road, Zhuzhai Town
上海日本人学校	Shanghai Japanese School	虹梅路 3185 号	No. 3185 Hongmei Road
耀中上海国际学校	Yaozhong Shanghai International School		
虹桥校区	Hongqiao Campus	水城路 11 号	No. 11 Shuicheng Road
古北校区	Gubei Campus	荣华西道 18 号	No. 18 Ronghua Street W.
浦东校区	Pudong Campus	花木路 983 号四季雅苑	Four Season Garden, No. 983 Huamu Road
上海中学国际部	International Section of Shanghai Middle School	上中路 400 号	No. 400 Shangzhong Road
宋庆龄幼儿园国际部	International Section of Songqinglin Kildergarten	虹梅北路 3908 号	No. 3908 Hongmei Road N.
上海德国学校	Shanghai Germen School	闵行区金汇路 437 号	No. 437 Jinhui Road, Minhang District
上海法国学校	Shanghai French School	闵行区金汇路 437 号	No. 437 Jinhui Road, Minhang District
上海美丘第一幼儿园	Shanghai Meiqiu No. 1 Kindergarten		
名都城校区	Mingdu City School Campus	闵行区虹许路 788 号	No. 788 Hongxu Road, Minhang District
花园广场校区	Garden Square School Campus	虹桥路 2489 弄 200 号	No. 200 Lane 2489 Hongqiao Road
奥伊斯嘉上海日本语幼儿园	Shanghai Japanese Kindergarten		
浦　西	Puxi Campus	茅台路 715 弄 20 号	No. 20 Lane 715 Maotai Road
浦　东	Pudong Campus	临沂北路 200 号东樱花苑 S 栋 2 楼	F2, S-building Dongying Garden, No. 200 Linyi Road N.
上海新加坡国际学校	Shanghai Singapore International School	闵行区诸翟镇纪翟路 50 号	No. 50 Jizhai Road, Zhuzhai Town, Minhang District
上海长宁国际学校	Shanghai Changning International School	江苏路 155 号	No. 155 Jiangsu Road
上海虹桥国际幼儿园	Shanghai Hongqiao International Kindergarten	虹梅路 2381 号	No. 2381 Hongmei Road
泰宁国际幼儿园	Taining International Kindergarten		
徐汇校区	Xuhui Campus	复兴西路 43 号	No. 43 Fuxing Road W.
闵行校区	Minhang Campus	闵行路 7888 号上海花园内	Shanghai Garden, No. 7888 Minhang Road
上海协和国际学校	Shanghai Xiehe International School	浦东金桥黄杨路 S2 地块	S2 Block, Huangyang Road, Jingqiao Pudong
上海恩吉尔幼儿园	Shanghai Angel Kindergarten	七莘路 2999 号	No. 2999 Qixin Road
上海韩国学校	Shanghai Korea School	七莘路 2999 号	No. 2999 Qixin Road
东进上海日本人幼儿园	Shanghai Dongjin Japanese Kindergarten	虹梅路 3081 号虹桥别墅内	Hongqiao Villa, No. 3081 Hongmei Road
幼儿天地国际幼儿园	Kid's World International Kindergarten	济南路 8 号丽晶高级服务公寓 2 楼	F2, Lijing Served Apartment, No. 8 Jinan Road
华东师范大学二附中国际部	The International Section of the No. 2 Middle School Attached to East China Normal University	枣阳路 896 号	No. 896 Zaoyang Road
上海外国语大学附中国际部	The International Section of the Middle School Attached to Shanghai International Studies University	中山北一路 295 号	No. 295 Zhongshan Road N1
进才中学国际部	The International Section of Jincai High School	杨高中路 2788 号	No. 2788 Yanggao Mid Road
新大一上海韩国人补习中心	Shanghai Xinda Training Center for Koreans	芙蓉江路 276 号天华大厦 309 室	Rm309, Tianhua Building, No. 276 Furongjiang Road
上海日本人教育补习中心	Shanghai Education and Training Center for Japanese	荣华东道 119 弄巴黎花园 7 号 301、302 室	Rm301-302, No. 7 Building, Paris Garden, Lane 119 Ronghua Avenue
上海飞翔日本人补习中心	Shanghai Feixiang Training Center for Japanese	荣华东道 88 号古北太阳广场 501 室	Rm501, Gubei Sun Square, 88 Ronghua Avenue
上海青海韩国人补习中心	Shanghai Qinghai Training Center for Koreans	虹桥路 1919-1921 号西郊宾馆东苑 A 座	A-wing, East Garden, Xijiao Guest House, No. 1919-1921 Hongqiao Road

表 17.17 历年文化事业单位数
NUMBER OF CULTURAL UNDERTAKINGS

单位:个(unit)

年 份 Year	电影放映单位 Film Projection Units	其 中 of which #影、剧院 Cinemas and Theatres	剧 院 Theatres	书 场 Storytelling Places	艺术表演团体 Art Performance Troupes
1949	56	50	79	100	111
1950	77	41	92	109	127
1951	78	41	94	90	129
1952	132	40	96	103	131
1953	148	45	97	122	117
1954	145	49	96	131	158
1955	165	53	92	59	148
1956	171	57	73	25	104
1957	178	56	73	25	196
1958	223	63	88	21	65
1959	289	71	91	21	76
1960	344	75	89	18	77
1961	418	82	92	20	78
1962	397	78	85	17	75
1963	357	78	59	15	75
1964	347	83	76	14	76
1965	377	86	68	15	73
1966	414	87	53	4	72
1967	422	87	31	4	15
1968	422	87	31	4	15
1969	422	88	31	4	15
1970	422	88	31	4	15
1971	410	79	31	4	15
1972	434	89	29	4	15
1973	463	89	28	4	15
1974	622	92	28	4	12
1975	844	97	28	4	10
1976	909	99	28	4	
1977	825	106	28	4	
1978	803	109	26	4	17
1979	799	115	32	5	45
1980	770	119	43	6	48
1981	804	127	56	6	49
1982	815	134	48	6	46
1983	822	140	49	8	46
1984	815	146	48	8	44
1985	847	156	47	8	44
1986	859	169	49	9	42
1987	890	199	48	8	42
1988	734	215	50	8	40
1989	579	213	49	8	37
1990	577	211	46	8	38
1991	548	229	47	9	38
1992	530	249	47	9	37
1993	462	254	40	9	34
1994	462	254	39	8	35
1995	452	249	35	7	31
1996	488	280	38	7	31
1997	466	263	38	7	31
1998	445	242	39	5	29
1999	445	242	41	4	29
2000	445	242	39	5	29
2001	370	273	35	3	28

表 17.18 主要年份文化事业机构和人员数
CULTURAL INSTITUTIONS AND PERSONNEL IN MAIN YEARS

指 标	Indicators	1990	1995	2000	2001
机构数(个)	**Total Institutions(unit)**	**602**	**517**	**527**	**449**
艺术事业	Art	92	74	79	75
文物事业	Historical Relic	18	23	21	21
图书馆事业	Libraries	51	31	31	32
群众文化事业	Mass Culture	407	332	340	276
艺术教育事业	Art Education	3	3	4	3
其他文化事业	Others	31	54	52	42
人员数(人)	**Total Personnel(person)**	**12 820**	**11 468**	**13 531**	**12 705**
艺术事业	Art	6 011	4 532	4 223	4 089
文物事业	History Relic	667	768	1 214	1 300
图书馆事业	Libraries	1 609	1 686	2 513	2 035
群众文化事业	Mass Culture	2 574	2 612	3 874	3 287
艺术教育事业	Art Education	353	370	458	566
其他文化事业	Others	1 606	1 500	1 249	1 428

表 17.19 群众艺术馆和文化馆(站)情况(2001)
MASS ART AND CULTURAL CENTERS

指 标	Indicators	合 计 Total	群众艺术馆 Mass Art Centers	文化馆 Cultural Palaces	文化站 Cultural Centers
馆(站)个数(个)	Number(unit)	276	3	43	230
录像放映场次(万场)	Video Projection(10 000 times)	2.74		1.46	1.28
观众人次(万人次)	Spectators(10 000 person-times)	6 747.5		2 382.7	4 364.8
组织文艺活动次数(次)	Organizing Art Performance(time)	8 748	162	1 510	7 076
举办业余文艺训练班(班次)	Conducting Amateur Art Training Courses(time)	8 382	225	1 205	6 952
结业人数(万人次)	Persons Completing the Courses(10 000 person-times)	13.0	0.3	5.6	7.1
举办展览个数(场次)	Conducting Exhibitions(time)	1 185	52	243	890

表 17.20 文化部门艺术剧团情况(2001)
ART TROUPES OF CULTURE DEPARTMENT

类 别	Items	剧团数(个) Troupes (unit)	从业人员(人) Staff and Workers (person)	国内演出场次(场) Times of Domestic Performance	观众人数(万人次) Spectators (10 000 person-times)
总 计	**Total**	**28**	**2 681**	**11 283**	**475**
按隶属关系分	**By Administrative Relationship**				
国有剧团	State-run Troupes	27	2 659	11 164	462
集体经营剧团	Collective-owned Troupes	1	22	119	13
按剧种分	**By Type of Drama**				
话剧、儿童剧、滑稽剧团	Drama, Children's Play & Comedy Troupes	4	360	631	51
歌剧、舞剧、歌舞剧团	Song and Dance Troupes	2	474	201	32
乐团、歌舞团、轻音乐团	Philharmonic, Song & Dance, Light Music Troupes	4	398	386	51
戏曲剧团	Local Opera Troupes	12	1 115	1 216	172
曲艺、杂技、木偶、皮影团	Recitation & Ballad, Acrobatics & Cirus, Puppet Show, Shadow Puttet	6	334	8 849	170

表 17.21 电视台和广播电台情况(2001)
TELEVISION STATIONS AND BROADCASTING STATIONS

类别	Items	自办节目(套) Self-produced Programs(set)	平均每周(日)播出时间(小时) Program Hours Per Week/day (hour)	其中 of which #自办节目 Self-produced Programs	全年制作节目时间(小时) Annual Production of Programs(hour)
电视台	**Television Stations**	**19**	**1 816**	**1 794**	**24 974**
上海电视台	Shanghai Television Station	7	910	910	15 525
东方电视台	Oriental Television Station	4	498	497	7 234
区县级	District and County Level	8	408	387	2 215
广播电台	**Broadcasting Stations**	**20**	**301**	**255**	**65 515**
上海人民广播电台	Shanghai People's Radio Station	6	90	89	27 376
上海东方广播电台	Shanghai East Radio Station	4	77	75	24 799
区县级	District and County Level	10	134	91	13 340

① 2001 年底,上海有线电视台用户终端 316 万户。
② 上海教育电视台自办节目 1 套,平均每周播出 119.5 小时。
③ 从 2001 年起,上海卫星电视台和上海有线电视台并入上海电视台,不再作为独立单位存在。
❶ By the end of 2001 there are 3 160 thousand users of Shanghai Cable Television Station.
❷ There is oneself-produced program of Shanghai Educational Television Station which broadcasts 119.5 hours per week.
❸ Since 2001, Shanghai Broadcast Network and Shanghai Cable Television were merged into the Shanghai Television.

表 17.22 主要年份电影摄制、译制和放映情况
PRODUCTION, DUBBING AND SHOWING OF FILMS IN MAIN YEARS

年份 Year	摄制和译制电影片 Production and Dubbing				电影放映 Film Showing			
	故事片(部) Feature Films (Film)	美术片(本) Cartoons (reel)	科学教育片(本) Popular Science Films (reel)	译制片(本) Dubbed Films (reel)	放映场次(万场) Showing (10 000 times)	其中 of which #影、剧院 At Cinemas and Theatres	观众人次(万人次) Spectators (10 000 person-times)	其中 of which #影、剧院 At Cinemas and Theatres
1978	10	24	84	275	35	17	27 405	15 291
1980	17	30	105	382	39	20	29 304	18 039
1985	15	43	140	426	34	21	21 885	14 748
1986	19	38	150	450	36	24	23 220	16 720
1987	17	38	151	378	37	28	21 985	17 067
1988	13	29	156	501	38	30	20 461	16 742
1989	17	29	140	398	37	32	20 776	18 216
1990	16	47	142	340	38	33	19 351	17 021
1991	17	37	146	272	36	31	15 766	13 615
1992	17	42	146	325	29	25	9 145	8 089
1993	16	35	91	251	16	14	3 862	3 332
1994	14	13	69	162	22	20	4 001	3 617
1995	17	37	22	266	23	20	4 419	3 913
1996	10	58	6	283	27	25	4 420	3 783
1997	11	17	8	312	25	23	3 670	3 023
1998	4	16	6	271	23	21	2 924	2 451
1999	17	10	14	372	20	19	2 055	1 678
2000	10	500	12	438	18	17	1 794	1 452
2001	12	2	8	237	18	17	1 553	1 315

表 17.23 各区、县艺术表演场所、图书馆、群艺馆、文化馆基本情况(2001)
ART PERFORMANCE PLACES,LIBRARIES, MASS ART CENTERS AND CULTURE CENTERS BY DISTRICT

地 区 District		艺术表演场所 Art Performance Place		公共图书馆 Libraries		群艺馆、文化馆(个) Mass Art Centers and Culture Centers (unit)
		个 数(个) Number (unit)	座席数(个) Seat (unit)	个 数(个) Number (unit)	读者人数(万人次) Readers (10 000 person-times)	
总 计	**Total**	**41**	**20 608**	**32**	**47 684.1**	**46**
黄浦区	Huangpu	13	6 590	3	141.1	2
卢湾区	Luwan	5	945	1	32.9	2
徐汇区	Xuhui	1	1 007	2	294.5	3
长宁区	Changning			2	47.2	2
静安区	Jingán	5	1 531	2	135.9	1
普陀区	Putuo	2	1 240	2	69.6	4
闸北区	Zhabei	1	904	1	47.4	2
虹口区	Hongkou	5	2 014	2	102.2	3
杨浦区	Yangpu			3	136.9	5
浦东新区	Pudong New Area	1		6	18 160.1	4
闵行区	Minhang	2	2 087	1	28 104.3	3
宝山区	Baoshan			1	105.0	4
嘉定区	Jiading	1	1 195	1	19.3	5
金山区	Jinshan			1	9.1	1
松江区	Songjiang	2	1 612	1	179.0	2
青浦区	Qingpu	1	113	1	14.5	1
奉贤区	Fengxian	1	70	1	32.6	1
崇明县	Chongming	1	1 300	1	52.5	1

表 17.24 艺术表演场所基本情况(2001)
ART PERFORMANCE PLACES

类 别 Items		机构数(个) Institutions (unit)	从业人员(人) Staff and Workers (person)	座席数(个) Seat (unit)	演(映)出场次(场) Number of Projections & Performances (time)	其中 of which #艺术演出场次 Number of Performances	观众人次(万人次) Specators (10 000 person-times)	其中 of which #艺术演出场次 Number of Performances
总 计	**Total**	**41**	**1 189**	**20 608**	**23 620**	**4 776**	**5 518.0**	**207.8**
市 级	City Level	9	337	5 551	1 612	1 417	106.5	97.2
#上海大剧院	Shanghai Grand Theater	1	295	2 451	459	459	49.0	49.0
区 级	District Level	31	832	13 757	21 780	3 239	5 395.3	100.6
县 级	County Level	1	20	1 300	228	120	16.2	10.0

表 17.25 各区、县文化娱乐业机构情况(2001)
CULTURE AND ENTERTAINMENT UNDERTAKINGS BY DISTRICT

单位:个(unit)

地区	District	合计 Total	其中 of which #歌舞厅、舞厅、卡拉 OK 厅 Singing & Dancing Rooms, Dancing Rooms, Karaok Rooms	#电子游艺厅 Video Games Rooms	#台球厅 Billiards Rooms	#综合娱乐场所 Comprehensive Entertainment Centers
总 计	**Total**	**3 884**	**944**	**270**	**252**	**1 201**
市 级	Prefectural Level	96	8			62
黄浦区	Huangpu	189	40	6	10	38
卢湾区	Luwan	170	34	11	13	40
徐汇区	Xuhui	259	27	9	10	103
长宁区	Changning	232	62	7	13	83
静安区	Jing'an	135	57	11	10	26
普陀区	Putuo	195	48	16	4	55
闸北区	Zhabei	155	24	13	3	59
虹口区	Hongkou	201	40	20	5	47
杨浦区	Yangpu	263	30	18	8	62
浦东新区	Pudong New Area	534	137	63	32	154
闵行区	Minhang	239	62	20	9	86
宝山区	Baoshan	254	88	21	8	51
嘉定区	Jiading	155	27	7	11	77
金山区	Jinshan	96	25	12	10	31
松江区	Songjiang	181	86	4	28	39
青浦区	Qingpu	163	44	2	12	73
南汇区	Nanhui	172	53	19	24	47
奉贤区	Fengxian	102	12	11	29	35
崇明县	Chongming	93	40		13	33

表 17.26　文化娱乐业基本情况(2001)
CULTURE AND ENTERTAINMENT UNDERTAKINGS

类　别	Items	机构数(个) Institution (unit)	从业人员(人) Employment (person)	主营营业收入(万元) Primary Business Income (10 000 yuan)	主营业务利润(万元) Primary Business Profit (10 000 yuan)	房屋建筑面积(万平方米) Building Area (10 000 sq. m)
总　计	**Total**	**3 884**	**63 840**	**179 372**	**21 387.2**	**205.2**
歌舞厅、舞厅、卡拉 OK 厅	Singing & Dancing Rooms, Dancing Rooms, Karaok Rooms	944	21 064	38 498	4 846	37.4
电子游艺厅	Video Games Rooms	270	1 492	2 363	-21	10.2
台球厅	Billiards Rooms	252	1 561	6 448	439	7.4
综合娱乐场所	Comprehensive Entertainment Centers	1 201	29 317	111 535	12 887	124.1
其　他	Others	1 217	10 406	20 528	3 236	26.1

表 17.27　公共图书馆情况(2001)
PUBLIC LIBRARIES

指　标	Indicators	合　计 Total	市　级 Prefectural Level	区　级 District Level	县　级 County Level
机构数(个)	Institutions(unit)	32	2	29	1
从业人员(人)	Staff and Workers(person)	2 035	873	1 118	44
总藏量(万册、件)	Collection(10 000 copies)	5 668	4 866	759	43
#图　书	Books	1 680	934	706	41
建筑面积(万平方米)	Floor Space of Building(10 000 sq. m)	23.6	12.2	10.7	0.7
#书　库	Stack Room	8.4	5.8	2.4	0.2
阅览室	Reading Room	4.7	1.97	2.6	0.1
阅览座位(万个)	Seats in Reading Room(10 000 seats)	1.6	0.4	1.1	0.1
图书借阅情况	Books Borrowed				
人　次(万人次)	Readers(10 000 person-times)	47 684.1	299.8	47 331.8	52.5
册　数(万册次)	Books(10 000 copy-times)	21 168	233	20 909	26

表17.28 主要年份图书出版数量
BOOKS PUBLISHED IN MAIN YEARS

指 标	Indicators	1978	1980	1990	1995	2000	2001
种 数(种)	Number of Publications	1 666	2 338	7 767	8 338	12 682	14 000
#新出版	Newly Published	1 332	1 804	4 887	4 185	6 936	7 947
总印数(亿册)	Total Printed(100 million copies)	3.92	5.62	2.98	2.44	2.54	2.68
总印张数(亿印张)	Total Printed Signatures(100 million signatures)	12.19	17.73	14.66	17.92	19.05	21.24

表17.29 主要年份杂志出版数量
MAGAZINES PUBLISHED IN MAIN YEARS

指 标	Indicators	1978	1980	1990	1995	2000	2001
种 数(种)	Number of Publications	42	126	522	565	613	616
每期平均印数(万册、份)	Average Publication Issued(10 000 copies)	459	1 061	1 735	1 583	1 489	1 413
总印数(亿册)	Total Printed(100 million copies)	0.47	1.22	1.73	1.78	1.85	1.85
总印张数(亿印张)	Total Printed Signatures(100 million signatures)	1.12	3.37	4.24	5.30	7.38	7.58

表17.30 主要年份报纸出版数量
NEWSPAPER PUBLISHED IN MAIN YEARS

指 标	Indicators	1978	1980	1990	1995	2000	2001
种 数(种)	Number of Publications	5	12	81	86	103	101
每期平均印数(万份)	Average Publication Issued(10 000 copies)	257	464	1 510	1 358	1 135	1 060
总印数(亿册)	Total Printed(100 million copies)	6.41	8.55	16.16	19.04	16.77	16.98
总印张数(亿印张)	Total Printed Signatures(100 million signatures)	6.20	8.20	16.76	34.00	44.57	47.67

表 17.31 图书出版数量(2001)
BOOKS PUBLISHED

类 别 Items		种 数 (种) Number of Publications	其 中 of which #新出版 Newly Published	总印数 (万册) Total Printed (10 000 copies)	总印张数 (万印张) Total Ptrinted Signatures (10 000 signatures)
总 计	**Total**	**14 000**	**7 947**	**26 757**	**212 446.8**
书 籍	**Books**	**11 758**	**7 265**	**18 331**	**144 049.5**
哲学、社会科学	Philosophy and Social Science	3 162	2 205	3 542	34 692.9
文化教育	Culture and Education	4 322	2 332	8 645	69 679.1
文学艺术	Literature and Art	1 769	1 266	1 310	14 004.4
自然科学技术	Natural Science and Technology	1 966	1 008	3 953	21 556.7
少年儿童读物	Children's Reading Materials	539	344	881	4 116.4
课 本	**Textbooks**	**1 955**	**496**	**7 967**	**66 165.9**
#大专课本	University and College	814	246	2 837	36 934.6
中学课本	Secondary School	316	35	2 370	16 619
小学课本	Primary School	223	44	2 131	6 276.8
业余教育课本	Spare-time Education	58	15	76	854.2
教学用书	Teaching References	480	151	395	1 931.2
图 片	**Pictures**	**287**	**186**	**459**	**2 231.4**

表 17.32 杂志出版数量(2001)
MAGAZINES PUBLISHED

类 别 Items		种 数 (种) Number of Publications	每期平均印数 (万册) Average Publication Per Issue (10 000 copies)	总印数 (万册、份) Total Printed (10 000 copies)	总印张数 (万印张) Total Printed Signatures (10 000 signatures)
总 计	**Total**	**616**	**1 412.6**	**18 529**	**75 788**
综 合	Comprehensive	32	59.7	784	3 899
哲学、社会科学	Philosophy and Social Science	110	218.9	3 050	13 139
自然科学技术	Natural Science and Technology	350	245.0	2 407	12 567
文化教育	Culture and Education	76	234.6	3 154	13 828
文学艺术	Literature and Art	34	529.5	7 633	28 478
少年儿童读物	Children's Reading Materials	13	124.4	1 495	3 858
画 刊	Pictorial	1	0.5	6	19

表 17.33 报纸出版数量(2001)
NEWSPAPER PUBLISHED

类 别 Items		种 数 (种) Number of Publications	期 数 (期) Issue	每期平均印数 (万份) Average Publication Per Issue (10 000 copies)	总印数 (万份) Total Printed (10 000 copies)	总印张数 (万印张) Total Printed Signatures (10 000 signatures)
总 计	**Total**	**101**		**1 060**	**169 784**	**476 744**
综合报	Comprehensive	32		540	125 844	360 921
专业报	Specialized	69		520	43 940	115 823
在总计中	In Total					
解放日报	Jiefang Daily		365	41	14 950	70 916
文汇报	Wenhui Daily		365	29	10 721	31 730
新民晚报	Xinmin Evening News		365	122	44 458	181 760
青年报	Youth Daily		365	10	3 622	7 243
少年报	Juvenile		365	19	6 886	3 443
报刊文摘	Press Digest		102	130	13 242	6 621
劳动报	Labour News		365	20	7 374	14 748
每周广播电视报	Broadcasting and TV (Weekly)		52	106	5 486	11 093

第十八篇

CHAPTER 18

卫生、体育

HEALTH AND SPORTS

表 18.1　历年卫生事业基本情况
BASIC STATISTICS OF PUBLIC HEALTH

年　份 Years	卫生机构数（个） Health Care Institutions (unit)	其中 of which 医　院 Hospital	卫　生 技术人员（万人） Medical Professionals (10 000 persons)	其中 of which #医　生 Doctors	卫生机构床位数（万张） Hospital Beds (10 000 beds)	其中 of which 医　院 Hospital	每万人口医生数（人） Doctors Per 10 000 Population (person)	每万人口医院床位数（张） Hospital Beds Per 10 000 Population (bed)
1949	358	153	1.30	0.81	1.00	1.00		20
1950	495	135	1.35	0.64	1.09	1.08	13	22
1951	841	142	1.71	0.74	1.28	1.27	13	23
1952	1 035	127	1.88	0.74	1.48	1.40	13	24
1953	1 193	133	2.16	0.75	1.76	1.56	12	25
1954	1 322	127	2.33	0.77	2.18	1.67	12	25
1955	1 516	126	2.58	0.80	2.40	1.71	13	28
1956	1 637	111	2.66	0.90	2.32	1.70	14	27
1957	1 876	108	3.04	1.01	2.53	1.80	15	26
1958	3 023	336	3.66	1.27	3.69	2.65	17	35
1959	2 925	283	3.80	1.32	3.76	2.70	13	26
1960	3 695	333	3.89	1.35	4.13	3.10	13	29
1961	2 904	336	4.21	1.48	4.01	3.06	14	29
1962	2 667	335	4.12	1.52	3.73	2.91	14	28
1963	2 821	341	4.54	1.72	3.86	3.04	16	28
1964	2 949	341	4.74	1.84	3.88	3.14	17	29
1965	2 992	340	4.90	1.93	3.92	3.17	18	29
1966	2 270	346	4.83	1.79	4.28	3.34	16	31
1967	2 208	348	4.93	1.88	4.34	3.44	17	31
1968	2 204	315	5.01	1.89	4.32	3.39	17	31
1969	2 147	314	4.98	1.88	4.19	3.38	17	31
1970	1 821	341	4.87	1.89	4.39	3.90	18	36
1971	1 819	346	4.90	1.90	4.40	3.91	18	37
1972	2 597	358	5.32	2.02	4.77	4.09	19	38
1973	2 893	373	5.88	2.12	5.05	4.34	20	41
1974	3 138	385	6.74	2.49	5.22	4.56	23	42
1975	3 736	389	6.97	2.78	5.40	4.69	26	44
1976	3 662	393	7.38	2.97	5.55	4.78	28	44
1977	5 114	382	8.22	3.22	5.53	4.70	30	43
1978	4 823	388	8.50	3.35	5.47	4.68	31	43
1979	5 627	394	8.88	3.58	5.56	4.78	32	42
1980	6 067	399	9.41	3.92	5.80	4.94	34	43
1981	6 337	403	9.57	4.37	5.84	4.99	38	43
1982	6 445	408	9.88	4.72	5.93	5.11	40	43
1983	6 451	415	10.09	4.87	6.00	5.20	41	44
1984	6 318	420	10.24	4.84	6.16	5.34	40	44
1985	7 245	405	10.42	4.85	6.02	5.32	40	44
1986	7 306	419	10.71	4.91	6.22	5.47	40	44
1987	7 330	431	11.00	5.05	6.38	5.60	40	45
1988	7 471	444	11.46	5.40	6.79	5.89	43	47
1989	7 550	460	11.65	5.73	6.87	6.04	45	47
1990	7 690	462	11.84	5.82	6.96	6.21	45	48
1991	7 554	463	11.92	5.89	7.01	6.31	46	49
1992	7 363	454	11.82	5.88	7.07	6.42	46	50
1993	6 077	486	11.53	5.75	7.12	6.75	44	52
1994	5 606	497	11.20	5.52	7.20	6.81	43	53
1995	5 286	485	11.06	5.37	7.10	6.69	41	52
1996	5 200	477	10.95	5.24	7.00	6.73	40	52
1997	5 028	474	10.89	5.13	7.00	6.78	34	52
1998	4 637	473	10.84	5.03	7.02	6.83	39	52
1999	4 620	465	10.81	5.06	7.24	7.06	39	54
2000	4 400	459	10.71	4.99	7.53	7.31	38	55
2001	3 813	432	10.51	4.85	7.88	7.63	37	58

表 18.2 主要年份医疗卫生事业基本情况
BASIC STATISTICS OF HEALTH CARE IN MAIN YEARS

指 标	Indicators	1980	1990	1995	2000	2001
全 市	**Total**					
机构数(个)	Institutions(unit)	6 067	7 690	5 286	4 400	3 813
床位数(万张)	Hospital Beds(10 000 beds)	5.80	6.96	7.10	7.53	7.88
工作人员(万人)	Personnel(10 000 persons)	13.19	15.85	15.15	14.67	14.19
#卫生技术人员	Medical Professionals	9.41	11.84	11.06	10.71	10.51
#中 医	Traditional Chinese Medic	0.63	0.67	0.61	0.48	0.46
西医师	Western Senior Medic	1.76	3.68	3.89	3.79	3.74
西医士	Western Junior Medic	1.53	1.47	0.87	0.70	0.64
中西医高级医师(人)	Senior Doctors Who Intergrate Traditional Chinese Medic with Western Therapeutics in Practice(person)		48	82	118	222
护师、护士	Senior and Junior Nurses	2.24	3.27	3.40	3.68	3.70
助产士	Midwives	0.27	0.25	0.14	0.09	0.07
药剂人员	Pharmacists	0.53	0.73	0.72	0.68	0.64
检验人员	Laboratory Technicians	0.46	0.54	0.52	0.50	0.49
护理员	Assistant Nurses	0.32	0.14	0.07	0.06	0.06
县及县以上医院	**Hospitals at County Level and Above**					
机构数(个)	Hospitals(unit)	167	206	203	194	185
床位数(万张)	Hospital Beds(10 000 beds)	4.05	5.01	5.44	5.80	5.93
工作人员(万人)	Personnel(10 000 persons)	6.45	8.25	9.00	9.50	9.38
#卫生技术人员	Medical Professionals	4.33	6.04	6.60	7.03	7.00
#医 生	Doctors	1.55	2.21	2.56	2.72	2.72
平均每万人口拥有	**Owned by Every 10 000 Persons**					
床位数(张)	Hospital Beds(bed)	51	54	55	57	59
卫生技术人员(人)	Medical Professionals(person)	82	92	85	81	79
#医 生	Doctors	34	45	41	38	37

表18.3 各区、县卫生基本情况(2001)
STATISTICS OF PUBLIC HEALTH BY DISTRICT

地 区	District	医院数(个) Number of Hospitals (unit)	医院床位数(张) Hospitals Beds (bed)	卫生技术人员(人) Medical Professionals (person)	其中 of which #医 生 Doctors	#护师、护士 Senior and Junior Nurses
总 计	**Total**	**432**	**76 344**	**88 461**	**37 082**	**35 262**
黄浦区	Huangpu	23	4 947	7 736	3 102	3 104
卢湾区	Luwan	12	3 388	4 923	1 862	2 063
徐汇区	Xuhui	27	10 328	10 695	3 971	4 722
长宁区	Changning	17	3 158	3 649	1 545	1 514
静安区	Jing'an	16	4 187	6 135	2 382	2 497
普陀区	Putuo	17	3 546	4 429	1 869	1 806
闸北区	Zhabei	17	4 281	4 394	1 836	1 675
虹口区	Hongkou	20	5 613	7 128	2 916	3 019
杨浦区	Yangpu	19	4 808	6 093	2 431	2 615
浦东新区	Pudong New Area	44	5 890	7 120	3 250	2 639
闵行区	Minhang	18	3 838	3 181	1 384	1 193
宝山区	Baoshan	25	3 542	4 026	1 819	1 651
嘉定区	Jiading	21	2 176	2 498	1 190	940
金山区	Jinshan	19	2 496	2 972	1 343	1 084
松江区	Songjiang	25	3 079	2 544	1 118	1 004
青浦区	Qingpu	25	1 577	2 237	957	824
南汇区	Nanhui	31	2 767	2 945	1 415	968
奉贤区	Fengxian	26	3 434	2 777	1 228	971
崇明县	Chongming	30	3 289	2 979	1 464	973

表 18.4 各类卫生机构、床位及人员数(2001)
VARIOUS HEALTH CARE INSTITUTIONS,BEDS AND PERSONNEL

机构类别	Type of Institutions	机构数(个) Health Care Institutions (unit)	床位数(张) Beds (bed)	人员数(人) Personnel (person)	其中 of which: #卫生技术人员 Medical Professionals	其中 of which: #医生 Doctors	其中 of which: #护师、护士 Senior and Junior Nurses
总　计	**Total**	**3 813**	**78 822**	**141 893**	**105 069**	**48 502**	**36 963**
医院合计	Total Number of Hospitals	432	76 344	117 388	88 461	37 082	35 262
县及县以上医院	Hospitals at County Level and Above	185	59 299	93 795	70 037	27 162	30 311
卫生部门	Public Health Sector	145	51 542	84 444	63 545	24 566	27 667
综合医院	Comprehensive Hospitals	71	33 732	61 236	46 644	18 432	20 235
中医医院	Hospitals of Traditional Chinese Medicine	17	3 730	6 963	5 261	2 203	1 934
中西医结合医院	Hospitals of Combination of Chinese and Western Medicine	3	917	1 744	1 322	526	565
传染病院	Infectious Disease Hospitals	7	1 396	1 496	1 010	295	483
精神病院	Mental Hospitals	20	6 440	3 588	2 397	740	1 380
结核病院	Tuberculosis Hospitals	4	1 090	1 166	850	285	416
妇幼保健院	Hospitals for Maternity and Child Care	11	1 297	2 920	2 178	810	877
儿童医院	Childern's Hospitals	1	300	703	477	167	222
肿瘤医院	Tumor Hospitals	2	652	1 009	753	217	323
其他专科医院	Other Specialized Hospitals	9	1 988	3 619	2 653	891	1 232
非卫生部门	Other Sectors	40	7 757	9 351	6 492	2 596	2 644
街道医院	Neighbourhood Committee Hospitals	96	6 849	12 572	9 528	5 065	2 689
农村乡(镇)卫生院	Rural Township Hospitals	151	10 196	11 021	8 896	4 855	2 262
疗养院、所	Sanatoriums	5	460	339	140	56	44
门诊部、所	Clinics	3 210		10 399	9 595	7 432	953
专科防治所、站	Specialized Stations	16	150	871	654	382	133
#结核病	Tuberculosis Prevention Stations	1	50	60	41	15	13
职业病	Occupational Diseases Control Stations	1	100	38	27	23	
卫生防疫机构	Sanitation and Diseases Control Stations	47		4 439	3 107	2 302	90
妇幼保健所、站	Meternity and Child Care Centers	10		450	346	225	62
护理院	Care House	6	624	555	353	126	115
药品检验所、室	Medicines and Chemical Regent Test Labs	15		279	197	7	1
医学科学研究机构	Institutions of Medical Science	14		1 128	583	249	6
其他卫生机构	Other Health Care Institutions	58	1 244	6 045	1 633	641	297

表 18.5 医院诊疗人次和入院人数(2001)
PATIENTS TREATED AND IN-PATIENTS IN HOSPITALS

机构类别	Type of Hospitals	诊疗人次(万人次) Total Patients Treated (10 000 person-times)	其中 of which #门、急诊 Outpatients and Emergency Patients	入院人数(万人) In-patients (10 000 persons)	每百诊次的入院人数(人) In-patients /Per 100 Patient-times (person)
总 计	**Total**	**7 568.59**	**7 417.29**	**125.02**	**1.69**
县及县以上医院	**Hospitals at County Level and Above**	**4 912.44**	**4 857.88**	**89.55**	**1.84**
卫生部门	Public Health Sector	4 443.96	4 396.97	80.81	1.84
综合医院	Comprehensive Hospitals	2 448.29	2 418.62	46.00	1.90
中医医院	Hospitals of Chinese Medicine	242.06	239.49	1.92	0.80
中西医结合医院	Hospitals of Combination of Chinese and Westen Medicine	108.77	107.38	1.18	1.10
医学院校附属医院	Hospitals Attached to Medical Colleges	1 334.71	1 329.99	23.66	1.78
传染病院	Infectious Diseases Hospitals	16.61	15.38	0.92	5.98
精神病院	Mental Hospitals	48.30	47.95	0.97	2.02
结核病院	Tuberculosis Hospitals	15.96	15.96	1.17	7.33
妇幼保健院	Hospitals for Maternity and Child Care	115.10	111.41	3.43	3.08
儿童医院	Children's Hospitals	47.51	44.14	0.83	1.88
肿瘤医院	Tumor Hospitals	8.32	8.32	0.07	0.84
其他专科医院	Other Specialized Hospitals	58.33	58.33	0.66	1.13
非卫生部门	Other Sectors	322.18	316.14	6.52	2.06
集体所有制	Collective-owned	146.30	144.77	2.22	1.53
农村乡(镇)卫生院	**Rural Township Hospitals**	**678.27**	**674.45**	**30.07**	**4.46**
其他医院	**Other Hospitals**	**1 977.88**	**1 884.96**	**5.40**	**0.29**

表 18.6 家庭病床情况(2001)
FAMILY SICKBEDS

医院类别	Type of Hospitals	开展工作机构数(个) Running Institutions (unit)	上门诊疗总次数(次) Total Times of Family Call (time)	年底实有病床数(张) Year-end Sickbeds (bed)	年内开设总病床数(张) Sickbeds Set Up in 2001 (bed)
总 计	**Total**	**151**	**810 963**	**15 511**	**51 568**
县及县以上医院	Hospitals at County Level and Above	52	152 151	2 418	7 925
乡卫生院	Rural Township Hospitals	8	8 834	138	382
街道医院	Neighbourhood Committee Hospitals	91	649 978	12 955	43 261

表18.7 前十位疾病死亡原因和构成(2001)
DEATH RATE OF 10 MAJOR DISEASES

死亡原因	Cause of Death	死亡专率(1/10万) Death Rate(1/100 000)	占死亡总数(%) As % of Total Death(%)
循环系病	Circulation Diseases	226.37	32.13
肿　瘤	Tumor	206.73	29.34
呼吸系病	Respiratory System Diseases	100.26	14.23
损伤和中毒	Damage and Poisoning	44.02	6.25
内分泌免疫代谢病	Endocrinasthenia	20.75	2.95
消化系病	Digestive System Diseases	19.49	2.77
传染病及寄生虫病	Infectious & Parasitic Diseases	16.25	2.31
精神系病	Psychosis	13.40	1.90
泌尿生殖系病	Genitourinary Diseases	7.55	1.07
神经系病	Nervous System Disease	5.55	0.79

表18.8 主要年份婴儿死亡率、新生儿死亡率、孕产妇死亡率
DEATH RATE OF INFANT,NEW BORN,PREGNANT AND LYING-IN WOMAN IN MAIN YEARS

年　份 Year	婴儿死亡率(‰) Death Rate of Infant(‰)			新生儿死亡率(‰) Death Rate of New Born(‰)			孕产妇死亡率(1/10万) Death Rate of Pregnant and Lying-in Woman(1/100 000)
	全　市 Total	区 District	县 County	全　市 Total	区 District	县 County	
1978	15.49	12.02	17.20	10.47	8.14	11.63	24.00
1980	13.78	10.84	15.70	8.64	6.80	9.84	30.12
1985	13.78	12.59	15.89	9.23	8.48	10.55	24.20
1986	12.98	11.54	15.05	8.81	7.70	10.39	15.90
1987	14.00	12.28	16.40	9.38	8.04	11.26	21.60
1988	13.23	12.57	14.19	8.57	8.18	9.13	33.06
1989	12.42	11.68	13.62	8.08	7.35	9.24	30.46
1990	10.95	10.49	11.61	7.17	6.72	7.83	23.76
1991	11.37	11.50	11.22	7.09	6.60	7.63	23.42
1992	11.42	11.47	11.36	7.15	6.19	8.19	28.52
1993	9.91	9.98	9.79	6.17	5.71	6.98	27.34
1994	10.00	10.79	8.61	5.37	5.07	5.96	30.29
1995	10.08	10.90	8.63	6.27	6.12	6.53	24.03
1996	9.53	10.18	8.36	5.98	5.75	6.40	22.11
1997	6.47	6.53	6.38	4.07	3.84	4.50	12.48
1998	6.03	5.84	6.69	3.73	3.53	4.41	11.35
1999	5.53	5.62	5.26	3.54	3.50	3.67	13.74
2000	5.05	4.85	6.09	3.09	2.95	3.85	9.61
2001	5.71	5.62	7.95	3.12	3.02	5.30	8.95

表 18.9 公共体育场地(体育系统)(1975 ~2001)
PUBLIC SPORTS FIELDS (SPORTS SYSTEM)

单位:个(unit)

年 份 Year	体育场 Stadium	体育馆 Gymnasium	有固定看台灯光球场 Light Court with Fixed Stand	运动场 Playground	游泳池(场、馆) Swimming Pool	其中 of which #室 内 Indoor	各 种 训练房 Training Room
1975	9	9	37	11	50		
1976	9	9	37	11	52		
1977	9	11	41	11	53		
1978	9	12	41	11	55		
1979	9	10	41	11	55	16	62
1980	9	10	42	11	55	16	62
1981	9	10	42	11	57	16	64
1982	9	11	43	11	59	16	66
1983	11	13	14	15	52	16	76
1984	11	13	14	15	52	16	76
1985	30	18	11	60	43	14	67
1986	31	13	18	66	40	12	78
1987	32	13	18	74	46	13	84
1988	32	14	18	89	47	13	86
1989	32	14	18	89	50	15	87
1990	32	15	18	90	53	16	97
1991	32	17	18	91	53	16	101
1992	32	18	18	95	53	16	108
1993	32	18	18	95	54	16	113
1994	32	18	18	95	54	16	115
1995	11	14	4	11	36	13	77
1996	21	26	12	43	32	13	77
1997	21	26	12	43	32	13	77
1998	21	26	12	43	32	13	77
1999	21	26	12	43	32	13	77
2000	21	26	12	43	32	13	77
2001	21	26	12	43	32	13	77

表 18.10 主要年份体育活动情况
SPORTS ACTIVITIES IN MAIN YEARS

指 标	Indicators	1980	1990	1995	2000	2001
《国家体育锻炼标准》达标人数(万人)	Persons Passed "NPTPS" (10 000 persons)	25.47	76.93	134.81	150.61	151.33
优秀运动员(人)	Excellent Athletes(person)	711	986	931	899	887
#女运动员	Female	279	417	409	402	397
优秀运动队专职教练员(人)	Full-time Coaches of Excellent Teams(person)	175	270	187	196	197
#女专职教练员	Female	30	46	23	30	31
等级运动员发展人数(人)	Certified Athletes(person)	1 899	1 319	1 570	1 903	1 338
#国际运动健将	International Master Athletes			12		8
运动健将	Master Athletes	37	41	39	95	65
等级裁判员发展人数(人)	Certified Referees(person)	1 610	1 110	523	880	968
#国际级	International Referees		4	2		
国家级	National Referees	32	23	6	41	48

注:"NPTPS"是指国家体育锻炼标准。
Note: "NPTPS" means National Physical Training Program Standards.

表 18.11 主要年份等级裁判员、运动员人数和运动员破纪录情况
CERTIFIED REFEREES,ATHLETES AND RECORD-BREAKING IN MAIN YEARS

单位:人(person)

年 份 Year	等级裁判员 Certified Referees	其 中 of which 国际裁判 International Referees	等级运动员 Certified Athletes	其 中 of which 国际运动健将 International Master Athletes	打破上年全国最高纪录 Break the Highest National Record of the Preceding Year 人 Person	队 Team	次 Time	项 Item
1956	1 104		1 300		16	2	58	27
1957	2 837		5 407		17	5	33	25
1958	11 437		95 810		88	18	255	41
1959	13 569		56 508		31	10	83	29
1960	5 942		30 459		13	3	98	23
1961	1 564		6 571		28	3	92	31
1962	1 257		5 122		8		10	10
1963	1 278		5 450		8	1	15	12
1964	1 036		5 363		13		27	15
1965	956		6 129		50	1	136	41
1978	268	5	1 957		25	4	77	20
1979	2 423		1 899		8	4	38	25
1980	1 610		1 871		51		164	50
1981	1 949	2	1 447		27	4	76	36
1982	1 250	3	1 367		13		19	11
1983	733	2	1 056		14		36	21
1984	1 244		2 635	4	15	2	33	16
1985	1 558		1 231	10	17	4	46	19
1986	980	4	1 412	17	21	7	47	31
1987	1 265	3	1 217	8	24		64	23
1988	828	5	1 100	7	15	2	41	25
1989	1 116	3	1 319		6		9	8
1990	1 110	4	1 455	4	13		18	18
1991	904	1	1 601	8	4		7	7
1992	805		782		58	8	99	82
1993	358	3	1 078	8	60	8	102	86
1994	520		1 570	12	20	2	34	21
1995	523	2	960	11	16	1	74	34
1996	1 310		1 159	12	20	2	8	8
1997	699	1	1 235	8	31	8	75	59
1998	1 175	2	1 996	15	12	10	30	29
1999	1 127		1 903		15	3	6	6
2000	880				3		4	3
2001	968		1 338	8				

第十九篇

CHAPTER 19

法律、公证、社会福利和其他

LAWS,NOTARY,SOCIAL WELFARE AND OTHERS

表 19.1　主要年份律师、公证及调解工作基本情况
BASIC STATISTICS OF LAWYERS,NOTARIZATIONS AND MEDIATIONS IN MAIN YEARS

指　标	Indicators	1990	1995	2000	2001
律师工作	**Lawyers**				
法律律师事务所(个)	Law Offices(unit)	60	362	415	457
专职工作人员(人)	Full-time Staff(person)	815	1 992	5 127	5 818
#专职律师	Full-time Lawyers	644	1 992	3 522	3 988
取得律师资格(人)	Qualified Lawyers(person)	2 338	4 295	4 642	5 610
#专职律师	Full-time Lawyers	628	1 992	3 522	3 988
兼职律师	Part-time Lawyers	913	1 174	731	680
全年办理(万件)	Annual Transacted(10 000)				
民事诉讼代理	Civil Lawsuit	1.64	1.48	3.71	3.89
刑事诉讼辩护及代理	Criminal Lawsuit and Vindication	0.75	0.76	1.13	1.23
经济案件诉讼代理	Economic Lawsuit		2.46	3.34	2.62
非诉讼法律事务	Non-litigation Action	0.39	1.51	2.65	3.15
解答法律询问	Legal Advisory Services	5.53	3.87	10.36	36.08
代写法律事务文书	Legal Documents Written on Behalf of Clients	1.2	1.16	1.92	3.22
行政诉讼代理	Administrative Lawsuit		0.05	0.12	0.12
公证工作	**Notarizations**				
公证处(个)	Notarial Offices(unit)	23	22	22	22
公证人员(人)	Notarial Personnel(person)	294	370	366	350
#公证员	Notaries	115	218	243	237
办理公证文书(万件)	Documents Notarized(10 000)	13.68	24.47	47.73	51.32
#经济合同公证	Business Contracts Notarized	1.21	4.01	18.73	19.03
在办理公证文书中	Of the Documents Notarized				
涉外公证(万件)	Foreign(10 000)	10.41	15.48	19.93	24.59
国内公证(万件)	Domestic(10 000)	3.27	8.99	27.79	26.73
公证费收入(万元)	Revenue of Notorial Fees(10 000 yuan)	472.32	4 596	11 276	10 736
人民调解工作	**People's Mediation**				
专职司法助理员(人)	Full-time Judicial Assistants(person)	386	382	416	317
人民调解委员会(万个)	People's Mediation Committees(10 000)	1.18	1.09	0.89	0.79
调解人员(万人)	Mediators(10 000 persons)	5.50	5.09	3.55	3.94
调解民间纠纷(万件)	Civil Disputes Mediated(10 000)	8.11	6.21	6.37	6.58

注：2001 年办理公证文件中还包括涉及港、澳、台公证 4130 件。
Note: The number of notarized documents handled in 2001 included 4130 Hong Kong, Macao, and Taiwan-related ones.

表 19.2 主要年份国内公证文书分类情况
DOMESTIC NOTARIAL DOCUMENTS BY TYPE IN MAIN YEARS

单位:件(case)

指 标	Indicators	1990	1995	2000	2001
总 计	**Total**	**32 677**	**89 687**	**277 949**	**266 569**
经济合同公证	**Business Contracts Notarized**	**12 144**	**40 142**	**187 304**	**179 348**
#购 销	Purchases and Sales of Industrial Products	21	277	5	81
联 营	Joint Business	57	41	6	71
贷 款	Loans	427	13 042	80 980	86 908
招标、投标	Bidding	139	13	55	111
劳务合同	Labour Contracts	1 836	521	4 982	3 785
建筑工程承包	Construction Project Contracts	230	71	3	3
农、林、牧、副、渔业承包	Farming, Forestry, Animal Husbandry,Sideline Production and Fishery Contracts	1 817	112	38	7
财产租赁	Property Leases	3 213	144	22	7
法人(代表)资格	Legal Person Representatives Identification	453	79	109	161
委托书	Certificate of Entrustment	289	362	227	703
民事法律关系公证	**Documents on Civil Legal Relations Notarized**	**20 533**	**49 545**	**90 645**	**87 221**
#收 养	Child Adoption	178	323	15	10
解除收养	Adoption Renouncements	54	2	5	12
继承权	Rights of Inheritance	1 599	2 068	5 217	5 646
遗 嘱	Testaments	898	1 841	1 709	2 416
产 权	Porperty Rights	708	1 624	824	523
亲属关系	Kinship Confirmation	259	216	1 798	921
房屋买卖	Purchases and Sales of House	1 429	1 296	599	8 039
房屋租赁	House Leases	436	1 168	61	104
留学协议	Study Abroad Contracts	1 239	1 209	883	729
遗赠抚养协议	Donations and Family Fostering	91	116	260	47
其他民事协议	Other Civil Agreements	5 473	10 209	15 552	13 650
委托书	Certificate of Entrustment	521	1 352	4 520	5 182
赠与书	Presentation Documents	1 583	7 741	5 196	3 863
声明书	Declarations	451	2 904	10 424	8 395
建房宅基使用协议	Rights to Housing Site	1 856	791	123	99

表 19.3 主要年份社会办敬老院情况
HOMES FOR THE ELDERLY RUNNED BY LOCAL PEOPLE IN MAIN YEARS

年 份 Year	敬老院 (个) Homes (unit)	床位数 (张) Beds(bed)	收养人数 (人) Person Housed (person)	其 中 of which #老 人 Elder	集体供给金额 (万元) Collective Fund (10 000 yuan)
1980	42		630		16
1985	199	3 870	3 038	2 786	347
1986	249	4 655	3 446	3 100	268
1987	277	5 520	4 262	3 893	321
1988	322	5 969	4 754	4 429	470
1989	349	6 281	5 129	4 835	522
1990	332	6 275	5 031	4 452	538
1991	341	6 731	5 763	5 642	649
1992	351	7 002	6 035	5 655	681
1993	331	7 143	6 365	5 934	1 121
1994	333	7 533	6 838	6 541	1 161
1995	330	8 576	7 405	6 633	1 161
1996	333	10 270	8 361	7 867	978
1997	323	11 253	9 295	8 647	1 278
1998	339	13 958	11 122	10 826	1 960
1999	331	16 526	12 698	12 013	914
2000	398	22 244	16 988	16 541	1 215
2001	378	23 627	17 363	16 923	844

表 19.4 优抚、救济对象享受国家定期抚恤补助、救济情况(1985~2001)
PERSONS ENJOYING REGULAR SUBSIDIES AND COMMISERATION FROM THE STATE

单位:万人(10 000 persons)

年 份 Year	合 计 Total	伤残抚恤 Pension for the Disabled	烈属抚恤 Pension for Families of Martyr	复退军人定期补助 Subsidies for Ex-servicemen	享受国家定期救济人数 Number of People Receiving Regular Relief from the State	其 中 of which 社会困难户定期救助 Subsidies for Impoverished Residents	精减退职老职工救济 Almsgiving for Retirees and Laid-off Workers	城市最低生活保障对象 People Under City's Basic Provision Protection
1985	0.21	0.78	0.23	0.37	0.73	0.43	0.30	
1986	2.59	0.80	0.26	0.49	1.04	0.76	0.29	
1987	2.50	0.82	0.25	0.59	0.85	0.55	0.29	
1988	2.50	0.82	0.24	0.62	0.82	0.54	0.28	
1989	2.76	0.84	0.23	0.65	1.04	0.76	0.28	
1990	2.80	0.86	0.22	0.68	1.05	0.77	0.28	
1991	2.71	0.83	0.21	0.71	0.97	0.70	0.27	
1992	3.10	0.83	0.20	0.71	1.36	1.10	0.26	
1993	3.11	0.83	0.19	0.70	1.39	1.13	0.25	
1994	3.12	0.83	0.18	0.70	1.41	1.17	0.24	
1995	3.12	0.82	0.17	0.69	1.43	1.19	0.24	
1996	3.20	0.81	0.17	0.68	1.54	1.31	0.23	
1997	2.68	0.80	0.15	0.69	1.04	0.84	0.20	
1998	3.23	0.79	0.15	0.66	1.63	0.38		1.24
1999	6.87	0.77	0.12	0.65	5.33	0.74	0.19	4.40
2000	22.27	0.76	0.12	0.66	20.73	0.94	0.18	19.60
2001	36.27	0.75	0.11	0.63	34.78	0.76	0.17	33.85

表 19.5 主要年份社会福利院、儿童福利院和精神病人福利院情况
INSTITUTIONS OF SOCIAL WELFARE, CHILDREN WELFARE AND MENTAL PATIENTS WELFARE IN MAIN YEARS

年 份 Year	社会福利院 Social Welfare Institutions			儿童福利院 Children Welfare Homes			精神病人福利院 Mental Patient Welfare Homes		
	单 位 (个) Homes (unit)	床位数 (张) Beds (bed)	年末收养人数 (人) Person Housed (year-end) (person)	单 位 (个) Homes (unit)	床位数 (张) Beds (bed)	年末收养人数 (人) Person Housed (year-end) (person)	单 位 (个) Homes (unit)	床位数 (张) Beds (bed)	年末收养人数 (人) Person Housed (year-end) (person)
1980	9	1 555	1 337	2	600	559	3	1 475	1 424
1985	10	1 727	1 630	2	580	625	3	1 480	1 360
1986	10	1 697	1 648	2	550	612	3	1 510	1 354
1987	10	1 991	1 770	2	378	449	3	1 497	1 342
1988	13	2 189	1 790	2	387	458	3	1 497	1 313
1989	14	2 418	2 012	2	538	481	3	1 433	1 324
1990	15	2 679	2 019	2	589	586	3	1 497	1 298
1991	14	2 687	2 138	2	611	592	3	1 391	1 285
1992	14	2 776	2 431	2	665	651	3	1 510	1 404
1993	14	2 874	2 554	2	708	690	3	1 510	1 394
1994	15	2 931	2 648	2	878	862	3	1 510	1 392
1995	15	3 006	2 722	2	988	919	3	1 510	1 409
1996	17	3 294	2 866	2	988	943	3	1 510	1 429
1997	21	4 012	3 441	2	988	946	3	1 500	1 452
1998	24	4 596	3 678	2	1 004	984	3	1 500	1 455
1999	20	4 215	3 498	2	981	958	3	1 710	1 703
2000	23	4 884	4 137	2	1 100	1 092	3	1 840	1 779
2001	26	5 570	4 410	2	1 221	1 221	3	1 894	1 894

表 19.6 交通事故和火灾情况(1980~2001)
BASIC STATISTICS OF TRAFFIC ACCIDENTS AND FIRES

年 份 Year	交通事故 Traffic Accidents				火 灾 Fires			
	次 数 (万次) Number (10 000 times)	死亡人数 (人) Death (person)	受伤人数 (万人) Injuries (10 000 persons)	损失折款 (万元) Losses Converted -into Cash (10 000 yuan)	次 数 (万次) Number (10 000 times)	死亡人数 (人) Death (person)	受伤人数 (万人) Injuries (10 000 persons)	损失折款 (万元) Losses Converted -into Cash (10 000 yuan)
1980	1.10	445		96	0.08	17	126	457
1981	1.18	507		119	0.07	33	81	202
1982	0.83	434		98	0.06	33	76	173
1983	0.74	443	0.70	99	0.05	24	67	533
1984	0.83	503	0.75	123	0.05	21	71	177
1985	0.71	687	0.57	318	0.07	30	74	374
1986	0.84	678	0.62	576	0.06	25	54	790
1987	1.01	811	0.67	959	0.06	51	56	
1988	0.84	707	0.56	1 117	0.03	58	53	
1989	0.75	652	0.49	1 137	0.21	30	25	394
1990	0.76	608	0.47	1 345	0.17	45	137	1 868
1991	0.75	594	0.45	1 530	0.17	38	112	937
1992	0.45	591	0.18	2 029	0.17	40	57	2 742
1993	0.81	699	0.29	4 652	0.14	73	128	2 252
1994	1.26	722	0.33	8 337	0.11	51	95	2 378
1995	1.67	788	0.38	12 077	0.11	47	86	2 100
1996	2.01	783	0.44	13 462	0.09	87	96	2 206
1997	2.16	780	0.58	13 682	0.74	51	138	2 639
1998	2.40	781	0.65	15 186	0.70	42	114	2 205
1999	2.61	726	0.78	15 924	0.66	43	90	1 487
2000	4.13	1 492	1.61	20 391	0.52	40	57	1 919
2001	4.21	1 508	0.16	23 883	0.32	31	65	966

注:2000 年开始,火灾统计口径为受理数。
Note:From 2000,statistics of fires refer to the number of fires handled.

表 19.7 福利院基本情况(2001)
BASIC STATISTICS OF WELFARE HOMES

福利院名称	Name of Welfare Home	机构数(个) Homes (unit)	工作人员(人) Staff and Workers (person)	其中 of which #医务护理人员 Medical Personnel and Nurses	床位数(张) Beds (bed)	年末收养人数(人) Person Housed (year-end) (person)
总 计	**Total**	**410**	**7 884**	**1 294**	**32 362**	**24 901**
政府办	**Welfare Homes Run by the Government**	**32**	**2 672**	**621**	**8 735**	**7 538**
社会福利院	Social Welfare Homes	26	1 675	289	5 570	4 410
市 级	Prefectural Level	4	596	95	1 310	1 267
徐 汇 区	Xuhui	2	62	1	430	225
黄 浦 区	Huangpu	4	309	19	694	651
长 宁 区	Changning	2	96	41	244	156
虹 口 区	Hongkou	2	70	13	390	291
普 陀 区	Putuo	1	92	10	234	227
闸 北 区	Zhabei	1	33	6	280	216
杨 浦 区	Yangpu	1	70	12	300	300
浦东新区	Pudong New Area	1	85	13	168	168
闵 行 区	Minhang	2	71	21	530	346
宝 山 区	Baoshan	1	56	30	200	143
松 江 区	Songjiang	1	25	17	250	199
奉 贤 区	Fengxian	3	91	10	330	220
南 汇 区	Nanhui	1	19	1	210	1
儿童福利院	Children's Welfare Homes	2	373	47	1 221	1 221
市儿童福利院	Shanghai Children's Welfare Home	1	349	45	1 136	1 136
虹口区育能院	Capability Rehabilitation Institution of Hongkou	1	24	2	85	85
精神病福利院	Mental Disease Welfare Homes	3	582	272	1 894	1 894
荣誉军人康复院	Convalescent Homes for Honored Ex-servicemen	1	42	13	50	13
社会办	**Welfare Home House Run by Local People**	**378**	**5 212**	**673**	**23 627**	**17 363**
城镇老年福利机构	Urban Senile Welfare Homes	258	3 996	561	16 374	12 706
农村老年福利机构	Rural Senile Welfare Homes	120	1 216	112	7 253	4 657

表19.8 消费者协会受理投诉情况(2001)
CASES ACCEPTED BY CONSUMERS ASSOCIATIONS

单位:件(piece)

类别 Items		合计 Total	其中 of which 质量 Quality	价格 Price	计量 Measurement	其他 Others
总计	**Total**	**584**	**422**	**23**	**22**	**117**
家用电器类	**Household Appliances**	**105**	**96**	**3**		**6**
#电视机	TV Sets	4	4	1		
电冰箱	Refrigerators	6	5	1		1
洗衣机	Washing Machines	1	1			
收录音机(音响)	Recorders	2	1	1		
空调器	Air Conditioner	5	4			1
家用机械类	**Household Machinery**	**47**	**41**	**2**		**4**
#自行车	Bicycles	2	2			
钟表	Clocks and Watches	7	6			1
燃气热水器	Gas Water Heater	1	1			
日用百货类	**Daily Use Goods**	**179**	**128**	**3**	**1**	**47**
#家具	Furniture	21	17			4
针纺织品(服装)	Textile Products	85	51			34
鞋	Shoes	50	43		1	6
食品类	**Foods**	**81**	**40**	**12**	**18**	**11**
药和医疗用品类	**Medicine and Medical Appliances**	**10**	**6**			**4**
建材类	**Architectural Materials**	**36**	**26**		**2**	**8**
其他	**Others**	**126**	**85**	**3**	**1**	**37**

第二十篇 浦东新区

CHAPTER 20

PUDONG NEW AREA

表20.1　人口、从业人员、工资和婚姻情况（1990～2001）
POPULATION, EMPLOYMENT, WAGES AND MARRIAGE

指　标	Indicators	1990	1991	1992	1993
年末总人口（万人）	Year-end Population (10 000 persons)	133.94	137.34	140.67	143.73
按性别分	Grouped by Sex				
男	Male	66.41	68.22	69.96	71.59
女	Female	67.53	69.12	70.71	72.14
按农业、非农业分	Grouped by Agriculture and Non-agriculture				
农业人口	Agriculture	52.27	51.89	51.02	45.95
非农业人口	Non-agriculture	81.67	85.45	89.65	97.87
按城乡分	Grouped by Urban and Rural				
城镇人口	Urban	76.73	80.04	83.34	85.92
农村人口	Rural	57.21	57.30	57.33	57.81
人口密度（人/平方公里）	Density of Population (person/sq. km)			2 714	2 749
总户数（万户）	Total Households (10 000)				48.63
每户平均人口（人）	Average Persons Per Household (person)				3.0
人口自然变动	Natural Change				
出生人口（人）	Number of Birth (person)	13 459	10 571	10 416	9 785
出生率（‰）	Birth Rate (‰)	10.20	7.80	7.50	6.88
死亡人口（人）	Number of Death (person)	8 711	8 746	9 391	9 899
死亡率（‰）	Death Rate (‰)	6.60	6.40	6.80	6.96
自然增长率（‰）	Natural Growth Rate (‰)	3.60	1.40	0.70	-0.08
人口迁移变动	Migration Change				
迁入人口（人）	Inflows (person)	18 079	19 261	24 730	59 214
#市外迁入	Moving in	8 102	7 052	8 591	10 469
迁入率(‰)	Rate of Inflows(‰)	13.50	14.20	17.79	41.64
迁出人口（人）	Outflows (person)	15 820	14 746	17 047	32 457
#迁出市外	Moving Out	5 843	3 501	3 816	3 356
迁出率（‰）	Rate of Outflows (‰)	11.80	10.80	12.26	22.82
净迁移率（‰）	Net Migration Rate (‰)	1.69	3.32	5.53	18.82
从业人员（万人）	Employees (10 000 persons)				104.40
职工人数（万人）	Staff and Workers (10 000 persons)	39.61	41.19	53.84	78.88
职工工资总额（亿元）	Wages of Staff and Workers (100 million yuan)	11.51	13.69	23.16	47.25
职工平均工资（元）	Average Annual Wages of Staff and Workers (yuan)	2 939	3 363	4 350	5 999
婚姻登记	Marriage				
准予登记结婚（对）	Marriage Registration Permitted (couples)				7 362
初　婚（人）	First Marriage (person)				13 064
再　婚（人）	Remarriage (person)				1 660
离婚登记（对）	Divorce (couples)				489

1994	1995	1996	1997	1998	1999	2000	2001
146.20	148.63	151.11	153.40	156.18	160.08	164.87	168.45
72.92	74.23	75.53	76.70	78.21	80.22	82.75	84.66
73.28	74.40	75.58	76.70	77.97	79.86	82.12	83.79
41.57	38.90	37.27	34.20	32.39	31.57	30.30	28.60
104.63	109.73	113.84	119.20	123.70	128.51	134.57	139.85
88.05	90.14	151.11	153.40	156.18	160.08	164.87	168.45
58.15	58.49						
2 797	2 843	2 891	2 934	2 988	3 001	3 091	3 158
49.91	51.46	53.04	54.52	56.39	58.15	60.52	62.08
2.9	2.9	2.8	2.8	2.8	2.8	2.72	2.71
8 743	7 877	7 727	7 305	7 035	7 716	8 229	7 434
6.03	5.34	5.15	4.80	4.54	4.82	5.07	4.46
9 974	10 538	10 690	10 941	11 683	11 226	11 007	11 364
6.88	7.15	7.13	7.19	7.55	7.01	6.78	6.82
-0.85	-1.81	-1.98	-2.39	-3.01	-2.19	-1.71	-2.36
52 953	54 560	61 335	57 801	68 433	118 581	160 975	122 922
11 088	10 419	12 557	10 746	12 018	14 495	18 522	16 076
36.22	36.71	40.59	37.96	44.21	74.99	99.10	73.80
29 730	24 600	33 404	30 432	35 852	74 968	103 486	83 548
3 030	3 836	3 967	3 476	3 676	4 134	5 734	5 882
20.43	16.55	22.11	19.99	23.16	47.41	63.70	50.10
15.88	20.16	18.48	17.97	21.05	27.58	35.40	23.70
105.00	107.97	103.97	98.18	96.32	98.34	104.05	111.45
76.71	79.89	71.96	66.31	66.14	67.73	67.75	68.77
60.74	80.30	83.37	84.17	89.69	106.66	120.59	140.36
7 906	9 995	11 351	12 425	13 417	15 563	17 607	20 349
8 625	8 968	9 655	10 328	10 333	10 403	11 083	11 840
15 379	15 695	16 701	17 720	17 643	18 534	19 510	21 036
1 871	2 241	2 609	2 936	3 023	2 272	2 656	2 644
954	1 049	1 037	1 101	1 287	1 760	2 102	2 001

表20.2　增加值和指数(1990～2001)
VALUE ADDED AND INDICES

指　标	Indicators	1990	1991	1992	1993
增加值(亿元)	Value Added (100 million yuan)	60.24	71.54	101.49	164.00
第一产业	Primary Industry	2.22	2.41	1.89	2.12
第二产业	Secondary Industry	45.89	53.45	73.72	114.45
工　业	Industry	43.13	50.46	70.25	108.16
建筑业	Construction				
第三产业	Tertiary Industry	12.13	15.68	25.88	47.43
交通运输、仓储、邮电通信业	Transportation, Storage, Postal and Telecommunications	4.41	5.33	7.75	8.27
批发和零售贸易、餐饮业	Wholesale, Retail and Catering Businesses	1.86	2.24	3.87	9.90
金融保险业	Banking and Insurance	3.07	4.46	6.96	16.40
房地产业	Real Estate	2.79			
社会服务业	Social Services				
地质勘探、农林牧渔服务业和水利管理业	Survery Service for Agriculture, Forestry, Husbandry, Fishing and Water Conservancy				
其他服务业	Others				
构　成(%)	Composition(%)	100	100	100	100
第一产业	Primary Industry	3.7	3.4	1.9	1.3
第二产业	Secondary Industry	76.2	74.7	72.6	69.8
工　业	Industry	71.6	70.5	69.2	66.0
建筑业	Construction				
第三产业	Tertiary Industry	20.1	21.9	25.5	28.9
交通运输、仓储、邮电通信业	Transportation, Storage, Postal and Telecommunications	7.3	7.5	7.6	5.0
批发和零售贸易、餐饮业	Wholesale, Retail and Catering Businesses	3.1	3.1	3.8	6.0
金融保险业	Banking and Insurance	5.1	6.2	6.9	10.0
房地产业	Real Estate	4.6			
社会服务业	Social Services				
地质勘探、农林牧渔服务业和水利管理业	Survery Service for Agriculture, Forestry, Husbandry, Fishing and Water Conservancy				
其他服务业	Others				
人均增加值(元)	Average Value Added Per Capita(yuan)	4 498	5 209	7 301	11 533
劳动者人均提供的增加值(元)	Value Added Per Labour Force(yuan)	8 637	10 224	12 793	16 947
增加值指数(以1990年为100)	Indices of Value Added(year 1990 = 100)		113.9	138.0	179.7
第一产业	Primary Industry		101.2	102.3	93.6
第二产业	Secondary Industry		113.1	137.6	167.9
第三产业	Tertiary Industry		119.5	143.8	201.7
增加值指数(以上年为100)	Indices of Value Added (preceding year = 100)		113.9	121.2	130.2
第一产业	Primary Industry		101.2	101.1	91.5
第二产业	Secondary Industry		113.1	121.7	122.0
第三产业	Tertiary Industry		119.5	120.3	146.6

1994	1995	1996	1997	1998	1999	2000	2001
291.20	414.65	496.47	608.22	704.27	801.36	920.63	1 082.36
3.19	4.22	4.57	4.95	5.30	5.47	5.72	6.06
197.13	283.92	320.31	376.87	412.82	435.66	488.60	564.66
177.45	260.07	286.32	325.38	349.97	388.88	445.43	508.62
	23.85	33.99	51.49	62.85	46.78	43.17	56.04
90.88	126.51	171.59	226.40	286.15	360.23	426.31	511.64
9.02	11.88	15.44	17.83	20.21	24.67	29.18	36.23
17.92	34.71	57.68	68.78	80.05	101.01	116.06	150.28
23.73	28.59	39.08	69.10	101.31	138.35	159.88	170.12
	36.52	40.61	46.20	52.68	47.26	55.36	70.39
	4.76	6.55	8.45	12.50	21.56	31.61	43.66
	0.26	0.30	0.34	0.48	0.56	0.47	0.48
	9.79	11.93	15.70	18.92	26.82	33.75	40.48
100	100	100	100	100	100	100	100
1.1	1.0	0.9	0.8	0.7	0.7	0.6	0.6
67.7	68.5	64.5	62.0	58.6	54.4	53.1	52.2
60.9	62.7	57.7	53.5	49.7	48.5	48.4	47.0
	5.8	6.8	8.5	8.9	5.8	4.7	5.2
31.2	30.5	34.6	37.2	40.7	44.9	46.3	47.3
3.1	2.9	3.1	2.9	2.8	3.1	3.2	3.3
6.2	8.4	11.6	11.3	11.4	12.6	12.6	13.9
8.1	6.9	7.9	11.4	14.4	17.3	17.3	15.7
	8.8	8.2	7.6	7.5	5.9	6.0	6.5
	1.1	1.3	1.4	1.8	2.7	3.4	4.0
	0.1	0.1	0.1	0.1	0.1	0.1	…
	2.4	2.4	2.5	2.7	3.2	3.7	3.7
20 087	28 127	33 127	39 949	45 498	50 676	56 662	64 944
27 813	38 939	46 850	60 172	72 419	82 334	90 985	100 456
231.1	282.0	339.0	401.0	468.3	543.8	633.5	735.5
98.4	112.4	114.5	120.6	127.7	132.6	139.1	147.6
204.2	248.9	292.2	339.9	387.4	439.7	506.5	589.1
301.0	369.0	479.7	596.2	740.5	907.1	1 084.9	1 259.6
128.6	122.0	120.2	118.3	116.8	116.1	116.5	116.1
105.1	114.2	101.9	105.3	105.9	103.8	104.9	106.1
121.6	121.9	117.4	116.3	114.0	113.5	115.2	116.3
142.8	122.6	130.0	124.3	124.2	122.5	119.6	116.1

表 20.3 城市基础设施投资额和公用事业情况(1990~2001)
INVESTMENT IN URBAN INFRASTRUCTURE AND PUBLIC UTILITIES

指 标	Indicators	1990	1991	1992	1993
城市基础设施投资额(万元)	**Investment in Urban Infrastructure(10 000 yuan)**	**74 999**	**54 192**	**218 963**	**547 261**
电力建设	Electric Construction	37 233	4 794	41 487	72 436
交通邮电	Traffic and Post	736	3 902	25 048	72 990
公用设施	Public Facilities	37 030	45 496	152 488	401 835
公用事业	Public Utilities	12 573	8 311	10 791	66 889
市内公共交通	Urban Public Transportation	496	404	431	8 514
自来水	Tap Water	1 178	890	4 390	41 870
煤 气	Gas	10 899	7 017	5 970	16 505
市政建设	Municipal Construction	24 457	37 185	141 697	334 945
#园林绿化	Park Gardens and Green Areas			200	610
环境卫生	Envionment Sanitation	1 841	155	436	7 309
市政工程	Urban Municipal Engineering	22 616	37 030	140 661	327 026
自来水	**Tap Water**				
自来水管道长度(公里)	Length of Tap Water Pipelines(km)	391	413	432	525
自来水供应能力(万吨/日)	Tap Water Supply(10 000 tons/day)	43	43	43	42
售水量(万吨)	Sales of Tap Water(10 000 tons)	9 538	10 027	11 283	12 753
#工业用水	Industrial Use				
生活用水	Residential Use	3 125	3 129	3 929	7 602
液化石油气	**Liquefied Petroleum Gas**				
销售量(万吨)	Sales of Petroleum Gas(10 000 tons)	2	2	2	3
#家庭用	Family Use	2	2	2	2
家庭用液化气户数(万户)	Household of Family Use Petroleum Gas (10 000)	10	9	11	12
道 路	**Road**				
铺装道路长度(公里)	Length of Paved Road(km)	411	437	465	491
铺装道路面积(万平方米)	Area of Paved Road(10 000 sq. m)	379	393	466	496
交 通	**Traffic**				
年末实有公交线路条数(条)	Lines of Public Traffic(year-end)(route)	48	50	42	57
年末实有公交线路长度(公里)	Length of Public Traffic Routes (year-end) (km)	739	756	561	2 874
年末运营公共车辆(辆)	Public Transportation Vehicles (year-end) (vehicle)	576	646	720	811
客运总量(亿人次)	Passengers Carried (100 million person-times)	4	5	6	5
出租汽车运营车辆数(辆)	Passenger Volume Using Ferry Route (vehicle)	35	104	1 916	2 868
隧 道	**Tunnels**				
越江隧道条数(条)	Routes of Tunnels Accross the Huangpu River (route)	2	2	2	2
越江大桥座数(座)	Number of Bridges Accross the Huangpu River(unit)	1	1	1	1
城市绿化	**Urban Greenbelt**				
园林绿地面积(公顷)	Area of Parks Garden and Green Areas (hectare)				469
人均公共绿地面积(平方米/人)	Per Capita Public Green Area (sq. m/person)				0.54
绿化覆盖率(%)	Green Area Coverage(%)	6.0	8.0	8.0	8.4
公园数(个)	Number of Parks(unit)	7	7	7	8

① 自 1997 年起,自来水管道长度包括系统外单位。
② 1998 年、1999 年、2000 年、2001 年出租汽车运营车辆数不包括浦东大众汽车出租公司的车辆。
❶ From 1997, lengths of tap water pipelines include which outside the system.
❷ In 1998, 1999, 2000 and 2001, the number of taxies running in the city did not include that of Pudong Dazhong Taxi.

1994	1995	1996	1997	1998	1999	2000	2001
722 984	**664 461**	**998 303**	**1 193 047**	**1 547 028**	**1 565 383**	**545 081**	**1 053 580**
214 879	246 497	214 962	81 667	42 394	120 426	43 043	94 455
266 799	229 455	509 378	620 182	703 630	818 257	233 014	265 996
241 306	188 509	273 963	491 198	801 004	626 700	269 024	693 129
51 157	18 316	142 995	111 006	83 931	302 853	35 841	311 557
5 774	2 196	15 993	18 357	1 506	268 510	22 807	294 666
41 041	6 222	71 569	49 007	10 574	6 805	9 471	15 293
4 342	9 898	55 433	43 642	71 851	27 538	3 563	1 598
190 149	170 193	130 968	380 192	717 073	323 847	233 183	381 572
16 241	9 891	3 656	8 404	27 963	43 326	35 703	20 834
746	968	613	2 160	5 005	4 728	3 114	9 529
171 746	159 334	126 349	369 478	683 705	272 000	185 681	350 439
642	764	1 432	1 916	2 187	2 555	2 636	2 954
234	248	261	261	295	257	168	167
13 972	15 323	23 766	25 158	36 283	28 261	31 621	33 926
4 129	4 108	7 521	7 368	7 006	6 731	7 321	7 642
7 460	9 419	13 425	14 712	14 491	15 936	17 369	19 066
3	4	5	3	5	4	3	3.67
3	4	5	3	4	3	3	2.98
24	27	31	36	41	44	46	44.38
519	579	606	622	742	825	835	868
559	693	623	886	960	1 250	1 180	1 268
103	162	171	183	181	164	169	175
2 985	3 541	3 903	4 852	4 689	4 179	4 030	4 105
1 569	1 846	2 175	2 445	2 622	2 598	3 025	3 112
6	5	3	3	4	4	5	5
3 704	3 758	3 199	2 911	1 965	2 528	1 633	1 848
2	2	2	2	2	2	2	2
2	2	3	3	3	3	3	5
789	731	948	1 332	1 530	2 948	3 458	4 259
2.12	2.85	3.45	4.58	5.80	8.69	11.00	13.12
11.5	14.2	16.9	18.2	19.3	28.5	30.2	30.98
9	9	11	11	11	11	13	14

表20.4 农业主要指标(1990~2001)
MAJOR INDICATORS OF AGRICULTURE

指 标	Indicators	1990	1991	1992	1993
户 数(万户)	Households(10 000)	15.74	15.73	16.91	14.67
人 口(万人)	**Population(10 000 persons)**	**47.00**	**46.60**	**49.47**	**42.37**
劳动力(万人)	Labour Force(10 000 persons)	27.70	28.13	29.61	25.15
外省市流入劳动力(人)	Labour Move in from Outside Shanghai(person)	15 262	25 415	30 733	44 418
第一产业	Primary Industry	2 828	3 929	4 143	4 190
第二产业	Secondary Industry	11 846	20 476	24 807	36 097
第三产业	Tertiary Industry	587	1 010	1 783	4 131
农业总产值(亿元)	**Gross Output Value of Agriculture(100 million yuan)**	**5.53**	**5.96**	**6.53**	**6.93**
种植业	Planting	2.37	2.63	2.79	3.15
林 业	Forestry	0.02	0.03	0.01	0.01
牧 业	Animal Husbandry	2.95	3.05	3.46	3.46
渔 业	Fishery	0.15	0.22	0.24	0.30
上年末耕地面积(公顷)	Area of Cultivated Land(last year-end)(hectare)	21 407	21 273	20 491	18 062
当年减少耕地面积(公顷)	Decrease in Cultivated Area(hectare)	133	886	4 283	1 711
年末耕地面积(公顷)	Cultivated Areas(year-end)(hectare)	21 273	20 491	16 215	16 351
#水 田	Paddy Fields	19 693	18 808	14 533	14 520
旱 田	Dry Fields	1 580	1 682	1 682	1 832
主要农副产品产量	Output of Major Farm and Sideline Products				
粮 食(万吨)	Grain(10 000 tons)	17.16	17.54	17.07	14.92
油产籽(万吨)	Rapeseed(10 000 tons)	0.94	0.95	0.74	0.17
蔬 菜(万吨)	Vegetables(10 000 tons)	29.87	27.29	30.42	24.42
水 果(万吨)	Fruit(10 000 tons)	0.19	0.21	0.20	0.35
生猪饲养量(万头)	Hogs Raised(10 000)	73.19	69.81	70.15	53.66
年末圈存量(万头)	Hogs(year-end)(10 000)	27.65	25.68	25.50	18.42
猪肉产量(万吨)	Pork(10 000 tons)	4.25	4.12	4.17	3.29
牛奶产量(万吨)	Cow Milk(10 000 tons)	3.49	3.94	4.36	3.71
鲜蛋产量(万吨)	Poulty Eggs(10 000 tons)	1.45	1.56	1.76	1.39
水产品(万吨)	Aquatic Products(10 000 tons)	0.41	0.43	0.45	0.36
淡水产品	Freshwater Aquatic Products	0.29	0.31	0.31	0.31
海水产品	Seawater Aquatic Products	0.12	0.12	0.14	0.05
农业机械总动力(万千瓦)	Total Power of Agricultural Machinery(10 000 kw)	27.33	22.94	15.18	12.23
机耕面积(万公顷)	Machinery Cultivated Area(10 000 hectares)	2.11	1.96	1.62	1.60
机电排灌面积(万公顷)	Drainage and Irrigation Area Used by Machinery and Electricity(10 000 hectares)	2.08	2.00	1.59	1.63

1994	1995	1996	1997	1998	1999	2000	2001
14.04	13.74	13.36	12.85	14.07	14.04	13.67	13.27
39.92	**38.58**	**37.84**	**34.86**	**37.79**	**37.52**	**36.82**	**36.12**
23.43	22.84	22.31	20.57	21.99	21.52	19.86	19.59
52 128	48 059	42 775	47 256	78 735	81 736	91 268	103 662
5 366	4 482	4 130	6 171	11 020	14 579	14 743	14 680
43 094	41 711	35 605	35 190	51 790	48 099	52 715	64 294
3 668	1 866	3 040	5 395	15 925	19 058	23 810	24 688
8.37	**10.35**	**11.28**	**11.30**	**11.59**	**11.93**	**12.57**	**13.37**
3.57	4.44	4.97	4.95	5.21	5.58	5.96	6.27
0.01	0.02	0.02	0.03	0.03	0.05	0.13	0.22
4.44	5.53	5.89	5.99	5.93	5.88	6.08	6.44
0.34	0.36	0.40	0.33	0.42	0.42	0.40	0.44
16 351	15 426	15 046	13 762	13 359	13 177	12 799	12 666
925	390	1 284	403	182	399	133	275
15 426	15 046	13 762	13 359	13 177	12 799	12 666	12 391
13 847	13 480	12 205	11 833	11 655	11 359	11 239	10 990
1 579	1 566	1 557	1 526	1 522	1 440	1 427	1 401
11.36	12.44	12.89	11.18	10.39	9.96	6.83	4.29
0.04	0.08	0.07	0.02	0.05	0.02	0.05	0.04
16.88	21.40	21.46	20.74	21.56	25.74	32.17	36.78
0.18	0.31	0.42	0.26	0.20	0.17	0.21	0.14
48.13	52.74	58.86	56.69	55.13	55.45	55.83	55.64
14.30	16.52	16.92	20.08	18.73	18.82	18.91	20.41
3.18	3.38	3.85	3.12	3.11	3.11	3.13	3.01
2.87	2.55	2.60	3.40	3.77	3.04	3.06	3.21
1.66	1.16	1.17	1.15	1.04	1.09	1.27	1.42
0.37	0.34	0.35	0.32	0.31	0.30	0.31	0.34
0.28	0.26	0.28	0.26	0.23	0.24	0.25	0.28
0.08	0.08	0.07	0.06	0.08	0.06	0.05	0.05
12.74	10.75	9.85	9.08	8.04	8.02	6.39	5.36
1.50	1.44	1.32	1.26	1.18	1.20	1.11	1.09
1.45	1.40	0.28	1.26	1.25	1.11	1.08	1.05

表 20.5 全社会固定资产投资主要指标(1990～2001)
MAJOR INDICATORS OF TOTAL INVESTMENT IN FIXED ASSETS

	指 标 Indicators	1990	1991	1992	1993
投资总额(亿元)	**Total Investment(100 million yuan)**	**14.15**	**28.95**	**75.00**	**163.22**
#基本建设	Capital Construction Investment	6.28	12.22	36.49	104.36
更新改造	Technical Update and Transformation	3.48	9.47	12.49	34.93
城镇集体	Collective-owned Units	0.56	1.10	1.86	2.30
房地产	Real Estate	0.06	0.12	0.39	8.00
在投资总额中	In Total Investment				
按构成分	Grouped by Use of Funds				
#建筑安装工程	Construction and Installation	9.76	14.86	47.67	91.20
设备、工具、器具购置	Purchase of Equipment and Instruments	2.91	7.82	8.59	32.45
按建设性质分	Grouped by Type of Construction				
#新 建	New Construction	3.42	8.32	35.46	117.09
改 建	Reconstruction	3.25	8.97	20.49	12.73
扩 建	Expansion	3.14	5.77	14.06	28.52
按三次产业分	Grouped by Type of Industry				
第一产业	Primary Industry				0.47
第二产业	Secondary Industry	6.34	11.59	30.33	51.87
第三产业	Tertiary Industry	7.81	17.36	44.67	110.88
按经济类型分	Grouped by Economic Types				
#国有经济	State-owned	9.82	21.81	55.31	148.69
集体经济	Collective-owned	2.28	5.52	15.39	2.30
联营经济	Joint Owned				
股份制经济	Shareholding				
外商投资经济	Foreign Funded				
港澳台商投资经济	Hong Kong, Macao and Taiwan Funded				
房屋建筑面积(万平方米)	**Floor Space of Buildings(10 000 sq. m)**				
施工面积	Floor Space Under Construction	195.53	278.46	591.03	800.62
#住 宅	Residential Housing	103.46	161.83	240.99	418.84
竣工面积	Floor Space Completed	145.42	207.72	335.76	443.39
#住 宅	Residential Housing	82.80	134.48	170.75	234.46
房屋建筑面积竣工率(%)	Rate of Floor Space Completed of Buildings(%)	74.4	74.6	56.8	55.4
资金来源合计(亿元)	**Total Capital Source(100 million yuan)**	**14.95**	**30.58**	**92.81**	**247.62**
上年末结余资金	A Balance at End of Previous Year	0.86	2.66	8.69	11.37
当年资金来源小计	Sub-total Capital Source of the Year	14.09	27.92	84.12	236.25
国家预算内资金	Capital Within the State Budget	0.55	1.08	3.25	5.19
国内贷款	Domestic Loans	4.19	8.10	24.40	66.58
债 券	State Treasury Bond	0.48	0.95	2.86	3.72
利用外资	Foreign Capital Absorbed	1.49	3.29	9.91	31.61
自筹资金	Self-raised Capital	6.54	12.84	38.69	105.73
其他资金	Other Capital	0.84	1.66	5.01	23.42

1994	1995	1996	1997	1998	1999	2000	2001
275.55	**322.31**	**397.86**	**504.36**	**583.22**	**438.20**	**351.06**	**416.18**
207.39	155.63	199.57	258.54	363.75	259.36	170.76	239.86
37.43	68.74	65.36	87.25	55.67	51.15	45.93	45.38
3.96	5.29	7.12	7.51	5.24	1.33	1.78	0.03
5.49	72.71	100.90	125.00	134.87	103.88	111.18	111.66
164.95	175.33	211.53	255.49	282.91	224.64	165.70	222.95
41.81	77.48	77.07	94.21	156.48	107.77	92.21	77.20
188.34	161.15	211.82	287.49	381.07	272.11	174.55	247.93
15.75	25.53	19.76	39.05	22.92	19.67	22.35	26.17
35.95	51.40	49.35	42.29	24.39	18.17	19.66	22.50
0.48	1.04	1.34	1.44	2.22	0.71	0.67	0.13
87.12	100.61	110.38	145.17	215.29	136.32	143.62	169.88
187.95	220.66	286.14	357.75	365.71	301.17	206.77	246.17
116.31	165.08	217.47	300.49	294.88	231.38	118.90	148.47
4.31	29.81	34.75	40.32	30.62	32.79	20.24	17.69
1.22	2.57	4.81	11.28	6.49	3.88	9.68	3.95
29.48	36.67	31.22	17.37	38.61	35.38	56.85	83.54
42.88	64.90	74.76	103.86	174.86	99.80	104.75	111.31
5.79	11.14	24.38	27.53	27.31	23.23	26.98	34.40
1 504.09	1 578.97	1 826.74	2 213.81	2 136.16	1 751.74	1 576.48	1 526.45
546.05	641.30	679.90	1 103.59	973.95	844.05	735.93	879.01
391.17	472.08	535.69	669.90	691.49	569.85	570.36	469.53
186.13	205.98	264.55	348.60	367.21	270.16	278.93	249.96
26.0	29.9	29.3	30.3	32.4	32.5	36.2	30.8
280.47	**335.03**	**478.16**	**733.03**	**585.27**	**671.51**	**407.97**	**533.61**
23.38	47.16	81.89	111.40	81.29	122.12	67.81	57.68
257.09	287.87	396.27	621.63	503.98	549.39	340.16	475.93
3.37	1.52	0.80	10.25	16.15	7.52	4.21	4.98
86.66	59.68	84.46	183.85	120.27	106.71	94.78	140.73
7.09	0.77	5.53	6.37	0.29	0.05	…	0.25
47.09	69.05	94.18	119.39	122.90	117.57	41.38	86.02
83.09	101.55	170.52	251.55	223.02	239.25	148.87	184.02
29.79	55.30	40.78	50.22	21.35	78.29	50.92	59.93

表20.6 国内外贸易主要指标(1990～2001)
MAJOR INDICATORS OF DOMESTIC AND FOREIGN TRADE

	指标 Indicators	1990	1991	1992	1993
社会消费品零售总额(亿元)	**Total Retail Sales Value of Consumer Goods(100 million yuan)**	**14.28**	**18.00**	**28.23**	**41.92**
按用途分	Grouped by Type of Goods				
吃的商品	Food	4.78	6.03	9.45	14.04
穿的商品	Clothing	1.61	2.04	3.19	4.74
用的商品	Articles	7.77	9.79	15.35	22.80
烧的商品	Fuels	0.12	0.14	0.24	0.34
按行业分	Grouped By Sector				
商业零售额	Commerce	12.85	16.20	25.41	37.72
餐饮业零售额	Catering Trade	0.55	0.69	1.08	1.62
其他行业零售额	Others	0.88	1.11	1.74	2.58
农副产品成交额(亿元)	Transaction Value of Farm and Sideline Products (100 million yuan)	2.51	2.73	2.97	3.23
外贸出口商品总额(亿美元)	**Total Value of Exports (USD 100 million)**				**12.02**
外贸进口商品总额(亿美元)	**Total Value of Imports (USD 100 million)**				**13.90**
外商直接投资签约项目数(个)	Contracted Projects of Direct Foreign Investment (unit)	28	92	567	924
#中外合资	Joint Venture	22	79	467	610
中外合作	Cooperative Operation	2	4	38	38
外商独资	Foreign Enterprise	4	9	56	275
外商直接投资协议总金额(亿美元)	Total Agreement Foreign Capital of Direct Foreign Investment (USD 100 million)	0.50	2.36	28.00	31.86
#中外合资	Joint Venture	0.43	2.26	16.28	23.73
中外合作	Cooperative Operation	0.02	0.04	1.04	2.78
外商独资	Foreign Enterprise	0.05	0.06	2.77	2.78
外商直接投资合同金额(亿美元)	**Contracted Foreign Capital of Direct Foreign Investment (USD 100 million)**	**0.34**	**1.01**	**13.53**	**17.57**
#中外合资	Joint Venture	0.29	0.92	7.28	13.08
中外合作	Cooperative Operation	0.01	0.03	0.82	1.53
外商独资	Foreign Enterprise	0.05	0.06	2.77	2.78

1994	1995	1996	1997	1998	1999	2000	2001
82.74	**110.00**	**140.21**	**162.23**	**178.97**	**198.31**	**215.17**	**233.02**
39.58	49.50	53.13	62.89	65.06	74.17	81.55	81.26
6.47	8.36	12.17	12.54	16.60	15.26	13.65	13.99
36.08	51.59	74.01	84.72	96.27	104.14	117.94	135.28
0.61	0.55	0.90	2.08	1.03	4.71	2.03	2.48
74.46	98.77	131.44	154.60	173.25	171.77	185.96	201.47
3.18	4.06	4.03	5.41	4.78	19.02	25.80	28.50
5.10	7.16	4.75	2.21	0.94	7.52	3.40	3.05
6.20	9.70	13.40	16.87	14.21	20.12	27.83	36.08
23.21	**39.63**	**38.75**	**45.85**	**52.80**	**66.67**	**95.80**	**110.22**
24.14	**32.34**	**42.03**	**53.15**	**67.02**	**86.98**	**159.06**	**187.61**
1 035	838	802	615	554	470	693	880
547	340	285	132	88	71	109	110
51	41	38	36	30	18	21	10
432	455	479	447	435	380	563	758
38.10	38.86	47.22	45.85	34.74	19.33	49.53	37.65
23.42	16.99	18.61	37.34	17.74	8.65	7.42	9.11
5.88	3.61	12.76	2.06	1.24	0.67	1.12	2.15
7.3	17.42	15.86	6.45	4.38	9.46	41.08	25.94
25.93	**32.56**	**33.09**	**18.00**	**27.90**	**10.73**	**28.84**	**20.02**
14.14	10.47	12.41	13.39	13.77	2.95	2.73	4.51
4.1	2.55	5.22	0.82	0.63	0.55	0.47	1.12
7.32	17.42	15.45	3.79	2.90	6.91	25.63	14.16

表20.7 工业企业主要指标(1999～2001)
MAJOR INDICATORS OF INDUSTRIAL ENTERPRISES

指 标	Indicators	1999	2000	2001
工业总产值(亿元)	**Gross Output Value of Industry(100 million yuan)**	**1 444.60**	**1 575.22**	**1 961.90**
按轻、重工业分	Grouped by Light and Heavy Industry			
轻工业	Light Industry	518.80	469.01	557.61
重工业	Heavy Industry	925.80	1 106.22	1404.28
按登记注册类型分	Grouped by Registration Categories			
国有经济	State-owned	327.15	300.12	327.95
集体经济	Collective-owned	116.18	74.11	61.75
其他经济	Others Ownership Units	1 001.27	1 200.99	1 572.19
#外商投资企业	Foreign Funded Units	678.86	985.67	1 244.14
按企业规模分	Grouped by Size of Enterprises			
大型企业	Large Enterprise	1 001.62	1 113.60	1 434.58
中型企业	Medium Enterprise	164.65	182.61	195.73
小型企业	Small Enterprise	278.32	279.01	331.59
工业销售产值(亿元)	**Sales Value of Industry(100 million yuan)**	**1 407.61**	**1 563.23**	**1 965.70**
按轻、重工业分	Grouped by Light and Heavy Industry			
轻工业	Light Industry	511.52	463.50	552.94
重工业	Heavy Industry	896.09	1 099.73	1 412.76
按登记注册类型分	Grouped by Registration Categories			
国有经济	State-owned	326.36	296.11	331.85
集体经济	Collective-owned	113.39	73.22	61.14
其他经济	Other Ownership Units	967.87	1 193.91	1 572.71
#外商投资企业	Foreign Funded Units	653.42	982.31	1 248.41
按企业规模分	Grouped by Size of Enterprises			
大型企业	Large Enterprise	970.03	1 107.58	1 433.61
中型企业	Medium Enterprise	166.79	182.25	204.97
小型企业	Small Enterprise	270.79	273.40	327.12
出口交货值(亿元)	**Delivery Value of Industry Export (100 million yuan)**	**271.09**	**381.42**	**457.87**
按轻、重工业分	Grouped by Light and Heavy Industry			
轻工业	Light Industry	127.69	126.51	180.23
重工业	Heavy Industry	143.40	254.91	277.64
按登记注册类型分	Grouped by Registration Categories			
国有经济	State-owned	43.64	44.94	31.98
集体经济	Collective-owned	7.73	4.84	3.24
其他经济	Other Ownership Units	219.73	331.64	422.66
#外商投资企业	Foreign Funded Units	165.80	316.04	383.15
按企业规模分	Grouped by Size of Enterprises			
大型企业	Large Enterprise	196.56	291.10	345.54
中型企业	Medium Enterprise	32.65	46.08	65.22
小型企业	Small Enterprise	41.87	44.23	47.11
工业企业经济指标	**Economic Indicators of Industrial Enterprises**			
单位数(个)	Number of Enterprises(unit)	3 445	3 175	3 171
从业人员(万人)	Employment(10 000 persons)	53.29	43.80	44.42
工业总产值(亿元)	Gross Output Value of Industry(100 million yuan)	1 444.60	1 575.22	1 961.90
年末资产总计(亿元)	Year-end Total Property Assets(100 million yuan)	2 393.39	2 735.67	3 035.50
固定资产原价(亿元)	Original Value of Fixed Assets(100 million yuan)	1 099.33	1 335.01	1 226.20
固定资产净值(亿元)	Net Value of Fixed Assets(100 million yuan)	784.20	949.17	781.68
年末负债合计(亿元)	Year-end Liability(100 million yuan)	1 320.21	1 273.23	1 243.46
产品销售收入(亿元)	Revenue of Product Sales(100 million yuan)	1 461.25	1 590.17	2 010.70
利润总额(亿元)	After-tax Profits(100 million yuan)	67.05	86.89	94.08
税金总额(亿元)	Tax and Duty(100 million yuan)	68.87	73.78	85.70
产品销售率(%)	Product Sales/Output of Industry(%)	97.44	99.24	100.19
资金利税率(%)	Pre-tax Profits/Total Assets(%)	7.50	8.00	8.71
增加值率(%)	Added-value of Industry/Gross Output Value of Industry(%)	23.46	22.32	23.61
成本费用利润率(%)	After-tax Profits/Cost(%)	4.69	5.71	4.86
全员劳动生产率(元/人)	Overall Labour Productivity(yuan/person)	70 179	93 217	131 097
流动资产周转次数(次)	Turnover Times of Circulating Funds(time)	1.31	0.68	1.54

表20.8 主要年份进出口商品总额
TOTAL VALUE OF IMPORT AND EXPORT IN MAIN YEARS

单位：万美元(USD 10 000)

指 标	Indicators	1995	2000	2001
进出口商品总额	**Total Value of Import and Export**	**719 634**	**2 548 599**	**2 978 267**
出口总额	**Total Value of Export**	**396 278**	**958 044**	**1 102 213**
#一般贸易	Original Trade	244 036	442 078	495 591
来料加工装配贸易	Processing and Assembly Trade	19 553	113 655	111 302
进料加工贸易	Processing Trade of Imported Material	126 792	373 212	474 895
对外承包工程货物	Constructed Projects in Foreign Countries	1 058	30	1
保税仓库出境货物	Cargo from Bonded Warehouses	3 977	445	756
进口总额	**Total Value of Import**	**323 356**	**1 590 555**	**1 876 054**
一般贸易	Original Trade	117 182	719 077	877 360
来料加工装配贸易	Processing and Assembly Trade of Income	18 908	90 257	80 506
进料加工贸易	Processing Trade of Imported Material	75 840	228 460	256 058
租赁贸易	International Leasing	14 115	24 676	24 533
外商投资企业作为投资进口的设备物品	Imported Equipment and Materials as Investment of Foreign Investment Enterprises	59 607	101 938	142 635
来料加工装配进口的设备	Imported Equipment of Processing and Assembly Trade	376	429	324
保税仓库出境货物	Cargo from Bonded Warehouses	36 862	11 652	19 455
保税区仓储转口货物	Transit Goods through Bonded Warehouses	556	414 066	471 607

表20.9 主要年份财政、现金收支和保险情况
MAJOR INDICATORS OF FINANCE, CASH BALANCE AND INSURANCE IN MAIN YEARS

指 标	Indicators	1995	2000	2001
全部财政收入(万元)	**Total Government Revenue(10 000 yuan)**	**391 514**	**1 032 077**	**1 435 306**
地方财政收入(万元)	**Local Government Revenue(10 000 yuan)**		**564 020**	**830 179**
区级财政收入	Government Revenue at District Level	198 780	355 863	519 046
#工商税收	Industrial and Commercial Tax	161 566	274 023	357 550
#增值税	Value-added Tax	36 930	44 293	49 587
营业税	Business Tax	93 670	122 200	162 506
个人所得税	Individual Income Tax	11 940	77 662	109 446
城市维护建设税	Tax on Urban Construction and Maintenance	10 083	11 603	13 652
车船税	Tax on Automobile and Boat	1 168	1 179	1 252
房产税	Tax on Real Estate	4 704	13 418	16 486
印花税	Stamp Tax	2 408	3 588	4 324
企业所得税	Enterprise Income Tax	33 426	72 712	118 608
农业税	Agricultural Tax	1 352	1 318	971
契 税	Contract Tax	1 305	7 107	34 073
国有企业计划亏损补贴	Deficiency Subsidy to State-owned Enterprises	-2 300	-5 060	-2 650
地方财政支出(万元)	**Local Government Expenditures(10 000 yuan)**	**386 467**	**695 999**	**883 020**
#农林水利气象等部门事业费	Administration Expenditure on Farming, Forestry, Water Conservancy and Meteorology Department	3 464	6 375	7 348
工交商部门事业费	Administration Expenditure in Industry, Transtation and Commerce	537	1 059	1 152
城市维护费	Urban Maintenance	10 398	40 626	43 103
科技三项费	New Product Promotion Expenditure	3 000	4 700	6 200
教育事业费	Expenditure on Education	43 277	95 644	106 727
卫生事业费	Expenditure on Health Care	9 450	16 820	31 911
科学事业费	Expenditure on Science	757	966	1 217
抚恤和社会福利救济费	Persion, Social Welfare and Relief	2 363	4 796	5 979
行政管理费	Government Administration	6 948	21 407	29 151
教育费附加支出	Additional Education Expenditure	2 593	4 846	6 505
基本建设支出	Expenditures on Capital Construction	126 768	109 263	191 668
企业挖潜改造	Potential-tapping and Transformation of Enterprises	105 900	217 860	217 842
支援农业生产支出	Expenditure on Supporting Agricultural Production	4 401	18 278	20 266
现金收入(亿元)	**Cash Income(100 million yuan)**	**424.35**	**974.13**	**1 219.04**
#商品销售收入	Commodity Sales	124.95	235.25	255.91
服务事业收入	Service Industry	23.61	54.82	69.80
储蓄存款收入	Savings Deposit	180.80	500.61	626.34
现金支出(亿元)	**Cash Expenditure(100 million yuan)**	**462.09**	**1 022.15**	**1 262.55**
#国家工资及对个人其他支出	Pay and Other Payment to Individuals	101.86	94.54	95.91
行政管理费支出	Government Administration	61.42	141.41	190.67
储蓄存款支出	Saving Deposit	139.94	557.88	704.51
保险费收入(亿元)	**Premium Income(100 million yuan)**	**13.63**	**63.31**	**99.36**
赔款及给付(亿元)	Indemnite Expenditure and Payment(100 million yuan)	3.12	7.06	9.08
赔款率(%)	Indemnitey and Premium Ration(%)	22.9	11.2	9.1

表20.10 主要年份教育、卫生事业情况
STATISTICS OF EDUCATION AND HEALTH CARE IN MAIN YEARS

	指标 Indicators	1995	2000	2001
学 校(所)	**School(unit)**			
高等学校	Institutions of Higher Education	2	3	3
中等专业学校	Special Secondary Schools	12	8	7
#中等技术学校	Secondary Technical Schools	8	7	7
职业中学	Vocations Middle Schools	8	8	7
普通中学	Regular Secondary Schools	80	100	112
小 学	Primary Schools	216	136	128
特殊教育学校	Special Schools	3	3	3
在校学生数(人)	**Student Enrollment (person)**			
高等学校	Institutions of Higher Education	4 748	11 940	15 288
中等专业学校	Special Secondary Schools	11 553	12 070	12 423
#中等技术学校	Secondary Technical Schools	8 649	12 070	12 423
职业中学	Vocations Middle Schools	13 565	18 423	16 494
普通中学	Regular Secondary Schools	82 755	108 448	108 648
小 学	Primary Schools	129 137	110 573	103 635
特殊教育学校	Special Schools	449	532	571
教职员工(人)	**Staff and Workers (person)**			
高等学校	Institutions of Higher Education	1 954	1 828	1 937
中等专业学校	Special Secondary Schools	2 265	1 207	1 064
#中等技术学校	Secondary Technical Schools	1 650	1 153	1 064
职业中学	Vocations Middle Schools	688	1 058	1 082
普通中学	Regular Secondary Schools	7 974	9 816	10 230
小 学	Primary Schools	8 466	8 826	8 784
特殊教育学校	Special Schools	89	125	140
卫生机构数(个)	**Health Care Institutions(unit)**	**53**	**52**	**51**
#医 院	Hospital	44	43	41
门诊部、所	Clinics	2		2
医院床位数(张)	**Hospital Beds (bed)**	**4 368**	**5 157**	**5 429**
卫生技术人员(人)	**Medical Technical Personnel (person)**	**5 935**	**6 900**	**6 964**
#医 生	Doctors	2 753	3,238	2 676
护师、护士	Senior and Junior Nurses	1 931	2 388	2 481
医院治疗人次(万人次)	**Total Patients Treated (10 000 person-times)**	**586.38**	**922.22**	**837.35**
#门、急诊	Out-patients and Emergency Patients	562.90	888.80	817.07
医院入院人数(万人次)	**In Patients (10 000 person-times)**	**16.76**	**17.02**	**16.8**
医院每百诊次的入院人数(人)	**In-patients/Per 100 Patient-times (person)**	**2.8**	**1.9**	**2.0**
医院病床使用率(%)	**Utilization Rate of Hospital Beds(%)**	**83.22**	**101.51**	**108.26**

附 录

APPENDIX

主要统计指标解释

EXPLANATORY NOTES FOR MAJOR INDICATORS

主要统计指标解释

Explanatory Notes to Major Statistical Indicators

1. 登记注册类型 Registration Categories

登记注册类型是以工商行政管理机关登记注册的具有法人资格的各类企业为划分对象。产业活动单位和行政机关、事业单位、社会团体及其他经济组织参照执行。

Registration Categories are used to classify all kinds of enterprises that have the legal person status and have registered with the industrial and commercial administrations. Industrial enterprises, administrative and public institutions, social organizations and other economical bodies may refer to it.

国有企业指企业全部资产归国家所有，并按《中华人民共和国企业法人登记管理条例》规定登记注册的非公司制的经济组织。不包括有限责任公司中的国有独资公司。

The state-owned enterprises are economic organizations whose assets are solely owned by the state and whose registrations are made according to "Regulations of the People's Republic of China for Controlling the Registration of Enterprises as Legal Persons." Excluding the state-owned private-run liability limited companies.

集体企业指企业资产归集体所有，并按《中华人民共和国企业法人登记管理条例》规定登记注册的经济组织。

The collective-owned enterprises are economic organizations whose assets are owned by collecting and whose registration are made according to "Regulations of the People's Republic of China for Controlling the Registration of Enterprises as Legal Persons."

股份合作企业指以合作制为基础，由企业职工共同出资入股，吸收一定比例的社会资产投资组建，实行自主经营，自负盈亏，共同劳动，民主管理，按劳动分配与按股分红相结合的一种集体经济组织。

Joint-stock cooperative enterprises are a kind of collective economic organizations based on a cooperative system. In addition to the shares bought by their workers and staff, the enterprises also absorb a certain percentage of social capital. They enjoy staff, the autonomy in operation and take care of their own losses and profits. The share-holding work together, conduct democratic management, and combine distribution according to one's performance with sharing out profits according to shares.

联营企业指两个及两个以上相同或不同所有制性质的企业法人或事业单位法人，按自愿、平等、互利的原则，共同投资组成的经济组织。联营企业包括国有联营企业、集体联营企业、国有与集体联营企业和其他联营企业。

Joint operation enterprises refer to economic organizations set up with joint investment from legal persons of two or more enterprises of different ownerships or institutions according to principle of voluntary participation, equality and mutual benefit. They include state-owned joint operation enterprises, collective joint operation enterprises, state-collectivejoint operation enterprises and other types of joint operation enterprises.

有限责任公司指根据《中华人民共和国公司登记管理条例》规定登记注册，由2个以上，50个以下的股东共同出资，每个股东以其所认缴的出资额对公司承担有限责任，公司以其全部资产对其债务承担责任的经济组织。有限责任公司包括国有独资公司以及其他有限责任公司。

Company with limited liability is a company registered in accordance with the "Regulations of the People's Republic of China on Administration of Company Registration." Its investment comes from more than 2 and less than 50 shareholders. Each shareholder assumes limited liability for the company according to his subscription to capital stock. The company assumes liabilities for its debts according to all its assets. Such economic organizations include solely state-invested companies and other types of companies with limited liability.

股份有限公司指根据《中华人民共和国公司登记管理条例》规定登记注册，其全部注册资本由等额股份构成并通过发行股票筹集资本，股东以其认购的股份对公司承担有限责任，公司以其全部资产对其债务承担责任的经济组织。

The joint stock company limited refers to economic organizations registered in accordance with the "Regulations of the People's Republic of China on Administration of Company Registration." All its registered capital is composed of shares of equal value and its capital is collected through share issuing. The shareholders bear limited liability for the company according to the amount of shares they have bought from the company and the company assumes liabilities for its debts according all its assets.

私营企业指由自然人投资设立或由自然人控股，以雇佣劳动为基础的营利性经济组织。包括按照《公司法》、《合伙企业法》、《私营企业暂行条例》规定登记注册的私营有限责任公司、私营股份有限公司、私营合伙企业和私营独资企业。

Private enterprise refers to profit-making economic organizations set up with investment from natural persons or with controlling interest in the hands of natural persons who employ laborers for operation. Such enterprises include private companies with limited liability, private joint stock companies limited, private partnership enterprises and solely individual-invested enterprises, which are registered according to the "Company Law," "Partnership Enterprises Law" and "Interim Regulations of Private Enterprises."

港澳台商投资合资经营企业指港澳台地区投资者与内地的企业依照《中华人民共和国中外合资经营企业法》及有关法律的规定,按合同规定的比例投资设立、分享利润和分担风险的企业。

The enterprise with investment from Hong Kong, Macao and Taiwan investors refer to those established according to the "Law of the People's Republic of China on Chinese-foreign Joint Ventures" and regulationsstipulated in relevant laws, by investors from those regions and the Chinese mainland enterprises with contracted share of investment and sharing profits and ventures between the parties.

港澳台商投资合作经营企业指港澳台地区投资者与内地企业依照《中华人民共和国中外合作经营企业法》及有关法律的规定,依照合作合同的约定进行投资或提供条件设立、分配利润和分担风险的企业。

Cooperative ventures with Hong Kong, Macao and Taiwan investors refer to enterprises jointly set up by investors from Hong Kong, Macao and Taiwan and mainland enterprises according to the "Law of the People's Republic of China on Chinese-foreign Contractural Joint Ventures" and other relevant regulations. They invest or provide conditions for establishment, decide profit distribution, and share risks according to provisions prescribed in the cooperative venture contracts.

港澳台商独资经营企业指依照《中华人民共和国外资企业法》及有关法律的规定,在内地由港澳台商地区投资者全额投资设立的企业。

Solely-invested Hong Kong, Macao and Taiwan enterprises refer to enterprises set up on the mainland according to the "Law of the People's Republic of China on Foreign Capital Enterprises and solely invested by investors from Hong Kong, Macao and Taiwan."

港澳台商投资股份有限公司指根据国家有关规定,经外经贸部依法批准设立,其中港、澳、台商的股本占公司注册资本的比例达25%以上的股份有限公司。凡其中港、澳、台商的股本占公司注册资本的比例小于25%的,属于内资企业中股份有限公司。

The joint stock company limited funded by investors from Hong Kong, Macao and Taiwan refers to any joint stock company limited that is set up according relevant state regulations and is approved by the Ministry of Foreign Economic Relations and Trade. The investment from Hong Kong, Macao and Taiwan investors must account more than 25 percent of the company's total capital. If such investment is less than 25 percent, it shall be classified as a joint stock company limited invested by domestic investors.

中外合资经营企业指外国企业或外国人与中国内地企业依照《中华人民共和国中外合资经营企业法》及有关法律的规定,按合同规定的比例投资设立、分享利润和分担风险的企业。

The Sino-foreign joint venture refers to any enterprise that is jointly set up by foreign enterprises or foreigners with Chinese enterprises in accordance with the "Law of the People's Republic of China on Joint Ventures with Chinese and Foreign Investment." The investors shall put in investment, share profits and risks according to the contract on the joint venture.

中外合作经营企业指外国企业或外国人与中国内地企业依照《中华人民共和国中外合作经营企业法》及有关法律的规定,依照合作合同的约定进行投资或提供条件设立、分配利润和分担风险的企业。

Sino-foreign cooperative ventures refer to the enterprises set up by foreign enterprises or foreigners with Chinese enterprises as their partners, in line with "The Sino-foreign Cooperative Ventures Law of the People's Republic of China" and other relevant laws and regulations. The partners of the cooperative ventures will invest, take profits and share risks according to the requirements of stipulated in the contract.

外资企业指依照《中华人民共和国外资企业法》及有关法律的规定,在中国内地由外国投资者全额投资设立的企业。

The foreign-capital enterprise refers to any enterprise that is set up on the Chinese mainland according to the "Law of the People's Republic of China on Foreign-Capital Enterprises" and with all its investment coming from foreign investors.

外商投资股份有限公司指根据国家有关规定,经外经贸部依法批准设立,其中外资的股本占公司注册资本的比例达25%以上的股份有限公司。凡其中外资股本占公司注册资本的比例小于25%的,属于内资企业中的股份有限公司。

The foreign-invested joint stock company limited refers to any joint stock company limited that is set up according relevant state regulations and is approved by the Ministry of Foreign Economic Relations and Trade. The foreign investment must account more than 25 percent of the company's total capital. If such investment is less than 25 percent, it shall be classified as a joint stock company limited invested by Chinese investors.

2. 各个计划时期 Various Planning Periods

表内所用各个"时期"代表的年份如下:恢复时期为1950到1952年;第一个五年计划时期(简称"一五"时期)为1953到1957年;第二个五年计划时期(简称"二五"时期)为1958到1962年;第三个五年计划时期(简称"三五"时期)为1966到1970年;第四个五年计划时期(简称"四五"时期)为1971到1975年;第五个五年计划时期(简称"五五"时期)为1976到1980年;第六个五年计划时期(简称"六五"时期)为1981到1985年;第七个五年计划时期(简称"七五"时期)为1986到1990年;第八

个五年计划时期(简称"八五"时期)为1991到1995年;第九个五年计划时期(简称"九五"时期)为1996到2000年。第十个五年计划时期(简称"十五"时期)为2001到2005年。

The conventional division of time period in this statistical yearbook is as follows: Rehabilitation Period, 1950-1952; The First Five-Year Plan period (cited as first-five period), 1953-1957; The Second Five-Year Plan period (cited as second-five period), 1958-1962; The Third Five-Year Plan period (cited as third-five period), 1966-1970; The Fourth Five-Year Plan period (cited as fourth-five period), 1971-1975; The Fifth Five-Year Plan period (cited as fifth-five period), 1976-1980; The Sixth Five-Year Plan period (cited as sixth-five period), 1981-1985; The Seventh Five-Year Plan period (cited as seventh-five period), 1986-1990; The Eight Five-Year Plan period (cited as eighth-five period), 1991-1995; The Ninth Five-Year Plan period (cited as ninth-five period), 1996-2000; The Tenth Five-Year Plan period (cited as tenth-five period), 2001-2005.

3. 可比价格、不变价格 Comparable Prices and Constant Prices

可比价格指在不同时期的价值指标对比时,扣除了价格变动的因素,以确切反映物量的变化。按可比价格计算有两种方法:一种是直接用产品产量乘某一年的不变价格计算;另一种是用价格指数换算。

Comparable Prices are applied when comparing indicators over time to reflect accurately the changes in real term. Two methods are used for calculating comparable prices: 1. output by constant price of certain year; 2. output in current prices divided by relevant price index.

不变价格指用同类产品的年平均价格作为固定价格来计算各年产品价值。按不变价格计算的产品价值消除了价格变动因素,不同时期对比可以反映生产的发展速度。新中国成立后,随着工农业产品价格水平的变化,中华人民共和国国家统计局先后五次制定了全国统一的工业产品不变价格和农业产品不变价格,从1949到1957年使用1952年工(农)业产品不变价格,从1957到1971年使用1957年不变价格,从1971到1981年使用1970年不变价格,从1981到1990年使用1980年不变价格,从1990开始用1990年不变价格。

Constant Prices refer to the average price of a given product in a certain year, which is used as the fixed price to calculate the output value of products of each year. As the output value calculated according to constant prices excludes the factor of price changes, it reflects the production development of various periods. Since 1949 when New China was established, with the changes of the general price level, the State Statistics Bureau has issued for five times unified national constant prices for industrial and agricultural products. The 1952 constant prices were used in the 1949-1957 period, the 1957 constant prices were used in the 1957-1971 period, the 1970 constant prices were used in the 1971-1980 period, the 1980 constant prices were used in the 1981-1990 period, and the 1990 constant prices have been in use since 1990.

4. 指数 Index

指数是一种表明社会经济现象动态的相对数。运用指数可以测定不能直接相加和直接对比的社会经济现象的总动态;可以分析社会经济现象总变动中各因素变动的影响程度;可以研究总平均指标变动中各组标志水平和总体结构变动的作用。它是在把各个年份的产值换算成可比价格的基础上,根据定基数等于相应各个环比指数的连乘积这个换算关系计算出来的。

本年鉴所列的国内生产总值、工业总产值、农业总产值等指标增长,就是分别使用国内生产总值指数、工业总产值指数、农业总产值指数直接计算的。

Index refers to the relative figures indicating social and economic phenomena and developments. Index is used to evaluate the overall development of social and economic phenomena which can not be determined by simple addition or direct comparison. It is also used to analyze the outcome of various changes in the general phenomenon movement of social and economic development, and to study the level of each sub-index in the changes of general average index and the role of the changes of the overall structure. It is calculated at the comparable prices conversed from the output value of each year, using the formula of index number with fixed base period equal to the continuous product of its relative chain index.

The increases of the gross domestic product, industrial output value and agricultural output value compared with the previous year, which are listed in this yearbook, are calculated according to the GDP index, industrial output value index and agricultural output value index.

5. 平均每年增长速度 Average Annual Growth Rate

在我国计算平均增长速度有两种方法。一种是习惯上经常使用的"水平法",又称几何平均法,是以间隔期最后一年的水平同基期水平对比来计算平均每年增长(或下降)速度;另一种是"累计法",又称代数平均法或方程法,是以间隔期内各年水平的总和同基期水平对比来计算平均每年增长(或下降)速度。

在一般正常情况下,两种方法计算的平均每年增长速度比较接近。但在经济发展不平衡,出现大起大落时,两种方法计算的结果差别较大。

本年鉴内所列的平均每年增长速度,除固定资产投资、吸收外资是用"累计法"计算以外,其余均用"水平法"计算。

从某年到某年平均增长速度的年份,均不包括基期年在内。如1953-2001年平均增长速度是以1952年为基期计算的,余类推。

Two methods for calculating Average Annual Growth Rate are applied in China, one is often called "level approach" or geometry average, which is derived by comparing the growth rate for the last year of the interval with that of the beginning year; the other is called "accumulating approach" or algebraic average of equation method, which is calculated by comparing the total growth rate of each year for the interval with that of base year.

Usually the results calculated by the two methods are fairly close, but they differ sharply when imbalance occurred in economic development with striking fluctuations in growth.

The Average Annual Growth Rates listed in this statistical yearbook are calculated by "level approach" except for the growth rate of investment in fixed assets and foreign capital absorbed. The base years are not listed when the years are listed for average annual growth rates for instance, the average annual growth rate of 1953-2001 is calculated with the base year 1952. And the analogy of this is also for the rest.

6. 国内生产总值 Gross Domestic Product

国内生产总值是一个国家(地区)所有常驻单位在一定时期内生产活动的最终成果。国内生产总值有三种表现形态,即价值形态、收入形态和产品形态。从价值形态看,它是所有常驻单位在一定时期内所生产的全部货物和服务价值超过同期投入的全部非固定资产货物和服务价值的差额,即所有常驻单位的增加值之和;从收入形态看,它是所有常驻单位在一定时期内所创造并分配给常驻单位和非常驻单位的初次分配收入之和;从产品形态看,它是最终使用的货物和服务减去进口货物和服务。

在实际核算中,国内生产总值的三种表现形态体现为三种计算方法,即生产法、收入法和支出法。三种方法分别从不同的方面反映国内生产总值及其构成。

Gross Domestic Product refers to the final products of all resident units of a country (or region) during a certain period of time. Gross Domestic Product is presented in three different forms: value added, income, and products. The form of value added refers to the total value of all products and services produced by all resident units during a certain period of time minus total value of inputs of non-fixed assets and services or the summation of the value added of all resident units; the form of income includes all the income items produced by all resident units and distributed primarily to all resident and non-resident units; the form of product refers to all final goods and services minus imports of goods and services. In the practice of national accounting, Gross Domestic Product is calculated by three approaches, i. e. product approach, income approach, and expenditure approach, respectively, to reflect Gross Domestic Product and its composition of different aspects.

7. 三次产业 Three Industries

根据社会生产活动历史发展的顺序对产业结构的划分,产品直接取自自然界的部门称为第一产业,对初级产品进行再加工的部门称为第二产业,为生产和消费提供各种服务的部门称为第三产业。它是世界上通用的产业结构分类,但各国的划分不尽一致。我国的三次产业划分是:

第一产业:农业(包括种植业、林业、牧业、副业和渔业)。

第二产业:工业(包括采掘工业、制造业、自来水、电力、蒸汽、热水、煤气)和建筑业。

第三产业:除第一、第二产业以外的其他各业。由于第三产业包括的行业多、范围广,根据我国的实际情况,第三产业可分为两大部份:一是流通部门,二是服务部门。具体又可分为四个层次:

第一层次:流通部门,包括交通运输业、邮电通信业、商业、饮食业、物资供销和仓储业。

第二层次:为生产和生活服务的部门,包括金融业、保险业、地质勘探业、房地产业、公用事业、居民服务业、咨询服务业和综合技术服务业、农、林、牧、渔、水利服务业和水利业,公路、内河(湖)航道养护业等。

第三层次:为提高科学文化水平和居民素质服务的部门,包括教育、文化、广播电视、科学研究、卫生、体育和社会福利事业等。

第四层次:为社会公共需要服务的部门,包括国家机关、政党机关、社会团体,以及军队和警察等。

Three Industries has been classified according to the historical sequence of development. Primary industry refers to extraction of natural resources; secondary industry involves processing of primary products; and tertiary industry provides services of various kinds for production and consumption. The above classification is universal although it varies to some extent form country to country. Industry in China comprises:

Primary industry: agriculture (including farming, forestry, animal husbandry, sideline production, and fishing).

Secondary industry: industry (including mining, manufacturing, water supply, electricity generation and supply, steam, hot water, gas) and construction.

Tertiary industry: all other industries not included in primary or secondary industries.

Due to the fact that tertiary industry involves a large variety of industries in China, it is divided into two sectors: circulation sector, and service sector and further into four levels:

The first level: circulation sector, including transportation, postal service and communications, commerce, catering, material supply and distribution, and storage.

The second level: service sector providing service for production and consumption, including banking, insurance, geological exploration, real estate, public utilities, community service, consultancy service, and comprehensive technical services, and service for agriculture, forestry, animal husbandry, fishing, water conservancy, and maintenance of roads, internal water ways etc.

The third level: service for improving education and cultural life of people, including education, culture, broadcasting, television, research of science, health, sports, and social welfare, etc.

The fourth level: sector providing service for public needs, including government agencies, political and party institutions, social organizations, armies, and policemen.

8. 信息产业　Information Industry

信息产业是以电子计算机、电子通信及网络技术为载体的高科技产业,包括信息产品的制造、销售和信息服务与活动。

信息产业增加值是依据若干行业的有关资料进行跨行业核算的,因此不宜将其与国内生产总值中其他行业的增加值进行简单加总,否则会造成重复计算。

Information Industry refers to the high-tech industries supported by computer, telecommunications and network technology, including manufacture and sale of information-related products and information service.

As accounted by referring to relevant documents of many industries, the added value of the information industry shall not be counted simplistically together with that of other industries in the GDP to avoid repetitive computation.

9. 私营企业　Private-owned Enterprises

私营企业指企业资产属于私人所有,雇工 8 人以上的营利性经济组织。

Private-owned Enterprises refer to profit-making economic units with private ownership of capital and more than eight employees.

10. 人口　Population

人口数为每年 12 月 31 日的年末总人口。根据统计口径的不同,分为户籍人口和常住人口。户籍人口是指公安部门办理了户籍登记的人口。常住人口是指实际上经常居住在一个地方(住所)的人口,一般都以在其住所居住半年以上者为常住人口。本年鉴中使用的人口除人口普查数据为常住人口外,其余均为上海户籍人口。

Population refers to the total population by december 31 every year. According to different statistical approachs, there are two definitions of population named as population with registered residence and population with permanent residence. The former refers to the population with registeration in the police while the later refers to the population that actually reside in a place (residence) permanently, usually longer than half a year. The populations used in this yearbook refer to the population with registered residence in Shanghai, except the population statistics in censuses.

11. 出生率、死亡率、人口自然增长率　Birth Rate, Death Rate and Natural Growth Rate of Population

出生率(又称粗出生率)指在一定时期内(通常为一年)一定地区的出生人数与同期平均人数(或期中人数)之比,一般用千分率表示。计算公式:

$$\text{出生率} = \frac{\text{年出生人数}}{\text{年平均人数}} \times 1\,000‰$$

出生人数是指活产婴儿,即胎儿脱离母体时(不管怀孕月数),有过呼吸或其他生命现象。年平均人数是年初、年底人口数的平均数,也可用年中人口数代替。

Birth Rate (or Gross Birth Rate) means the ratio between the number of births in a certain period (usually a year) and the average population in the same period (or mid-year figure). It is usually calculated in terms of permillage. Its calculating formula is:

$$\text{Birth Rate} = \frac{\text{Number of Births}}{\text{Average Number of Population}} \times 1\,000‰$$

Number of Births refers to live births, when babies have showed any vital phenomena regardless of the length of pregnancy.

Average Number of Population is the average of the number of population at the beginning of the year and, at the end of the year and sometimes is substituted for with mid-year population.

死亡率(又称粗死亡率)指在一定时期内(通常为一年)一定地区的死亡人数与同期平均人数(或期中人数)之比,一般用千分率表示。计算公式:

$$死亡率=\frac{年死亡人数}{年平均人数}\times 1\ 000‰$$

Death Rate (or Crude Death Rate) refers to the ratio of number of deaths to the average population (or mid-year population) during a certain period of time (usually a year), which is often presented as perminvar. Its calculating formula is:

$$\text{Death Rate}=\frac{\text{Number of Deaths}}{\text{Average Number of Population}}\times 1\ 000‰$$

人口自然增长率指在一定时期内(通常为一年)人口自然增加数(出生人数减死亡人数)与该时期内平均人数(或期中人数)之比,一般用千分率表示。计算公式:

$$人口自然增长率=\frac{本年出生人数-本年死亡人数}{年平均人数}\times 1\ 000‰$$

$$人口自然增长率=人口出生率-人口死亡率$$

Natural Growth Rate of Population refers to the ratio of natural increase in population (number of births minus number of deaths) in a certain period of time (usually a year) to the average population (or mid-year population) of the same period, which is often presented as perminvar. Its calculating formula is:

$$\text{Natural Growth of Population}=\frac{\text{Number of Births}-\text{Number of Deaths}}{\text{Average Number of Population}}\times 1\ 000‰$$

$$\text{Natural Growth Rate of Population}=\text{Birth Rate}-\text{Death Rate}$$

12. 平均期望寿命 Life Expectancy

是指在一定年龄组的死亡率水平下,该年龄组人群日后平均可能继续生存的年(岁)数。通常所说的平均期望寿命是指刚出生的一批人平均一生可能存活的年数。本年鉴的数据为当年户籍总人口中,0岁组人群平均期望寿命。平均期望寿命综合反映了各年龄组人群的死亡率水平,也是综合反映一个地区医疗保健、卫生服务和生活质量水平的重要指标。

The average life expectancy refers to the average age that an age group may possibly live up to at a certain mortality rate of the group, while it means, in the common knowledge, the average age that a group of new-borns may possibly live up to. The data in this yearbook refers to the average life expectancy of the newborns in 2001. The average life expectancy reflects comprehensively the mortality rate of the all age groups and the standard of medical and health care and life quality in a certain region.

13. 从业人员 Persons Employed

从业人员指从事一定社会劳动并取得劳动报酬或经营收入的全部劳动力。

这一指标反映了一定时期内全部劳动力资源的实际利用情况,是研究我国基本国情国力的重要指标。

各单位的从业人员是指在各级国家机关、政党机关、社会团体及企业、事业单位中工作,并取得劳动报酬的全部人员。包括在岗职工、再就业的离退休人员、民办教师以及在各单位工作的外方人员和港、澳、台方人员等。

Persons Employed refers to the total number of persons engaged in social labour which generates income.

This indicator reflects the actual utilization of total labor force during a certain period of time and is often used for the research of China's economic affairs and power.

Persons Employed in Various Units refers to total staff working for government agencies of various levels, political and party organizations, social organizations, and enterprises and institutions receiving income, including working staff and workers reemployed retirees, non-government paid teachers, foreigners, and Chinese compatriots from Hong Kong, Macao, and Taiwan working in various units.

14. 职工 Staff and Workers

职工指在内资(国有、集体、股份合作、联营、有限责任公司、股份有限公司)单位、港澳台商投资单位和外商投资单位及其附属机构工作,并由其支付工资的在岗人员以及不在岗但劳动关系仍在本单位的离岗人员。

Staff and Workers refers to all those working staff and non-working staff but having a labor relationship with one's units, who receive payment from Chinese-invested units (including state-owned, collectively-owned, joint stock cooperative, cooperative operation enterprises, companies with limited liability, joint stock companies limited); units funded by investors from Hong Kong, Macao and Taiwan and their affiliated units; and units funded by foreign investors and their affiliated units.

15. 在岗职工 Working Staff and Workers

在岗职工指在各单位工作并由单位支付劳动报酬的职工。包括由单位派出学习、劳务及病伤产假且仍由单位支付全部劳动报酬的人员。

Working Staff and Workers refer to staff and workers who work in and receive payment from various units, including those who have been sent out to study or for labor services and those who are on sick, injury and maternity leaves, but are still paid by the units.

16. 城镇登记失业人员 Unemployment Registered

城镇登记失业人员指有非农业户口,在一定的劳动年龄内,有劳动能力,无业而要求就业,并在当地就业服务机构进行求职登记的人员。

Unemployment Registered refers to those non-agricultural population within working age who are able and willing to work but unemployed and have registered for job in local employment service agencies.

17. 从业人员报酬 Labor Remuneration

从业人员报酬指各单位在一定时期内直接支付给本单位全部从业人员的劳动报酬总额。包括在岗职工工资总额和本单位其他从业人员劳动报酬两部分。

Labor Remuneration refers to total payment by various units to their employees during a certain period of time, including total wage bill of permanent workers and staff and remuneration payment to other employees.

18. 职工工资总额 Total Wage Bill of Staff and Workers

职工工资总额指各单位在一定时期内直接支付给本单位全部职工的劳动报酬总额,即在岗职工工资总额和离岗职工生活费两部分。

工资总额的计算原则应以直接支付给职工的全部劳动报酬为根据。各单位支付给职工的劳动报酬以及其他根据有关规定支付的工资,不论是计入成本的还是不计入成本的,不论是按国家规定列入计征奖金税项目的,还是未列入计征奖金税项目的,不论是以货币形式支付的还是以实物形式支付的,均包括在工资总额内。

Total Wages Bill of Staff and Workers refers to total remuneration paid in line with relevant regulations to permanent staff and workers of various units during a certain period of time. Total wage bill of staff and workers includes the total salary payment for the working staff and workers and the stipends for laid-off workers.

The calculation of total wages bill is based on the total remuneration payment and therefore, wage and salaries and other payments to staff and workers regardless of its resources, category, in kind or cash, are included.

19. 职工平均工资 Average Wages of Staff and Workers

职工平均工资指企业、事业、机关单位的职工在一定时期内平均每人所得的货币工资额。它表明一定时期职工工资收入的高低程度,是反映职工工资水平的主要指标。计算公式为:

$$\text{职工平均工资}=\frac{\text{报告期实际支付的全部职工工资总额}}{\text{报告期全部职工平均人数}}$$

Average Wages of Staff and Workers refer to the average wages in money terms per person during a certain period of time for staff and workers of enterprises, institutions, and government agencies, which reflect the general level of wage income during a certain period of time. Its calculating formula is:

$$\text{Average Wages of Staff and Workers}=\frac{\text{Total Wages Bill of Staff and Workers in Reference Period}}{\text{Average Number of Staff and Workers in Reference Period}}$$

20. 劳保福利费用 Insurance and Welfare Funds

劳保福利费用指企业、事业、机关单位在工资以外实际支付给个人和用于集体的劳动保险和福利的费用,以及为职工和离退休人员缴纳的医疗保险费和养老保险费用。具体包括:(1)离退休金等;(2) 医疗保险卫生费;(3) 生活困难补助费;(4)丧葬费、抚恤费、救济费;(5) 文艺、体育、宣传费;(6) 集体福利事业的补贴;(7) 集体福利设施费用;(8) 其他费用。

劳保福利费用不包括用于职工的劳动保护费用。劳动保护用品的支出是安全生产的需要,不属于福利费用范围。

Insurance and Welfare Funds refers to the real money paid to individuals by enterprises, public and government organizations outside the wages, and the funds used by the collective as labor insurance and welfare facilities. It also refers to both the funds submitted as medical insurance by the above-mentioned organizations for the staff and workers as well as the resigned and retired workers, and the submitted old-age insurance and supplementary old-age insurance premium. The insurance and welfare funds consist of : (1) resignation and retirement pay; (2) medical and health care fees; (3) subsidies for staff and workers with financial difficulties; (4) funeral expanses, pension for the disabled or for the family of the deceased and relief funds; (5) funds for cultural, sports and publicizing activities; (6) subsidies for collective and welfare facilities; (7) other funds.

Labor protection cost is not included in the labor insurance and welfare funds. The need of appliances for labor protection is to ensure safety in production and can not be listed in the welfare funds.

21. 城市居民可支配收入 Disposable Income of Urban Households

城市居民可支配收入指居民家庭全部实际收入扣除个人所得税后的收入。居民家庭全部实际收入包括:

1. 经常性收入指家庭人口的劳动收入(如固定职工、临时职工和离退休返聘职工的工资、奖金、津贴、洗理费和个体劳动者的净收益等)、退休金、各种定期补助、赡养费、抚恤费、助学金等;

2. 一次性收入指退职金、复转费、专业费、各种奖励、稿费收入等;

3. 财产性收入指利息收入、红利收入等;

4. 转移性收入指接受遗产、赠送收入、房屋买卖收益等。

Disposable Income of Urban Households refers to the part of the family income after the deduction of personal income tax from the family total actual income. The family total actual income includes:

1. Constant income, which refers to labor income of family members (including the salary, bonus, allowance, subsidy for bathing and hair-cutting and net proceeds of individual labor etc. earned by formal staff, temporary staff and working staff who have retired but returned to work), retirement pay, periodic subsidies, extovers, pension and stipend etc.

2. One-off income, which refers to quitting-work pension, demobilization pension, various bounty and author' s remuneration, etc.

3. Usance, which refers to interest income, bonus, etc.

4. Transferring income, which refers to the income from inheritance, present and proceeds of house dealing.

22. 农村居民可支配收入 Disposable Income of Rural Households

农村居民可支配收入指一定时期内农村居民总收入中,扣除家庭经营费用支出、生产性固定资产折旧、交纳税金和上交承包金、公益性及转移支付后的(包括养老、失业、合作医疗、保险基金及罚款等支付),可用于生活消费、生产投资和储蓄的收入。它与纯收入的主要区别是扣除了转移性支付,加上实际得到的公益性及转移性收入后的余额。农村居民可支配收入包括:工资性收入、家庭经营净收入、财产性收入、转移性净收入。

Disposable Income of Rural Households refers to the part of the rural resident' s income in a certain period after deduction of family business expenditure, depreciation of productive fixed assets, taxes, contract expenditure, welfare funds and transferring expenditure, including old-age pension, unemployment pension, cooperative medical funds, premiums and fines. It can be used for personal consumption, production investment and deposit. It differs from the net income in that it is the balance of the actual welfare and transferring income after deduction of transferring expenditure. The disposable income falls into: salary, net income from households business, property income, transferring net income.

23. 居民消费价格指数 Consumer Price Index

居民消费价格指数是度量一组代表性消费商品及服务项目价格水平随着时间而变动的相对数,反映居民家庭购买的消费品及服务价格水平的变动情况。它是宏观经济分析和决策、价格总水平监测和调控以及国民经济核算的重要指标。其按年度计算的变动率通常被用来作为反映通货膨胀或紧缩程度的指标。

现行的居民消费价格指数按用途分为八个大类,包括食品、烟酒及用品、衣着、家庭设备用品及维修服务费、医疗保健及个人用品、交通和通信、娱乐教育文化及服务、居住等。

The Consumer Price Index is an index that reflects the time-based change of prices of ag group of representative consumption commodities and services. It is an important reference factor for macro-economic analysis and strategy, monitoring and adjustment of overall price level and the national economic budgeting. The year-on-year change of the index is often a norm reflecting the inflation or deflation.

The current CPI covers eight categories of goods and services: food; cigarettes, liquor and related articles; garments; home appliances and repair services; medical and health care and personal items; communications and telecommunications; entertainment, education, cultural services; and residence.

24. 商品零售价格指数 Retail Price Index

商品零售价格是商品流通过程中最后一个环节的价格，是工业、商业、餐饮业和其他零售企业向城乡居民、机关团体出售生活消费品和办公用品的价格。商品零售价格调查的任务是零售价格的变动趋势和变动程度。其目的在于掌握商品价格的变动动态，为国家宏观调控提供参考依据。同时，还可以在此基础上编制其他各种派生价格指数。

商品零售价格的调查范围涉及到各种类型的工业、商业餐饮业和其他行业的零售商品以及农民对非农业居民出售商品的价格。包括食品、饮料烟酒、服装鞋帽、纺织品、中西药品、化妆品、书报杂志、文化体育用品、日用品、家用电器、首饰、燃料、建筑装潢材料、机电产品等 14 个大类的商品零售价格。

The retail price index, as the last link of the circle of commodities, is the price of daily consumption articles and office stationery sold to residents and organizations by the industrial, commercial, food and other retail sectors. It measures the change trend and variation degree of the retail prices in order to offer a reference for the national macro-economic and compile derivative price indexes.

The retail price index is based on the retail prices charged by industrial, commercial, food and other retailing sectors as well as the retail price charged by farmers on non-agricultural residents. The commodities covered in the retail price index include 14 kinds, namely, food, drinks and cigarettes, garments, textile products, medicine, cosmetics, newspapers and magazines, cultural and sports items, daily articles, household appliances, jewelry, fuels, construction and decoration materials, and electro-mechanical products.

25. 工业品出厂价格指数　Factory Price Index

工业品出厂价格指数是反映全部工业产品出厂价格总水平的变动趋势和程度的相对数。其中除包括工业企业售给商业、外贸、物资部门的产品外，还包括售给工业和其他部门的生产资料以及直接售给居民的生活消费品。通过工业生产价格指数能观察出厂价格变动对工业总产值的影响。

Factory Price Index reflects the changes in general factory prices of all industrial products, including sales of industrial products to commercial enterprises, foreign trade companies, materials supplying and distributing enterprises as well as sales of production means to industry and other sectors and direct sales of consumer goods to residents. It can be used to predict the impact of factory prices on gross output value of industry.

26. 原材料、燃料、动力购进价格指数　Raw Materials, Fuel and Power Purchase Price Index

原材料、燃料、动力购进价格指数是反映全部工业原材料、燃料、动力购进价格总水平的变动趋势和程度的相对数。用其可以观察和研究工业企业原材料价格变动对生产的影响，以及企业对原材料涨价的消化能力和承受能力，为制订价格政策提供依据。

Raw Materials, Fuel and Power Purchase Price Index reflect changes in the general purchase prices of all industrial raw materials, fuel and power. The index can be used to study and analyze the impact of price changes of industrial raw materials on the production and enterprises capability to bear and digest the price increase of raw materials, so as to provide basis for the government to formulate price policies.

27. 固定资产投资价格指数　Price Index of Investment in Fixed Assets

固定资产投资价格指数是反映全社会及各类工程固定资产中涉及的各类投资品和取费项目价格的变动趋势和程度的相对数。用其可以消除按现价计算的固定资产投资额中的价格变动因素，真实地反映全社会及各类工程固定资产投资规模、速度、结构和效益。

Price Index of Investment in Fixed Assets is a relative index reflecting the trend and extent of charges in the prices of changes and all kinds of investment involved in the whole society and the fixed assets of all types of projects. It can offset the price change factors in the current form of calculation of investment in fixed assets, thus truly reflecting the scale, speed, structure and efficiency of fixed assets investment in the whole society and in various kinds of projects.

28. 房地产价格指数　Price Index of Real Estate

房地产价格指数是反映全社会及各类房地产价格（包括房屋销售、租赁以及土地交易价格）变动趋势和程度的相对数。其剔除房地产统计指标中价格变动因素，真实地反映房地产业的发展规模和结构。

Price Index of Real Estate is a relative index reflecting the trend and extent of price changes of the whole society and all kinds of property transactions (including marketing, leasing and land trade). It can deduct the price change factors in the calculatin of real estate statistics, thus truly reflecting the development scale and structure of the real estate industry.

29. 房屋销售价格指数　Price Index of Real Estate Sales

房屋销售指以买卖方式转移房地产的所有权。它包括商品房销售、公房和私房出售三部分。房屋销售价格指数是指房屋销售价格总水平变动趋势的相对数。

Real estate sales refer to the transference of ownership of real estate through selling and buying. Included are the sales of commercial apartments, publicly funded apartments and selfowned apartments. The price index is an indicator of the general trend and variation degrees of the sales price of the real estate.

30. 房屋租赁价格指数 Price Index of Real Estate Leasing

房屋租赁指以支付租金形式取得房地产使用权。它包括住宅租赁、办公用房租赁、商业用房租赁和厂房仓库租赁部分。房屋租赁价格指数是指房屋租赁价格总水平变动趋势和程度的相对数。

Real estate leasing refers to the acquisition of the real estate ownership by means of paying rent. Included is the leasing of residential houses, office building, workshop and warehouse, and hotel and restaurant. The price index of real estate leasing is an indicator of general trend and variation of the leasing price of real estate.

31. 土地交易价格指数 Price Index of Land Exchange

土地交易价格指数指房地产开发商或其他建设单位在进行商品开发之前,未取得土地使用权而实际支付的价格的变动趋势和程度的相对数。

Price Index of Land Exchange is an indicator of the general trend and variation of the paid price in order to obtain the ownership of the land by the real estate developer or other construction organizations before the development.

32. 全社会固定资产投资 Total Investment in Fixed Assets

固定资产投资是国民经济再生产活动的一个重要部分。通过建造和购置固定资产的活动,国民经济不断采用先进技术装备,建立新兴部门,进一步调整经济结构和生产力的地区分布,增强经济实力,为改善人民物质文化生活创造物质条件。

固定资产投资额是以货币形式表现的在一定时期内建造和购置固定资产的工作量以及与此有关的费用总称。它是反映固定资产投资规模、结构和发展速度的综合性指标。按照现行国家统计制度,全社会固定资产投资包括基本建设、更新改造、房地产开发、城乡集体经济单位、城乡私人建房和其他经济单位投资。

从 1997 年起,固定资产投资统计起点为 50 万元(含 50 万元)以上项目。

Investment in Fixed Assets constitutes an important portion of the national economic reproduction. Through production and purchase of fixed assets, the advanced technology and equipment are constantly adopted and new industries are established to adjust the economic structure and regional distribution of productive forces, enhance economic capacity, and prepare the material conditions for improving the nation's material and cultural life.

Fixed assets investment is a general term for both the work volume of production and purchase of fixed assets and relevant expenditure, in the form of currency, during a certain period. It is a comprehensive indicator of scale, structure and development speed of fixed assets investment. As stipulated in the current national statistics regulations, the social fixed assets investment includes the investment into infrastructure, substitution and reformation, real estate development, urban and rural collective economic bodies, private house construction in urban and rural areas and other economic bodies.

From 1997 on, the fixed assets items only includes which 0. 5 million yuan and above ones.

33. 固定资产投资的构成 Composition of Investment in Fixed Assets

固定资产投资按工作内容和实现方式分为建筑安装工程、设备工(器)具购置和其他费用三个部分。

(1) 建筑安装工程　指各种房屋、建筑物的建造工程和各种设备、装备的安装工程。其中建筑工程包括各种房屋的土建工程、各种用途设备基础和各种工业窑炉的砌筑工程及金属结构工程;为施工而进行的各种准备工作和临时工程以及完工后建筑场地的清理工作等;铁路、道路的铺设,矿井的开凿及石油管道的架设等;水利工程、防空、地下建筑等特殊工程及其他建筑工程。安装工程包括各种需要安装设备的装备和安装;与设备相连的工作台、梯子等装设工程;附属于被安装设备的管线敷设工程;被安装设备的绝缘、防腐等工作;为测定安装工程质量、对单个设备、系统设备进行的单机试运、系统联动无负荷试运工作(不包括投料试运工作)。在安装工程中,不包括被安装设备本身的价值。

(2) 设备、工(器)具购置　指把工业企业生产的产品转为固定资产的购置活动。包括购置或自制达到固定资产标准的设备、工(器)具的价值,固定资产的标准按财务部门规定。新建单位及扩建单位的新建车间,按照设计或计划要求购置或自制的全部设备、工(器)具,不论是否达到固定资产标准均计入"设备、工(器)具购置"中。

(3) 其他费用　指除建筑安装工程和设备、工具、器具购置以外的各种应分摊计入固定资产的费用。它包括旧房屋购置、基本畜禽支出、林木支出、办公生活用家具、器具购置、建设单位管理费、土地征用及迁移补偿费、勘察设计费、研究实验费、可行性研究费、临时设施费、施工机构转移费、设备检验费、负荷联合试车费、土地占用及使用费、建设期应付利息、包干节余、企业债券发行费、合同公证费及工程质量监测费、国外借款手续费及承诺费、汇兑损益、高速器材调拨价格折价、固定资产亏损及损失和其他。

固定资产投资按建设性质分为新建、扩建、改建、单纯建造生活设施、迁建、恢复、单纯购置。基本建设根据整个建设项目的情况确定;更新改造和其他固定资产投资及城镇集体投资按整个企、事业单位的建设情况确定建设性质。

(1) 新建　一般是指从无到有、"平地起家"新开始建设的企业、事业和行政单位或独立工程。但如有的单位原有基础很小,经过建设后其新增加的固定资产价值超过该企、事业单位原有固定资产价值(原值)三倍以上的也作为新建。

(2) 扩建　是指在厂内或其他地点,为扩大原有产品和生产能力(或效益)或增加新的产品生产能力而增建主要生产车间(或主要工程)、分厂、独立的生产线的企、事业单位;行政、事业单位在原有单位增建业务用房(如学校增建教学用房、医院增建门诊部或病床用房、行政机关增建办公楼等)也作为扩建。

(3) 改建　是指对原有设施进行改造或更新(包括相应配套的辅助生产、生活福利设施),没有增建主要生产车间、分厂等企、事业单位。有的企业为充分发挥现有生产能力,进行填平补齐而增健步增加本单位主要产品设计能力的车间等,也属于改建。

固定资产投资按国民经济行业分指按企、事业单位所从事的生产或其他社会经济活动的性质的同一性进行的分类。基本建设项目按建成投产后的主要产品种类或主要用途及社会经济活动种类性质来划分,一般情况下,一个基本建设项目只能属于一种国民经济行业;更新改造、其他固定资产投产根据整个企、事业单位所属的行业来划分,一般情况下,也只能属于一种国民经济行业。为了更准确地反映国民经济各行业之间的比例关系,联合企业下属单位属于不同行业的,除按联合性企业划分国民经济行业以外,还按其下属单位划分行业。

The investment into fixed assets is composed of construction installation engineering, equipment, purchase of tools (and devices) and other costs.

(1) Construction installation engineering refers to both the construction engineering of houses and other buildings and the installation projects of all kinds of equipment. The construction engineering includes the civil engineering of all buildings, the infrastructure of all equipment, and the masonry and metal structure engineering of all kinds of industrial cells and boilers; the preparations for construction, the temporary projects and clearing of construction sites upon completion of the projects; the laying of railways and highways, drilling of coal pits, and installing of petrol pipes; irrigation works; special projects of air defense the fixture and installation of all necessary installation equipment; the equipment engineering of scaffold and ladder joined to the equipment; the laying of line pipes subordinated to the equipment installed; insulation and corrosion prevention of the equipment installed; testing of single pole of a single equipment system and the non-loaded test run of system linkage (excluding the commissioning test run). The value of the equipment installed shall not be counted during the installation engineering.

(2) Purchase of equipment and instruments refers to total value of equipment, tools and instruments purchased or self-produced which are up to the standards for fixed assets. Equipment, tools and instruments purchase or self-produced for new workshops by newly-established or expanded units are categorized as "purchase of equipment and instrument" regardless of standards or fixed assets.

(3) Other costs refer to the costs that should be included in the fixed assets as shares apart from the construction installation engineering and the purchase of equipment, tools and devices. They include purchase of old buildings, spending on basic livestock and logs and lumber, purchase of office furniture and stationery, administrative fees for construction institutions, compensation fees for land expropriation and relocation, survey and design fees; research and experiment fees; feasibility study fees; temporary facility fees; transference fees for construction institutes, fees for equipment testing; fees of the loaded united test run; fees for occupation and usage of land; payable interest during the construction period; savings from lump works, distribution fees for enterprise bonds; notarial fees for contracts and fees for supervision and testing of project quality; service charge for overseas loans and undertaking fees; remittance balance; depreciation of the redistribution price of high-speed equipment, loss of fixed assets and others.

Investment in Fixed Assets by Type of Construction in general can be divided into three categories as new construction, expansion, and transformation. Capital construction projects are classified according to the purposes of construction. Investment in technical upgrading and transformation and other fixed assets and collective investment are classified by the general types of construction.

(1) New construction in general refers to newly-constructed units. Expansion projects with the value of newly added fixed assets tripling the original ones are also considered as new construction.

(2) Expansion refers to construction to increase product capacity; building new workshops within factories or in other locations, independent production lines, or branch factories under parent factories, and newly-constructed business buildings for institutions and administrative organizations (such as school buildings, clinics or beds in hospitals, and office building, etc.)

(3) Transformation refers to technical upgrading and transformation of existing equipment and technical conditions undertaken by enterprises and institutions for the purposes of technology advancement, improvement in product quality, enlarging variety of products, developing new products, reducing production consumption and costs, promoting comprehensive utilization of resources, strengthening treatment of waste water, air and solids, and production safety through new technologies and techniques, and new materials (including accessory production, living and welfare facilities). Construction of new workshops for improving existing production capacity rather than increasing production capacity is also considered

as transformation.

Investment in Fixed Assets by Economic Sectors means that classification of construction projects is determined by major products of those projects, the purpose of the projects, and the nature of their social economic activities. Investment in capital construction are classified by construction of projects, while investment in technical updating and transformation, other investment by state-owned units and urban collectively-owned units are classified according to the industrial sectors that the enterprises or institutions belonging to. In general, one project or one enterprise or institution can only belong to one sector of industry. In order to bring into proper perspective the different industries of the national economy, the subordinated organizations of a united enterprise, if engaged in different businesses, shall be further categorized into different industries, in addition to being classified into different industries of the national economy according to the united enterprise.

34. 基本建设投资 Capital Construction Investment

基本建设指利用国家预算内拨款、自筹资金、国内外基本建设贷款以及其他专项资金进行的,以扩大生产能力(或新增工程效益)为主要目的的新建、扩建工程以及有关的工作。具体包括以下几个方面:(1) 为经济、科学和社会发展而平地起家的新建项目;(2) 为扩大生产能力(或新增效益)而增建分厂、主要生产车间、矿井、铁路干支线、码头泊位等扩建项目;(3) 为改变生产力布局而进行的全厂性迁建项目;(4) 遭受各种灾害、毁坏严重,需要重建整个企、事业单位的恢复性项目;(5) 没有折旧资金或固定收入的行政、事业单位增建业务用房和职工宿舍的项目。

Capital Construction Investment refers to the new construction, construction expansion and other related work in order to enlarge production capacity (or the profit of new projects) by making use of the state budgetary resources, self-collected funds, loans for domestic and foreign infrastructure, and other special funds. It includes: (1) the new projects for the development of economy, science and technology, and society; (2) the establishment of branches and the expansion projects of the main workshop, mine, railways, berths for the purpose of enlarging production capacity (or new efficiency); (3) the factory-wide construction projects to improve the distribution of production capacity; (4) the complete reconstruction of the whole enterprise or public organization in order to get through the aftermath of natural disaster or other damages; (5) projects to expand service or construction of apartments for staff and workers of an administrative and public institution which has no depreciation funds or stable income.

35. 更新改造投资 Technical Updating and Transformation Investment

更新改造是指利用企业折旧资金、国家更新改造预算拨款、企业自有资金、国内外技术改造等资金,对现有企、事业单位原有设施进行技术改造(包括固定资产更新)以及相应配套的辅助性生产、生活福利设施等工程和有关的工作。其目的是要在技术进步的前提下,通过采用新技术、新工艺、新设备、新材料,努力提高产品质量,增加花色品种,促进产品升级换代,降低能源和原材料消耗,加强资源综合利用和治理污染等,提高社会综合效益和实现以内涵为主的扩大再生产。具体包括:

(1) 为了挖掘国民经济各部门潜力,提高综合经济效益,对现有企、事业单位原有车间、生产线的工艺、工程设施和技术装备进行技术改造或设备、建筑物更新,以及与生产性主体技术改造相应配套的辅助性生产、生活福利设施;

(2) 为了改善原有交通运输设施、港口码头的运输条件,提高运输、装卸能力,而进行的更新改造工程;

(3) 为了节约能源和原材料,治理“三废”污染或综合利用原材料而对现有企、事业单位进行的技术改造工程;

(4) 为了防止职业病和人身事故,对现有建筑和技术装备采取的劳动保护措施;

(5) 对城市现有供热、供气、供排水和道路、桥梁等市政设施的改造;

(6) 现有企、事业单位由于城市环境保护和安全生产的需要,而进行的迁建工程。

Technical Updating and Transformation refers to the technical updating (including the updating of fixed assets) of the original facilities of the enterprises or public institutions, the related supporting productive of living and welfare facilities and other related works by making use of the enterprise depreciation funds, the budget allocations for updating and transformation, funds at the disposal of an enterprise, and funds for the technical updating of domestic and foreign technology. It is designed to, on the prerequisite of improving technology, improve the product quality, increase the variety, upgrade the products, decrease the consumption of energy and raw materials, improve the comprehensive use of resources and control pollution, increase the social comprehensive profits and realize the efficiency-based expanded reproduction, by employing new technology and techniques, new equipment and materials. It includes:

(1) Updating of the workshops, techniques of assembly lines, construction facilities and technical equipments of an enterprise or public institutions and transformation of equipment and building, the auxiliary production, living and welfare facilities supporting the technical updating, in order to fully explore the potential of the different departments of the national economy and improve the comprehensive economic profits;

(2) The transformation or updating projects to improve the communication and transportation facilities and the transportation conditions of ports and berths in an effort to increase the transportation and docking capacity;

(3) The technical updating projects for the enterprise or public institution in order to save energy and raw materials, handle pollution from the "three wastes" or make a comprehensive use of the raw materials;

(4) The labor protection measures put into the construction and technical equipment in order to curb occupational diseases and physical dam-

ages;

(5) The updating the urban facilities such as heat, gas, water, and sewage systems, roads and bridges;

(6) The relocation of an enterprise or public institutions for the purpose of urban environment protection and production security.

36. 房地产开发投资　Real Estate Development and Investment

房地产开发投资又称房地产开发工作量,是指房地产开发公司、商品房建设公司及其他房地产开发单位进行土地开发工程、商品房屋建设工程所完成的投资额。房地产开发投资额是以货币表示的工作量指标,其计算方法同固定资产投资完成额的计算方法一致,采用实物量乘以单价法。

Real Estate Development and Investment is also called real estate development volume, referring to the total amount of investment completed by property development firms, commodity housing developers and other real estate development units in their projects of land development and commodity housing construction. The amount of investment is calculated in terms of currency and in the same way as investment in fixed assets.

37. 其他固定资产投资　Other Investment in Fixed Assets

其他固定资产投资是指按照国家规定不纳入基本建设和更新改造计划管理,其总投资在50万元以上的固定资产投资。具体包括:国有经济单位用油田维护费和石油开发基金进行的油田维护和开发工程;矿山、森林等采掘采伐业用维简费进行的开拓延伸工程;交通部门用公路养路费对原有公路、桥梁进行改建的工程;商业部门用简易建筑费建造的仓库工程。

Other Investment in Fixed Assets refers to investment in fixed assets by state-owned units and valued above 0. 5 million yuan which are not included in capital construction and technical updating and transformation according to the state regulations, including oil-field development projects industries using special oil-field development funds; expansion projects of mining and forestry industries using maintenance funds; road and bridge reconstruction project using road tolls; and warehouse construction of commerce departments using simple construction funds.

38. 固定资产投资的资金来源　Sources of Finance for Investment in Fixed Assets

根据固定资产投资的资金来源不同,分为上年末结余资金、本年度内拨入、借入或以各种方式筹集的资金。1. 上年末结余资金是指上年资金中没有形成固定资产投资额而结余的资金。包括尚未用到工程上去的材料价值、未开始安装的需要安装设备价值及结存的现金和银行存款等。2. 本年资金来源小计是指固定资产投资单位在本年内收到的,用于固定资产投资的各种货币资金,包括:(1) 国家预算内资金(又称国家投资),分为国家预算内拨款和国家预算内"拨改贷"两部分。包括中央财政和地方财政中由国家统筹安排的基本建设拨款和更新改造拨款以及中央财政安排的专项拨款中用于基本建设的资金和基本建设拨款改贷款的资金。(2) 国内贷款是指报告期固定资产投资单位向银行及非银行金融机构借入的用于固定资产投资的各种国内借款。国内贷款包括:银行利用自有资金及吸收的存款发放的贷款、上级主管部门拨入的国内贷款、国家专项贷款(包括煤代油款、劳改煤矿专项贷款等)、地方财政专项资金安排的贷款、国内储备贷款、周转贷款等。(3) 股票是指股份制企业通过发行股票筹集到的,用于固定资产投资的资金。(4) 债券是指企业(公司)或金融机构通过发行各种债券筹集到的用于固定资产投资的资金,包括由银行代理国家专业投资公司发行的重点企业债券和重点建设债券。(5) 吸收外资是指报告期收到的用于固定资产建造和购置的国外资金,包括对外借款、外商直接投资及外商其他投资。不包括我国自有外汇资金。其中,国家统借统还的外资,是指由我国政府出面同外国政府、团体或金融组织签订贷款协议,并负责偿还本息的国外贷款。(6) 自筹资金是指固定资产投资单位报告期收到的,由各地区,各部门及企、事业单位筹集用于固定资产投资的预算外资金,包括中央各部门、各级地方和企、事业单位自筹资金。(7) 其他资金来源是指报告期收到的除以上各种资金之外,其他用于固定资产投资的资金,包括群众集资、个人无偿捐赠的资金及其他单位拨入的资金等。

Sources of Finance for Investment in Fixed Assets are classified as fund unsettled from the previous year, state appropriation, loans, and various payable funds, of which state appropriation and loans are further divided into seven categories: state budgetary appropriation, domestic loans, stocks, bonds, foreign investment, self-raised funds, and others.

(1) State budgetary appropriation includes funds to construction enterprises appropriated or entrusted to banks by state budget, local finance, authorized state investment companies, appropriation by central government for the purpose of capital construction and technical upgrading and transformation, and special funds arranged by central government for capital construction.

(2) Domestic loans refer to funds borrowed by enterprises and institutions during the reference period for the purpose of domestic investment in fixed assets. Domestic loan includes loans issued by banks from sources of self-owned funds and deposit funds, loans appropriated by higher authorities, special loans by government (including loans for coal replacing oil, special loans for reform-through-labor mining enterprises), loans arranged by local government, domestic reserve loans, and working loans.

(3) Stock refers to funds for investment in fixed assets raised by shareholding enterprises through issuing stocks.

(4) Bonds refer to funds for investment in fixed assets raised by enterprises (companies) or financial institutions through issuing various

bonds, including Key Enterprise Bonds and Key Construction Program Bonds issued by the banks on behalf of state-owned investing companies.

(5) Utilization of Foreign Capital refers to foreign funds received during the reference period for investment in fixed assets, including foreign funds borrowed and managed by the government, and individuals units, foreign funds in joint programs, and grants and donations. foreign funds borrowed and managed by the government refer to foreign loans borrowed by the government from foreign governments, organizations, or financial institutions under official agreements signed by both parties and the government is responsible for repayment of both the principle and interests of the foreign loans.

(6) Self-raised funds refer to funds received by construction enterprises from their responsible institutes local governments and within enterprises for the purpose of investment in fixed assets during the reference period.

(7) Other refers to funds received during the reference period which are not included above and other funds invested into fixed assets, including fund pooled collectively, individual donations, and funds allocated by other units.

39. 新增生产能力 Newly Increased Production Capacity

新增生产能力指通过固定资产投资活动而新增加的设计生产能力(或工程效益),是以实物形态表现的固定资产投资成果的指标,也是考核投资经济效益的重要依据之一。新增生产能力的计算,是以能独立发挥生产能力(或工程效益)的工程为对象进行计算。当单项工程(或项目)建成,经有关部门鉴定合格,正式移交投入生产,即可计算新增生产能力。

新增生产能力(或工程效益)有以下几种表现形式:

(1)用产品数量表示以工程在单位时间内(一般是一年)所能生产的产品数量(即年产量)表示。如原煤开采用万吨/年表示,化学农药用吨/年表示,拖拉机制造用台/年表示等。某些化工产品由于含量差别较大,按其设计含量计算折合量表示,如硫酸、硝酸、纯碱等。

(2)用单位时间内所能处理的原料数量表示以工程每天(或每小时)所能处理原料的数量表示。如机制糖工程日处理原料吨,食用植物油日处理原料吨,城市污水处理能力用万吨/日表示等。

(3)用新增加的主要设备的数量或容量表示如新增棉布织机、丝织机等台数、毛纺锭等锭数、发电厂新增发电机组容量用千瓦表示等。

(4)以节约的原材料、燃料、动力实物量表示是用于反映更新改造节约项目的效益。

(5)用建筑物容积、容量、面积、长度表示是非工业项目或工程新增效益的一种表现形式。如铁路里程、公路里程、水库容量、仓库容量、房屋建筑面积、学校学生席位、医院床位、灌区灌溉面积等。

根据工程的特点,有时需要用两种或两种以上的复合计量单位来表示新增生产能力或工程效益,如新增内燃机生产能力同时用年产台数、千瓦数表示等。

Newly Increased Production Capacity refers to an increase in the designed production capacity (or project efficiency) resulting from investment in fixed assets. It is an index of the result in kind of investment in fixed assets and an important indicator for evaluating the economic efficiency of investment. The calculation of newly increased production capacity is based on individual projects which operate independently. When an individual project is completed and checked and accepted and put into production, it is counted as newly increased production capacity.

The newly increased production capacity (or project efficiency) is usually reflected in the following forms:

(1) Amount of products--the amount of products (i. e. annual output) generated by a project in a certain time period (usually one year). For instance, the coal mining is calculated in terms of 10 000 ton/year; chemical fertilizer ton/year; and tractors vehicle/year. Due to the great differences in the content of some chemical products, such as sulphuric acid, nitric acid and soda ash, it can be calculated according to their contents.

(2) Amount of raw materials processed in a certain time unit--the amount of raw materials a project can process in a day (or an hour). For instance, a sugar processing project is calculated in terms of ton/daily; edible oil ton/daily; and sewage 10 000 ton/daily.

(3) Number of volume of major new equipment--such as the number of new cotton cloth weavers of silk weavers; the capacity in terms of KWH of newly installed generating sets in a power plant.

(4) Amount of raw materials, fuel and power saved, indicating the economic results of renovation and transformation projects.

(5) Physical measures of construction such as volume, capacity, area and length, for instance, capacity of reservoirs, length of railways or roads, capacity of warehouses, construction area of buildings, student seats in a school, beds in a hospital or the area for irrigation.

In light of the unique features of different projects, sometimes it needs to be calculated in terms of a combination of several units to indicate the newly increased production capacity or project efficiency. For instance, the newly increased capacity of manufacturing internal-combustion engine shall be calculated in terms of the annual output of machines and kilowatts.

40. 新增固定资产 Newly Increased Fixed Assets

新增固定资产又称交付使用的固定资产,是指已经完成建造和购置过程,并已交付生产或使用单位的固定资产价值。新增固定资产是表示固定资产投资成果的价值量指标,也是反映建设进度、计算固定资产投资效果的必要数据。

Newly Increased Fixed Assets, also called fixed assets put into operation, refers to the value of fixed assets that has been put into production or handed over to the production units after the completion of the process of construction and purchase. The newly increased fixed asset is an value indicator of the result of investment. It is also the necessary data for reflecting the construction process and the result of investment in fixed assets.

41. 固定资产交付使用率 Rate of Projects of Fixed Assets Completed and Put into Operation

固定资产交付使用率又称固定资产运用系数,是指一定时期新增固定资产与同期完成投资额的比率。它反映各个时期固定资产动用速度,衡量建设过程中宏观投资效果的综合性指标。

Rate of Projects of Fixed Assets Completed and Put into Operation, also called the fixed assets-operation ratio, refers to ratio of newly increased fixed assets to total investment completed in the same period, which is a comprehensive indicator, reflecting the development of fixed assets investment and investment efficiency.

42. 城市基础设施 Urban Infrastructure Facilities

城市基础设施包括电力建设、交通运输、邮电通信、市内公共交通、自来水、煤气、市政建设、园林绿化、环境卫生等。

Urban Infrastructure Facilities include facilities for power generating, transportation, post and telecommunication, urban public transportation, supply of tap water and gas, development of municipal engineering, city landscaping and sanitation.

43. 吸收外资 Absorption of Foreign Capital

吸收外资指我国各级政府、部门、企业和其他经济组织通过对外借款、吸收外商直接投资以及用其他方式筹措的境外现汇、设备、技术等。

Absorption of Foreign Capital refers to credits, instruments and technology introduce by Chinese governments at all levels, various departments, enterprises, and other economic units from abroad and Hong Kong, Macao and Taiwan, in the forms of loans, direct foreign investment and through other channels.

44. 合同外资金额 Contracted Foreign Investment

合同外资金额是指合同(章程)中规定的外方出资额及外方承诺的企业境外借款金额。

Contracted Foreign Investment refers to the foreign investment stipulated by the contract as well as foreign loans promised by the overseas side.

45. 实际吸收外资 Actual Absorption of Foreign Investment

实际吸收外资是指合同外资金额的实际执行金额。

Actual Absorption of Foreign Investment refers to actual usage of contracted foreign investment, including cash, investment in kind and incorporeal capital agreed by the both sides as part of the investment, such as services and technology.

46. 对外借款 Foreign Borrowings

对外借款是我国吸收外资的主要部分。包括我国通过外国政府贷款、国际金融组织贷款、外国银行商业贷款、出口信贷以及对外发行债券、股票等方式从境外筹措的资金。

Foreign Borrowings constitute a major part of China's absorption of foreign capital, including funds borrowed from foreign countries, loans by foreign governments and international monetary organizations, commercial loans and export financed by foreign banks, and Chinese bonds and shares issued in foreign countries.

47. 外商直接投资 Direct Investment by Foreign Businesses

外商直接投资是指外国企业和经济组织或个人(包括华侨、港澳台胞以及我国在境外注册的企业)按我国有关政策、法规,用现汇、实物、技术等在我国境内开办外商独资企业、与我国境内的企业或经济组织共同举办中外合资经营企业、合作经营企业或合作开发资源的投资(包括外商投资收益的再投资)以及经政府有关部门批准的项目投资总额内,企业从境外借入的资金。

Direct Investment by Foreign Businesses refers to the investments made inside China by foreign enterprises and economic organizations or individuals (including overseas Chinese, compatriots in Hong Kong, Macao and Chinese enterprises registered abroad), in line with the relevant policies and laws of China, for the establishment of wholly foreign-owned enterprises, and joint ventures or development projects lauched in China (including re-investment of profits from foreign businesses), and the funds that enterprises borrow from abroad in the total investment of projects which are approved by the relevant departments of the governments.

48. 引进技术 Import of Technology

引进技术指通过贸易途径从国外获得发展我国国民经济和提高技术水平所需要的技术装备。引进方式有:许可证贸易(技术贸易)、生产线(包括成套设备)、单机(包括关键设备)、软硬件结合(同时引进技术和设备)和其他。

Import of Technology refers to obtaining through the trade channel, from other countries the technology and equipment which are needed for advancing China's national economy and improving its technological level. The import form includes: licensing (technological trade), production lines (including complete plant), single machine (including key equipment), combination of hardware and software (importing technology and equipments simultaneously) and others.

49. 对外承包工程 Overseas Contracted Projects

对外承包工程包括各对外承包公司以招标议标承包方式承揽的下列业务:(1) 承包国外工程建设项目。(2) 承包我国对外经援项目。(3) 承包我国驻外机构的工程建设项目。(4) 承包我国境内利用外资进行建设的工程项目。(5) 与外国承包公司合营或联合承包工程项目时我国公司分包部分。(6) 以服务成果向业主收费的技术服务项目(包括承担地形地貌测绘;地质资源勘探与普查;建设区域规划;提供设计文件、图纸、生产工艺技术资料和工程技术经济咨询;工程项目的可行性考察、研究和评估;进行技术指导和培训人员等)。(7) 对外承包兼营的房屋开发业务。对外承包工程的营业额是以货币表现的本期内完成的对外承包工程的工作量,包括以前年度签订的合同和本年度新签订的合同在报告期完成的工作量。

Overseas Contracted Projects refer to projects undertaken by Chinese contractors (project contracting companies) through bidding process. They include: (1) overseas civil engineering construction projects financed by foreign investors. (2) overseas projects financed by the Chinese government through its foreign-aid programs. (3) construction projects of Chinese diplomatic missions, trade offices and other institutions stationed abroad. (4) construction projects in China financed by foreign investment. (5) sub-contracted projects to be taken by Chinese contractors through a joint umbrella project with foreign contractor(s). (6) technical assistance projects in the form of service results and chargeable to the owners (such as topographic surveying, geological prospecting, development zone programming, provision of documents, blueprint, materials on production process, technical consultation, project feasibility studies and evaluation, personnel training, etc.). and (7) housing development projects. The business turnover from international contracting is the work of contracted projects completed during the reporting period, expressed in monetary terms, including completed work on project contracts signed in previous years.

50. 对外劳务合作 Overseas Labor Service

对外劳务合作指以收取工资的形式向业主或承包商提供技术和劳动服务的活动。我国对外承包公司在境外开办的合营企业,中国公司同时又提供劳务的,其劳务部分也纳入劳务合作统计。劳务合作营业额按报告期内向雇主提交的结算数(包括工资、加班费和奖金等)统计。

Overseas Labor Service refers to activities of providing technology and labor services to employers or contractors by collecting salaries and wages. Labor services provided by Chinese international contrasting corperations to their overseas joint ventures shall be included into the statistics of overseas services. The business turn over of overseas labor services is the settlement price (including salaries, overtime pay and bonuses) submitted to the employers during the reporting period.

51. 旅游人数 Number of Tourists

旅游人数指来我国参观、访问、旅行、探亲、访友、休养、考察、参加会议和从事经济、科技、文化、教育、体育、宗教等活动的外国人、华侨、港澳和台湾同胞的人数。不包括外国在我国的常驻机构,如领事馆、通讯社、企业办事处的工作人员;来我国常住的外国专家、留学生以及在岸逗留不过夜人员。

Number of Tourists refers to the number of foreigners, overseas Chinese, and compatriots from Hong Kong, Macao and Taiwan coming to the Chinese mainland for sightseeing, visits, tours, family reunions, meeting friends, vacations, study tours, attending meetings and other activities of an economic, scientific and technological, cultural, physical culture and religious nature. This does not include employees of foreign organizations stationed in China such as embassies, consulates, news agencies, representative offices of overseas firms and foreign experts and students residing in China and persons who enter the country but without staying over.

52. 财政收入 Financial Revenue

财政收入指中央和地方财政一定时期内从企业、事业、个体经营者和居民等通过税收等渠道获得的货币收入总和,主要包括以下内容:消费税、增值税、营业税、企业所得税、个人所得税、证券交易印花税、关税、农业税等。其中,企业所得税包括国有企业所得税、集体企业所得税、私营企业所得税、股份制企业所得税和联营企业所得税等。

Financial Revenue refers to the total value of currency levied in a certain period of time by the central and local taxation authorities in the from of tax from enterprises, public institutions, self-employed businessmen and residents. It mainly consists of consumption tax, added value tax, sales tax, enterprise income tax, individual income tax, security stamp tax, customs duty, and agricultural tax. The enterprise income tax includes the income taxes of the state-owned enterprises, collective-owned enterprises, private businesses, and stock enterprises.

53. 财政支出 Financial Expenditure

财政支出指财政一定时期内各种支出的总和，主要包括下列内容：

（1）用于城市建设和发展生产支出，如基本建设拨款、更新改造拨款、科技三项费用拨款、支援农村生产和农业综合开发支出、城市维护建设费等。

（2）用于行政事业部门的经常性支出，如科教文卫事业费和行政经费等。

（3）用于改善人民生活支出，如物价补贴和抚恤救济费等。

（4）用于其他方面，如民防事业费和战备费等。

Financial Expenditure refers to the total expenditures of the local treasury in a certain period, which include:

(1) Expenditure on urban construction and production development, such as allocations for capital construction, technical renovation and transformation, and scientific and technological projects; aid to Expenditure for helping agricultural production and comprehensive agricultural development; and cost of urban maintenance and construction.

(2) Regular expenses of administrative departments and institutions, including expenditures for scientific, educational, cultural and public health undertakings and spendings on administration and management.

(3) Expenses for improving the local people' s living standards, such as subsidies and pension and relief cost. and.

(4) Spendings on other fields, such as costs of civil defence and preparations against war.

54. 存款 Deposits

存款是企业、机关、团体或居民根据资金必须收回的原则，把货币资金存入银行或其他信用机构保管并取得一定利息的一种信用活动形式。根据存款对象的不同可划分为企业存款、财政存款、机关团体存款、基本建设存款、城镇储蓄存款、农村存款等科目。它是银行信贷资金的主要来源。

Deposits are a form of credit by which enterprises, institutions, organizations or residents must put money into banks and other credit institutions for safekeeping and earn interests under the principle of free withdrawal. According to different depositors, deposits are divided into enterprise deposits, treasury deposits, deposits of government agencies and organizations, capital construction deposits, urban savings deposits, rural deposits and other deposits. Deposits constitute a major source of bank credit funds.

55. 贷款 Loans

贷款是银行或其他信用机构根据资金必须归还的原则，按一定利率，为企业、个人等提供资金的一种信用活动形式。我国银行贷款分流动资金贷款、固定资产贷款、城乡个体工商户贷款以及农业贷款等科目。

Loans are a form of credit by which banks and other credit institutions provide funds with a prescribed interest to enterprises and individuals under the principle of unconditional repayment. Loans from Chinese banks include circulating capital loans, fixed assets loans and urban and rural individual industrial and commercial unit loans and agricultural loans.

56. 保险费 Premium

保险费是保险人根据保险合同的有关规定，为被保险人取得因约定危险事故发生所造成的经济损失补偿（或给付）权利，付给保险人的代价。包括财产险和人身险储金收入。

Premium is the fee paid by the insurant based on a proportion of the benefit he/she may get from the insurance plus the insurance value. It includes savings income from the property and life insurance.

57. 保险赔款 Insurance Indemnity

保险赔款指保险事故发生后，经查证确属保险责任范围以内的保险标的损失，保险人根据保险合同的规定履行赔偿义务，给予被保险人的款项叫做赔款。赔款可分为已决赔款和未决赔款两种。

Insurance Indemnity is the compensation paid by the insurer for an accident happening to the insured property or the insurance value paid for an accident happening to a person who has insured his/her life. It is further divided into settled and unsettled reparation.

58. 年初实有耕地面积 The Actual Area of Plowland at the Beginning of a Year

年初实有耕地面积指年初实有能够种植农作物,经常进行耕锄的田地。包括熟地、当年新开荒地、新开垦围垦地、连续撂荒未满三年的耕地和当年休闲地(轮歇地)。以种植农作物为主并附带种植桑树、茶树、果树和其他林木的土地,以及沿海、沿湖地区已围垦利用的"海涂"、"湖田"等也应包括在内,但不包括专业性桑园、茶园、果园、果木苗圃、林地、芦苇地、天然草原等。

The Actual Area of Plowland at the Beginning of a year refers to the real area of arable land and frequently-tended farm-fields at the beginning of a year. It includes cultivated land, the newly-reclaimed wasteland in the year, the farmland which has been laid idle for no more than three consecutive years, and land on fallow that year. It shall also include farmland with mulberry, tea, fruit and other trees but used mainly for growing crops as well as the reclaimed "beach-land" and "lake-land" along the sea coasts and the lake banks. However, it shall not include the land devoted especially for mulberry and the tea gardens, orchards, nurseries, woodlands, reed marches and natural grasslands.

59. 农村从业人员 Personnel Employed in Rural Areas

农村从业人员指实际参加生产经营活动并取得实物或货币收入的人员,不论年龄大小,既包括劳动年龄内实际参加劳动人员,也包括不在劳动年龄内但实际参加劳动的人员,但不包括户口在家的在外学生和因病残而长期不能参加劳动及丧失劳动能力的人,也不包括待业人员和家务劳动者。从业人员不论是农业从业人员还是非农业从业人员,也不论是在农村还是在城镇就业都属于统计范围。

Personnel Employed in Rural Areas refers to the total number of people who are engaged in production and business activities that generate incomes in cash or in kind. It includes all the working laborers, no matter whether they are within the working age or not. But students studying outside but with their registered residence at home, sick and disabled people who have lost their ability to work, unemployed people, and those engaged in housework are not included. All the employees, whether they are engaged in the agricultural production or in the non-agricultural business, in the villages or in towns, are covered by the statistics.

60. 农业总产值 Gross Output Value of Agriculture

农业总产值是以货币表现的农、林、牧、渔业全部产品的总量,它反映一定时期内农业生产的总规模和总成果。

农、林、牧、渔业的统计范围是:

(1) 农业 包括农作物种植业和其他农业。农作物种植业包括谷物、豆类、薯类、棉、油料、糖料、麻类、烟叶、蔬菜、药材、瓜类和其他农作物的种植,以及茶园、桑园、果园的生产经营。

其他农业包括采集野生植物的果实、纤维、树胶、树脂、油料以及柴草、野生药材、菌类等及农民家庭兼营的商品性工业。

(2) 林业 包括林木的栽培(不包括茶园、桑园和果园的栽培、管理和收获等活动)、林产品的采集和村及村以下合作经济组织和农户的竹木采伐。

(3) 牧业 包括除渔业养殖以外的一切动物饲养和放牧,以及野生动物的捕猎和饲养。

(4) 渔业 包括水生动物和海藻类植物的养殖和捕捞。

从所有制看,包括国有经济的各种专业农(农、林、牧、渔)场以及国家各级机关团体学校、科研机构、部队经营的农业;集体所有制的乡镇村各级办农场;农村各种经济组织经营的农、林、牧、渔业以及工矿企业家属集体经营的农业;农民家庭自营的农林牧渔业及兼营商品性工业等。

农业总产值的计算方法通常是按农林牧渔业产品及其副产品的产量分别乘以各自单位产品价格求得,少数生产周期较长、当年没有产品或产品产量不易统计的,则采用间接方法匡算其产值,然后将四业产品产值相加即为农业总产值。

1957 年以前的农业总产值中包括了厩肥和农民自给性手工业(如农民自制衣服、鞋、袜,自己从事粮食初步加工等)。1958 年及以后的农业总产值,林业中增加了村及村以下竹木采伐产值;牧业中取消了厩肥产值;副业中取消了农民自给性手工业产值,增加了村及村以下办的工业产值;渔业中增加了海洋捕捞水产品产值。1980 年及以后的农业总产值,在副业中增加了农民家庭兼营工业商品部分的产值。从 1984 年起村及村以下办工业产值划归工业。从 1993 年起,取消副业。将野生动物的捕猎划入牧业,野生植物采集和农民家庭兼营商品性工业划归农业。

Gross Output Value of Agriculture refers to the total volume of products of farming, forestry, animal husbandry, and fishery expressed in the monetary terms. It reflects the overall scale and achievements of agricultural production during a given period of time.

The scope of statistics on farming, forestry, animal husbandry, and fishery are as follows:

(1) Farming includes cultivation of farm crops and other agricultural activities.

Cultivation of farm crops include cultivation of grain crops, legume crops, tuber-crops, cotton, oil-bearing crops, sugar crops, bastfiber plants, tobacco, vegetables, medicinal herbs, melon crops, and cultivation and management of tea plantations, mulberry fields and orchards.

Other agricultural activities include harvesting wild fruits, fiber, tree gum, resin, oil-bearing plants, firewood, wild medicinal herbs, fungus, and rural-household commodity industries.

(2) Forestry refers to planting trees of various kinds (excluding tea plantations, mulberry fields and orchards), collection of forestry products and cutting and felling of bamboo and trees by villages and other cooperative organizations under village level.

(3) Animal husbandry refers to raising and grazing of all kinds of farm animals except fishing and aquatic cultivating, and hunting and rising of wild animals.

(4) Fishery refers to cultivation and catching of fish and other aquatic products and cultivation and collection of seaweed and other aquatic plants.

In terms of ownership, China's agriculture includes specialized state farms (for farming, forestry, animal husbandry, fishery), farms managed by various government agencies, organizations, schools, research institutions, and army; farms managed by rural collective organizations at levels of the township, town, and village; farming, forestry, animal husbandry, fishery run by various rural collective organizations and farming run by collective family members' organizations of mining and industrial enterprises; farming, forestry, animal husbandry and fishery and some commodity industries run by individual farmers.

Gross output value of agriculture is obtained by first multiplying the output of products or by-products by their unit price. For a small number of products, annual output of which is not available or difficult to get due to the long production/growing process involved, the output value will be estimated through an indirect approach. The sum of output value of all products of farming, forestry, animal husbandry and fishery will then and together to form gross output value of agriculture.

Before 1957, China's gross agricultural output value included the value of barnyard manure and handicraft products for self-consumption (clothes, shoes, stockings, and initial grain processing under-taken by peasants). After 1958, the output value of cutting and felling of bamboo and trees by villages and other cooperative organizations under villages have been included in forestry; value of barnyard manure has been excluded from animal husbandry; the value of self-consumed handicrafts has been excluded from sideline occupations, while output value of industries run by villages and cooperative organizations under village level has been included in sideline occupations and output value of fish catches by motor fishing boats has been added to fishery. Since 1980, the output value of handicraft products made for sale by farmer households has been added to sideline occupations, From 1984, industries run by villages and cooperative organizations under village level have been included in the sector of industry. After 1993, the category of sideline occupations has been canceled and hunting of wild animals has been classified into husbandry, and harvesting of wild vegetation and commodity industry run by rural households have been grouped into the category of agriculture.

61. 农业机械总动力 Total Power of Farm Machinery

农业机械总动力指用于农、林、牧、渔业生产的各种动力机械的动力总和。动力机械包括耕作、排灌、种植、植物保护、收获、农产品加工、运输、畜牧、渔业、农田水利等各种机械。不包括专门用于乡办工业、基本建设、非农业运输、科学试验和教学等非农业生产方面用的动力机械与作业机械的数量。

Total Power of Farm Machinery refers to the total mechanical power of machinery used in farming, forestry animal husbandry and fishery, including machines used for ploughing, irrigation and drainage, crop growing, plant protection, harvesting, farm product processing, transport, stock breeding, fishery and water conservancy. Machinery employed for non-agricultural purposes such as township industry, capital construction, non-agricultural transport, scientific experiments and for teaching is excluded.

62. 工业总产值 Gross Output Value of Industry

工业指从事自然资源的开采,以及对采掘品和农产品进行加工和再加工的物质生产部门。具体包括:(1) 对自然资源的开采,如采矿、晒盐、森林采伐等(但不包括禽兽捕猎和水产捕捞);(2) 对农副产品的加工、再加工,如粮油加工、食品加工、轧花、缫丝、纺织、制革等;(3) 对采掘品的加工、再加工,如炼铁、炼钢、化工生产、石油加工、机械制造、木材加工等,以及电力、自来水、煤气的生产和供应等;(4) 对工业品的修理、翻新,如机器设备的修理、交通运输工具(包括小轿车)的修理等。

1984 年以前农村的村及村以下办工业归属农业,1984 年以后划归工业。

工业总产值是以货币表现的工业企业在一定时期内生产的已出售或可供出售工业产品总量,它是反映一定时间内工业生产的总规模和总水平。它包括:在本企业内不再进行加工,经检验、包装入库(规定了需包装的产品除外)的成品价值,以及工业性作业价值、自制半成品在产品期末期初差额价值(生产周期较长的企业计算)。工业总产值采用"工厂法"计算,即以工业企业作为一个整体,按企业工业生产活动的最终成果来计算,企业内部不允许重复计算,不能把企业内部各个车间(分厂)生产的成果相加。但在企业之间、行业之间、地区之间存在着重复计算。

轻重工业总产值的划分也是按"工厂法"计算的,即一个工业企业在正常情况下生产的主要产品的性质属于轻工业,则该企业的全部总产值作为轻工业总产值;一个工业企业生产的主要产品的性质属于重工业,则该企业的全部总产值作为重工业总产值。

自 1995 年下半年起,为适应建立新国民经济核算体系的需要,工业总产值计算方法有所变化,称为工业总产值新规定。新规定与原规定的区别主要有三点。(1) 全价与加工费的计算原则不同:新规定凡自备原材料,不论其加工程度如何,一律按全价计算总产值;凡来料加工,一律按加工费计算工业总产值;原规定部分特殊行业是自备原材料的,也只允许按加工费计算工业产值。有些行业允许来料加工按全价计算工业总产值。(2) 自制半成品、在产品期末期初差额价值的计算原则不同,新规定要求,凡会计产品成本核算时计算了成本的差额价值,总产值中就应包括,否则可不包括;原规定则区分了生产周期六个月的界限,凡生产周期六个月以上的企业,总产值计算中应包括这部分差额价值,否则可不包括。(3) 计算价格不同:新规定按不含增值税(销项税额)的价格计算;原规定按含增值税(销项税额)的价格计算。本年鉴 1995 年以前,工业总产值按原规定计算,1995 年以后按新规定计算。

Industry refers to material production sector which engaging in extraction of natural resources and processing of natural resources and agricultural products and reprocessing, including (1) the calculation of full production cost and processing cost is different. The new rules stipulate that the total output value of the production of with self-supplied raw materials should be calculated according to the full production cost, in regardless of whether the processing procedure is simple or complicated. The old rules stipulated that the production output value of some special sectors with self-supplied raw materials could only be calculated according to the processing lost; (2) processing of farm and sideline produces, such as rice husking, wheat milling, wine making, oil pressing, cotton ginning, silk reeling, animal slaughtering, and medical herbs processing; (3) manufacture of industrial products, such as steel making, iron smelting, steel rolling, printing and dying, dress making, and paper making; water and gas production and electricity generation and supply; (4) repairing of industrial products such as machinery and means of transport.

Prior to 1984, rural industry run by villages and village-run cooperative organizations under village level was classified as agriculture and was grouped into industry after 1985.

Gross Output Value of Industry refers to the total volume, expressed in the monetary terms, of products turned out by industrial enterprises during a given period of time which are already sold or available for sale. It reflects the overall scale and level of the industrial production during a given period. It includes the value of finished products which are already examined, packed (excluding products whose packaging is required by set rules) and stored and which will not under go further processing by their producers; industrial operation value; and the differential value of initial and final self-made semi-finished products (calculated by enterprises with a relatively long production cycle). The gross output value of industry is calculated with the "factory act" method, which regards an industrial enterprise as a single unit and only takes the final production result of the unit into account, thus avoiding double counting within an industrial enterprise or add-up of the production results of various workshops (branches) of the enterprise. However, doubling counting still exists among enterprises, trades and regions.

The gross output value of light and heavy industries is also calculated with the "factory act" method. Under normal conditions, if the major products of an enterprise belong to the light industry category, the gross output value of the enterprise shall be included totally into the gross output value of the light industry. The same rule applies to the gross output value of the heavy industry.

Since the second half of 1995, China has adopted new rules to calculate its total industrial output value, in an effort to build a new accounting system for the national economy. There are three major differences between the old and new rules.

(1) Different methods are adopted in calculating the total price and the processing cost: the new regulations rule that the self-prepared raw materials, whatever the processing degree, will be calculated as the total price of industry output value; the processing of take-in materials will be calculated as the processing cost. The processing cost of some special industries specified in the former regulations will be counted as the industry output value if these industries prepare the raw materials themselves. The industry output value is allowed to be counted in total prices for some industries which process take-in materials.

(2) For self-made semi-finished products, the principal of accounting differential cost of the beginning and the end of the production is different. The new rules stipulate that if the differential cost is included in the production cost of the product, it should be included in the output value, too. Otherwise, the differential cost may not be included in the output value. The old rules set a limitation of six-month production period. An enterprise with a production period of more than six months should include the differential cost in calculating its total output value. Otherwise, the differential cost may not be included in the total output value.

(3) The accounting price is different. According to the new rules, the industrial output value will be calculated without value-added tax. Before 1995, this yearbook calculated the total industrial output value according to the old rules, but the new rules have been applied since then.

轻工业指主要提供生活消费品和制作手工工具的工业。按其所使用的原料不同,可分为两大类:(1) 以农产品为原料的轻工业,是指直接或间接以农产品为基本原料的轻工业。主要包括食品制造、饮料制造、烟草加工、纺织、缝纫、皮革和毛皮制作、造纸以及印刷等工业。(2) 以非农产品为原料的轻工业,是指以工业品为原料的轻工业,主要包括文教体育用品、化学药品制造、合成纤维制造、日用化学制品、日用玻璃制品、日用金属制品、手工工具制造、医疗器械制造、文化和办公用机械制造等工业。

重工业指为国民经济各部门提供物质技术基础的主要生产资料的工业。按其生产性质和产品用途,可以分为下列三类:(1) 采掘(伐)工业,是指对自然资源的开采,包括石油开采、煤炭开采、金属矿开采、非金属矿开采和木材采伐等工业;(2) 原材料工业,指向国民经济各部门提供基本材料、动力和燃料的工业。包括金属冶炼及加工、炼焦及焦炭化学、化工原料、水泥、人造板以及电力、石油和煤炭加工等工业。(3) 加工工业,是指对工业原材料进行再加工制造的工业。包括装备国民经济各部门的机械设备制造工业、金属结构、水泥制品等工业,以及为农业提供的生产资料如化肥、农药等工业。

Light Industry refers to industry which produces consumer goods and hand tools. It consists of two categories, depending on the materials used:

(1) Industries using farm products as raw materials. These are branches of light industry which directly or indirectly use farm products as

basic raw materials, including the manufacture of food and beverages, tobacco processing, textile, clothing, fur and leather manufacture, paper making, printing, etc.

(2) Industries using non-farm products as raw materials. These are branches of light industry which use manufactured goods as raw materials, including the manufacture of cultural and educational articles, crafts and art products, chemical instruments, and the manufacture of cultural and office machinery.

Heavy Industry produces capital goods, which provides various sectors of the national economy with necessary materials and technical basis, and consists of the following three branches according to purpose of production or use of products:

(1) Mining and felling industry refers to industry that extracts natural resources, including extraction of petroleum, coal, metal and non-metal ores and timber felling.

(2) Raw materials industry provides various sectors of the national economy with raw materials, fuels and power. It includes smelting and processing of metals, coke making and coke chemistry, chemical materials and building matrials such as cement, plywood, and petroleum and coal processing.

(3) Manufacturing industry processes raw materials. It includes machine-building industry which equips sectors of the national economy, industry of metal structure and cement works, industry producing means of agricultural production, and industry of chemical fertilizers and pesticides.

63. 工业销售产值 Sales Output Value of Industry

工业销售产值是以货币表现的工业企业在一定时期内销售的本企业生产的工业产品产量,包括已销售的成品、半成品价值,以及对外提供的工业性作业价值和对本单位基本建设部门、生活福利部门等提供的产品和工业性作业及自制设备的价值。已销售的成品、半成品不论是本期生产还是上期生产的,只要是本期销售出去的均包括在内。对外提供的工业性作业是指企业按合同对外提供的工业性劳务。企业为本单位基本建设部门、生活福利部门等提供的产品和工业性作业及自制设备也应视同销售,这部分也作为销售统计。

工业销售产值的计算范围、计算价格和计算方法与工业总产值一致,但两者计算的基础不同。工业销售产值计算的基础是产品销售总量,工业总产值计算的基础是工业产品生产总量。

Sales Output Value of Industry refers to total sales of products produced by industrial enterprises during a given period, including sales of finished goods, value of semi-products, value of industrial services provided to other units, value of products, industrial services provided for capital construction sector, welfare and self-produced equipments within enterprises. Sales of finished goods and semi-products in current are taken into account regardless of their production period.

The coverage, pricing, and calculation method for sales output value of industry are as same as for gross output value of industry except that the former is based on sales of products and the later is based on output of products.

64. 工业大、中、小型企业 Lager, Medium and Small Enterprises

工业企业按其规模大小分成大型(特大型、大一型、大二型)、中型(中一型、中二型)、小型企业。

大、中、小型企业的划分标准有下列两类:

(1) 按企业产品的年生产能力划分。凡产品比较单一的行业,如电力、原煤、石油、钢铁、有色金属、硫酸、烧碱、纯碱、合成氨、发电设备、汽车、拖拉机、木材采伐、水泥、平板玻璃、纺织、造纸、制糖、手表、缝纫、自行车等均以产品生产能力作为划分大、中、小型的标准(生产多种产品的企业,以其主要产品的生产能力来划分)。

(2) 按企业拥有生产经营用的固定资产原价划分。凡产品种类繁多,难以按生产能力划分的,则以企业拥有的固定资产原价作为划分大、中、小型的标准。

In light of their scales, industrial enterprises can be divided into large (extra large, large-I, large-II), medium (medium-I, medium-II) and small enterprises.

The criteria for classifying large, medium and small enterprises falls into the following two categories:

(1) Classification according to annual production capacity.

Enterprises with singular products, such as producers of power, raw coal, petroleum, iron and steel, non-ferrous metals, vitriol, caustic soda, soda ash, synthetic ammonia, power generation equipment, automobile, tractor, timber, cement, plate glass, textiles, paper, sugar, wrist watches, sewing machines, and bicycles, will be classified as large, medium and small enterprises in light of their production capacity (enterprises turning out a variety of products will be classified according to their production capacity of their major products).

(2) Classification according to the original value of fixed assets.

Enterprises which turn out a great variety of products and can hardly be classified according to their production capacity shall be divided into large, medium and small enterprises according to the original value of their fixed assets.

65. 工业企业主要经济指标 The Main Economic Indexes of Industrial Enterprises

1. 资本金合计

资本金是企业在工商行政管理部门登记的注册资金。资本金合计包括国家资本金、法人资本金、个人资本金、外商资本金和集体资本金等。

国家资本金是指有权代表国家投资的政府部门或者机构以国有资产投入企业形成的资本金。不论企业的资本金是哪个政府部门或机构投入的,只要是以国家资金进行投资的,均作为国家资本金。

法人资本金是指其他法人单位以其依法可以支配的资产投入企业形成的资本金。

个人资本金是指社会个人或者企业内部职工以个人合法财产投入企业形成的资本金。

外商资本金是指外国和香港、澳门、台湾地区投资者财产投入企业形成的资本金。

集体资本金是指集体所有制企业财产投入企业形成的资本金。

2. 资产总计

资产是指企业拥有或者控制的能以货币计量的经济资源,包括各种财产、债权和其他权利。资产按其流动性(即资产的变现能力和支付能力)划分为:流动资产、长期投资、固定资产、无形资产、递延资产和其他资产。

流动资产合计是指可以在一年内或者超过一年的一个营业周期内变现或者耗用的资产合计。流动资产年平均余额是指一年内工业企业全部流动资产的平均余额。

固定资产是指使用年限在一年以上,单位价值在规定标准以上,并在使用过程中保持原有物质形态的资产,包括房屋及建筑物、机器设备、运输设备、工具器具等。固定资产合计是指企业固定资产净值、固定资产清理、在建工程、待处理固定资产净损失所占用的资金合计,包括固定资产原价、固定资产净值、固定资产净值年平均余额。固定资产原价是指固定资产按取得时的实际成本计价。在固定资产尚未交付使用或者已投入使用但尚未办理竣工决算之前发生的固定资产的借款利息和有关费用,以及外币借款的汇税差额,应当计入固定资产价值,之后的计入当期损益。接受捐赠的固定资产应按照同类资产的市场价格或有关凭据确定固定资产价值,接受捐赠固定资产时发生的各项费用,应当计入固定资产价值。融资租入的固定资产,按租赁协议确定的设备价款、运输费、途中保险费、安装调试费等支出计价,在原有固定资产基础上进行改建、扩建的固定资产,按原有固定资产账面原价,减去改建、扩建过程中发生的变价收入,加上由于改建、扩建而增加的支出计价。盘盈的固定资产,按重置完全价值计价。固定资产净值是指固定资产原价减去累计折旧的净额。

3. 负债合计

负债合计是指企业所承担的能以货币计量,将以资产或劳务偿付的债务总计。负债一般按偿还期长短分为流动负债和长期负债。流动负债合计是指企业在一年内或超过一年的一个营业周期内偿还的债务;长期负债合计是指偿还期在一年以上或者超过一年的一个营业周期内偿还债务。

4. 产品销售收入

产品销售收入是指企业销售成品、自制半成品、提供工业性劳务等取得的收入。

5. 利润总额

利润总额是企业在一定时期内实现的盈亏总额,是企业最终的财务成果,包括营业利润、补贴收入、投资收益、营业外净收入和以前年度损益调整等。

6. 工业经济效益综合指数

工业经济效益综合指数是综合衡量工业经济效益各个方面在数量上总体水平的一种特殊相对数,是反映工业经济运行质量的综合指数。它是以每项指标的实际值分别除以该项指标的全国标准值,并乘以其权数,加总后再除以总权数而求得,计算公式:

$$\text{工业经济效益综合指数} = \sum\left(\frac{\text{某项经济效益指标报告期数值}}{\text{该项指标全国标准值}} \times (\text{该项指标权数})\right) \div \text{总权数}$$

计算工业经济效益综合指数时,各项经济效益指标的分子、分母应按报告期止累计数(如产品销售收入为报告期止累计产品销售收入)或序时平均数(如平均流动资产为报告期止各月平均流动资产之和除以累计月数)计算。

全国的标准值:是根据“八五”期间全国乡及乡以上工业企业每项指标实际完成数值加权平均计算出来的。

权数:是根据上述各项工业经济效益指标在综合经济效益中的重要程度,根据专家调查法确定。

7. 工业企业主要经济效益指标的内容及计算公式

（1）总资产贡献率。该指标反映企业全部资产的获利能力，是企业经营业绩和管理水平的集中体现，是评价和考核企业盈利能力的核心指标。计算公式为：

$$总资产贡献率 = (利润总额 + 税金总额 + 利息支出)/平均资产总额 \times \frac{12}{累计月数}$$

其中：税金总额为产品销售税金及附加与应交增值税之和；平均资产总额为期初、期末资产总计的算术平均值。

（2）资本保值增值率。该指标反映企业净资产的变动状况，是企业发展能力的集中体现。计算公式为：

$$资本保值增值率 = 报告期期末所有者权益/上年同期期末所有者权益$$

所有者权益等于资产总计减负债总计。

（3）资产负债率。该指标既反映企业经营风险的大小，也反映企业利用债权人提供的资金从事经营活动的能力。计算公式为：

$$资产负债率 = 负债总额/资产总额$$

资产及负债均为报告期期末数。

（4）流动资产周转率。指一定时期内流动资产完成的周转次数，反映投入工业企业流动资金的周转速度。计算公式为：

$$流动资产周转率 = 销售收入/流动资产平均余额 \times \frac{12}{累计月数}$$

（5）成本费用利润率。反映工业投入的生产成本及费用的经济效益，同时也反映企业降低成本所取得的经济效益。计算公式为：

$$成本费用利润率 = 利润总额/成本费用总额$$

其中：成本费用总额为产品销售成本、销售费用、管理费用、财务费用之和。

（6）全员劳动生产率。该指标反映企业的生产效率和劳动投入的经济效益。计算公式为：

$$全员劳动生产率 = 工业增加值/全部职工平均人数 \times \frac{12}{累计月数} \times \frac{工业总产值(不变价格)}{工业总产值(当年价格)}$$

由于工业增加值是按现行价格计算的，而职工人数不含价格因素，因此应将增加值价格因素予以消除。具体方法可采用总产值价格变动系数消除价格影响。

（7）产品销售率。该指标反映工业产品已实现销售的程度，是分析工业产销衔接情况、研究工业产品满足社会需求的指标。计算公式为：

$$产品销售率 = 工业销售产值/工业总产值(现价)$$

1. Aggregate Capital in Cash

Capital in cash refers to an enterprise's capital registered with a local industrial and commercial administrative department. The aggregate capital in cash includes the capital in cash of the state, the legal persons, individuals, foreign investors and collectives.

State capital in cash means the capital in cash derived from the state-owned assets invested into enterprises by government departments or organizations which have the right to invest on behalf of the state. No matter the capital in cash of an enterprise comes from which government department or organization, it shall be deemed as the state capital in cash if the investment comes from the state fund.

Legal person capital in cash refers to the capital in cash stemmed from the investment put into an enterprise by other firms using assets legitimately at their disposal.

Individual capital in cash is the capital in cash derived from investment put into an enterprise by individuals or the enterprise's employees using their legitimate personal possessions.

Foreign investor's capital in cash is the capital in cash resulting from investment put into an enterprise by foreign investors or investors from Hong Kong, Macao and Taiwan.

Collective capital in cash is the capital in cash derived from investment put into an enterprise by collective enterprises.

2. Aggregate Assets

Assets mean economic resources owned or controlled by an enterprise which can be calculated in monetary terms. They include all types of properties, creditor's rights and other rights. In view of their liquidity (e. g. , cashability and paying capacity), assets can be divided into circulating assets, long-term investment, fixed assets, intangible assets, deterred assets and other assets.

The aggregate circulating assets refer to an enterprise's total casheable or usable assets within a production cycle which can be either shorter or longer than a year. The average annual balance of circulating assets means the average balance of the total circulating assets of an enterprise within a year.

The aggregate fixed assets mean assets with a duration over one year, a unit price above the prescribed level and maintaining their original physical shape during the utilization period. They include houses, buildings, machines, equipment, transport facilities, tools and instruments. The aggregate assets are the add-up of the new value of the fixed assets, retirement of fixed assets, projects under construction and the capital occupied for handling the net loss of the fixed assets of an enterprise. They include the original value, the net value and the annual net value balance of the fixed assets. The original value of the fixed assets is the cost price of the assets at the time of their obtaining. The loan interest and other fees concerning the fixed assets before they are put into use or after they are put into use but before the final settlement of account and the balance of exchange of the relevant foreign exchange loans shall be included into the value of the fixed assets, but they shall be grouped into the current period profits and losses afterwards. The value of donated fixed assets shall be calculated according to the market price of the same type of assets or relevant credentials and shall include all the fees related to accepting the donation. The value of the fixed assets obtained through capital leasing shall include the equipment prices as prescribed in the leasing contracts, the transportation fee, the transportation insurance and the cost of installation and testing. The value of the renovated and expanded assets shall be equal to the original book value of the original assets minus the income from the current price occurred during the renovation and expansion process and plus the expenditure for the renovation and expansion. The value of the inventory profit-generated fixed assets shall be equal to the complete replacement price. The net value of the fixed assets is the result of deducting the accumulated depreciation from the original value of the fixed assets.

3. Aggregate Liabilities

Aggregate liabilities refer to the total debts of an enterprise which can be calculated in monetary term and will be repaid in the forms of assets or service. Usually, the debts are divided into liquid liability and long-term debt according to the length of the payback period. The liquid liability is the debt that an enterprise will pay back during an operation cycle which is either shorter or longer than a year. The long-term debt refers to a debt whose payback period is longer than a year or which will be repaid during an operation cycle that is longer than a year.

4. Product Sales Income

Product sales income refers to the income obtained by an enterprise by selling its finished products, semi-finished products or by providing industrial services.

5. Aggregate Profit

Aggregate profit is the total profits and losses realized by an enterprise during a given period of time and is the enterprise's final financial result. It includes operating profit, subsidies, investment yield non-operation net income, and the adjustment of profit and loss of the previous fiscal year.

6. Comprehensive Index of Industrial Economic Efficiency

Comprehensive Index of Industrial Economic Efficiency is a special relative figure which is used to evaluate the overall level of various aspects of the industrial economic efficiency in the quantitative terms. It is a comprehensive indicator of the quality the industrial economy. As shown below, the index is the result of the real number of the industrial economic efficiency index in each field being divided by the national standard value in the same field and then multiplied by the respective weigh number. Its calculating formula is:

$$\text{Aggregative Index of Industrial Economic Efficiency}$$

$$= \left(\frac{\text{Reporting Period Figure of a Certain Economic Efficiency Index}}{\text{National Standard Value in the Same Field}} \times \text{Weight}\right) / (\text{Overall Weight})$$

When calculating the aggregative index of industrial economic efficiency, the numerator and denominator of various industrial economic efficiency indices shall be the accumulative figures by the end of the reporting period (for instance, the product sales income shall be the accumulative product sales income by the end of the reporting period) or the chronological average (for instance, the average circulating assets shall be the result of dividing the sum of average monthly figure by the number of months within the reporting period).

The national standard value is based on the weighted average of the real figure of each index of industrial enterprises at and above the township level in the country during the Eighth FiveYear Plan period (1991-1995).

Weight is determined by the expert investigation method in light of the degree of significance of each of the aforementioned industrial economic efficiency indexes in the aggregative industrial economic efficiency.

7. The Main Economic Efficiency Indices of Industrial Enterprises and Their Calculating Formulas:

(1) Rate of Return on Total Assets reflects the state of return on total assets of an enterprise. It epitomizes the business achievements and administrative level of an enterprise. It is also used as a key index in assessing the economic efficiency of an enterprise. Its calculating formula is:

$$\text{Rate of Return on Total Assets}$$

$$= (\text{Total Profits} + \text{Total Taxes} + \text{Interest Exchange}) / \text{Average Ttotal Assets} \times \frac{12}{\text{Cumulative Months}}$$

Total taxes are the sum of sales tax and additional plus added-value tax to be paid; Average total assets are the arithmetic average value of the total assets at the beginning and end of the reporting period.

(2) Capital Maintenance and Appreciation Rate reflects the changes of an enterprise's net assets. It epitomizes the growth capability of an enterprise. Its calculating formula is:

Capital maintenance and appreciation rate = Ownership equity at the end of the reporting period/Ownership equity at the same period of the previous year. Ownership equity is the result of total assets minus total liabilities.

(3) Asset-Debt Ratio reflects the risks an enterprise takes while in operation. It also indicates the enterprise's capability in utilizing the fund provided by creditors. Its calculating formula is:

Asset-Debt ratio = total liabilities/total assets both liabilities and assets are the figures at the end of the reporting period.

(4) Turnover of Current Assets refers to the turnover time of current assets in a certain period of time, reflecting the turnover speed of current assets in an industrial enterprise. Its calculating formula is:

$$\text{Turnover of Current Assets} = \text{Sales Income/Average Balance of Current Assets} \times \frac{12}{\text{Cumulative Months}}$$

(5) Cost-Profit Ratio reflects the economic returns on industrial production cost and expenses. It also shows the economic benefits an enterprise gains by reducing production cost. Its calculating formula is:

Cost-Profit ratio = total profits/total cost and expenses. Total cost and expenses refer to the sum of cost of goods sold, distribution cost, administrative expenses and finance cost.

(6) Labor Productivity of Total Workers reflects the production efficiency of an enterprise and the economic returns of its labor investment. Its calculating formula is:

$$\text{Labor Productivity of Total Workers} = \text{Industrial Added- Value / Number of Total Workers and Staff} \times \frac{12}{\text{Cumulating Months}} \times \frac{\text{Gross Output Value of Industry (Constant Prices)}}{\text{Gross Output Value of Industry (Current Prices)}}$$

Since industrial added-value is calculated at the current price while the number of total workers and staff doesn't involve price factor, coefficient of price changes should be adopted in calculating industrial added-value.

(7) Product Sales Ratio reflects how many industrial products have been sold. It is the index to analyze the situation of market and industrial production and relations between demand and supply. Its calculating formula is:

$$\text{Product Sales Ratio} = \frac{\text{Sales Value of Industry}}{\text{Total Output Value of Industry}} \text{(Current Price)}$$

66. 货(客)运量 Freight (Passenger) Traffic

货(客)运量指在一定时期内,各运输部门实际运送的货物(旅客)数量。是反映运输业为国民经济和人民生活服务的数量指标,也是制定和检查运输生产计划,研究运输发展规模和速度的重要指标。货运按吨计算,客运按人计算。货物不论运输距离长短,货物类别,均按实际重量统计;旅客不论行程远近或票价多少,均按一人一次作为客运量统计。半价票、小孩票也按一人统计。

Freight (Passenger) Traffic refers to the physical volume of freight (passenger) transported. Freight transport is calculated by ton and passenger traffic by number of persons. Despite the type of freight and traveling distance, the freight transport is calculated by the actual weight; and despite the traveling distance and ticket price, the passenger traffic is calculated by one person per travel. The half-price and child tickets are also calculated on one-person ticket basis. Freight (passenger) traffic provices a quantitative measure to reflect how the transport industry serves the national economy and people, and an important indicator for planning the transport industry and for studying the development scale and speed of the industry.

67. 货物(旅客)周转量 Freight (Passenger) Traffic Volume

货物(旅客)周转量指在一定时期内,由各种运输工具运送的货物(旅客)数量与其相应运输距离的乘积之总和,是反映运输业生产总成果的重要指标,也是编制和检查运输生产计划,计算运输效益、劳动生产率以及核算运输单位成本的主要基础资料。通常以吨公里和人公里为计算单位。计算货物周转量通常按发出站与到达站之间的最短距离,也就是计费距离计算。

Freight (Passenger) Traffic Volume refers to the total of the product of the physical volume of transported cargo (passengers) by the transport distance, usually using ton/kilometer and person/kilometer as calculating units. Normally, the shortest distance between the departure point and the destination is the basis to calculate the freight traffic volume, that is to say, the payable distance. This is an important indicator to show the total results of the transport industry, to prepare and examine the transport plan and to measure the efficiency, the labor productivity and the unit cost of transport.

68. 邮电业务总量 Service Revenue of Posts and Telecommunications

邮电业务总量指以货币表现的邮电部门用于传递信息和提供其他邮电服务的总数量。它综合反映了一定时期邮电工作的总成果，是研究邮电业务量构成和发展趋势的重要指标。根据邮电管理体制不同，分为中央国营业务总量和地方国营业务总量。它用各种邮电分类业务量，如函件件数、电报份数、长话张数、市内电话和农村电话的年均户数、订销报刊累计份数等，分别乘以相应的平均单位（不变价），加总后再加上出租电路和设备的收入、代用户维护电话交换机和线路等设备的收入、其他业务收入求得。

Service Revenue of Posts and Telecommunications refers to the total amount of the information delivered and other post and telecommunication services provided by the post and telecommunication departments for the customers. It is arrived by first multiplying the business volume of different types, such as number of letters, telegrams, long distance calls, city and rural telephone subscribers and accumulated number of newspapers and journals subscribed and sold, etc. by their respective average unit price (fixed price) and then adding these products together, plus the income from maintenance of telephone switchboards and lines, and the income from other business operations. The service revenue of posts and telecommunications reflects the total achievements by the post and telecommunication departments during a given period of time in a comprehensive way, and is an important indicator to study the composition and development of the post and telecommunication business.

69. 电话主线普及率 Popularity Rate of Telephone Lines

电话主线普及率指按行政区划人口计算的平均每百人拥有电话主线。

Popularity Rate of Telephone Lines is based on the number of telephone lines for every hundred people in terms of population stipulated in the administrative areas.

70. 分组交换用户 Group Exchange Subscribers

分组交换用户指在公用交换数据网上接通的，在邮电部门办理登记手续的数据传输用户，不论其使用终端设备型号和传输速率，均按户统计。

Group Exchange Subscribers refer to the data transmission subscribers who log on to the public exchange data network and have registered with the post and telecommunications authority. They are counted as a subscriber whatever the size of the terminal equipment or the transmission rate.

71. 数字数据用户(DDN) Digital Data Subscribers

数字数据用户指在 DDN 数据通信网上接通的，在邮电部门办理登记手续的数据传输用户。

Digital Data Subscribers refer to the data transmission subscribers who log to the DDN data telecommunications network and have registered with the post and telecommunications authority.

72. N-ISDN 用户 N-ISDN Subscribers

N-ISDN 指以数字电话网为基础发展而成的通信网，它能提供端到端的数字连接，用来承载包括话音、图像、数据在内的多种业务。ISDN 业务的重要特征，是在一条普通电话线上允许拉入多种终端设备，并且允许两个不同的终端同时通信，而互不影响。N-ISDN 用户指窄带 ISDN 业务的用户。

N-ISDN, the telecommunications network developed from the digital telephone network, can supply digital connection between terminals and carry services including voice, image and data. ISDN distinguishes itself by allowing many types of terminal equipments into a common telephone line and simultaneous communications between two terminals without any interruption. An N-ISDN subscriber uses the narrow-band ISDN service.

73. 社会消费品零售总额 Value of Retail Sales of Consumer Goods

社会消费品零售总额指各种类型的批发零售贸易业、餐饮业、制造业和其他行业对城乡居民和社会集团的消费品零售额。这个指标反映通过各种商品流通渠道向居民和社会集团供应的生活消费品总量，满足他们生活需要，是研究人民生活、社会消费品购买力、货币流通等问题的重要指标。社会消费品零售额包括：(1) 售给城乡居民作为生活消费用的商品和住房及修建房屋用的建筑材料；(2) 售给机关、团体、学校、部队、企业、事业单位的职工食堂和旅店（招待所）附设专门供本店旅客食用，不对外营业的食堂的各种食品、燃料；企业、单位和国营农场直接售给本单位职工和职工食堂自己生产的产品；(3) 售给部队干部、战士生活用的粮食、副食品、衣着品、日用品、燃料；(4) 售给来本地的外国人、华侨、港澳台同胞的消费品；(5) 居民自费购买的中西药品、中药材及医疗用品;(6) 报社、出版社直接售给居民和社会集团的报纸、图书、杂志,以及集邮公司出售的新、旧纪念邮票、特种邮票、首日封、集邮册、集邮工具等;(7) 旧货寄售商店自购、自销部分的商品零售额;(8) 煤气公司、液化石油气站售给居民和社会集团的燃气灶具和罐装液化石油气;(9) 售给社会集团的各种办公用品及公用消费品;(10) 农民售给非农业居民和社会集团的商品,但不包括售给国民经济各部门企业、事业单位(包括国有经济的农场)生产经营用的各种原材料、燃料、设备、工具等和售给批发零售贸易业、餐饮业作为转卖用的商品、旧货寄售商店受托寄售卖出的商品、服务业的营业收入、邮局出售邮票的收入、自来水、电力、煤气生产(供应)单位的产品供应收入,也不包括农民之间的商品销售。

Value of Retail Sales of Consumer Goods refers to the sum of retail sales of consumer goods by wholesale, retail, catering, manufacturing establishments and establishments in other industries of different types of ownership, to urban and rural households and institutions, as well as retail sales by farmers to non-agricultural households. Illustrating the supply of consumer goods through various channels to households and institutions to meet their demands, this is an important indicator for the study of issues on people's livelihood, on the purchasing power of consumer goods and on the circulation of money. The retail sales of consumer goods include: (1) commodities and housing (including building materials for the construction or repairing of houses) sold to urban and rural households; (2) foods and fuels sold to canteens of institutions. enterprises, schools, military units and to canteens of hotels and hotels that only serve their guests, and commodities produced by enterprises, institutions or state farms and sold directly to their employees or their canteens; (3) grain and non-staple foods, clothing, daily articles and fuels sold to military personnel; (4) consumer goods sold to foreigners, overseas Chinese, and Chinese compatriots in Taiwan, Hong Kong and Macao during their stay in the mainland of China; (5) Chinese and Western medicines, herbs and medical facilities purchased by households; (6) newspapers, books and magazines directly sold to households and institutions by publishers; new and old commemorative stamps, special stamps, first-day covers, stamp albums and other stamp-collection articles sold by stamp companies; (7) consumer goods purchased and then sold by second-hand shops; (8) stoves and other heating facilities and liquefied gas sold by gas companies to households and institutions; (9) Office commodities and public consumer goods sold to social group; (10) commodities sold by farmers to non-agricultural households and institutions. Excluded under this heading are: raw materials, fuels, equipment, tools sold to enterprises, institutions and state farms for production purpose; commodities sold to trade establishments for re-selling; commissioned sales at secondhand shops; operational income of urban public utilities; stamps sold at post offices; income of water, power, gas production and supply establishments from the supply of their products; and sales of commodities among farmers.

74. 商品购进总额 Total Purchase of Commodities

商品购进总额指从本企业(单位)以外的单位和个人购进(包括从国外直接进口)作为转卖或加工后转卖的商品。这个指标反映批发零售贸易业从国内、国外市场上购进商品的总量。商品购进总额包括:(1) 从工农业生产者购进的商品;(2) 从出版社、报社的出版发行部门购进的图书、杂志和报纸;(3) 从各种类型的批发零售贸易企业(单位)购进的商品;(4) 从其他单位购进的商品,如从机关、团体、企业、单位购进的剩余物资,从餐饮业、服务业购进的商品,从海关、市场管理部门购进的缉私和没收的商品,向居民收购的废旧商品等;(5) 从国(境)外直接进口的商品,但不包括企业(单位)为自身经营用和未通过买卖行为而收入的商品以及销售退回、商品损益等。

Total Purchase of Commodities refers to purchase of commodities from other establishments or individuals (including direct import from abroad) for the purpose of re-selling, either with or without further processing of the commodities purchased. Reflecting the total value of purchases of commodities by wholesale and retail establishments from domestic and overseas markets, they include: (1) agricultural and industrial products purchased from producers; (2) books, magazines and newspapers purchased from distribution departments of the publishers; (3) commodities purchased from wholesale and retail establishments; (4) commodities purchased from other units, such as surplus materials purchased from government agencies, enterprises or institutions; commodities purchased from catering and service establishments; confiscated goods purchased from customs authorities or market management agencies; second-hand goods and wastes purchased from households; (5) commodities directly imported from abroad. Excluded are commodities purchased by enterprises for their own operation, commodities obtained without buying or selling procedures, rejected commodities, etc.

75. 商品销售总额 Total Sales of Commodities

商品销售总额指对本企业(单位)以外的单位和个人出售(包括对国(境)外直接出口)的商品。这个指标反映批发零售贸易业在国内市场上销售商品以及出口商品的总量。商品销售总额包括:(1) 售给城乡居民和社会集团消费用的商品;(2) 售给工业、农业、建筑业、运输邮电业、批发零售贸易业、餐饮业、服务业等作为生产、经营使用的商品;(3) 售给批发零售贸易业作为转卖或加工后转卖的商品;(4) 对国(境)外直接出口的商品。不包括:出售本企业(单位)自用的废旧包装用品,未通过买卖行为付出的商品,经本单位介绍,由买卖双方直接结算,本单位只收取手续费的业务,购货退出的商品以及商品损耗和损失等。

Total Sales of Commodities refer to the selling of commodities to other establishments and individuals (including direct export). Reflecting the total value of sales of commodities at domestic markets and export, this indicator includes: (1) commodities sold to urban and rural households and institutions for their consumption; (2) commodities sold to establishments in industry, agriculture, construction, transportation, post and telecommunications, wholesale and retail trade, catering and service trade and public utility for their production and operation; (3) commodities sold to wholesale and retail establishments for re-selling, with or without further processing; and (4) commodities for direct export to other countries. Excluded are selling of waste packaging materials used by enterprises themselves commodities transferred without buying or selling procedures, commission income from brokerage in transactions whose settlement is directly handled by buyers and sellers, rejected commodities in the purchase, loss in commodities, etc.

76. 能源消费总量　Total Domestic Energy Consumption

能源消费总量指一定时期内全国(地区)物质生产部门、非物质生产部门和生活消费的各种能源的总和,是观察能源消费水平、构成和增长速度的总量指标。能源消费总量包括原煤和原油及其制品、天然气、电力,但不包括低热值燃料、生物质能和太阳能等的利用。能源消费总量分为三部分,即终端能源消费量、能源加工转换损失量和能源损失量。

(1) 终端能源消费量指一定时期内全国(地区)物质生产部门、非物质生产部门和生活消费的各种能源在扣除了用于加工转换三次能源消费量和损失量以后的数量。

(2) 能源加工转换损失量指一定时期内全国(地区)投入加工转换的各种能源数量之和与产出各种能源产品之和的差额。它是观察能源在加工转换过程中损失量变化的指标。

(3) 能源损失量指一定时期内能源在输送、分配、储存过程中发生的损失和由客观原因造成的各种损失量。不包括各种气体能源放空、放散量。

Total Domestic Energy Consumption refers to the total energy consumption of various forms by material production departments, non-material production departments and households in the country (region) in a given period of time. It is a comprehensive indicator to observe the scale, composition and development of energy consumption. The total energy consumption includes raw coal, crude petroleum and their products, natural gas and electricity, but excludes fuel of low calorific value, bioenergy and solar energy. Total domestic energy consumption can be divided into three parts:

(1) Final Energy Consumption refers to the total energy consumption by material production department, non-material production departments and households in the country (region) in a given period of time, after deducting the secondary energy consumption and loss during the process of energy conversion.

(2) Loss During the Process of Energy Conversion refers to the total input of various forms for conversion, minus the total output of energy of various forms in the country in a given period of time. It is an indicator to observe the loss that occurs during the process of energy conversion.

(3) Loss refers to the total loss of energy due to mistakes or any objective reasons during the course of energy transport, distribution and storage in a given period of time. The loss of various kinds of gas due to gas discharges and stocktaking is excluded.

77. 专业技术人员　Professional and Technical Personnel

专业技术人员指事业、企业单位中已被聘任专业技术职务的从事专业技术工作和专业技术管理的人员,以及虽未被聘任专业技术职务,但现在专业技术岗位上工作的人员。

Professional and Technical Personnel refer to professional, technical and managerial staff members in institutions or enterprises who not only have professional and technical titles but also hold professional and technical posts. They also include those who work on professional and technical posts but do not have professional and technical titles.

78. R&D

R&D 是"研究与发展"(Research and Development)的英文缩写。其含义是指为了增加知识的总量—包括关于人类、文化和社会方面的知识,以及运用这些知识而进行的系统的、创造性的活动。R&D 包括基础研究、应用研究、试验发展三类活动。

R&D is an abbreviation which stands for "research and experimental development", meaning systematic and creative endeavours aimed at expanding the overall volume of knowledge, including the knowledge about the mankind, culture and society, and applying the knowledge in systemic creation. R&D includes basic studies, application research and experimental development.

79. 专利申请数　Number of Patent Application

专利申请数指报告期在专利机构申请专利、受理登记的件数。它分为发明、实用新型、外观设计三种专利。

Number of Patent Application refers to patents submitted to the patent agency and registered for acceptance during the term for patent reporting. The patent falls into three types: invention, new applicable models, and exterior design.

80. 专利批准件数　Number of Approved Patent

专利批准件数指报告期在专利机构申请专利后获得批准,并获得专利证书的件数。它分为发明、实用新型、外观设计三种专利批准件数。

Number of Approved Patent refers to the number of patents which get approval and are awarded a certificate from the patent agency. The number consists of three types: invention, new applicable models and exterior design.

81. 发明、实用新型和外观设计 Invention, Utility Models and Exterior Design

发明专利法及其实施细则所称的发明是指对有关产品、方法或其改进所提出的新的技术方案。

实用新型专利法及其实施细则所称的实用新型是指对产品的形状、构造或与其结合所提出的适于实用的新的技术方案。

外观设计专利法及其实施细则所称的外观设计是指对产品的形状、图案、色彩或与其结合所作出的富有美感并适于工业品上应用的新设计。

Invention as specified by the patent law and its detailed rules and regulations for implementation refer to the new technical proposals about related products or methods or their modifications.

Utillity Models as specified by the patent law and its detailed rules and regulations for implementation refer to new technical proposals about the shape and structure of the products or the combination of both, which are practical in industrial production.

Exterior Design as specified by the patent law and its detailed rules and regulation for implementation refer to the aesthetics and industry-applicable new designs for the shape, design and color of a product, or their combinations.

82. 独立研究与开发机构 Independent Research and Development Institutions

独立研究与开发机构指有明确的任务和研究方向，有一定学术水平的业务骨干和一定数量的研究人员，具有研究、开发、开展学术工作的基本条件，主要进行科学研究与技术开发活动，并且在行政上有独立的组织形式，财务上独立核算盈亏，有权与其他单位签订合同，在银行有单独户头的单位。包括国务院各部门、中国科学院、中国社会科学院和各省、自治区、直辖市以及地（市）以上〔含地（市）〕各部门所属的国有独立的科学研究与技术开发机构。

Independent Research and Development Institutions refer to the state-owned institutions which have direct mission and research purpose, a certain research level and quantities of personnel, favorable conditions for R&D and engaging in scientific research and technological development. The institutions also have their own independent organization, accounting system authority to sign contract with other units, and their own accounts in banks. Independent research and development institutions include the institutions attached to central government departments and the institutions attached to local governments.

83. 科学家和工程师 Scientists and Engineers

科学家和工程师指具有大学本科及以上学历的人员和不具备上述学历但已评定为高、中级职称的人员。

Scientists and Engineers refer to persons who have completed university or higher education or obtained a senior or middle-level professional title.

84. 普通高等学校 General Institutions of Higher Education

普通高等学校指按照国家规定的设置标准和审批程序批准举办，通过国家统一招生考试，招收高中毕业生为主要培养对象，实施高等教育的全日制大学、独立设置的学院和高等专科学校、短期职业大学。

General Institutions of Higher Education refer to educational establishments which are set up according to government evaluation and approval procedures, enroll graduates from high schools who have passed the national college entrance examination and provide higher education courses and training for senior professionals. They include full-time universities, colleges, high professional schools and short-term professional universities.

85. 成人高等学校 Institutions of Higher Education for Adults

成人高等学校指按照国家有关规定审批，招收通过全国成人高教统一招生考试的具有高中毕业或同等学历的在职从业人员，利用脱产、半脱产、业余或函授等多种形式对其实施高等学历教育，培养高等教育专科或本科毕业水平的专门人才，修业年限、课程设置和总学时数均按高等学历教育要求付诸实施的学校。包括广播电视大学、职工高等学校、农民高等学校、管理干部学院、教育学院、独立设置的函授学院等。

Institutions of Higher Education for Adults refer to educational establishments which are set up in line with relevant rules and approved by government, enroll workers or staff with high school or equivalent education, and provide higher education courses in forms of full-time, part-time, spare-time, or correspondence for adults. Professionals thus trained receive a qualification equivalent to graduates studying regular courses at general colleges, universities and professional colleges. Institutions of higher education for adults include radio and TV universities, schools of high education for staff and workers and peasants, colleges for management cadres, pedagogical colleged, independent correspondence colleges.

86. 文化事业机构 Cultural Institutions

文化事业机构指从事专业文化工作和为专业文化工作服务的独立建制的单独核算的单位。不包括这些单位另外举办独立核算的其他机构和各部门的业余文化组织。

Cultural Institutions refer to units which have their own establishment and independent accounting system and specialize in cultural activities or serve cultural developments. Cultural Institutions exclude other establishments runned by units under the cultural authorities and amateur cultural groups established by other departments.

87. 电影放映单位 Film Projection Units

电影放映单位指具有放映机器设备、固定或不固定的放映场所与专职或兼职的放映技术人员，经有关部门登记批准，经常为一定的观众对象放映电影的机构。包括电影院、影剧院、开放礼堂、俱乐部、放映队、对内礼堂俱乐部。

Film Projection Units refer to units with film projection equipments, full or part-time projectionists, permanent or non-permanent places, approved by related administrative departments to show films regularly for certain groups of audience, including cinemas, theaters, public auditoriums, clubs, film projection teams, and interior auditorium clubs.

88. 等级运动员人数 Number of Graded Athletes

等级运动员人数指经考核正式批准授予等级运动员称号的运动员数。运动员等级分为国际级运动健将、运动健将、一级运动员、二级运动员、三级运动员、少年级运动员。

Number of Graded Athletes refers to the number of athletes who have been given titles through examination. The titles of graded athletes include international masters of sports, masters of sports, first-class, second-class and third-class athletes and young athletes.

89. 等级裁判员人数 Number of Graded Referees

等级裁判员人数指经考核正式批准授予等级裁判员称号的人数。裁判员等级分为国际裁判、国家级裁判、一级裁判、二级裁判、三级裁判。

Number of Graded Referees refers to the number of referees who have been given titles after passing the examination. They are classified as international referees, national referees and referees of the first, second and third classes.

90. 卫生技术人员 Medical Technical Personnel

卫生技术人员指卫生事业机构中现任职务为卫生技术工作的人员。包括中医师、西医师、中西医结合高级医师、护师、中药师、西药师、检验师、其他技师、中医士、西医士、护士、助产士、中药剂士、西药剂士、检验士、其他技士、其他中医、护理员、中药剂员、西药剂员、检验员、其他初级卫生技术人员。

Medical Technical Personnel refer to those medical workers employed by medical institutions, including doctors of Chinese and Western medicine, senior doctors of integrated Chinese-Western medicine, head nurses, pharmacists of Chinese and Western medicine, laboratory specialists, other specialists, junior doctors of Chinese and Western medicine, nurses, midwives, druggists of Chinese and Western medicine, laboratory technicians, other technicians, other practitioners of Chinese medicine, nursing attendants, pharmacological workers of Chinese and Western medicine, laboratory workers, and other primary medical personnel.

91. 优抚对象 Special Care

优抚指政府对革命烈士家庭、病故残疾工作人员以及参战负伤致残的民兵、民工的抚恤和人民群众对其的优待。优抚对象包括革命烈士家属、因公牺牲和病故军人家属、革命伤残人员、现役军属、退伍红军老战士、红军失散人员、复员军人、退伍军人、在职退役军人、在乡退役军人、带病回乡退伍军人、复退军人精神病员、孤老优抚对象等。

Special Care is offered by the government to the family member of the martyrs, disabled or demobilized servicemen or laborers who were injured on duty. Entitled to the special care are family members of the revolutionary martyrs, family members of servicemen who dies on duty or died of an illness, disabled servicemen, family members of servicemen on active service, retired veteran Red Army soldiers, scattered Red Army soldiers, demobilized servicemen, ex-servicemen, servicemen who were demobilized while on duty, ex-servicemen back to their rural homes, ex-servicemen who were demobilized because of an illness and have gone back to their rural homes, ex-servicemen who suffer from mental illness and elderly persons with no family.

92. 社会福利事业单位 Social Welfare Institutions

社会福利事业单位指集中收养社会孤老、残、幼的机构。包括由民政部门管理的社会福利院、儿童福利院、精神病人福利院和城镇集体办的福利院，以及农村集体办的敬老院。

Social Welfare Institutions refer to institutions taking care of old people without children, handicapped people and orphans. They include social welfare institutions run by civil affairs departments, children's welfare institutions, social welfare institutions for mental patients, and collectively-run old people's homes in rural areas.

93. 公证人员 Notarial Personnel

公证人员指在国家机关依法办理公证事务的司法人员。包括公证员、助理公证员和在公证处工作的其他人员。

Notarial Personnel are judicial workers of the state notary organs handling notarization work according to law. They include notaries, assistant notaries, and other people working for notary firms.

94. 办理公证文书 Notarized Documents

办理公证文书指公证处在一定时期内办结的公证文书件数。公证文书系按司法部规定或批准的格式制作。包括国内公证和涉外公证两部分。其中国内公证为经济合同公证和民事法律关系公证两大类。

Notarized Documents refer to the number of documents certified by notary firms in a year. The notarized documents are drawn up in accordance with the regulations of the Ministry of Justice, including certified Chinese and foreign documents. Domestic notarized documents are divided into two major categories: economic contract notarized documents and civil rights notarized documents.

附 录

APPENDIX

企业介绍

ENTERPRISE INTRODUCTION

中国银行 BANK OF CHINA

对许多中国人而言，这是一座帮助他们走出国门的桥梁。对于许多外国人而言，这是一扇引领他们进入中国的大门。

成立于1912年的中国银行是中国历史最为悠久的一家银行，已经连续12次荣登《财富》杂志五百强排行榜，今年第8次被世界著名金融杂志《欧洲货币》评选为"中国最佳银行"，并再次被英国《银行家》杂志评为资本实力最雄厚的国际大银行。

在全球，您可以不经意地就发现中国银行的标志，因为中行完备的金融服务网络延伸到了世界各地，她拥有559家海外机构，4000多家海外代理行和13000家境内机构。在上海，中国银行拥有139个服务网点、61家24小时自助银行和400台自动存取款ATM机。

中国银行的资金清算服务在全球享有很高的知名度。在纽约，中国银行的美元清算量在纽约清算所成员行中位居前列。在上海，我们是唯一同时具有中国大陆A股股票和B股股票一级清算资格的银行。我们的环球收付清算系统、电子联行系统以及基于互联网的"银证快车"能够为您提供安全、快捷、四通八达的清算渠道。

今天，中国银行推出的国际贸易结算，网上支付系统，投资银行业务，授信融资和帐户管理服务以及人民币远期结售汇、货币调期、外汇期权等债务保值工具，能够为许多跨国公司提供各种财务方案。在通用，在大众，在飞利浦，您可以看到我们的金融服务；在地铁，在机场，在陆家嘴，您可以看到我们的融资产品。

个人银行领域，只要您拥有一张中国银行长城卡，就可以随时随地通过95566电话、互联网络、传统的营业网点或24小时银行，享受中国银行涵盖储蓄、信用卡、保险、证券投资、外汇兑换、代理业务以及消费信贷等在内的各种专业理财服务。

现在，我们的银行卡品种日益丰富，除了人民币信用卡、借记卡外，还包括国际信用卡和国际借记卡，而且我们独具特色的各种联名卡广受欢迎。近期万事达卡国际组织召开的亚太地区年会上，我们的东航联名卡被评为"万事达卡亚太区2000年度最佳联名卡"。迄今，我们在上海的"长城卡"用户已经突破了100万。而中国银行的"长城卡"、"一本通"、"外汇宝"、"自助银行"等由于享有较高知名度而成为中国金融业的特色品牌。

中国银行在上海拥有4300多名经过专业培训的员工，在资金运营部门，我们有昔日作为交易员参与香港保卫战勇斗金融大鳄，如今已成为熟谙外汇资金业务的管理骨干乐延；在结算业务领域，我们有连续13个月审单3500笔无差错，屡创奇迹的审单能手王蓓和张欣园；在为私人客户开辟的理财中心，我们的专业人员能为每一个客户度身定制贴心理财方案；在营业网点，我们娴熟热情的大堂经理和柜面员工则是您日常经济生活的好帮手。

上海是中国改革开放的龙头，也是中国银行的发祥地。20世纪30年代，中国银行在外滩建造了自己的大厦，象征其"基础巩固，信孚中外"的信念。21世纪初，中国银行又吹响了东进序曲，位于陆家嘴金融贸易区的中银大厦成为我们新的办公大楼。两座大厦，隔江相望，遥相呼应。

每一天，中国银行都在渴望着您的光临！

每一天，我们都在期待着与您共同开创新的合作前景！

地 址：浦东银城中路200号中银大厦　邮 编：200120　电 话：50372919　传 真：50372920

上海建工房产有限公司

50年来，上海建工集团建造了当代众多世界级建筑精品。

金茂大厦、东方明珠使上海变得更高大；

南浦、杨浦大桥和延安路高架使上海变得更通畅；

大剧院、图书馆、博物馆使上海变得更美丽……

这些具有国际水平的建筑是〝上海建工〞的地标业绩，也是上海人的骄傲。

上海建工集团把建设者的不懈追求与人民大众的居住理想合而为一，斥资3亿元，成立了具有国家一级资质的房地产开发企业——上海建工房产有限公司，

上海建工房产秉承严谨的经营作风，以珠联璧合的开发建设阵容，全心全意为消费者缔造美好家园，致力于创建规划完备、设计先进、质量优良、价格合理的城市住宅精品，为现代人创造更舒适的生活空间。

面对21世纪上海的新发展，上海建工房产正在建设的房产项目建筑面积约30万平方米，规划开发的有75万平方米。主要有六个大、中型楼盘：

——位于四平路大连路、紧贴和平公园的〝天宝绿洲公寓〞，建筑面积5.02万平方米，园林环抱，诗意盎然；（已经开始预售，2002年底入住）

——位于徐家汇龙华港、龙吴路、龙漕路、龙水北路交汇处的大型水岸住宅〝徐汇·龙兆苑〞，建筑面积13万平方米，地理环境得天独厚，规划设计匠心独运；（已经开始预售，2002年底入住）

——位于黄浦区福建路、人民路口的〝东淮海公寓〞，建筑面积10万平方米，黄浦江绮丽风光、老城厢悠扬回忆和中心城区的建筑美景交织辉映，具有浓厚的自然与人文情趣；（即将开始预售，预计2003年完工）

——位于浦东大道的〝上安大厦〞（二号楼），建筑面积1.7万平方米，是杨浦大桥东侧的美好住宅，结构精良，房型合理，交通便捷（即将开始预售，预计2003年完工）

——位于黄浦区北京路的〝新昌路聚居区〞，建筑面积50万平方米，将建成兼具〝四C〞特色的中央商务区环绕的高级白领住宅小区，把老上海的风情文化和新世纪的居住理念结合在一起；

——位于杨浦区黄兴绿地旁的〝佳龙花苑〞，建筑面积25万平方米，集绿色生态、便捷交通、现代文化、高新科技于一体，将努力建成为上海东北部的璀璨明珠。

六个楼盘的开发方案因地制宜、各有特色，但是具有共同的目标：坚持以人为本的宗旨，贯彻居住环境健康化、服务设施智能化、功能设计现代化的理念，创建高起点规划、高标准设计、高质量建设、高水平管理的〝四高小区〞。

可以预期，上海建工房产将为现代人创造更舒适的生活空间，为上海城市建设、旧区改造作出新的更大贡献。

上海建工集团　建造世界城市

上海建工房产　塑造美丽家园

地址：上海市四平路829号　电话：65210800(总机)　传真：65218863　邮编：200092

上海大屯能源股份有限公司

上海大屯能源股份有限公司，是由大屯煤电（集团）有限责任公司作为主发起人，联合中国煤炭进出口公司、宝钢集团国际经济贸易总公司、上海煤气制气物资贸易有限公司和煤炭科学研究总院以发起方式设立的股份有限公司。公司成立于1999年12月29日，注册资本为人民币30151万元，2001年公开发行社会公众股人民币11000万元，公开发行后总股本为人民币40151万元。公司主要从事煤炭开采、洗选加工、煤炭销售、铁路运输、实业投资和国内贸易等业务。公司本部注册在上海浦东，煤炭生产地在江苏大屯矿区。

公司被国家技术监督局、国家经贸委、煤炭部评为"全国煤炭质量信得过单位"，被中国质量无投诉活动委员会授予"全国最受买方推荐的行业企业和世纪中国质量双十佳"称号，被中国企业发展研究中心评为"质量、服务、信誉AAA级品牌"，被用户评为"最佳品质供应商"。

上海大屯能源股份有限公司的主发起人大屯煤电（集团）有限责任公司是1970年经国务院批准由上海市投资建设的国有独资大型企业，位于520家国家重点企业和300家银行信贷重点企业之列。

大屯煤电率先打破煤炭企业单一生产煤炭的格局，在全国第一家实行煤炭生产、火力发电、铁路运输一体化经营，以结构优势创造经济效益，保持了建矿以来始终盈利的经营佳绩。

企业整体取得了ISO9002质量体系认证，获部级质量管理奖，产品荣获国家银质奖章和部优产品奖。

大屯煤电坚持"科技兴企"战略，自1984年以来累计取得科技成果1015项，其中有20项获省部级科技成果奖，荣获"国有重点煤矿科技进步十佳企业"的荣誉称号。先后被评为"全国250家产值利税最佳企业"、"人均利税最佳企业"，1999年荣获全国总工会颁发的"五一劳动奖状"。

公司以质量和信誉赢得市场青睐，建立并维持一批长期、稳定、合作友好的客户群，长期稳定客户的销售占总销售量的80%。公司煤炭产品形成了"大屯煤"品牌，产销两旺，产销率每年均在98%以上，国内市场的客户多为宝钢、上海煤气、上海焦化等国内知名企业，并是这部分客户的主要供应商。在国际市场上，近年来对日本、韩国等国家的煤炭出口逐步增加。

公司独特的经营模式，优良的客户构成和现代化的高效管理保证了公司稳健的增长和丰厚的盈利。

本着坚持股东利益最大化的目标，公司一直以优良的业绩回报社会，回报股东。持续稳健的增长为企业的长期发展奠定了深厚的基础。

公司将立足于浦东新区，在发展能源产业链的基础上，还将向高科技领域进军。公司将以现有的能源产业为基础，以高新技术产业为发展方向，充分利用上海浦东在人才、信息、科技、融资等方面的优势，投资高新技术项目和从事资本运作，调整产业结构，把公司发展成为跨地区、跨行业的能源和高新技术产业并举的大型企业。

面向光明未来，上海能源将拳拳贡献于中国的社会主义建设大业，不辱使命，共同实现新世纪的光荣理想。

地 址：上海浦东桃林路18号　邮 编：200135　电 话：(021)58218560
传 真：(021)58513101　网 址：www.sdtny.com

上 海 电 缆 输 配 电 公 司

上海电缆输配电公司创始于1952年，系电力电缆运行检修与安装融为一体的全国唯一的电缆输配电专业公司。公司从业人员1168人，现有固定资产约60亿元。本公司承担上海市区逾8000公里的电力电缆运行检修任务，具有每年安装1200公里电缆的施工能力。公司技术力量雄厚，企业信誉卓著。拥有一整套适应220千伏及以下电力电缆安装检修的技术装备与质量保证体系。担负着上海市110千伏及以上电缆安装运行、检修以及上海市区35千伏及以下电缆的安装、运行、检修任务。

公司具有对外承揽高压电缆工程的资质。曾经出色地完成了中国最长的厦门220千伏海底电缆工程以及秦山核电站、天荒坪500千伏蓄能电站及广西南宁、石家庄、长春等地的电缆工程，并走出国门，先后承担越南、柬埔寨、苏丹、巴基斯坦、印度尼西亚、巴林、阿联酋等国及香港地区的高压电缆工程。

公司坚持以"安全为基础、质量求生存、效率求发展"，坚持两个文明一起抓，曾荣获1996、1997、1999年度电力工业部安全、文明达标企业，1996、1997年度华东电力集团双文明单位，1998、1999年度全国电力系统双文明单位，1993–1999年度连续7年荣获上海市重点工程实事立功竞赛"优秀公司"荣誉称号，2001年被上海市闸北区评为"区文明单位"。

公司全体员工本着"创新务实、追求卓越"的企业精神，坚持"信誉第一、用户之上"的原则，遵循"人民电业为人民"的服务宗旨，贯彻"立足上海、开发浦东、服务全国、面向世界"的经营方针，在改革中求发展，公司的最终目标创"国际一流供电企业"。

地 址：上海市闸北区共和新路2501号　　电 话：56659380　　邮 编：200072

上海必胜客有限公司

中国百胜餐饮集团

中国百胜餐饮集团是中国最大的快餐集团，属于在美国纽约证券交易所挂牌上市的环球百胜餐饮集团(Tricon Global Restaurants Inc)的一部分。至2000年年底，中国百胜餐饮集团在中国投资建立了25家肯德基公司和8家必胜客公司，拥有超过400家肯德基和必胜客餐厅。2000年，中国百胜餐饮集团的营业额超过40亿元人民币，是环球百胜餐饮集团增长最为迅速的分部。

为了更有效地支援大中国区的经营， 百胜餐饮协作发展中心于 1993 年在上海成立。它为包括香港、台湾在内的大中国区787家公司独资和特许经营的肯德基、必胜客餐饮，提供运营、发展、企划、财务以及特许经营等服务。环球百胜餐饮集团目前在全球拥有肯德基(KFC)、 必胜客(Pizza Hut)、Taco Bell(墨西哥食品)三个品牌，餐厅总数超过30000家，年收入达到25亿美元，居世界餐饮业之首。

必胜客的传奇

第一间餐厅规模很小，招牌的长度也只能排到九个字母。PizZa(比萨)当然就成为餐厅名称的一部分，剩下的三个英文字母由一位亲戚从餐厅的外观像小屋(Hut)联想提议。如此，取名为必胜客(Pizza Hut)的比萨饼餐厅诞生了，而餐厅的红屋顶从此成为全球著名的，独一无二的标记。如今，必胜客餐厅已遍布世界各地九十多个国家和地区，拥有12300多间分店，雇用近25万名员工，在全球范围内每天接纳超过400多万位顾客，烤制170多万个比萨饼。

必胜客在全球

从1958年到1971年，仅仅13年的时间，以"红屋顶"作为餐厅外观显著标志的必胜客已经在营业额和餐厅数量方面，迅速成为全球第一的比萨连锁餐厅企业。"红屋顶"也从此成为全球著名的，独一无二的标记。

从此，必胜客不断把美味比萨带给不同国度的消费者。1968 年，必胜客在加拿大开设第一家国外分店，然后，法国、日本、英国、澳大利亚，直至科威特、联合酋长国……

必胜客在中国

必胜客，正如它的名字一样，从1990年在北京开出第一家餐厅以来，必胜客这家著名的西式连锁餐厅就赢得了中国顾客的喜爱。尤其是近年来，随着中国经济的良好发展，必胜客在中国也始终处于健康的成长态势之中。

仅只是几年时间，必胜客已经成为了中国消费者所熟知的西式餐饮品牌，并从北至南，在中国一些主要的经济城市和沿海城市落地生根。到2001年，必胜客在中国已拥有了8家有限公司和50家餐厅，共有3000多名员工。

上海必胜客有限公司成立于1995年，同年在上海开出了第一家必胜客餐厅——西藏餐厅。1998年3月，必胜客旗舰店——美罗餐厅在徐家汇的美罗城隆重揭幕，并于1999年在上海以外的城市苏州开出了第一家必胜客餐厅——观前餐厅。

在短短的七年里，公司已先后成功地在杭州、无锡、温州、南京、宁波、合肥、扬州等新城市开设了必胜客连锁餐厅，均赢得了消费者的青睐。同时，作为必胜客的衍生品牌——必胜宅急送也于2001年6月在上海古北新区开出了全中国第一家必胜宅急送店。

到2002年，上海必胜客有限公司已分别在华东地区开出了30家必胜客餐厅和3家必胜宅急送店。今后，公司还将保持迅猛发展的势头，使必胜客餐厅和必胜宅急送店在整个华东市场内遍地开花。

地 址：上海市天钥桥路美罗大厦15楼　邮 编：200030　电 话：021-64267733　传 真：021-64267983

上海申威(集团)有限公司

上海申威(集团)有限公司是一家生产各类气雾剂产品的专业公司。公司创立于1989年,地处上海浦东新区,占地面积49124平方米,建筑面积16059平方米,分为两个分别用于办公,制罐和灌装的独立厂区。目前集团公司总投资达2.5亿元,拥有多条具有世界先进水平的生产流水线,生产的配套完整性堪称远东之最。产品畅销全国,并在欧洲、非洲、东南亚等地广泛销售。目前集团公司的生产经营气雾铝罐、气雾铁罐、气雾阀门的生产和气雾制品的生产及气雾剂的灌装。下设精细化工有限公司,灌装中心,海外制品公司等,并在房地产等其他领域积极开拓。

公司自成立以来一直以世界先进技术为标准,以确保产品品质。公司于1995年12月被确认为先进技术企业。1996年荣获1994~1995年上海市优秀企业称号。1998年11月耐压气雾剂包装容器(含气雾阀)获国家重点新产品证书,并于1997年9月通过了挪威DNV机构的ISO9002质量保证体系的认证。

地 址:上海浦东新区华夏东路2682号 电 话:(021)58921232 传 真:(021)58921235 邮 编:201200
Web(网址):http://www.sunwell.com.cn E-mail(电子邮件):aerosol@sunwell.com.cn

上海市郊区经济促进会

1987年3月，一批曾在市郊区工作过的老同志退休后，大家怀着对郊区的浓厚感情，在市农村党委、市农委领导下，成立了"上海市振兴繁荣郊区联谊会"。1992年改名为"上海市郊区经济促进会"。现有会员400多人，理事200多人，四个专业委员会，三个研究所，两个部，一个办公室和一个经济实体。

十几年来，我会根据自身的特点，充分发挥老同志在城乡工作过的优势，为郊区两个文明建设作出了有益的贡献。在大工业向郊区扩散、引进外资、城乡合作、科技兴农、支援老区建设、扶贫、救灾、新产品开发等方面，做了大量工作，办成大小实事150余项。例如：在我会的牵头协调下，为石化总厂1.2万吨涤纶丝扩散到到奉贤、青浦、金山办了三个联营加弹厂；1989年为安徽六安县与上海市丝绸公司联合创办了"沪皋蚕业联合开发公司"；在引进外资方面，办成了由瑞士、上海五四农场、中国畜牧总公司、中国农科院上海家畜寄生虫病研究所四家合资的"上海汽巴加基畜禽保健公司"等一批合资企业。1995年向市农村党委、市农委报送的"关于在芦潮港地区建立人工半岛围发垦土地开发深水港的建议"得到市有关领导的高度重视与肯定。

近年来，我会在科技兴农方面迈开了新的步伐，试种优质高产牧草新品种——鲁梅克斯（K-1杂酸模）初步成功；在松江小昆山镇拟试种"优丰"、"97冬繁13"二个水稻新品种，同时试种各种蔬菜优良品种；科普实用生物技术研究所研究设计的科学养猪饲料添加剂新配方，1999年共销售500吨，取得了较好的成绩；我会的工作重点已由过去的穿针引线、牵线搭桥，逐步转移到科教兴农、调查研究上来，先后写出有一定份量的调查报告十余篇，供领导决策参考。其中有多篇或由市领导亲自指示，或由有关部门发了简报、内参，或在有关报刊、杂志上公开发表，为郊区两个文明建设作出了新的贡献，如：《虹桥镇妥善处理农村城市化过程中一些重大问题的调查》、《关于新泾镇创建外来人员居住小区的调查报告》、《虹桥镇虹欣股份合作公司改革产权结构、完善现代企业制度》和《崇明发展有机生态农业研究》等。

在纪念中国共产党建立八十周年的日子里，由市郊区党委、解放日报社、新华通讯社上海分社与我会共同发起，编辑、出版了《金色土地——上海郊区新闻作品选》一书。该书由原副市长裴先白题写书名，副市长冯国勤作序，以生动的事实，真实的语言，鲜活的镜头，纪录了上海郊区22年改革、开放的历史巨变，以及郊区人民在市委、市政府领导下，以邓小平理论为指导，坚持开创性、坚韧性和操作性相结合，建设有中国特色、时代特征、上海特点的社会主义新农村的伟大实践，具有较强的可读性和必读性，为市郊干部提供了一部很好的学习辅导材料。

回顾建会十五年来的工作，主要有以下四点体会：

（一）党和政府的正确领导和关心支持，是促进会巩固、发展的根本保证。

（二）坚持党的理想信念，发扬革命奉献精神，是促进会兴旺发达的强大动力。

（三）加强政治学习，适应新形势，是促进会工作能够长盛不衰的政治源泉。

（四）坚持"增强活力，增加实力"的办会方针，是促进会工作永葆青春的重要因素。

市委、市政府提出：在2002年以至整个"十五"期间，郊区工作要实现一个总体目标，即围绕城乡一体化，加快农村城市化，推进农业现代化，实现农民市民化；做到四个转变，为我们促进会的工作指明了方向与任务。当前我会紧紧围绕上述一个总体目标和四个工作转变，组织各位理事、专家，深入开展有调查研究，切实搞好科教兴农服务，扩大信息来源，做好项目引进，咨询服务工作，把促进会的工作不断推向前进，为郊区两个文明建设作出更大的贡献。

地 址：上海市斜土路1277弄14号208室　邮 编：200032　电 话：64046593　传 真：64046593

徐 汇 区 华 泾 镇

华泾镇地处徐汇区南端，东濒黄浦江，西临老沪闵路，南至关港，北抵淀浦河，镇域面积8.04平方公里。有16个行政村，10个居民委员会，居民小组550个，户数15897户；沪籍人口21021人，男性共10521人，女性共10500人，60岁以上4230人， 90岁以上53人，百岁老人1人。党支部45个，党总支3个，党员数为1280人。镇政府设在龙吴路2443号。

——**镇属经济** 镇政府始终坚持以经济建设为中心，注重提高经济质量和经济效益，加快企业改制和技术创新，较好地完成了各项经济指标。全年完成地区增加值7.07亿元，比上年增长6.4%；利润总额1.99亿元，比上年增长5.4%；工业产值20.64亿元，比上年增长5%；商业营业额13.4亿元；比上年增长12.8%；租赁业收入1.23亿元，比上年增长8.2%；财政总收入达到2.07亿元，比上年增长19.8%。全镇工业产值超1亿元的企业有6家，商业营业额超1亿元的企业有4家，纳税超100万元的企业有31家，利润超100万元的企业有24家。全镇骨干企业达到25家，经济综合实力明显增强。商业经济始终贯彻了"市场兴镇"的指导方针，相继投资兴办了虹梅食品交易市场、桂林五金市场、申港建材市场、龙闸汽配市场等，形成了门类广泛的专业市场。商业企业：以永达别克为主的汽车销售额4.4亿元，占销售额32%；水果、蔬菜营业为2.7亿元，占销售总额20%。

——**社区服务** 成立名苑居民委员会和华泾第二居民委员会。积极开展居委会建设达标升级活动，全镇10个居委会全部创建成一级居委会。充分发挥社会保障服务中心的作用，继续完善"一口上下"帮困机制，发放定期定量社会救助、最低保障线救助、帮困粮油、支内支疆补助等各类救助金308.5万元。社区事务处理"一门式"服务接待来访120人次，接待来访366人，处理率达到100%；电话应答率达到100%，居民满足率达到100%。定期召开地区单位再就业专题研讨会，努力拓展就业渠道。全年共推荐各类人员就业965人，成功523人，其中，"4050"人员329人，占总数的73%。公益性劳动和非正规就业组织净增就业人数356人，超额完成全年岗位净增指标。为增强从业人员的综合竞争能力，对415名公益性劳动从业人员进行了岗前培训，并举办了55人参加的"4050"工程骨干培训班。

——**综合治理** 9月，制定《华泾镇开展法制宣传教育的第四个五年计划》，明确今后五年内法制宣传教育的目标和任务。深入开展安全小区创建工作，并在创建特色上下功夫，在各创建单位建立了小区自我防范小组和安全小区监督员队伍。年内3个村(居)委被评为市级安全小区，7个村(居)委被评为区级安全小区。充实、调整信访和调解队伍力量，坚持领导干部周四上午接待制度，建立律师接待来访的工作制度。全年共受理群众来信、来电、来电、来访245起，办结率为99%。受理多类纠纷155起，调处率达100%，调处成功率达99%。开庭审理了6起疑难案件，全部结案。健全"110"、"148"联动机制，"110"报警16起，"148"法律服务8起，均得以妥善解决。6月成立镇安置帮教工作委员会，对49名刑释解教人员落实帮教措施，年内未发生重新犯罪现象。认真落实安全生产责任制，做好重大节庆和会议期间的安全生产和消防安全工作，全年发出整改意见书300余份，停产停业限期整改1家，限期搬迁2家，关闭仓库1家。

——**市政管理** 年内镇政府投资5300多万元，对华浦地区的老宅基、建华小陆家宅等地块实施了首批改造，共计135户、1.22万平方米，妥善安置了372名动拆迁居民。积极配合并按时完成龙吴路拓宽，吴中路、桂林北路拓宽改建以及上海南站和明珠二号线存车场等重大市政工程建设征地协调和补偿结算等工作。新增公共绿地56500平方米，恢复绿地1200平方米，全镇绿地总面积达57.7万平方米，人均公共绿地17.16平方米，绿地覆盖率8.39%。投资20万元，完成关港南岸历年来受潮水影响最严重地区的防汛工程。

——**精神文明建设** 年内创建市级文明小区2个、区级文明小区2个、文明村宅5个。积极推进文化、科技、法律、卫生、体育"五进"社区活动，举办了剪纸艺术、民族舞蹈等10个培训班，参加人数840人次。成功举办纪念建党80周年大型文艺晚会和歌会、镇诗歌朗诵比赛、机关干部乒乓赛、交谊舞比赛等大小活动20余次；参加区插花艺术展、全民健身展示活动、简化太极拳、"党的光辉照我心"和市百队甩手操比赛等活动，均获得良好成绩。成立了华泾镇残疾人联合会，新建残疾人专用活动室。与海军消磁站签订军民共建协议，为消磁站单独铺设有线电视光缆，安装了有线电视。创建文明小区现场会，交流市级文明小区、特色小区华发小区的特色经验。年内镇被市政府命名为军民共建先进集体，获得区社区教育先进集体、区社区共青团工作先进集体、红十字人道救助基金荣誉证书等荣誉称号。

地 址：徐汇区龙吴路2443号　电 话：64341818(总机)　传 真：64349035　邮 编：200231

上海市农村信用合作社联合社

上海市农村信用合作社是在1951年市郊农业合作化运动初期创办的，至今已有近50年的悠久历史，它在漫长的发展历程中，走过了许多艰难曲折的道路。党的十一届三中全会以后，农村信用合作社获得了新生，在改革开放浪潮中阔步前进，积极融通资金，大力支持郊区农业和农村经济发展，自身也不断得到发展壮大，成为上海金融业一支重要力量。

从1997年起，上海市农村信用合作社贯彻执行了《国务院关于农村金融体制改革的决定》精神，与中国农业银行脱离了行政隶属关系，成立上海市农村金融体制改革领导小组办公室，掀开上海合作金融发展史上的新篇章。

2000年4月中旬，国务院总理朱镕基在江苏省调研时指出："当前要特别重视和发挥农村信用社的重要作用。农村信用社是最好的联系农民的金融纽带，要采取有效措施，支持和引导农村信用社发展，使它成为新形势下农村金融主力军"。朱总理为农村信用合作社改革与发展问题，亲自调研并作重要讲话，这充分体现了党和国家对农村信用合作社的高度重视和关怀，必将对农村信用合作社改革与发展产生重大影响和深远意义。

2001年3月23日，经中国人民银行批准，上海市农村信用合作社联合社正式开业。这是上海农村金融体制改革的一项重大举措，也是上海农村信用合作战线上值得庆贺的一件大事、喜事。标志着上海农村信用合作社联合社在坚持走合作制道路上迈出了新的步伐，将进一步激励广大农村信用合作社更好为"农业、农村、农民"服务，为社区经济建设服务，为振兴上海经济作出更大贡献。

上海市农村信用社联合社都是"由社员入股，社员民主管理，主要为社员服务"的合作金融组织。市联社是由各区（县）联社入股组成的，各区（县）联社是由信用社入股组成的，它们与信用社一样，其一切活动都要按合作金融原则运作，严格遵循章程规定运行，坚持实行民主管理，自觉接受民主管理、监督。

目前市联社辖14家区（县）联社；区（县）联社辖216家信用社和75家信用社分社，共306家营业网点，分布在11个区、3个县的各个乡镇及以下的小集镇和新兴经济区。

上海市农村信用合作社联合社将认真贯彻朱镕基总理对农村金融体制改革的指示，在上海市委、市政府和中国人民银行上海分行直接领导和支持下，进一步深化农村金融体制改革，探索与上海大都市农业相适应的金融体制，为上海农村信用合作社联合社带来新的生机和活力，重塑农村合作金融形象，将以崭新的面貌屹立于中国的金融中心——上海。

地 址：上海市建国中路29号东铺楼　　电 话：64677067　邮 编：200025

上海三和房地产公司

上海三和房地产公司成立于1993年6月2日，是具有二级房产开发经营资质的企业，总部设在上海市静安区延平路121号三和大厦内。

公司具有完善的组织管理系统，拥有一批优秀人才，公司员工中有85%以上为专业技术人员，具有大专以上文凭。

1993年公司成立后，参与了上海的城市改造与建设，先后与其它开发商一起联手开发了航华新村、北新泾商品住宅楼、茂盛小区等近20多万平方米商品房，为静安区政府的旧区改造提供了足够的动迁房源。

公司独立开发建造"静安三和花园"小区，总建筑面积为24万多平方米，是上海市中心最具规模的花园小区之一，现已全面竣工入住，入住率达90%以上。其中"三和大厦"综合办公楼于2000年初交付使用，目前入住率达98%以上。小区建筑质量的优良率达到80%，并于2000年被评为上海市市级文明小区。

三和房地产公司以独立开发建设、合作开发建设等多种方式进行房地产开发，业务扩展至上海及其以外的一些城市和地区，赢得了不错效益和良好声誉，获得了卓有成效的发展。在此，上海三和房地产公司衷心感谢给予三和房地产鼎力支持的社会各界朋友。在未来的日子里，我公司将继续本着"天地人和"的宗旨，以诚为本，信誉至上，为社会各界企业、个人提供现代、绿色、舒适的办公、居住空间。三和房地产公司愿与您携手共筑属于我们的美好明天。

地 址：上海市延平路121号三和大厦18层　邮 编:200042
电 话：(021) 62462006　传 真：(021) 62462488

明泉地产

上海明泉房地产开发有限公司

上海明泉房地产开发有限公司系民营企业，九十年代初来到上海从事房地产开发。公司注册资金伍仟万元人民币，是贰级资质的房地产开发企业。

十年来，公司遵循"开发中、高档住宅，提高居民生活水平"的经营宗旨，先后开发了明泉花园别墅、明泉公寓、明泉大酒店等项目。目前正致力于开发建筑面积40万平方米的高档住宅社区—"锦绣江南家园"，该项目以中华民族文化为底蕴，从新时代的层次和精神上追求民族特色，2001年7月"锦绣江南家园"以环境规划、建筑形态、建筑科技三项金奖，最终荣获建设部"全国新世纪人居经典综合大奖"，开创了具有民族特色住宅社区的新典范。一期十四万平方米开盘后销售火爆，客户遍及国内外，在上海房地产界形成了轰动，深得业界人士的好评。

公司在发展过程中坚持开拓进取，提高管理水平，不断调整组织结构和产业结构，逐步走向以房地产业为主，集房地产营销、物业管理于一体的企业发展道路。公司下有上海隆源资产经营有限公司和上海明泉物业管理发展有限公司，在做强房地产主业的同时，积极探索专业资产经营和资本运作模式。

公司拥有一批精通房地产经营管理的中高级管理队伍，锻炼了一支全方位的房地产专业人才队伍，为企业的持续发展提供着不竭的动力。2001年，公司作为上海市房地产开发企业首批参加ISO9001质量管理体系认证，使公司的管理更加科学化。公司现有员工近80人，中、高层管理人员均为大学以上学历，平均年龄35岁，其中高层管理人员均为MBA及硕士学历。公司下设研究发展部等八个部门，业务功能完善，运作程序系统、明确，建立了年轻、创新、高效、务实的企业经营形象。公司始终把人力资源作为公司的核心资源，从战略的高度进行规划和开发，以吸取优秀人才、培养优秀人才为中心的人力资源政策，为员工提供了宽阔的舞台和发展空间。

作为民营企业，公司非常注重建立现代企业的经营管理意识，发挥民营企业的优势，并充分发挥董事会、监事会、工会的决策、监督、民主管理的运作机制，逐步建立起符合现代企业制度的运营体制。

公司凝聚近十年的地产经营经验，精心打造"明泉地产"的房地产品牌，始终坚持"以超前的意识塑造经营团队，以不断的创新获取竞争优势"的经营理念，赢得了良好的社会效益和经济效益。2001年度，公司被中国农业银行总行评为"优质客户"，拥有良好的资金、财务基础，并以良好的运营业绩入选上海市住宅产业促进会常务理事单位。公司目前拥有储备土地近千亩，正以蓬勃之势开发着以"锦绣江南"为代表的系列地产项目，未来的十年必将是"明泉地产"腾飞的十年。

公司董事长王云先生、总经理张斌先生以务实创新的风格，带领全体明泉人抓住市场机遇、锐意进取，正营造着新的辉煌！

地 址：上海市漕溪北路41号13楼B座　　邮 编：200030　　电 话：54900040　　传 真：54900039

远 卓 管 理 顾 问

远卓管理顾问——中国本土最具实力的管理咨询机构之一，成立于1998年，已经在战略咨询和管理咨询领域服务于近百家国内客户。行业跨度覆盖大多数行业，擅长于为国有大型企业、上市公司、私有企业、中外合资企业和海外独资企业持续提供，目前以"实力派"而著称于国内业界。

远卓管理顾问——中国本土最具规模的管理咨询机构之一，创始合伙人等均来自于国际著名咨询公司以及国内较早成立的中外合资咨询公司，均具有五至十年的咨询从业经验，在国内均具有领导10个以上大中型咨询项目的经验。拥有40多人的职业咨询团队，重要来自于国外国内著名学府的博士、MBA、硕士，80%以上的人员经历了4-5个大中型咨询项目的实践检验 30%以上的人员具备担任项目团队负责人的能力和经验。目前已经在国内的上海、北京、深圳以及海外的香港、米兰等重要城市设有分支机构。

远卓管理顾问——中国本土咨询方法改造能力最强的管理咨询机构之一。多年的努力试图总结针对国内社会经济环境、国内企业所处的特殊历史阶段、不同所有制形式下所面对特殊问题、不同区域市场条件下的特点差异以及不同行业领域的关键成功要素等方面对管理咨询机构在咨询方法上的要求，已经在面对不同行业的咨询方法、不同企业规模的咨询方法、不同地理区域的咨询方法、不同治理结构条件下的咨询方法、不同人力资源结构状况条件下的咨询方法等方面有所建树，并在为客户服务的实践中得到了成功的检验。

远卓管理顾问——中国最强调"为客户解决问题"经营理念的管理咨询机构之一。良好的职业道德和职业技能训练以及大量的在资深职业人士指导下的项目实践，使远卓管理顾问专业人员团队具有良好的服务意识和帮助客户解决问题的技能组合，并已经得到了客户的认可。远卓已经持续为国际最大的远洋航运集团提供了六次项目服务；为国内最大的进出口贸易集团提供三次项目服务；为国内最大的中央产品技术提供商提供两次项目服务；为中国最大的液化石油气贸易商提供了两次项目服务。

远卓管理顾问——凭借雄厚的专业实力和所取得的卓尔不凡的业界表现赢得客户群体的尊敬和专业媒体的称赞。

远卓的成长
取决于客户生命的长远与卓越表现
取决于员工志向的高远与卓越贡献

地 址：上海衡山路922号建汇大厦24楼C座　**邮 编**：200030　**传 真**：(021)54510267
电 话：(021)64077445,64078461　**网 址**：www.bexcel.com

康　泰　新　城

《康泰新城》是由上海大华集团和瑞华房地产有限公司共同投资开发，规模宏大，气势不凡。位于大华社区，地处华灵路、真北路地段。内建小高层12幢，多层房66幢。建成后入住人口约1.5万人，近4000户，将是大华新村内最大的封闭式住宅小区。

小区内的集中绿地，设音乐灯光的中央舞池，六千平方米的音乐喷泉休闲广场，喷泉、雕塑、莲花池、艺术长廊等点缀其间。楼宇间绿色花径各具风采、满目翠绿、繁华似锦，尽享田园怡人风情。

小区内建有幼托中心、商业中心及文化娱乐中心。四所小学，大华中学，行知实验中学近在咫尺。大华社区的联华、华联、捷强、九百购物中心等大型超市、农贸市场星罗棋布。康泰新城附近的医疗门诊和铁道大学附属大华医院为您和您的家人提供放心的医疗保健服务。小区东南面有以体育运动为主题的大华公园。

康泰新城交通便利，出入顺畅，全新的康泰新城公交总站已全面通车，737、738、78、06、510、923等公交车直达小区。同时大华新村内的多条公交线路也构成了四通八达的交通网，距中山北路内环线仅3公里，可谓出入逢源。

小区配套服务体系齐全，一支高素质的物业管理队伍全天候提供优质服务。坚持"住户至上，业主第一"的宗旨，努力塑造一流的文明小区形象。让康泰新城的业主安居乐业，高枕无忧！

地　址：上海市华灵路1888号　　邮　编：200436　　电　话：66376111

四川省第十三建筑工程公司上海分公司

华西集团四川省第十三建筑工程公司属国有一级施工企业，是全国五百强最大型建筑企业之一，"巴蜀建筑施工企业一百强"，上海市建筑业"优秀企业"，2000年上海市进沪施工企业三十强之一，系四川省"重合同、守信誉"企业，取得"AA"级资信等级，2000年10月通过ISO9002质量体系认证。

公司经济实力雄厚，各类专业技术人员齐全，拥有大量高、中级技术人才和良好素质的职工队伍，机械设备先进齐备。

公司进入上海十多年来，在激烈的市场竞争中快速发展壮大，取得了较好的业绩。在上海先后承建了一大批高层建筑、多层小区、标准厂房和星级宾馆等高、大、难、深、精综合型的建筑一百万余平方米，工程一次性合格率 100%，优良率60%以上，并获得上海市工程质量最高奖——"白玉兰"奖和"浦江杯"、"宝山杯"、"光启杯"等多项奖杯。进沪以来，公司被评为上海市"安全生产先进单位"，先后获得了上海市区、市级"标化工地"、"文明工地"、"治安达标单位"、"卫生先进单位"、"计量先进单位"、"献血标兵单位"、"八省市技术比赛优胜单位"等称号六十余项。近年来"标化率"100%，其中市"标化率"70%以上。由于企业成绩突出，有较好的社会信誉，上海公司总经理蒋兴铭同志被上海市授予第三届"优秀建筑施工企业经理"的光荣称号。

公司注重人才的引进与培养，注重施工技术的研究与开发，加强现场的项目管理，采取现场化管理模式，坚持"管理创一流，服务树信誉，质量出精品"的兴业之路，以"建一个工程，树一座丰碑，交一方朋友"的经营理念，以"质量第一、信誉第一、用户第一"的质量方针，科学管理，精心施工，争取跻身上海同行先进行列，为上海建筑业再铸辉煌作出应有贡献。

地 址：上海市虹梅路2067号　　邮 编：201103　　电 话：64954143

金山石油化工建筑公司

金山石油化工建筑公司成立于1965年，原名中国建筑第五工程局第四建筑安装公司，1998年起全建制划归上海石油化工总厂，更名为金山石油化工建筑公司。注册资金:伍仟零叁拾陆万元(人民币):现有固定资产6200多万元;各类机械2000余台，动力装备18700kw;年产值达六亿多元。公司主营:工业与民用建筑（建筑壹级）、建筑室内外装饰装修(装饰壹级)、市政工程（市政贰级)、安装工程（安装贰级):兼营机械施工，汽车运输，商品砼及砼制品，金属构件加工及试验室等。

公司位于上海近郊杭州湾畔，现有职工1600人，其中专业技术人员700余人。是一家设备精良、配套齐全、技术力量雄厚、管理完善的具有国家一级资质的大中型国有企业。

公司以"建一流企业、创一流产品"为精神，"质量第一、用户至上、信守合同、确保工期"为宗旨，形成了人才、技术、管理、信息等方面的综合优势，在海内外建立了良好的声誉。

公司从九十年代初就开始推行ISO9002质量体系标准，并于1999年初通过了上海质量体系审核中心的质量认证。使公司质量管理更加规范化、系统化、科学化。公司走的是质量兴业之路，尽一切可能满足顾客（业主）的要求。

三十多年来，公司参加了各类民用工程、上海市重大实事工程、国防工程、能源工程、电力工程、建材工程、石油化工基地等一系列工程的建设。公司作为国家建筑行业的精锐部队，先后成功建成了黔北"061"基地、湘西"068"基地、淮南煤炭基地、上海石油化工基地等国家急需重点项目。其间，亦参加过湖南宾馆、北京饭店、北京丹麦大使馆等高级民用建筑工程的施工。可以说，完美的建筑作品遍布大江南北。

1980年起，回沪参加了上海石化二、三期工程的建设、上海水泥厂的扩建、亚洲之最的上海南桥500kv交直流输变电站工程、闵行开发区、星火开发区、交通大学二部、浦东新区、高桥化工厂和上海市南北高架道路等国家、市重点项目的建设，作出了重大的贡献。

工程承建的亚洲之最的上海南桥500kv交直流输变电站、上海之最30万吨乙烯工程、30万吨乙烯装置、中国之最的上海轮胎橡胶集团140万条子午胎车间工程、上海市重点工程上海市南北高架（5标段）等五项工程获国家建筑工程鲁班奖。1996年竣工的上海市南北高架（5标段）还获得集鲁班奖、国家优质工程、中国市政工程金杯奖、上海市政工程金奖等诸多奖项于一身的殊荣。另外，公司还三次荣获国家银质奖、一次上海市白玉兰奖、一次上海市市政工程金奖，一次金属结构建设工程金钢奖等奖项;先后共有70多个项目获国家、省(市)、局级以上优质工程奖。

——一个实力雄厚的公司

——一个您可以信赖的公司

——公司将通过营造文明的施工现场，以高标准的施工质量，竭诚为业主提供一流的服务。

地 址:上海市金山区卫清路111号　邮 编:201512　传 真:021-57942904

电 话:021-57942002(总机) 021-57932458(直线)　法人代表:吴宏良

中化国际贸易有限公司

中化国际贸易有限公司（以下简称〞中化国际〞）于1998年12月由中国化工进出口总公司（以下简称〞中化总公司〞）联合其他五家发起人发起设立，1999年12月21日，公司公开发行人民币普通股12,000万股，并于2000年3月1日在上海证券交易所挂牌，股票简称：中化国际，股票代码：600500。

公司主要从事塑料、橡胶、焦炭、液体化工、农用化工、化工原料、精细化工、纺织服装、粮油饲料等商品贸易，以及仓储运输、物流配送、电子商务、技术及金融服务等。其中塑料原料、橡胶、焦炭、液体化工等主营商品的销售额名列全国前茅。目前已与北美、拉美、欧洲、亚洲、非洲、澳新等60多个国家和地区的海外客户及国内众多企业建立了密切的业务合作关系，在国内建立了26个分销机构，形成了坚实的营销网络。目前已成为国内最大的化学品贸易综合服务商之一。

公司控股股东——中化总公司连续多年进入世界500强。2000年以全球总销售收入180亿美元位居《财富》杂志世界500强综合类第276位，排名较1999年提前31位，贸易服务类第14位，较1999年提前2位。此外中化总公司还是世界第三、中国第一高楼——金茂大厦的控股股东。

中化国际诚挚欢迎国内外各界朋友的友好合作。

地 址：上海浦东新区世纪大道88号金茂大厦18楼　　邮 编：200121
电 话：021-50498899　　传 真：021-50490909

中国统计出版社最新资料书简目

(京)新登字041号

图书在版编目(CIP)数据

上海统计年鉴. 2002/ 上海市统计局编.——北京:
中国统计出版社, 2002.6
ISBN 7-5037-3756-5

Ⅰ.上…
Ⅱ.上…
Ⅲ.社会经济统计-统计资料-上海市-2002-年鉴
Ⅳ.C832.51-54

中国版本图书馆CIP数据核字(2002)第033322号

上海统计年鉴—2002

作　　者/上海市统计局
责任编辑/蔡启新
E-mail/yearbook@stats.gov.cn
责任校对/钱文瑛　张庆华　姚　敏
封面设计/蔡旭洲
出版发行/中国统计出版社
通信地址/北京市西城区三里河月坛南街75号　中国统计出版社
电　　话/(010) 63262295
印　　刷/深圳宝峰印刷有限公司
经　　销/新华书店
开　　本/890 × 1240毫米 1/16
字　　数/106.7万字
印　　张/25.75
印　　数/1～4000册
版　　别/2002年6月第1版
版　　次/2002年6月第1次印刷
书　　号/ISBN 7-5037-3756-5/F·1353
定　　价/280.00元

本书附同版本CD-ROM一张，光盘内容以书面文字为准。

95588 理财热线
网络银行服务
2000 年 11 月 1 日正式开通
my95588.com
跨越时空界限
全新理财概念
进入理财新天地
http://www.my95588.com
理财服务
在线交易
业务推介
金融信息
理财文化
帮助中心
点击
my95588.com
所有“95588理财热线”的注册客户可在网上即开即通。非“95588理财热线”的注册客户只须到“95588理财热线”各受理网点办理客户注册即可当场开通(请携带本人真实、有效的身份证及申请人拟在理财热线中使用的工行个人通存通兑活期帐户存折)
中国工商银行 上海市分行
INDUSTRIAL AND COMMERCIAL BANK OF CHINA SHANGHAI MUNICIPAL BRANCH
INDUSTRIAL AND COMMERCIAL BANK OF CHINA SHANGHAI MUNICIPAL BRANCH

上海银行

上海银行

新型的股份制商业银行

上海银行成立于1995年12月29日，是一家由上海市国有股份、中资法人股份、外资股份及众多个人股份共同组成的新型的股份制商业银行，实行“一级法人、两级经营”的管理体制。

该行成立以来，充分发挥地方股份制商业银行特点和优势，稳健经营，规范管理，获得了良好的社会效益和经济效益，并引起了国内外金融业的广泛关注。为实现“立足上海、辐射全国、接轨国际”发展战略目标，1999年9月和2001年12月，上海银行分别吸收了世界银行集团成员国际金融公司和香港上海汇丰银行、上海商业银行等外资银行的参股投资，从而在国际现代商业银行发展道路上迈出了坚实的步伐。

“立足地方、服务市民、坚持中小、挺进大型”是上海银行的市场定位。

上海银行成立以来，始终以支持地方经济建设为己任，大力支持市政重点工程项目和区属经济建设，在积极探索现代商业银行发展之路的过程中，不断优化客户群，形成了贷款品种多样化、融资手段多元化的特点，并在上海金融系统中率先推出为连琐企业服务的公司金融新品牌——“上海银行365收款网”。

中小企业是上海银行的重要服务对象。为全力支持中小企业发展，适应其不同发展阶段融资需求，该行通过配合市、区财政局设立的“中小企业贷款担保基金”，推出小企业信用担保贷款业务和推出了“支持企业收购、兼并专项贷款”业务方式，为中小企业发展输血供氧，并与中瑞合作基金及上海瑞士中心合作，为来沪投资的外资中小企业搭建全方位服务平台。此外，该行还先后与国家经贸委有关部门共同组建成立“上海中小企业服务中心”；与国家开发银行、中国经济技术投资担保公司上海分公司、上海技术产权交易所等单位联合推出“小企业金融服务体系”。这些举措不仅为中小企业人才开发、市场准入、技术交流、资金融通、信息共享等提供了全方位服务，积极扶持了中小企业健康发展，而且为建立和完善中小企业社会化服务体系作出了有益探索。

“市民银行”是上海银行的服务特色。成立以来，上海银行努力为广大市民提供优质金融服务，并在全国银行业中率先推出“个人耐用消费品贷款”、“个人住房装饰贷款”等个人消费贷款业务品种的基础上，相继推出了“个人汽车消费贷款”和“个人教育贷款”、“个人商铺贷款”、“人寿保单质押贷款”等个人消费贷款项目，从而形成了以个人住房贷款为龙头的“好当家”个人金融服务系列。此外，上海银行还推出了代缴代付公用事业费用及退休职工养老金和医保金发放等中间业务，较好地满足了广大市民的需求。目前，该行“365天服务”及双休日照常营业的营业网点80家，“夜间银行”27家、24小时自助银行2家，24小时应急服务中心1家。

“科技兴行”是上海银行的发展战略。该行计算机中心拥有先进的惠普V系列大容量小型机和EMC磁盘服务器，从而大幅度提高了计算机整体功能和综合处理能力。该行在全国城市商业银行中率先实现全行储蓄业务通存通兑、率先发放银行卡“申卡”的基础上，进一步开发了该卡服务功能。目前，上海银行已实现了个人业务和对公业务的通存通兑；推出了网上银行业务；完成了电话银行、各种税费的收付系统、银行联网清算系统及信贷电子台帐等多项业务的上线运行工作；累计安装ATM、CDM、CDT、PEM等自助服务类终端设备200余台。

目前，上海银行已与全球190家境外银行建立了代理行关系，不仅加强了与国外同业的交流合作，而且形成了本外币联动的良好局面。

设立在南京路步行街的上海银行企业形象标志。

设立在浦东新区的上海银行24小时“自助银行”。

获上海银行贷款支持的浦东世纪大道新貌。

上海银行整洁规范的营业网点。

上海银行“网上银行”业务推出，进一步拓宽了业务的发展空间。

上海银行
Bank of Shanghai

中国·上海市中山东二路585号 电话：021-63370888 传真：021-63370777 邮政编码：200010 网址：www.bankofshanghai.com

跑你交行一扇门
少爬他行三幢楼
——某大型化工集团老总
三宝四通品牌
网上企业银行结算通
票据结算业务全行通
国际结算出口融资通
EDI 海关税费支付通
外汇宝个人外汇买卖
圆梦宝个人系列贷款
理财宝太平洋卡业务
交行理财之窗人生设计
太平洋卡功能
异地汇款全国通
公用事业缴费通
证券投资炒股通
外汇买卖炒汇通
电话投注彩票通
质押贷款理财通
寻呼咨询信息通
手机交易无线通
交通银行
BANK OF COMMUNICATIONS
上海分行
SHANGHAI BRANCH
客户服务热线：95559
网址：www.shanghai.bankcomm.com

上海浦東發展銀行

地 址:上海市中山东一路12号 邮编:200002 电 话:63296188 传 真:63231129

2001年，上海浦东发展银行持续、稳健、高效发展的一年，取得良好的经营业绩。截止2001年底，全行总资产规模已达1736.91亿元人民币、各项存款余额1482.71亿元人民币，各项贷款余额971.51亿元人民币、税后利润10.62亿元人民币，并在上海、北京、杭州、南京、重庆、广州、昆明、深圳、郑州、天津、大连、济南、宁波、苏州等地设立了16家直属分支行、11家异地支行，共240家营业网点，全国性商业银行的机构布局日趋完善。

上市满两年的上海浦东发展银行各项事业都取得了较快发展。全行总资产、存款余额、贷款余额，分别比上年增长33.9%、39.71%、38.99%，税后利润比调整后的2000年税后利润增加2.65亿元人民币，整体业务呈现速度快、增势强的局面。

一年来，我行立足上海，服务全国，2001年，全行累计投放本外币贷款1629.58亿元人民币，实现了经济效益增长和资产质量提高的良好结合，有力地支持了各地国民经济建设和社会发展。

2001年，我行继续强化了对全行经营区域内跨国公司的营销力度，业务增长迅速，客户数由年初的216家增长到254家，本外币贷款余额达到58.68亿元。个人金融业务持续发展，截止2001年已在全国各地累计发放东方卡270.43万张，比上年新增发卡75.65万余张，累计发展特约商户4075家，安装POS6423台，ATM481台。

积极开拓金融机构业务。2001年，我行进一步加强个人金融、公司金融、机构金融"三位一体"的整合营销和总、分行联动营销，积极争取金融同业的优质客户资源、资金资源、效益资源，我行与银行、证券、保险、基金管理公司、邮政储汇局等一大批金融机构开展了广泛的业务交流与合作。

我行成功上市后，资本实力得以增强，业务发展日益受到国内外投资者和媒体的关注。2001年6月，我行获评上海证券交易所与《人民日报》组织的"2000年度《上市公司》50强"综合得分第三；8月首次跻身英国《银行家》杂志"世界1000家大银行"之列，排名第321位；11月连续第二年获评《亚洲周刊》杂志"中国上市公司100强"总资产第一、净利润第一、总市值第五位。而在在《财富》杂志与安达信公司12月公布的"中国上市公司100强"排名中名列第48位，此次排名以企业收入、利润和市值三项指标为依据，选择范围包括在中国大陆、香港、美国、伦敦上市的中国公司，我行是国内3家上市银行中的唯一一家。

上海市住宅发展局

上海市住宅发展局成立于1995年2月，是承担本市住宅建设管理和发展的行政职能机构。在市委、市政府的领导和市建设党委、市建委的关心下，上海住宅建设和管理系统以蓬勃向上、奋发有为的精神状态，勇于创新、扎实工作，使上海住宅建设取得了令人瞩目的成就。建局7年来，本市住宅建设发展最快，人民居住水平提高最明显，全市新建住宅达9398.9万平方米，拆除旧住房2013.7万平方米，人均居住面积由1995年的8平方米提高到2001年的12.1平方米；通过创建完整街坊、示范居住区和"四高"优秀小区，发挥了示范导向的作用；通过严格执行新建住宅交付使用制度，开展创"无渗漏"工作，推进住宅产业现代化等，一大批环境美、房型佳、配套齐、科技含量高的优秀住宅小区相继建成，深受市民的欢迎，现在又向建设适宜国内外人士发展创业和生活居住的国际大都市的目标迈进。

住友名人花园

中远两湾城

多层住宅"平改坡"

上海万里城

Http：//www.housing.sh.cn
E-mail：housing@guomai.sh.cn

地 址：上海市北京西路99号
电 话：63193009
传 真：63193005
邮 编：200003

上海华辰建设投资顾问有限公司

地 址:中国上海市河南南路33号新上海城市广场15楼 电 话:021-63375610,021-63375218 传 真:021-63375217 邮 编:200002

上海兴国宾馆

本公司为中国建设部首批评定的甲级工程造价咨询资质和甲级工程招标代理资质单位，并具有国家计委评定的甲级工程咨询资质。公司经上海市政府采购管理办公室认定具有上海市政府采购招标中介业务资格。本公司也是上海市建委批准的可进行涉外造价咨询的机构之一。公司拥有50多名的高中级专业技术人员，包括近30名国家注册的造价工程师、监理工程师、房地产估价师，英国皇家特许建造师和工料测量师，以及部分建筑工程设计人员。

公司前身是华东建筑设计研究院建筑经济所，创建于1952年，是华东地区历史最悠久的工程造价咨询、招标代理及工程咨询单位，为国内外3000多个项目提供了涉及工程建设投资事项的各种咨询服务，几十年来积累了一大批大中型工程项目的造价资料。

上海城市规划馆

上海国家会计学院

公司立足于上海，业务联系遍及全国和世界各地，在新加坡、香港、菲律宾及中国的江苏、福建、海南等省有关联企业。通过我们的关联机构和广泛的合作单位，我们能及时得到全国各地及海外的专业信息，向客户提供工程投资咨询及投资控制方面的服务。

作为上海乃至中国的主导性建设投资咨询机构，公司提供从项目可行性研究直到项目竣工结算审价的全过程投资顾问工作，每年完成的几十项大中型项目的投资咨询工作，工作内容从项目可行性研究、招标代理、政府采购招标代理、概预算、竣工结算审价到项目的全过程投资控制工作，本公司投资咨询服务的对象主要为政府资金项目、大中型企业投资项目，房地产开发项目等。在项目开发的各个阶段为客户提供项目投资控制的专业服务和建议，主要包括项目前期策划与规划、项目可行性研究、工程及设备招标代理、工程投资概预算编制、项目投资控制、工程结算审价、项目管理、项目价值评估、政府采购招标中介业务。

我们除了按中国现行的方式和要求提供服务外，还能按国际通行的方式提供上述有关建设项目投资咨询服务。

法人代表人、总裁：祝世寅

上海国有资产经营有限公司是经上海市人民政府批准成立的国有独资有限责任公司。成立时间1999年10月15日，注册资本人民币25亿元，总资产115亿元，净资产73亿元。公司设指导委员会对公司业务行使指导监督职能。指导委员会由市政府副秘书长担任主任，由市国资办、市财政局、市计委、市经委、市上市公司重组领导小组的领导和公司总裁担任委员。公司还设有专家咨询评审

上海国有资产经营有限公司

委员会，聘请沪上知名专家学者和国际著名投资银行、咨询机构代表担任咨询评审委员。公司内设资产经营部、公司重组部、资产托管部、战略投资部、资金管理部、资产处置部、国际业务部、财务融资部、法律事务部、研究发展部、行政人事部、总裁办公室等10部1室。公司下设上海国有资产处置有限公司、上海国鑫投资发展有限公司、上海国智置业发展有限公司和香港公司等四个全资子公司。

作为上海市政府批准成立的一家市管综合性国有资产经营公司，其主要任务是通过市场手段，盘活市政府授权经营的国有资产。公司通过资产经营，参与国有资产的买卖，包括证券化和非证券化的企业资产收购、包装和出让，资产及上市公司重组，产权经纪，房地产中介等，为国有企业强强联合，及国有资产退出一般性竞争领域服务。公司接受资产托管，对银行、企业的质押进行管理、处置提供服务。公司受政府委托对本市国有企业不实资产核销中相关资产进行处置，最大限度地追索、保全国有资产。公司还根据市政府指示，参与市级大公司改制和重大项目投资，并根据资本运作需要投资高新科技项目和上市公司。公司已控股国泰君安证券股份有限责任公司，并是上海国际集团有限公司、上海银行、浦东发展银行、交通银行、申银万国证券有限责任公司、中国太平洋保险公司、东方寿险股份有限公司、中银国际证券有限公司等金融企业的股东。同时还是上海市黄浦江两岸开发建设投资（集团）有限公司、上海世界展览会议有限公司、强生（集团）有限公司、上海农工商（集团）有限公司、金泰股份有限公司、光明乳业股份有限公司、复华实业股份有限公司、交大南洋股份有限公司、长江联合发展集团公司、新药研究开发中心、置信集团有限公司、思道科投资有限公司等的股东。2000-2001年公司盘活国有资产存量36.5亿元。

地 址：上海市徐家汇路555号　邮 编：200023　电 话：021-63901008　传 真：021-63901110

电子信箱：ssaoco@online.sh.cn　网 址：http://www.ssaocorp.com

爱我中华

上海烟草（集团）公司
Shanghai Tobacco (Group) Corp.

上海烟草(集团)公司 于1993年由原上海市烟草公司及所属企业改制组建，是上海烟草集团的核心企业。(集团)公司投资控股、参股单位已达 77 家，目前不仅拥有一流水准的卷烟工业及其烟草储运、印刷、机械、材料等配套工业，而且还涉足于商业、食品、房地产、金融保险、宾馆酒店等领域，成为以卷烟工业为主、多元化、集约化、现代化的大型企业。

2001 年，(集团)公司各项经济指标再创历史新高，生产卷烟130.7万箱，同比增长6.75%；实现工商税利112.5亿元，同比增长20.28%；其中利润48亿元，同比增长17.91%；净资产达到165亿元，同比增长21.43%；出口创汇 8301 万美元。经济效益名列上海工商企业的首位。

(集团)公司组建以来已步入快速健康发展轨道，呈现蒸蒸日上的良好态势，尤其是近几年，卷烟产量、销售收入、工商税利、净资产等各项经济指标持续保持大幅增长。“中华”、“红双喜”、“上海”、“牡丹”等一批名优卷烟畅销全国，远销海外，深受消费者的青睐。98年以来，低焦油“红双喜”和中低焦油“中华”牌卷烟的相继推出，赋予了上海卷烟产品以新的生命力和竞争力。

(集团)公司成立 9 年来凭借产品和资产优势，加大资本经营力度。至 2001 年对外投资累计43.6亿元，先后组建了21家市、区、县烟草糖酒有限公司，投巨资控股上海最大的食品工业企业——冠生园(集团)公司，并参股交通银行，成为其最大的股东之一。(集团)公司对外投资取得了很大成功，不仅使(集团)公司的经营规模得以拓展，形成了一批新的经济增长点，而且在社会上进一步提高了知名度、提升了影响力。

上海市社会保险基金管理中心

上海市社会保险事业基金结算管理中心是隶属于上海市劳动和社会保障局的市级社会保险经办机构，下辖19个区、县社会保险事业管理中心，共有员工1100余人，其中：中高级专业人员470人。其主要职能是：负责全市养老保险费、生育保险费的征收和支付以及养老保险个人帐户的管理；同时还负责征收医疗保险费、失业保险费以及市政府规定的其他社会保障金。本中心2000年度荣获中国劳动和社会保障部集体一等功。

上海市社会保险事业基金结算管理中心机关本部机构设置为五部三室。即：业务部（业务处理中心）、财务部（财务处理中心）、审计稽核部、社会服务部、教育培训部、计算机运行保障室、行政办公室、党委办公室。

几年来，中心的基金征缴率始终保持在99.9%以上。截至2001年底，在中心登记参加社会保险的单位8.9万户，参加社会保险的从业人员443.75万人，离退休人员239.43万人，养老金社会化发放率为100%，并在全市各街道、镇（乡）建立了特殊困难老人养老金上门送发的服务机制。

本中心基本实现社保业务操作计算机化、参保单位和个人帐户管理动态化、社保信息交换网络化、征缴结算电子化和管理法制化。同时，在各区、县社会保险经办机构服务大厅内配置多媒体查询设备，设立咨询服务区域。

随着社会保险事业的发展，各区、县社会保险经办机构将作为便民利民的服务窗口，进一步拓展、延伸其功能。本中心将进一步坚持“以人为本”的管理理念，优化服务，强化管理，积极开展“三优一满意”文明窗口活动，以适应社会保险社会化的要求，更好地为广大参保单位和参保个人服务。

地 址：上海市中山南路865号　　电 话：63689900　邮 编：200011

太平人寿保险有限公司

总经理：何志光

太平人寿保险有限公司是经国务院同意，中国保险监督管理委员会批准，在境内恢复经营人身保险业务的全国性寿险公司。公司总部设在上海，注册资本金5亿元人民币。

太平人寿保险有限公司的前身是1929年在上海创立的太平保险公司。至1951年，该公司已拥有990多家海内外分支机构，成为业界之翘楚。自1955年始，根据国家对保险业的统一调整，太平人寿暂停国内业务，将经营中心移至海外。

中国入世前期，为增强民族保险业竞争力，为国有保险企业建立现代企业制度探索一条新路，2001年5月23日，中国保险监督管理委员会正式批准全面恢复太平人寿在境内的人身保险业务经营，太平人寿保险有限公司复业筹备工作组成立并开始复业筹备。2001年11月30日，经中国保险监督管理委员会验收核准，太平人寿保险有限公司正式复业经营，上海营业总部同时向社会发售保单。同年12月31日北京分公司、广州分公司和成都分公司也正式获准开业。太平人寿在境内的复业，引起业界与全社会的广泛关注。如同人们所希望的那样，公司复业伊始即显示出强劲的发展势头：到2002年2月底，全司预收保费一个亿；到2002年3月中旬，上海营业总部承保保费突破一个亿！这喜人的气势和丰硕的成果让每一位太平人寿同仁坚信：太平人寿正如其司徽所寓意的那样，终会成为枝繁叶茂的参天大树！

太平人寿联系地址：

总公司　上海浦东陆家嘴东路166号中国保险大厦35F

电话：021-58778888　传真：021-58884567　邮编：200120

上海营业总部　南京西路1600号上海机场城市航站楼9F

电话：021-62496888　传真：021-62484888　邮编：200040

上海移动通信有限责任公司

中国移动通信 CHINA MOBILE

市领导视察公司

郑杰总经理与客户洽谈合作项目

上海移动通信有限责任公司前身是上海移动通信公司。公司于1999年8月1日根据国务院关于中国电信重组方案，实行资产剥离重组后进入市场独立运营；2000年10月在海外成功注资上市成为中国移动（香港）有限公司在内地的全资运营子公司。

公司主要经营上海地区的移动语音、数据和多媒体业务及相关的信息服务、技术开发、技术服务等，业务品种有移动话音、传真、短信、IP电话、信息点播、手机银行、全球通WAP和GPRS等。近年来，上海移动持续高速发展，网络容量已逾1000万门，客户数逾500万户。公司拥有"全球通"、"神州行"、"移动梦网"等著名服务品牌，实现全国联网和自动漫游，并和70多个国家和地区的130多个运营商开通国际自动漫游。

随着中国入世以后市场经营环境的变化，上海移动通信有限责任公司将以"提升核心能力，创造竞争优势"为发展战略，以"市场领先、网络领先、服务领先、效率领先"为发展方向，不断深化改革，锐意进取，努力朝着"世界一流通信企业"的宏伟目标迈进。

地 址：上海市北京东路668号东楼
邮 编：200001
电 话：33054668
传 真：53080400

中国电信
CHINA TELECOM

个性电信卡业务是上海电信为了满足广大客户的个性化需求而推出的一项全新的品种。客户可以自带相片或当场摄影，将自己最满意的瞬间印制在电信卡上。当场设计、现场制作，个性十足。

主要特点：

个性自由： 独一无二的卡面样式，尽显个性化风采；可以使用已经为您设计好的精美版式，也可以使用自己设计的画面，可以当场摄影或自带相片，婚庆、祝福、生日、诞生、毕业、名片等各类个性需求均可满足；最少一张的起制数量，客户可以根据需要自由的选择制作量。

精美实用： 使用PVC卡基打印制作的个性电信卡，色彩丰富、艳丽，画面能长久保持。更由于其所含有的电话卡功能，倍添实用性。

业务种类： 现业务为200电话卡，面值为10元、30元、50元等。

受理范围： 为1张（含）以上，500张以下客户委制电信卡。

个性电信卡

数　量	价　格
1张－20张	15元／张
21张－50张	8元／张
51张－99张	5元／张
100张－500张	2.5元／张
501张－1000张	2元／张

注：以上数量均为单一画面

试运行期：2002年5月18日至2002年7月18日
试运行期间100张以下均享受8折优惠
专卖店地址：江苏路500号3楼
咨询电话：62260909　62267909
网址：www.shanghai.telecom.cn/card

荟萃文化 沟通亲情
上海电信卡

上海市电信公司电信卡事业部

SBAO 上海市血液管理办公室

为加强献血、采供血和医疗临床用血的监督管理工作，2001年3月15日，上海市献血办公室正式更名为上海市血液管理办公室。年内全市献血量达292139人份（每人份200毫升），较上年增加了1887人份，超额2.8%完成全年献血计划。其中社区献血数近1.5万人份，家庭成员互助献血6819人份，街头自愿无偿献血9000余人。值得一提的是，为搞好APEC会议血液保障工作，市、区县血液管理部门和采供血机构除血库备足血液外，还重点组织了一支近百人的Rh阴性应急献血队，确保医疗用血万无一失。与此同时，本市以“血站校验、临床用血管理”为抓手，把输血安全落到实处。还积极推广临床输血新技术，2001年，全市有16家医院共对2604名病人施行了自身输血，节约血液182余万毫升，相当于9100多人份的血量。此外，血液质量监督管理以及献血现场执法等力度也不断有所加强。

针对行政指令性计划献血在市场经济形势下出现的新情况、新问题，本市依照国内外无偿献血的成功经验并结合实际，于2001年7月提出了上海献血“212”方略，即“两增强一减少两调动”：增强有效的宣传，增强街头献血力度；逐步减少指令性献血计划；调动采供血机构主动服务的积极性，通过政策调整来充分调动广大公民自愿无偿献血的积极性。拟通过若干年的努力，实现本市医疗用血全部来自于公民自愿、无报酬的献血。

上海市血液管理办公室成立新闻发布会

“无偿献血，为党旗增辉”倡仪书的发起者在黄浦区庆“七一”无偿献血活动现场

上海市中医药大学奉贤校区的100多名大学生参加无偿献血

上海市血液管理办公室

地址：上海市延安中路829号中楼3AB室
邮编：200040　　电话：62791110、52581174

上海融基房地产开发有限公司

董事长：龚 晶

逸兴家园

上海融基房地产开发有限公司成立于二〇〇〇年，是一家初具规模的房地产开发公司。公司拥有一定的资金实力，技术人才齐全，特别是董事长龚晶，以其独特的经营管理理念、不断开拓进取的精神，带领全体员工奋发图强。目前已在宝山区开发了二个楼盘——"新逸仙公寓"、"逸兴家园"，其建筑总面积分别为7.2万和6.4万平方米，以其优雅的环境、别致的房型，在宝山地区具有较大的知名度。公司即将开发的楼盘在徐汇区龙吴路，面积为10万平方米，发展前景看好。

新逸仙公寓

公司除了开发房地产外，还投资创办了上海宝姿化妆品有限公司，生产"丝美姿"系列化妆品，在山东、江浙、东北三省属知名品牌，深受消费者厚爱。

地 址：上海市长江路440号 电 话：56147778转各部 传 真：56141016 邮 编：200441

上海市城市建设综合开发有限公司

地址：上海市延安西路358号25F　　邮编：200040
电话：62791941（总机）　　传真：62473216

上海市城市建设综合开发有限公司，直属于上海市住宅发展局。自1993年6月成立以来，公司以“构筑精品，造福于民”为宗旨，秉承“开拓创新，永续经营”的企业精神，经过8年快速成长，目前已经形成以房地产为主、多元化发展的战略经营格局。

公司注册资金2000万元，现为国家二级资质房地产开发企业。拥有国家一级注册建筑师、高级工程师和高级经济师等一批高级骨干。

公司先后开发了闸北三泉住宅小区、浦东昌里花园和闸北彭浦家园。其中，昌里花园规模达25万平方米，其一、二期，自1997年开始推出后，反响热烈，一度成为昌里路上的名盘。在1999年首届“上海市优秀住宅”评选中，荣获“优秀房型奖”、“住宅优秀质量奖”等诸多荣誉。目前正在兴建中的三期“现代映象”，在生态环境方面更为卓著。2002年2月，昌里花园还推出了中国首枚“住宅纪念大铜章”。彭浦家园也是区内知名个案，曾被评为闸北区优质结构奖和文明结构奖。

发展至今，公司在上海房地产市场中已具有了相当强的影响力。

瞩目未来，公司将抓住历史契机，多造房，造好房，以更高标准为上海市民营造美好家园。

浦东新区梅园新村街道办事处

梅园新村街道 坐落在浦东繁华的小陆家嘴地区。被誉为亚洲之最的东方明珠电视塔、高耸入云的88层金茂大厦、陆家嘴美食城、世纪大道以及由第一八佰伴等数十幢大厦组成的新上海商业城等，已成为上海商业、旅游的窗口。

梅园新村街道 在"三个代表"思想指引下，社区各项工作迎难而上，争创一流。在城区范围内实行科级干部竞聘上岗，在机关内部实行双向选择岗位，在居委会全面推行六委组织机制。建成街道机关办公自动化局域网，并与居委会联网，实现办公管理信息化。圆满完成了APEC会议的安全保稳、市容整治工作，成功地承办了中国社会工作协会城区（街道）乡镇发展委员会2001年年会。基础建设、学习化社区、阳光网络、夕阳红、社区卫生服务等五项工程取得预期成效，社区经济继续保持持续稳定增长。

梅园新村街道 正以"与时俱进，超越自我，提高素质，争创一流"的精神，全面推进社区建设，为把梅园建设成为"服务化、生态化、学习化、信息化"的现代化文明社区而努力奋斗！

● 网 址：http://www.meiyuan.sh.cn
● 地 址：上海商城路1177弄12号
● 邮 编：200120
● 电 话：68767112

新建高档住宅小区仁恒滨江园居民区党支部、居委会揭牌仪式

梅园新村街道列为中美联合课题"城市社区文化建设模式"实践基地

在源深体育中心召开的上海市浦东新区第二届运动会"梅园杯"田径比赛开幕式现场

由梅园新村街道承办的中国社会工作协会城区街道乡镇发展委员会2001年年会代表们参观老年书画展示活动

梅园社区居民在温馨美丽的花园内举行"戏曲大家唱"活动

中国石化销售华东公司

中国石化销售华东公司前身为国营上海石油运销公司，始建于1949年5月。负责华东地区石油采购供应工作。1950年10月，改称为中国石油公司华东区公司。1953年10月改制为中国石油公司上海批发站。1955年10月改名为中国石油公司上海采购供应站。1958年改制为上海石油采购供应站。1985年成建制划归中国石油化工总公司，更名为中国石化销售公司华东分公司，1992年更名为中国石化销售华东公司。

中国石化销售华东公司隶属中国石化集团公司销售管理部，系国有企业的全资子公司。注册资金人民币壹亿玖仟伍佰伍拾柒万元。注册地址：上海浦东江心沙路3号，营业地址：上海市长宁区愚园路819号。法定代表人：宋剑峰。

中国石化销售华东公司对华东地区六省一市的石油公司和炼厂实施资源配置、区间调拨、协调运输、沟通信息、加强监管的职能。负责协调成品油资源配置和总量平衡，加强运输协调和调度，加强配置计划动态管理，做好成品油统一结算工作。并对省市公司实施财务监管，协助省市公司制订营销策略。对成品油市场需求作分析、预测，引导炼厂按需生产。负责军队、民航、铁道、交通、渔业等专项用户的成品油资源配置和结算工作。负责区内销售企业市场信息网络的管理和统计报表工作。协助价格监督，执行国家定价。及时收集了解炼厂的生产、销售、品种、数量、价格、运输、库存等情况，向销售管理部反馈信息。

地 址：上海市愚园路819号　邮 编：200050　电 话：(021)62119291　传 真：(021)62119327

金字品牌 诚信铸造

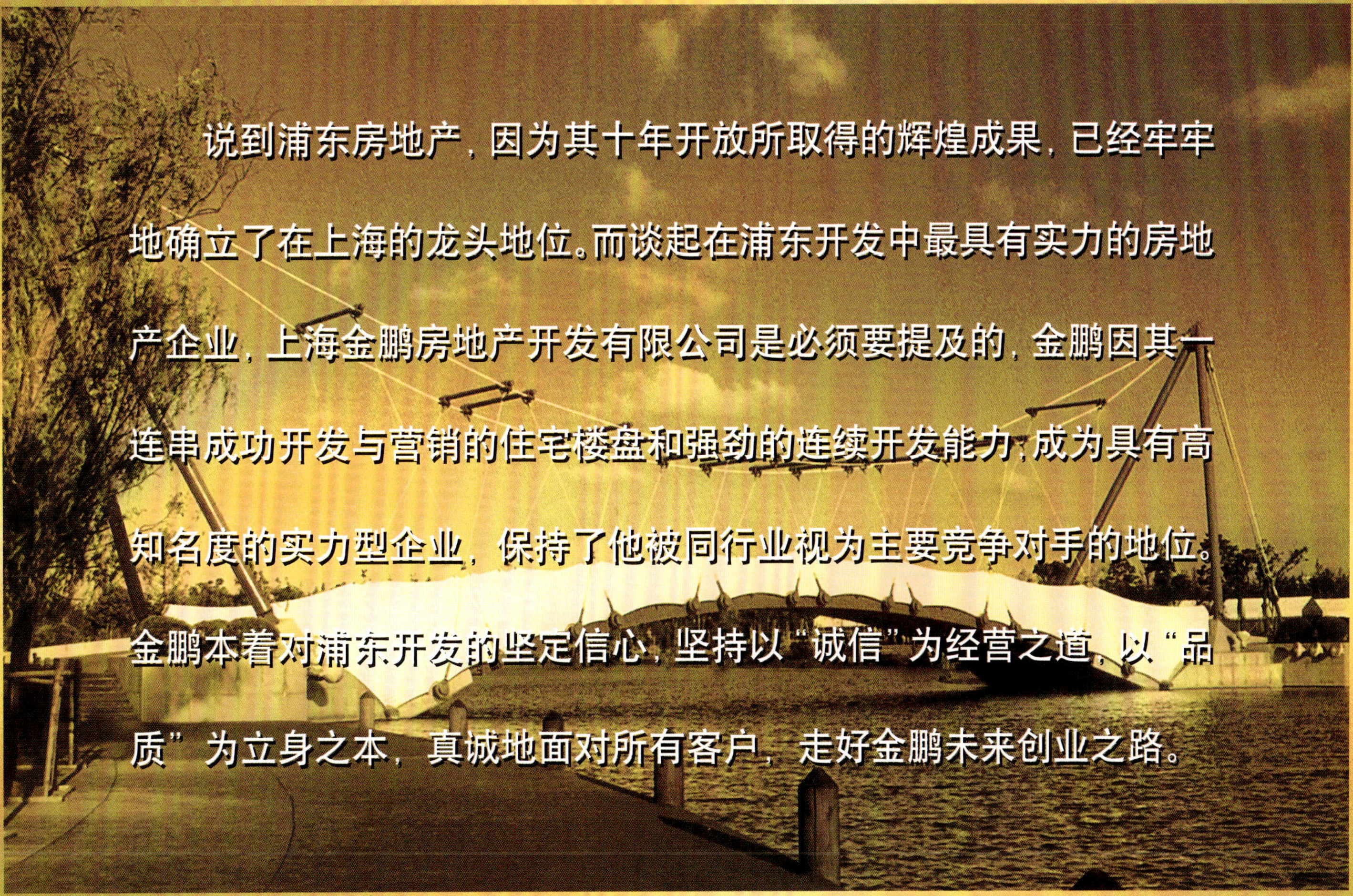

金鹏房地产
JIN PENG REAL ESTATE

上海金鹏房地产开发有限公司　　地 址 浦东南路3618号　　电 话 58898888

金桥新城销售地址：杨高北路 5295 号　　销售专线：50325050　50326060

金色维也纳销售地址：锦绣路 333 号　　销售专线：68565656　50333009

E-mail:jinpeng@shjinpeng.com.cn

http://www.shjinpeng.com.cn

轨道交通明珠线东宝兴路车站

新加坡“三巴旺”住宅小区

张杨路

东海商业中心

九亭镇

- 首届中国乡镇投资环境100强
- 上海市村民自治示范镇
- 上海市拥军优属模范镇
- 上海市绿化镇
- 上海市一级卫生镇
- 上海市文明镇
- 上海市六好镇党委

松江区的东大门

九亭镇成立于1978年，地处上海市西郊，是松江区的东大门。面积为32平方公里，耕地为20800亩。现有10个村民委员会，4个居委会，48个党支部，党员1204名，人口8万余人。沪松公路横贯东西，南邻沪杭高速公路，北依沪青平高速公路，距虹桥国际机场8公里，离上海市中心18公里。

近年来，九亭镇经济得到迅速发展，外向型、民营经济、第三产业、房地产得到了大力的发展。目前，全镇有工业企业493家。2001年，全镇社会总产值实现58亿元，比1998年增加27.8亿元，年均增长30.7%。全镇实现财政收入11470.16万元，比1998年增加8705万元，年均增长91%，综合经济实力居全区第一。

九亭全镇已形成了镇区、房产区、高科技园区、久富开发区、高优高农业园区联动发展、适应新世纪社会、经济发展的大格局。

高科技园区先后引进了知名的轻质合金精密成型国家工程研究中心、杜邦科技(上海)有限公司、上海侨亚生物工程有限公司、现代汽车(上海)有限公司、埜霖冷冻机械(上海)有限公司等40余家产品档次高、科技含量较高、附加值较高的企业，批租土地32幅，2100亩，总投资1.5亿美元。高优高农业园区先后引进了上海山冈农艺园区、上海花卉种苗繁育中心、上海农辉生态实业有限公司等一批高科技、高附加值的企业落户。房产开发方兴未艾，全镇现有32家房产商参与开发建设，协议开发房产9790亩，累计开发竣工销售房产用地2500亩，建造商品住宅房115万平方米，售房率达85%。其中，“奥林匹克花园”热销状况空前。

镇域内已有农工商、联华、华联、家得利等超市，同时已有农业银行、工商银行、浦东发展银行、建设银行和信用联社等五家银行在九亭设立分行。

近年来，镇党委在坚持以经济建设为中心的同时，切实加强党建工作和精神文明建设。以“双思”、“双学”、“三个代表”教育为抓手，开展“争创新业绩，迎接新世纪”，“九亭党员看九亭”等活动。2001年有2个村分别被评为市、郊区 “五好”党支部；3个村被评为区级“五好”党支部。1个村被评为市级文明村；2个单位被评为文明小区；12个单位被评为区级文明单位；九亭镇也被评为“上海市文明镇”。

21世纪的九亭将建设成经济繁荣、社会稳定、人民富裕、环境优美、充满生机和活力的一座新型的要素型、功能型的市郊一流小城镇。

地 址：上海市松江区九亭镇　邮 编：201615　电 话：021-57631802　传 真：021-57631813

上海久裕物业管理有限公司

地 址：上海市威海路48号　　邮 编：200003　　电 话：63726345

中国民生银行大厦

■ 上海久裕物业管理有限公司成立于1999年1月，受托管理中国民生银行大厦。

■ 中国民生银行大厦座落于威海路48号人民广场西侧，与市政府办公大楼、上海大剧院毗邻。

■ 中国民生银行大厦高110米，地上26层，地下2层，总建筑面积38000平方米。由于地处闹市中心，交通便捷，不少机关、企事业单位已入住办公。

■ 上海久裕物业管理有限公司，实行董事会领导下的总经理负责制，公司设总经理室、办公室、物业部、工程部、保安部。公司一贯以“服务第一”为宗旨，积极协助为业主、租户单位进行二次装修，确保各单位能顺利入住。

■ 工程部员工精心维护大厦的各类设备，确保大厦各类设备的正常运行；物业部员工努力为业主、租户创造一个温馨、舒适的办公室环境；保安部员工尽心尽力以确保业主、租户人身财产安全为天职，为业主、租户提供优质服务是公司的追求。在大家的努力下，公司2000年底、2001年度连续被上海市消防局黄浦防火委员会评为消防工作先进集体。公司积极参与社区公益活动，在安全保卫工作等方面，多次受到区、街道领导的表扬。为实现一流的物业的管理，我们要不断地努力。

闵行区七宝镇

七宝镇，位于上海市西南部，是一座既有江南水乡自然风光，又有悠久人文内涵的历史古镇。她东临漕河泾高新技术开发区，西接松江、青浦，南靠上海市莘庄工业区，北邻虹桥国际机场。境内七莘路、漕宝路、吴中路、顾戴路、中春路、沪青平公路等纵横环道成网，有 91 路、92 路、735 路等 10 多条公交线路起讫或经过。全镇地域面积 21.3 平方公里，有 9 个行政村、92 个村民小组，23 个居委会，人口 13.7 万。

乐购七宝店

改革开放以来，七宝镇抓住了房产开发的机遇，及时调整产业结构，加快基础设施建设，加大招商引资力度，提高三产总量，促进了全镇经济的快速发展。至 2001 年底，全镇完成 GDP13.45 亿元、农方利润 2.26 亿元、税收 4 亿元。

以外向型经济为主的工业是七宝镇的支柱产业。1992 年以来，七宝镇规划了约8000亩土地用于工业开发，建成了三个工业区。至 2001 年底招入外资企业 200 多户，合同吸引外资 2.3 亿美元，同时又建成了占地 86 亩的私营经济城，招入私营企业 460 多户，注册资金 3.2 亿元。

老　街

房地产业和商业是七宝镇大力发展第三产业的主要内容。1992 年以来，七宝镇规划了 8000 多亩土地用于房产开发，规划开发面积 500 万平方米，已竣工 370 多万平方米。建成的各式小区有万科城市花园、大上海国际花园、古镇名邸、莱茵清境、东方花园等。商业方面，1999年起七宝镇引入了营业面积为3万平方米的乐购大卖场，至今日均营业额达 150 万元，最高日营业额超过 500 万元；七宝镇同时也按照大商业、大流通的格局，抓好大市场建设。至今已建成的大市场有营业面积达 25 万平方米的九星综合批发市场、营业面积为7万平方米的七宝商城农副产品批发市场等；七宝镇的社区商业也红红火火，如万科城市花园有各式餐饮、美容、干洗、小百货等店面 100 多家，年营业额约达 8000 万元。

大上海国际花园

七宝镇在加快现代化建设的同时，也注重对古文化、古遗产的挖掘和保护。2000 年开始投资 3400 万元按照"不大拆大建"、"以修复为主"、"原味不原汁"等原则对七宝南北老街进行了一期修复，并把一些七宝的老字号、土特产及各地的一些风味小吃等纳入其中，使南北老街面貌焕然一新，也吸引了众多游客。现在七宝南北老街的二期修复工程也正在抓紧推进，不久一条更具特色的大都市里的明清街将呈现在我们大家的面前。

商 业 中 心

2002 年，七宝镇新一届党委、政府也正在按照"三个代表"要求，带领全镇广大干部群众扎实推进各项工作：下半年占地约 100 亩的上海市第一家室内滑雪场将开张营业；年底，占地约1200亩的体育公园将初步形成规模；三年内，类似徐家汇广场附近商业圈的商业中心也将在七宝广场附近初步形成……。

作为全国文明小城镇示范点的七宝镇诚邀广大海内外朋友前来参观、考察、投资，一起共创美好明天！

上海宝业（集团）有限公司

公司开发的住宅小区

共康路商业街夜景

上海宝业（集团）有限公司位于宝山区南端的共康路，是一个集产品生产、销售、国内贸易、房地产开发于一体的综合性集团公司。集团公司下属企业生产的“金鹰牌”电焊条是公司的品牌产品，深受用户好评。随着共和新路高架和轻轨的建设，便利的交通设施、完善优美的环境，给公司的房地产开发带来了更大的契机，尤其是刚启动开发的13万平方米的馨康苑小区，咨询订购的客户络绎不绝，应接不暇。房地产的开发同时也带动了消费，给共康地区带来了无限商机。近年来建成的共康路一条街，引来了众多的名店商家，繁荣了共康地区经济，丰富、方便了周围居民的生活。正在建造中的宝业商厦，有四层楼面，1万平方米的营业面积，造型独特，建成后将与对面的宝业大酒店交相辉映，成为共康路上的亮点，点缀着宝业集团。

地 址：上海市三泉路940号三楼　邮 编：200435　电 话：56402723　56401999

世茂滨江花园荣获2001年上海市住宅销售金额第一名，其2号楼成为上海大世界基尼斯之最——最高住宅楼。

★**汲取世界水岸建筑精粹的经典规划设计：**占地22万平方米，总建筑面积近70万平方米，香港马梁建筑师事务所倾心规划设计：7栋超高层高档公寓呈弧形排列，面对繁华外滩沿江扩展近一公里，与东方明珠、金茂大厦共成浦江东岸“一波三峰”的现代城市天际线。

★**融汇世界园林经典的多主题园林环境：**享有国际声誉的美国泛亚易道公司担纲园林设计，园林绿化率高达70%，16万平方米的社区园林汇粹中式、美式、德式、英式、法式及奥运六大世界主题园林景区。

★**表征至上生活品质的经典户型设计：**三梯两户精彩设计，IC卡操控电梯直接入户尊崇气派；双层中空钢化玻璃落地窗将稀有水景、外滩风光及园内美景引入室内，大户型主卫赠送国际名牌嵌入式双人按摩浴缸，沐浴时俯瞰浦江夜景，匹配主人放眼世界的心胸。

★**经典品牌的国际化高水准装修配置：**赠送品质优异的全屋精装修，配备德国POGGENPOHL橱柜、意大利Smeg灶具及厨房电器、西班牙ROCA洁具产品、德国Hoppe门锁、美国TRANE中央空调，卫生间墙、地面及洗手台均铺设高级大理石，国际水准家居环境中的每一细节，无不流露夺目的生活美感。

★**国际先进的智能化设施：**拥有先进的智能化社区网络系统，社区采用综合布线系统，千兆入楼，百兆入户；集通行消费于一体的社区“一卡通”，周全的安全防卫设施及世界知名之第一太平戴维斯（FPD）提供的“一对一私人助理”物业管理服务，让居家生活享受彻底的安全便捷。

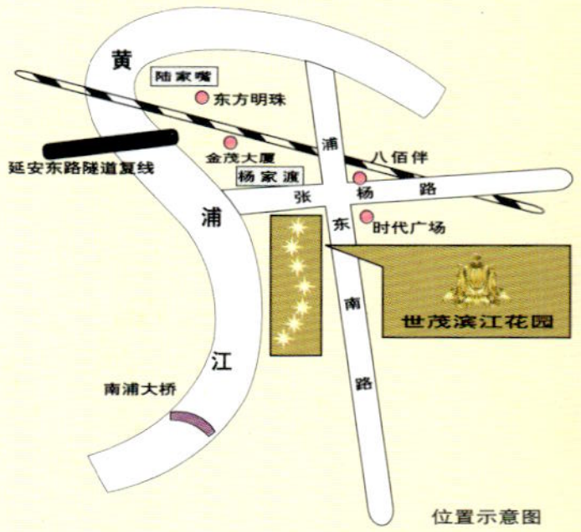

2002 Shangh

上海统计年鉴

中国统计出版社
China Statistics Press

《上海统计年鉴—2002》只读光盘(CD-ROM)介绍

《上海统计年鉴—2002》只读光盘(CD-ROM)是一张信息高度密集的资料工具软件。该光盘收录了2001年上海的经济和社会等各方面的统计数据，以及历史重要年份和改革开放以来的主要统计数据。

主要内容包括：1. 综合；2. 国民经济核算；3. 人口、劳动力；4. 人民生活；5. 价格水平；6. 固定资产投资；7. 城市建设；8. 对外经济贸易和旅游；9. 财政、金融、保险；10. 农业；11. 工业；12. 建筑业；13. 交通运输、邮电通信；14. 国内商业；15. 能源；16. 科学技术；17. 教育、文化；18. 卫生、体育；19. 法律、公证、社会福利和其他；20. 浦东新区等20个篇目。同时还附有主要统计指标解释。

《上海统计年鉴-2002》光盘版(CD-ROM)设有中、英文双语版本，操作简便，功能实用。在浏览时可随时实现中英文切换、不同章节之间的切换、主要统计指标查询和打印输出等功能。另外为方便读者使用，特别设计了将表格转换为Excel文件的功能。

Introduction to the CD-ROM

Shanghai Statistical Yearbook 2002 (CD-ROM) contains comprehensive statistics of Shanghai's social and economic development in 2001 and selected data of some important years and of the period since China adopted the policy of reform and opening to the outside world.

The CD-ROM is composed of 20 parts, including: 1. General Survey; 2.National Economic Accounting 3. Population and Labour Force; 4. Living Standards; 5. Prices; 6. Investment in Fixed Assets; 7. Urban Construction; 8. Foreign Economic Relations, Trade and Tourism; 9. Fiscal, Financial and Insurance; 10. Agriculture; 11. Industry; 12. Construction; 13. Transportation, Posts and Telecommunications; 14. Domestic Trade; 15. Energy; 16. Science and Technology; 17. Education and Culture; 18. Health and Sports; 19. Laws, Notary, Social Welfare and Others; 20. Pudong New Area. Interpretation of major statistical indicators is attached.

Shanghai Statistical Yearbook 2002 (CD-ROM) is compiled in Chinese and English and is easy to use. When you browse the CD-ROM, switchover between chapters and languages, searching for major indicators and printer output are available. For convenient use, all tables in the CD-ROM can be converted to Excel documents as well.